奉贤供销合作社志

（1950～2012）

主　编　马晨辉

方　志　出　版　社

图书在版编目（CIP）数据

奉贤供销合作社志 / 上海市奉贤区供销合作总社编. —北京：方志出版社，2014.5
ISBN 978-7-5144-1289-5

Ⅰ.①奉… Ⅱ.①上… Ⅲ. ①供销合作社—商业史—奉贤区 Ⅳ. ①F721.2

中国版本图书馆CIP数据核字（2014）第106332号

奉贤供销合作社志

编　　者：上海市奉贤区供销合作总社
责任编辑：徐　宏
出 版 人：冀祥德
出 版 者：方志出版社
地址　北京市朝阳区潘家园东里9号（国家方志馆四层）
邮编　100021
网址　http://www.fzph.org
发　　行：方志出版社发行中心
（010）67110500
经　　销：各地新华书店
法律顾问：北京高文律师事务所
印　　刷：上海新华印刷有限公司
开　　本：787×1092　1/16
印　　张：43.5
字　　数：1144千字
版　　次：2014年5月第1版　2014年5月第1次印刷
印　　数：0001-2000册
ISBN 978-7-5144-1289-5/F・137　定价：400.00元

· 领导题词 ·

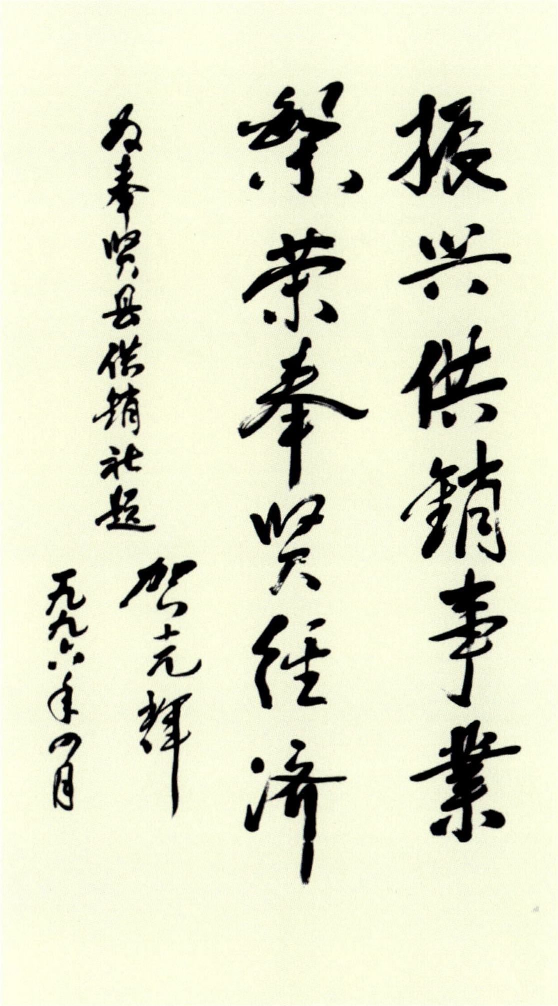

1996年4月，国家发展和改革委员会副主任、全国供销合作总社监事会主席贺光辉为奉贤县供销总社题词

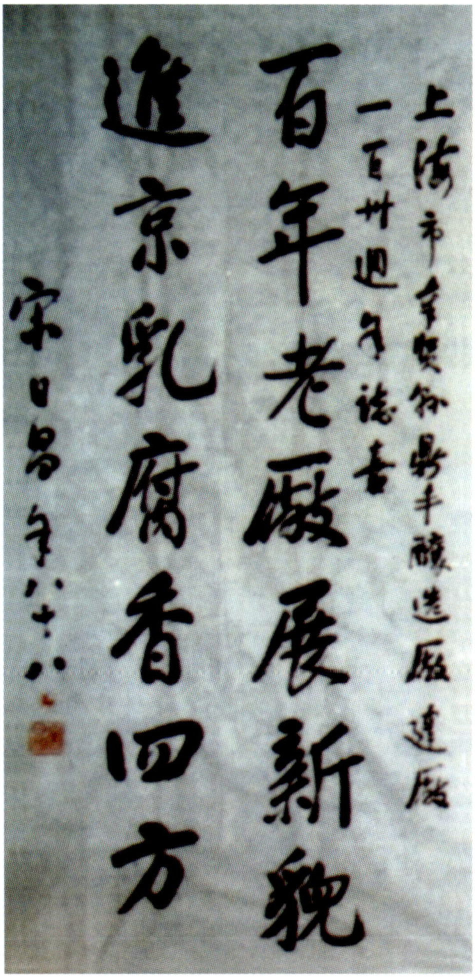

1994年，上海市原副市长宋日昌为奉贤县鼎丰酿造厂题词

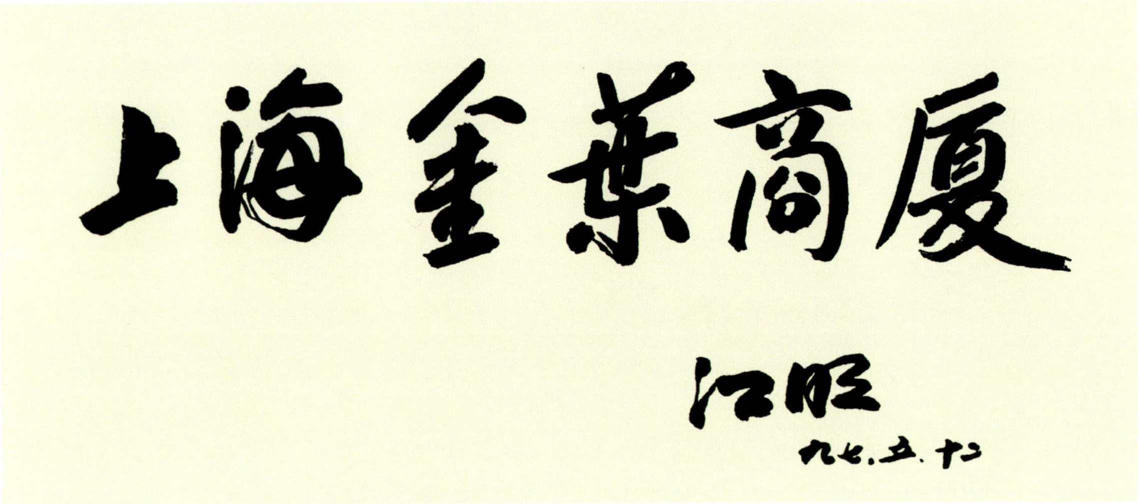

1997 年 5 月 12 日，国家烟草专卖局局长江明为上海金叶商厦题名

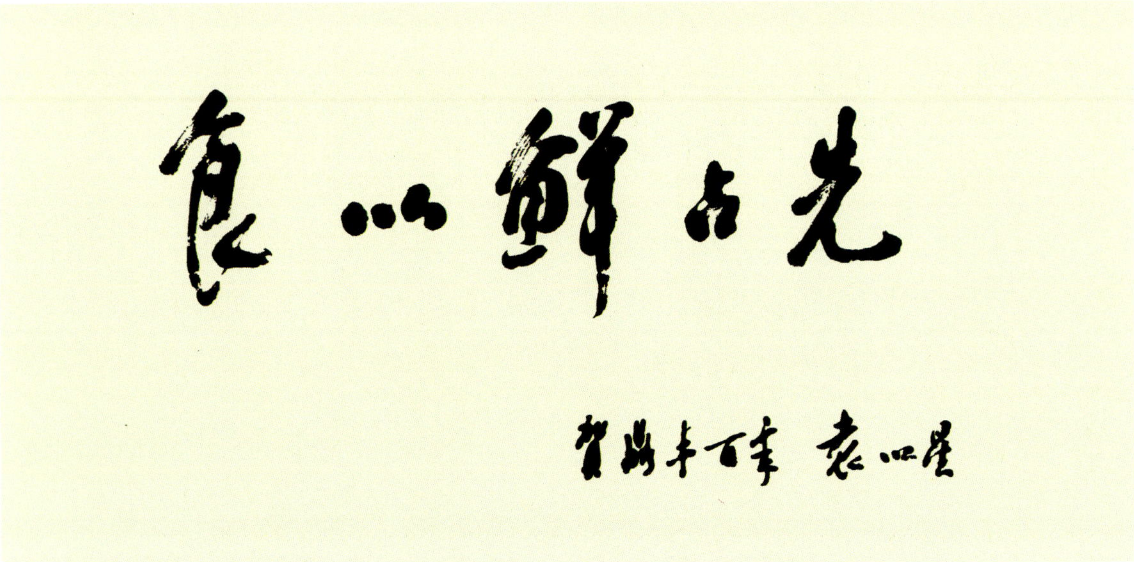

2004 年 5 月 18 日，市农委主任、原奉贤县县长袁以星为上海鼎丰酿造食品有限公司题词

· 领导题词 ·

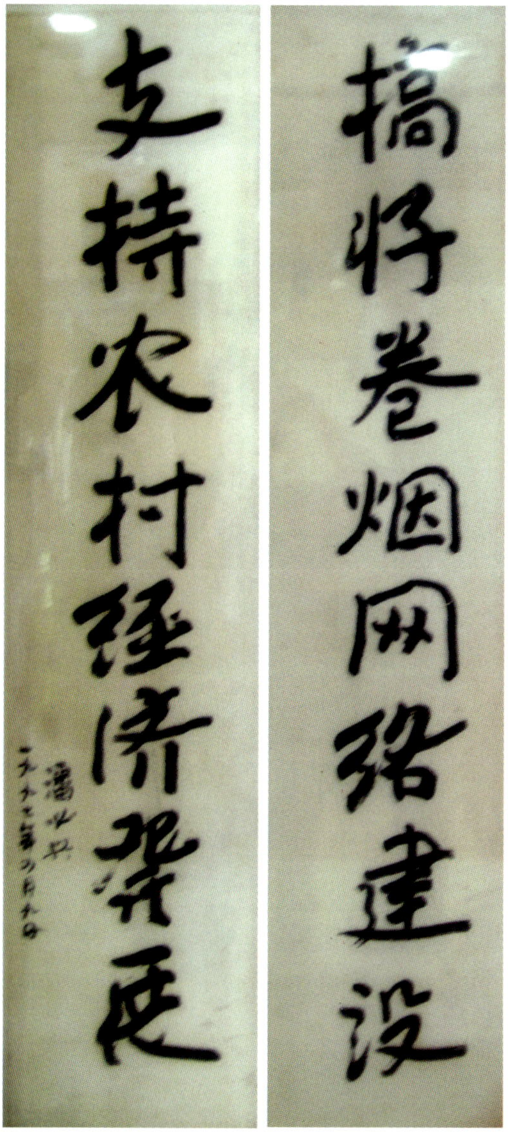

1997 年 5 月 9 日，国家烟草专卖局副局长潘必兴考察奉贤烟草行业时题词

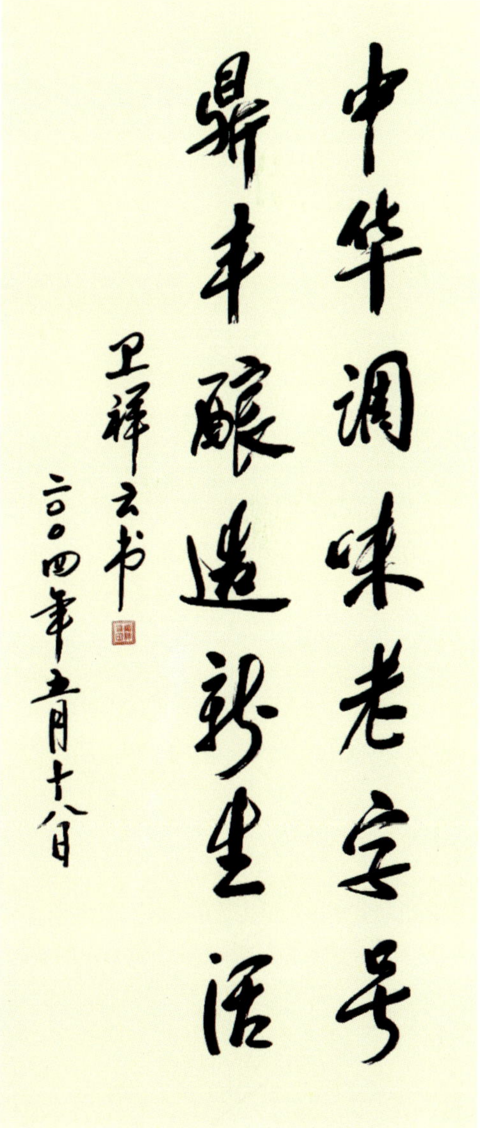

2004 年 5 月 18 日，中国调味品协会会长卫祥云为上海鼎丰酿造食品有限公司题词

1956年7月2日，四团供应站职工邬志如（上图第四排右起七）、奉贤鼎丰酿造厂职工杨金龙（上图第四排左起六）出席全国供销合作社第一次先进工作者代表会议

·赴京参会·

1960年5月22日，齐贤轧花厂职工顾来生（上图第七排左起八）出席全国财贸部门技术革新和技术革命表演大会

·赴京参会·

1977年8月，齐贤轧花厂顾来生（上图第八排左起五）出席中国共产党第十一次全国代表大会

·赴京参会·

1978年7月10日，县百货公司党支部书记严秉沁（上图第三排左起十）出席全国财贸学大庆、学大寨会议

· 赴京参会 ·

人接見全国財貿学大庆学大寨会議代表合影 一九七八年七月十日

1985年11月17日，奉城供销社党支部书记胡世天（上图第六排左起八）出席全国商业系统先进企业、劳动模范表彰会议

·赴京参会·

1989 年 9 月，县经编厂党支部副书记顾来生（上图第六排右起七）出席全国劳动模范和先进工作者表彰大会

·赴京参会·

·赴京参会·

1994年9月27日，县供销总社党委书记薛德初（第二排右起七）参加全国供销系统“双百强”会议

· 赴京参会 ·

1993年6月16日，青村供销社职工钱正兴（第二排左起五）参加第34届南丁格尔奖章暨第三届无偿献血金杯奖表彰大会

·赴京参会·

1995年5月，分管县供销总社工作的副县长姜金余（上图第六排左起五）出席中华全国供销合作社第二次代表大会

· 赴京参会 ·

2005年1月29日，区供销总社副主任陈品章（上图第二排左起十一）出席中华全国供销合作社第四次代表大会

中 华 全 国 供 销 合 作 社

·赴京参会·

四　次　代　表　大　会　留　念

2005 年 1 月 29 日于北京人民大会堂

2008年1月27日，区供销总社主任丁春瑜（上图第三排左起六）出席中华全国供销合作总社第四届理事会第四次全体会议暨全国供销系统先进集体、劳动模范和先进工作者表彰大会

中华全国供销合作总社第四届理事会第四次全体会议暨全国供销合

·赴京参会·

系统先进集体、劳动模范和先进工作者表彰大会全体代表合影 2008年1月27日

2010年3月，区供销总社主任丁春瑜（上图第四排左起五）出席中华全国供销合作社第五次代表大会

·赴京参会·

代　表　大　会　代　表　合　影　留　念

2012年7月，区供销总社党委书记、主任马晨辉（上图第三排左起十一）出席中华全国供销合作社系统先进集体、劳动模范和先进工作者表彰大会

·赴京参会·

劳动模范和先进工作者表彰大会代表合影留念

2012年7月 人民大会堂 大北照相

·上级关怀·

1951年6月，奉贤县人民政府首任县长滕维明（前排左起三）调离奉贤前夕，在县合作总社考察工作后与县合作总社副主任周之忻（后排左起二）等合影留念

1986年6月21日，市农业委员会主任逄树春（左）、市财办副主任范家桢（右）出席古华中药材农商股份集团成立大会

· 上级关怀 ·

1986 年 9 月，县长沈效良（中）考察县供销社养兔技术信息种兔交易市场

1988 年秋，县委书记姜燮富（前右起一）、副书记冯国勤（前左起一）到县供销物资交流会奉城分会场检查工作

1990 年 10 月 14 日，上海市委副书记倪鸿福（右起二）到奉贤考察县供销社工作

1991 年 3 月 24 日，商业部合作指导司司长杨德寿（左起三）考察金汇供销社联民综合服务站

· 上级关怀 ·

1991 年 12 月 12 日，商业部副部长傅列民（前排左起二）考察奉贤鼎丰酿造厂

1994 年 1 月，上海市副市长庄晓天（左起三）及市农委领导范德官（左起一）、冯国勤（左起二）、张燕（前排左起四）参加古华商城开张庆典

1995 年 11 月，县委书记徐根生（右起二）考察金叶商厦建设工地

1996 年 3 月 20 日，市商委主任张广生（右起一）、市供销总社主任唐兆其（中）考察奉贤金叶商厦

·上级关怀·

1996年4月24日，国家发展和改革委员会副主任、全国供销合作总社监事会主任贺光辉考察奉贤县供销合作总社时题词

1996年12月，县长金建忠（前排左起十一）、县人大常委会主任管仁欣（前排左起十二）参加金叶商厦试营业仪式

1999年9月2日，县长沈慧琪（前右）、县委副书记刘正贤（前左）考察金叶大卖场

2001年11月6日，区委书记林湘（中）考察金叶大卖场

·上级关怀·

2004年5月18日，市农委主任袁以星考察上海鼎丰酿造食品有限公司时题词

2004年5月28日，全国供销合作总社副主任赵显人（左起四）、市供销总社主任唐兆其（左起三）考察金叶大卖场

2004年6月10日，区委书记张立平（中）考察上海鼎丰酿造食品有限公司

2004年12月8日，区人大常委会主任周伟民（前左起一）考察金叶大卖场

·上级关怀·

2005 年 4 月 13 日，区政协主席胡震寰（前右起二）考察金叶商厦

2006 年 7 月 12 日，区长彭沉雷（前左起二）考察上海鼎丰酿造食品有限公司

2007年12月，区政协主席韦源（前排左起一）考察金叶大卖场

2008年3月29日，上海市副市长胡延照（前排左起二）、区委书记张立平（前排左起一）考察奉贤供销社梨缘旅游接待中心

·上级关怀·

2009年10月，上海市人大常委会副主任周慕尧（中）考察上海鼎丰酿造食品有限公司

2012年11月13日，市供销总社主任赵刚（前排左起一）、区政协副主席程云华（前排右）参加区供销总社第二届社员代表大会

·党政班子·

1983年12月，县供销社党政班子合影（前排左起尤立春、袁成章、严秉沁、张世科、潘栋生、李品高，后排左起唐亚官、王天华、张火楼、周伯衡、李伦、孙启强）

1984年11月，市供销社、县政府领导与县供销社第六届理事、监事会成员合影（前排左起范妙祥、沈华德、唐奋程、唐雨林、刘惠霖、周伯衡，后排左四李吉瑞、左五袁京声）

·党政班子·

1995年，县供销总社党政班子合影（前排左起陆慧仙、薛德初、汤金章、邵复健，后排左起毕道鹏、丁春瑜、吴桂明（离职休养）、唐汉规、严小弟）

2002年，区供销总社党政班子合影（前排左起陆慧仙、薛德初、丁春瑜、姜承烈，后排左起楼关涛、鲍振淦、唐汉规、陈品章）

2011 年，区供销总社党政班子成员合影（左起荀榕、姜承烈、陈洪明、丁春瑜、马晨辉、屠永华）

2012 年，区供销总社党政班子成员合影（左起姜承烈、陈洪明、马晨辉、荀榕、屠永华）

·党政班子·

2011年5月5日，奉贤供销社成立60周年，历届区（县）供销社党政班子成员与区领导合影（前排左起潘栋生、袁成章、李品高、季伯明、张小松、刘国忠、迟岳峰、刘德魁、沈华德、刘惠霖，第二排左起毕道鹏、吴岳初、尤立春、薛德初、王欣、潘驶君、范妙祥、陈建庆、周伯衡、吴桂明、马天林、严小弟，第三排左起屠永华、鲍振淦、陈品章、楼关涛、莫仁君、马晨辉、丁春瑜、严秉沁、邵复健、陆慧仙、唐汉规、姜承烈、荀榕）

2012年11月13日，奉贤区供销合作总社第二届社员合代表大会部分代表、当选的理事、监事会成员、历届区（县）供销社领导与市供销总社、区领导合影（前排左起屠永华、刘勤、陈洪明、张琪、程云华、季伯明、袁晓林、赵刚、陶永平、马晨辉、潘有发、姜承烈、荀榕，后排左起姚永跃、孙玮、张华芳、何伟、陆慧仙、丁春瑜、沈华德、刘惠霖、郑国杰、郭伟良、张永华、沈刚、陈毅豪、余永刚、沈仲华、朱红）

1986年12月，县供销社与兄弟省市供销社举行业务恳谈会

1988年6月，奉城供销社国家二级企业审定会领导合影

1990年1月，召开中共奉贤县供销社代表会议

·重要会议·

1990年12月，上海市供销合作总社在奉贤县召开郊县旺季市场座谈会

1990年12月，县供销社召开思想政治工作研究会第二届年会、思想政治工作经验交流会

1991年7月，市供销总社对奉贤县供销社申报市级先进企业审定会

1997年10月，县供销总社召开第五届离退休干部职工代表大会

2000年10月，县供销总社举办学习邓小平理论报告会

2003年11月，奉贤区供销合作总社第一届社员代表大会当选为社务委员会成员与市供销总社、区有关领导合影

·重要会议·

2005年7月，区供销总社召开纪念中国共产党成立84周年暨先进性教育活动动员大会

2008年8月，区供销总社举行树立和落实科学发展观报告会

2011年12月，区供销总社召开2012年经济工作会议会场

1990年3月，鸿雁商场竣工

1993年1月，举行奉贤商社成立6周年，新建的公司（商场）挂牌大会

1993年，上海鼎丰酿造食品有限公司行政楼落成

· 企业风采 ·

1992年，县供销总社办公大楼建成

1994年，古华商城竣工开张营业

1994年，原鸿苑商场正门

1997年，上海金叶商厦竣工

1999年，金叶配售中心（金叶大卖场）开张仪式

2000年，由县供销总社资助建设的头桥镇联工村农家乐

2000年，金叶商厦手机城一角

· 企业风采 ·

2005 年，区供销总社经济园区厂房一角

2006 年，上海市烟草专卖局奉贤分局行政办公楼

2007 年，区供销总社投资建设的梨缘旅游接待中心

2007 年，区供销总社在梨缘接待中心建立农副土产品展示（采购）中心

2013 年，区供销总社投资建设的供销大厦（奉浦工业区萧湾路 318 号）

奉贤县供销社举办沪、闽、苏商品联合展销订货会

·企业风采·

奉贤烟草糖酒有限公司投资建设、引进的世纪联华超市（奉城镇城大路 115 号）

复美康德大药房南桥店（南桥镇人民中路 226 号）

康德旅行社（南桥镇解放中路 246～248 号）

南桥小元国酒店（南桥镇南桥路 30 号）

1987 年，县供销社与企业签订承包责任书

2004 年 3 月，区供销总社召开基层供销社主任聘任大会

· 改革开放搞活 ·

2010 年 8 月，江海供销社参办的民耀农产品产销专业合作社成立大会

2010 年 11 月 18 日，上海新奉水产专业合作社成立

2012年12月，区供销总社开设社区农副产品直供点（南桥镇新建西路475～477号）

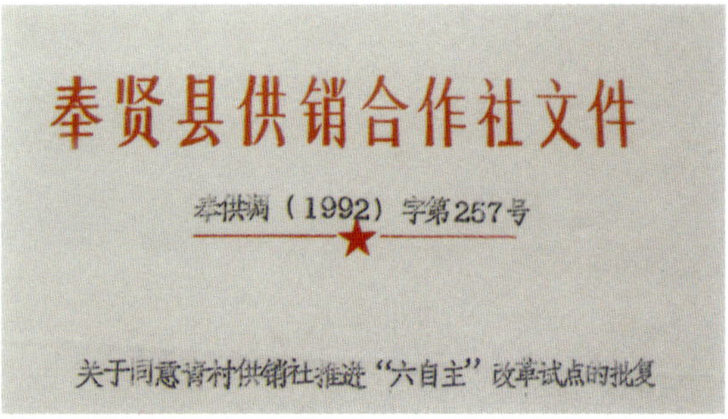

奉贤县供销合作社文件

奉供调（1992）字第257号

关于同意青村供销社推进"六自主"改革试点的批复

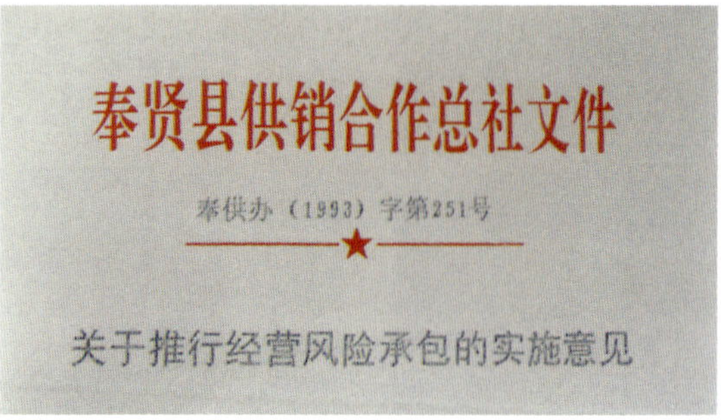

奉贤县供销合作总社文件

奉供办（1993）字第251号

关于推行经营风险承包的实施意见

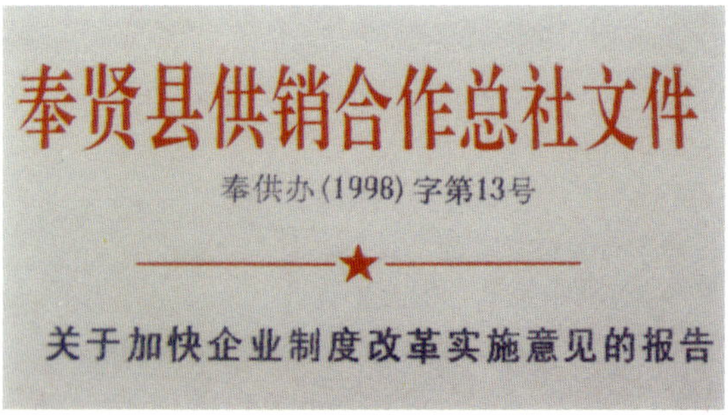

奉贤县供销合作总社文件

奉供办（1998）字第13号

关于加快企业制度改革实施意见的报告

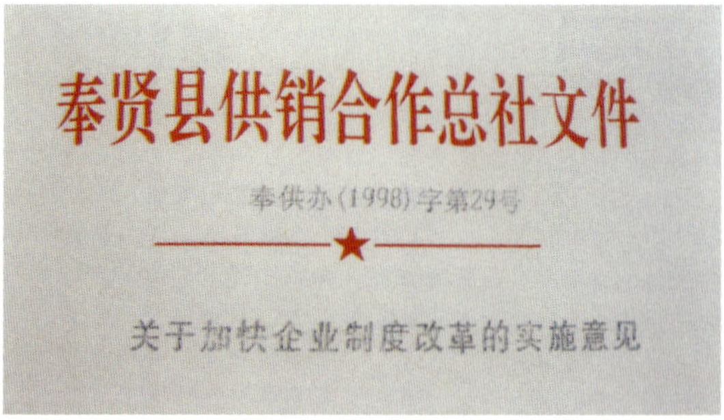

奉贤县供销合作总社文件

奉供办（1998）字第29号

关于加快企业制度改革的实施意见

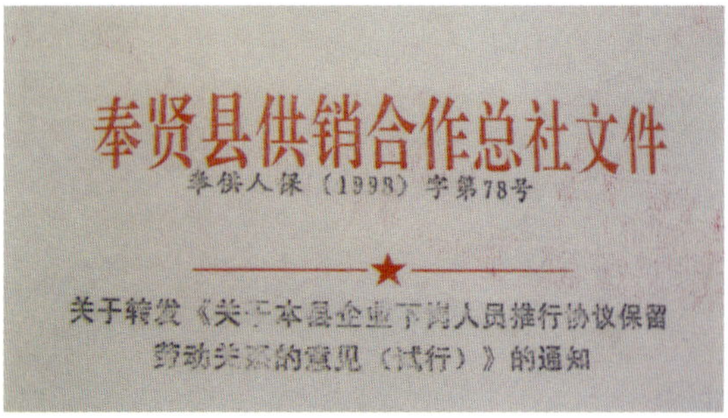

奉贤县供销合作总社文件

奉供人保（1998）字第78号

关于转发《关于本县企业下岗人员推行协议保留劳动关系的意见（试行）》的通知

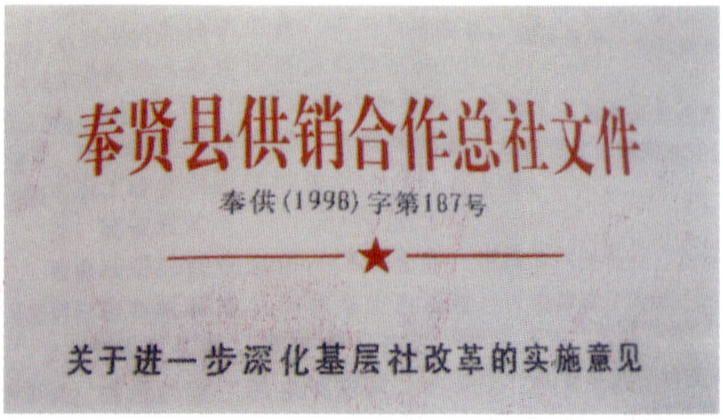

奉贤县供销合作总社文件

奉供（1998）字第187号

关于进一步深化基层社改革的实施意见

奉贤区（县）供销总社关于企业改革的部分文件目录

· 改革开放搞活 ·

2012 年，区供销总社引进“家渔沪晓”酒家、中国民生银行（奉浦商业街）品牌

2006 年，金叶大卖场重建后引进国际知名品牌企业乐购超市（南桥镇环城东路 1468 号）

原上海奉贤百货公司引进国内知名品牌克莉丝汀食品店（南桥镇人民中路 264 号）

萧塘供销社引进华联超市（南桥镇江南路 351 号）

上海奉贤五金交电公司引进老凤祥银楼（南桥镇人民中路 163 号）

上海奉贤五金交电公司引进老庙黄金（南桥镇人民中路 175 号）

上海奉贤五金交电公司引进蒙太奇婚纱摄影（南桥镇人民中路 157 号 2 楼）

上海奉贤五金交电公司引进集集小镇（南桥镇人民中路 199 号）

2002 年 12 月，鸿雁商场引进国际知名品牌麦当劳（南桥镇人民中路 196 号）

2003 年 7 月，鸿雁商场引进国际知名品牌肯德基（南桥镇人民中路 196 号）

· 改革开放搞活 ·

鸿雁商场引进澳门豆捞饮食店（南桥镇解放中路 394 号）

鸿雁商场引进花之林人文茶馆（南桥镇人民中路 396 号）

江海供销社引进金伯利钻石商店（南桥镇人民中路 77 号）

江海供销社引进乔丹体育运动系列品牌商店（南桥镇人民中路 83 号）

江海供销社引进上海亚一金店（南桥镇人民中路 68 号）

江海供销社引进上海鸿翔鞋业（南桥镇南中路 60 号）

金汇供销社引进奥康皮具商店（金汇镇金汇中路185号）

金汇供销社引进潮流前线服装商店（金汇镇金汇中路173～177号）

金汇供销社引进安踏体育商店（金汇镇金汇中路59～65号）

金汇供销社引进ZKZ泽扣站商店（金汇镇金汇中路179～183号）

头桥供销社引进家得利超市（头桥社区头桥中路12号）

头桥供销社引进鸿星尔克运动鞋商店（头桥社区头桥中路12号）

· 改革开放搞活 ·

区供销系统企业资产经营中先后引进部分知名企业（品牌）的商标图案

·主要荣誉·

1983 年 3 月，奉贤鼎丰酿造厂榨菜加工新工艺被上海市人民政府授予重大科技成果三等奖

1983 年 5 月，奉城供销社受到商业部嘉奖

1985 年 4 月，县中药饮片厂被国家医药管理局评为先进单位

1985 年 8 月，奉城供销社获商业部文明单位奖杯

1986年7月，萧塘供销社棉花收购站获商业部“文明棉花收购站”称号

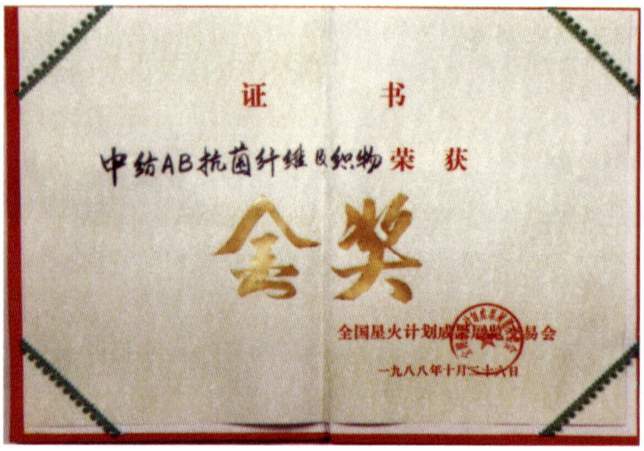

1988 年 10 月，奉贤经编厂生产的中纺 AB 抗菌纤维及织物荣获全国星火计划成果展览交易会金奖

1988 年，奉城供销社被评为全国基层供销社第一家国家二级企业

·主要荣誉·

1991年3月，上海华城特种织品有限公司生产的津柏牌抗菌防臭纤维及织物被商业部批准为优质产品奖证书

1994年9月，县供销总社在全国供销社系统评选“双百强”活动中列百强县（市、区）供销社第七名

1994年，齐贤供销社农资供应门市部被评为上海市1993年度模范集体

1992年，上海古华药业（集团）有限公司人和堂国药店被国内贸易部认定为“中华老字号”企业

上海鼎丰酿造食品有限公司“中华老字号”企业标牌

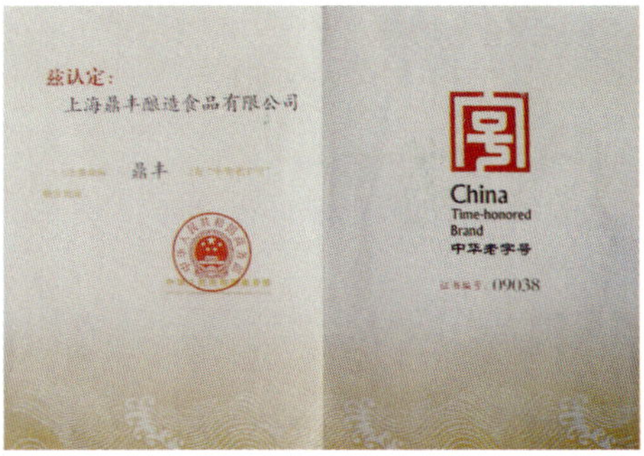

2006年，上海鼎丰酿造食品有限公司被国家商业部再次认定为“中华老字号”企业

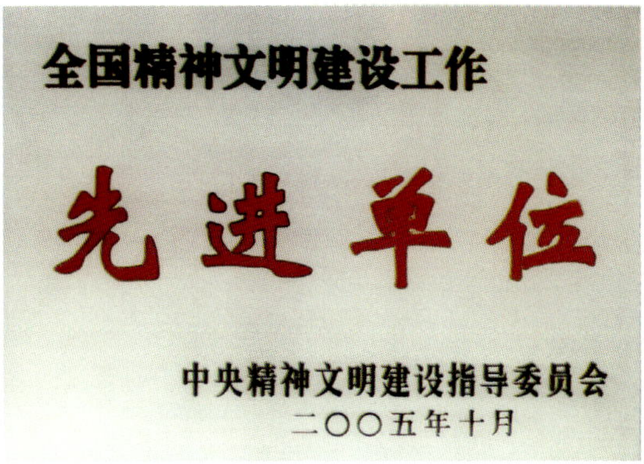

2005年10月，上海鼎丰酿造食品有限公司被授予全国精神文明建设工作先进单位

·主要荣誉·

2006年8月，奉贤卷烟销售网络被商务部定为万村千乡市场工程试点企业

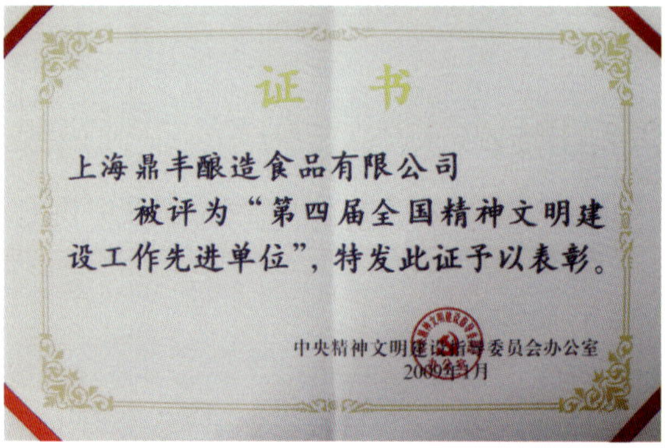

2009年1月，上海鼎丰酿造食品有限公司再次评为第四届全国精神文明建设工作先进单位

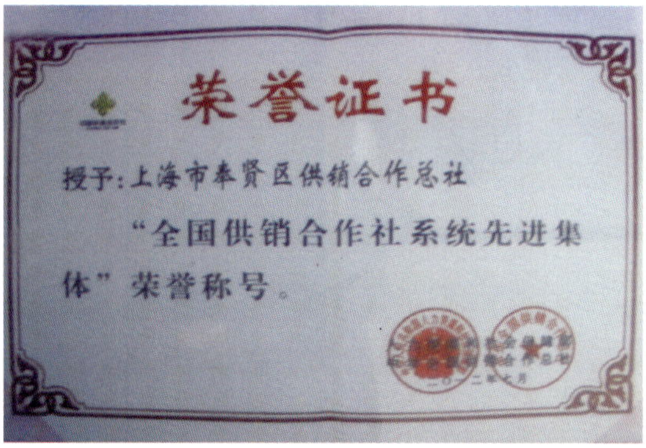

2012年7月，区供销总社被人力资源和社会保障部、中华全国供销合作总社授予全国供销合作社系统先进集体荣誉称号

2007年4月，上海鼎丰酿造有限公司被授予上海市军民共建社会主义精神文明先进集体称号

2011年10月，上海鼎丰酿造有限公司被评为中华全国供销合作总社农业产业化重点龙头企业

2012年止，上海鼎丰酿造有限公司连续10次、奉贤烟草糖酒有限公司4次被评为上海市文明单位

·主要荣誉·

1956年7月，出席全国供销合作社第一次先进工作者代表会议的江苏省代表合影（前排右起三为县鼎丰酿造厂杨金龙、第三排左起四为四团供销站邬志如）

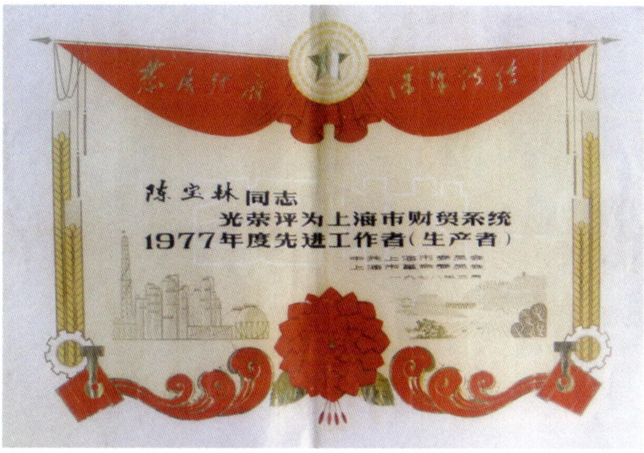

1955～2007年，奉贤供销系统陈宝林等45人次被评为上海市（省、部）级劳动模范（先进工作者）

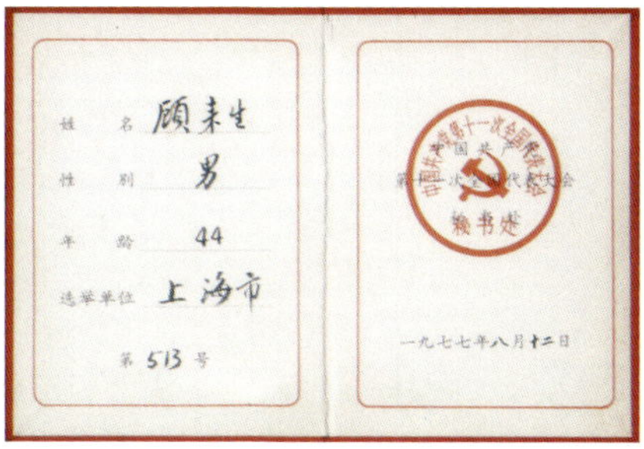

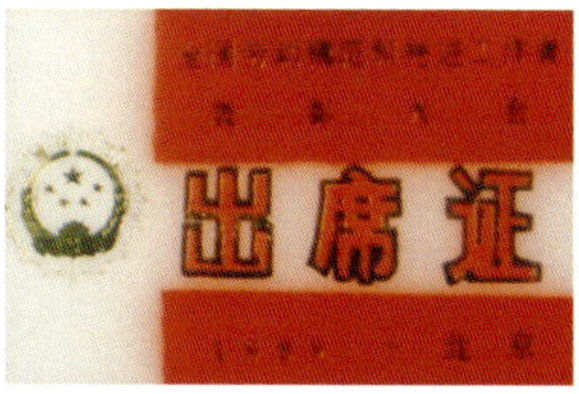

1977年8月，齐贤轧花厂顾来生出席中共十一次全国代表大会代表证、出席证

1989年9月，奉贤经编厂党支部副书记顾来生被国务院授予全国劳动模范称号的证书、证章

·主要荣誉·

1989年3月，奉贤鼎丰酿造厂王瑞芝获商业部科技进步奖证书

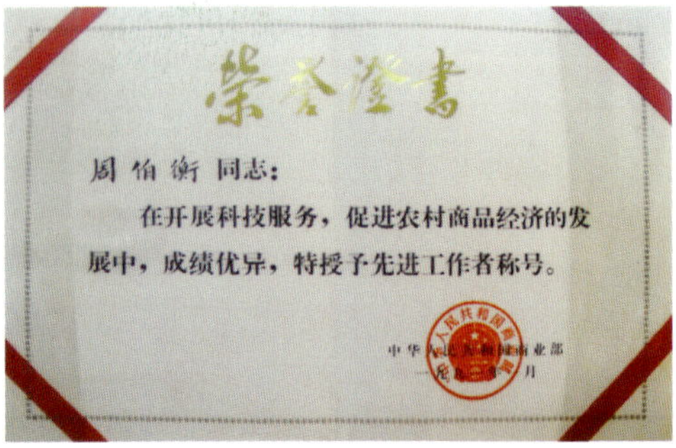

1991年1月，县供销社周伯衡被国家商业部评为促进农村商品经济发展先进工作者称号

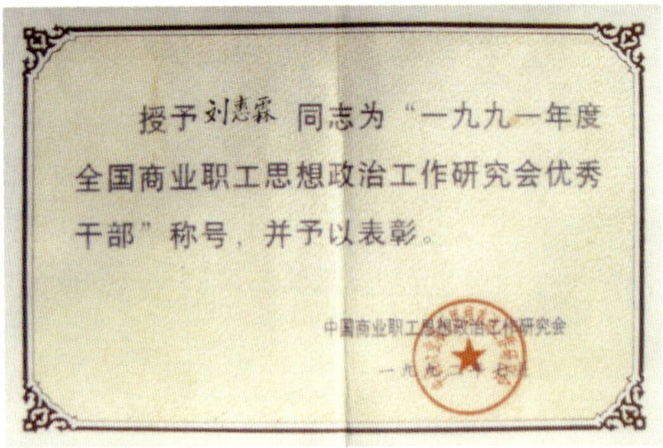

1992年7月，县供销社刘惠霖被授予“全国商业职工思想政治工作研究会优秀干部”称号

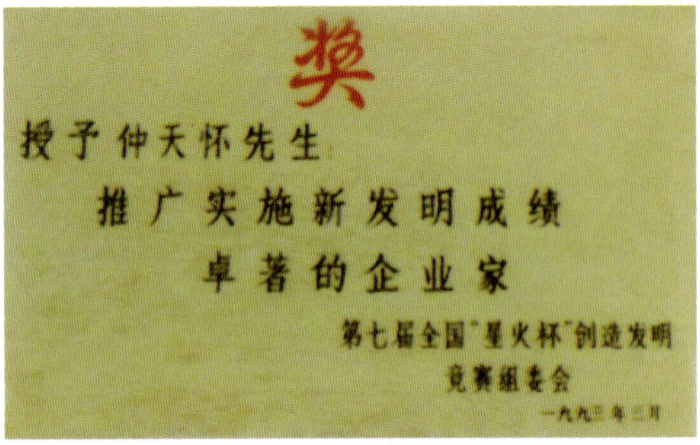

1993年3月，奉贤经编厂仲天怀被授予推广实施新发明成绩卓著的企业家称号

1998年3月，县供销总社邵复健被全国总工会授予全国先进女职工工作者称号

2001年12月，青村供销社职工钱正兴被卫生部等部门授予全国无偿献血奉献奖金奖

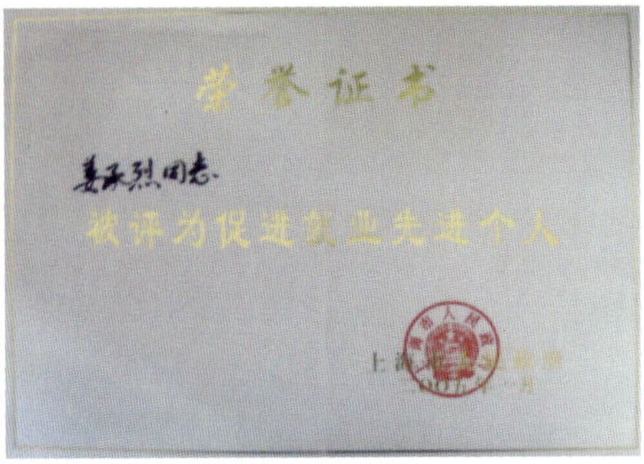

2005年1月，区供销总社姜承烈被市政府评为上海市促进就业先进个人的证书

2012年12月，上海鼎丰酿造食品有限公司总经理沈仲华被评为2011年度全国百强农产品经纪人

·企业文化·

1981 年 5 月，奉贤县供销商业干部学校举办的领导干部轮训班结业合影

1987 年 6 月，县供销社商业职工中专学校首届毕业生合影

2009 年 8 月，奉贤区供销总社党政干部及管理人员培训班合影

1997年7月1日，著名电影表演艺术家秦怡（中）与金叶艺术团团员们在一起

2000年12月，沪剧知名演员马莉莉在金叶商厦表演节目

第七届“金叶杯”小主人书画比赛颁奖仪式会场

·企业文化·

奉贤供销系统举办新春文艺晚会

区供销总社老年文艺演出

县供销总社举办职工体育运动会暨技术比赛大会开幕式

1991年10月，县供销社男女篮球队在奉贤县第五届体育运动会上分获第一名

上海书法家协会主席周慧珺为金叶商厦题词

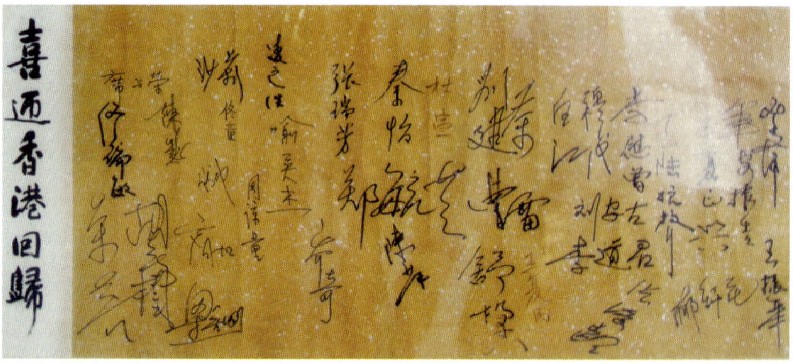

1997年7月1日，上海金叶商厦特邀上海文艺界知名人士聚会奉贤，庆祝香港回归时签名

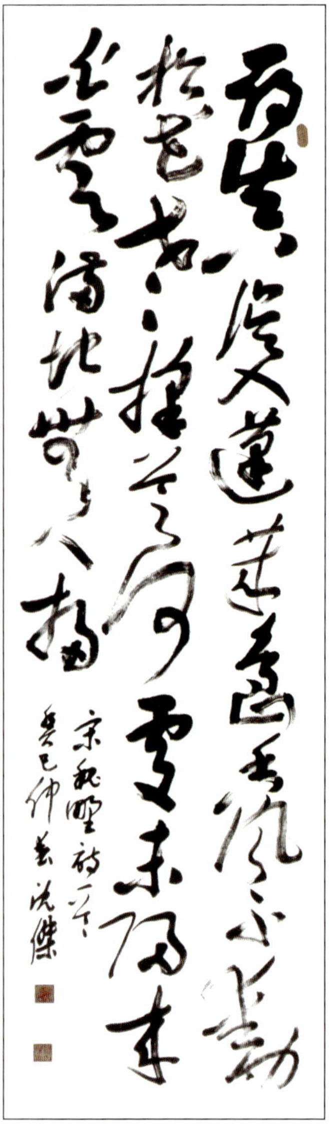

沈杰书法

蔡木顺书法

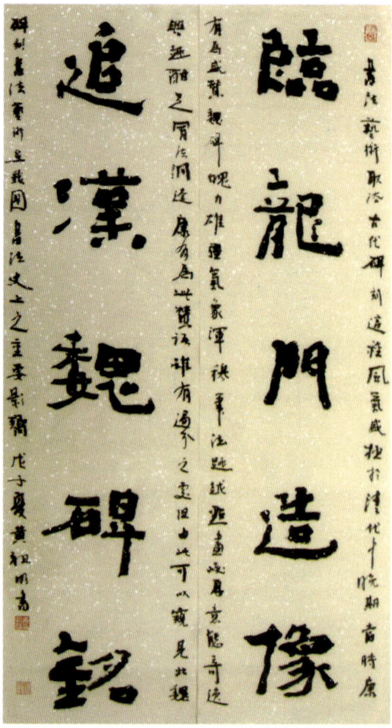

黄祖明书法

·企业文化·

国画　虎虎生威　黄公望画

国画　山高水长　严秉沁画

摄影“夕阳余晖”　丁春瑜摄

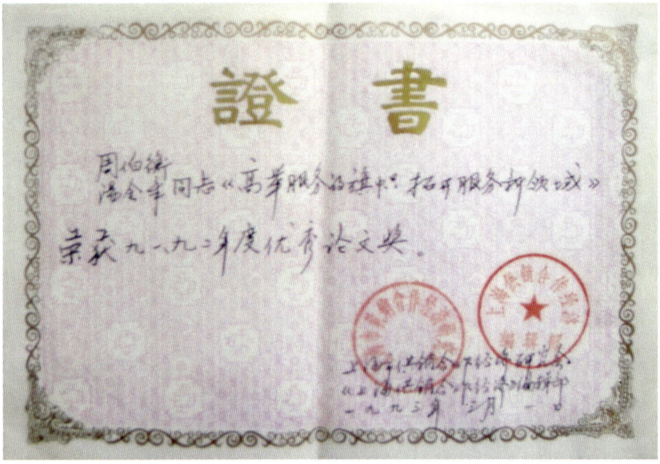
證書

周伯衡
汤金章同志《高举服务的旗帜 拓开服务新领域》

荣获一九九二年度优秀论文奖。

1993年3月，县供销总社周伯衡、汤金章“高举服务的旗帜　拓开服务新领域”论文获奖证书

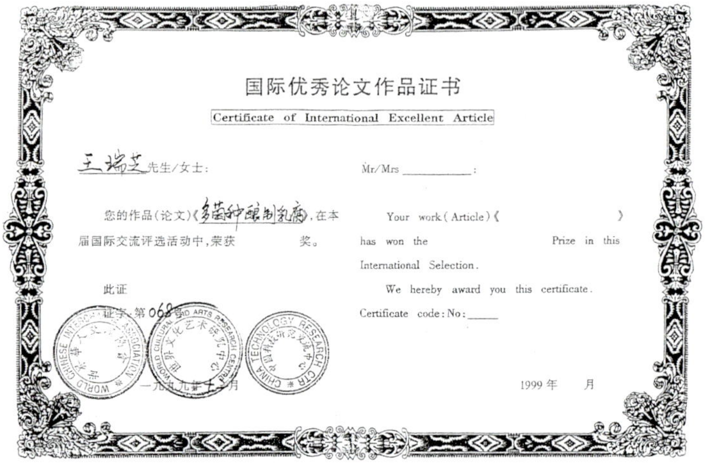
国际优秀论文作品证书

Certificate of International Excellent Article

王瑞芝先生/女士：　　Mr/Mrs ______:

您的作品（论文）《多菌种酿制乳腐》，在本届国际交流评选活动中，荣获　　奖。

Your work (Article)《　　》has won the 　　Prize in this International Selection.

此证

We hereby award you this certificate.

证字第　　号

Certificate code: No: _____

1999年　月

1999年，奉贤鼎丰酿造食品有限公司王瑞芝获国际优秀论文作品证书

上海鼎丰酿造食品有限公司王瑞芝著作《中国腐乳酿造》《鼎丰乳腐生产技术》

·志稿编审·

2013年11月26日，《奉贤供销合作社志》审稿会会场

2013年11月26日，《奉贤供销合作社志》审稿会人员合影（前排左起：姜承烈、周伯衡、刘惠霖、丁惠义、马晨辉、沈华德、薛德初、陆慧仙，后排左起：马莉苑、周生明、赵金林、唐汉规、李建育、鲍振淦、查华康、崔峻、王永平）

区供销总社党政班子成员与《奉贤供销合作社志》编辑人员合影

《奉贤供销合作社志》编辑人员（左起：楼关涛、陈炳章、高李华）

奉贤区政区图

南桥城区图
(2014)
上海市工业综合开发区
上海奉贤经济开发区
生物科技园区
上海奉贤金海社区
上海之鱼
(在建)
奉浦四季生态园
上海商学院(奉贤校区)
上海奉贤奉浦社区办事处
民办奉浦学校
奉贤区
南桥镇
杨王工业区
上海绕城高速
沪金高速
金大公路
区中心医院
区人民法院
区烈士陵园
南郊宾馆
古华园
古华中学
正阳世纪星城
百联南桥购物中心
南桥国际商业广场
南桥汽车站
浦江长途汽车客运站
江海古文化遗址
光明影剧院
庙泾
光明
曙光
九华
韩村
树园
龙潭
三长
张翁庙
韩树

《奉贤供销合作社志》编纂委员会

主　　任　丁春瑜　(2012.03～2012.04)
　　　　　马晨辉　(2012.04～　　　　)
副 主 任　马晨辉　(2012.03～2012.04)
　　　　　姜承烈　屠永华　荀　榕

《奉贤供销合作社志》编纂委员会办公室

主　　任　姜承烈
副 主 任　赵金林
成　　员　陈炳章　楼关涛　高李华

《奉贤供销合作社志》编辑部

主　　编　马晨辉
副 主 编　姜承烈　陈炳章
编　　辑　陈炳章　楼关涛　高李华
特约编审　周生明

《奉贤供销合作社志》审稿会参会人员

(以姓氏笔画为序)

丁春瑜　丁惠义　马莉苑　马晨辉　王永平　刘惠霖　陈洪明　沈华德
李建育　陆金昌　陆慧仙　周生明　周伯衡　周林昌　荀　榕　姜承烈
查华康　赵金林　姚金祥　唐汉规　崔　峻　屠永华　鲍振淦　薛德初

序　言

我是2009年5月调任区供销总社工作的。在已经走过63年光辉历程的供销队伍中，我只是一名承前启后、接力奋进的新成员。2012年3月，党政班子决定编纂《奉贤供销合作社志（1950～2012年）》全志，经过近3年的众手修志，《奉贤供销合作社志》终于付梓出版，这是奉贤区供销合作总社两个文明建设的一件大事。

《奉贤供销合作社志》的编写，得到区地方志办公室悉心指导，秉承奉贤方志编纂的优良传统和专业特长，它凝结着全区（县）供销系统历届各级领导、广大干部职工长年累月付出的心血，已成为供销社历史的宝贵财富，“贤文化”的重要组成部分。

《奉贤供销合作社志》坚持思想性、科学性、发展性、资料性的有机结合，力求全书门类齐全、内容翔实、语言流畅、文风简朴、图文并茂、详略得当，具有时代特征与奉贤供销特色。

以史为镜，可以知兴衰。《奉贤供销合作社志》是一部全面反映奉贤供销战线几代人艰苦创业发展壮大的光辉篇章，它见证奉贤供销社白手起家、从无到有、由弱变强、从困难走向振兴的峥嵘岁月，记载奉贤供销社在计划经济时期的商品流通主渠道、发展经济主力军作用的历史足迹，展现奉贤供销系统干部职工勇于改革、善于创新的精神风貌和非凡业绩，为今人后代留下一册内容丰富、史料可信、通俗易懂的百科全书。

《奉贤供销合作社志》的出版，必将发挥其“资政、存史、教化”功能，承上启下、继往开来、服务当代、垂鉴后世，进一步激励奉贤供销系统广大干部职工乘胜前进、再攀高峰，为建成中国特色社会主义强国，实现奉贤全面小康社会而增光添彩。

2014年5月27日

凡　例

一、本志以马克思列宁主义、毛泽东思想、邓小平理论和“三个代表”重要思想、科学发展观为指导，以史实为依据全面记述和反映奉贤供销合作社的历史与现状。

二、本志1984年前记事，以《奉贤县供销合作商业志（1950～1984年）》为基础进行补充修改，加上1985～2012年内容合编成全志，定名为《奉贤供销合作社志》，上限1950年、止于2012年，个别内容适当上溯下延。大事记始于1949年，载至2013年。

三、本志卷首设题词、照片、地图、序言、凡例、目录、总述、大事记，全书分为行政机构、社员代表大会、经济概要、企业改革、行政管理、为农服务、收购、销售、基层商业组织、直属公司、商办工业、商业设施建设、中共奉贤供销社组织、群众团体　民兵组织、企业文化、人物、荣誉共17章99节408目，卷末附解放前奉贤商业概况、解放后奉贤供销社各阶段部分重要文件、有关票证券卡、编后记。

四、本志所记人物，坚持“生不立传，生可简介”的原则，分为传略、简介、名录三部分。“传略”所载的均为逝世人物，以卒年先后排列，他们或是为奉贤供销合作社作出过重要贡献的主要领导，或是在供销社离休的老干部，或是获得市（省、部、全国总社）劳动模范（先进工作者），行业闻人；“简介”所载的是奉贤区（县）供销社历届党政主要领导、供销系统离休干部，市（省、部、全国总社）劳动模范（先进工作者），社会闻人；以出生先后排列。“名录”所载的为已收集到的奉贤供销合作社历届党政副职、出席全国、上海市（江苏省）、奉贤区（县）供销社社员代表大会代表部分代表，奉贤供销系统当选为奉贤区（县）以上党代表、人民代表、政协委员、高级技术职称人员。

五、本志运用述、记、志、传、图、表、录等记述形式，章、节、目排列，章设概述，照片、表格、图片等随文设置，力求图文并茂。行文和排列，按奉贤区地方志办公室规定办理。

六、本志解放前后，以1949年5月14日奉贤全境解放为界，涉及民国前年份，先用历代年号，括注公元纪年，民国后全部用公元纪年。凡年代未注明所属世纪的，均为20世纪。

七、本志部分资料来源于《奉贤县志》《奉贤县续志》《中共奉贤组织史》及1986年内部印刷的《奉贤县供销合作商业志》，部分来自区档案馆、区供销总社档案室资料。1985年以后的经济数据以区供销总社财务科提供为主，加上调查核实的数据。

题　词
照　片
奉贤区政区图
南桥城区图
序　言
凡　例

目　录

总　述 ……………………………………………………………………(1)
大事记 ……………………………………………………………………(9)

第一章　行政机构

第一节　机构沿革 ……………………………(56)
一、奉贤县供销合作总社筹备处 ……………………(56)
二、江苏省苏南区奉贤县合作总社（联合社）………(56)
三、江苏省奉贤县供销合作社 ……………………(57)
四、奉贤县商业局（供销社）……………………(57)
五、上海市奉贤县供销合作社 ……………………(57)
六、奉贤县生产资料管理站 ……………………(57)
七、奉贤县生活资料管理站 ……………………(58)
八、奉贤县商业管理站 ………(58)
九、奉贤县商业局 ………………(58)
十、奉贤县革命委员会商业局 ……………………(58)
十一、奉贤县供销合作社 ……(58)
十二、奉贤区（县）供销合作总社 ………………(58)
第二节　行政领导人更迭 ……………(59)
一、正职干部 ……………………(59)
二、副职干部 ……………………(59)
第三节　商社　投资公司 ……………(61)
一、上海奉贤商社 ……………(61)
二、上海奉贤商业投资有限公司 ……………………(62)
第四节　机关科室 ……………………(62)
一、科室演变 ……………………(62)
二、现有科室职能 ……………(71)
三、非常设机构 …………………(72)

第二章　社员代表大会

第一节　社　员 ……………………………(73)
一、区（县）供销社社员 ……(73)
二、基层供销社社员 ……………(74)
第二节　历届社员代表大会 ……………(74)

一、社员代表 ……(74)
二、区（县）供销社社员代表大会 ……(75)
三、基层供销社社员代表大会 ……(80)
第三节 常设机构 ……(81)
一、理事会 ……(82)
二、监事会 ……(86)
三、社务委员会 ……(89)
第四节 社务活动 ……(92)
一、处理社员代表意见 ……(92)
二、调查审议 ……(94)
三、测评巡视 ……(94)
四、交流合作 ……(95)

第三章 经济概要

第一节 经济发展 ……(98)
一、创 业 ……(98)
二、发 展 ……(99)
三、履 艰 ……(101)
四、振 兴 ……(101)
第二节 经济总量 ……(104)
一、供销社经济 ……(104)
二、国营商业经济 ……(106)
三、合作商业经济 ……(106)
第三节 企（行）业结构 ……(107)
一、企 业 ……(107)
二、行 业 ……(112)
第四节 招商引资 ……(113)
一、合资企业 ……(113)
二、招商经营 ……(115)
三、经济园区 ……(115)
第五节 资产总量 ……(117)
一、供销社资产 ……(117)
二、国营商业资产 ……(119)
三、合作商业资产 ……(120)
第六节 固定资产投资 ……(120)
一、投资发展 ……(120)
二、投资效应 ……(122)
第七节 供销品牌 ……(122)
一、标志性建筑 ……(122)
二、中华老字号企业 ……(123)
三、知名企业 ……(123)
四、名特优产品 ……(125)

第四章 企业改革

第一节 经营模式改革 ……(127)
一、商品经营 ……(127)
二、资产经营 ……(131)
三、新网工程 ……(133)
第二节 管理制度改革 ……(139)
一、民主整社 ……(139)
二、贫下中农管理农村商业 ……(139)
三、企业整顿 ……(139)
四、达标升级 ……(140)
五、质量管理体系认证 ……(141)
第三节 经营机制改革 ……(142)
一、小组经营责任制 ……(142)
二、经济核算制 ……(143)
三、奖励制度 ……(143)
四、放权搞活 ……(144)
五、“四制”改革 ……(145)
六、“六自主”改革 ……(145)
七、承包经营 ……(145)
八、职工自主经营 ……(146)
第四节 产权制度改革 ……(147)
一、私营商业改造 ……(147)
二、直属企业改制 ……(149)
三、社员股金改革 ……(153)

四、资产一体化 ……(162)
第五节 基层供销（商业）合作社改革 ……(162)
一、基层供销社改革 ……(162)
二、商业合作社改革 ……(164)
第六节 用工制度改革 ……(165)
一、用工来源 ……(165)
二、人员性质 ……(166)
三、职工分流 ……(168)
第七节 分配制度改革 ……(171)
一、基本形式 ……(171)
二、职工福利 ……(173)
三、新分配形式 ……(175)
四、住 房 ……(179)

第五章 行政管理

第一节 人力资源管理 ……(180)
一、机 构 ……(180)
二、职工队伍 ……(180)
三、员工管理 ……(181)
第二节 财务会计管理 ……(190)
一、机 构 ……(190)
二、财会制度 ……(191)
三、管理工作 ……(192)
第三节 资产管理 ……(196)
一、机 构 ……(196)
二、管理制度 ……(196)
三、管理工作 ……(197)
第四节 计划统计管理 ……(212)
一、机 构 ……(212)
二、统计制度 ……(212)
三、管理工作 ……(212)
第五节 物价商政管理 ……(213)
一、机 构 ……(213)
二、政策规定 ……(214)
三、管理工作 ……(215)
第六节 审计工作管理 ……(217)
一、机 构 ……(217)
二、管理工作 ……(217)
第七节 综合安全管理 ……(220)
一、机 构 ……(220)
二、管理工作 ……(221)
第八节 文书档案管理 ……(233)
一、机 构 ……(233)
二、管理工作 ……(233)

第六章 为农服务

第一节 农资供应 ……(235)
一、肥 料 ……(236)
二、农 药 ……(238)
三、农 膜 ……(239)
四、小农具 农药械 ……(240)
五、耕牛交易 ……(241)
六、竹类 杂木 ……(241)
七、桐油 黄麻 ……(243)
八、农机配件 ……(243)
九、建筑材料 ……(243)
第二节 农技指导 ……(246)
一、植保站 ……(246)
二、棉花专管员 ……(248)
三、多种经营 ……(248)
四、科技协会 ……(248)
五、庄稼医院 ……(249)
第三节 服务下乡 ……(250)
一、下伸店 ……(250)
二、代购代销店 ……(250)
三、巡回设点供应 ……(250)
四、村级综合服务站 ……(251)
五、农家乐 ……(251)

六、专业合作社 ……………………(252)
七、农业生产资料供应网络 ……………………(253)
八、社区农副产品直供店 ……(255)

第七章 收 购

第一节 棉花收购 ……………………(256)
一、沿 革 ……………………(256)
二、收购方法 ……………………(257)
三、收购政策 ……………………(257)
四、收购数量 ……………………(260)
第二节 副食品收购 ……………………(262)
一、沿 革 ……………………(262)
二、生猪收购 ……………………(263)
三、肉禽收购 ……………………(265)
四、禽蛋收购 ……………………(266)
五、羊 兔收购 ……………………(268)
六、水产收购 ……………………(269)
第三节 蔬菜收购 ……………………(269)
一、沿 革 ……………………(269)
二、收购政策 ……………………(269)
三、收购情况 ……………………(270)
第四节 瓜果收购 ……………………(271)
一、沿 革 ……………………(271)
二、收购政策 ……………………(271)
三、收购情况 ……………………(272)
第五节 中药材收购 ……………………(273)
一、沿 革 ……………………(273)
二、收购价格 ……………………(273)
三、收购情况 ……………………(274)
第六节 土产 畜产品收购 ……………(275)
一、沿 革 ……………………(275)
二、土副产品收购 ……………………(275)
三、畜产品收购 ……………………(277)
第七节 废品收购 ……………………(279)
一、沿 革 ……………………(279)
二、收购政策及品种 ……………………(279)
三、收购情况 ……………………(280)

第八章 销 售

第一节 批发 零售 ……………………(282)
一、棉布 百货 ……………………(282)
二、五金交电 ……………………(287)
三、石油煤炭 ……………………(290)
四、烟草糖酒 ……………………(293)
五、日杂果品 ……………………(298)
六、蔬菜 豆面制品 ……………(300)
七、副食品 ……………………(302)
八、医药器材 药品 ……………(305)
九、农 资 ……………………(307)
第二节 展 销 ……………………(307)
一、商品（物资）交流会 ……(308)
二、庙 会 ……………………(309)
第三节 连锁超市 ……………………(310)
一、连锁店 ……………………(310)
二、超 市 ……………………(311)
第四节 饮食服务 ……………………(311)
一、沿 革 ……………………(311)
二、经 营 ……………………(312)
三、经营业绩 ……………………(313)

第九章　基层商业组织

第一节　基层供销社 ……(315)
一、柘林供销社 ……(315)
二、东新市供销社 ……(316)
三、青村供销社 ……(316)
四、平安供销社 ……(318)
五、洪庙供销社 ……(320)
六、邵厂供销社 ……(321)
七、奉城供销社 ……(321)
八、南桥职工消费合作社 ……(323)
九、民福供销社 ……(323)
十、庄行供销社 ……(324)
十一、江海供销社 ……(326)
十二、头桥供销社 ……(328)
十三、四团供销社 ……(329)
十四、钱桥供销社 ……(331)
十五、光明供销社 ……(333)
十六、金汇供销社 ……(334)
十七、泰日供销社 ……(337)
十八、齐贤供销社 ……(338)
十九、邬桥供销社 ……(340)
二十、胡桥供销社 ……(341)
二十一、道院供销社 ……(343)
二十二、萧塘供销社 ……(343)
二十三、头桥职工消费合作社 ……(345)
二十四、新寺供销社 ……(345)
二十五、塘外供销社 ……(346)
二十六、奉新商业公司 ……(348)
第二节　国营综合商店 ……(349)
一、沿　革 ……(349)
二、经理名录 ……(349)
三、经　营 ……(350)
四、农场综合商店 ……(350)
第三节　商业合作社（总店） ……(350)
一、四团商业合作社 ……(351)
二、申新商业合作社 ……(351)
三、青村商业合作社 ……(351)
四、泰日商业合作社 ……(351)
五、齐贤商业合作社 ……(351)
六、萧塘商业合作社 ……(351)
七、庄行商业合作社 ……(351)
八、南桥饮食服务总店 ……(352)
九、南桥余庆果品日杂总店 ……(352)
十、南桥群利商业总店 ……(352)
第四节　食品购销站 ……(352)
一、沿　革 ……(352)
二、行政领导名录 ……(352)

第十章　直属公司

第一节　烟酒　食品企业 ……(355)
一、上海烟草集团奉贤烟草糖酒有限公司 ……(355)
二、上海丰意果品日用有限公司 ……(358)
三、上海奉贤饮食服务有限公司 ……(360)
四、奉贤南桥烟酒食品公司 ……(362)
五、奉贤华亭食品商场 ……(362)
六、上海奉贤商业有限公司 ……(363)
七、上海奉贤商业供销有限公司 ……(364)
第二节　百货　服装企业 ……(365)
一、奉贤县百货有限公司 ……(365)
二、奉贤县纺织公司 ……(367)

三、奉贤南桥百货公司 ………(367)
四、奉贤县针纺织品公司 ……(368)
五、奉贤区鸿雁商场（鸿苑商厦）有限公司 …………(369)
六、奉贤县服装鞋帽公司 ……(370)
七、奉贤县百货总公司 ………(371)
八、奉贤区精品商场有限公司 …………………………(371)
九、上海晟丰商厦有限公司 ……………………………(372)
第三节　副食品企业 ……………………(372)
一、上海市食品公司奉贤县公司 …………………………(372)
二、奉贤县副食品公司 ………(373)
三、奉贤县水产公司 …………(374)
四、上海滨江副食品有限公司 ……………………………(375)
五、上海南桥集贸市场管理有限公司 …………………(376)
第四节　医药企业 ………………………(376)
一、奉贤县医药公司 …………(376)
二、上海古华医药药材（集团）公司 …………………………(377)
三、上海复美康德大药房有限公司 ……………………(378)
第五节　农副产品企业 …………………(379)
一、上海奉贤棉花有限公司 ……………………………(379)
二、奉贤县对外贸易服务公司 ……………………………(381)
三、奉贤县土产公司 …………(382)
第六节　废品物资回收企业 …………(382)
一、上海奉贤物资回收利用有限公司 …………………(382)
二、奉贤帮业居民废品回收服务社 ………………………(385)
三、上海载盛物资有限公司 ……………………………(385)
第七节　五金　家电企业 ………………(385)
一、上海奉贤五金交电有限公司 ………………………………(385)
二、上海伊和电器有限公司 ……………………………(388)
第八节　农资　物资企业 ………………(388)
一、上海奉贤农业生产资料有限公司 …………………(388)
二、奉贤县木材公司 …………(391)
三、上海南化工业气体有限公司 …………………………(391)
四、上海奉贤有色金属有限公司 …………………………(391)
五、上海南奉生产资料有限公司 …………………………(391)
六、上海欣隆木材钢模有限公司 …………………………(392)
七、上海奉贤机电设备有限公司 …………………………(392)
八、上海奉贤农业机械有限公司 ……………………………(392)
九、上海奉贤化工轻工有限公司 …………………………(392)
十、上海奉贤建筑材料有限公司 …………………………(393)
十一、上海华物商贸有限公司 ………………………(393)
第九节　石油　煤炭企业 ………………(393)
一、上海奉贤煤炭有限公司 …………………………(393)
二、上海市石油公司奉贤县公司 …………………………(395)
第十节　投资　建设企业 ………………(395)
一、上海千意置业有限公司 ……………………………(395)
二、上海奉贤供销商业建设有限公司 …………………(396)
三、上海奉供实业发展有限公司 …………………………(397)
第十一节　其　他 …………………………(398)

一、奉贤县商业局畜牧繁殖试验场 ……(398)
二、奉贤县供销社汽车运输队 ……(398)
三、奉贤县商业局冷库 ……(399)
四、奉贤县供销社经济开发公司 ……(399)
五、上海奉贤商社福州公司 ……(400)
六、上海奉贤商社深圳分公司 ……(400)
七、上海达威国际贸易公司 ……(400)

第十一章 商办工业

第一节 食品生产企业 ……(401)
一、奉贤县胡桥榨油厂 ……(401)
二、上海鼎丰酿造食品有限公司 ……(401)
三、奉贤古华食品厂 ……(404)
四、奉贤华乐食品厂 ……(405)
五、上海神力营养食品有限公司 ……(405)
第二节 棉花加工企业 ……(406)
一、奉贤县南桥轧花厂 ……(406)
二、奉贤县奉城轧花厂 ……(407)
三、奉贤县齐贤轧花厂 ……(408)
四、奉贤县西渡轧花厂 ……(409)
五、奉贤县胡桥轧花厂 ……(409)
六、奉贤县四团轧花厂 ……(409)
七、奉贤县青村轧花厂 ……(410)
八、奉贤县头桥轧花厂 ……(410)
九、奉贤县金汇轧花厂 ……(410)
第三节 化工 塑料企业 ……(410)
一、奉贤县化工厂 ……(410)
二、上海华邦涂料有限公司 ……(410)
三、奉贤塑料管厂 ……(412)
四、上海佳丽密胺制品有限公司 ……(412)
第四节 纺织 服装企业 ……(413)
一、上海奉贤经编厂 ……(413)
二、上海华城特种织品有限公司 ……(413)
三、上海爱碧制衣公司 ……(414)
第五节 药品生产企业 ……(414)
一、奉贤县制药厂 ……(414)
二、奉贤县中药饮片厂 ……(415)
第六节 机械 五金企业 ……(416)
一、奉贤县洋钉厂 ……(416)
二、上海市供销机械总厂 ……(416)
三、奉贤江南汽车修理厂 ……(417)
四、上海华英精密陶瓷厂 ……(417)
五、上海鸿利食品机械有限公司 ……(417)
六、上海环东空调设备厂 ……(418)
第七节 印刷 煤制品企业 ……(418)
一、奉贤县印刷厂 ……(418)
二、奉贤县煤球厂 ……(418)
三、奉贤县炼焦厂 ……(419)
四、奉贤县石灰厂 ……(419)
第八节 基层商办厂 ……(419)

第十二章 商业设施建设

第一节 商业网点建设 ……(422)
一、商场（店）超市 ……(422)
二、大卖场 ……(424)
三、商 铺 ……(424)

四、梨缘旅游接待中心 ………(425)
五、废品交投站 …………………(425)
第二节 办公用房 厂房 ……………(425)
一、办公用房 ……………………(425)
二、厂 房 ……………………(426)
三、技术改造 ……………………(427)
第三节 仓储设施 …………………(427)
一、仓 库 ……………………(427)
二、油 库 ……………………(428)
三、冷 库 ……………………(428)
第四节 运输设备 码头 ……………(429)
一、运输工具 ……………………(429)
二、码头 堆场 …………………(430)

第十三章 中共奉贤供销社组织

第一节 区（县）供销社（商业局）党委（总支）……………………(431)
一、中共奉贤县供销合作社总支委员会 …………………(431)
二、中共奉贤县商业局核心小组（总支） ………………(432)
三、中共奉贤县商业局委员会 ……………………………(432)
四、中共奉贤县供销合作社委员会 ………………………(432)
五、中共奉贤县供销合作总社委员会 ……………………(433)
六、中共奉贤区供销合作总社委员会 ……………………(433)
第二节 区（县）供销社纪委 ………(434)
一、机 构 ……………………(434)
二、班 子 ……………………(434)
第三节 党委部门设置 ……………(434)
一、干部科（股） ………………(434)
二、政工（组织）科 ……………(434)
三、宣教科 ………………………(434)
四、人力资源科 …………………(435)
第四节 党员代表会议 ……………(435)
一、县供销社（商业局）党员代表会议 ……………………(435)
二、区供销总社党员代表会议 ……………………………(436)
三、区（县）以上党代表……(436)
第五节 基层党组织 ………………(437)
一、机关（商校）党支部……(437)
二、基层供销社党支部 ………(437)
三、直属公司党总支 …………(444)
四、直属公司党支部 …………(447)
五、直属厂党支部 ……………(456)
六、物资系统党支部 …………(458)
七、离退休党支部 ……………(460)
第六节 党的建设 …………………(460)
一、组织建设 ……………………(460)
二、思想建设 ……………………(469)
三、作风建设 ……………………(474)
四、反腐倡廉 ……………………(477)
五、制度建设 ……………………(480)
六、党校工作 ……………………(490)
七、案件复查 ……………………(491)
第七节 精神文明建设 ……………(492)
一、政治教育 ……………………(492)
二、评先活动 ……………………(502)
三、文明创建 ……………………(506)
四、企业精神 ……………………(510)

第十四章 群众团体 民兵组织

第一节 工 会 ……………………(512)
一、区（县）供销社工会……(512)

二、基层供销社工会 ……………(513)
三、机关、直属公司（厂）
工会 ……………………………(514)
四、物资系统工会 ……………(515)
五、主要活动 …………………(515)
第二节　共青团 ………………………(518)
一、团　委 ……………………(518)
二、基层组织 …………………(520)
三、主要活动 …………………(520)
第三节　女职工委员会 ………………(522)
一、女工组织 …………………(522)
二、基层组织 …………………(522)
三、主要活动 …………………(522)
第四节　计生协会 ……………………(524)
一、组　织 ……………………(524)
二、领导更迭 …………………(524)
三、主要活动 …………………(524)
第五节　民兵组织 ……………………(525)
一、入编条件 …………………(525)
二、基层组织 …………………(525)
三、主要活动 …………………(525)
第六节　合作经济研究会 ……………(526)
一、机　构 ……………………(526)
二、主要工作 …………………(526)
第七节　思想政治工作研究会 ………(527)
一、机　构 ……………………(527)
二、主要工作 …………………(527)

第十五章　企业文化

第一节　教育培训 ……………………(530)
一、教育阵地 …………………(530)
二、培训工作 …………………(532)
三、职称考评 …………………(534)
第二节　文化　体育 …………………(535)
一、文化娱乐 …………………(535)
二、职工运动会 ………………(538)
第三节　技改　比武 …………………(539)
一、技术革新 …………………(539)
二、星火计划项目 ……………(540)
三、业务操作比赛 ……………(540)
第四节　商标　专利 …………………(541)
一、知名商标 …………………(541)
二、产品专利 …………………(542)
第五节　著作　文章　媒体报道 ……(542)
一、出版著作 …………………(542)
二、登载文章 …………………(543)
三、媒体报道 …………………(545)
第六节　信息平台 ……………………(546)
一、简　报 ……………………(546)
二、网　站 ……………………(547)
第七节　商业新词汇 …………………(548)
一、货币　卡　券 ……………(548)
二、劳动用工 …………………(548)
三、娱乐休闲 …………………(549)
四、经营业务 …………………(549)
五、房　产 ……………………(550)
六、通　讯 ……………………(550)
七、交通工具 …………………(551)

第十六章　人　物

第一节　人物传略 ……………………(552)
一、区（县）供销社党政
正职干部 ………………………(552)
二、离休干部 …………………(555)
三、劳动模范 …………………(561)
四、行业闻人 …………………(562)
第二节　人物简介 ……………………(563)
一、区（县）供销社党政
正职干部 ………………………(563)

二、离休干部 ……(566)
三、劳动模范　先进工作者 ……(569)
四、社会闻人 ……(573)
第三节　人物名录 ……(574)
一、区（县）供销社党政副职干部 ……(574)
二、党代表　人民代表　政协委员 ……(576)
三、供销社部分社员代表名录 ……(578)
四、高级技术职称人员 ……(591)

第十七章　荣　誉

第一节　先进集体 ……(592)
一、国家级先进集体 ……(592)
二、市（省　部　全国总社）级先进集体 ……(592)
三、市（省　国家部委　全国总社）级条线先进集体 ……(593)
四、奉贤区（县）先进集体 ……(603)
第二节　先进个人 ……(606)
一、全国劳动模范（先进工作者） ……(606)
二、市（省　国家部委　全国总社）劳动模范（先进工作者） ……(606)
三、市（省　部　全国总社）条线级先进工作者 ……(607)
四、区（县）先进工作者 ……(617)
第三节　先进党组织　优秀党员 ……(623)
一、先进党支部（党委） ……(623)
二、优秀党务工作者（党员） ……(624)
第四节　文明单位 ……(625)
一、市部级文明单位 ……(625)
二、市条线　区（县）文明单位 ……(627)

附　录

一、解放前奉贤商业概况 ……(629)
二、区（县）供销社重要文件选录 ……(632)
奉贤县合作总社第一届第一次社员代表大会章程 ……(632)
上海市奉贤区供销合作总社章程 ……(637)
奉贤县供销合作总社关于面上企业全面推进“六自主”改革的意见 ……(644)
奉贤县供销合作总社关于推行经营风险承包的实施意见 ……(648)
奉贤县供销合作总社关于进一步深化基层社改革的实施意见 ……(651)
深化产权制度改革　实施抓大放小战略　丁春瑜 ……(655)
三、奉贤供销社（商业局）票证券卡 ……(659)

编后记

总　述

奉贤，位于上海市东南沿海杭州湾北岸，北枕黄浦江，东接浦东新区，西邻松江、金山两区。2012年，全区陆地总面积720.44平方千米，常住总人口112万人（其中外来人口60万人）。

上海市奉贤区供销总社坐落于市郊奉贤滨海新城南桥镇，为中共奉贤区委、奉贤区人民政府所在地，全区政治、经济、文化中心。区供销总社建社至今，曾几易其名和多次迁移，现社址设于南桥镇西圆弄10号。1991年，奉贤县供销社被评为上海市级先进企业。1994年，在国内贸易部举行的全国供销合作社系统评选“双百强”活动中，奉贤县供销总社综合实力排名全国百强县（市、区）供销合作社第七名。2012年，奉贤区供销总社被人力资源和劳动保障部、中华全国供销合作总社授予全国供销系统先进企业称号。

一

供销企业逐步发展。1950年10月，建立江苏省苏南区奉贤县供销合作总社筹备处。1951年4月，奉贤县合作总社成立，是年9月，改称奉贤县合作社联合社。1954年11月，改名为奉贤县供销社。1958年4月，县供销社与县商业局合署办公。是年11月，奉贤县从江苏省划入上海市，更名为上海市奉贤县供销社。1962年1月，县供销社与县商业局分署。1969年6月，县供销社建制撤销，建立奉贤县生产资料管理站。1970年4月，与县生活资料管理站（原县商业局）合并，成立奉贤县商业管理站。1971年1月，改称县商业局。1972年8月，改称为奉贤县革命委员会商业局。1978年8月，县商业局改称奉贤县供销社。1992年11月，改称为奉贤县供销合作总社。2001年8月，奉贤撤县建区，改称为上海市奉贤区供销合作总社。

1986年12月，县供销社与江苏、浙江省5县（市）供销社联合成立上海奉贤商社，与奉贤县供销社实行一套班子两块牌子。1997年12月撤销。

2009年，成立上海奉贤商业投资有限公司，与奉贤区供销总社实行一套班子两块牌子。

1950年6月，柘林供销合作社率先建成，之后洪庙、平安、东新市、青村、邵厂、奉城、南桥、头桥、民福、庄行、四团、胡桥、道院、金汇、齐贤、泰日、邬桥、萧塘、钱桥、三官（今光明）供销合作社及头桥、南桥职工消费合作社相继成立。1954年冬，以行政区建社，设南桥、奉城、庄行、青村、泰日区供销社，其他供销社改称供应站。1958年，供销站改为公社供销部。1961年10月，各公社供销部恢复供销社名称。1963年5月，以经济区划社，设庄行、萧塘、齐贤、奉城、青村、四团、新寺供销社，其他供销社改称供销站。1964年底，各供销站恢复供销社名称。1966年，建立塘外供销社。1969年10月，基层供销社撤销，与国营商店、合作商店合并建立商业站。1973年6月，重新恢复基层供销社名称。1982年，建立新海供销社。1984年，重建柘林供销社。1994年重建洪庙、邵厂供销社。2003年，全区供销系统实行一体化管理，新成立的镇供销社托管被撤并镇的供销社。

奉贤县合作总社成立初，直属企业有轧花厂、鼎丰厂等10家。50～60年代，先后成立县百货、医药、五金交电、煤炭、糖业烟酒、食品、饮食服务等公司。70年代成立星火、五四、燎原等3个农场国营综合商店。1984年，县供销社直属企业20家。90年代，县供销社、基层供销社相继发展商办工业。2003年，供销经济园区建立开始招商引资。2012年，区供销总社直属企业34家，有生产资料、化工、物利、药品、食品、饮食、旅游等18个主要行业。

坚持实行民主管理。供销合作社是劳动人民自愿结合的贸易组织，以入股自愿、退股自由为原则的群众性经济团体。供销合作社实行社员代表大会制度，供销社实行民主管理。

1951～2012年，奉贤区（县）供销合作社先后举行过10届社员代表大会，出席社员代表大会代表2379人。1951～1997年，基层供销合作社先后举行1～10届不等的社员代表大会。行使修改和通过供销合作社章程、听取与审议供销合作社理、监事会工作报告并通过相应的决议、选举产生供销社常设机构理、监事会（社务委员会）的职能。闭会期间，由理事会（社务委员会）组织代表开展活动，参与对供销社工作的检查、评议和工作交流。全区（县）供销系统理事会、监事会先后处理答复社员意见与议案8400余条。增强民主管理透明度。2000年，社员个人股清退后，基层供销社社员代表大会终止。

根据各个阶段的企业管理需要，区（县）供销社机关先后设立人力资源、财务会计、计划统计、供应业务、审计、物价商政、资产管理、安全保卫等职能管理部门30余个，建立和完善劳动人事管理、财务资产管理、物价商政管理、企业审计管理、安全工作等一系列现代企业管理制度，结合企业改革，发挥企业职工组织作用，不断提升企业民主管理科学化、规范化水平。

二

改革发展与时俱进。奉贤区（县）供销合作社成立以来的63年，经历了创业到发展、困难到振兴4个历史时期。50～60年代为创业期，供销社靠租借房办公、靠社员股金、银行信贷经营、白手起家艰难创业，由于三年困难时期和“文化大革命”干扰，发展速度缓慢。1978年至90年代初为发展壮大期，坚持贯彻以经济建设为中心，实行改革开放搞活，商品经济发展较快。1978年，供销系统商品零售额在全县商品零售额中占95%。80～90年代初，计划经济仍处于主导地位，整个供销系统商品零售额在全县商品零售额中占70%左右比重。90年代中期，计划经济向市场经济过渡，多元化商品流通形成发展，供销社商品零售、利润明显下降。1997年，全系统出现建社以来首次亏损，进入步履艰难期。1998年，面对经营困境，县供销总社以转换经营机制为重点，制定一系列改革举措，扩大招商引资，逐步推进资产经营。2000年销售、利润、纳税达到历史最高水平，逐渐实现振兴。

63年中，区（县）供销社采取一系列改革攻坚、探索创新的措施。

经营模式创新转型。1951年，奉贤县合作总社在国家实行计划经济、紧张商品凭票（证）供应时期，行使政府赋予的收购农副产品和销售生产、生活资料的职能，发挥商品流通主渠道作用。改革开放后，计划经济向市场经济转换，多元化商品流通体制逐渐形成。1998～2000年，全县供销系统商品集体经营不断淡化、退出。供销系统实行引（商）进店、职工自主经营，转换经营模式。2003年，全面实行资产经营。是年，建立经济园区，加大招商引资力度。2012年，区供销总社资产经营房屋（土地）20余万平方米，发展与完善新网工程，形成农资等6大营销网络。

管理制度逐渐规范。建社初期，针对管理不善情况，全面进行整社，建立民主管理制度。1956年11月，举办“改善经营管理”展览会，进一步加强企业管理。1976年，实行贫下中农管理农村“双代”（代购代销）店。1983～1985年，以改革企业管理制度为重点，开展企业整顿和企业达标升级工作。40家企业通过验收，10家企业上等级，1家评为国家二级企业。上海鼎丰酿造食品总厂、上海金叶超市公司分别通过ISO 9000质量管理体系认证，有38家企业（部门）先后被评为上海市（江苏省、全国供销总社）先进单位。

经营机制多元发展。1952年，奉贤供销系统87家商店（门市部）全面推行小组经营责任制。1962年试行指标到部门，分组核算，实行“四定、一奖”[四定（定购销、定资金、定费用、定商品）；一奖（超额提成奖励）] 经营管理办法。1978年，恢复企业利润提成奖、定额超产奖为主的奖励制度。1985年，进行经营决策权改革。1987年，推行承包经营责任制，全县供销系统34家企业实行“四制”[承包经营责任制、任期目标制、厂长（经理、主任）负责制、内部经济审计制] 改革，占企业总数91.8%。1992年，全面进行“六自主”（经营活动自主、商品定价自主、劳动用工自主、工资分配自主、投资发展自主、机构设置自主）改革，转换经营机制，推行多种形式承包责任制及以“三定”（定承包门店、定职工组合人数、定承包指标）、“五自”（自筹资金、自理费用、自主经营、自定分配、自负盈亏）、“一保”（保证足额上缴税、费）、“一公开”（公开标的）、“三不变”（集体性质不变、隶属关系不变、职工身份不变）为内容的风险承包经营。1995年，边缘、小型、微利、亏损门店实行抽资承包248户、抵押风险承包302户。2000年，向职工转让门店，个体经营网点226个。2004年，全系统实行职工自主经营480家。

产权改革步步深化。供销社建立之初，购进西渡私营大丰花厂，接收奉城、洪庙旧政权遗留的消费合作社、南桥鼎丰酱园产业、南桥私营复兴印刷所等产权。1956年，对全县私营工商业实行社会主义改造，建立公私合营（合作）企业。1995年，县供销总社与市烟草集团合资组建奉贤烟草糖酒有限公司。1997年制定直属企业改制总方案。1998年，24家直属企业完成第一次公司制改革。1999年7月，推行“社退民进、多元投资、调整重组、推向市场”和“有限公司股权向经营者集中”的第二次产权制度改革，上海华邦涂料有限公司等10家企业完成资产、劳动关系“双重组、双置换”。2000年，基层供销（商业）合作社陆续进行改革。清退基层供销社社员个人股金和企业职工持股会股金2800余万元。2001年，9个商业合作社全面完成企业改制，与区供销总社脱钩。2003年，全区7家镇供销社托管撤并镇基层供销社，全区供销系统完成产权制度改革，形成“一区一社、资产一体、一级所有、分级管理”的产权体制。

依法管理企业用工。50年代初，供销社用工主要吸纳小商贩、私营工商业（厂）及部分工会积极分子。60～70年代，来自组织分配、征用土地的土地工、退休职工的子女顶替及招用临时工。1984年，通过文化考试招用农民合同制职工。1988年，从商业职业培训班、城镇知识青年、农民中招收合同制工人。1991年，全县供销系统职工超过7000人。1992年，县供销社实行“六自主”改革，下放用工权，全县供销企业实行全员劳动合同制。1999年，由于市场经济发展，供销系统企业经商艰难，企业职工实行有序减员分流措施，先后办理协保1080人，解除劳动关系1858人，留职停薪238人，进入再就业中心787人。2008～2012年，实行向社会公开招聘大中专毕业生21人。

分配制度充实完善。建社初期，奉贤合作总社分配形式有供给制、薪给制、包干制。1951年，职工年均工资224元。1952年，县联社开始实行奖励制度，1953年建立公费医疗制度。1954年，供给制向工资制过渡。1956年，实行工资改革，行政机构人员实行职务工资制，基层企业领导实行职务补贴工资制，营业员（保管员）实行业务技术等级工资制。1957年起，县供销社筹资建造职工宿舍。1962年职工年均工资为403元，开始实行职工疗休养制度。1962～1978年，实行多次多种形式工资调整。1979年实行附加工资和各种津补贴。1980～1984年，先后实行低工资调整和浮动升级工资制。1984年职工年均工资为1062元。1994年，实行多元结构工资、绩效工资为主的分配制度。1999年，供销社完成由商品经营向资产经营转换，干部实行年薪制。2007年在岗职工年均收入2.09万元，2012年为4.1万元。

经济总量增长较快。以商品销售额、利润额为例，1951年分别为2591万元、30万元。1965年为1.06亿元、487.59万元。1978年为3.03亿元、1240万元。1991～1992年，全县供销系统商品销售额、利润额为9.91亿元、2310万元。1997年，在计划经济向市场经济过渡，供销商品集体经营逐渐退出，是年全县供销系统销售16亿元，但利润亏损108万元。1998年起，县供销企业实行一系列改革措施，逐步扭转亏损局面。2000年，全县供销系统实现销售额23亿元，利润达到4000余万元。2007～2012年，全区供销系统销售额、利润额年均为10.77亿元、6094万元。2012年，社有资产经营收入由2000年的1167万元增加到3976万元。

社有资产逐年增加。1951年，全县供销系统总资产为72.68万元。1965年，达到943.98万元。1978年，全县供销（商业）总资产上升到3701.92万元。改革开放后，供销经济发展较快。1984年，总资产达到5173.36万元。1991～1992年，全县供销系统净资产年均为1.84亿元。90年代中期，全县供销系统固定资产投资步伐加快。2001年全区供销企业净资产达4.98亿元。2012年，全区供销系统净资产6.53亿元。

商业设施日趋完善。县合作总社成立之初少有商业设施。1956年起，以建设商业用房为重点的固定资产投资逐年增加。至1984年，全县供销系统建造各类商业设施40余万平方米，其中仓储面积32.75万平方米，有运输汽车115辆，运输船只20艘。1985年起，大中型商业设施为重点的建设全面展开。至2012年，全区供销系统先后建设大中型商业设施36处10.95万平方米。其中古华商城、金叶商厦、金叶大卖场、供销大厦等建筑成为供销系统各个时期的标志性商业建筑设施。

招商引资已见成效。1989～1995年，县供销社通过招商引资，先后与港商、美商企业合资建立上海华城特种织品有限公司等9家企业，引资1100万美元。7个产品获国家专利。2003年10月，建立占地5.2万平方米的区供销社经济园区和奉供实业发展有限公司，并开展招商引资。2012年，全园区有实业型、注册型企业1079家，注册资金12.05亿元，拥有职工万余人，全年销售额15亿元，园区企业上缴税收8700余万元，奉供实业发展有限公司实现综合效益500余万元。

上缴税收稳步增加。60年代前，全县供销系统上缴税金不多。1976年，全系统上缴税收236.20万元，占全县所有财政收入的4.6%，为全县工商税收的12.8%。1985年，全县供销系统纳税2876.85万元，占全县财政总收入13.65%。1988年，全系统纳税2920万元，占全县财政收入的14.73%。1993～2000年，全县供销系统年均纳税为5821.30万元。2005～2012年，随着资产经营的完善，经济园区企业逐渐增加，年均纳税9184.50万元。2012年，区供销总社系统企业上缴税金1.05亿元，经济园区企业纳税8743万元，合计1.92亿元，占全区税收总额1.06%。

三

商品流通主渠道作用突出。奉贤县合作总社成立后，作为政府序列编制的部门，贯彻执行“发展经济、保障供给”方针，在国家计划经济指导下，承担国家计划的农副产品购销任务。1950～2001年，全区（县）累计收购棉花（皮棉）41.59万吨，占全区（县）皮棉总产95.4%，收购金额10.54亿元，其中1950～1955年承担收购粮食、油料业务。1951～1988年，累计收购生猪701.35万头，占全县生猪出栏数的99%。禽蛋收购2.45万吨。1956～1984年，收购羊13.04万头，收购中药材、土副产品6800余万元。1978～1984年，收购食用菌、蜂蜜7069吨，其他畜产品收购金额2111.8万元，收购各种蔬菜19.77万吨。1952～1984年收购废品金额2345.52万元。县供销系统坚持商品流通，为工农业生产服务的方针。1950～1984年，销售猪肉12.19万吨。1950～2012年，销售各种规格卷烟89.91万箱、食糖12.38万吨、酒类29.37万吨。1980～1984年，县药材公司销售参茸等名贵药材414.23万元。1951～2012年，供应各类化肥305.97万吨，各类农药3.66万吨、农膜1.5万吨、小农具26.71万架。1961～1984年，供应各类汽油4.49万吨、柴油13.23万吨、煤油0.97万吨。1965～2008年，供应煤炭387.67万吨、居民用煤制品40.87万吨。金叶商厦等商场销售金银、玉石饰品，满足城乡居民的需求。县供销系统商品零售额在全县社会商品零售额中比重，由1951年的51%上升到1978年的95%，1986～1992年，稳定在占全县的70%比重。1952～1993年，县供销社举办（参与）大型物资展销会27次，销售额2.17亿元。

服务模式不断探索创新。1951年，各基层供销社始设点收购棉花等农产品。1953年，全县建杀虫站（后改为测保站、植保站）22个，为农民提供病虫防治信息和农药、药械。1958年，在偏远农村设下伸店，为每个生产大队配备棉管员。1965年，全县有下伸店59个。1983年代购代销店发展到234个。至1984年，县供销社发放棉花定金7572.3万元。每逢农村大忙季节，组织货郎担（车）送货下乡、上门服务。建立科技协会、组织支农培训、帮助农村发展多种经营。90年代，全县供销系统在偏远农村建立综合服务站，陆续建设新网工程，形成鼎丰酿制品、复美康德大药房、金叶连锁超市、农资供应、废品交投站等服务网点。2012年，新网工程网点1529个，扶持建立蜜梨、水蜜桃、水产、粮食、养殖等7家专业生产合作社，参加农户1044家。建立区供销总社网站，搭建网上为民服务平台。

四

党的领导不断加强。中共奉贤区（县）供销社委员会坚持开展党的组织建设、思想建设、作风廉政建设和精神文明建设，发挥党员先锋模范作用，各级党组织成为企业的政治领导核心。50～60年代，各基层供销合作社、县供销社直属企业相继成立党支部。1963年4月，建立中共奉贤县供销社总支委员会。“文化大革命”中，供销系统党组织一度瘫痪。1970年1月，成立中共奉贤县商业管理站核心小组，基层企业党组织陆续恢复。1973年4月，召开中共奉贤县商业局代表会议，选举产生中共奉贤县商业局委员会。1978年8月，建立中共奉贤县供销合作社委员会，时有基层党支部36个，其中直管支部17个，有党员266人，以公社党委管理为主的支部19个。1985年，建立县供销社纪律检查委员会。2012年，全区供销系统有基层支部

15个，其中“两新”（新经济、新组织）党支部2个，有党员418人。区（县）供销社党委先后开展整党和党的基本路线、“三讲”教育、邓小平理论、“三个代表”重要思想学习，进行党的先进性教育、科学发展观等学习活动，开展先进党支部、先进党员（先进党务工作者）评选活动。1983～2012年，全区（县）供销社系统有17个党支部评为区（县）级以上先进党组织，有29名党员评为优秀党员（优秀党务工作者）。为严肃党纪，先后对35名犯有各种错误的党员进行组织处分。

区（县）供销总社党委加强思想政治工作，成立奉贤县供销合作社思想政治工作研究会，开创改革开放形势下思想政治工作新形式。县供销社党委、奉城供销社党支部负责人先后出席全国供销系统思想政治工作经验交流会，县供销社思想政治工作研究会评为奉贤思想政治工作研究会系统先进单位。

区（县）供销社党委加强精神文明建设的领导，坚持开展文明单位（岗、窗口）创建活动，先后有25家企业被评为市级以上文明单位，39家企业评为区（县）级文明单位。

区（县）供销总社党委加强对群团组织的领导，发挥企业工会、妇女、共青团、民兵等组织作用，以商校等为平台，加强职工队伍的思想政治建设，开展思想（职业）道德教育，不断开展职工业务技术培训教育，发展多元化、健康活跃、丰富多彩的企业文化，开展以创优争先为主要内容的社会主义劳动竞赛，营造文明经营、优良服务的氛围，为供销系统经济的发展夯实政治基础。

五

模范（先进）人物、企业骨干不断涌现。63年中，奉贤区（县）供销社系统孕育一批功臣劳模、革新专家、科研学者、行业闻人和领导干部。本志人物一章记载收集到的供销系统各方面人员1950余人。他们之中有奉贤解放初随军南下或调到奉贤，长期在供销系统工作，为供销社发展做出重要贡献的一批离、退休干部；有响应党的号召，在社会主义劳动竞赛中技术革新、创造发明双层锯齿剥绒机，两次被评为全国劳模（先进工作者），两次作为中国专家赴阿拉伯也门共和国支援建设的中共十一次全国代表大会代表顾来生；有革新机械豆腐磨和豆腐压榨工艺，被国家轻工业部、全国供销合作总社评为全国财贸系统先进工作者的奉贤鼎丰食品厂职工杨金龙；有创新木材堆积保管法、毛竹水库保管法，为国家节约原材料的四团供应站职工、全国财贸系统先进工作者邬志如；有工业学大庆农业学大寨工作中成绩显著，上海市先进工作者、县百货公司党支部书记严秉沁等先进人物600余名；有为鼎丰牌产品做出科研新成果、三次撰修《鼎丰乳腐酿造》、《中国乳腐酿造》的全国乳腐学会乳腐学组副组长，上海鼎丰酿造食品有限公司技术人员王瑞芝；有创新技术、发明冰箱杀菌除臭剂等7项国家专利的上海华城特种纺织品公司的离休干部仲天怀；有身残志不残、自学成才的书法家、中国书法家协会会员、青村供销社药店原职工沈杰；有无私奉献、无偿献血14000毫升，被国家卫生部授予全国无偿献血金奖的青村供销社职工钱正兴；有供销社自己培养的一批高级职称的专业技术人才；有当选为区（县）党代表、人大代表、政协委员；有为供销社发展做出默默无闻工作的各级社员代表等人物，为奉贤供销事业不断增光添彩。

各级先进集体不断评选产生。本志荣誉一章收集到区（县）以上先进单位（集体）507家（次）。他们之中有夺得物质文明精神文明双丰收、两次评为全国精神文明建设工作先进单位、10次被评为上海市精神文明建设先进单位的中华老字号企业上海鼎丰酿造食品有限公司；有坚持两个文明一起抓、创新企业管理，被评为全国基层供销社系统第一家国家二级企业的奉城供销合作社；有全心全意为农服务的全国供销合作社系统先进企业的县农资公司；有上海市模范集体齐贤供销社生产资料门市部和奉城供销社美纶棉布店、上海鼎丰酿造食品总厂酱油车间；有被商业部命名为文明企业的萧塘供销社棉花收购站，有被评为全国供销系统示范“庄稼医院”的齐贤供销社庄稼医院等一批先进单位（部门）。奉贤供销社平凡而光辉的历史篇章，已成为奉贤经济发展的重要组成部分。

六

过去的63年，是奉贤供销社艰苦创业、坚持改革、不断发展壮大的63年。形成体现奉贤供销时代特征，彰显奉贤供销特色的基本经验：坚决贯彻执行党的路线、方针和政策，清楚供销社“发展经济、保障供给”的工作定位，发挥商品流通主渠道、经济建设主力军的作用；坚持发展是硬道理的指导思想，不论在艰苦创业时期，还是在计划经济向市场经济转换的困难时期，咬住发展不动摇，坚持改革不停步、为农服务的宗旨不改变；妥善处理改革、发展、稳定的三者关系，制定和完善深化改革、促进发展、保持稳定的一系列制度和措施，实现改革促发展，发展保稳定的目标；加强与改善供销系统党的领导，发挥党的政治核心作用，坚持两个文明一起抓，以人为本、关注民生，充分调动供销系统广大干部职工的积极性和创造性。成为推动奉贤供销工作不断发展的强大动力。

忆往昔，63年中，奉贤区（县）供销总社干部职工在中国共产党领导下，自力更生、从无到有、由弱到强、攻坚克难、改革振兴，为奉贤经济发展、社会进步，忠实履行自己职责。

望未来，在中国共产党十八大精神指导下，奉贤供销系统一定能继承发扬光荣传统和艰苦创业、不断进取的精神，为建成全面小康社会，为实现奉贤经济更加繁荣、社会更加和谐、人民生活更加富裕的宏伟目标，攀登新高峰，做出新贡献。

大事记

1949年

5月14日　奉贤全境解放。中国人民解放军军代表接收旧银行，成立中国人民银行奉贤县办事处。

5月中旬　南桥镇工商自卫队成立。

5月　人民币在奉贤流通，并以1元人民币收兑10万元国民党政府发行的金圆券。次月6日金圆券禁止使用。

6月　县首家国营商业机构——建中贸易公司奉贤办事处成立。

10月1日　华东军事管制委员会农林部接收国民党南桥实验轧花厂，成立奉贤首家国营厂——南桥良种轧花厂。

10月　松江军分区后勤部接收胡桥恒丰油厂。1952年8月，移交给奉贤县联社管理。

1950年

1月25日　全县工商界人士认购爱国建设公债5万元。

6月　奉贤县第一家基层供销社——柘林供销社成立。

7月　平安、青村、洪庙、东新市供销社相继成立。

8月　邵厂供销社成立。

10月1日　奉贤县供销合作总社筹备处成立，李臣芳（前）、李少峰（后）为主任，李钟禄为副主任。内设社务股、业务股和会计室。社址：今南桥镇新建中路16号。

10月　中国土产、百货、粮食等公司在南桥设立营业所，开始商品经营业务。

10月　奉城供销社成立。

11月　全县完成2133户私营工商业的登记发证工作，有工商业从业人员5510人，注册资金171万元。

12月25日　全县收购棉花（籽棉）2487.64吨。

12月27日　南桥职工消费合作社成立。

12月27日　县供销合作总社筹备处出资购进私营一新、振昌、仁记大丰花厂、益南新花厂，分别改称奉贤县轧花厂一厂、二厂、三厂、四厂、八厂。

是年　全县建有基层供销社7个，消费合作社1个，社员7113人，社员股金9135元。全县合作总社系统销售商品3.81万元，利润9200元。

1951年

2月　民福、庄行供销社成立。

3月15日　南桥供销社成立，华东区合作总社主任朱则民到会并讲话。

3月　奉城区人民政府接收国民党政权遗留的奉城、洪庙消费合作社。

4月　奉贤县合作总社成立（以下简称县合作总社），任命李少峰为主任，王海涛、周之忻为副主任。设秘书、干部、社务、供应、推销、财会6个股。地址：今南桥镇新建中路80号。

4月下旬　李少峰调离，王文忠任奉贤县合作总社主任。

4月　头桥供销社成立。

5月　四团、胡桥、道院、金汇、齐贤、泰日、邬桥、萧塘、钱桥、三官供销社和头桥职工消费合作社相继成立，有社员11.54万户、社员股金7.68万元。

7月　县合作总社副主任王海涛等2人被推荐为奉贤县第一届各界人民代表会议代表。

7月　根据中心集镇建社的要求，东新市供销社撤并于头桥供销社；民福、洪庙供销社撤并于奉城供销社；平安、邵厂供销社撤并于四团供销社。

9月　县合作总社在南桥镇召开第一届社员代表大会，县合作总社更称为苏南区奉贤县合作社联合社（以下简称县联社）。选举王文忠为联社理事会主任，王海涛、周之忻为副主任。

10月　苏联合作社专家契·维尔科夫由全国合作总社副主任孟用潜陪同，到奉贤考察南桥供销社。

10月　南桥萧鼎丰酱园逃税一案，经法院裁决处罚税款12万元。

10月　全县供销系统设立16个棉花收购大站和10个分站，配备收购职工185人。

10月　奉贤县在抗美援朝期间开展爱国售棉、储棉运动，全县供销系统收购籽棉7207.6吨；代收捐献“飞机、大炮”的爱国棉370.15吨；归还借贷1129.36吨；存储1515.15吨。

12月14日　“三反”（反贪污、反浪费、反官僚主义）运动在全县供销系统展开。

是年　县联社向入股社员定量供应配售商品，实行优待价格社员得益53.46万元，优待价收购农副产品社员得益103.74万元。

1952年

1月　县联社出资12.38万元，购进南桥萧鼎丰酱园产业，更名为奉贤县鼎丰酿造厂。

5月5日　县联社在南桥创办合作社性质的手工业组织——南桥铁业生产小组。

5月　县联社出资1000元购进南桥私营复兴印刷所，更名为奉贤县供销社印刷厂。

6月　王文忠调离，王海涛任县联社主任。

7月28日　县联社在南桥举行首次城乡物资交流大会，为时3天。赴会群众15万余人次，成交额17.25万元。

10月10日　县联社召开第二届社员代表大会，历时4天。出席会议代表401人，听取主任王海涛作的工作报告。会议改选县联社理事会和监事会。王海涛为理事会主任，周之忻、白元益为副主任。王琳为监事会主任，李岐山为副主任。

1953年

1月22日　县联社召开全县基层供销社和加工厂爱国劳动竞赛评比大会，县长王琳到会致词。全体代表以大会名义致书毛泽东主席。

1月　县联社在柘林庙会期间举办物资交流大会，历时3天。

3月　南桥职工消费合作社并入南桥供销社，撤销柘林、道院供销社，建立新寺供销社；头桥职工消费合作社并入头桥供销社。

3月　江苏省苏南区棉麻指导所所属的南桥、奉城良种轧花厂划入县联社，分别改称奉贤县轧花六厂、七厂。

3月　全县联社系统实行星期日公休制。

4月　金汇、齐贤供销社合并为齐贤供销社。办公地址在金汇镇。

5月　县联社系统实行公费医疗制度。

8月　县联社副主任周某某因经济错误，开除党籍、撤销行政职务。

9月　县联社购买私营丙丰花厂，改称奉贤县轧花九厂。

10月8日　县联社召开第三届社员代表大会，出席代表363人，历时两天半。会议选举王海涛为理事会主任，白元益、周葆生为副主任，杜文焕为监事会主任。

12月　全县各基层供销社相继成立工会组织。

是年　县联社首次自办干部训练班，并选派23人到江苏省供销社干校受训。

是年　县联社在各基层供销社设立22个“杀虫站”（后改为测保站、植保站），配备专业职工48人。全年出租农药器械882架。建立4个“戽水站”，支援农业抗旱防涝，拥有大小机器9台，共110余匹马力，配备职工29人。

是年　县联社购买私营新兴花厂、顾同发花厂、利昌花厂，分别改称奉贤县轧花五厂、十厂、十一厂。

1954 年

1月1日　食油实行计划供应。

1月　奉贤县烟酒专卖事业公司成立。

5月11日　全县各供销社相继建立独立经济核算的生产单位——铁业生产合作社、生产小组、木业生产小组、竹业生产小组、农具生产小组。

5月11日　奉贤县食品公司成立。

6月　县联社监事会主任杜文焕等2人推选为奉贤县第一届人民代表大会代表。

7月9日　王海涛调离，白元益任县联社主任。

9月　中国花纱布公司江苏省奉贤县营业所开张营业。

9月15日　棉布实行凭票供应。

11月　县联社更名为江苏省奉贤县供销合作社（简称县供销社）。

11月　奉贤开展“以区建社”工作，建庄行、泰日、南桥、奉城、青村5个区供销社，下设14个供应站，4个收购站。

是年　县手工业生产合作社联合社成立，与县供销社合署办公。

1955 年

1月8日　县供销社召开第三届第二次社员代表大会，推选出席江苏省供销社第一届社员代表大会代表5人。

2月　供销社社员优待价取消，实行国家零售价和分红制度。全县71个乡708个村11.48万社员应分红10.28万元。

2月　全县各基层供销社普遍召开社员代表大会，加强民主管理。1954年度社员股金分红结束。

3月1日　中国人民银行发行的第二套人民币开始在供销商业系统流通，代替第一套人民币，比值为1∶1万元。次月1日起第一套人民币停止使用。

6月24日　江苏省供销总社以《奉贤县社加强基层社监事会领导》为标题，发文予以表扬。

6月　四团供应站职工邬志如创造“木材堆积法”、“毛竹水库保管法”。江苏省供销总社据此总结成文字材料，并在全省供销系统内推广。

9月25日　《江苏合作通报》第133期以《把饮食业小商小贩用合作饭店形式组织起来是杜绝偷漏粮食、保证市场供应的根本方法》为标题撰文，加上省社按语，对南桥区供销社组织合作饭店的做法予以肯定。

9月　奉贤鼎丰酿造厂职工杨金龙革新乳腐生产设备“机械豆腐磨”与“机械

压榨豆腐胚”工艺成功。

9月　奉贤县供销社生活资料经营部成立。

10月5日　白元益调离，杜文焕任县供销社主任。

12月13日　县供销社召开优胜单位、优胜个人代表会议，并推选出席省社积极分子代表大会代表。邬志如、杨金龙被评为全国供销合作总社先进工作者。

1956年

1月7日　县人民政府成立私营商业改造9人领导小组，组长由县长张纯行兼任，下设办公室，由县供销社主任杜文焕任主任。私营工商业进行社会主义改造工作全面展开。

1月7日　中国百货公司奉贤县公司成立。

1月　为加强企业管理，在试点基础上，全县供销系统推广《小组营业责任制》。制订《必备商品目录》和商品储备定额。

2月　奉贤县农产品采购局成立，胡志文任局长，袁顺连任副局长。

2月　县手工业生产合作社联合社与县供销社分署办公。

4月　奉贤县医药公司成立。

5月10日　杜文焕调离，副主任刘乐三主持县供销社工作。

6月6日　全国供销合作总社生产资料第一管理局在四团供销社整理的《木材经营管理办法》成文，县供销社批转全县基层供销社（站）学习推广。

6月　奉贤县木材公司成立。

6月　奉贤县供销社肥料厂成立。

7月2日　四团供应站职工邬志如、奉贤鼎丰酿造厂职工杨金龙出席全国供销系统第一次先进工作者代表大会，得到毛泽东、刘少奇、朱德等中央领导人接见。

7月31日　刘乐三任县供销社主任，许掌林、姜明智、赵淑清（女）为副主任。

7月31日　全县私营工商业社会主义改造基本完成经济改组，共有1630家、2450人，分别纳入公私合营企业、合作商店、合作小组及经销、代销店。

7月　刘乐三等2人被协商推荐为县第一届政协委员会委员。以后每届区（县）政协，供销系统均有人员被协商推荐为政协委员。

8月1日　县供销社发文规定，女职工（行政人员）凡属正常生育，产假期间工资照发，并享受补助金10元。

8月4日　县供销社在职干部教育和职工扫盲工作，受到江苏省供销合作总社的通报表扬。

8月　私营工商业户的清产核资、定股工作结束，并兑现发息分红。

11月10日　中央监察、农业、农垦、农产品采购部联合工作组到奉贤县供销系统及农村检查越冬红铃虫防治工作。

11月21日　召开县供销社第四届社员代表大会，出席代表88人，选举理事会、监事会，刘乐三为理事会主任，许掌林、姜明智为副主任，杜文焕为监事会主任。补选出席江苏省社社员代表大会代表2人。

1957年

1月17日　县供销社在南桥设集市贸易市场。之后全县建立、开放自由市场18个。

4月12日　县人民委员会决定撤销县农产品采购局，其下属机构、人员、业务划入县供销社。

6月　刘乐三调离，王湘任县供销社主任。

8月8日　县供销社内设机构调整，保留秘书、财会、计划、加工企业、干部科，撤销供应、采购、组检、商政、教育、牲畜科，新设基层工作科、供应批发部、棉花站、土产废品站。

8月　奉贤县煤球厂成立。

9月　中国煤业建筑器材公司奉贤县公司成立。

是年　撤销南桥、庄行、泰日、青村、奉城区供销社，恢复南桥等15个大乡供销社。

1958年

4月1日　奉贤县土产废品经理部成立。

4月15日　县商业局、县供销社合署，成立新的县商业局，对外仍挂两块牌子，行文用商业局名义，设人事、秘书、计财、商政、物价股。地址原南桥镇解放路15号（今区文化广场）。

4月15日　奉贤县畜牧繁殖试验场成立。

6月21日　林峰任县商业局局长，胡世天、柏万、赵淑清为副局长。

10月19日　全县基层供销社改称人民公社供销部。

10月24日　为支持农业生产大跃进，满足农村对肥料、农药的需求，在南桥老汽车站西面（现新建西路、菜场路交叉处北侧），建立奉贤县商业局化工厂。

10月30日　奉城轧花厂发生火灾，烧伤3人，经济损失6万余元。

11月24日　奉贤县从江苏省划入上海市，县供销社改称为上海市奉贤县供销合作社。

12月　县商业局从江苏省泰兴等县购进苗猪14000头，因发生猪瘟，死亡4000余头，经济损失6万元。

是年　四团邵厂下伸店、新寺供销部、青村供销部、奉城轧花厂、农副产品采购经理部被评为江苏省先进单位，周妙娣等3人被评为江苏省先进工作者。

是年　各公社供销部为每个生产大队配备棉花专管员1人。

1959年

8月20日　县商业局发出《关于开展以增产节约为中心的‘六好’（政治思想好；执行政策、完成任务好；遵守商业道德，服务质量好；业务技术好；勤俭节约好；团结互助，遵纪守法好）红旗竞赛运动的意见》。

9月9日　县商业局储运股成立。

9月　齐贤轧花厂顾来生被评为全国先进工作者。

9月　全国供销合作总社在县供销社召开籽棉剥绒生产现场会。

是年　奉贤鼎丰酿造厂职工杨金龙被评为国家轻工业部先进工作者。

1960年

3月27日　奉贤县医药公司成立。

4月1日　县医药公司划入县人民委员会卫生科。

5月22日　齐贤轧花厂职工顾来生赴北京参加全国财贸部门技术革新和技术革命表演大会，受到朱德、林彪、彭真、陈毅等党和国家领导人接见。

6月　奉贤县蔬菜公司成立。

7月　邵人杰任县商业局局长。

11月20日　香皂、药皂实行凭上海市居民日用工业品购买证记数供应。

12月　全国供销合作总社在奉贤召开第二次籽棉剥绒生产现场会。南桥轧花厂顾来生等革新的双层锯齿剥绒机受到好评。

是年　南桥轧花厂职工业余夜校被评为上海市1960年度文教工作先进集体。

1961年

1月　恢复集市贸易，全县设18个集市贸易服务所，由各公社供销部管理。

2月6日　全县对酱油、食盐供应实行划片、定点、凭证、记数不限量办法；对团体伙食单位采取划片、定点、凭介绍信供应，内部登记备查的办法。

6月16日　县商业局发出《关于改进若干日用工业品供应方法的通知》，实行“凭证记数”供应、“凭证定量记数供应”、“凭券供应”；“凭证按人定量掌握供应”的办法。

9月　县商业局局长邵人杰等2人当选为县第四届人民代表大会代表。

10月26日　南桥镇综合贸易公司成立，撤销南桥供销部，改称江海供销合作社、江海合作商店（小组）。

11月　南桥轧花厂改革工艺设备双层锯齿剥绒机，百斤籽棉剥绒率从7.8%提高到10.11%，居全市同行业首位。

12月　实施商业体制改革，各公社供销部内原合作商店（小组）的从业人员1166人划出，组织成90家合作商店、16个合作小组。

1962年

1月1日　县商业局、县供销社即日起分署办公，王湘任县供销社主任。各人民公社供销部重归县供销社领导，并恢复供销社名称。各基层供销社全称为某某人民公社供销合作社。

1月1日　县供销社设人事股、秘书股、组导股、计财股、综合业务股、副食品采购经理部、生产资料经理部、水产蔬菜采购经理部。

1月1日　奉贤县五金煤业建筑器材公司成立。

3月6日　县人民委员会劳动科、县人民银行、县商业局、县供销社联合发出《关于发放日用工业品购货券的具体规定》的通知。上千种商品凭日用工业品购货券和定量购货券供应。

6月1日　卷烟、糖果、粉丝、乳腐、饼干、水产品等副食品实行定量计划供应。

6月1日　县供销社试行指标到部门，分组核标，实行“四定一奖”（定购销、定资金、定费用、定商品，超额部分按比例提取奖金）制度。

7月5～7日　县供销社召开第五届社员代表大会第一次会议，出席代表349人。会议选举王湘为理事会主任，刘乐三、柏万为副主任，杨锐为监事会主任，孙万岑为副主任。选举王湘等29人为上海市供销社第一届社员代表大会代表。

7月　奉贤县饮食服务公司成立。

8月　响应中共中央“大办农业，大办粮食”号召，全县供销社系统精简下放职工200人。

8月　奉贤鼎丰酿造厂归县供销社管理。

8月　金汇供销社划分为金汇、齐贤两个供销社。

1963年

2月25日　头桥供销社棉花收购站被评为上海市先进集体，钱应龙等7人被评为1962年度上海市先进工作者。

4月1日　县供销社驻沪工作组成立。

4月15日　中共奉贤县供销合作社总支委员会成立，王湘任书记，崔同华、何永祥任副书记。柏万、黄可亭、刘乐三、施志决、金利川、饶菊麟、姚杏棣为委员。

5月　县供销社基层工会联合委员会成立。

5月22日　全县基层供销社，按照经济区划，调整为7个供销社（庄行、江海调整为庄行供销社；新寺、胡桥调整为新寺供销社；萧塘、邬桥调整为萧塘供销社；齐贤、泰日、金汇调整为齐贤供销社；青村、三官、钱桥调整为青村供销社；奉城、头桥调整为奉城供销社；四团、平安调整为四团供销社）。撤销供销社的公社，建立供销站。1964年末，撤销7个经济区供销社，恢复各公社供销社。

9月　唐亚官（女）当选为县第五届人民代表大会代表。

是年　齐贤轧花厂职工顾来生被评为全国供销合作总社系统先进生产者。四团供销社职工金仲初被评为上海市1962年度先进工作者。

是年　奉贤县商业干部学校成立。

1964年

1月1日　全县医药行业归口县商业局领导，奉贤县医药公司、奉贤县药材公司成立。

1月　奉贤县纺织公司成立。

是年　社会主义教育工作队进驻县供销社系统，组织开展“四清”（清政治、清经济、清思想、清组织）运动。

1965年

7月　县商业局在各公社（江海、塘外除外）所在地建立15个国营综合商店。

7月　生猪购销实行“三就”（就地收购、就地宰杀、就地销售）政策。

是年　全县各基层供销社普遍建立农村代购代销店（简称“双代”店）。

是年　全县供销系统商品零售额首次超过亿元。

1966年

1月1日　青村供销社所属的塘外供销站划出，塘外供销社成立。

5月4日　奉贤县供销社政治处成立，李洁（女）任主任。

6月　奉贤县供销社文化革命小组成立。

8月25～31日　红卫兵上街冲击所谓“资本主义”，迫使136家个体商业参加合作商店组织。

8月　县供销商业系统开展“四大”（大鸣、大放、大字报、大辩论），不少干部、职工被诬为“黑帮”“牛鬼蛇神”而受到批斗。

10月　许多店名因所谓“四旧”（旧思想、旧文化、旧风俗、旧习惯）而更名，一些商品因商标所谓“封、资、修”（封建主义、资本主义、修正主义）而停止出售。

12月　齐贤轧花厂职工顾来生，参加国家工业部专家组赴也门共和国支援建设。1968年9月回国。

1967年

1月　县供销社机关及基层供销社成立革命造反队，开始所谓“夺权”斗争。

1月　县供销社机关“造反派”和庄行供销社“造反派”，在奉贤剧场联合召开批斗大会，供销系统所谓“走资派”被勒令到会批斗。

9月27～29日　一批红卫兵在县人民武装部“绝食静坐”，迫使该地段商业店铺被迫停业3天。

10月25日　县两派“造反”组织，在青村方墩地区发生武斗，致使青村供销社停业1天。

是年　全县供销系统各级党组织受冲击，停止活动。

1968年

1月　煤油实行计划供应。

4月　县商业局、供销社系统开始所谓“清理阶级队伍”，混淆两类不同性质的矛盾，冤假错案迭起。

1969年

1月4日　上海市工人毛泽东思想宣传队和中国人民解放军毛泽东思想宣传队，进驻县商业局、县供销社，领导所谓“斗、批、改”。

6月1日　撤销县供销社、商业局建制，分别建立奉贤县生产、生活资料管理站，成立革命委员会。金利川为县生产资料管理站革命委员会第一召集人，张兰忠（女）、王启坤为第二召集人。沈斌忠为县生活资料管理站革命委员会第一召集人，朱根楼、朱林彪为第二召集人。

6月16日　县鼎丰酿造食品厂革命委员会成立。

10月　全县15个基层供销社与国营综合商店、合作商店合并，组成公社商业站，商业站革命委员会成立。

12月25日　对部分日用商品实行凭证供应。

是年　棉花收购业务划入县粮棉油管理站。

是年　全县供销社资产达到1190万元。

1970年

1月31日　中共奉贤县商业管理站核心小组成立，朱锦章任组长，沈斌忠、朱根楼、金利川、张兰忠为成员。

2月　县商业管理站直属单位逐步恢复党的组织活动，县药材、烟糖公司、奉贤酿造厂相继恢复成立党支部，县生产资料经理部革命生产领导小组成立。

4月20日　县生活资料管理站和县生产资料管理站合并，成立奉贤县商业管理站革命委员会。朱金章为第一召集人，沈斌忠为第二召集人，金利川为第三召集人。

6月25日　土产废品经理部、生产资料经理部党支部委员会恢复成立。

1971年

1月1日　县商业管理站改名为县商业局，棉花购销业务由粮棉油管理站划入商业局。朱金章为奉贤县商业局革命委员会第一召集人。

2月　县商业局机关直属单位开展“一打三反”（打击反革命破坏活动、反对贪腐盗窃、反对投机倒把、反对铺张浪费）运动，一部分人蒙冤受屈。

4月2日　奉贤县革命委员会工商行政管理办公室成立（县工商局前身），同县商业局合署办公。

4～5月　中共奉贤县生活资料经理部、（县）食品公司、（县）百货公司支部委员会恢复成立。

11月　商业系统临时工、轮换工1371人分期分批转为固定职工。

是年　齐贤轧花厂顾来生改制成功双层锯齿剥绒机，被列为中华人民共和国商业部技改推广项目，由珠江电影制片厂摄制成科教片。

1972年

1月18日　军代表徐希夫任中共奉贤县商业局核心小组副组长兼革委会副主任。

3月20～21日　县商业局党的核心小组召开党员大会，出席大会的党员201人，其中正式党员190人，预备党员11人，中共奉贤县委书记王杰到会讲话，选举产生中共奉贤县商业局总支委员会。朱金章为书记，徐希夫、刘德魁、朱根楼为副书记，李洁（女）、唐亚官（女）、胡志刚、钱银如、李小弟为委员。

8月30日　县商业局革委会改名为奉贤县革命委员会商业局，局长朱金章，副局长徐希夫。

11月8日　恢复计量工作机构，奉贤县计量管理站（县技术质量管理监督局前身）成立。隶属县商业局领导。

11月27日　县供销社生产资料经理部、生活资料经理部、土产废品经理部分别改名为奉贤县商业局农业生产资料公司、土副产品公司、日杂果品公司。

1973年

2月22日　共青团奉贤县商业局总支委员会成立。胡志刚任书记。

4月　县商业局直属单位相继建立工会组织。

4月27～28日　召开中共奉贤县商业局代表会议，到会代表108人。会议选举产生中共奉贤县商业局委员会，朱金章为书记，刘德魁、朱根楼为副书记，李洁、胡志刚、钱银如、唐亚官（女）、李小弟、王天华、张火楼为委员。

4月　县商业局冷库动工建设，总投资62万元。1975年3月竣工投产，总容量为500吨。

6月21日　各公社商业站更称为供销合作社。

10月1日　星火农场、五四农场综合商店成立。

1974年

4月13日　县五金交电公司投资17万元，在南桥镇东北南航公路南侧兴建油库一座，安装容量50立方米的金属储油罐20口，总容量1000立方米。次年1月建成使用。

4月　县财政局拨款5万元，用于县农资公司扩建运肥船队。

6月1日　奉贤县商业局汽车运输队成立。

6月　县商业局工会工作委员会成立。

7月　县饮食服务公司利用南桥镇地下人防工程开设地下餐厅，可容纳100余人就餐，接待在奉贤召开的全国商业工作会议代表。

7月21日　中共奉贤县商业局汽车运输队支部委员会成立。

10月18日　头桥供销社1艘7.35千瓦运输船违章拖带的浙江嘉善1艘5吨水泥

船在米市渡沉没，4 人被救，3 人死亡。

1975 年

7 月 16 日　全国供销合作总社在奉贤召开“胶粘胶补”交流会，29 个省市 100 余名代表参加，历时 8 天。光明供销社研制的尿醛树脂胶获优质奖。年底，光明供销社部分胶粘胶补产品参加北京全国农业展览会展览。

10 月 28 日　县商业局发出《关于清理核实社员股金和进行股金分红的通知》，对社员股金进行清理核实。按规定进行分红，分红标准为每股金额的 5%。

是年　全县供销系统社会商品零售总额达到 2.5 亿元，利润达到 1000 万元。

1976 年

1 月 23 日　县革命委员会批转县商业局《关于全面实行贫下中农管理农村商业和加强农村代购代销店管理的请示报告》。建立贫下中农管理小组，开始管理农村商业。年末，全县 102 个农村大队下伸店由贫下中农管理商业小组管理，占农村大队下伸店 40%。

8 月 9 日　樊长富任奉贤县商业局顾问。

1977 年

2 月 4 日　上海市革命委员会基本路线教育工作队 4 名队员进驻县商业局，进行“核查”工作。

4 月 1 日　县商业局召开商业系统“双学”（工业学大庆、农业学大寨）经验交流会。

4 月 15 日　县商业局工业学大庆、农业学大寨办公室成立。

5 月　奉城供销社陈宝林等 5 人被评为 1976 年度上海市先进工作者。

8 月 12 日　齐贤轧花厂副厂长顾来生赴北京出席中国共产党第十一次全国代表大会。与华国锋、邓小平、叶剑英、李先念等中央领导合影。

9 月 21 日　县商业局扭亏增盈领导小组成立。

1978 年

3 月　中共奉贤县商业局委员会成立，刘德魁任书记，朱根楼、张世科、严秉沁（女）、潘栋生任副书记，李洁（女）、胡志刚、唐亚官（女）、李小弟、王天华、张火楼、王雪生、李伦为委员。

3月　刘德魁任县商业局局长。

4月30日　增补袁成章、李品高、吴耿唐为县商业局党委委员。

5月1日　县商业局开展优良服务月活动，要求各零售部门做到“四无”（无争吵、无差错、无缺勤、无事故）；“四不”（紧张商品不通风报信、不私分走后门、不缺斤少两、不以次充好），从服务态度、服务质量、清洁卫生、店容店貌、完成指标五个方面开展社会主义劳动竞赛。

5月　燎原农场综合商店成立。

6月20日　县商业局举办第一期业务操作比武大会，有8个行业、23个项目107名选手参加比赛。

6月20日至7月9日　县百货公司党支部书记严秉沁作为上海市财贸系统先进工作者代表参加全国财贸学大庆、学大寨表彰会议。受到华国锋、邓小平、叶剑英、李先念等党和国家领导人接见。

7月　县商业局食品公司更称为上海市食品公司奉贤县公司，业务归口市食品公司领导，基层食品购销站隶属于县食品公司。

8月1日　县革命委员会商业局改名为奉贤县供销合作社，刘德魁任主任，张世科、潘栋生、严秉沁、袁成章为副主任。

8月30日　奉贤县棉花公司成立。

8月　王雪生任县供销社副主任。

9月　召开共青团奉贤县供销社第一届代表大会，成立县供销社团委，胡志刚当选为团委书记。

9月　张世科任县供销社主任。

10月1日　重建奉贤县蔬菜公司、奉贤县石油煤炭公司成立。

10月23～24日　召开中共奉贤县供销社代表大会，到会代表73人，听取刘德魁所作的工作报告，选举中共奉贤县供销社委员会，刘德魁为书记，张世科、潘栋生、严秉沁、袁成章为副书记。

11月1日　取消日用工业品地区差价，市区、郊县实行同价销售。

11月　全县出动民工10余万人，疏浚金汇港南段工程，县供销系统发扬历年支持水利建设，围海造田的传统，组织出动1000余人次在工地两岸设生产、生活资料供应点50余个。此后在开挖金汇港北段、泰青港、太浦河等工程中继续做好后勤保障工作。

12月8日　县人民政府多种经营办公室与县供销社多种经营业务人员联合办公。

是年　县供销社被国家商业部评为鲜蛋收购先进单位。

是年　钱桥供销社郭伯荣被评为1977年度上海市先进工作者。

1979年

1月13日　县鼎丰食品厂党支部书记李品高出席中国民主建国会上海市第五次代表大会、上海市工商业联合会第六届会员代表大会。

2月　县供销社商业干部学校恢复办学，地址在南桥镇南航公路（原县食品公司仓库）。

3月　齐贤轧花厂在基建工程中，发生两次墙面倒塌事故，损失6万余元。

6月27日　县供销社在县体育馆举办第二届业务操作比武大会，共6个行业设25个比赛项目，有128名选手参加比赛。每个项目前三名给予奖励。

9月20日　张世科任县供销社党委书记。

10月1日　猪肉不再凭票供应。

10月23日　尤立春任县供销社党委委员、副主任。

是年　泰日、奉城、庄行、平安、青村、钱桥供销社实现人均创利2000余元，为历史最高纪录。

是年　县农业生产资料公司被评为全国供销合作总社先进企业。

是年　全县供销社系统鲜蛋收购量逾2000吨，分别获得全国供销合作总社、商业部授予的优胜奖状、奖旗。

是年　县供销社系统自筹资金，建造职工住宅大楼5656平方米。为80户职工改善居住条件。

1980年

1月1日　全县开放小商品市场。

1月1日　星火农场、五四农场、燎原农场3家综合商店归口市农场局商业服务公司。

1月25日　经市供销社批准，供销社系统有9人获得技术职称，其中会计师2人，助理会计师6人，助理兽医卫生师1人。

4月　庄行供销社被中共上海市委授予工业学大庆、农业学大寨先进单位称号。

4月　县烟糖公司吴德行等2人被评为1979年度上海市劳动模范。

5月　县供销社举办夏季城乡物资交流会，交易额191万元。

10月　对原工商业者落实政策的工作结束，149人恢复劳动者身份。

是年　奉城供销社定为国家商业部综合联系点。

1981年

1月　县供销系统严秉沁（女）等7人当选为奉贤县第七届人民代表大会代表。

4月1日　奉贤县人民食品厂成立。

4月　孙启强任县供销社副主任。

5月　李品高任县供销社党委副书记，周伯衡任县供销社副主任。

10月24～26日　县供销社举办第一届重阳节城乡物资交流会，交易额156万元。

11月25日　县供销社举办第三届业务操作技术比赛，182名选手分别参加27个项目比赛。

1982年

1月1日　新海供销社成立。

1月1日　石油、煤炭业务归口上海市公司领导，县石油煤炭公司更名为上海市石油煤炭公司奉贤县公司。

2月　《奉贤县供销合作商业志》编纂领导小组成立。

4月1日　奉贤县对外贸易服务公司成立。

4月21～28日　县供销社举办批发商品展销会，交易额744万元。

5月　县百货公司南桥百货商场营业员陆亚官等2人被授予1981年度上海市劳动模范称号。

10月23日　县供销社在四团镇举办3天秋季物资交流大会，成交额47万余元。

12月　头桥供销社被评为1982年上海市供销系统先进单位。

12月　奉城供销社评为全国商业系统先进单位。

12月　县鼎丰酿造厂精制玫瑰乳腐评为1982年度上海市优质食品。

是年　为满足上海市区居民需求，县供销系统收购、调运西瓜4210吨，创历史最高纪录。

是年　奉城供销社张伯仁被全国总工会评为工会工作积极分子。

1983年

1月6日　奉城供销社党支部书记胡世天出席中共中央在北京召开的全国职工思想政治工作会议。

1月28日　县供销社党委书记、主任张世科、副主任周伯衡带队，到庄行供销社进行体制改革的调研工作。

1月　南桥百货商店、南桥烟酒食品商店成立。

2月　县外贸公司在南桥举办“发展多种经营，勤劳致富”展览会，展出养殖、种植业等农副产品70余种，历时25天，观众达2.5万余人次。

3月1日　县供销社召开奉贤县供销商业系统思想政治工作经验交流会。奉城供销社党支部书记胡世天传达全国职工思想政治工作会议精神。

3月3日　上海市财贸办公室副主任方泽民和市供销社基层处路忠民等3人到庄行、奉城供销社召开体制改革座谈会。

3月5日　副县长朱顺江、县供销社副主任周伯衡赴北京参加商业部召开的商业体制改革会议。

3月18日　奉贤鼎丰酿造厂榨菜加工新工艺新品种获上海市重大科技成果三等奖。

3月　县供销社党委历史案件复查小组善终复查工作结束，复查案件179件，为1957～1958年反右斗争期间处理过重的42名干部党员撤销原“右派”结论和处分决定。对“文化大革命”中涉案的137人中，10人作出受迫害（受害）致死结论，10人撤销敌我矛盾性质结论，6人恢复党籍，10人撤销各种处分，76人撤销（改变）原结论。

4月9～12日　县供销社举办春季批发商品展销会，15个省市100余单位参与洽谈，交易额463万元。

5月2日　奉城供销社党支部书记胡世天赴常州出席商业部召开的全国商业系统先进集体、先进个人表彰大会并受奖。

5月14日　县供销社在南桥召开千人大会，宣传贯彻《中华人民共和国食品卫生法（试行）》。

5月18日　上海市财贸办公室主任陆慕云、上海市供销社（以下简称市供销社）主任施尚清到奉城供销社调研。

6月10日　市供销社副主任孙万岑和业务一处处长到县供销社调研南桥轧花厂的拆迁事宜。

8月　召开共青团奉贤县供销合作社第二届代表大会，选举潘有发为团委书记。

9月10日　县鼎丰酿造厂“鼎丰牌”精制玫瑰乳腐评为商业部系统优质产品。副厂长董季铭、乳腐车间主任周福祥在北京人民大会堂接受国家经济委员会主任袁宝华颁奖。

同月　全县棉花收购实行户交户结办法。

10月24日　县日杂果品公司前进土产商店、县南桥食品商店永康门市部物价工作获得县颁发的首批信得过商店证书。

11月15日　恢复猪肉牌价，平均每500克销售价为1.04元。

11月25日　棉布、针棉织品、絮棉停止使用票证。

12月2日　国家主席李先念夫人林佳楣到奉贤鼎丰酿造厂考察乳腐制作车间、出口乳腐包装车间以及厂化验室。

12月26日　县供销社党委在光明供销社召开后进青年转化现场会，各单位的党、政、工、团、妇干部214人出席会议。

是年　县医药公司收购部中草药收购量列郊县同行业首位，并推荐为国家医药总局药材生产联系点。

是年　全县供销系统已有358人获得中级营业员结业证书，占总人数13.46%。

是年　奉城供销社获国家商业部发展社会主义商业工作成绩优异奖。

1984年

1月9日　奉贤县贸易货栈更名为奉贤县贸易信托公司。

1月　南桥轧花厂副厂长顾来生参加中国援外专家组，再赴阿拉伯也门共和国，建设也门荷台达轧花榨油厂。9月因妻子病重回国。

2月9日　头桥、金汇、光明供销社和邬桥食品站通过市供销系统先进企业验收。

3月24日　县供销社下发《关于1984年企业整顿工作的意见》，全系统企业整顿工作全面展开。

3月25日　县供销社首次举行文化考试招收农村合同工，应试者700余人，计划择优录取273人，实际录用232人。

4月1～5日　县供销社举办春季批发商品展销会，交易额733万元。

4月　县供销系统顾来生等15人当选为奉贤县第八届人民代表大会代表。

4月　奉城供销社代表参加上海市文明单位、军民共建共育先进代表会议。与中共上海市委书记江泽民、市长朱镕基等合影。

4月　南桥轧花厂副厂长顾来生等2人被评为1983年度上海市劳动模范。

5月24日　县供销社党委推荐南桥轧花厂副厂长顾来生为上海市党代会代表。

5月　县供销社党委书记张世科等4人当选为县党代会代表。

7月6日　县供销社决定奉城、光明供销社为体制改革工作试点单位。

7月17日　刘惠霖任县供销社党委书记、沈华德、范妙祥为副书记；沈华德为县供销社主任、周伯衡、袁京声、李吉瑞为副主任。

8月4日　县供销社向县人民政府提交关于基层供销社改革扩权试行意见的报告。是月22日获批准，基层供销社改革扩权全面展开。

9月5～9日　县供销社举办秋季批发商品展销会，交易额818.2万元。

9月　县供销社机关股室改称为科室（股级），由13个股室合并为9个科室。设办公室、组织纪检科、人事保卫科、宣传教育科、业务科、计划财会科、基建储运科、工业开发科、工团妇办公室。

10月18日 县棉花公司与县土副产品公司合并为奉贤县农副产品公司。

10月20日 火柴、肥皂实行凭票定量供应，每人每月火柴两小盒、肥皂1条。

11月7日 县南桥百货商店更名为奉贤县南桥百货公司，奉贤县南桥食品商店更名为奉贤县南桥烟酒食品公司。

11月22～23日 县供销社召开第六届社员代表大会，选举沈华德为理事会主任，周伯衡、袁京声、李吉瑞为副主任；唐雨林为监事会主任，范妙祥为副主任。

12月1日 县医药公司中药切片厂升格为县供销社直属企业，改称奉贤县中药饮片厂。

12月12日 县政府批转县供销社《关于实施奉贤县供销合作社章程的请示》。

12月13日 柘林供销社重建。

12月26日 奉贤县供销社经济开发公司成立，沈华德兼任经理，仲天怀、顾炜兼任副经理。

1985年

1月15日 南桥轧花厂凌宝根受中华人民共和国商业部委派赴阿拉伯也门共和国参加援外小组工作，接替先期回国的顾来生工作。是年8月，完成任务返回奉贤。

1月 黑白、彩色电视机实行凭票预售。

3月27日 县供销系统全面实行改革，向基层企业下放经营决策权、商品定价权、财务管理权、基建管理权、人事管理权、福利管理权。并推行经济效益贡献奖、开拓经营突出奖、扩股集资显著奖、文明建设成果奖、企业整顿成果巩固奖等五个单项奖励。

3月 县供销社增设审计科。

3月 建立中共奉贤县供销社纪律检查委员会，党委副书记范妙祥兼任纪委书记。

4月13日 放开猪肉和其他副食品价格，实行议购议销。

4月19日 全国供销合作总社理事王兴让、宋希敏到县供销社调查研究企业改革。

5月25日 县供销社系统推荐沈华德等35人为市供销社第二届社员代表大会代表。

6月10日 县供销社驻沪经理部成立。

6月20日 县供销社整党领导小组成立。

7月12日 县供销社召开整党动员大会，供销系统整党全面展开。

8月24日 县供销社党委召开纪念抗战胜利40周年座谈会，请张世科、蔡一飞、王廷昭回忆参加革命的经历，进行革命传统教育和爱国主义教育。

8月　奉城供销社评为商业部文明单位，被授予奖杯。

9月1～5日　县供销社举办秋季批发商品展销会，交易额1286.06万元。

11月14日　奉城供销社评为商业部系统“四无”（无火灾、无盗窃、无霉蛀鼠咬、无差错事故）仓库先进单位。

11月15～17日　奉城供销社评为全国商业系统文明单位。党支部书记胡世天出席全国商业系统先进企业、劳动模范表彰会议，与李鹏、万里等领导人合影。

11月13～28日　县供销社主任沈华德出席全国省市供销社主任会议。

是年　全县供销系统商品零售额达到4亿元，占全县商品零售额的75%，利润、纳税分别首次实现2000万元。

1986年

2月16～19日　县供销社主任沈华德、副主任周伯衡、袁京声带领单位及机关科室负责人，赴浙江省富阳、萧山两县供销社学习发展商办工业的经验。

3月19日　县供销社假座部队营房，举办组长、部门负责人培训班，先后共6期986人参加，6月中旬结束。

3月　上海市石油公司奉贤县公司成立。

4月1日　召开县供销社科技协会成立大会，选举周伯衡为科协主任，李吉瑞为副主任。

4月3～9日　县供销社举办春季批发商品展销会，成交额1223.32万元。

4月15日　市供销社党委书记李学广、主任叶振声、处长温颜等4人到县供销社，探讨经济联合体工作。

5月　县经编厂党支部副书记顾来生被授予1985年度上海市劳动模范称号。

5月　奉贤县供销商业职工中等专业学校成立。

6月5日　县供销社在县政府大礼堂举行报告会，特邀全国商业系统特等劳模、上海浙江路菜场营业员安根娣（女）作先进事迹报告。

6月21日　举行上海古华中药材农商股份集团成立大会，市农委主任逄树春、市财办副主任范家增、市供销社党委书记李学广、主任叶振声、县委书记姜燮富、县长沈效良出席会议。

7月10日　日本横滨市蔬菜、果汁饮料代表团一行到奉贤考察江海供销社饮料厂等企业。

7月　萧塘供销社棉花收购站被商业部评为1985年度文明棉花收购站。次年7月再获此荣誉。

8月11日　召开中共奉贤县供销社代表大会，选举刘惠霖等5人为奉贤县第五次党代会代表。

9月1～8日　县供销社举办秋季批发商品展销会，成交金额1488.02万元。

9月11日　市供销社主任叶振声、副主任唐兆其等到奉贤，同县供销社党政领导研讨供销社改革问题。

9月13～25日　县供销社主任沈华德带队赴湖北省武汉市学习参观供销商业小型企业改革搞活的先进经验。

10月11～13日　县供销社举办第二届重阳节城乡物资交流会，成交额450.92万元。

10月16日　县水产公司从县畜牧水产局划入县供销社。

11月19日　中共中央总书记胡耀邦视察奉贤，参观展有奉贤鼎丰酿造厂生产的乳腐、酱油等产品的名品陈列室。

12月8日　市供销社党委书记李学广、副书记甘忠泽等到奉贤，专题商讨县供销企业及机关改革问题。

12月29日　在县供销社商校举行上海奉贤商社成立暨第一届股东代表大会。市财办副主任张广生、市农委副主任周文玄、市供销社党委书记李学广、主任叶振声，县委书记姜燮富、县长沈效良、副县长唐雨林、股东代表江苏省六合县、武进县、扬州市，浙江省海宁、嘉善县供销社领导参加大会。大会通过商社《章程》，选举沈华德为商社董事长、总经理。周伯衡、袁京声、李吉瑞、邵复健为副总经理。与县供销社实行两块牌子、一套班子。

12月　市供销社史料丛书《奉贤县供销合作商业志》内部印发，主编蒋侃，编辑（以姓氏笔画为序）王麟祥、张世观、顾炜、顾德炎、翁梦章。

1987年

3月23～24日　县供销系统沈华德等11人当选为奉贤县第九届人民代表大会代表。

4月3～8日　县供销社组织百货、纺织品、烟糖、五金、果品、农资公司和古华集团参加春季批发展销会，成交额1419.74万元。

4月6日　县供销社主任沈华德参加市供销社经济交流考察团，前往日本考察。

6月　潘驰君任县供销社党委委员、副书记。

7月15日　由县供销社支持创办的第一个小型专业生产合作社——“地鳖虫”生产合作社在柘林乡成立。是年，全县共组建小型专业合作社11个。

7月28日　召开共青团奉贤县供销社第三次代表大会。大会选举产生新一届团委，潘有发为书记。

8月13日　奉贤经编厂举行中纺AB防臭抗菌布论证会，被列为上海市星火计划项目。

8月 中共中央书记处农村政策研究室发展处处长冉明权、《文汇报》总编辑助理和新闻部主任分别到县供销社，考察上海古华中药材农商股份集团成立1年来的发展情况。

8月 全县各基层供销社陆续召开社员代表大会，修改《供销合作社章程》。撤销理事会、监事会，成立社务委员会。

9月23日 县供销社召开30年商业服务荣誉证书颁发大会。向全系统291名老职工颁发市财贸党委印制的荣誉证书。

9月24日 县鼎丰酿造厂生产的乳腐系列5个品种产品，在全国参评的23个同类产品中，全部获得部优产品奖。为全国同行业获奖最多的单位。

10月19日 奉城供销社社务委员会成立。至此，全县各基层供销社的组织体制改建任务（除新海外）全部完成。在总数190名社务委员中，农民委员（包括信用社）121人，占63.6%。

10月30日 民主德国技术代表团一行3人考察奉城华英精密陶瓷厂。

11月21～24日 县供销社举办秋季城乡物资交流会，接待8省市251家单位，成交金额1419.74万元。

1988年

1月 吴岳初任县供销社副主任。

1月 上海家具涂料厂奉贤分厂升格为县供销社直属企业。

2月3～4日 市供销社组织的《十年沧桑话供销》电视纪录片摄制组到古华医药药业集团、县鼎丰酿造厂、江海供销社、奉城供销社拍摄资料。

2月11日 县供销社被列为市供销社系统郊县唯一重奖的单位。

2月 县供销社与邬桥乡马路大队、奉城乡北门大队挂钩，开展扶贫帮困工作。

3月8日 县供销系统召开全面推行“四制”（承包经营责任制，任期目标制，厂长、经理、主任负责制，内部经济审计制）改革动员大会。

4月5～9日 县供销社举办春季批发商品展销会，成交额1445.34万元。

4月22日 上海奉贤商社与福州市供销社在福州市建立联合供销总公司，在马尾经济开发区设立马尾商行。

4月27日 上海滨江副食品（集团）公司成立。

4月 奉贤经编厂生产的“双燕牌”中纺AB抗菌防臭布参加第十六届日内瓦国际发明和新技术展览会，获得金牌和人类保健大奖。

5月6日 国务院贫困地区经济开发领导小组顾问、国家农牧渔业部原部长林乎加考察奉贤古华中药材农商股份集团等企业。

5月12日　奉城供销社美纶棉布商店被评为1987年度上海市模范集体；古华集团总经理朱宗熹被评为上海市劳动模范。

6月3～5日　奉城供销社被商业部审定为国家二级企业。

10月20～24日　县供销社举办第三届重阳节城乡物资交流会，成交额1536.19万元。

10月25日　召开县供销社第七届社员代表大会，出席代表178人。会议决定撤销供销社理事会、监事会，成立社务委员会，刘惠霖为会长。大会选举沈德华等33人为市供销社第三届社员代表大会代表。

10月26日　县供销社社务委员会举行第一次会议，选举刘惠霖为会长。

11月7日　县农资公司贝港仓库4号木材库发生火灾，烧毁库房532平方米，木材174.66立方米及其他库存物资。直接经济损失26万余元。县保险公司核定保赔金额17.99万元。

11月11日　上海奉贤商社在深圳市罗湖区外资企业产品暨生产资料市场租用展销柜（锦湖大厦二楼展厅10号柜）开展业务经营。

11月12日　国际合作社联盟亚太地区组织3名外国专家，参观奉城供销社和柘林乡地鳖虫、珍珠鸡饲养专业户邱润土家庭。

11月16日　县供销社举办首批电脑操作员培训班，46名学员完成学业。

11月20日　县供销社组织6个小组对经营卷烟情况进行自查，查获违纪销售牡丹烟、计划紧俏烟3796条。

11月　奉贤经编厂生产的中纺AB抗菌防臭布，在全国星火计划科技展览会上评为金奖。次月，又被评为上海市优质产品。

是年　萧塘供销社棉花收购站被商业部评为先进企业。

1989年

1月1日　上海全市供销社退出政府序列。奉贤县供销社机关改为企业性质，机关干部实行企业干部工资制度。

2月1日　彩色电视机从4月起实行国家专营，委托国营商业、供销社经销。

2月2日　副市长庄晓天到青村供销社考察农村市场，了解春节市场供应工作。

2月7日　县供销社召开首届思想政治工作研讨会，成立思想政治工作研究会。刘惠霖、沈华德、张世科任名誉会长，潘驶君任会长。

3月3日　由副县长袁以星带队，县供销社主任沈华德、县政府办副主任李吉瑞、县计委副主任沈良汉等赴天津、山西等地，争取货源解决全县煤炭供应紧缺的困难。

3月8日　县鼎丰酿造厂生产的精致玫瑰乳腐获首届中国食品博览会金奖。

3月24～28日　县供销社举办春季批发商品供货会，成交额1297.72万元。

3月　奉城轧花厂转产，奉贤华乐食品厂成立。

4月13日　奉城供销社被评为1987～1988年度上海市文明单位。

4月18日　县经编厂、中国纺织大学华盛科技开发公司、台北生诚企业有限公司合资经营上海华城特种织品有限责任公司，签字仪式在县政府招待所举行。

5月3日　共青团奉贤县供销社第四次代表大会召开，选举张琪为团委书记。

8月1日　上海奉贤商社与福州市供销社联合供销公司董事会会议决定，两社终止原签订的联营协议。福州联营公司及马尾商行均由县供销社独资经营。企业名称改为上海奉贤商社福州公司。

8月5日　在上海市财贸企业管理协会第三届年会上，奉城供销社被评为优秀企业管理单位，古华中药材农商股份集团被评为优秀企业。

9月26日　奉城供销社主任马德荣被评为商业部劳动模范，出席全国商业劳模和先进企业表彰大会。

9月28日　奉贤经编厂党支部副书记顾来生被中华人民共和国国务院授予全国劳动模范称号，赴北京出席全国劳动模范和先进工作者表彰大会，与江泽民等中央领导合影并参加国庆四十周年观礼活动。

9月28日　上海奉贤商社深圳分公司歇业。

10月6～10日　县供销社举办第四届重阳节城乡物资交流会，成交额758.7万元。

10月19日　县供销社在县委党校礼堂召开大会。顾来生汇报参加全国劳模表彰大会的情况，党委书记刘惠霖就学习劳模先进事迹活动作部署。

10月15日　庄行供销社档案管理通过市级考评，成为全县供销系统第一家企业档案管理市级先进单位。

10月23日　县供销社党政班子调整，刘惠霖续任党委书记；沈华德、吴桂明为副书记；陆慧仙（女）任党委委员、纪委书记；陈建庆、莫仁君任党委委员。沈华德任县供销社主任，周伯衡、袁京声、吴岳初、汤金章任副主任。

11月21日　上海华城特种织品有限公司生产的中纺A13抗菌防臭纤维系列8个产品，在杭州召开的全国星火计划运用技术展览交易会上3个获金奖，5个获银奖。

12月4～7日　市供销社、市商业一局、县供销社在南桥镇联合举办工业产品展销会，成交额1118.89万元。

1990年

1月16日　召开中共奉贤县供销社党员代表大会，选举刘惠霖等6人为奉贤县第六届党代会代表。

2月5日　县供销社在南桥电影院举行1989年度先进单位、先进工作者表彰大会。103个先进集体，168名先进个人受表彰。

3月　县供销社系统沈华德等9人当选为奉贤县第十届人民代表大会代表。

3月15日　奉贤县土产公司成立。

3月21～24日　县供销社举办春季批发商品展销会，成交金额769.67万元。

4月　上海供销机械厂成立。

5月4日　县物资回收利用公司团支部被共青团上海市委授予上海市新长征突击队称号。

5月8日　县供销社第七届社员代表大会第二次会议在县供销社四楼会议室召开，出席代表171人，列席35人，选举周伯衡为社务委员会会长。

5月25日　县第一家综合商场鸿雁商场开业。

5月26日　奉城供销社棉布店负责人张新仪（女）被评为上海市劳动模范。

5月　邵复健（女）任县供销社党委委员。

6月26日　召开全县供销社系统南桥地区计划生育协会第一届第一次理事会。选举周伯衡为会长，邵复健（女）、瞿翠芳为副会长。

6月30日　中共奉贤县供销社委员会党校成立，刘惠霖为校长。

7月6日　县供销社举办第二届消防运动会。设8个单项、3个团体项目，270名运动员参加比赛。奉贤申达造漆厂、县农资公司、县百货公司分获团体全能项目前三名。

7月13日　上海市财办副主任张广生、市企业指导办公室主任等领导到奉城供销社检查工作。

8月27～31日　县供销社举办秋季批发商品展销会，成交额1223.14万元。

9月1日　县供销社与西安市户县供销社结成友好合作社。

10月13～16日　县供销社举办第五届重阳节城乡物资交流会，成交额769.72万元。

11月22～24日　上海市商业一局、上海市供销总社（简称市供销总社）与奉贤供销社联合举办旺季工业品下乡供货会，市商业一局系统8大专业公司、市供销总社系统4大专业公司、县供销社7家公司共同参展，商品批发成交额1259.55万元。

11月27日　国家科委在泰国曼谷举办中国星火项目科技成果展览会。县供销社所属中外合资企业——上海华城特种织品有限公司生产的AB抗菌防臭系列产品参加展出。

12月6日　庄行供销社通过市供销系统统计工作二级企业验收。

12月11～12日　县供销社召开思想政治工作研究会第二届年会暨思想政治工作交流会。

1991年

1月31日　县供销社副主任周伯衡被评为1990年度商业部科技兴农先进工作者。

2月　县供销社机关从党政主要领导至16个科室共制订《机关管理目标》《科室职责范围》《科室为基层服务条例》104条公约，支持企业开展达标升级工作。

3月7日　奉贤江南汽车修理厂成立。

3月24日　商业部合作指导司司长杨德寿考察金汇乡联民、泰日乡周家综合服务站和金汇乡继光“双代”店。

3月25日　县供销社培训中心成立。

3月27日　市供销总社在县供销社召开兴办村级综合服务站，落实市商业工作实事项目现场动员会议。

3月　上海华城特种织品有限公司生产的“津柏牌”抗菌防臭纤维及织物被商业部评为优质产品。是年起，有7个产品获国家专利。

4月29日至5月3日　县供销社举办春夏商品零售展销会，成交额250万元。

4月　召开共青团奉贤县供销社第五届代表大会，选举张琪为新一届团委书记。

5月1日　华亭食品商场成立。

5月23日　副市长庄晓天到奉贤视察鸿雁商场、华亭商场。

7月30日　经市供销总社审评，县供销社为市级先进企业。

8月10日　县供销社在南桥举行支援灾区，赈灾义卖活动。参加义卖2320人次，销售额37.8万元，义卖所得利润5万元，连同供销系统捐款共20万元，汇往灾区。副主任周伯衡率领县供销社抗灾慰问团，前往安徽霍山、六安、江苏兴化等地区进行慰问。

9月4～7日　县供销社举办秋季商品批发供销会，成交额1325.17万元。

9月10日　刘惠霖、沈华德分别改任县委、县政府副处级调研员。汤金章任县供销社党委副书记、主任，主持全面工作，陈建庆、丁春瑜任副主任。

9月　吴岳初任县供销社党委副书记，毕道鹏任党委委员。

10月3日　市供销总社推荐奉贤县供销社为商业部兴办村级综合服务站示范县供销社。

10月12～17日　县供销社举办第六届重阳节城乡物资展销会，成交额431.1万元。

10月16日　商业部原副部长、全国供销经济协会主任潘遥，由市供销总社副主任唐兆其陪同考察金汇乡联民村综合服务站。

10月17日　县供销社体育代表团在县第五届运动会上获职工组团体总分第三

名，男、女篮球队获冠军。

11 月 上海华城特种织品公司生产的“津柏牌”抗菌防臭纤维织品参加国际纽伦堡1991年新思维、新专利、新产品展览会，获金奖。

11 月 奉贤古华食品厂与上海欣欣食品厂合并，建立上海欣欣食品总厂。

12月12日 商业部副部长傅列民、市财办副主任王相道到奉贤考察古华集团中药饮片厂、奉贤鼎丰酿造厂和上海华城特种织品有限公司。

12月31日 福建省罗源县供销社与县供销社结成友好县供销社。

12月 上海华城特种织品公司生产的“津柏牌”抗菌防臭纤维及织物产品被评为国家银质奖。

1992年

1月12日 奉城供销社洪庙分社成立。

1月13日 县供销社在市工业党校举办时间为半年的中青年干部见习培训班，培训学员39人。

2月26日 县供销社“六自主”(工资分配自主、劳动用工自主、商品定价自主、机构设置自主、经营活动自主、投资发展自主）改革协调小组成立。

3月11日 商业部供销合作指导司司长杨德寿到县供销社考察。

3月20日 县供销社召开推行“六自主”改革试点动员大会。7月6日，下发县供销社直属公司推进“六自主”改革意见的文件。

3月31日 市供销总社在奉城供销社召开综合服务会议。市供销总社主任叶振声、副主任唐兆其等出席并作专题报告。

4月18日 县供销社社务委员会会长周伯衡，出席商业部在连云港市召开的全国农业社会化服务综合示范县座谈会。

5月28日 商业部供销合作指导司副司长贾敏生由市供销总社副主任唐兆其陪同到县供销社考察村级综合服务站建设情况。

5月 沪港合资上海神力营养食品有限公司成立。

5月 县烟糖公司刘桂凤（女）被评为1991年度上海市劳动模范。

7月 县供销社原党委书记刘惠霖被中国商业职工思想政治工作研究会授予“1991年度全国商业职工思想政治工作研究会优秀干部”称号。

7月 上海爱碧制衣公司成立。

8月8日 上海奉贤百货总公司挂牌成立。由鸿雁商场、百货、针纺、服装鞋帽等4家单位组成。

8月21日 县供销社副主任丁春瑜，赴山西太原市参加中国供销合作经济学会召开的村级综合服务站研讨会。

9月6日　王欣（女）任县供销社党委书记；叶建锋（女）任党委副书记；严小弟、马天林、唐汉规任副主任。

9月18～24日　副县长姜金余、县供销社主任汤金章赴北京参加国家商业部召开的建立、完善农村社会化服务示范县研讨会。

9月29日　县供销社召开直属单位的党政领导、主办会计会议，通报县农资公司被合同诈骗225万元的经济案件，主要责任人经理受行政撤职、留党察看处分。

10月7～12日　县供销社举办第七届重阳节物资展销会，成交额502.78万元。

10月28日　商业部处长管爱国到奉贤县供销社了解村级综合服务站建设情况。

10月　沪港合资上海鸿利食品机械有限公司成立。

11月5日　上海鼎丰酿造厂被国家国内贸易部授予“中华老字号”企业称号。

11月10日　县供销社召开第八届社员代表大会，出席代表184人，选举产生新一届社务委员会，王欣（女）任会长。决定县供销社更名为奉贤县供销合作总社（以下简称县供销总社）。

11月21日　中共奉贤县供销合作总社代表大会召开，出席代表88人，选举王欣等7人为奉贤县第七次党代会代表。

11月22～23日　江、浙、沪13个友好县（市）供销社联谊会暨业务恳谈会在奉贤举行。江苏省武进、溧阳、昆山、浙江省海宁、平湖、桐乡、海盐、嘉善及上海市松江、金山、青浦等县（市）供销社的主任、业务科长、烟糖公司经理出席会议。

11月30日　市供销总社副主任朱景辉到奉贤县农资公司了解农资工作，中央电视台记者随同拍摄奉贤有关村级综合服务站的有关资料。

11月　王欣调离。

12月18～21日　县供销总社主任汤金章赴北京出席全国供销合作总社召开的纪念毛主席在延安南区合作社讲话发表50周年大会。

是年　齐贤供销社生产资料门市部被评为上海市模范集体。

是年　煤炭市场放开，用煤计划票证逐步取消。

是年　全县供销系统商品零售额突破10亿元，占全县商品零售总额的73.3%。

1993年

1月6日　县供销总社挂牌，上海奉贤供销工业总公司、上海奉贤商业总公司、上海奉贤供销商业建设总公司成立。

1月6日　奉贤商厦（后改为金叶商厦）奠基，奉贤精品商场开张。

3月9日　县供销总社机关调整科室，设办公室、政治工作部、人事保卫部、财务资产部、法律审计部、企业发展部、工业基建部。

3月10日　上海鼎丰酿造厂隆重举行建厂130周年暨上海鼎丰酿造食品总厂、上海鼎丰食品厂、上海鼎丰酿造厂、上海鼎丰包装厂、上海沪蜀美味调味厂成立庆典活动。市政协原副主席王兴、上海市农委主任张燕（女）、市财办常务副主任张广生、商业部商办处处长窦炳义、上海市供销合作总社副主任姜志刚等领导到会并讲话。商业部副部长何济海、上海市原副市长宋日昌分别题词祝贺。

3月　汤金章等5人当选为县第十一届人民代表大会代表。

5月12日　华亭商场因电线线路原因而引起该商场底楼糕点柜起火事故，直接经济损失近3万元。

6月16日　青村供销社职工钱正兴，1979年起参加无偿献血，至1993年共无偿献血9800毫升，获全国第三届无偿献血金杯奖。

6月26日　奉贤县糖业烟酒总公司成立。

6月　召开共青团奉贤县供销总社第六届代表大会，选举王正乙为团委书记。

7月26日　上海鼎丰酿造食品总厂与驻奉贤83318部队151分队签订军民共建社会主义精神文明协议，开展军民共建活动。

8月20日　县供销总社召开打击假冒伪劣商品，狠抓商品质量管理动员大会。

8月6日　县供销总社在县委党校，举行历时1个月有38名学员参加培训的第二期后备干部培训班开学典礼。

10月18～21日　县供销总社举办奉贤县第八届重阳节物资展销会，成交额458.87万元。

11月15日　县供销总社下发关于推行经营风险承包的实施意见，深化基层企业（部门）改革。

12月14日　奉城镇一位农民，在奉城供销社棉花收购站轧籽棉时，因操作不慎被机器轧伤，经抢救无效死亡。

是年　上海鼎丰酿造食品总厂被国家商务部授予“中华老字号”企业称号。

1994年

1月1日　县供销总社在全系统实行职工医疗费“包干基数节约归己，超基数按工龄长短，按比例由集体、个人共同分担”的管理办法。

1月14日　薛德初任县供销总社党委书记。

1月　古华商城建成营业。

2月21日　奉新商业公司、佳丽密胺公司、县供销总社工业开发部成立；重建洪庙、邵厂供销社；撤销上海奉贤百货总公司；鸿雁商场、百货公司、针纺织品公司、服装鞋帽公司、棉花公司单列。撤销新海供销社、上海爱碧制衣公司、县供销总社工业基建部。

2月23日 奉贤精品商场的会计电脑记账程序通过市、县财政局验收，成为县供销社系统第一家运用电脑会计记账的单位。

2月 奉贤商业供销公司成立。

4月29日 县供销总社所属企业上海古华（集团）公司实行行政单列。

5月 上海鼎丰酿造食品总厂总经理吴方圭评为1993年度上海市劳动模范。

6月7日 县供销总社召开机关、基层企业领导参加的动员大会，全面部署全系统内开展大规模的清资核产工作。

9月7日 上海鼎丰酿造食品总厂发生重大交通事故，2名装卸工死亡，车辆严重受损，经济损失近10万元。

9月 县供销总社在国内贸易部评选“双百强”（全国百强县供销社）活动中，综合实力列全国百强市（县）供销社第七名。

10月21日 县供销总社与县劳动局联合举办供销社系统企业法人代表参加的《中华人民共和国劳动法》培训班。

10月28日 市政府实事工程之一的江海供销社鸿翔超市开张营业。

12月8日 上海康德药品总店开张营业。

12月12日 县供销总社召开工资改革大会，实行基本工资、岗位工资、技能工资、工龄工资、津补贴和效益工资制度，突出岗位与技能。

是年 江海供销社主任顾士荣被国内贸易部授予劳动模范称号。

1995年

1月1日 县供销总社与上海烟草集团联营合资组建奉贤烟草糖酒有限公司。县供销总社出资账面净资产1100万元，市烟草集团出资1100万元现金。

1月18日 鸿雁商场姐妹楼——奉贤鸿苑商厦营业。

1月20日 上海奉贤商社恢复启动，薛德初任董事长，汤金章任总经理，丁春瑜、严小弟、唐汉规、陈品章、查华康、吴方圭、顾士荣任副总经理。

5月11日 副县长姜金余赴北京参加中华全国供销合作总社第二次代表大会。

6月23日 召开上海市奉贤县供销合作经济学会成立大会暨第一次年会。上海市供销合作经济研究会会长李学广、秘书长陈元烽到会祝贺。

6月26日 安徽省六安地区供销社主任姜继焕一行到奉贤县供销社交流工作。

9月23日 县供销总社合唱团赴杨浦体育馆参加市供销合作总社组织的“祖国颂”歌会。

11月5日 县供销总社第4期中青年干部培训班学员向西藏地区失学儿童赠款仪式在县供销总社五楼举行。县供销总社党委书记薛德初、党委委员毕道鹏，西藏日喀则县委书记平措旺加、副书记姚林章出席赠款仪式。

11月30日 在上海商城波特曼大酒店举行签约仪式，上海鼎丰酿造食品总厂厂长吴方圭、美国CPC亚洲投资公司总裁王力行分别代表中方、美方签字。共同投资1000万美元（其中中方投资200万美元）组建的中外合资企业上海鼎丰家乐食品有限公司。

12月28日 市供销总社党政领导徐木泉、李志强、叶振声、唐兆其，奉贤县委、县政府领导金建忠、周关根、管其昌到县供销总社商讨奉贤商厦建设的有关问题。

是年 上海鼎丰酿造食品总厂厂长吴方圭被中国食品工业协会评为食品工业优秀企业家。

是年 上海鼎丰酿造食品总厂被评为上海市文明单位。

1996年

1月19日 县供销总社与县粮食局各投资100万元，在上海商品城参股经营。

1月27日 县供销总社在南桥电影院召开表彰大会。表彰1995年度先进企业8家，先进管理者10人，先进开拓者10人，先进集体61家，县总社先进工作者115人。

2月3日 县供销总社召开历届上海市劳模座谈会。

3月20日 上海市商委主任张广生等领导到奉贤，县社领导汇报商办工业发展情况。

3月24日 全国供销合作总社监事会主任贺光辉在市供销总社领导的陪同下，到奉贤县社考察商办工业。分别为县供销总社和上海鼎丰酿造食品总厂题词：振兴供销事业繁荣奉贤经济、百年老厂再创辉煌。

3月25日 楼关涛任县供销总社副主任。

4月 陆慧仙（女）任县供销总社党委副书记。

5月4日 共青团奉贤县供销合作总社第七届代表大会召开。祁枫当选为团委书记。

6月9日 县供销总社党委书记薛德初率部分党政班子成员和有关部室负责人11人赴山东省诸城市供销社，考察学习深化供销社改革经验。

6月12日 县政府派薛永清为组长的企业改制工作组到县供销总社指导企业改制工作。

6月22日 县供销总社在县体育馆举行“供销杯”弘扬企业精神演讲比赛、职工技术比武。

6月 县供销总社产权制度改革领导小组成立，作出产权制度改革的一系列规定。

7月25日　上海鼎丰酿造食品总厂、鸿雁商场、精品商场被命名为奉贤名企业；吴方圭、陆勤云被评为奉贤县名厂长（经理）；鼎丰牌乳腐、醋、酱油被评为奉贤县名产品。

9月20日　全国劳动模范马桂宁应邀到县供销总社作马派服务艺术报告会。

10月10日　鸿雁商场副经理高李华去厦门参加全国供销社百强商场（鸿雁商场列第57位）工作会议，百强商场向全国发出为社会服务承诺书。

10月23日　县供销总社薛德初、汤金章等15名代表参加市供销总社第四届社员代表大会。

11月21～23日　县供销总社主任汤金章带队，先后赴江苏、浙江供销社学习考察。

12月5日　上海联华超市公司与奉贤果品公司联合组建上海华联超市奉贤有限公司，次年3月15日开张营业。

12月22日　奉贤县商业标志性建筑21层101米高的金叶商厦裙楼商场试营业，首日销售额68万元。

是年　上海鼎丰酿造食品总厂被上海市人民政府授予上海市优秀企业称号。齐贤供销社生产资料门市部被全国供销合作总社评为全国农资流通先进集体。

1997年

1月10日　金叶商厦主楼封顶。

1月16日　县供销总社在萧塘供销社召开基层供销社工作会议，推动开设超市，开办农村直销店，完善巩固“双代”店和综合服务站。

2月26～27日　县供销总社举办基层供销社社员代表大会工作培训班。

3月6日　市供销总社党委书记李志强、主任徐木泉等领导到基层供销社了解农村直销店开设情况。

3月26日　市供销总社纪委书记童喜元陪同全国合作总社纪委书记到县供销社视察。

4月2日　县教育局和县供销社联合签署《县教育局、县供销社利用奉贤商校扩大高中办学规模座谈会纪要》。

4月18日　上海鼎丰酿造食品总厂经市有关部门考核，被评为全国供销系统先进企业。

4月　萧塘、邬桥、金汇、齐贤、泰日、新寺、柘林、光明、钱桥、青村、塘外、奉城、平安、邵厂、江海、头桥供销社等相继召开社员代表大会。

5月25日　云南省供销合作社主任一行到县供销总社交流工作。

6月23日　陈品章任县供销总社副主任。

6月28日　县供销总社在县府大礼堂举行纪念“七一”、迎香港回归党员大会，举行先进集体、先进人物事迹演讲，表彰先进党支部、先进党员，举行庆“七一”迎香港回归文艺演出。

7月1日　上海金叶商厦特邀上海文艺界知名人士张瑞芳（女）、秦怡（女）、乔奇、陈少泽、郑毓芝（女）、莎莉（女）、杜宣、曹雷等聚会奉贤，共庆香港回归，聘请秦怡为金叶艺术团顾问。

9月2日　云南省烟草专卖局一行由市烟草专卖局领导陪同考察奉贤烟草糖酒有限公司。

9月29日　县供销总社召开企业改制先行单位经理（厂长）、机关部室负责人会议，汇报交流企业改制工作。

10月8日　县第六届体育运动会开幕。县供销总社体育代表团在本届运动会上获得团体总分第二名。

10月12日　县供销总社党委书记薛德初参加市供销总社组织的考察团赴美国考察。

10月　县供销总社作出“关于改制企业职工出资入股的若干意见”，企业建立职工持股会，职工持股会股金2217万元，占总股本27.12%。

11月7日　县供销总社召开直属单位第二批企业改制工作动员大会。

11月12日　县供销总社召开进一步深化基层供销社改革会议。

11月27日　奉浦供销物资总公司与上海市农资公司合作组建上海奉贤农业生产资料有限公司。次月10日开张营业。

11月　鲍振淦、姜承烈（女）任县供销总社党委委员。

12月19日　上海奉贤商社召开全体董事会议，作出撤销上海奉贤商社的法人实体，确立奉贤县供销总社为法人实体的决议。

12月19日　县供销系统第二家有限责任公司——上海鼎丰酿造食品有限公司宣告成立。

是年　上海鼎丰酿造食品有限公司评为上海市文明单位。

是年　全县供销系统亏损108万元。

1998年

1月8日　召开中共奉贤县供销合作总社代表会议，选举薛德初等5人为奉贤县第八次党代会代表。

1月9日　县供销总社举行金叶商厦主楼竣工、商场开业一周年、上海新亚金叶大酒店开张庆典仪式。

2月6日　市供销总社主任唐兆其到县供销总社调研工作。

2月13日　奉贤县人民法院对青村供销社虚开增值税专用发票案有关人员作出判决：判处李某某有期徒刑3年，缓刑5年；判处陆某某有期徒刑3年，缓刑4年；判处周某某有期徒刑3年，缓刑4年；并处青村社罚金10万元，3.77万元非法所得予以没收。

3月8日　邵复健（女）被全国总工会评为先进女职工。

3月　县供销总社主任汤金章等2人当选为奉贤县第十二届人民代表大会代表。

4月16日　市供销总社副主任姜志刚到县供销总社考察进一步开拓农村市场问题。

4月28日　上海滨江副食品(集团)公司、商业供销公司分别举行有限责任公司成立大会。

5月7日　汤金章任正处级调研员，丁春瑜任县供销总社党委副书记、主任，张琪任副主任。

5月　县饮食服务公司鞠守义被授予1997年度上海市劳动模范称号。

7月10日　县供销总社撤销办公室、政治工作部、人事保卫部、企业发展部、财务资产部、法律审计部、工业基建部；重新设置办公室、政策调研室、组织人事科、财务资产科、审计科、综合业务科、宣教科、保卫科。

7月23日　市供销总社主任唐兆其、副主任姜志刚、沈少华到县供销总社考察市场经营状况。

8月28日　奉城供销社汽车出租公司承包车辆在周浦镇发生交通事故，造成对方死伤各1人，该车负次责赔偿对方5万元。

11月10日　县供销总社召开由800余人参加的深化基层供销社改革工作大会，会议确定基层供销社实行“社企分开，留社分店，多种形式、搞活经营”十六字改革方针。开始对基层供销社职工实行有序分流。至2004年，共分流4000余人。

12月2日　县人民政府改制办公室对县供销社企业改制工作进行验收。完成19家企业的产权制度改革，24个直属企业通过兼并重组改制为19个有限责任公司。其中由县供销总社控股14家，其他企业法人控股2家，职工以自然人身份出资控股2家，职工持股会控股1家。

是年　上海鼎丰酿造食品有限公司酱油车间被授予上海市模范集体称号。

是年　全县供销系统扭转全系统亏损，但亏损企业亏损额仍达3000余万元。

1999年

1月7日　市供销总社党委书记宋振东、社务委员会秘书长姜志刚到县供销总社进行工作调研。

1月27日　市供销总社主任唐兆其，主任助理李富根到县供销总社指导工作。

1月　奉贤精品商场停止营业。

2月27日　鸿雁商场出台《减员增效实施方案》。

3月26日　县供销总社召开扭亏增盈动员大会，各有限公司、基层供销社部门负责人以上干部约700人参加大会。

5月20日　县供销总社商业中等专业学校9046平方米土地面积、600万元资产价值有偿转让给县教育局，在职教职工同时随调。

5月26日　县供销总社召开深化改革、扭亏增盈工作交流会，9个单位作交流发言，县供销总社主任丁春瑜作“坚定信心，咬住目标不放松，振奋精神，真抓实干见成效”的工作报告。

6月27～28日　萧塘供销社主任俞永刚在全国供销合作总社召开的扭亏增盈经验交流会上所作的“立足农村市场为‘三农’，拓展城镇市场求发展”的发言，被列为大会的典型材料。

7月14日　县委书记施南昌到县供销总社考察调研。

7月18日　县供销总社成立3个改制工作小组，由鲍振淦、唐汉规、楼关涛分别任组长，分工负责直属公司、基层供销合作社（商业合作社）的改制工作，提出“社退民进，多元投资，调整重组，推向市场”和“有限公司股权向经营层集中”的改革方针。

7月20日　市供销总社社务委员会秘书长姜志刚到县供销合作总社调研，听取企业改制、扩销增效工作汇报，视察金叶大卖场。

7月28日　云南省思茅地区供销社主任赵云一行到县供销总社交流工作，考察上海鼎丰酿造食品有限公司、上海金叶商厦等企业。

7月29日　市供销总社党委书记宋振东一行到县供销总社调研考察，肯定县供销总社深化改革，扩销增效等方面的工作。

7月30日　鸿雁商场停止营业，退出集体经营。

7月　上海金叶商厦被评为1997～1998年度上海市军民共建社会主义精神文明先进单位。

8月18日　市供销总社党委副书记刘国忠等到上海鼎丰酿造食品有限公司考察调研，听取公司总经理吴方圭关于实行企务公开情况的汇报。

8月20日　市供销总社主任唐兆其到县供销总社调研，考察筹备中的金叶配售中心（大卖场）。

8月25日　县长沈慧琪到县供销总社考察调研。

9月2日　金叶配售中心试营业。

9月19～28日　县供销总社系统有限公司股权向经营层集中的改革先行单位华邦涂料有限公司、滨江副食品有限公司、县物资回收利用有限公司，分别召开有限公司第二届股东大会，选举产生新一届董事会。

9月24日　共青团奉贤县供销合作总社第八届代表大会召开，选举夏锋为团委书记。

9月28日　市供销总社党委书记宋振东考察金叶配售中心。

11月　鸿苑商厦逐步退出集体经营，改为由内部职工抽资承包或由社会商业出资承包。麦当劳、中国移动通信等一些品牌企业进驻商厦经营。

11月26日　县审核小组对全县供销系统41个主体单位、68个独立核算单位进行清理调查，经市有关部门确认，县供销总社挂账停息1.72亿元。

12月8日　县供销总社机关科室调整。重新设置办公室(劳动工资)、政策调研室、财务总监室、工会纪检室、组织人事科、宣传教育科、财务资产科、市场信息科、审计监察科、安全保卫科。

12月23～25日　县供销总社在苏州召开2000年经济工作会议。主任丁春瑜代表县供销总社与基层供销社、有限公司签订2000年经济工作责任书。

是年　上海鼎丰酿造食品有限公司被评为上海市文明单位，并成为全县供销系统第一家通过ISO 9000质量管理体系认证的企业。

2000年

1月17日　县供销总社机关办公大楼（南桥镇解放中路15号）转让给县税务局，县供销总社机关迁至南桥镇西圆弄10号（原烟糖公司办公楼）。

2月25日　县供销总社主任丁春瑜在市商业委员会召开的商业系统干部大会上，作“深化产权制度改革，实施抓大放小战略，振兴供销合作事业”的交流发言。

3月13日　县供销总社党委书记薛德初、主任丁春瑜陪同副县长李吉瑞、县商委主任陈祖明赴青浦区供销社考察农村综合服务站创建工作。

3月16日　县供销系统首批11名高级商业经营师颁证仪式在金叶商厦举行。

3月28日　县供销总社工会第一次代表大会召开。陆慧仙（女）当选为工会主席。

3月30日　市商业委员会主任张广生到县供销总社调研，考察金叶商厦、金叶配售中心。

5月27日　全国供销合作总社合作指导部领导到县供销总社考察指导工作，考察金叶商厦、金叶配售中心。

7月25日　县供销总社召开深化企业改革方案研讨会，邀请县劳动局、政法委、商委、信访办、老干部局、政研室、改制办等有关领导参加。

8月21日　县供销总社党委召开加强企业思想政治工作研讨会，10个单位作交流发言。

9月5日　上海鼎丰酿造食品有限公司有关人员因公外出途中，发生1死3伤的车祸事故。

9月14日 县供销总社与香港方鑫有限公司合资成立德鑫实业（上海）有限公司。地址齐贤镇白沙村。

9月27日 县供销总社召开党政干部会议，主任丁春瑜作“用心用脑用力做事，情感策动，利益驱动，干部带动，以崭新的姿态迈向廿一世纪”的主题报告。

是年 清退基层供销社社员个人股787.23万元，企业职工持股会股金2049.77万元。

是年 全县供销系统销售商品23亿元，创利4000余万元，纳税首次超亿元。

2001年

2月19～22日 县供销总社主任丁春瑜出席全国供销合作总社在北京召开的第三届二次理事会暨扭亏增盈工作总结表彰会议，在大会上作“深化产权制度改革，实施抓大放小战略”的交流发言。

3月21～24日 县供销总社党委书记薛德初率党委成员赴浙江温州考察企业党建工作。江海供销社、头桥供销社、康德药业公司的党支部书记随团参加考察。

4月13日 县供销总社召开深化企业改革研讨会，提出“深化改革、不等不靠、自我加压、勇于创新”的指导思想，推动企业改革深入发展。

4月 县烟糖公司总经理陈品章被授予2000年度上海市劳动模范称号。

5月25日 县供销总社召开党政干部大会，主任丁春瑜作“认清新形势，抓住新机遇，明确新目标，开创21世纪供销合作事业新局面”的报告。

6月11日 齐贤供销社创办的“庄稼医院”，被评为全国供销系统“示范庄稼医院”。9月18日示范“庄稼医院”正式挂牌。

7月5日 江西省供销社主任朱秉发率考察组到县供销总社开展工作交流。随后，南昌市、景德镇市、抚州市、九江市、萍乡市、新余市、鹰潭市供销社也相继到县供销总社交流工作。

8月17日 县供销总社特邀WTO研究专家作中国加入世界贸易组织专题报告，对机关、基层干部进行世界贸易组织知识的有关教育。

8月24日 奉贤举行撤县建区大会。嗣后县供销总社更称为奉贤区供销合作总社（简称区供销总社）。

11月9日 天津市供销社代表团到区供销总社交流考察。

12月3日 区供销总社举行奉贤供销社成立50周年大型茶话会，提出改革发展的“五个化”（投资多元化、资产人格化、员工社会化、企业市场化、管理科学化）“四个优”（发展优势行业、发展优良品牌、抓住优质资产、引进优秀人才）的战略目标和措施。

是年　县烟糖公司干部职工积极捐助希望小学工程。“烟草职工情系希望小学”获1997～2001年奉贤县社会主义精神文明建设“十佳好事”提名奖。

是年　上海鼎丰酿造食品有限公司、上海烟草糖酒有限公司、上海金叶商厦评为上海市文明单位。

2002年

1月10日　区供销总社主任丁春瑜、党委委员姜承烈率县烟草公司、金叶商厦、康德药业有限公司、华邦公司、上海鼎丰酿造食品有限公司赴云南思茅白腊河小学捐资5万元。

7月30日　区供销总社举行党政班子“三个代表”重要思想学习教育活动总结暨下半年工作会议。

11月20日　区委书记林湘到区供销总社调研，主任丁春瑜汇报工作，林湘对供销系统工作给予充分肯定。

11月27日　中央电视台和全国供销合作总社音像中心到奉贤拍摄金叶超市公司、卷烟网络和金叶商厦三大业态发展情况，作为《WTO与供销社》8集电视专题片内容之一，在央视二套和七套播出。

12月9日　区供销总社召开落实区政府实事项目之一的废品收购工作会议。

12月28日　国际著名品牌“麦当劳”南桥店在鸿雁商场一楼营业，激活南桥餐饮业。

是年　上海鼎丰酿造食品有限公司被全国供销合作总社评为先进单位，被中国调味品协会列为中国调味品著名品牌企业50强。

2003年

1月6日　区供销总社召开党员代表大会，选举薛德初等6人为中共奉贤区第一次代表大会代表。

3月6日　丁春瑜当选奉贤区第二届人大代表。

4月20日　区供销总社成立以主任丁春瑜为组长的“防非”（防非典型肺炎）领导小组，在全系统开展“防非”工作。

5月14日　薛德初调离，陆慧仙（女）任奉贤区供销总社党委书记。

6月5日　唐汉规任区供销总社党委副书记、纪委书记，鲍振淦任区供销总社副主任。

6月9日　区供销总社党委书记陆慧仙出席上海市总工会第十一次代表大会。

7月28日　区供销总社召开第一次工会代表大会，唐汉规当选为工会主席。

7月 上海金叶商厦、上海华邦涂料有限公司被评为2001～2002年度上海市军民共建社会主义精神文明先进单位。

7月 鸿雁商场引进肯德基、花之林、味之都等品牌。

9月20日 宁夏回族自治区供销社主任吴宣文到区供销总社，考察金叶大卖场和金叶商厦。

10月13日 区供销总社召开基层企业整合重组大会，上海丰意果品日用有限公司托管奉贤棉花有限公司和齐贤轧花厂，上海奉贤商业有限公司托管奉贤精品商场有限公司，柘林供销社托管新寺供销社，金汇供销社托管齐贤供销社，庄行供销社托管胡桥供销社，平安供销社托管邵厂供销社，奉城供销社托管洪庙供销社和塘外供销社，青村供销社托管钱桥供销社和光明供销社，萧塘供销社托管邬桥供销社。

10月 区供销总社经济园区、上海奉供实业发展有限公司成立。

11月18日 湖北十堰市供销社主任金敬生一行到区供销总社交流工作。

11月26日 召开上海市奉贤区供销合作总社第一届社员代表大会。会议通过区供销总社章程和“实行一区一社、资产一体化”的管理办法；选举区供销总社第一届社务委员会，陆慧仙当选为会长，唐汉规为副会长；选举丁春瑜为区供销总社主任，鲍振淦、楼关涛、陈品章为副主任。

12月2日 召开共青团区供销总社第一届代表大会，选举区供销总社团委，夏锋为书记。

是年 上海鼎丰酿造食品有限公司被全国供销合作总社评为先进企业，并被评为上海市拥军优属模范单位。

是年 上海鼎丰酿造食品有限公司、区烟糖公司、上海金叶商厦被评为上海市文明单位。

2004年

2月3日 区供销总社机关科室调整，设办公室、政治工作科、财务审计科、资产经营管理科、综合管理科。

2月23日 区供销总社制定基层企业第二次整合重组方案，江海供销社托管萧塘供销社，庄行供销社托管邬桥供销社，柘林供销社托管胡桥供销社，鸿雁商场托管奉贤百货有限公司。

3月3日 区供销总社主任丁春瑜在区商业委员会召开产业工作会议上作题为“抓住机遇，求真务实，推进供销社经济跨越式发展”的发言。

3月15日 区供销总社分期分批组织基层单位党政领导干部进行为期一周的业务、政治轮训，赴井冈山考察，接受革命传统教育。

5月　区供销总社“爱心滋润顾客心”的事迹，被评为2002～2003年度奉贤区社会主义精神文明“十佳好事”之一。

5月28日　全国供销合作总社副主任赵显人一行，到区供销总社考察金叶大卖场、金叶超市邬桥店、金叶便利桂南店、奉浦店三级零售网络建设。

6月10日　区委书记张立平考察上海鼎丰酿造食品有限公司。

6月16日　福建省南平市供销社主任魏美祥一行到区供销总社考察商业网络建设。

7月19日　《解放日报》以《村头有了便利店》为题，对奉贤区金叶便利店进行报道。

8月6日　上海烟草集团奉贤烟草糖酒有限公司、上海鼎丰酿造食品有限公司入选2003年度奉贤区财富50强企业行列。

10月10日　《解放日报》以《二次创业激活了沪郊供销社》为题，介绍区供销总社加强零售网络建设，重新占领农村市场情况。

11月3日　作为区供销总社投资与香港方鑫有限公司合资成立德鑫实业（上海）有限公司的齐贤轧花厂全部资产，以150万美元转让给香港方鑫有限公司。

12月1日　《人民日报》以《奉贤供销社建成三级服务网络（扎根农村、服务农民）》为题，报道区供销总社三级服务网络建设。

12月17～24日　区供销总社主任丁春瑜赴北京参加全国供销总社举办的县级供销社主任培训班。

是年　上海鼎丰酿造食品有限公司被评为中国市场产品质量放心示范单位；金叶商厦评为中国商业信用企业。

2005年

1月29日　区供销总社副主任陈品章出席全国供销合作社第四次代表大会，受到党和国家领导人的接见。

3月14日　上海鼎丰酿造食品有限公司的“鼎丰”商标被上海市工商局授予上海市著名商标。

3月24日　区供销总社下发“上海市奉贤区供销合作总社关于加强社有资产管理的实施细则”，在全系统企业中贯彻执行。

3月29日　区供销总社召开农资工作会议，提出实行规范服务，统一标识，决不出售假冒、伪劣、“三无”商品，向社会实行公开承诺。《奉贤报》刊登区供销总社农资供应部门的公开承诺书。

5月24日　区供销总社作出《上海市奉贤区供销合作总社干部选拔任用若干规定》《上海市奉贤区供销合作总社财务管理制度》。

6月　区物资系统所属企业由区供销社托管。

7月7日　区供销总社作为第二批共产党员先进性教育单位，从7月开始至11月初基本结束，为期3个多月。

7月8～9日　区供销总社召开第一届职工运动会。

7月29日　区供销总社召开社务委员会第四次会议，选举姜承烈、屠永华为区供销总社副主任。

7月　金叶超市公司被评为2003～2004年度上海市军民共建社会主义精神文明先进单位。

8月22日　区供销总社举行先进性教育交流会，党政领导按照先进性教育工作的联络分工，分头到基层单位为困难党员、职工开展募捐活动，募捐总数60余万元。

10月28日　上海鼎丰酿造食品有限公司被评为全国精神文明建设工作先进单位。

是年　上海金叶超市公司、奉贤烟草糖酒有限公司、上海鼎丰酿造食品有限公司、上海金叶商厦被评为上海市文明单位。

是年　区供销总社党委委员、副主任姜承烈被评为上海市促进就业先进个人。

是年　齐贤轧花厂在上海方鑫塑胶模具有限公司的1085万元股权转让给香港方鑫有限公司。

2006年

1月12日　市供销总社副主任沈少华等到区供销总社调研。

1月25日　奉贤烟草糖酒有限公司与乐购超市公司签订租赁协议，将金叶大卖场租赁给乐购，租期15年，年租金1100万元，7月份开张营业。

3月9日　市共产党员先进性教育巡检组到区供销总社检查落实整改措施，巩固和扩大先进性教育成果。

3月10日　区供销总社对基层企业第三次整合重组方案出台。四团供销社托管平安供销社、金汇供销社托管泰日供销社、商业公司托管上海丰意果品日用有限公司。

3月17日　上海市烟草集团公司任命陈品章为上海市烟草专卖局奉贤分局局长（正处），并任上海烟草集团奉贤烟草糖酒有限公司总经理。实行垂直管理。至此，区供销总社同上海烟草集团奉贤烟草糖酒有限公司的关系仅存投资关系：区供销总社占该公司49%的股份；烟草党总支仍属区供销总社党委管理。

6月29日　区供销总社召开纪念中国共产党成立85周年暨先进性教育活动总结表彰大会。表彰2003～2005年度先进党支部、优秀共产党员、优秀党务工作者。区供销总社党委书记陆慧仙在会上作题为“传承先进，巩固成果，为开创供销社改革发展稳定工作新局面努力奋斗”的主题报告。

7月24日　市供销总社党委书记宋振东到区供销总社调研。

8月20日　上海鼎丰酿造食品有限公司荣获全国供销总社系统普及法律知识先进集体称号。

8月24日　区供销总社召开党风廉政建设工作大会。

8月　区供销总社制定《上海市奉贤区供销合作总社议事制度》和内部审计管理制度，下发各企业执行。

10月11日　区供销总社党委作出《关于在企业产权制度中加强纪律的若干规定》。

11月2日　区供销总社工会召开第二次代表大会，选举唐汉规为工会主席，张建平为工会副主席。

11月　区供销总社党委制定《关于加强企业党建工作的意见》，推动企业党支部建设。

12月12日　丁春瑜当选为奉贤区第三届人民代表大会代表。

12月　陆慧仙等5人当选为区第二次党代会代表。

是年　全区供销系统利润首次超过亿元。

2007年

2月12日　区供销总社在二楼会议室召开加强党风廉政建设暨2007年党建工作大会，区供销总社党政班子、机关正副科（室）长（主任）、基层企业党政正职参加会议。

3月12日　区供销总社调整机关科室，撤销财务审计科、资产经营管理科，成立资产财务科。资产财务科承担原财务审计科、资产经营管理科的职能。

4月6日　区供销总社获上海市综合治理委员会颁发2006年度平安单位荣誉称号。

4月13日　上海市级非物质文化遗产考察组知名作家程乃珊等一行到上海鼎丰酿造食品有限公司考察。“鼎丰乳腐酿造工艺”嗣后被列为上海市级非物质文化遗产。

5月21日　上海鼎丰酿造食品有限公司召开第一届股东大会，区供销总社副主任屠永华任董事长，沈仲华任总经理。改制后的上海鼎丰酿造食品有限公司，注册资本1351.72万元，其中区供销总社出资535万元，占总股本39.58%；公司经营层出资816.72万元，占总股本的60.42%。区供销总社保留土地使用权和鼎丰商标所有权。区供销总社出资对原上海鼎丰酿造食品有限公司职工劳动关系全部买断，由新公司重新同职工签订劳动合同。

7月　上海金叶商厦、上海鼎丰酿造食品有限公司被评为2005～2006年度上海市军民共建社会主义精神文明先进集体。

10月24日　区供销总社第二届职工运动会开幕，为期2天。

12月3日　全国供销合作总社监事会主任刘环祥、经济发展部副部长陈树钟，到区供销总社参加"星光工程"启动仪式暨2007年农村综合信息平台论坛活动。

12月4日　区供销总社主任丁春瑜评为全国供销合作总社先进工作者。

是年　上海鼎丰酿造食品有限公司被评为上海市文明单位。

2008年

1月10日　区供销总社组织党政班子、基层企业党政正职、机关正副科长到上海档案馆参观反腐倡廉图片资料展。

1月26日　区供销总社主任丁春瑜赴北京参加全国供销合作总社召开的授奖大会。

3月11日　市供销总社主任赵刚，副主任沈少华到区供销总社、庄行潘垫村梨缘接待中心调研。

5月13日　全区供销系统向四川汶川地震灾区捐款11.90万元。

5月　荀榕任区供销总社副主任。

8月23日　举行奉贤区供销总社第三届职工运动会。设羽毛球、乒乓球、游泳、登高、中国象棋、飞镖、自行车慢骑、跳绳8个项目。31个单位270名运动员参赛。

8月　《上海市奉贤区供销合作总社大事记（1950～2007年）》内部印行，编辑郝实安、赵金林。

9月25日　区供销总社被评为奉贤区第二届体育运动会优秀组织奖。

11月11日　举行奉贤供销社纪念改革开放暨恢复建社30周年庆典大会。《奉贤供销社改革开放暨恢复建社30周年巡礼（1978～2008年）》一书内部印刷，总编丁春瑜，编写组人员（以姓氏笔画为序）祁枫（女）、张志贤、杨群、陈英（女）、姜承烈（女）、赵金林、姚永跃。

2009年

2月3日　区供销总社获2008年上海市供销合作社系统综合业绩考核一等奖。

2月11日　区供销总社评为上海市2008年安全生产先进集体。

3月27日　上海鼎丰酿造食品有限公司被授予全国精神文明建设工作先进单位，同时授予上海市2007～2008年度文明单位称号。

4月10日 区供销总社被评为上海市2008年度健康城市（爱国卫生）先进集体。

5月12日 马晨辉任区供销总社党委书记。

7月7日 区供销总社党委举办建党88周年暨迎世博工作讲座，请上海世博局事务协调局副局长黄耀诚作“世博会的机遇与挑战”专题报告。

8月13日 全区供销系统23个单位197名干部职工，向台湾受莫拉克台风致灾的灾区捐款3.84万元。

9月11日 举行区总社第四届职工运动会，设8个项目、29个单位、430名运动员参赛。

10月26日 成立上海奉贤商业投资有限公司。

10月30日 上海市人大常委会原副主任周慕尧率上海老字号协会部分成员到上海鼎丰酿造食品有限公司考察。

10月 荀榕调任区供销总社党委委员、纪委书记、工会主席。

2010年

1月28日 区供销总社召开深入学习和实践科学发展观总结大会。

3月21日 区供销总社主任丁春瑜出席中华全国供销合作总社第五次代表大会。

4月14日 全区供销系统向发生7.1级大地震的青海省玉树地区捐款捐物5.04万元。

5月1日 中国上海世博会在上海举行。全区供销系统职工积极参与奉贤区服务世博各项活动。

8月12日 区政协主席韦源，副主席程云华（女）、迟岳峰、张开明、秘书长杨林才等到区供销总社调研。

9月16日 青村供销社组建青供农资有限公司，发展为农服务网点50余家。

10月27～28日 区供销总社举办第五届职工运动会，参赛选手600余人。

2011年

3月10日 区供销总社成立由20人的工作组，配合区内大型社区建设，负责供销社集体和个人涉及房屋拆迁。

5月5日 区供销总社在南桥圣淘沙大酒店召开奉贤供销合作社成立60周年大会。区供销总社主任丁春瑜作《奉贤供销社60年回顾》工作报告，举行劳模演讲，区委、区政府有关领导讲话。

6月7日 区供销总社投资2000万元，在市供销总社组建的上海新农村建设投资发展有限公司参股。

6月21日　上海南桥集贸市场经营管理有限公司划转给上海奉贤商业投资有限公司。

9月9日　恢复区供销总社监事会机构，区国有资产管理委员会任命陈洪明为区供销总社监事会主席。

9月9日　奉贤供销系统发起的“万村千乡工程”和保障农村日用消费及农资安全评为奉贤区商业十件大事之一。

10月20日　区供销总社举办第六届职工运动会，参赛干部职工600余人。

10月29日　区供销总社投资7000万元，在奉浦开发区建造供销大厦。

11月8日　区供销总社召开党员代表会议，选举马晨辉等3人为区第三次党代会代表。

11月　奉贤供销大厦动工。

是年　县农资公司黄祖明《桃花源记》获全国首届手卷书法大展优秀奖。《古碑文》获上海群文书法篆刻展优秀奖。

2012年

2月　区供销总社及其所属28家企业被上海市社会治安综合治理委员会授予上海市平安单位称号。

3月12日　区供销总社决定编纂《奉贤供销合作社志》，丁春瑜任编纂委员会主任，马晨辉、姜承烈、屠永华、荀榕任副主任，下设编纂办公室，姜承烈兼任主任，赵金林任副主任。

4月　马晨辉兼任区供销总社主任、《奉贤供销合作社志》编纂委员会主任。

5月28日　区供销总社在南桥集贸市场开设平价蔬菜供应点。

6月13日　上海电视台拍摄《笑口常开，老店新说》之“鼎丰酿造”专题片，介绍中华老字号企业上海鼎丰酿造食品有限公司的传奇故事。

6月27日　区供销总社对干部进行教育培训的“每月讲座”，邀请中国软实力研究中心顾问王琦作“关键时刻——影响客户认知的时刻”主题讲课。

6月　建立区供销总社网站。

7月9日　区供销总社被评为全国供销合作社系统先进集体，党委书记、主任马晨辉赴北京参加劳模表彰大会，受到中共中央政治局委员、国务院副总理回良玉等领导人接见。

8月13日　市供销总社理事会主任赵刚、监事会主任吴云飞到区供销总社作专题调研，区供销总社党委书记、主任马晨辉汇报农产品生产流通、商业地产开发经营等方面工作，市供销总社领导予以肯定。

9月28日 区供销总社在新建东路、环城东路附近开设的社区农副产品直供店开张营业，直供产品280余种。

10月12日 上海市商务委员会市场调控处（市副食品管理办公室）领导检查区供销总社社区农副产品直供店工作。

10月23～24日 区供销总社举行供销系统第七届职工运动会，有449名干部职工参加8个项目比赛。

10月25日 中共上海市委办公厅有关领导在南桥实地考察区供销总社开设的社区农副产品直供店工作。

10月25日 浙江省绍兴市供销合作总社副主任许吉荣等一行6人到区供销总社，交流探讨新形势下供销社工作。

11月13日 区供销总社第二届社员代表大会在南桥圣淘沙大酒店召开，出席代表61人。不再设社务委员会，改设理事会、监事会，选举马晨辉为理事会主任，姜承烈、屠永华为副主任，陈洪明为监事会主席，荀榕为副主席。

11月19日 《劳动报》都市版刊登区供销总社在居民社区开设农副产品直销店、方便群众的报道。

11月22日 区供销总社与上海商业发展研究院签订战略合作协议，上海商业发展研究院研究基地揭牌仪式在奉贤区供销合作总社举行。上海商学院校长朱国宏、奉贤区委常委、副区长袁晓林等出席。

12月 上海鼎丰酿造食品有限公司总经理沈仲华获“2011年全国百强农产品经纪人”称号。

是年 全区供销系统为农（社会）服务的新网工程（农资销售网络、再生源回收利用网络、鼎丰酿造制品销售网络、烟草连锁销售网络、药品销售网络、专业合作社产销网络）基本形成，有网点2000余个。

是年 全区供销系统（含经济园区）纳税1.92亿元。

2013年

1月6日 区供销总社农副产品展示厅在区供销总社机关西侧底楼开办营业。

1月 区供销总社党政班子严格执行中共上海市委关于贯彻中共中央改进领导作风八项规定的指示精神，春节前各项有关活动一律从简。

3月11日 区供销总社召开全资企业整合重组实施会议，按照“实行人资分离、资产一体化经营管理、职工一体化保障服务”的总体思路和“五个不变”（资产收益隶属原账户不变、职工薪资发放隶属原账户不变、社管干部原政治待遇不变、职工原待遇不变，涉及调整单位的所有职工包括退居二线干部、退休社管干部、退休职工劳动关系隶属不变）改革原则，撤销区供销总社投资管理科，设立商业投资公司（经营全区7家基层社、3家公司的资产）、商业公司（为全区7家基层社和2家公司在职、在编、退休职工实行保障服务）。

7月23日　区供销总社、商业投资公司举办招商推介会，与平安银行、上海浦东发展银行股份有限公司、麦当劳连锁快餐集团、上海克莉丝汀食品有限公司、海澜集团、安踏（中国）有限公司、全家便利商店、上海全球儿童用品股份有限公司等8家品牌客户签订战略合作协议。

9月26日　区供销总社与宝山区供销合作总社签订战略合作协议，建立"奉宝合作组织"。

9月　区商业投资公司编制的《上海奉贤商业投资有限公司工作手册》印发至基层贯彻执行。

10月10日　区供销总社党委书记、主任马晨辉等11名代表出席市供销总社第五届社员代表大会。

11月26日　《奉贤供销合作社志》评审会议在区供销总社会议室召开，区地方志办公室主任丁惠义及区供销总社党委书记、主任马晨辉等历届部分党政领导17人参加。

12月2日　区政协主席陈洪凡等领导到区供销总社进行工作考察调研。

12月13日　举行奉贤区供销总社与工商银行奉贤支行全面战略合作协议签订仪式，区供销总社党委书记、主任马晨辉和工商银行奉贤支行行长盛俊中分别致辞，并在协议上签字。

12月31日　奉供农产品公司新设南星路、古华路、老街农副产品直供店、农副产品配送中心开张营业。至此，南桥镇有区供销总社开设的农副产品直供店7家、农产品配送中心1家。

第一章　行政机构

1950年10月，建立奉贤县供销合作总社筹备处。1951年4月，奉贤县合作总社成立，是年9月，改称苏南区奉贤县合作社联合社。1954年11月，更名为江苏省奉贤县供销合作社。1958年4月，奉贤县商业局与奉贤县供销合作社合署办公，实行一套班子两块牌子，对外以奉贤县商业局名义行文。是年11月24日，奉贤县划入上海市，更名为上海市奉贤县供销合作社。1962年1月，奉贤县供销合作社与奉贤县商业局分署。1969年6月，撤销奉贤县供销合作社建制，建立奉贤县生产资料管理站。1970年4月，奉贤县生产资料管理站与奉贤县生活资料管理站合并成奉贤县商业管理站。1971年1月，奉贤县商业管理站更名为奉贤县商业局。1972年8月，奉贤县商业局改称奉贤县革命委员会商业局。1978年8月1日，奉贤县革命委员会商业局改称为奉贤县供销合作社。1992年11月，改称为奉贤县供销合作总社。2001年8月，奉贤撤县建区，改称为上海市奉贤区供销合作总社〔以下简称区（县）供销总社〕。

1986年12月，以奉贤县供销社为主体，成立上海奉贤商社。2009年10月，成立上海奉贤商业投资有限公司。

1950～2012年，奉贤区（县）供销合作总社（局、站）先后历任正职行政负责人20人次，副职行政负责人48人次。根据各个阶段工作需要，区（县）供销合作社机关科（股）室设置部门30余个，历任负责人246人次，建立非常设机构20余个。1991年，县供销社评为上海市级先进单位。1994年在全国供销合作社百强县（市）联合社评比中，奉贤县供销合作社所有者权益、商品销售、利润列第七位。2012年，奉贤区供销合作总社被评为全国供销系统先进集体。奉贤区（县）供销系统为奉贤地区生产发展、经济繁荣、人民生活进入小康水平做出重要贡献。

第一节　机构沿革

一、奉贤县供销合作总社筹备处

1950年10月，奉贤县供销合作总社筹备处在南桥成立。设主任1人、副主任1人，筹备处在今南桥镇新建中路16号。

二、江苏省苏南区奉贤县合作总社（联合社）

1951年4月，成立奉贤县合作总社，设主任1人、

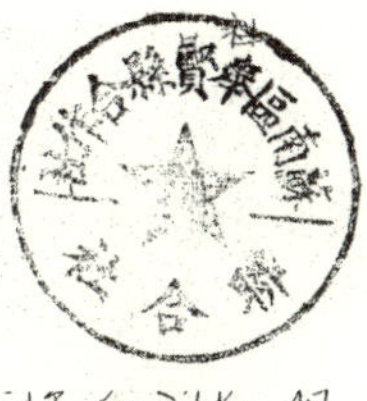

副主任2人，社址设在今南桥镇新建中路80号。是年9月，改名为苏南区奉贤县合作社联合社。1953年6月，改称为江苏省奉贤县合作社联合社。

三、江苏省奉贤县供销合作社

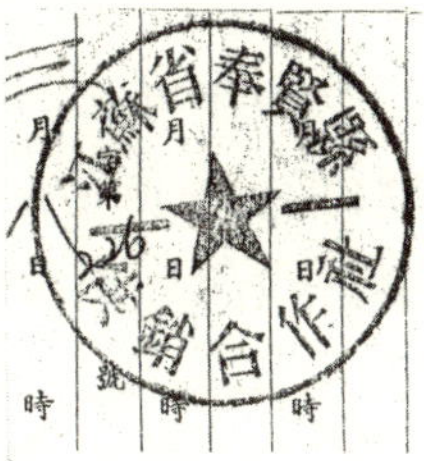

1954年11月，奉贤县合作社联合社更名为江苏省奉贤县供销合作社。设主任1人、副主任2人。

四、奉贤县商业局（供销社）

1958年4月，县商业局与县供销社合署办公，实行一套班子两块牌子，对外行文以县商业局名义。设局长1人、副局长2人。

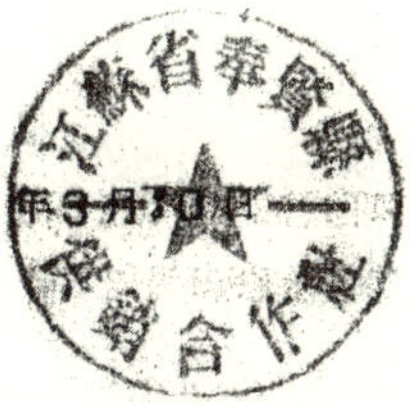

五、上海市奉贤县供销合作社

1958年11月24日，奉贤县由江苏省划入上海市，县供销社改名为上海市奉贤县供销社（亦称奉贤县供销合作社联合社），设主任1人，副主任2人。1962年1月，县商业局、县供销社分署。县供销社社址在原解放中路15号（现文化广场）。

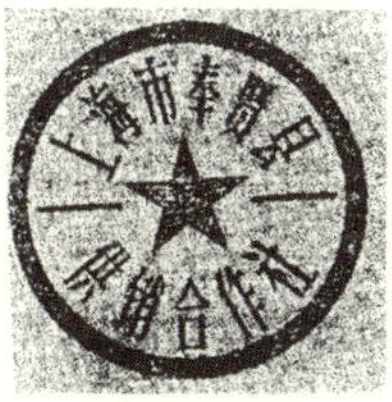

六、奉贤县生产资料管理站

1969年6月，撤销奉贤县供销社，建立奉贤县生产资料管理站，成立县生产资料管理站革命委员会，设第一召集人1人，第二、三召集人各1人。

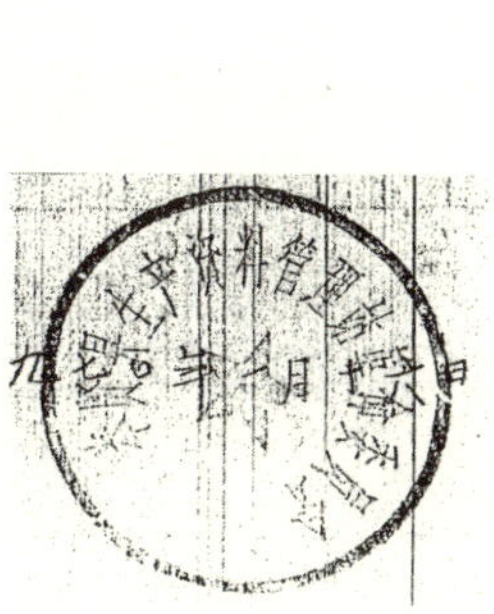

七、奉贤县生活资料管理站

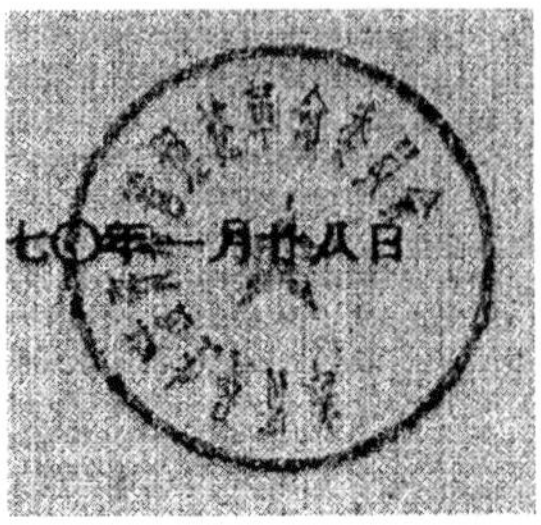

1969年6月，撤销奉贤县商业局，建立奉贤县生活资料管理站，成立县生活资料管理站革命委员会，设第一召集人1人、第二、三召集人各1人。

八、奉贤县商业管理站

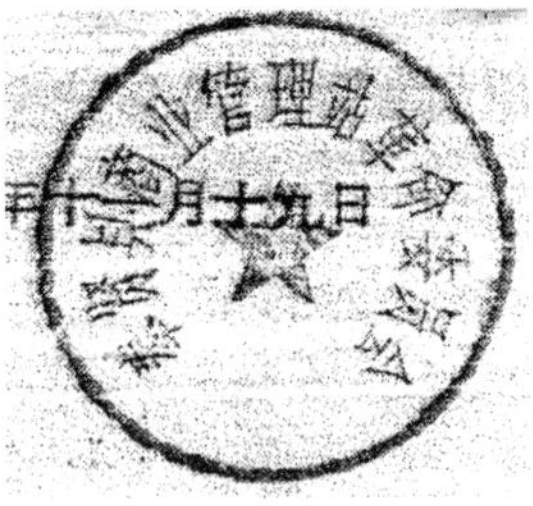

1970年1月，奉贤县生产资料管理站与奉贤县生活资料管理站合并成立奉贤县商业管理站，建立商业管理站革命委员会，设第一召集人1人，第二、三召集人各1人。

九、奉贤县商业局

1971年1月，奉贤县商业管理站改称奉贤县商业局，成立商业局革命委员会，设主任1人，副主任2人。

十、奉贤县革命委员会商业局

1972年8月3日，奉贤县商业局革命委员会改称为奉贤县革命委员会商业局。设局长1人，副局长2人。

十一、奉贤县供销合作社

1978年8月，奉贤县革命委员会商业局恢复为奉贤县供销合作社名称。设主任1人，副主任3人。

十二、奉贤区（县）供销合作总社

1992年11月，县供销社改称为奉贤县供销合作总社。2001年8月，奉贤撤县建区，更名为上海市奉贤区供销合作总社，设主任1人，副主任3人，社址设在南桥镇西圆弄10号。

第二节　行政领导人更迭

一、正职干部

1950～2012年，奉贤区（县）供销社（商业局）历任行政正职干部20人次。

1950～2012年奉贤区（县）供销合作社行政正职干部情况表

表1-2-1

姓　名	职　务	任职时间
李臣芳	县供销合作总社筹备处主任	(1950.10～1951.03)
李少峰	县供销合作社筹备处主任	(1951.03～1951.03)
	县合作总社主任	(1951.04～1951.04)
王文忠	县合作总社（合作社联合社）主任	(1951.04～1952.06)
王海涛	县合作社联合社主任	(1952.06～1954.07)
白元益	县联合社（供销社）主任	(1954.07～1955.10)
杜文焕	县供销社主任	(1955.10～1956.05)
刘乐三	县供销社主任	(1956.07～1957.06其中1956年5月至1956年6月副主任主持工作)
王　湘	县供销社主任	(1957.06～1958.04)
林　峰	县商业局（县供销社）局长	(1958.06～1960.07)
邵人杰	县商业局（县供销社）局长	(1960.07～1962.01)
王　湘	县供销社主任	(1962.01～1969.06)
沈斌忠	县生活资料管理站革命委员会第一召集人	(1969.06～1970.04)
金利川	县生产资料管理站革命委员会第一召集人	(1969.06～1970.04)
朱金章	县商业管理站革命委员会第一召集人	(1970.04～1971.01)
	县商业局革命委员会第一召集人	(1971.01～1972.08)
	县革命委员会商业局局长	(1972.08～1978.08)
刘德魁	县供销社主任	(1978.08～1978.09)
张世科	县供销社主任	(1978.09～1984.07)
沈华德	县供销社主任	(1984.07～1991.09)
汤金章	县供销社（总社）主任	(1991.09～1998.05)
丁春瑜	区（县）供销总社主任	(1998.05～2012.04)
马晨辉	区供销总社主任	(2012.04～　)

二、副职干部

1950～2012年，奉贤供销合作总社（筹备处）行政副职干部更迭48人次。

1950～2012年奉贤区（县）供销合作总社行政副职干部情况表

表1-2-2

姓　名	职　务	任职时间
李钟禄	县供销合作总社筹备处副主任	(1950.10～1951.03)
王海涛	县合作总社（合作社联合社）副主任	(1951.02～1952.06)
周之忻	县联社副主任	(1951.09～1953.08)
白元益	县联社副主任	(1952.06～1954.07)
黄可亭	县联社副主任	(1953.01～1954.04)
马相畏	县联社副主任	(1953.01　未到任)
周葆生	县联社副主任	(1953.02～1954.11)
刘乐三	县联社副主任	(1954.09～1954.11)　(1956.05～1957.06)
许掌林	县供销社副主任	(1956.07～1957.02)
姜明智	县供销社副主任	(1956.07～1958.03)
赵淑清(女)	县供销社副主任	(1956.07～1958.04)　(1958.06～1959.04)
胡世天	县商业局（县供销社）副局长	(1958.04～1960.01)
刘乐三	县供销社副主任	(1962.10～1966.05)
柏　万	县供销社副主任	(1962.10～1966.05)
崔同华	县供销社副主任	(1963.03～1966.05)
施志决(女)	县供销社副主任	(1965.06～1966.07)
袁成章	县供销社副主任	(1965.08～1966.05)
李　洁(女)	县供销社政治处主任	(1966.05～1969.06)
张兰忠(女)	县生产资料管理站革命委员会第二召集人	(1969.06～1970.04)
王启坤	县生产资料管理站革命委员会第三召集人	(1969.06～1970.04)
朱根楼	县生活资料管理站革命委员会第二召集人	(1969.06～1970.04)
朱林彪	县生活资料管理站革命委员会第三召集人	(1969.06～1970.04)
沈斌忠	县商业管理站革命委员会第二召集人	(1970.04～1970.12)
金利川	县商业管理站革命委员会第三召集人	(1970.04～1970.12)
徐希夫	县革命委员会商业局副局长	(1972.01～1973.03)
潘栋生	县供销社副主任	(1978.08～1984.07)
严秉沁	县供销社副主任	(1978.08～1984.07)
王雪生	县供销社副主任	(1978.09～1980.11)
尤立春	县供销社副主任	(1979.10～1984.07)
孙启强	县供销社副主任	(1981.04～1984.07)
周伯衡	县供销社副主任	(1981.05～1992.08)
李吉瑞	县供销社副主任	(1984.07～1988.01)
袁京声	县供销社副主任	(1984.07～1992.08)

续表 1-2-2

姓　名	职　务	任职时间
吴岳初	县供销社副主任	(1988.01～1991.08)
汤金章	县供销社副主任	(1989.10～1991.09)
陈建庆	县供销社副主任	(1991.09～1992.08)
丁春瑜	县供销社副主任	(1991.09～1998.05)
马天林	县供销社副主任	(1992.09～1995.01)
严小弟	县供销社副主任	(1992.09～1996.05)
张　琪	县供销总社副主任	(1998.05～1999.09)
唐汉规	区（县）供销总社副主任	(1992.09～2003.06)
楼关涛	区（县）供销总社副主任	(1996.03～2004.06)
陈品章	区（县）供销总社副主任	(1997.06～2006.06)
鲍振淦	区供销总社副主任	(2003.06～2008.03)
姜承烈(女)	区供销总社副主任	(2005.07～　　　)
屠永华	区供销总社副主任	(2005.07～　　　)
荀　榕	区供销总社副主任	(2008.05～2009.10)
马晨辉	区供销总社副主任	(2009.10～2012.04)

第三节　商社　投资公司

一、上海奉贤商社

1986 年 12 月 28 日，经县供销社与江苏、浙江有关县市供销合作社协商，并报奉贤县人民政府同意，组成“上海奉贤商社”董事会，董事会由 11 人组成：沈华德、刘惠霖、周伯衡、袁京声、李吉瑞、俞松、汤银楼、胡世天、朱宗熹、苏杨波（江苏省武进县供销合作社副主任），同日召开上海奉贤商社第一次董事会会议。是月 29 日，上海奉贤商社成立大会暨第一届股东代表大会在奉贤供销社商校礼堂召开。

1986 年 12 月，上海奉贤商社成立

上海奉贤商社为股份制企业，股东单

位由上海奉贤县供销社，江苏省六合县、武进县、扬州市、浙江省海宁县、嘉善县供销社组成。商社第一届股东代表大会通过《上海奉贤商社章程》，选举沈华德为商社总经理，周伯衡、袁京声、李吉瑞、邵复健为副总经理，与供销社实行两块牌子、一套班子。1991年9月，商社活动中止。1995年1月，奉贤商社恢复启动，县供销总社党委书记薛德初任董事长，主任汤金章为总经理，由总经理任命丁春瑜、严小弟、陈品章、查华康、吴方圭、顾士荣为副总经理。

1997年12月19日，上海奉贤商社召开董事会议，作出撤销上海奉贤商社法人实体、确立奉贤县供销总社为法人实体的决议。

二、上海奉贤商业投资有限公司

2009年上半年，根据上海市烟草公司“烟草公司将不再与非国有企业实行合资，各区（县）供销社投资于烟草公司的股权，必须退出或划出”的精神，奉贤区供销合作总社2次行文向奉贤区国有资产管理委员会请示提出由国资委出资成立“上海奉贤商业投资有限公司”，经区国资委向区人民政府申报。是年10月26日，区人民政府批复同意由国资委出资50万元成立的上海奉贤商业投资有限公司，公司董事长丁春瑜，董事马晨辉、潘有发，监事屠永华。区供销总社持奉贤烟草公司49%股权，转让给上海奉贤商业投资有限公司，授权奉贤区供销总社行使对上海奉贤商业投资有限公司的经营管理权，区供销总社与商业投资有限公司实行“两块牌子、一套班子”，丁春瑜为总经理。以后随区供销总社班子变动而自然更迭。

第四节　机关科室

一、科室演变

1950年10月至2012年2月，区（县）供销社机关科室设置由于阶段工作需要，科室分合变动频繁，先后设科（部、股、室）39个。

1. **财务统计科**　1950年10月设的奉贤县供销总社筹备处会计室。1951年4月县合作总社设财会股。1953年1月县联社设财会科。1958年4月，县供销社与县商业局合署，设计划财务股。1959年9月，改称财会股。

副股长　　严福奎（1953.01～1954.06主持工作）
　　　　　顾德炎（1954.06～1956.06）　沈鸿猷（1956.01～1962.01）

1962年1月，县供销社与县商业局分署，县供销社设计划财会股。

副股长　　盛国根（1962.01～1965.06主持工作）

股　长　　盛国根（1965.06～1969.06）

1969年6月，县供销社撤销后，至1977年计财工作纳入县生产资料管理站、县商业管理站、商业局生产组。

1977年5月24日，设计划财务组。

组　长　　王农田（1977.05～1979.01）

1978年8月，县商业局改称县供销社。1979年1月，设计财物价股。

股　长　　王农田（1979.01～1982.01）

副股长　　顾德炎（1979.01～1982.01）　俞洪基（1982.01～1982.06）

1982年1月，计财物价分出财会股。

股　长　　王农田（1982.01～1984.07）

副股长　　俞　松（1982.06～1984.10）

1984年7月，设计划统计财务科；1987年1月，改称财务会计科。

科　长　　俞　松（1984.10～1988.03）　龚月琴（女，1988.03～1990.03）
　　　　　王汉民（1990.03～1992.07）　徐　峻（1992.07～1993.03）

副科长　　王汉民（1984.10～1990.03）　王农田（1984.07～1987.01）
　　　　　李秋霞（女，1990.03～1991.10）钱天铮（1988.03～1991.10）

1993年3月，改称财务资产部。

部　长　　徐　峻（1993.03～1998.02）

副部长　　赵睒淼（1994.02～1998.07）　孙玉宇（女，1995.04～1998.07）

1998年7月，改为财务资产科。

科　长　　赵睒淼（1998.07～1999.12）　孙玉宇（女，1999.12～2002.10）
　　　　　屠永华（2002.10～2004.02）

副科长　　孙玉宇（女，1998.07～1999.12）

2004年3月，改为财务审计科。

科　长　　屠永华（2004.03～2007.03）

副科长　　袁再梁（2004.03～2007.03）

2007年3月，改为资产财务管理科。

科　长　　荀　榕（2007.03～2009.03）　范　莉（女，2009.03～2012.02）
　　　　　夏丰英（2012.02～　　）

副科长　　袁再梁（2009.03～2011.03）　夏丰英（女，2011.03～2012.02）

2. **社务股**　1950年10月至1958年4月，县供销社（供销总社筹备处、合作总社、县联社）设社务股。

股　长　　朱　明（1950.10～1954.10）　赵云生（1954.10～1958.04）

副股长　　孔静波（1951.03～1952.10）

3. **综合业务科**　1950年10月，县供销总社筹备处设业务股。

股　长　　王麟祥（1950.10～1951.04）

1951年4月，县合作总社改设供应、推销2个科。1957年8月改称供应批发科。

供应科科长 李世建（1951.04～1957.08）

推销科科长 马贯一（1951.04～1957.08）

副科长 陈纪湘（1951.04～1955.10）

1958年4月，县供销社与县商业局合署办公；1959年又改为计划业务股。

股　长 潘栋生（1960.03～1964.08）

副股长 周伯衡（1959.09～1960.01） 潘栋生（1959.09～1960.03）

沈承杰（1959.09～1962.01） 盛国根（1960.03～1961.01）

1962年1月，县供销社与县商业局分署，县供销社设综合业务股。

股　长 姚守先（1962.01～1962.10） 吴长升（1962.10～1964.05）

袁成章（1964.05～1965.06）

副股长 唐顺福（1962.01～1963.01） 李正松（1963.01～1966.06）

1969年6月，撤销县供销社建制，成立县生产资料管理站，设生产组。1970年4月，县生产、生活资料管理站合并成立的县商业管理站仍设生产组。1971年1月，县商业管理站改称县商业局，保留生产组。

组　长 刘万云（1969.01～1971.01） 张火楼（1971.01～1978.07）

1978年8月，县商业局恢复县供销社名称。1979年1月，改设业务一股、业务二股。

业务一股股长 张火楼（1979.02～1984.10）

副股长 刘万云（1979.01～1984.09）

业务二股股长 周伯衡（1979.02～1980.11） 沈文寿（1980.11～1982.06）

副股长 唐顺福（1979.01～1982.01）

1984年10月，重设业务科。

科　长 何正英（女，1981.09～1988.10） 查华康（1988.10～1991.11）

副科长 张火楼（1984.10～1985.11） 俞洪基（1984.10～1985.11）

查华康（1985.11～1988.10） 朱邦宽（1988.03～1991.10）

1991年10月，业务科分为业务一、二科。

业务一科科长 查华康（1991.10～1993.03）

业务二科科长 朱邦宽（1991.10～1993.03）

4. **秘书股**　1951年4月，奉贤县合作总社设秘书股。1958年4月，县供销社和县商业局合署仍设秘书股。1962年1月，县供销社和县商业局分署后均保留秘书股。1969年6月，县供销社撤销、建立县生产资料管理站，秘书股自行终止。

股长（负责人）王能宰（1951.04～1954.01） 徐若愚（1954.01～1956.07）

周兆熊（1956.07～1958.03） 仲兆贵（1958.03～1962.01）

严福奎（1962.01～1966.05） 吴梦章（1966.06～1969.06）

副股长 瞿振华（1960.10～1969.06）

5. **组织科**　1951年4月奉贤县合作总社设立干部股。1952年改为组导科，1953年1月改称干部科。

股　长　姜明智（1951.04～1952.12）　何　进（1952.12～1957.08）

1957年8月，设组织检查科。

科　长　李　迪（1957.08～1959.01）　王廷昭（1959.01～1960.12）

崔立松（1960.12～1962.01）

副科长　孔静波（1957.08～1960.12）

1962年1月，县供销社与县商业局分署。设人事股。

股　长　严福奎（1962.01～1964.05）　穆光学（1964.05～1966.05）

1966年5月，“文化大革命”中，县供销社设政治处。

主　任　李　洁（女，1966.05～1970.01）

1970年4月，县商业管理站设政工组。

组　长　李　洁（女，1970.04～1978.07）

1978年8月，县供销社恢复名称后，设组织股。

副股长　范妙祥（1978.08～1982.06）

股　长　范妙祥（1982.06～1984.10）

1984年10月设组织科。

科　长　吴桂明（1984.10～1990.04）　陈建庆（1990.04～1991.11兼）

副科长　庄正国（1990.04～1991.11）

1991年11月，改为组织人事科。

科　长　毕道鹏（1991.11～1993.03兼）

1993年3月，组织科改称政治工作部。分管组织、宣传、纪检、人事工作。

部　长　陆慧仙（女，1993.03～1998.07兼管纪委）

毕道鹏（1993.03～1997.11兼管组织、人事）

邵复健（女，1993.03～1997.11兼管宣传教育）

鲍振淦（1997.11～1998.07兼管组织人事）

姜承烈（女，1997.11～1998.07兼管宣传教育）

1998年7月，改为组织人事科。

科　长　鲍振淦（1998.07～2004.03兼）

副科长　周林昌（1998.07～1999.12）

2004年3月，设政工科。2012年2月撤销，改称人力资源科。

科　长　庄　坚（2004.03～2006.03）　高李华（女，2006.03～2011.03）

陈　英（女，2011.03～　　　）

副科长　祁　枫（女，2004.03～2006.03）陈　英（女，2006.03～2011.03）

张建平（女，2012.02～　　　）

6. **供应股** 1951年9月，县联社设供应股；后改为供应科。

科　长　李世健（1951.09～1958.07）

副科长　王　虹（1951.09～1953.06）　吴修元（1953.06～1955.07）

耿炳祥（1955.07～1958.07）

7. **计划科** 1951年4月至1953年1月，县合作总社（县联社）设计划股（科）。

科　长　王炳生（1951.04～1953.01）

副科长　朱　明（1954.10～1956.01）　高锦根（1956.01～1958.04）

8.**采购股** 1951年9月县联社设采购股。1953年，改为采购科。1956年2月划入县农产品采购局。

科　长　曹桂福（1951.09～1954.09）　李　迪（1954.09～1956.02）

副科长　胡仁杰（1951.09～1952.10）　刘志明（1954.06～1955.03）

唐顺福（1955.03～1956.02）　李　恽（1956.03～1957.03）

9. **保卫科** 1952年，县联社组导科内设保卫股。1976年3月正式成立县商业局武装保卫组。

组　长　顾勤根（1976.03～1979.01）

1979年1月，县社设保卫股。

股　长　夏炳其（1979.01～1984.09）

1984年9月，改称人事保卫科。

科　长　唐吉林（1984.10～1988.03）　庄正国（1988.03～1990.03）

副科长　陆祖廉（1984.10～1988.03）　李德金（1987.01～1988.03）

陈金发（1989.02～1993.03）

1993年3月，改称人事保卫部。

部　长　费成荣（1993.03～1994.04）　陆金昌（1996.05～1998.07）

副部长　周林昌（1993.03～1998.07）

1998年7月，改为保卫科；1999年12月，改称为安全保卫科；2004年3月，改称为综合管理科。2012年2月改称为农服务科。

科　长　陆金昌（1998.07～2006.03）　俞永刚（2006.03～2012.02）

副科长　崔　峻（2006.03～2012.02）

10. **宣传教育科** 1952年，县联社组导科内设宣传股。1978年8月，成立县供销社宣传教育科，后中间有间断。先后并入政工科、组织科。

股　长　胡志刚（1979.02～1980.03）　穆光学（1980.03～1984.10）

科　长　褚培余（1984.10～1990.03）

副股长　吴岳初（1979.02～1984.10）

副科长　褚培余（1982.06～1984.10）　翁梦章（1985.03～1991.11）

1991 年 11 月，恢复宣传教育科。

科　长　　　邵复健（女，1991.11～1993.03 兼）

副科长　　　庄正国（1991.11～1992.06）　　韩耀林（1991.11～1992.07）

1998 年 7 月，设宣传教育科。

科　长　　　姜承烈（女，1998.07～2004.03 兼）

副科长　　　祁　枫（女，1998.07～2004.03）

11. **加工生产、加工企业科**　1953 年 1 月至 1958 年 3 月，设加工生产科和加工企业科。

加工生产科科长　孙金坡（1953.01～1953.11）　　王金荣（1955.04～1958.04）

加工企业科科长　许掌林（1953.11～1955.04）

12. **生产合作科**　1953 年 11 月成立。

科　长　　　仇祖炎（1953.11～1956.01）

13. **私改科**　1954 年 12 月，设私改科。1956 年曾改称组检科。

科　长　　　孔金荣（1954.12～1956.01）

14. **商政科**　1956 年 1 月由私改科改名。1960 年，改称商政股，后与物价合并为商政物价股。

科　长　　　姚守先（1956.01～1958.04）

副科长　　　顾德炎（1956.06～1958.04）

代股长　　　彭雪仁（1960.03～1960.05）1

股　长　　　凤葵明（1965.06～1967.01）

副股长　　　李正松（1965.06～1967.01）　　陆明福（1962.01～1969.05）

15. **耕畜科**　1956 年 2 月建立，同年 8 月撤销。

科　长　　　周伯衡（1956.02～1956.08）

16. **物价股**　1958 年 4 月，成立物价股。

副股长　　　顾德炎（1958.04～1962.01 主持工作）

1962 年，县供销社与县商业局合署设物价股。

股　长　　　吴长升（1962.10～1965.06）　　顾德炎（1965.06～1967.01）

1982 年 1 月，设计统物价股。1984 年 8 月不再专设。

股　长　　　顾德炎（1982.06～1984.08）

副股长　　　俞洪基（1982.06～1984.08）

17. **劳动工资科**　1958 年 4 月，设人事股；“文化大革命”中被撤销。1979 年 2 月，县供销社重设人事股。1987 年 1 月，设劳动人事科。

股　长　　　严德奎（1960.03～1965.06）　　饶菊麟（女，1965.06～1967.01）

　　　　　　李品高（1979.02～1982.06）

科　长　　　邵复健（女，1987.01～1991.11 兼）

副股长　　饶菊麟（女，1960.03～1965.06）徐玉清（1982.06～1987.01）
副科长　　陆祖廉（1987.01～1991.09）　张文安（1988.03～1988.04）
　　　　　周林昌（1991.02～1991.11）

1991年11月，改为劳动工资科。

科　长　　傅传康（1991.11～1992.02）　鲍振淦（1992.02～1992.06）
副科长　　周林昌（1991.11～1993.03）

18. **储运股（科）**　1959年9月设储运股。

副股长　　程仲贤（1959.09～1967.01主持工作）
　　　　　朱炳泉（1960.03～1965.06）　许　琦（1965.06～1967.01）

1979年1月，重设基建储运股。1984年改为基建储运科。1987年1月，设基建储运经营管理部。1991年11月，改为基建储运科，1998年10月撤销。

股　长　　周　明（女，1979.01～1980.11）周伯衡（1980.11～1982.07）
　　　　　周　明（女，1982.09～1983.06）李正松（1983.06～1984.10）
科　长　　李建育（1984.10～1991.11）　王　宣（1991.11～1998.07）
副股长　　陆念祖（1979.01～1984.10）　张汉章（1981.03～1981.12）
副科长　　王　宣（1984.10～1991.11）
副主任　　夏炳其（1987.01～1991.11兼）

19. **办事组**　1969年6月撤销县供销社，先后成立县生产资料管理站和县商业管理站、商业局。站、局均设办事组。

组　长　　孙明德（1969.06～1978.08）

20. **“双学”办公室**　1977年4月建立，1984年撤销。

主　任　　袁成章（1977.09～1979.01）　李正松（1979.01～1980.03）

21. **办公室**　1978年8月，奉贤县革命委员会商业局改称奉贤县供销社，始设办公室。

主　任　　孙明德（1978.08～1982.06）　顾龙如（1982.06～1984.10）
　　　　　吴岳初（1984.10～1990.02）　鲍振淦（1990.02～1992.02）
　　　　　陈品章（1992.03～1992.09）　赵竹强（1994.02～1999.05）
　　　　　沈仲华（1999.05～1999.12）　周林昌（1999.12～2012.02）
　　　　　姚永跃（2012.02～　　　）
副主任　　崔立松（1979.01～1984.09）　顾龙如（1980.03～1982.01）
　　　　　钟荣杰（1984.10～1991.10）　耿秀庭（女，1987.02～1988.03）
　　　　　庄　坚（1989.02～1992.06）　赵竹强（1992.09～1994.02）
　　　　　赵金林（1992.06～1997.06）　陆洪兴（1997.06～2004.04）
　　　　　赵金林（2003.10～　　　）　庄　坚（2006.03～2009.03）

22. **多种经营办公室**　1979年1月建立。1984年10月并入县人民政府多种经营办公室。

主　任　　　王雪生（1979.01～1984.10兼）

23. **基层工作股**　1980年3月，设基层工作股。

股　长　　　李正松（1980.03～1984.09）

副股长　　　钟荣杰（1980.03～1983.06）

24. **科学技术股**　1982年1月建立。

负责人　　　金　超（1982.01～1984.09）

25. **工业开发科**　1984年9月，设工业开发科。1990年3月改称工业科。

科　长　　　戴林根（1985.06～1990.03）　　盛其炎（1990.03～1993.03）

副科长　　　仲天怀（1984.10～1985.06主持工作）

　　　　　　顾　炜（1984.10～1985.03）

26. **审计监察科**　1985年3月，设审计科；1987年1月，设统计物价（含审计）科；1991年11月，改为法律事务部；1993年3月，改为法律审计部；1998年7月，改为法律审计科。

科　长　　　龚月琴（女，1985.03～1988.03）（1990.03～1992.06）

部　长　　　翁秀芳（女，1993.03～1999.02）

副科长　　　徐天铮（1987.01～1988.03）　　翁秀芳（女，1989.02～1993.03）

副部长　　　范文新（1994.03～1998.08）

1999年12月，改为审计监察科；2004年3月撤销；2012年2月科室调整，恢复审计监察科。

科　长　　　李建育（1999.12～2004.03）　　范　莉（女，2012.02～　　　）

27. **农村服务科**　1985年设农村服务科；2012年2月设为农服务科。

副科长　　　张　洪（1985.11～1988.10）

科　长　　　俞永刚（2012.02～　　　）

28. **政策调研室**　1988年3月建立。1998年7月撤销。1999年12月，重设政策调研室。

主　任　　　俞　松（1988.03～1989.12）　　赵睽淼（1995.10～1998.07）

　　　　　　查华康（1999.12～2004.03）

副主任　　　王农田（1988.03～1991.10）　　卢　帆（1995.10～1996.04）

29. **教育科**　1990年2月，设教育科。

科　长　　　韩耀林（1990.08～1991.11）

30. **监察科**　1990年8月设监察科。1999年12月，设工会纪检室。

监察副科长　陆志刚（1990.08～1992.06）

工会纪检室主任 陆慧仙（女，1999.12～2003.06兼）

31. **行政科** 1991年10月建立行政科。1993年3月撤销。

科　长　　李建育（1991.10～1993.03）

副科长　　钟荣杰（1991.10～1992.12）　顾　伟（1992.06～1992.12）

32. **企业发展部** 1993年3月，设企业发展部。

部　长　　查华康（1993.03～1994.02兼）陶永良（1995.01～1998.02）

副部长　　倪勤华（1993.03～1994.02主持工作）

　　　　　屠士德（1995.01～1996.04其中1994.02～1995.01主持工作）

33. **工业基建部** 1993年3月设。

部　长　　盛其炎（1993.03～1994.02分管工业）

　　　　　王　宣（1993.03～1994.02分管基建）

副部长　　崔　峻（1993.03～1994.02）

34.**主任助理室** 1996年1月设主任助理室。

主任助理　　张　琪（1996.01～1998.05）

35. **市场信息科** 1998年2月，设综合业务科。1999年12月，改称市场信息科。

科　长　　陶永良（1998.02～2003.06）

副科长　　崔　峻（1998.02～2004.03）　庄　坚（1999.12～2004.03）

　　　　　范文新（1998.02～1998.08）

36. **财务总监室** 1999年12月，设财务总监室。

主　任　　赵睒淼（1999.12～2004.03）

37. **资产管理科** 2004年3月，设资产管理科。

科　长　　高李华（女，2004.03～2006.03）荀　榕（2006.03～2007.03）

副科长　　崔　峻（2004.03～2006.03）

38. **物资科** 2005年1月，区政府决定撤销物资总公司，原物资总公司整体资产由区供销总社负责管理。2005年6月，区供销总社专设物资科。2009年3月，撤销物资科。

科　长　　范　莉（女，2005.06～2009.03）

39. **投资管理科** 2012年2月，设投资管理科。

科　长　　沈　刚（2012.02～　　　）

2001年6月，50年代在县供销社工作的部分同事合影
前排左起：袁成章　朱明　李世健　吴修元　顾根硕
后排左起：孙同权　张林贵　李品高　王正鼎　周兆熊　纪巧根　陈大中　钱天铮

二、现有科室职能

2012年2月，区供销总社机关设6个科室，规定各个科室的工作职能。

1. **办公室**　负责综合协调、督促检查、公文处理、收发文印、文书档案、机要保密、信息管理、行政后勤、爱国卫生工作；政策调研、改革转制工作；综合治理、安全生产、交通及消防安全、防汛台工作；企业稳定协调、信访接待、突发事件处置工作等。

2. **财务统计科**　负责会计管理、财务管理、预算管理、财务审批、资金管理、融资管理、税收政策咨询协调、机关经费管理、保险业务、统计信息工作等。

3. **人力资源科**　负责组织（包括老干部工作）、纪检、宣传、统战、工会（包括退管委）、共青团、妇女（包括计划生育）等党群工作；劳动力管理、劳动工资、劳动保护、工伤鉴定、职称、出国（境）管理等工作；精神文明建设、教育培训工作等。

4. **为农服务科**　负责农村现代流通服务网络建设、新网工程、万村千乡工程；专业合作社、农副产品交易市场（包括集贸市场）管理；基层社建设；农资经营、技兼质量、物价指导、食品卫生工作；再生资源管理回收利用开发；专业学会、协会管理、行业评比工作；合作商店管理等。

5. **投资管理科**　负责社有资产管理、投资发展项目管理；企业投资计划、发展规划的制订与实施；投资盈利预测、风险监控；资产经营活动的指导、服务、管理、监督；基建管理；对外投资业务；工业管理；招商引资等。

6. **审计监察科** 负责企业内部经济效益、经济责任审计；绩效考核及审计；财务收支、财务预算、财务决算执行情况审计；基建工程预、决算审计；投资项目审计；企业及领导班子执行政策法规、财经纪律、制度规定情况监察；物资系统管理；法律法规咨询等。

三、非常设机构

奉贤县合作总社成立后，根据各个阶段供销工作的需要，先后建立存续时间长短不一的非常设工作机构20余个，其负责人一般由县供销社1名领导担任，有的机构在阶段工作任务完成后自行撤销；有的机构仍保留，只是成员变动。

1. **私营工商业社会主义改造工作组**（1954年5月至1956年7月）组长 杜文焕

2. **审价领导小组**（ 1956年9月）

3. **文化革命小组**（1966年5月至1967年1月）

4. **扭亏增盈领导小组**（1977年9月成立）组长 张火楼，副组长 袁成章 王农田

5. **安全生产领导小组**（1977年10月成立）组长 张火楼

6. **多种经营办公室** （1978年12月至1982年1月）

7. **历史案件复查领导小组**（1983年3～8月） 组长 李品高

8. **防汛领导小组**（1985年6月成立） 组长 李吉瑞

9. **机动车驾驶员审证工作领导小组**（1985年12月成立）组长 沈华德，副组长 尤立春 唐吉林

10. **工业普查领导小组**（1985年7月成立） 组长 李吉瑞

11. **达标升级领导小组**（1987年成立）组长 沈华德

12. **扶贫帮困领导小组**（1988年2月成立） 组长 吴岳初

13. **信息网络小组**（1991年7月成立）

14. **“六自主“改革领导小组**（1992年2月成立） 组长 汤金章

15. **资产评估领导小组**（1995年3月成立）组长 丁春瑜，副组长 唐汉规

16. **百日安全竞赛领导小组**（1995年8月成立） 组长 严小弟

17. **整顿会计工作领导小组**（1996年5月成立） 组长 汤金章

18. **产权制度改革领导小组**（1996年6月成立）组长 薛德初

19. **清资核产领导小组**（1997年6月成立） 组长 丁春瑜

20. **再就业服务中心**（1998年11月成立） 负责人 鲍振淦

除上述机构外，县供销社历史上还成立过“一打三反”领导小组、打击经济领域犯罪办公室、“双学”活动评选委员会、招工领导小组、职称改革领导小组、社会治安综合治理领导小组、 春（秋）季城乡物资交流（展销）会领导小组、分房领导小组等。

第二章　社员代表大会

供销合作社是劳动人民自愿结合的贸易组织，以入股自愿、退股自由为原则的群众性经济团体。社员代表大会是民主管理供销社的重要形式。1951 年 4 月，江苏省奉贤县合作总社正式成立。是年 9 月，召开奉贤县合作总社第一届社员代表大会。1952～1992 年，县供销社先后召开第一至第八届社员代表大会。2003 年 11 月、2012 年 11 月，先后召开奉贤区供销总社第一、第二届社员代表大会。

1950 年 6 月，奉贤县第一家基层供销社在柘林建立。1951 年 2～5 月，又陆续成立洪庙、平安等 15 家基层供销社，并相继召开社员代表大会。1954 年年末，奉贤完成以行政区建社，全县建 5 家区供销社。次年 2 月各区供销社召开社员代表大会。1961 年 11 月，各人民公社供销部改名为各人民公社供销合作社。1962 年恢复召开基层供销社社员代表大会。“文化大革命”中，社员代表大会中止。1983 年恢复社员代表大会制度。至 1997 年，各基层社召开届次不等的社员代表大会。2000 年，清退社员个人股金，基层供销社社员代表大会终止。

社员代表大会是供销社的最高权力机构，行使制订、修改、通过供销社章程、审议供销社工作报告、选举产生供销社的理事会、监事会（社务委员会）领导机构、选举出席上一级供销社社员代表大会代表等职能。

在社员代表大会闭会期间，由供销社理、监事会（社务委员会）组织社员代表（代表组长）活动，听取与处理社员代表意见，对供销社理、监事会工作开展审议、测评、巡视、交流合作等社务活动，推动供销社工作。

第一节　社　员

一、区（县）供销社社员

1951 年 9 月，奉贤县合作总社第一届社员代表大会通过的章程规定：凡承认本章程的奉贤境内的供销合作社，缴纳股金均可成为奉贤县供销合作社的社员（称社员社）。全县 62 个小乡（不齐）社员代表 303 人。

随着改革开放与体制改革，区（县）供销社社员的结构也发生变化。1984 年，县供销社章程规定“本社直属、隶属企业，凡与本社有行政、业务双重关系，承认本社章程，完成应尽义务，均可为本社组成单位”。1988 年，县供销社章程规定“凡承认本社章程，缴纳股金的基层供销合作社，均可加入本社，成为本社的社员社”。2003 年 11 月，奉贤区供销合作总社第一届社员代表大会通过的章程规定“奉贤区供销合作总社的被投资（包括全资、控股、参股）的事业单位、投资于奉贤区供销合作总社被投资的企事业单位、与区社有租赁关系的企事业单位、按照开放办社原则自愿挂靠奉贤区供销合作总社的企事业单位与各类专业合作社、经奉贤区供销合作总社社务委员会同意的企事业单位的干部职工，凡承认奉贤区供销合作总社章程、缴纳股金，均可成为奉贤供销合作总社的社员”。2012 年 11 月，奉贤区供销合作总社章程规定：“凡承认本社章程，自愿缴纳社员身份金，并经本社理事会批准后，均可成为本社社员”。是年有身份股社员 119 人。

二、基层供销社社员

1951 年，奉贤县各基层供销社通过的章程规定“供销合作社是劳动人民结合的贸易组织、群众性的经济团体，入股自愿、退股自由。凡缴纳为数不等的股金，均可成为供销合作社社员”。是年，有供销社社员 11.54 万人。1983 年，全县各基层供销社社员代表大会先后召开，通过供销合作社新的章程，规定“各基层供销合作社范围内的农民、供销社干部、职工，凡承认供销社章程、缴纳股金，均可为基层供销合作社社员”。1996 年，根据前几年扩股增资的情况，基层供销社章程规定“本社范围内的农民（包括乡镇村企业职工）供销社职工，以及城镇居民，凡承认本社章程，均可入股，成为本社社员。凡本社入股社员，不论股金大小，实行一人一票制，享受平等权利”。2000 年，基层供销社清退社员个人股金，社员资格自行终止。

第二节　历届社员代表大会

一、社员代表

基层供销社社员代表由社员民主选举或协商产生。区（县）供销合作社（总社）社员代表由区（县）供销社分配，由基层供销社社员代表大会民主选举或协商推荐产生。社员代表任期第一届规定为 2 年，第六届规定为 3 年，区供销总社第一届社员代表任期为 5 年。代表可以连选连任。当选代表应填写代表登记表，代表出席社员代表大会，理事会应发给会议通知书、社员代表证及有关材料。社员代表为供销社最高权力机构的组成成员，分别参加各级供销社社员代表大会，行使《供销社章程》赋予的社员代表职权。

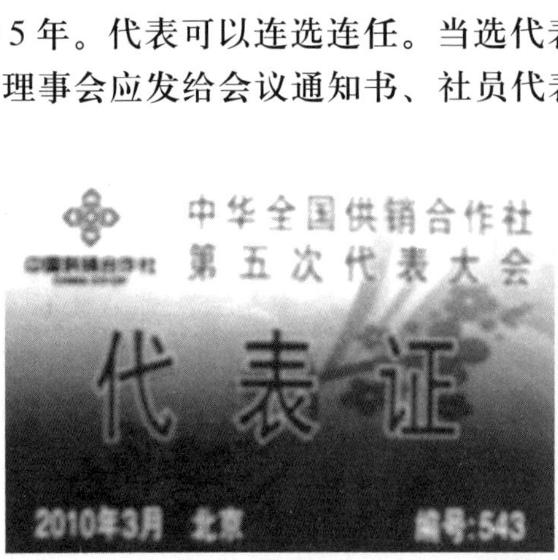

2010 年 3 月，区供销总社主任丁春瑜参加中华全国供销合作社第五次代表大会代表证

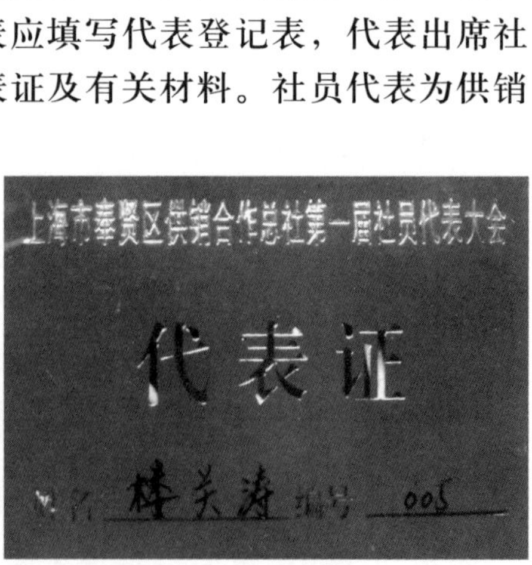

区供销总社社员代表大会代表证

二、区（县）供销社社员代表大会

1. 江苏省苏南区奉贤县合作总社第一届社员代表大会　大会于1951年9月在南桥镇举行，出席代表（列席人员）424人，其中女代表53人。大会期间社员代表共提出议案和各类意见227条。根据有关规定，奉贤县合作总社更名为奉贤县合作社联合社（简称县联社），会议通过奉贤县联社章程。选举产生县联社首届理事会、监事会组成人员。王文忠为理事会主任，王海涛、周之忻为副主任。

奉贤县合作总社第一次社员代表大会部分乡代表情况表

表2-2-1　单位：人

单位	代表数	单位	代表数	单位	代表数	单位	代表数	单位	代表数
钱桥乡	5	方墩乡	5	民福乡	5	益明乡	5	华严乡	5
护塘乡	5	三坎乡	5	洪庙乡	5	百曲乡	5	烟墩乡	5
戚漴乡	5	三团乡	5	白衣乡	5	齐贤乡	5	庄行镇	3
塘港乡	5	邵厂乡	5	奉城镇	5	刘港乡	5	法华乡	4
沈行乡	5	渔村乡	5	花厅乡	5	西渡乡	5	迎龙乡	5
保生乡	5	新桥乡	5	头桥乡	5	鹤村乡	5	胡桥乡	5
三官乡	5	四团乡	5	梁典乡	5	萧塘乡	5	郏桥乡	5
长浜乡	5	陈湾乡	5	东新市乡	5	何北乡	5	灵芝乡	5
褚家乡	5	平安乡	5	分水乡	5	益民乡	3	张塘乡	5
青村镇	5	海民乡	5	泰日乡	5	金汇乡	5	渔沥乡	5
和中乡	5	高桥乡	5	景仰乡	5	同意乡	5		
朱墩乡	5	护民乡	5	木行乡	5	芦泾乡	5		
桃元乡	5	东港乡	5	周家乡	5	潘垫乡	5		

2. 江苏省奉贤县合作社联合社第二届社员代表大会　大会于1952年10月10日在南桥镇举行。会期4天，出席代表（列席人员）401人，会议审议第一届县联社工作报告，选举产生由19人组成的县联社理事会和13人组成的监事会。王海涛为理事会主任，周之忻、白元益为副主任，王琳为监事会主任，李岐山为副主任。

奉贤县合作社联合社第二届社员代表大会代表情况表

表2-2-2　单位：人

单　位	代表数	女代表	单　位	代表数	女代表
庄行区	66	5	奉城区	83	2
南桥区	74	3	泰日区	96	15
青村区	74	5			

3. **江苏省奉贤县合作社联合社第三届社员代表大会** 1953年10月8日，在南桥镇举行第三届第一次会议，会期3天，出席代表（列席人员）363人，大会选举新一届理事会、监事会成员王海涛为理事会主任，白元益、周葆生为副主任，杜文焕为监事会主任。1954年11月，奉贤县合作社联合社改称奉贤县供销合作社。1955年1月8日，召开奉贤县供销合作社第三届社员代表大会第二次会议，会议选举出席江苏省供销合作社第一届社员代表大会代表15人。

4. **奉贤县供销合作社第四届社员代表大会** 大会于1956年11月21～24日举行，应到代表117人，实到88人，占代表总数72.72%，特邀代表10人。会议审议批准县供销社第三届理事会工作报告，选举产生由15人组成的理事会和8人组成的监事会。刘乐三为理事会主任，许掌林、姜明智为副主任，杜文焕监事会主任。补选出席江苏省供销合作总社第一届第二次社员代表大会代表2人。监事会设置监察通讯员。

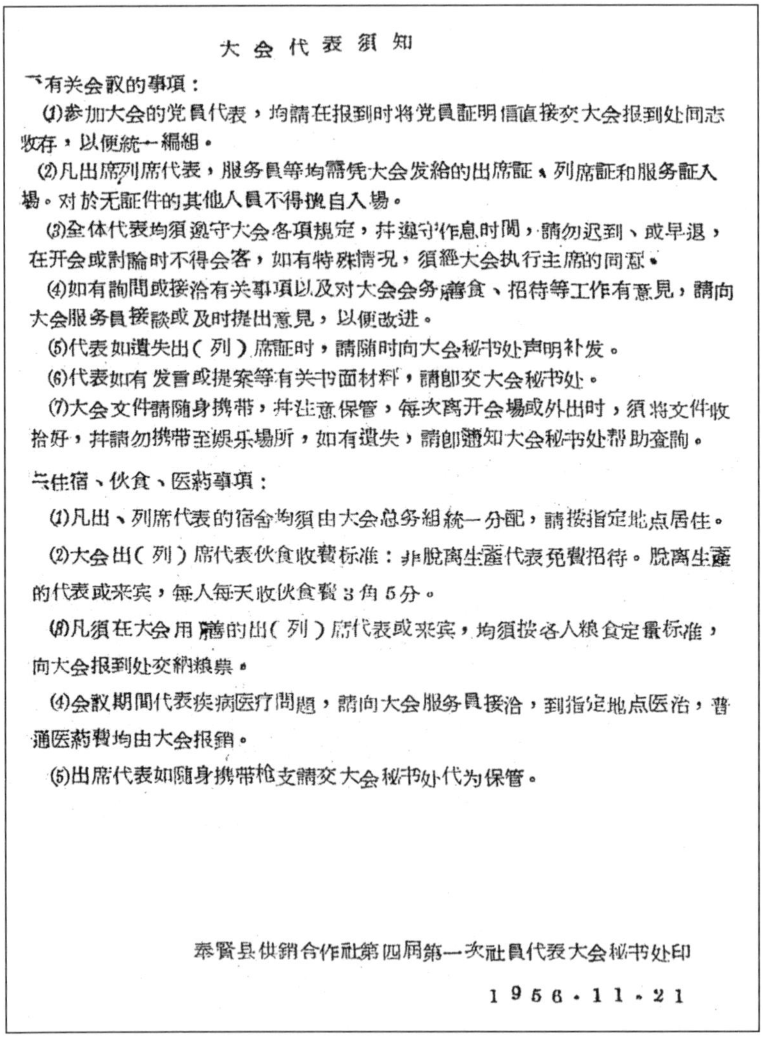

大会代表須知

一、有关会議的事項：

(1)参加大会的党員代表，均請在报到时将党員証明信直接交大会报到处同志收存，以便統一編組。

(2)凡出席列席代表，服务員等均需凭大会发給的出席証、列席証和服务証入場。对於无証件的其他人員不得擅自入場。

(3)全体代表均須遵守大会各項規定，并遵守作息时間，請勿迟到、或早退，在开会或討論时不得会客，如有特殊情况，須經大会执行主席的同意。

(4)如有詢問或接洽有关事項以及对大会会务膳食、招待等工作有意見，請向大会服务員接談或及时提出意見，以便改进。

(5)代表如遺失出（列）席証时，請隨时向大会秘书处声明补发。

(6)代表如有发言或提案等有关书面材料，請即交大会秘书处。

(7)大会文件請隨身携带，并注意保管，每次离开会場或外出时，須将文件收拾好，并請勿携带至娛乐場所，如有遺失，請即通知大会秘书处帮助查詢。

二、住宿、伙食、医葯事項：

(1)凡出、列席代表的宿舍均須由大会总务組統一分配，請按指定地点居住。

(2)大会出（列）席代表伙食收費标准：非脫离生產代表免費招待。脫离生產的代表或来宾，每人每天收伙食費3角5分。

(3)凡須在大会用膳的出（列）席代表或来宾，均須按各人粮食定量标准，向大会报到处交納粮票。

(4)会議期間代表疾病医疗問題，請向大会服务員接洽，到指定地点医治，普通医葯費均由大会报銷。

(5)出席代表如隨身携带枪支請交大会秘书处代为保管。

奉賢县供銷合作社第四屆第一次社員代表大会秘书处印

1956·11·21

县供销社第四届社员代表大会代表须知

5. 奉贤县供销合作社第五届社员代表大会　1958 年 11 月 24 日，奉贤县行政区域从江苏省划入上海市，县供销社更名为上海市奉贤县供销合作社（奉贤县合作社联合社）。

1962 年 7 月 5 日，召开上海市奉贤县供销社第五届社员代表大会会议，时间 3 天，出席代表 349 人，会议审议通过县供销社第四届理事会工作报告，选举产生由 17 人组成的理事会和 6 人组成的监事会。王湘为理事会主任，刘乐三、柏万为副主任，杨锐为监事会主席，孙万岑为副主任。

1962 年奉贤县供销社第五届社员代表大会代表构成情况表

表 2-2-3　　　　　　　　　　　　　　　　　　　　　　　　　　单位：人

单　位	代表数	女代表	列席人员	单　位	代表数	女代表	列席人员
平安供销社	35		1	金汇供销社	38	7	2
奉城供销社	36	2	3	江海供销社	23	2	2
三官供销社	19	1	2	萧塘供销社	19	5	2
头桥供销社	25	5	1	邬桥供销社	23		3
青村供销社	32	3	2	胡桥供销社	22	4	3
四团供销社	32	3	2	泰日供销社	31	2	2
钱桥供销社	22	5	4	庄行供销社	29	3	2
新寺供销社	21	1	2				

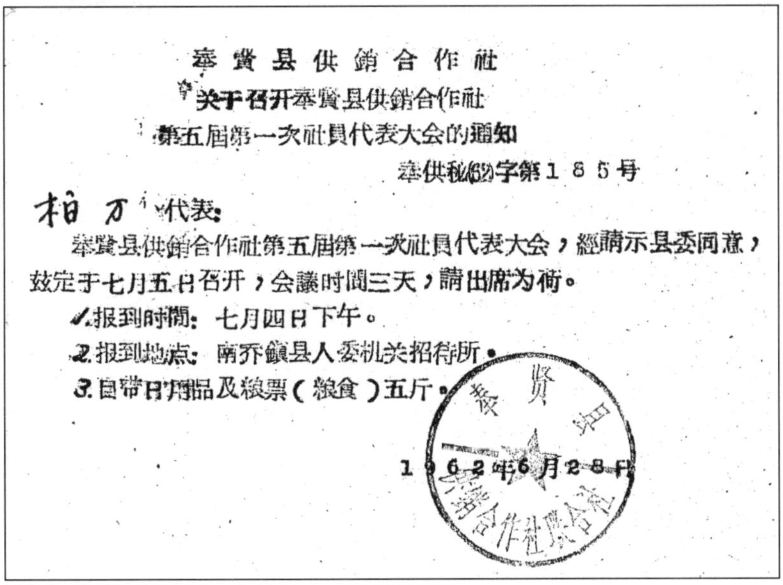
奉賢县供銷合作社
关于召开奉賢县供銷合作社
第五届第一次社員代表大会的通知
奉供秘(62)字第１８５号

柏万代表：

奉賢县供銷合作社第五届第一次社員代表大会，經請示县委同意，兹定于七月五日召开，会議时間三天，請出席为荷。

1.报到时間：七月四日下午。
2.报到地点：南乔鎮县人委机关招待所。
3.自带日用品及粮票（粮食）五斤。

１９６２年６月２８日

县供销社第五届社员代表大会通知书

县供销社第五届一次社员代表大会
出席证、主席团、列席证、工作人员证

6. 奉贤县供销合作社第六届社员代表大会 1966年“文化大革命”开始。1969年6月奉贤县供销社被撤销建制，改称奉贤县生产资料管理站，社员代表大会停止。1978年8月1日，奉贤县革命委员会商业局恢复奉贤县供销社名称。

1984年11月22日，在南桥镇召开奉贤县供销社第六届社员代表大会，出席代表250人，会议时间2天，选举产生各有7人组成的县供销社理事会、监事会。沈华德为理事会主任，周伯衡、袁京声、李吉瑞为副主任，唐雨林为监事会主任，范妙祥为副主任。

1988年10月25日，县供销社第七届社员代表大会会场

7. 奉贤县供销合作社第七届社员代表大会 大会于1988年10月25日在南桥举行，出席代表178人，列席人员42人，特邀代表5人。大会修改《奉贤县供销合作社章程》，撤销理事会、监事会，选举由13人组成的奉贤县供销合作社第一届社务委员会，刘惠霖为会长。选举出席上海市供销合作社第三届社员代表大会代表33人。

8. 奉贤县供销合作社第八届社员代表大会 大会于1992年11月10日举行，出席代表184人。会议选举产生新一届县供销社社务委员会，王欣为会长，会议决定奉贤县供销社更名为奉贤县供销合作总社。

奉贤县供销合作社第八届社员代表大会代表情况表

表2-2-4 单位：人

单位	代表数	女代表	单位	代表数	女代表
平安供销社	11	1	柘林供销社	7	
四团供销社	10		胡桥供销社	14	1
奉城供销社	14	1	庄行供销社	9	2
头桥供销社	12	1	萧塘供销社	12	2
塘外供销社	9	2	邬桥供销社	10	3
青村供销社	7		金汇供销社	9	1
光明供销社	8		齐贤供销社	10	1
钱桥供销社	10	1	泰日供销社	10	2
新寺供销社	7		江海供销社	15	2

注：县供销社机关的代表派选在基层供销社产生。

9. **奉贤区供销合作总社第一届社员代表大会**　2001年8月24日，奉贤撤县建区，县供销总社更名为上海市奉贤区供销合作总社。2003年11月26日，举行区供销总社第一届社员代表大会，出席代表49人、列席代表26人。会议通过《上海市奉贤区供销合作总社章程》《上海市奉贤区供销合作总社社员股金管理办法》，选举区供销总社第一届社务委员会，陆慧仙（女）为会长，丁春瑜为区供销总社主任。

奉贤区供销总社第一届社员代表大会代表情况表

表2-2-5　　单位：人

单　位	代表数	单　位	代表数
奉贤烟糖酒业有限公司	6	上海千意置业有限公司	1
上海丰意果品日用有限公司	1	奉贤商业供销公司	1
上海华邦涂料有限公司	1	上海奉贤塑料管厂	1
上海鼎丰酿造食品有限公司	4	江海供销社	2
奉贤商业公司	1	萧塘供销社	1
奉贤饮食服务公司	1	庄行供销社	1
奉贤县煤炭公司	1	金汇供销社	1
奉贤供销实业有限公司	1	泰日供销社	1
上海奉贤物资回收利用有限公司	1	头桥供销社	1
奉贤县五金公司	1	奉城供销社	1
奉贤百货公司	1	四团供销社	1
上海滨江副食品有限公司	1	平安供销社	1
上海鸿雁商场有限公司	1	青村供销社	1
上海康德药业有限公司	1	柘林供销社	1
上海奉贤农资有限公司	1	区供销总社机关	11

10. **奉贤区供销合作总社第二届社员代表大会**　2012年11月13日举行，出席会议代表63人，会议听取区供销总社主任马晨辉作的工作报告。通过修改后的《奉贤区供销合作总社章程》，不再设社务委员会，恢复并选举区供销总社理事会、监事会。马晨辉为理事会主任，姜承烈、屠永华为副主任，陈洪明为监事会主席，荀榕为副主席。

奉贤区供销合作总社第二届社员代表大会代表情况表

表 2-2-6

单 位	人数	单 位	人数
上海市供销合作总社	1	上海华物商贸有限公司	1
奉贤县国有资产管理委员会	1	上海鼎丰酿造食品有限公司	4
奉贤区经济发展委员会	1	上海烟草公司奉贤分公司	1
奉贤区农业委员会	1	上海载盛物资有限公司	1
奉贤区供销合作总社机关	10	奉贤滨江食品有限公司	1
江海供销社	3	奉贤区供销总社物资回收利用有限公司	1
庄行供销社	2	上海复美康德药业有限公司	1
金汇供销社	2	奉贤饮食服务公司	1
奉城供销社	2	上海千意置业有限公司	1
四团供销社	1	奉贤商业供销公司	1
青村供销社	2	奉贤区农资公司	1
柘林供销社	1	奉贤塑料管厂	1
庄行蜜梨生产合作社	1	上海伊和电器有限公司	1
青供农资公司	1	上海晟丰商厦有限公司	1
奉贤鸿雁商场有限公司	2	奉贤建筑材料有限公司	1
奉贤商业有限公司	6	奉贤区生产资料公司	1
奉供实业发展有限公司	2	上海南化工业气体有限公司	1
上海南桥集贸市场经营管理有限公司	2	奉贤化工轻工有限公司	1
奉贤区居民废品回收服务社	1		

三、基层供销社社员代表大会

1950年6月，奉贤县第一家基层供销社柘林供销合作社成立。至1951年2月，全县建有18家基层供销合作社、2家职工消费合作社。是年7月，部分基层供销社（职工消费合作社）撤并。1954年末，全县设5个县属区级供销合作社。1956年，区供销社分别先后召开各区供销社社员代表大会。区供销社代表数一般为80～90人，即高级社2人、大社1人。1961年11月，全县恢复基层供销社，1962年1～2月及9～10月，分别召开基层供销社第五届社员代表大会第一至第二次会议。全县各基层供销社实到代表2946人，占应到代表87.6%、列席代表428人。1963年3～5月，又分别召开基层供销社五届三次会议，全县出席社员代表3074人，占代表总数的90%，列席代表333人。

“文化大革命”期间，县供销社、基层供销社两级社员代表大会中止。

1982年，根据中共中央一号文件关于“恢复与加强供销社组织的群众性、管理上的民主性和经营上的灵活性，使它在组织农村经济生活中发挥更大的作用，供销社要逐步进行体制改革”的精神，开始恢复供销社社员代表大会。是年12月，县供销社首先在头桥供销社进行企业整顿。1983年2月，头桥供销社率先召开第七届社员代表大会。是年内，全县各基层供销社先后召开社员代表大会，全县基层供销社社员代表3946人。

1983年奉贤县部分基层供销社第七届社员代表大会代表情况表

表2-2-7　单位：人

单　位	代表数	单　位	代表数	单　位	代表数
江海供销社	220	金汇供销社	191	平安供销社	290
庄行供销社	273	齐贤供销社	186	青村供销社	211
萧塘供销社	183	泰日供销社	293	塘外供销社	162
邬桥供销社	239	奉城供销社	311	光明供销社	166
新寺供销社	201	头桥供销社	227	钱桥供销社	293
胡桥供销社	196	四团供销社	270	新海供销社	34

注：塘外、新海因晚建立，不是第七届。

1987年，各基层供销社先后召开第八届社员代表大会，大会修改并通过供销合作社章程，决定撤销理事会、监事会。至年末，全县18个基层供销社均建立社务委员会。1997年，全县各基层社召开第十届社员代表大会，根据各基层供销社规模，分别选举7～9人组成的社务委员会。全县17个基层社选举社务委员会委员125人，产生会长17人、副会长33人。大会期间，社员代表大会发扬民主，收到社员代表提案47条。

1997年奉贤县部分基层供销社社员代表大会代表情况表

表2-2-8　单位：人

单　位	届次	代表数	单　位	届次	代表数	单　位	届次	代表数
金汇供销社	10	40	平安供销社	10	30	头桥供销社	10	37
邬桥供销社	10	53	青村供销社	10	38	光明供销社	10	28
洪庙供销社	1	28	钱桥供销社	10	48	柘林供销社	5	28
泰日供销社	10	41	胡桥供销社	10	46	塘外供销社	4	35
新寺供销社	10	29	四团供销社	10	41	齐贤供销社	10	41
奉城供销社	10	40	庄行供销社	10	48			

1999～2000年，全县各基层供销社根据市供销总社有关精神，对农村社员个人股实行清退，基层社社员代表大会终止。

第三节　常设机构

1951～1984年，县供销社及基层供销社设管理机构理事会、监事会。1987～2011年，区（县）供销社、基层供销社撤销理、监事会，改设社务委员会。2011年10月，区供销总社重设监事会。2012年11月13日，区供销总社第二届社员代表大会选举新一届理事会、监事会。

一、理事会

奉贤县供销社、基层供销社设立理事会，分别由县供销社、基层供销社社员代表大会选举产生。县供销社、基层供销社理事会是供销社的执行机关。1987～1988年，供销社理事会机构先后撤销，改为社务委员会。2012年11月，区供销总社恢复设立理事会机构。

建立供销社初期，理事会主要职责是执行社员代表大会决议和上级供销社的指示、保护本社财产、决定本社财产的处置、负责向本级社员代表大会报告工作等内容。1956年4月，在县供销社第四届社员代表大会第一次会议上，通过《基层供销合作社理事会工作实行办法》（草案），对理事会主任、副主任工作职责、理事会会议，召开社员代表大会等作出明确规定。1984年11月，县第六届社员代表大会通过的《供销社章程》规定，县供销社理事会职责改为贯彻执行政府的方针、政策、法令和社员代表大会决议，组织实施国家和本社下达的各项计划；编制本社各项计划任务；审查批准本社系统的商品流转计划、财务计划和基本建设计划等内容；负责处理社员代表大会代表提出的批评、建议。由于供销企业发展，理事会职能也逐步增加。2012年11月，区供销总社恢复设立理事会，职能为：召开社员代表大会；实施区供销总社基本任务；批准接纳和取消社员资格；代表区供销总社行使出资人的权利和职责；决定供销总社年度财务预（决）算、内部管理制度、办事机构设置、企业的建立和合并、分设或解散；决定区供销总社对企业的出资及投资收益的管理和使用；组织干部职工的教育、培训、考核、调配、奖惩及劳动报酬等10项职能。根据各个阶段工作需要，理事会组织有关部门人员对外进行学习考察、接待兄弟供销社到奉贤交流工作。

1. 区（县）供销社理事会

奉贤县供销合作总社筹备处（1950年10月1日）

主　任　　李臣芳（前）　李少峰（后）

副主任　　李钟禄

奉贤县合作总社第一届理事会（1951年9月选举产生）

主　任　　李少峰（山东省蓬莱县人，解放初南下奉贤干部）

　　　　　王文忠（奉贤县委副书记）

副主任　　王海涛（山东省蓬莱县人，解放初南下奉贤干部）

　　　　　周之忻（原县人民政府机关干部）

奉贤县合作社联合社第二届理事会（1952年10月10日选举产生）

主　任　　王海涛（县联合社副主任）

副主任　　周之忻（县联合社第一副主任）
　　　　　白元益（县联合社第二副主任）
理　事　　丁贵温（齐贤区副合作指导员兼萧塘供销社主任）
　　　　　王　虹（奉城区副合作指导员兼奉城供销社主任）
　　　　　王孝如（松江专区土产公司南桥营业所主任）
　　　　　王能清（头桥供销社主任）
　　　　　王德厚（县人民政府建设科科长）
　　　　　仇祖炎（南桥职工消费合作社主任）
　　　　　宁有昌（县财粮科科长）
　　　　　杜文焕（县人民银行行长）
　　　　　李文秀（中国花纱布公司奉贤联络处主任）
　　　　　金学明（三官供销社主任）
　　　　　胡仁杰（南桥供销社副主任）
　　　　　胡夏伟（百货公司南桥营业所主任）
　　　　　顾南山（庄行供销社主任）
　　　　　章　远（县税务局局长）
　　　　　黄源深（四团供销社主任）
　　　　　魏岫山（中粮公司奉贤支公司经理）

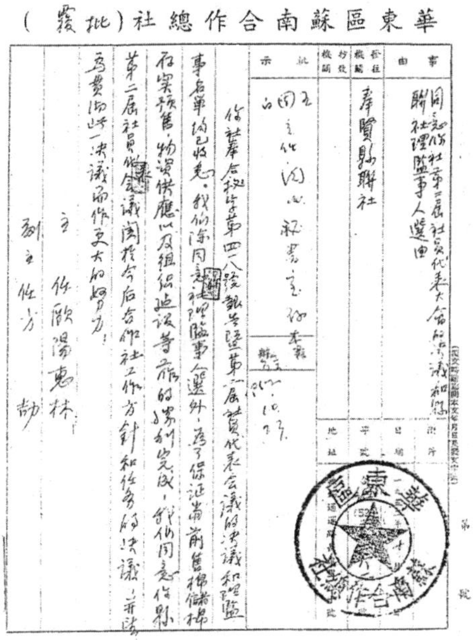
華東區蘇南合作總社（批复）

事由：同意你社第二屆社員代表大會的決議和聯社理監事人選由
發往機關：奉賢縣聯社

你社奉合秘字第四八號報告暨第二屆社員代表會議的決議和理監事名單均已收悉。我們除同意理監事人選外，為了保證當前售棉儲棉存實預售、物資供應以及組織延設等工作的順利完成，我們同意你縣第二屆社員代表會議關於今后合作社工作方針和任务的決議，并望為貫徹此一決議而作更大的努力！

主任 歐陽惠林
副主任 方勤

1952年10月，华东区苏南合作总社对奉贤县联社的批复

奉贤县合作社联合社第三届理事会（1953年10月8日选举产生）

主　任　　王海涛（县联社主任）
副主任　　白元益（县联社副主任）
　　　　　周葆生（县联社副主任）
　　　　　黄可亭（县联社副主任）
　　　　　刘乐三（县联社副主任）
　　　　　许掌林（县联社加工科科长）
　　　　　马相畏（未到职）

奉贤县供销社第四届社员代表大会理事会（1956年11月21日选举产生）

主　任　　刘乐三（县供销社主任）
副主任　　许掌林（县供销社副主任）
　　　　　姜明智（县供销社副主任）

赵淑清（女，县供销社副主任）
理　事　王　虹（县供销社供应科副科长）
朱　明（县供销社计划科副科长）
吕慎权（县供销社干部科科员）
严福奎（县供销社财会科副科长）
李　迪（县供销社采购科科长）
顾德炎（县供销社商改科副科长）
胡仁杰（县供销社采购科代理副科长）
黄源深（庄行区供销社主任）
黄根楼（奉城区供销社副主任）
曹芹根（奉城区供销社主任）
潘栋生（县供销社农资公司经理）
瞿振华（县供销社秘书科科员）

奉贤县供销合作社第五届理事会（1962年7月5日选举产生）

主　任　王　湘（县供销社主任）
副主任　刘乐三（县供销社副主任）
柏　万（县供销社副主任）
理　事　凤葵明（庄行供销社主任）
庄福祥（青村供销社主任）
陆宝星（县农副产品经理部经理）
金利川（奉城供销社主任）
严福奎（奉贤县委财贸部干部）
周伯衡（县供销社业务股股长）
姚守先（县供销社业务股股长）
唐雨林（塘外公社管委会副主任）
顾德炎（县供销社组导股副股长）
饶菊麟（女，县供销社人事股副股长）
黄可亭（县生产资料经理部经理）
黄根楼（县生产资料经理部干部）
盛国根（县供销社计财股副股长）
戴林根（县蔬菜水产经理部经理）

奉贤县供销合作社第六届理事会（1984年11月选举产生）

主任理事　沈华德（县供销社主任）

副主任理事　周伯衡（县供销社副主任）
袁京声（县供销社副主任）
李吉瑞（县供销社副主任）
理　事　何正英（女，县供销社业务科科长）
俞　松（县供销社计划财务科科长）
唐吉林（县供销社人事保卫科科长）

奉贤区供销合作总社第一届理事会（2012年11月13日选举产生）
主　任　马晨辉（区供销总社党委书记、主任）
副主任　姜承烈（女，区供销总社党委委员、副主任）
屠永华（区供销总社副主任）
理　事　孙　玮（市供销总社社务处副处长）
朱　红（女，金汇供销社主任）
何　伟（区农业委员会党委委员）
沈　刚（区供销总社投资管理科科长）
沈仲华（上海鼎丰酿造食品有限公司总经理）
张永华（江海供销社主任）
张华芳（女，区国有资产管理委员会党委委员）
陈毅豪（上海奉贤商业有限公司经理）
郑国杰（区经济委员会副主任）
俞永刚（区供销总社为农服务科科长）
姚永跃（区供销总社办公室主任）
郭伟良（上海奉供实业发展有限公司总经理）

2. **基层供销社理事会**　县属区、基层供销社第一至第七届理事会一般由5～7人组成，其中农民3～4人，供销社2～3人。1983年各基层社分别召开社员代表大会，17个基层社产生理事会主任15人，副主任31人，其中2名副主任主持工作。

1983～1987年奉贤县基层供销社理事会正副主任选举情况表

表2-3-1

单　位	第七届（1983年）		第八届（1989年）	
	主　任	副主任	主　任	副主任
江海供销社	曹水石	李吉瑞　宋石英	吴方圭	沈亦平　鞠成湘
庄行供销社	吴修元	张云川　蔡吉华	张云川	彭水龙　陆菊华(女)
萧塘供销社	丁春瑜	富炳华　沈永生	富炳华	沈永生
邬桥供销社	袁京声	刘金海	叶四均	刘金海　高火龙
新寺供销社	吴祈土	严兰根　翁梦章	姜仁发	林惠章　李志仁

续表 2-3-1

单 位	第七届（1983 年）		第八届（1989 年）	
	主 任	副主任	主 任	副主任
胡桥供销社	平雪根	彭水龙	秦益康	杨根法 毛云达
金汇供销社	唐林泉	姚棣光	顾宣文	沈保鸿
齐贤供销社	余伯祥	陆明泉	王雪林	方惜光
泰日供销社	陈志超	王连伯 王雪林	王林山	王连伯 姚棣光
奉城供销社	马德荣	张伯仁 陈菊芳(女)	马德荣	陈菊芳(女) 张伯仁 朱根明 陈建庆
头桥供销社	张永才	陈品章 徐育章	顾中官	朱祖香
四团供销社	陶永良	王龙金 顾忠官	卢德耿	王龙金
平安供销社	▲蔡仲章	顾忠海 苏仁舟	顾忠海	王伟强 夏禹良
青村供销社	唐友荣	徐 峻 陆勤云(女)	潘志良	陆勤云(女)
塘外供销社	唐仁章	朱根明	唐仁章	徐育章 钱国仁
光明供销社	▲谢焕华	胡德明	屠桔亭	林永仁
钱桥供销社	朱福君	唐友荣 张慕弟	张慕弟	徐志勇
新海供销社		章钦林	唐炳贤	莫伯明

注：▲副主任主持工作。新海供销社为一、二届。

二、监事会

县供销社、基层供销社建立后，设监事会为供销社监察机关，由社员代表大会选举产生，对社员代表大会负责，并报告监事会工作。奉贤县合作总社召开第一届社员代表大会选举监事会，一届二次会议后设监察通讯员 1～3 人，主要任务是调查和搜集各单位工作人员违法失职、贪污浪费、损害国家或合作社利益等行为；征求群众对供销社工作的意见；宣传监事会的职责和作用，启发群众监督的积极性；管理和开启监事会在本单位设立的意见箱。1955 年 6 月，县供销社发挥基层社监事会作用，受到江苏省供销社的表彰。1956 年 4 月，通过奉贤县供销社（基层供销社）监事会工作规程（草案），规程（草案）规定监事会的基本任务、主要工作，对监事会议的召开作出明确规定。1987～2011 年 9 月，区（县）供销社撤销理、监事会，(其中 1987～1997 年基层供销社同样撤销理、监事会。）建立社务委员会。2011 年 9 月，恢复设区供销总社监事会主席。2012 年 11 月，区供销总社恢复监事会机构。监事会行使监督理事会执行《奉贤区供销合作总社章程》和区供销总社社员代表大会决议的情况；执行国家有关法律、法规和规定的情况；各项经济指标、工作任务的完成情况；向理事会提出改进工作的建议等 6 项职能。

1. **奉贤区（县）供销社监事会**

奉贤县合作社联合社第二届监事会（1952年10月10日选举产生）

主　任　　王　琳（县人民政府县长）
副主任　　李岐山（县财政经济委员会副主任）
监　事　　王士均（南桥区副合作指导员）
　　　　　刘　毅（奉贤县委工业部部长）
　　　　　刘乐三（县人民政府工商科科长）
　　　　　刘建平（共青团奉贤县委副书记）
　　　　　张本义（女，县妇女联合会副主席）
　　　　　张一吾（县人民武装部部长）
　　　　　陈昌欣（泰日区副合作指导员）
　　　　　袁顺连（庄行区副合作指导员）
　　　　　郭全生（齐贤区副合作指导员）
　　　　　苏福根（奉城区副合作指导员）
　　　　　周　强（青村区副合作指导员）

奉贤县供销合作社第四届监事会（1956年11月24日选举产生）

主　任　　杜文焕（县人民委员会副县长）
监　事　　王能宰（县人民法院院长）
　　　　　孙福运（县委合作部部长）
　　　　　庄建新（县商业局局长）
　　　　　何金法（县工会副主席）
　　　　　张毓成（县税务局副局长）
　　　　　殷作五（县人民银行行长）
　　　　　柳毓瑞（县委财贸部长）

奉贤县供销合作社第五届监事会（1958年11月24日选举产生）

主　任　　杨　锐（县委书记）
副主任　　孙万岑（县委财贸部部长）
监　事　　王淑章（女，县妇女联合会主任）
　　　　　王崑山（县工会副主任）
　　　　　冯永亮（县监委副书记）
　　　　　孙福运（县委农工部部长）
　　　　　庄建新（县财政局原局长）
　　　　　邵人杰（县商业局局长）

林　峰（县财政科科长）
周葆生（县手工业联社主任）
胡志文（县计划委员会副主任）
殷作五（县人民银行行长）
徐福良（泰日公社管委会主任）

奉贤县供销合作社第六届监事会（1984年11月22日选举产生）

主　任　唐雨林（县人民政府副县长）
副主任　范妙祥（县供销社党委副书记）
监　事　陈伟民（南桥镇镇长）
姜福观（钱桥公社管委会副主任）
谢东兴（奉城乡乡长）
薛永清（泰日公社管委会主任）
戴涛章（庄行乡乡长）

2003年，区供销总社实行“一区一社、资产一体、一级所有、分级管理”，作为国家、集体所有资产属区国资委。2011年11月，国资委派陈洪明任区供销总社监事会主席。2012年11月13日，召开区供销总社第二届社员代表大会，决定不再设社务委员会，重设监事会。

奉贤区供销合作总社第二届监事会（2012年11月13日选举产生）

主　席　陈洪明（区供销总社监事会主席）
副主席　荀　榕（区供销总社纪委书记）
成　员　范　莉（女，区供销总社审计监察科科长）

2\. **基层供销社监事会**　1951年，基层供销社设立监事会，一般由7～9人组成，其中农民4～5人、供销社3～4人、监事会主任由当地政府1名领导干部担任。副主任由供销社党支部主要负责人等1～2人担任。

根据已查实资料中，奉城供销社第一届监事会主任为张天一，委员3人。第二届监事会主任徐友庭、副主任吴关兴、吴梦生，委员4人，奉城区第五届监事会主任为李振声（奉城区区长），委员6人。

其他基层社第四至第五届监事会主任分别为：头桥供销社卫可生，平安供销社徐新根，四团供销社杨凤如，钱桥供销社孙鹤葵，青村供销社杨伯平，光明供销社洪玉祥，胡桥供销社吴凤元，庄行供销社李鹏飞，新寺供销社刘馨观，泰日供销社殷德福，萧塘供销社钟裴章。

1983年奉贤县基层供销社第七届监事会正副主任情况表

表2-3-2

单位名称	主　任	副主任
江海供销社	单勤章	庄正国　黄秀娥（女）
庄行供销社	沈龙泉	朱伯林　顾寿良
萧塘供销社	张桂龙	潘桂林　何金仁
邬桥供销社		叶四均
新寺供销社	钱桂春	卫桂兴　屠荣林
胡桥供销社	潘金泉	陈宝林　徐兴龙
金汇供销社	黄月才	夏国俊
齐贤供销社	方炳权	顾宣文　王正国
泰日供销社	鞠林法	王林山　严妙根
头桥供销社	瞿龙祥	路　华　陈永才
四团供销社	朱新如	张宝洪　赵水清
平安供销社	杨永荀	徐文玉　瞿桂银
青村供销社	朱玉平	王守清
塘外供销社	陆华仁	蔡洪章　姚启明
光明供销社	吴婉娥（女）	屠桔亭　张跃生
钱桥供销社	姜福观	黄锦福
新海供销社	刘召英（女）	唐炳贤
奉城供销社	徐南均	胡世天　陈银珍

三、社务委员会

1987～1988年，基层供销社、县供销社相继撤销理事会、监事会，设立社务委员会，其成员由社员代表大会选举产生，1997年，县供销总社、基层供销社召开社员代表大会，对社务委员会职能作出规定，县供销总社社务委员会行使召开县供销社社员代表大会；代行社员代表大会职权；对社有资产进行占有、使用、收益和处分；选（解）聘县供销社主任，审议主任提名的副主任人选；审议批准县供销社发展规划、资金投向和经营机构设置；监督行政领导贯彻执行县社章程和社员代表大会决议；指导社员社社务委员会工作；保护县供销社及下级社合法权益等八项职能。基层社社务委员会职能由各基层社社员代表大会作相应的规定。2012年11月，区供销总社不再设立社务委员会。

1. 区（县）供销总社社务委员会　1988年10月召开奉贤县供销社第七届社员代表大会，撤销理事会、监事会，建立社务委员会。社务委员会是社员代表大会闭会期间的权力代行机构，是供销社所有权代表和管理者，行使供销社重大投资的决策权，经营管理监督权和社有资产收益权。

奉贤县供销社第七届社务委员会（1988年10月25日选举产生）

会　长　刘惠霖　县供销社党委书记（前）
周伯衡　县供销社副主任（后）
秘书长　俞　松（县供销社调研室主任）
金利川（县供销社调研室主任<补>）
汤银楼（县烟糖公司党支部书记<补>）
委　员　马德荣（奉城供销社主任）
王吉英（女）
王寿岳（江海乡生产合作社社员）
王林山（泰日供销社党支部书记）
朱宗熹（上海古华医药药材公司经理）
严兰根（柘林供销社党支部书记）
沈华德（县供销社主任）
邵复健（女，县供销社宣传教育科科长）
唐仁章（塘外供销社主任）
蔡洪章（县农资公司经理）

奉贤县供销社第八届社务委员会（1992年11月10日选举产生）

会　长　王　欣（县供销总社党委书记）
委　员　马德荣（钱桥供销社党支部书记）
王林山（泰日供销社党支部书记）
朱宗熹（古华医药药材集团公司总经理）
毕道鹏（县供销总社组织人事科科长）
吴方圭（奉贤鼎丰酿造食品总厂厂长）
张文安（县供销社劳动工资科副科长）
陈品章（县糖业烟酒公司经理）
严兰根（县百货公司党支部书记）
汤金章（县供销社主任）
唐汉规（县供销社副主任）
顾忠海（奉城供销社主任）
徐　峻（县供销总社财务科科长）
陶永良（青村供销社党支部书记）
谭可章（华亭食品商场经理）

奉贤区供销总社第一届社务委员会（2003年11月26日选举产生）

会　长　陆慧仙（女，区供销总社党委书记）

副会长　　唐汉规（区供销总社党委副书记）
秘书长　　周林昌（区供销总社办公室主任）
委　员　　王丽丽（女，上海金叶超市公司经理）
　　　　　沈仲华（上海鼎丰酿造食品有限公司总经理）
　　　　　季国才（奉贤塑料管厂厂长）
　　　　　金根林（鸿雁商场党支部书记、经理）
　　　　　周祖平（头桥供销社主任）
　　　　　俞永刚（萧塘供销社主任）
　　　　　高李华（女，江海供销社主任）
　　　　　屠永华（区供销总社财务科科长）

2. **基层供销社社务委员会**　1987年，全县基层供销社召开的第八届社员代表大会，撤销理、监事会，建立社务委员会。社务委员会会长一般由基层供销社党支部书记担任，乡（镇）1名干部任副会长。是年，全县18家基层供销社完成“撤二建一”（撤销理、监事会，建立社务委员会）。2000年，基层供销社个人股金清退。2003年11月，实行“一区一社、资产一体化”，基层供销社社务委员会自行撤销。

1987～1997年奉贤县基层供销社社务委员会正副会长情况表

表2-3-3

单　位	第8届（1987年）		第9届（1992年）		第10届（1997年）	
	会　长	副会长	会　长	副会长	会　长	副会长
奉城供销社	陈品章	王永仁 杨福林	马德荣(前) 庄　坚(后)	施宝生 顾文章	褚伯龙	刘宝余 朱长法
头桥供销社	路　华	卫新川	张永才	陶志龙	张永才	方生龙 朱祖香
塘外供销社	朱根明	李品良	裴福清	褚洪如	徐育章	季国才 唐仁章
平安供销社	徐文玉	唐耀明 季四官	蔡仲章	张德光 徐培福	夏禹良	王伟强 钱祖财
四团供销社	唐汉规	孙才福	王炎根	葛炳生	周志清	葛炳生
钱桥供销社	朱福均	钱守林	陈品章	张永才	陈德兴	朱介苞 江顺标
青村供销社	陶永良	吴伯勤	陶永良	陆银佛	陆伯英(前) 邢勤均(后)	李升华 马振家
光明供销社	胡德明	王本刚	胡德明	陆志良	胡德明	盛其炎 陆志泉
胡桥供销社	陈纪花(女)	沈银章	钱照根	王国权	陈纪花(女)	杨根法
庄行供销社	顾寿良	曹德华	顾寿良	顾沫兴	姜仁发	荀　榕 沈道贤

续表2-3-3

单　位	第8届（1987年）		第9届（1992年）		第10届（1997年）	
	会　长	副会长	会　长	副会长	会　长	副会长
新寺供销社	沈智林	杨瑞章	陆祖廉	杨瑞章	林惠章	张慕弟 张德贤
柘林供销社		秦银法 陈金生	唐炳贤	顾妙林 方士兴	姚明德	李德宝 姜永良
金汇供销社	夏国俊	戚根福	夏国俊	王德华	倪永良	蔡金根 戴智春
齐贤供销社	潘桂林	沈兰萍	潘桂林	唐永才	邢勤均(前) 周祖勇(后)	来克旺 葛汉贤
泰日供销社	陈志超	张才明	王雪林	潘炎兴	沈保鸿	张明荣 杨政文
萧塘供销社	陈银芳(女)	李林松	陈银芳(女)	金国平	叶四均	俞永刚 金国平
邬桥供销社	王秀英(女)	宋志清	王秀英(女)	郭火明	高火龙	张永华
江海供销社	宋石英	周吉华	宋石英	胡阳础	宋石英	郭火明 顾士荣 单勤章
邵厂供销社					蔡仲章	赵勇飞 陈志明
洪庙供销社					张国耀	张锦清 顾文章

注：邵厂、洪庙供销社为第一届。

第四节　社务活动

一、处理社员代表意见

1. **代表意见**　在奉贤县供销社、基层供销社历届社员代表大会上，社员代表依章规定行使代表职权，向供销社提出各方面的批评、建议与意见。1951年，县供销社、基层供销社社员代表大会共收到社员代表意见4700余条（件）。其中，1951年9月县合作总社第一届第一次社员代表大会收到代表提案、意见227条。1952年10月第二届社员代表大会第一次会议，收到代表提案225条，其中社务类35条、推销类55条、供应类94条、组织建设类36条、农药（械）类5条。1956年11月，县供销社第四届第一次会议，收到社员代表意见151条。1962年，在全县基层供销社召开的第五届社员代表大会上，16个基层供销社收到社员代表提案385件，批评建议918条。第五届第3次社员代表会议上收到提案780件，批评意见2000余条。闭会期间，全县17个公社选举社员代表组长292人。针对当年晒棉花需毛竹3万余支、花架子近千副的情况，代表组长与棉花专管员用树棍代替毛竹，泥墩代替花架子办法，少用毛竹9000支，既节省农业成本，又增加农民收入。1963年基层供销社第五届三次会议期间，泰日供销社社员代表对生产资料采购供应、服务态度、经营管理、市场管理等方面提出4点意见，新寺供销社收到生产资料供应等9个方面57条意见和21项提案。胡桥供销社收到社员代表提案96项、意见208条。1985年9月，全县18个基层供销社理事会为安排好收购棉花工作，分别召开社员代表组长会议，听取社员代表意见100余条，采用向棉农发售棉证办法，提高收购工作效率。1997年，全县各基层供销社召开的第十届社员代表大会上，收到提案57件。许多代表对供销社提出中肯的意见和建议，发挥社员代表作用。

1963年胡桥供销社第五届第三次社员代表大会意见情况表

表2-4-1　　单位：条

意见内容	数　量	意见内容	数　量
生产资料供应	27	扩社增股　优待优先工作	74
计划和凭证供应工作	12	股金分红方面	17
领导和管理方面	5	生猪收购和预发饲料方面	12
服务态度服务质量	24	工作人员特殊化思想作风方面	5
自营业务与物价问题	16	直属队的收购工作	5
供销社发生偷窃事故问题	3	其他	8

1997年奉贤县基层供销社社员代表大会提案情况表

表2-4-2

名　称	提案(条)	名　称	提案(条)	名　称	提案(条)	名　称	提案(条)
金汇供销社	3	奉城供销社	1	四团供销社	6	塘外供销社	1
邬桥供销社	3	平安供销社		庄行供销社	2	齐贤供销社	
洪庙供销社		青村供销社	4	头桥供销社	1	江海供销社	
泰日供销社		钱桥供销社	16	光明供销社	10		
新寺供销社	1	胡桥供销社	1	柘林供销社	8		

2. **答复处理**　县供销社、基层供销社历年对社员代表意见、提案，均由理事会进行分门别类提交有关职能部门，通过书面或口头一一进行处理答复。1962年，胡桥供销社接到社员代表提出的化肥农药供不应求，希望增加供应的意见后，即组织人力采购调运，全年化肥供应639吨，比1961年增加77%。供应“三六”粉农药6万余千克，比1961年增加40%，满足农民生产的需要。庄行供销社还根据社员意见，改进收购方法，开展上门服务，并组织紧俏的农具下乡、支援“三夏”“三抢”大忙。1982年，四团食品店虚心接受社员代表对食品供应方面的意见，及时采取措施，改变供应方法和经营作风，受到社员代表赞扬。1983年5月，邬桥供销社召开第七届一次社员代表大会，会前会中收到社员代表意见（提案）20个大类81条，其中棉花收购17条，化肥农药供应11条，买卖公平方面7条，建材供应1条，改进服务

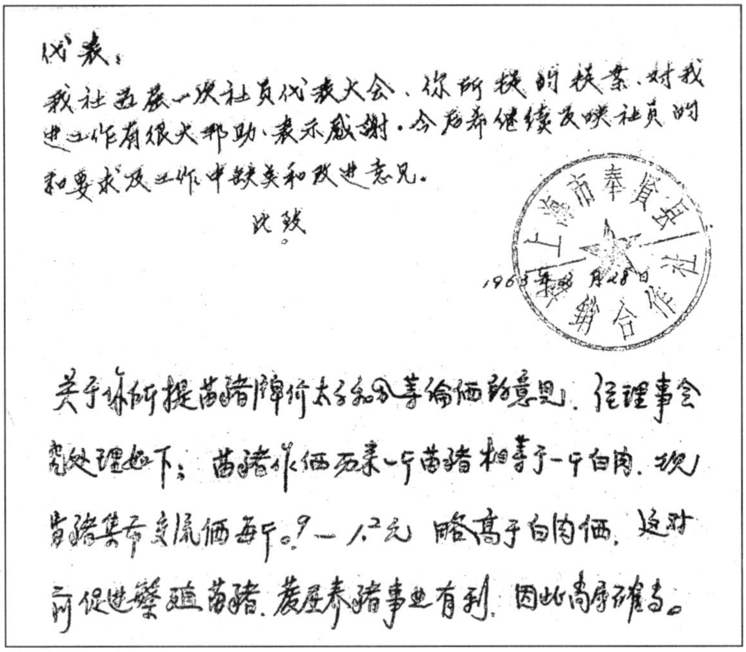

代表：

我社召开第一次社员代表大会，你所提的提案，对我社工作有很大帮助，表示感谢。今后希继续反映社员的和要求及工作中缺点和改进意见。

此致

1963年[illegible]月28日

关于你所提苗猪价太高和分等论价的意见，经理事会研究处理如下：苗猪作价历来一斤苗猪相等于一斤白肉，现苗猪集市交流价每斤0.9—1.2元，略高于白肉价，这对于促进繁殖苗猪，发展养猪事业有利，因此尚属合理。

1963年，县供销社对社员代表意见的答复资料之一

作风5条，商店开后门6条，农忙送货下乡2条，其他方面32条。在大会第二天，理事会对社员代表意见作解答报告，表明态度，提出改进措施。1988年，四团供销社的1名社员对14%股金分红有不同看法，该社社务委员会除口头解释分红政策外，还2次用书面给予答复，使分歧得到圆满解决。1991年，南桥一居民写信给县供销社，批评煤球厂生产的煤饼质量差烧不着，县社把批评意见转告给煤炭公司后，煤炭公司作专题研究，采用好煤与差煤合理搭配的制煤饼的办法，提高煤饼质量，受到居民欢迎，批评变好评。

二、调查审议

历届县供销社、基层供销社召开社员代表大会，把审议供销社理事会工作报告作为主要议程。50～60年代，在社员代表大会闭会期间，区（县）供销社、基层供销社理、监事会，每年召开社员代表会议，对理事会经营决策进行审议。1988～1992年，为广泛听取民意，改进供销社工作，县、基层两级供销社务委员会先后组织专题调查研究15次，其中县供销社3次、基层社12次。撰写调查报告23篇，其中县供销社6篇、基层供销社17篇。其间，县、基层供销社社务委员会2次审议经营决策37次，其中县供销社2次、基层供销社35次。审议经营项目51个，其中县供销社3个、基层供销社48个。为理事会经营决策提供依据，减少盲目性、主观性，实现经营决策公开化、透明化、合理化。

三、测评巡视

县供销社、基层供销社社务委员会（监事会）对供销社工作进行巡视与测评。县供销社从第二届社员代表大会起，在县、基层两级供销社监事会设立监察通讯员若干名，发挥供销社监事会作用。1955年6月，江苏省供销总社以“奉贤县社加强基层供销社监事会领导为题”发文赞扬。1962年，全县各基层供销社定期召开代表

组长活动，请组长测评、检查供销社工作，实行社务民主管理。“文化大革命”中，代表活动被迫停止。1988 年，为加强对供销社工作的监督管理，全县 14 个基层供销社开展群众性满意度测评，占基层供销社总数的 80%，奉城、庄行、头桥、青村、塘外供销社群众满意度列全县各基层供销社前茅，奉城供销社群众满意度达 96.79%。1991 年 7 月，县供销社抽调机关人员分赴 18 个基层供销社，组织 180 余人社员（职工），对县供销社企业升级和服务质量进行测评，肯定率为 80%。县供销社、基层供销社先后组织 80 次由 791 人次社员代表参加的巡视活动，组织社员代表组长活动 53 次。听取供销社工作汇报，对基层供销社主要负责人任期内各项目标进行考评，增加供销社工作透明度和社员代表支持力度，推动供销系统工作。

四、交流合作

1. **考察学习**　奉贤供销社注重学习兄弟单位经验，改革开放后，根据各个阶段企业改革与发展的需要，组织机关、基层企业干部中社员代表数百人次，先后赴浙江、江苏、山东、天津、陕西、宁夏、广西等 10 个省（市、区）30 余个县（市）供销社进行学习考察、取人之长、补己之短。学习青浦供销社农村综合服务社创办的经验，学习武汉市供销社商办小型企业改革搞活的经验，学习松江、南汇供销社小型企业改革的经验。派县供销社 1 名领导先后参加全国农业社会化综合示范县座谈会、中国供销合作经济学会召开的全国村级综合服务站工作研讨会，学习兄弟供销社建设农村服务站的经验，陆续安排人员参加市供销社组织的赴日本、新加坡、泰国、西欧、美国、越南学习考察团，学习国外企业管理的先进理念，提高奉贤供销企业管理服务水平。

2. **结对合作**　奉贤供销社发展对外经济合作，先后与福建省罗源县、西安市户县供销社结成友好合作社，与云南省思茅地区供销社、天津市静海县、蓟县供销社签订经济协作协议。1986年12月，与江苏、浙江省6个县（市）供销社联合组建上海奉贤商社。1988年4月，与福州市供销社联合组

1987 年 4 月 14 日，县供销社主任沈华德（左起二）等赴日本大阪市进行经济考察

建供销联合总公司，在马尾设商行、深圳设商柜，建立对外合作窗口。先后安排顾来生、凌宝根两技术人员3次参加中国专家组赴阿拉伯也门共和国，协助办企业。县供销社先后接待苏联合作社专家、日本横滨蔬菜、果汁饮料代表团、民主德国技术代表团、国际合作社联盟亚太地区专家组来奉贤供销企业进行考察，开展经济合作意向和技术协作的恳谈，不断扩大奉贤供销社在国际国内的影响。2012年11月，区供销总社与上海商业发展研究院签订战略合作协议，在区供销总社建立研究基地。

3. **汇报交流** 奉贤供销社重视总结所属企业经营管理经验。50年代先后在全县推广南桥供销社民主整社做法，总结推广运用四团供销社“木材经营管理”“毛竹水库保管”等先进经验。70年代推广光明供销社开展“胶粘胶补”节省木材、竹材、节省成本的事迹，协助全国供销合作总社在奉贤召开两次棉籽剥绒现场会，使奉贤供销企业创造发明的“双层锯齿剥绒机”在全国棉花加工系统推广应用。80～90年代，县供销社的企业思想政治工作、奉城、萧塘供销社、企业扭亏增盈工作做法先后在全国职工思想政治工作与全国供销企业扭亏增盈工作经验交流会上作汇报交流发言。奉贤区（县）供销社先后接待国内江西、浙江、山东等省、县（市）供销社到奉贤交流工作代表团20余家次，吸取有益经验、促进自身发展。2012年10月，区供销总社向前来考察社区农产品直供店工作的上海市委办公厅有关领导汇报为民服务的情况。

1991年12月，奉贤县供销社与兄弟省市县供销社召开友好社信息交流会

第三章　经济概要

1950～1951年，奉贤相继成立县合作总社、基层供销合作社。63年中，奉贤供销社坚持以改革与发展为主线，党政领导班子总揽全局，立足长远，作出一系列发展供销经济的重要决策。充分发挥商品流通主渠道、为农服务主力军作用。

销售利润较快增长。1951年，全县供销系统销售总额和利润分别为2591万元、30万元。1978年，这两项指标已经达到3亿元、1240万元。1990年销售总额7.41亿元，利润2500万元。2012年，全区供销系统实现社会消费品销售总额10亿元，创利3900余万元。

企业行业不断发展。1951年，奉贤有县级、基层供销社22家、职工消费合作社2家。至1954年，中国烟酒、花纱布、油脂公司在南桥设点办国营商业。1956年，私营工商业实行社会主义改造，建立合作商业企业132家。1965年新建15家国营综合商店。70年代建国营农场综合商店3家。2012年，区供销总社系统有全资、参股、改制企业34家。有百货、烟酒、食品、医药、农资、五金交电、石油煤炭、建筑装璜、旅游、饮食服务、金银饰品等18个主要行业。

社有资产日趋雄厚。1951年建社之初，全县供销系统总资产72.68万元。1978年，总资产3701.92万元。1985年，全县供销系统净资产为1.10亿元。1989～2012年全区供销系统主要项目的固定资产投资3.39亿元。2012年，全区供销系统净资产6.53亿元。

招商引资已见成效。1989～1995年，县供销总社先后与台、港、美商成立上海华城特种织品有限公司等合资企业9家，引资1100余万美元。2003年10月，建立占地5.2万平方米的经济园区和奉供实业发展有限公司。2012年，经济园区有各类企业1079家，注册资金12.05亿元，有职工万余名，全年销售15亿元，上缴税收8700余万元。奉供实业发展有限公司综合效益500余万元。

上缴税收逐年增多。奉贤供销社成立后，向国家纳税数量不断增加。1976年纳税额236万元。1985年超过2800万元。2005～2012年，年均纳税额为9184.50万元，比1993～2000年年均纳税额增长57.78%。

职工待遇稳步提高。1951年，职工年劳动报酬为223元。60～80年代，经多次调资和实行奖励制度，年收入水平不断提高。2012年，全区供销系统在职职工人均劳动报酬4.1万余元。

奉贤区（县）供销系统涌现一批标志性建筑、中华老字号企业、名企业、名产品，全面展示63年中奉贤区（县）供销社的发展成果。

第一节 经济发展

一、创 业

1949年5月，奉贤解放，为克服国民党及旧社会遗留下来的商品流通渠道阻塞、通货膨胀、经济萧条、黑市猖獗、人民生活困苦状况，建立新的经济秩序，发展生产，改善民生，巩固人民政权。1950年10月，成立奉贤县供销合作总社筹备处，在全县发动农民为主的人民群众集资（入股），建立农村供销合作社。至1951年，奉贤相继成立县供销社和21家基层供销社、2个职工消费合作社，时有基层供销社社员11.54万人，占全县农村人口46.08%，社员股金12.28万元，占基层供销社总资金的38.6%，社员股金成为供销社发展壮大的主要经济支柱。随着国家建设和商品经济的发展，供销社经济实力不断增强，供销社成为商品流通的主渠道、为农服务发展奉贤经济的主力军。至1952年，县联社先后购进私营大丰花厂、鼎丰酱园、复兴印刷所，接收国民党政权遗留的奉城、洪庙消费合作社，对全县供销商业进行合理布局。召开城乡物资交流会，发挥供销社优势，扩大影响。1956年，全县供销系统商品零售额在全县商品零售总额中所占比重由1952年的40.56%上升到56.71%。对全县1630家私营工商业实行社会主义改造，组成合作商业。1957年建立18家集市贸易市场。在企业中开展社会主义劳动竞赛，试行分组核算，提高企业管理水平。1965年，全县供销系统商品销售额突破1亿元。1978年商品销售额超过3亿元，销售利润达到1240万元，上缴国家税收239万元，全县供销社由弱到强、逐步壮大，进入不断发展阶段。

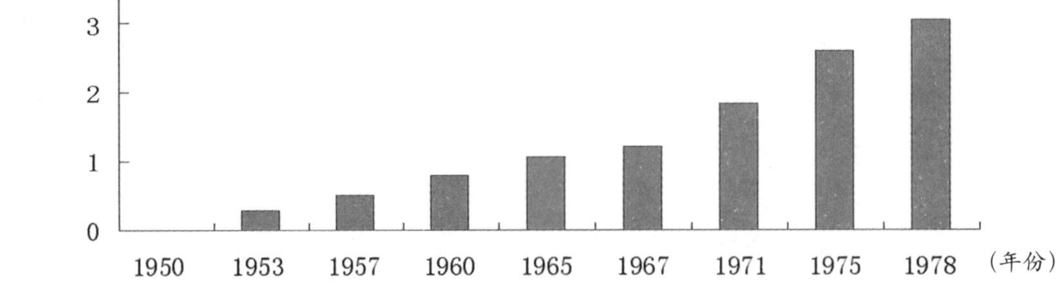

1950～1978年奉贤县供销系统有关年份销售示意图

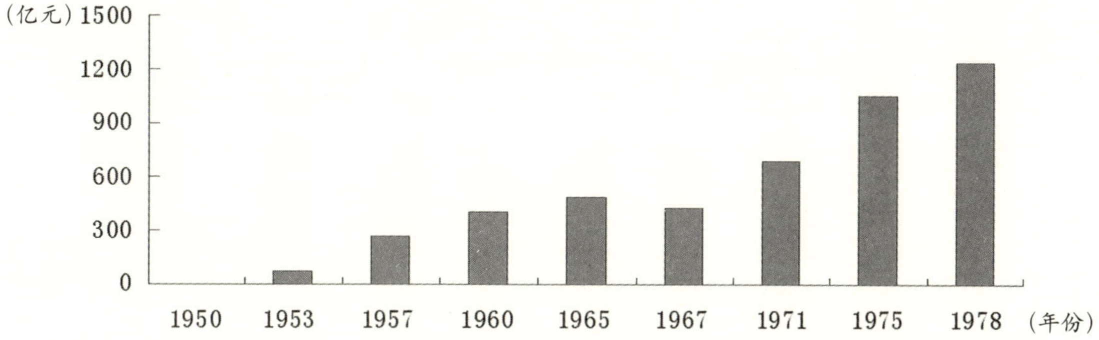

图 3-1-2　1950～1978 年奉贤县供销系统有关年份利润示意图

二、发　展

1978 年 12 月，中共十一届三中全会召开，党中央作出全国工作着重点转移到社会主义现代化建设上来的重大决策，为商品流通主渠道的县供销系统带来难得的发展机遇。全县供销系统广大干部职工坚持党的基本路线，坚持改革开放，群策群力、乘势而上、开拓创新，实现销售、利润、上缴税金等主要指标的全面增长。是年，全县供销系统商品零售额占全县商品零售额的 95%。1979 年，泰日、奉城、庄行、平安、青村、钱桥供销社人均实现利润 2000 元，创建社以来历史最高年份。1984 年，全县供销系统销售利润首次突破 2000 万元。1985 年，商品流通渠道面临多元化趋势，县供销社向企业下放“六权”（经营决策权、商业作价权、财务管理权、基建管理权、人事管理权、福利管理权），为企业松绑。是年全县供销系统商品零售额仍占全县商品零售额的 75%。1988 年，全县供销系统企业推行“四制”（承包经营责任制、任期目标制、厂长主任经理负责制、内部经济审计制）改革，全县供销社系统相继建成一批大中型商场，供销系统经济效益明显提高。是年，全县供销系统纳税占奉贤财政收入的 14.73%。1991 年县供销社被评为上海市级先进企业。1984～1991 年，年均创利 2550 余万元。1992 年，商品销售额达到 10 亿元。占全县商品零售额的 76.59%。1993 年，上缴税收 3700 余万元。1994 年在全国百强县供销合作社评比中，奉贤县供销合作总社名列第七，奉城供销社评为全国基层供销社中第一家二级企业。1978～1995 年，全县供销系统有 230 余家（次）基层供销企业（部门）被评为市供销社以上先进企业，奉贤供销系统进入鼎盛时期。

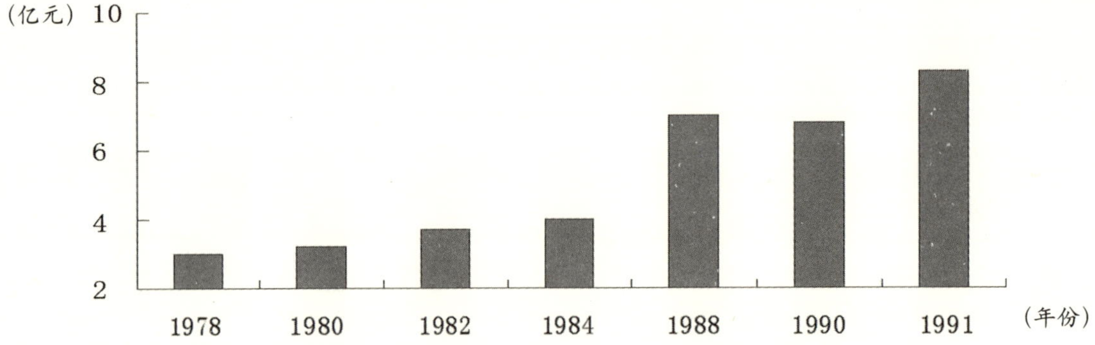

图 3-1-3 1978～1991 年奉贤县供销系统有关年份销售示意图

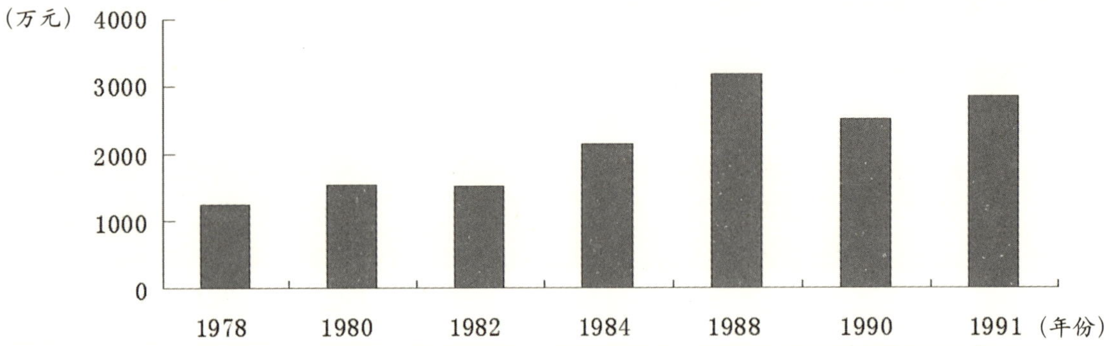

图 3-1-4 1978～1991 年奉贤县供销系统有关年份利润示意图

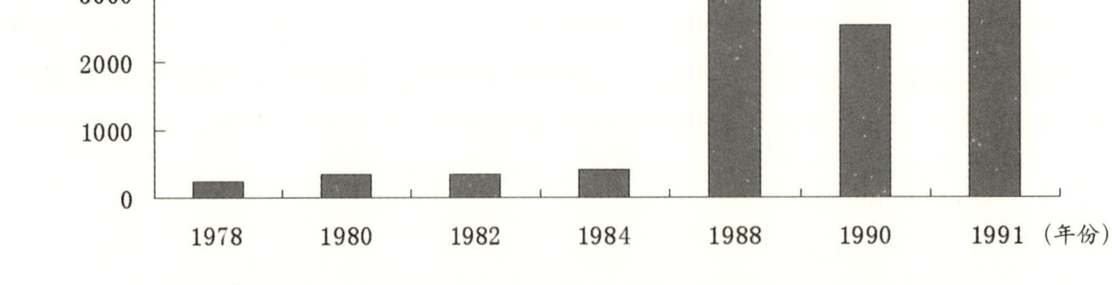

图 3-1-5 1978～1991 年奉贤县供销系统有关年份纳税示意图

三、履　艰

1992年后，由于改革开放深入与社会商品的蓬勃发展，货畅其流的买方市场逐渐形成，各种所有制商业竞争日趋激烈，重要商品取消票证供应。供销社商品经营一统天下的局面逐渐被打破，加上体制陈旧、观念落后、机制不活，供销系统商业企业主渠道作用日渐削弱和淡化，企业销售利润急剧下降，不少商场、门店被迫退出商品经营。1993年，全县供销系统部分企业出现亏损。1994年，全县供销系统纳税在奉贤全县财政收入中占的比重由1991年的11.05%下降至3.06%。县供销总社、基层企业投资建成的一批大中型商场经营效果逐年下降，甚至难以为继。1996～1997年，全县供销系统的企业亏损面逐渐扩大，其中1997年，县供销社历史上首次出现亏损108万元，1998年亏损企业亏损总额突破3000万元，拥有7000余名职工的奉贤供销社系统面临周转资金缺、发展经营困难，部分企业出现职工工资无法足额发放的局面，供销企业迎来前所未有的挑战和危机。

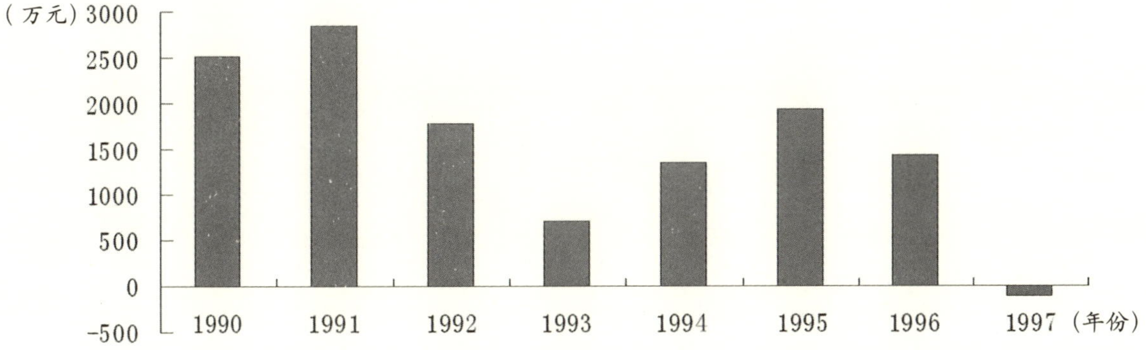

图3-1-6　1990～1997年奉贤县供销系统有关年份利润示意图

四、振　兴

1997年，面对全县供销系统历史上第一次出现亏损、商品经营效益严重滑坡的严峻形势，1998年初，县供销总社党政班子带领干部职工用改革精神解决改革中出现的问题，制定“12345”发展战略（即围绕提高效益这1个中心；确立扭亏增盈、转换机制2个目标；狠抓扩销增效、节支增效、减员扭亏3项措施；达到企业创效益、干部创业绩、党员树形象、职工能自立4项要求，完成调整经营策略、改变营销方式、选拔优秀人才、规范企业制度、建立监管体系5大任务），根据县政府、市供销总社企业改革的精神，认真总结经验教训，顺应改革潮流，采取一系列具体措施。从组织体制、经营模式、经营机制、劳动分配、劳动用工、产权制度等方面进行全面的改革，开辟经济园区，加大招商引资力度，挖掘企业经济发展新增长点，盘活存量资产，逐渐扭转困难局面。是年，全县供销系统摘掉亏损帽子，利润达到1600余万元，企业亏损面逐步缩小。2003年，区供销总社对基层企业实行整合重组和实行一区一社资产一体化管理，全区供销系统利润创历史新高，达到7500余万元。2004年，区供销总社继续发展新网工程，制定一系列企业管理制度，推动企业管理制度化、规范化，使全区供销企业改革实现"四个突破"（直属公司产权制度改革实现突破、农村基层供销社放小搞活实现突破、劳动用工制度改革实现突破、社有资产经营管理形式实现突破），取得三个提高（经营效益和经济运行质量显著提高、市场拓展能力显著提高、供销社形象和地位有新的提高）。2006～2007年，全区供销系统企业利润平均达到1.08亿元。2008～2012年，由于烟糖公司归口市公司等统计口径变化，全区供销企业销售、利润额略有下降，但仍保持或超过鼎盛时期的水平。5年中平均利润稳定在5000万元，上缴国家税收年均为9500余万元。

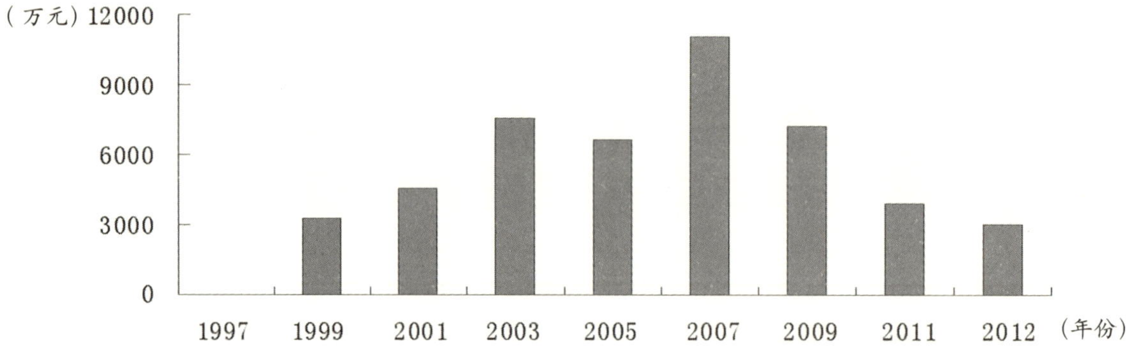

图3-1-7 1997～2012年奉贤区（县）供销系统有关年份利润示意图

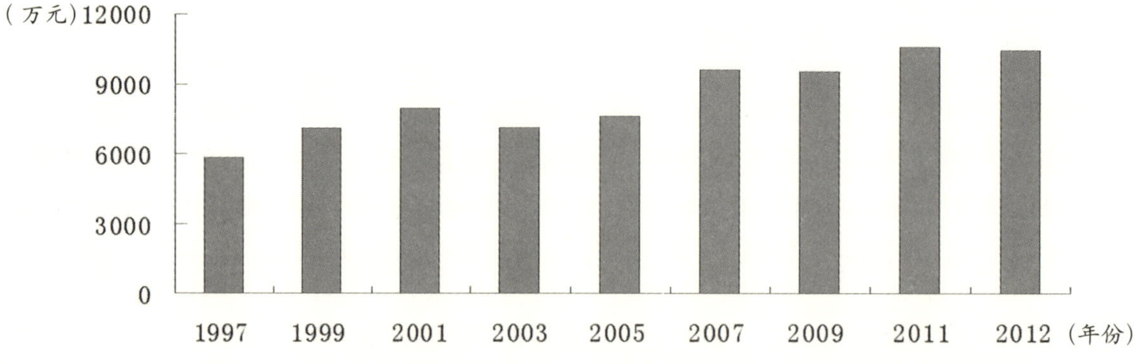

图3-1-8 1997～2012年奉贤区（县）供销系统有关年份纳税示意图

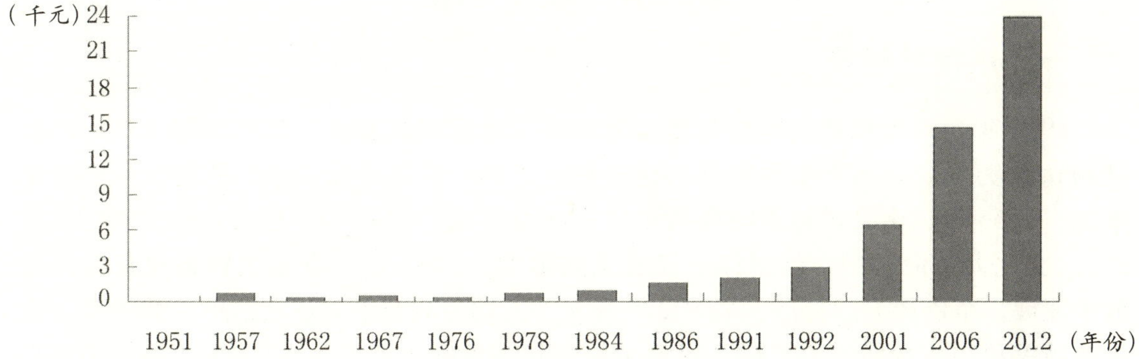

图 3-1-9　1951～2012 年奉贤供销系统职工工资示意图

1952～2012 奉贤供销系统部分年份商品零售、纳税额情况表

表 3-1-1　　单位：万元

年　份	商品零售额			财政税收		
	全　县	供销社（国营商业）	占全区(县)零售 %	全区（县）财政税收	供销社（国营商业）纳税	占全区(县)%
1952	1742.30	895.56	51.40	834.90		
1956	2866.70	2061.44	71.91	911.40		
1976	13736.69	12926.23	94.10	5096.92	236.20	4.63
1978	15515.37	14739.25	95.00	6782.74	239.15	3.53
1984	28958.50	25695.75	88.73	15079.30	409.17	2.71
1985	36240.00	27081.05	74.59	21073.00	2876.85	13.65
1990	71815.00	46641.00	64.95	27651.00	2536.18	9.20
1991	81058.00	57216.00	70.59	28424.00	3060.46	10.77
1992	102967.00	78870.07	76.59	30327.00	2210.34	7.29
1996	214778.00	159102.00	74.01	68256.00	4862.14	7.12
1997	247227.00	164020.89	66.34	82730.00	5825.09	7.04
2001	511706.00	151264.93	29.56	158320.00	7958.70	5.03
2006	1082300.00	147968.59	13.67	711600.00	8483.09	1.20
2011	2916000.00	103500.00	3.55	1706900.00	18590.62	1.09
2012	3353000.00	103825.00	3.10	1884400.00	19194.00	1.06

注：1、1976 年起，供销社商品零售额含国营商业（合作商业）。

2、1996 年起改为社会消费品令数额、供销系统消费品零售额，在全区（县）消费品额中所占比重逐年下降。

3、2011～2012 年纳税为供销系统（经济园区）总额。

第二节 经济总量

一、供销社经济

1950年，奉贤供销合作总社筹备处下辖7个基层供销社，销售额仅3.81万元，创利0.91万元。随着基层供销社的建立和县供销社直属公司创办，销售、利润逐年增加。1965年，全县供销系统商品销售10550万元，利润487万元，分别创历史记录。“文化大革命”中，供销经济发展受到影响。1984年，全县供销系统在改革开放中发展，净资产1.1亿元、利润2215万元，人均劳动效率7万元。90年代中期，由于改革开放与市场经济的发展，供销系统销售利润跌入低谷。1997年，全县供销系统利润为负数。1998年前后，随着企业管理体制与产权制度改革，供销系统逐步由商品经营转入资产经营，开辟工业园区，大力招商引资，供销工作重新走向振兴。2000年全县供销系统实现销售23.73亿元，上缴国家税收1.147亿元。随着企业转制，供销企业有所减少，但供销经济仍保持较高水平。2012年，全区供销系统有全资、参股、改制企业34家，净资产6.53亿元，实现销售10.38亿元、利润3000余万元，纳税1.05亿元。

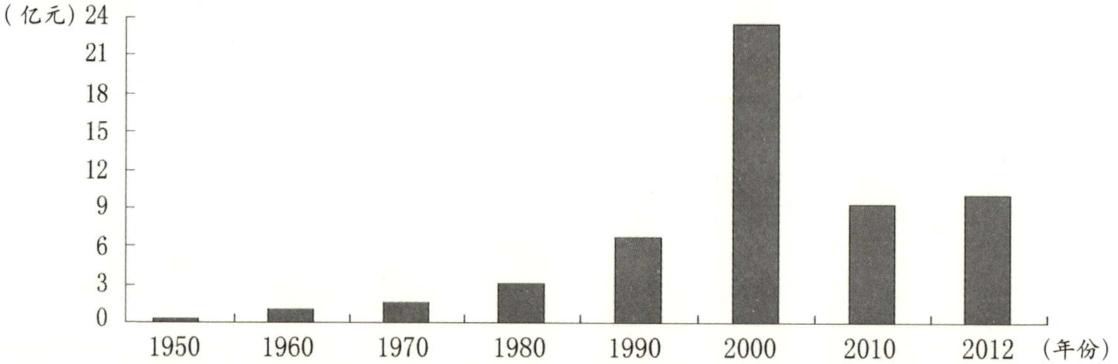

图3-2-1 1950～2012年部分年份奉贤供销系统商品流通情况示意图

1950～2012年奉贤供销系统经济发展情况表

表3-2-1　　　　单位：万元

年份	销售总额	利润总额	纳税总额	人均劳动效率	年份	销售总额	利润总额	纳税总额	人均劳动效率
1950	3.81	0.92			1982	34073.97	1514.02	345.60	5.25
1951	2591.38	30.80		0.19	1983	35503.21	1999.32	331.57	5.93
1952	4009.90	48.77		0.52	1984	44911.51	2143.07	409.17	7.85
1953	2919.98	73.73		2.20	1985	44090.25	2215.98	2876.85	7.00
1954	3894.60	142.65		4.70	1986	54242.35	2385.70	2112.39	9.44
1955	3193.91	197.49		2.44	1987	56624.74	2526.00	2115.08	10.63
1956	2998.34	112.53		2.34	1988	74908.18	3180.80	2920.25	12.18
1957	5073.97	142.00		3.88	1989	74451.93	2597.32	2622.74	14.59
1958	5741.47	172.21		3.13	1990	74071.15	2510.05	2536.18	11.35
1959	7790.00	303.10		3.82	1991	88259.56	2846.79	3060.46	12.96
1960	7959.50	402.91		3.13	1992	109977.35	1775.77	2210.34	15.49
1961	8119.00	312.95		2.51	1993	187795.93	712.02	3767.49	26.46
1962	7310.10	438.72		2.34	1994	137645.00	1346.90	4117.54	21.05
1963	8898.50	487.44		2.63	1995	169437.78	1934.86	3381.12	26.08
1964	8912.80	368.50		2.14	1996	159102.00	1428.16	4862.14	24.14
1965	10550.57	487.59		2.65	1997	164020.89	-108.31	5825.09	25.90
1966	11972.98	529.13		2.45	1998	154422.19	1675.06	6041.39	25.84
1967	12012.15	424.51		3.15	1999	155675.25	3268.23	7102.28	31.37
1968	13319.03	520.43		3.28	2000	237292.80	4034.68	11472.77	52.43
1969	13774.19	542.35		2.96	2001	151264.93	4543.77	7958.70	35.94
1970	13117.38	541.13		2.15	2002	124858.46	5987.86	6342.55	33.15
1971	18179.93	688.13		2.98	2003	136387.87	7546.67	7120.55	33.69
1972	17005.76	673.05		3.27	2004	137765.93	6956.83	7208.62	36.55
1973	20264.60	825.51		3.54	2005	134404.45	6651.80	7603.12	38.60
1974	22948.65	913.41		3.55	2006	147968.59	10768.05	8483.09	41.16
1975	25901.50	1054.38		3.93	2007	145088.63	11049.18	9612.48	48.44
1976	26135.88	983.77	236.20	3.42	2008	113600.00	6716.15	7433.10	44.69
1977	26765.36	1130.00	244.40	3.74	2009	82700.00	7233.16	9558.83	33.67
1978	30329.32	1240.28	239.15	4.98	2010	97300.00	4626.52	9746.75	54.33
1979	33944.08	1481.46	329.40	5.14	2011	103500.00	3915.65	10590.62	60.63
1980	32076.89	1698.78	343.34	5.22	2012	103825.00	3028.17	10451.60	73.11
1981	33958.35	1591.22	369.77	5.21					

注：销售总额中含农副产品购销额。

二、国营商业经济

1. **县级国营商业** 1949年6月，松江专区建中贸易公司在南桥设奉贤办事处后始有奉贤国营商业。1957年，全县国营商业有百货、食品、五金、建筑器材、煤制品、纺织品、酒类等行业。1965年，全县县级以上国营商业企业实现销售2447.30万元，创利61.33万元。以后销售、利润不断变化。1978年8月至1984年，国营商业企业经济数据仍单列统计。1985年纳入供销社统计系统。

1965～1984年奉贤县县级国营商业经营情况表

表3-2-2 单位：万元

年　份	销售总额	利润总额	人均劳效	年　份	销售总额	利润总额	人均劳效
1965	2447.30	61.33	4.26	1979	6176.14	107.38	12.20
1966	3666.45	116.06	5.26	1980	5367.66	166.95	10.57
1967	4072.61	154.20	5.57	1981	5608.72	152.32	10.66
1968	4401.47	181.54	6.11	1982	7781.67	275.32	11.39
1969	5205.75	216.02	7.00	1983	7252.74	272.60	10.73
1970	5352.55	221.03	7.28	1984	8317.34	247.53	12.61
1978	1903.51	49.12	3.86				

2. **基层国营商业** 1965年，除江海、塘外公社外，全县其他公社建立国营综合商店15家。是年实现商品销售339.47万元，创利28.06万元。1969年，基层国营商店和基层供销社合并成立公社商业站，经营数据统计到1970年。1971年起纳入基层供销社统计。

1965～1970年奉贤县各公社国营商业经营情况表

表3-2-3 单位：万元

年　份	销售总额	利润总额	人均劳效	年　份	销售总额	利润总额	人均劳效
1965	339.47	28.06	1.03	1968	967.04	69.37	2.51
1966	1074.23	84.15	2.93	1969	1206.37	84.79	3.21
1967	942.60	72.40	2.35	1970	999.93	63.31	2.60

三、合作商业经济

1956年，私营工商业社会主义改造后，建立合作商店132家，总资金33.30万元。1958年并入各基层供销社。1962年重建合作商店，调动生产积极性，经营业绩不断发展。1969年合作商业并入公社商业站。1985年经营业绩纳入供销社系统。

1974～1997年奉贤县合作商业企业经营情况表

表3-2-4 单位：万元

年 份	销售额	利润额	年 份	销售额	利润额
1974	707.68	19.57	1985	2884.50	149.74
1975	788.81	28.31	1986	2996.41	172.90
1976	826.15	28.52	1990	1382.83	73.18
1977	806.03	24.99	1991	2419.81	8.58
1978	855.53	26.52	1992	2623.09	-17.57
1979	1667.79	36.36	1993	2122.65	-60.92
1980	1356.74	57.00	1994	1635.77	2.11
1981	1696.96	101.17	1995	1124.61	-7.84
1982	1789.37	96.27	1996	856.80	-14.96
1983	1936.37	111.01	1997	683.36	-25.21
1984	2280.00	9.87			

第三节 企（行）业结构

一、企 业

1. **供销社企业** 基层供销社。1950年，奉贤县建有基层供销社7家（柘林、洪庙、平安、东新市、青村、奉城、邵厂供销社）。1951年先后新建民福（今平安社区）、庄行、南桥、头桥、四团、胡桥、道院（今新寺社区）、金汇、齐贤、泰日、邬桥、萧塘、钱桥、三官供销社和头桥、南桥职工消费合作社。是年6月止，全县有基层供销社21家、职工消费合作社2家。7月，以中心集镇建社、东新市供销社撤并于头桥供销社，民福、洪庙供销社撤并于奉城供销社，平安、邵厂供销社撤并于四团供销社。1954年11月，实行“以区建社”，全县设区供销社5个（庄行、南桥、奉城、青村、泰日区供销社），下设14个供应站、4个收购站。1958年，各供销社改为公社供销部，由公社领导。1962年1月，各公社供销部划归县供销社领导。1963年9月，全县16个供销社调整合并为7家供销社下设供销站。1965年6月，各供销站恢复供销合作社名称。1966年1月，建立塘外供销社。1982年，建立新海供销社。1984年，全县有基层供销社19家。2003年奉贤各镇行政区域调整逐步实行供销社之间托管。2004年，江海、柘林、青村、奉城、四团、金汇、庄行供销社分别托管所在镇区的其他13家基层供销社。80～90年代中期，全县各基层供销社普遍兴办商办工业40余家，分为6个大类行业。2000年前后陆续实行转制和关、停、并。

区（县）供销社直属公司（厂）。1950年，县供销合作总社筹备处购进西渡私营大丰花厂。1951年县联社有直属企业11个。1952年1月，购进南桥鼎丰酱园产业，改称奉贤鼎丰酿造厂。1960年，县供销社直属企业发展到24家。1984年，直属企业有21家。1995年后，县供销总社直属企业陆续改革转制。2012年，区供销总社所属公司有34家，其中全资企业17家：鸿雁商场（托管百货公司）、商业公司（托管棉花公司、丰意果品日杂公司、精品商场、烟炭公司、五金公司、齐贤轧花厂）、奉供实业发展有限公司。参股企业2家（上海鼎丰酿造食品有限公司、上海奉贤烟酒糖业有限公司），改制企业有10家：上海复美康德大药房有限公司、奉贤县饮食服务有限公司、奉贤区物资回收利用有限公司、滨江副食品集团有限公司、上海千意置业有限公司、奉贤区农业生产资料有限公司、奉贤塑料管厂、上海伊和电器有限公司、上海晟丰商厦、奉贤供销商业公司；原物资系统5家：奉贤区建筑材料公司、上海华物商贸有限公司、上海南奉生产资料有限公司、上海南化工业气体有限公司、上海奉贤化工轻工有限公司；上海南桥集贸市场管理有限公司。

1951年奉贤县基层供销社分布图

1984年奉贤县基层供销社分布图

2012年奉贤区基层供销社分布图

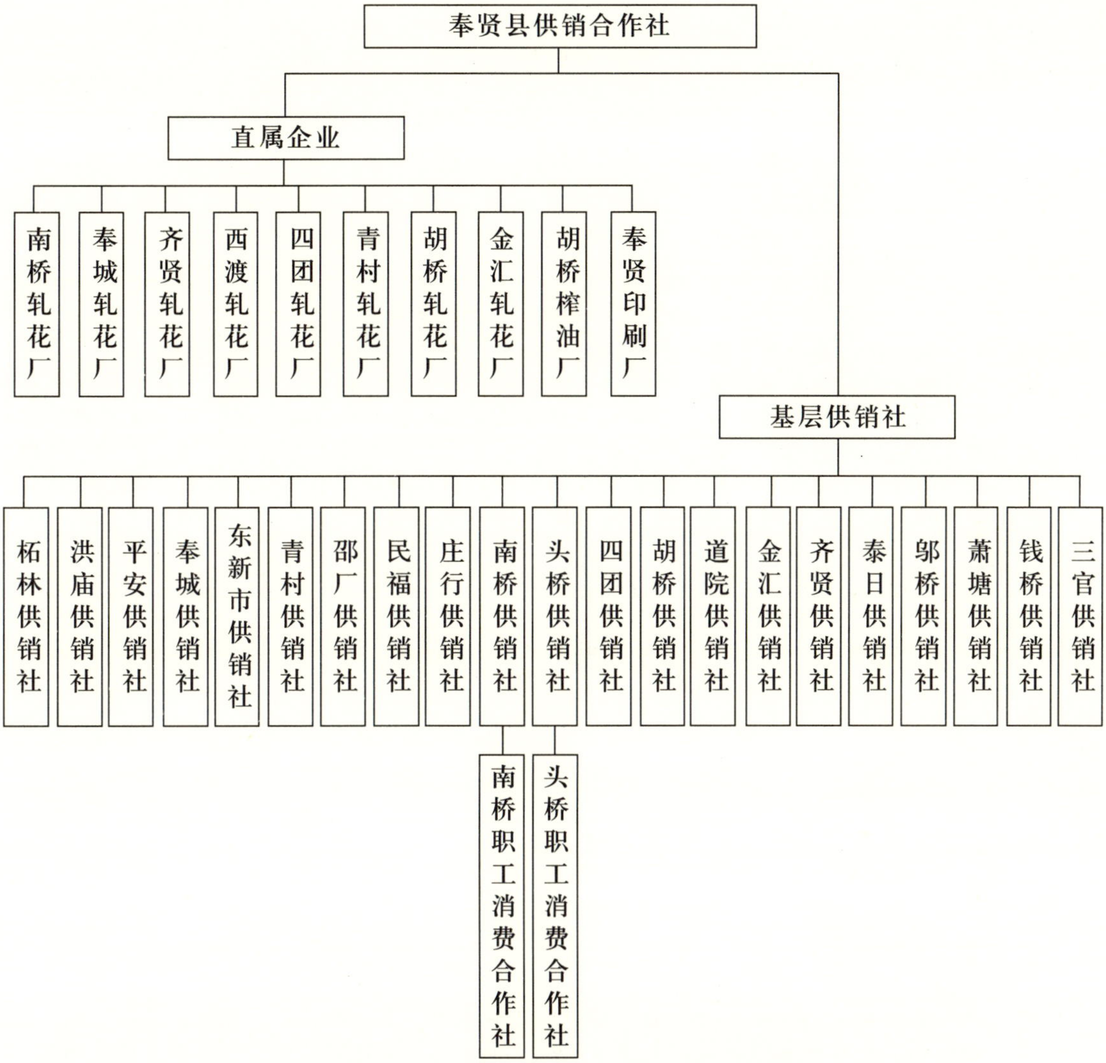

图 3-3-1 1951 年奉贤县供销合作社企业结构图

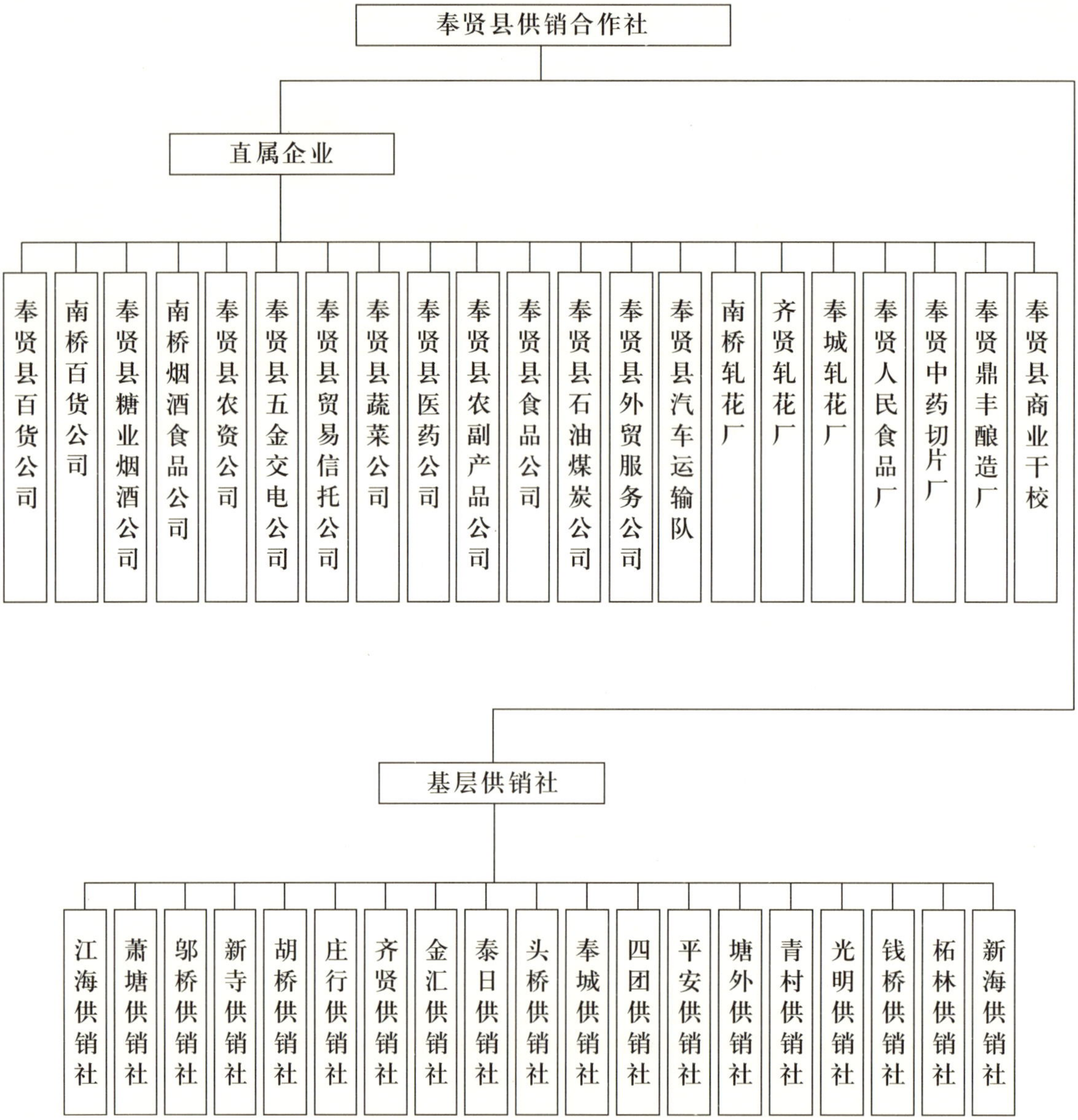

图 3-3-2 1984 年奉贤县供销系统企业结构图

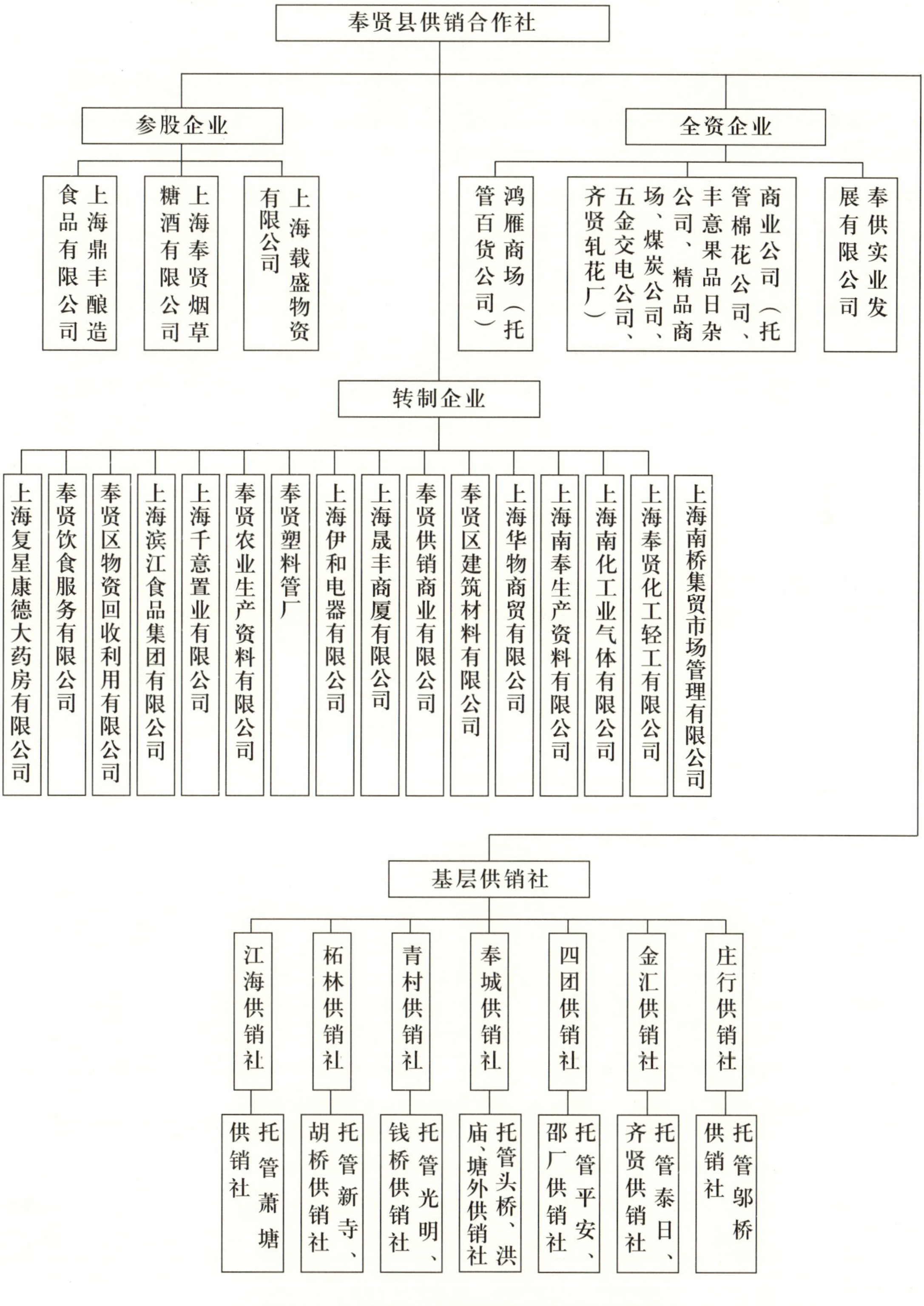

图 3-3-3　2012 年奉贤区供销系统企业结构图

2. **国营商业企业** 1949年6月，奉贤县国营商业有松江专区建中贸易公司奉贤办事处在南桥、庄行、胡桥设的收购点。1950年有中国土产公司、中国百货公司、中国粮食公司南桥营业所。1951～1954年，中国烟酒专卖事业公司、中国花纱布公司、中国油脂公司先后在南桥设分处、联络站、营业所。1958年4月至1961年12月，县商业局与县供销社合署办公，共同管理全县国营商业。1962年1月，县商业局与县供销社分署办公。1965年，全县除江海、塘外之外，在萧塘、邬桥、泰日、齐贤、金汇、庄行、胡桥、新寺、光明、钱桥、青村、奉城、头桥、四团、平安等公社集镇建立15个国营综合商店。“文化大革命”中，县商业局与县供销社分别撤销，建立生活资料管理站和生产资料管理站。1971年1月，重建县商业局。1978年8月，恢复县供销社建制，原商业局系统的国营商业纳入县供销社行政管理体系。

3. **合作商业企业** 1956年，奉贤对私营工商业进行全行业的社会主义改造，组建合作商店132个。1958年，合作商业并入公社供销部。1962年，在国民经济“调整、巩固、充实、提高”中，从国营商业、供销社调整出原小商小贩1457人，重新建立合作商店102个。1984年，供销社系统有独立核算的合作商店71个，其中南桥8个、集镇63个，合作商店下伸店24个。全部纳入供销社行政管理。1989年9月，全县各合作商店分别组建为青村等17家商业合作社和南桥饮食服务总店、南桥余庆果品日杂总店、南桥群利商业总店。1991年，钱桥等10家商业合作社分别并入所在地供销社。1998～2002年，萧塘、齐贤等7家商业合作社和南桥地区3家总店分别转制、解体。

二、行 业

1952年，供销系统开始形成行业，随着经济发生与生产生活的实际需要，行业逐渐增加。改革开放后供销系统行业不断增加，变化发展，形成许多新兴行业。2008年，区供销总社还经营房地产、粮食储存等行业。2012年，全区供销系统主要行业有18个，行业结构也发生较大变化。

1952～2012年奉贤供销社行业发展情况表

表3-3-1

年份	行业名称及变化
1952年	除虫（后改为测植保服务）戽水、农药、药械供应、种籽农具供应、农业技术、棉花收购加工、食品酿造、五金交电、食品酿造、废旧物资回收利用服务
1955年	增加生产资料、生活资料供应、农副产品收购推销、棉布百货、烟酒专卖、食品、榨油（后划入县粮食局）、印刷（1959年划归县工业局）
1956年	增加医药供应服务（1994年从供销社划出单列）煤制品加工（1978年隶属于县石油煤炭公司）、化肥生产（1959年划入县工业局）木材供应（1963年划入县物资局）、电料电讯
1958年	增加石灰生产（1959年第三季度划归县工业局）、炼焦（1959年3月划入县工业局）、洋钉加工（1961年停办）、畜牧业繁殖服务（1962年9月停办）

续表 3-3-1

年份	行业名称及变化
1960年	增加蔬菜收购供应
1962年	增加五金交电、饮食服务业
1963年	增加石油煤炭
70年代	增加汽车运输服务业、星火、燎原、五四农场综合服务业（1980年划归上海市农场局）药品生产
80年代	增加冷藏业、中药饮片、汽车修理业、空调电器、机械加工、纺织制衣、工业气体、建筑材料、外贸服务、化工塑（涂）料、科技咨询
2012年	现有招商引资服务、食品酿造、烟糖酒业、百货、果品日杂、煤炭、五金交电、轧花加工以及医药、饮食服务、家用电器回收利用、食品、置业、生产资料、塑料管业、建筑材料、化工工业气体、木材钢模业、旅游业

第四节　招商引资

一、合资企业

80年代中期起，县供销社开始招商引资，兴办中外、沪港合资企业，总投资2000余万美元，吸引外资1100余万美元。1989～1997年，合资企业实现销售额2亿余元。90年代中后期合资企业先后解体。

1989年，上海奉贤商社与福州市供销社联合成立马尾商行

1989～2000年奉贤县供销系统主要合资（联营）企业情况表

表 3-4-1

年份	供销社投资企业名称	合资方企业名称	合资（联营）企业名称
1989	奉贤经编厂	中国纺织大学、台北生成企业有限公司	上海华城特种织品有限公司
1992	上海欣欣食品总厂	香港金勇发展有限公司	上海神力营养食品有限公司
1992	上海欣欣食品总厂	香港嘉华实业贸易公司	上海佳丽密胺制品有限公司
1992	上海华英精密陶瓷厂	香港亨远通实业有限公司	上海鸿利食品机械有限公司

续表3-4-1

年份	供销社投资企业名称	合资方企业名称	合资（联营）企业名称
1993	上海古华医药药材（集团公司）	新西兰王威国际有限公司	上海瑞华医药保健品有限公司
1993	县中药饮片厂	台湾救心化学工业股份有限公司制药厂	上海德华国药制品有限公司
1995	上海鼎丰酿造食品总厂	美国CPC亚洲投资公司	上海家丰（佰仕福）食品有限公司
2000	县供销合作总社	香港方鑫有限公司	上海方鑫塑胶模具有限公司

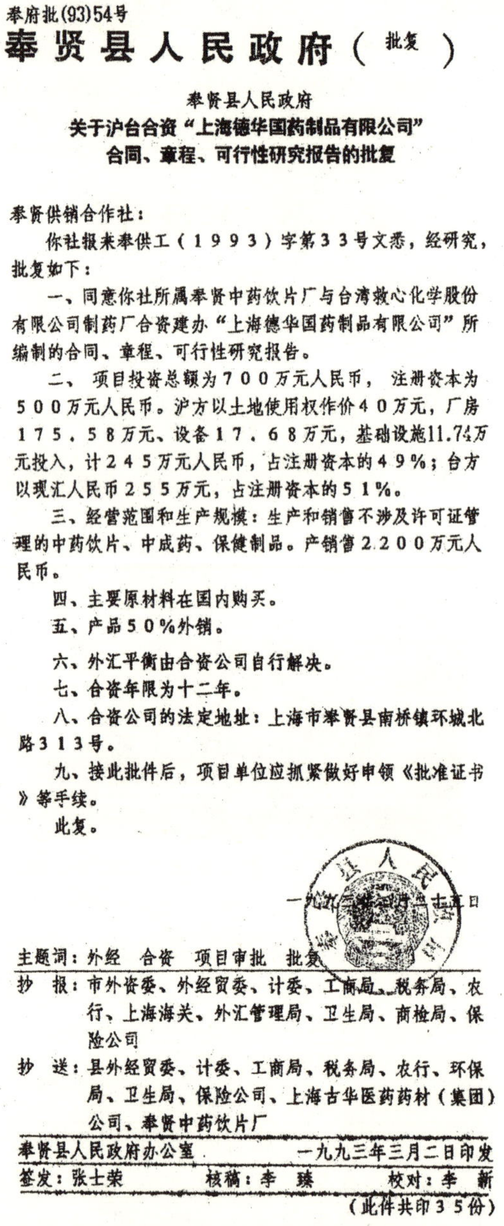

奉府批(93)54号

奉贤县人民政府（批复）

奉贤县人民政府
关于沪台合资"上海德华国药制品有限公司"
合同、章程、可行性研究报告的批复

奉贤供销合作社：

你社报来奉供工（1993）字第33号文悉，经研究，批复如下：

一、同意你社所属奉贤中药饮片厂与台湾救心化学股份有限公司制药厂合资建办"上海德华国药制品有限公司"所编制的合同、章程、可行性研究报告。

二、项目投资总额为700万元人民币，注册资本为500万元人民币。沪方以土地使用权作价40万元，厂房175.58万元、设备17.68万元，基础设施11.74万元投入，计245万元人民币，占注册资本的49%；台方以现汇人民币255万元，占注册资本的51%。

三、经营范围和生产规模：生产和销售不涉及许可证管理的中药饮片、中成药、保健制品。产销售2200万元人民币。

四、主要原材料在国内购买。

五、产品50%外销。

六、外汇平衡由合资公司自行解决。

七、合资年限为十二年。

八、合资公司的法定地址：上海市奉贤县南桥镇环城北路313号。

九、接此批件后，项目单位应抓紧做好申领《批准证书》等手续。

此复。

一九九三年二月二十五日

主题词：外经 合资 项目审批 批复

抄 报：市外资委、外经贸委、计委、工商局、税务局、农行、上海海关、外汇管理局、卫生局、商检局、保险公司

抄 送：县外经贸委、计委、工商局、税务局、农行、环保局、卫生局、保险公司、上海古华医药药材（集团）公司、奉贤中药饮片厂

奉贤县人民政府办公室　　一九九三年三月二日印发

签发：张士荣　　核稿：李 臻　　校对：李 新

（此件共印35份）

1993，奉贤县人民政府对县供销总社沪台合资企业的批复

二、招商经营

2000年，区（县）供销总社结合资产经营，开展招商引资活动，先后引进百货超市，黄金首饰，餐饮酒店，移动通信，建筑装潢等各种企业800余家企业入驻。活跃商品服务市场，增加经营收入。2007～2012年，全区资产经营收入年均3940万元，比2000～2006年年均收入2245万元增长76%。全区供销系统纳税随着招商引资的扩大而逐年增长。2007～2012年年均纳税9565万元，比2001～2006年年均纳税7452万元增长22.4%。

区供销总社鸿雁商场招商引进亚一金店、麦当劳力等企业

三、经济园区

1.**管理服务**　2003年10月，区供销总社成立由4名干部职工组成的奉供实业发展有限公司，具体负责经济园区的规划建设、招商服务管理。2004年，公司设业务（招商）室、财务科。为入驻园区新企业办理企业名称、开设临时账户、验资、办理工商执照、企业代码申请、税务登记、基本账户开户、申请发票等一条龙服务。2005年，区供销总社制订招商引资奖励政策。2006年，区财政局调整对供销社财政扶持政策的实施意见，调动园区招商引资积极性和服务主动性。

2. **招商团队**　为扩大招商引资覆盖面，全区7个基层供销社先后成立招商分部。2008年，区供销总社成立奉贤供销商务大楼招商团队。2009年，招商团队由11个增加到15个，实现区供销总社系统全资企业都设有分队，招商网络遍及全区。2006～2012年，各招商部累计招商374家，其中5个部超过30家。

2006～2012年奉贤区供销总社经济园区各招商部招商情况表

表3-4-2

名称	各年招商企业数（家）							
	合计	2006	2007	2008	2009	2010	2011	2012
招商一部（五金交电公司）	30	1	3	5	4	1	1	15
招商二部（鸿雁商场）	32	5	4	1	1	1	2	18
招商三部（康德药业公司）	11	1	2	3		1		4
招商四部（江海供销社）	39	2	3	3	3	5	2	21
招商五部（柘林供销社）	27	3	2	1	1	3	3	14
招商六部（奉城供销社）	12	1	1			2	1	7
招商七部（金汇供销社）	58	6	5	3	2	7	5	30
招商八部（青村供销社）	27	2	3	1	2	3	2	14
招商九部（煤炭公司）	20	3	1		1	3	3	9
招商十部（化轻公司）	16		2	2	1	3		8
招商十一部（庄行供销社）	39		5	5	3	3	2	21
招商十二部（泰耀）	18			1		4	4	9
招商十三部（商业公司）	9				2		1	6
招商十四部（四团供销社）	18				3	2	4	9
招商十五部（建材公司）	18			1	1	3	4	9

3. **园区建设** 2003年，经济园区在上海市综合开发区萧湾路318号北侧规划建设，占地面积5.2万平方米，建成1、2、5、6、7、8、9、10号共8幢厂房，建筑面积2.32万平方米（其中有证2.26万平方米，无证666.53平方米）。2011年11月，在经济园区内建设奉贤供销大厦，占地面积6600平方米，建筑面积18714平方米。2013年竣工。

4. **招商业绩** 2004年园区招商引资启动，全年招入园区企业36家，2006年注册园区企业突破100家。2010年增加到698家。2012年在园区注册的企业1073家，注册资金12.05亿元，其中上海新农村建设投资股份有限公司注册资金3亿元，上海施科特光电材料有限公司注册资金1.25亿元。园区共提供就业岗位万余个，上缴国家税收，2004年为17万元。2005年达到300万元，2006年突破1000万元，2009年超过5000万元。2012年为8743万元，为区供销总社全资、股份制企业纳税额的83.6%，占全资、股份制、园区纳税总额19194万元的45.5%。上海勤辉混凝土有限公司、上海锦奉混凝土有限公司、小元国大酒店、老庙黄金、老凤祥银楼已成为园区纳税大户，奉供实业发展有限公司资产经营面积2.3万平方米，综合效益逐年提高。2005年，公司综合效益为17万元，2007年达到104万元，2009年，实现294万元，2012年增加到501.75万元。2011年公司利润超过100万元，2012年为272万元。

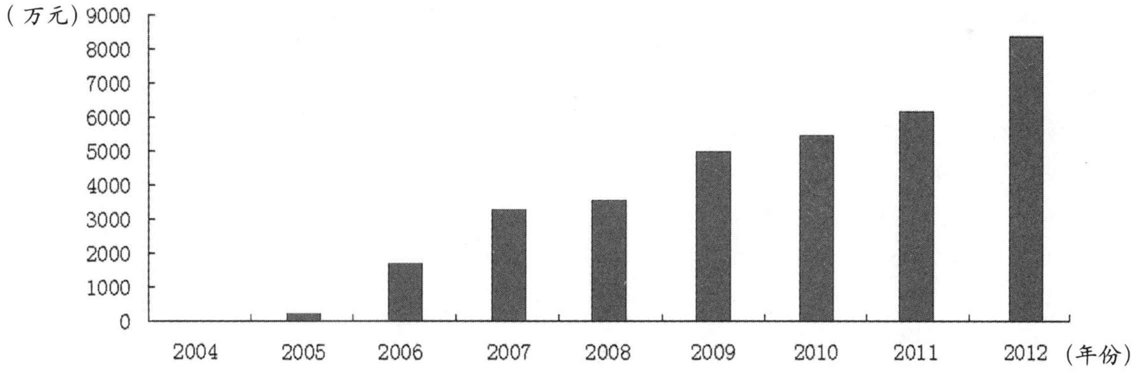

图 3-4-1　2004～2012 年奉贤区供销总社经济园区纳税示意图

第五节　资产总量

一、供销社资产

1951 年，全县供销系统总资产 72.68 万元，其中县联社直属企业 41.56 万元，基层供销社 31.12 万元。1956 年，全县供销系统资产 435.83 万元，其中县级 280.60 万元。改革开放后，供销系统资产增长较快。1984 年，全县供销系统总资产 5173 万元，比 1951 年增长 70 倍。2012 年，全区供销系统有房屋建筑面积 21.96 万平方米，土地面积 42.86 万平方米，净资产 6.53 亿元。

1951～1984 年奉贤供销系统资产情况表

表 3-5-1　　单位：万元

年　份	总资产	县级以上企业			基层供销社		
		合　计	固定资产	流动资金	合　计	固定资产	流动资金
1951	72.68	41.56	25.00	16.56	31.12	4.14	26.98
1952	99.66	64.48	27.85	36.63	35.18	4.66	30.52
1953	150.67	83.95	31.25	52.70	66.72	12.94	53.78
1954	179.30	114.47	34.65	79.82	64.83	13.01	51.82
1955	321.93	202.67	54.68	147.99	119.26	17.82	101.44
1956	429.83	280.60	42.96	237.64	149.23	19.50	129.73
1957	438.04	258.86	48.11	210.75	179.18	21.17	158.01
1958	362.49	226.95	53.88	173.07	135.54	10.44	125.10
1959	408.70	247.27	60.35	186.92	161.43	11.33	150.10
1960	461.88	269.46	67.59	201.87	192.42	12.30	180.12
1961	632.51	421.50	203.48	218.02	211.01	34.96	176.05
1962	823.93	415.93	180.47	235.46	408.00	22.90	385.10
1963	881.16	411.74	157.45	254.29	469.42	18.25	451.17

续表 3-5-1 单位：万元

年 份	总资产	县级以上企业			基层供销社		
		合 计	固定资产	流动资金	合 计	固定资产	流动资金
1964	873.98	435.91	161.28	274.63	438.07	38.10	399.97
1965	943.98	537.27	165.10	372.17	406.71	57.95	348.76
1966	982.97	557.92	170.70	387.22	425.05	61.21	363.84
1967	1033.64	580.52	167.50	413.02	453.12	56.16	396.96
1968	1086.98	604.84	159.37	445.47	482.14	56.19	425.95
1969	1190.40	625.11	144.77	480.34	565.29	48.93	516.36
1970	1443.26	823.61	158.70	664.91	619.65	53.25	566.40
1971	1845.51	897.92	225.80	672.12	947.59	72.64	874.95
1972	1911.84	929.29	251.03	678.26	982.55	112.00	870.55
1973	1970.98	948.72	265.01	683.71	1022.26	152.23	870.03
1974	2215.28	1009.59	297.76	711.83	1205.69	175.04	1030.65
1975	2562.98	1156.69	408.95	747.74	1406.29	191.62	1214.67
1976	3223.05	1532.34	764.97	767.37	1690.71	230.73	1459.98
1977	3588.59	1659.48	866.09	793.39	1929.11	244.60	1684.51
1978	3701.92	1859.87	810.39	1049.48	1842.05	240.69	1601.36
1979	3963.16	2378.18	851.22	1526.96	1584.98	245.31	1339.67
1980	4444.38	2440.21	882.20	1558.01	2004.17	599.20	1404.97
1981	4296.56	2135.91	1042.44	1093.47	2160.65	657.98	1502.67
1982	5000.86	2662.71	1035.67	1627.04	2338.15	714.81	1623.34
1983	4585.25	2085.89	1137.81	948.08	2499.36	805.90	1693.46
1984	5175.36	2277.67	1268.35	1009.32	2897.69	1023.42	1874.27

1985～2012 年奉贤供销系统净资产情况表

表 3-5-2 单位：万元

年 份	净资产总额	年 份	净资产总额	年 份	净资产总额	年 份	净资产总额
1985	11046.10	1992	18409.46	1999	47711.09	2006	64100.79
1986	11426.50	1993	24461.00	2000	48322.65	2007	67096.79
1987	12444.00	1994	19343.67	2001	49814.29	2008	68967.07
1988	14705.90	1995	48608.26	2002	52106.09	2009	70425.80
1989	15902.69	1996	46322.19	2003	54948.41	2010	64410.50
1990	16890.69	1997	42917.68	2004	58401.10	2011	64029.08
1991	18406.55	1998	47405.45	2005	61099.10	2012	65303.33

2012年奉贤区供销合作总社社有房屋、土地面积情况表

表3-5-3　　单位：平方米

序号	单位名称	房屋面积	其中租借房屋	土地面积	其中场地面积
合计		219624.08	4238.62	428647.46	50437.00
1	上海奉贤江海供销合作社（含原萧塘供销社）	20226.25		18761.47	
2	上海奉贤庄行供销合作社（含原郛桥供销社）	26680.85	房管所308.00	42162.80	
3	上海奉贤金汇供销合作社（含原泰日、齐贤供销社）	20208.81	房管所727.40	34686.90	
4	上海奉贤奉城供销合作社（含原头桥、塘外、洪庙供销社）	30677.11		42063.33	
5	上海奉贤四团供销合作社（含原平安、邵厂供销社）	12540.99		18398.00	
6	上海奉贤青村供销合作社（含原光明、钱桥供销社）	16785.05	房管所408.00	39713.16	
7	上海奉贤柘林供销合作社（含原胡桥、新寺、新海供销社）	15494.59	房管所908.00	20113.27	
8	上海奉贤区鸿雁商场有限公司	10931.13		10931.13	
9	上海奉贤商业有限公司	13181.94	房管所800.60	10313.20	
10	上海奉贤五金交电有限公司	13813.73	房管所1086.62	10223.70	
11	上海奉贤煤炭有限公司	1007.13		50613.40	50437.00
12	上海奉供实业发展有限公司	23526.44		51584.10	
13	南桥集贸市场经营管理有限公司	7925.94			
14	奉贤区物资总公司	6624.12			
15	上海鼎丰酿造食品有限公司			79083.00	

注：南桥集贸市场经营管理有限公司、区物资总公司为托管单位。

二、国营商业资产

1965年，全县各镇15家国营综合商店资产总额为76.98万元，随着经济发展，资产也不断变化。1966年127.85万元，1967年133.07万元，1968年134.13万元，1969年127.70万元，1970年118.21万元。

1965年，县级以上国营商业资产总额为187.83万元。1978年7月之后，除食品公司系统、石油煤炭行业业务仍由市专业公司实行“一条鞭”经营外，其余国营商业企业全部转为供销合作社商业性质，其资产纳入县供销管理体系。1984年，有总资产390余万元。

1965～1984年奉贤县级以上国营商业资产情况表

表3-5-4 单位：万元

年份	合计	固定资产	流动资产	年份	合计	固定资产	流动资产
1965	187.83	56.80	131.03	1979	129.13	92.91	36.22
1966	205.37	65.03	140.34	1980	158.22	123.50	34.72
1967	212.08	70.21	141.87	1981	179.14	144.48	34.66
1968	213.12	69.98	143.14	1982	377.78	315.79	61.99
1969	212.61	67.81	144.80	1983	447.05	385.02	62.03
1970	220.67	74.13	146.54	1984	397.51	339.35	58.16
1978	92.55	71.93	20.62				

三、合作商业资产

合作商业属集体所有制性质。1956年，合作商店（小组）132个，门市部、货摊644个，资金总额33.30万元。1958年，集体商业并入人民公社供销部。1962年，商业部门体制调整，全县重建合作商店102个，自主经营后经济效益提高，资产也不断增加。1984年，合作商业资产从1974年的65.74万元增加到325.60万元。1985年纳入县供销社资产统计范围。

1974～1984年奉贤县合作商业资产情况表

表3-5-5 单位：万元

年份	总资产	其中			年份	总资产	其中		
		流动资产	固定资产	股金			流动资产	固定资产	股金
1974	65.74	39.78	11.40	14.56	1980	165.46	106.40	54.87	4.19
1975	72.06	47.87	12.63	11.56	1981	207.82	150.45	53.62	3.75
1976	75.27	46.53	17.07	11.67	1982	234.47	167.37	63.74	3.36
1977	76.33	48.41	16.22	11.70	1983	291.50	192.69	96.55	2.26
1978	82.56	52.77	18.30	11.49	1984	327.52	207.76	117.85	1.91
1979	124.79	89.56	30.16	5.07					

第六节 固定资产投资

一、投资发展

县合作总社建立之初，由于经营场所靠租房、资金靠股金、信贷，固定资产投资困难。1953～1954年，维修一些必不可少的营业房、仓库、廊棚，投入少量资金。1956～1959年，农村实行农业合作化、人民公社化，生产发展较快，投资项目以建设棉花收购仓库为主体。1960～1962年，国家三年困难时期，县供销系统的投资以批发、供应发展粮棉生产所需的农业生产资料用房为重点，支援大办农业。1978年，贯彻以经济建设为中心的指导思想，为适应改革开放和计划商品经济的发展，固定资产投资项目逐渐增加。是年，全县供销系统陆续新建饮食服务公司西街饭店、县蔬菜公司豆面加工厂，星火、五四农场综合商店，庄行、江海食品站，塘外、四团、平安、奉城供销社门市部等13个项目。1979～1981年，以加速建设仓储、职工宿舍和商店门市部、厂房翻修为投资内容。1985～1991年，由于商品计划经济仍处于主导地位，县供销社先后进行改革放权和“四制”、“六自主”改革，其间，县供销社及基层企业建设商场为主的大中型项目43个。90年代中后期，计划经济向市场经济转换，商品集体经营渐退出，企业经营困难、效益滑坡，全系统固定资产明显减少。2003年，区供销总社创办经济园区，为筑巢引凤，建造厂房等，投资不断扩大。全区供销系统建设供销大厦，翻建金叶大卖场，新建烟草糖酒公司物流仓库等项目。1985～2012年，固定资产主要项目77个，投资6亿余元。2012年，全区供销总社有工商业用房屋土地固定资产200余处、20余万平方米。

1956～1984年奉贤供销系统部分固定资产投资情况表

表3-6-1

年份	主要项目	投资额（万元）	年份	主要项目	投资额（万元）
1956	办公用房	10.30	1976	商业用房	84.16
1957	办公用房、职工宿舍	1.20	1977	商业用房	47.28
1959	办公用房、职工宿舍	25.90	1978	南桥西街饭店、农场商店	68.33
1960	仓库、门市部、服务大楼	38.10	1979	仓库、浴室、油库、厂房车间	88.89
1962	生产资料库房、门市部	6.82	1980	商业用房	141.28
1963	生产资料库房、门市部	18.73	1981	商业网点、职工住宅	246.79
1964	营业房	44.80	1982	职工住宅	80.83
1965	氨水槽	57.88	1983	仓储库房	337.71
1975	商业用房	103.04	1984	库房、简易廊棚	207.30

1985～2012年奉贤供销系统部分固定资产投资情况表

表3-6-2

年份	项目数	主要项目	投资额（万元）	年份	项目数	主要项目	投资额（万元）
1985	1	商场	28.00	1997	1	商场	47.00
1986	2	商场	55.00	1998	2	商场、大卖场	3668.10
1987	2	商场	57.00	1999	5	商场、商用房	2781.00
1988	5	商场、仓库、冷库	485.66	2000	4	商场	1359.50
1989	5	商场	527.00	2001	1	商场	324.07
1990	5	商场、综合楼	484.60	2002	2	商场、废品交投站	638.58
1991	7	商场	546.95	2003	1	商场	262.07
1992	16	商场、综合楼、厂房、油库	1742.90	2006	4	大卖场、烟草物流库	16973.00
1993	4	商场、综合楼、仓库	1713.00	2007	1	农家会所	1000.00
1994	3	商场、厂房、仓库	2525.00	2008	2	商业房、工业用房	4548.00
1996	3	商场	15012.00	2012	1	供销商务楼	7000.00

二、投资效应

区（县）供销系统固定投资的扩大，社有资产也日趋增加。1951年，全县供销系统固定资产仅为29万元。1961年增加到200余万元。改革开放后，投资速度加快、规模加大。1980年，全县供销系统固定资产增加到1400万元。1984年超过2200万元。1991年为4500余万元，比1984年增加125%。1992～1993年，对全县供销系统资产全面进行评估，固定资产超过亿元。随着历年投资增加和资产增值，2007年，全区供销系统固定资产超过5亿元。2012年，剔除上海烟草集团奉贤烟草糖酒公司资产后，区供销总社固定资产3.34亿元。

1951～2012年奉贤区（县）供销系统部分固定资产增加情况表

表3-6-3 单位：万元

年 份	金 额	年 份	金 额	年 份	金 额
1951	29.14	1972	363.03	1993	17710.00
1954	57.66	1975	500.57	1996	26000.31
1957	69.28	1978	1251.08	1999	37990.00
1960	79.89	1981	1700.42	2002	40273.82
1963	175.70	1984	2291.77	2005	39621.61
1966	231.91	1987	3469.66	2008	51150.78
1969	193.70	1990	3738.87	2012	33387.43

注：2012年不含烟草公司。

第七节 供销品牌

一、标志性建筑

1. **古华商城** 位于南桥镇解放中路300号，1990年由县供销社筹资建造，占地面积10000平方米。由前后两幢连体大楼组成，营业面积10000平方米，为明清建筑风格，有奉贤“城隍庙”之称。1994年1月营业。是年4月，上海古华（集团）有限公司从县供销总社划出，计划单列，古华商城属古华集团资产。

2. **上海金叶商厦** 初定名为上海奉贤商厦。位于南桥镇南中路与人民中路路口，南中路80号，由市烟草集团和县供销总社共同投资，楼高101米，主楼共24层，顶楼设旋转观光厅，建筑面积2.6万平方米，总投资1.4亿元。1995年11月奠基动工。1996年12月22日其裙楼商城（1～3层）开张营业。1997年1月主楼竣工，时为奉贤县最高层建筑。2001年，在上海市零售额23家超亿元百货商店中排名第14位。

3. **金叶大卖场** 位于南桥镇环城东路1468号，1998年，由县供销总社烟糖公司投资改建，占地面积12000平方米，建筑面积10500平方米，总投资3600万元，时为奉贤县内营业面积最大的商场设施建筑。2006年，投资8000余万元进行翻建，建筑面积20000余平方米，现为乐购超市公司租用。

4. **奉贤供销大厦**　位于上海市工业综合开发区萧湾路318号，由奉贤区供销总社奉供实业发展有限公司投资，占地面积6600平方米。楼高86米，建筑面积18714平方米，设3部高档电梯。2011年11月动工兴建，2012年年底封顶，2013年6月竣工。

二、中华老字号企业

1. **上海鼎丰酿造食品有限公司**　位于南桥镇新建中路496号，创建于清同治三年（1864年），至今已有150年历史。原名鼎丰酱园，后更名为萧鼎丰公记酱坊、奉贤县鼎丰酿造厂（总厂）、上海鼎丰酿造食品有限公司。以“进京乳腐”为代表的鼎丰牌酿造食品生产历史悠久，以品质优良远销国内外。1992年制定企业精神，创办《鼎丰简讯》，设计厂旗、自编厂歌。1993年11月被国家贸易部授予“中华老字号”企业称号。2006年又被国家商业部重新认定为“中华老字号”企业。两次被授予全国精神文明建设工作先进单位，10次被评为上海市文明单位。

2. **人和堂国药店**　位于南桥镇人民中路246号，始创于清同治十三年（1874年），由原上海义隆药材行、久和永药材行股东叶其澄、裘增荣等人合股创办，店址至今未变，在南北柜台分竖“货真价实”“童叟无欺”“不二价”金字牌匾。“人和堂”以经营传统中草药和成药为主，其中精制“玉露霜”畅销全国各地。1995年，被国内贸易部授予“中华老字号”企业称号。

上海人和堂国药有限公司奉贤药店

三、知名企业

1. **奉城供销社**　1950年10月建立。1978年中共十一届三中全会后，实行改革开放政策，坚持经济工作与政治思想工作相结合，企业管理与精神文明建设相结合，在全县供销系统率先实行经营责任制，取

奉城供销社历年获奖的部分证件、锦旗

得两个文明双丰收。1984年购销总额达2097万元，利润82.79万元，居全县基层供销社之首。1983年1月、5月，党支部书记胡世天分别参加中共中央宣传部在北京召开的职工思想政治工作会议、商业部在常州召开的先进集体、先进个人表彰会议。1988年被国家商业部审定为全国基层供销社第一家国家二级企业。

2. **奉贤烟草糖酒有限公司** 1954年4月成立，以后逐步发展，成为区（县）供销合作社的骨干企业之一。1995年1月，与上海市烟草集团共同投资，成立上海烟草集团奉贤县烟草糖酒有限公司。1999年9月9日，由县烟草糖业有限公司投资改建的金叶大卖场、金叶配售中心试营业，发展连锁超市，形成一业为主多种经营格局，全县有卷烟销售网络户1300余家。2001、2003、2005年评为上海市文明单位，评为市级条线以上先进单位20余次。2006年12月，由上海烟草集团公司垂直管理。

上海古华（集团）公司

3. **古华（集团）公司** 1986年6月，由县药材公司、奉贤中药饮片厂与全县200余家药农参股组成上海古华中药材农商股份集团。1990年更名为上海古华医药药材（集团）公司。1993年改制为上海古华（集团）有限公司。1994年4月从县供销合作总社析出，实行行政单列。

上海鸿雁商场一角

4. **鸿雁商场** 位于南桥镇人民中路188号，由县供销社投资兴建，楼高6层，建筑面积3370平方米，营业面积1900平方米。1990年5月开张，是奉贤县内第一家综合性大型百货商场。1996年为全国供销社系统百强商场之一（排名第57位）。

5. **鸿翔商场** 位于南桥镇南中路、人民路口。1990年7月开张。1994年10月鸿翔商场超市营业，经营面积1100平方米，经营品种3500余种。1998年歇业。1999年由职工出资承包经营。

6. **精品商场** 位于南桥镇解放中路、宏伟路口西南侧。1991年动工建设，1993年1月开张，营业面积1600平方米。定位“名、特、优、新”商品。2000年1月置换为县税务局南桥纳税大厅。

7. **鸿苑商厦** 位于南桥镇人民中路、金叶商厦北侧。1993年动工兴建，1995年1月开张，营业面积3700平方米。1999年改为出租经营和职工承包经营。

8. **金叶商厦** （见本章标志性建筑）。

9. **金叶超市公司** 1999年9月，由县烟草糖业有限公司组建开张营业。公司位于金叶大卖场内，为奉贤县第一家规模最大的综合性超市。2005年被评为上海市文明单位。2006年金叶大卖场翻建，租赁给乐购超市公司。

上海鸿翔商场一角

1993年1月，奉贤商厦（后改金叶商厦）奠基

金叶超市公司所属奉城店

四、名特优产品

1. **鼎丰牌酿造产品** 乳腐（玫瑰乳腐、精致玫瑰乳腐、进京乳腐）。1982～2008年，先后14次被国家商业部、国家质量奖审定委员会、全

国供销合作总社、上海市经济委员会、首届中国食品博览会等部门分别评为国家银质奖、博览会金奖、上海市优质产品、名牌产品。

冰雪牌中冰砖（白雪中冰砖、中冰砖）。1990～1996年，3次被上海市经济委员会、上海市场放心产品推荐活动委员会评为上海市场放心产品。1995年，被上海市场调查产品测试活动委员会评为上海市优质产品、上海市场放心产品。

酱油（鲜酱油、浓红酱油、老抽王、黄豆酱油）。1992～2007年，先后14次被全国供销合作总社、中国国际农业博览会、上海中外食品博览会、中国食品工业协会、中国保护消费基金会等部门分别评为名牌产品、名优产品，获优秀产品奖、名特产品奖。

鲜甜酱、火锅调料、食醋。1992～2007年，先后7次被上海中外食品博览会、上海食品名特新品评比委员会、上海商业信息中心、上海品牌促进中心等部门评为上海市场金牌畅销品牌、上海市名特新品奖、优秀产品奖。

2. AB **抗菌防臭系列产品** 由县供销社商办企业上海华城特种纺织品公司研发生产。1990年参加国家科委在泰国曼谷举办的中国星火科技成果展览会，获金奖。1990～1994年，有7个产品被国家专利局授予专利权。

鼎丰系列产品标签

第 132315 号

共 2 页

实用新型专利证书

实用新型名称：抗菌、除臭保健鞋垫

设计人：仲天怀

专利号：ZL 92·2 21539.1

专利申请日：1992年10月30日

专利权人：仲天怀

该实用新型已由本局依照中华人民共和国专利法进行初步审查，决定授予专利权。

中华人民共和国专利局

局长 高卢麟

1993年5月13日

1990～1994年，上海华城特种织品公司抗菌防臭系列产品7次获授专利权

第四章　企业改革

奉贤供销合作社建立后，坚持不断改革创新、锐意进取。先后实行经营模式改革，完成由计划经济时期、商品集体经营向市场经济条件下资产经营的转换。通过民主整社、贫下中农管理农村商业、企业整顿、达标升级、质量管理体系认证等管理制度改革，规范企业管理；建立小组经营责任制、扭亏增盈、恢复奖励制度、放权搞活的“四制”、“六自主”经营机制改革，增强企业活力；通过对私营工商业社会主义改造、直属公司、基层供销（商业）合作社的改制和社员股金清退等产权制度改革，实现社有资产一区一体化；开展用工制度、分配制度改革，调动全系统干部职工改革发展的积极性，推动供销系统从小到大、由弱到强，不断发展走向鼎盛，攻坚克难改革振兴。

第一节　经营模式改革

一、商品经营

1. **计划购销**　奉贤解放后，党和政府立即着手组织生产，恢复经济，稳定物价，活跃市场。国家对供应、收购实行计划经济，由国家层层下达计划指标。1950 年 10 月，奉贤县供销合作总社筹备处传达苏南行署供销总社会议精神，贯彻“满足群众需要，减除中间剥削的经营方针”，并加强计划和合同制度，停止同非社员交易。1953 年 1 月，县联社成立计划股、推销股，负责商品购销计划的制定与实施，县联社向基层供销社下达商品零售计划任务。成为计划经济时期商品经营的主要模式。1954 年 1 月 1 日，为保证食油供应，杜绝投机套购囤积，县财政委员会决定实行计划销售。1955 年，农村食油实行计划供应，每人每月 0.25 千克。1956 年，供销系统推行商品储备定额的计划管理制度。1957～1958 年，为解决城乡居民和企事业单位对煤制品需要，满足农村肥料、农药要求，县供销社（县商业局）先后建立煤球厂和化工厂，对煤制品、化肥等实行计划供应。1958 年，农村除每人留 0.75 千克自留棉外，棉花全部交售给国家。是年，基层供销社为每个生产大队配备 1 名棉花专管员，担负农村棉花种植计划的落实、技术指导、收购协调等工作。是年，为解决计划商品紧缺状态，县供销社抽调 140 余人组成采购大队，分赴全国各地组织货源。由于计划不慎，使价值 100 余万元商品积压。1960 年，对猪、禽、蛋按计划收购，市、县、公社按比例分配。1962 年 3 月，对卷烟、糖果、粉丝、腐乳、饼干、水产品等副食品实行定量计划供应。1965 年 7 月，全县生猪购销实行“三就”（就地收购、就地宰杀、就地销售）政策。是年，县商业局在各公社所在地建立 15 个国营综合商店，与县供销社划分计划经营范围，分别实行计划管理。1978 年 7 月 1 日，食品购销实行“一条鞭”管理体制（统一经营、统一调拨、统一核算）。1980年，为解决上海市区、集镇居民对蔬菜、瓜果等农副产品的需求，县供销社按计划下达的任务，组织基层供销社进行收购与调运。1982年，全县计划收购西瓜4210吨全部调市区。1983年，县供销社改进棉花收购方法，改计划经济时期的“队交队结”为实行家庭联产承包责任制后的“户交户结”模式。1985年4月起，由于改革开放政策深化，国家开放猪肉和其他农副产品价格，实行议购议销。1990年起，计划供应商品逐年减少。1992年进入“大市场、大流通、大商业”全民经商时期，计划经营模式逐渐转换。90年代中期，区供销总社仍向所属企业下达经济指标。1999年，奉贤第一家综合商场鸿雁商场退出商品经营。2000年后，县供销总社所属企业陆续转换经营机制，2001年，全区供销系统企业由商品经营逐渐转换为资产经营。区（县）供销总社对所属企业仍下达各个时期的主要经济指标，作为年终对企业进行考核的依据。

1953年3月奉贤县基层供销社零售商品供应计划情况表

表4-1-1 单位：元

单位	计划数	完成数	完成率(%)	单位	计划数	完成数	完成率(%)
合计	493954	466513	94.44	柘林供销社	18080	20492	113.34
泰日供销社	32900	33206	100.93	头桥供销社	32075	36830	114.82
三官供销社	16910	17077	100.99	四团供销社	70080	60260	85.99
齐贤供销社	19300	20337	105.37	道院供销社	12900	10383	80.49
南桥供销社	46401	43831	94.46	奉城供销社	76000	58586	77.09
邬桥供销社	24850	23358	94.00	金汇供销社	38900	29431	75.66
庄行供销社	23950	21563	90.03	胡桥供销社	17601	12086	68.67
钱桥供销社	20000	17866	89.33	青村供销社	17100	34211	200.06
萧塘供销社	26907	26996	100.33				

1979年奉贤县供销社计划经济指标下达情况表

表4-1-2

单位	销售总额（万元）	费用水平（%）	利润（万元）		资金周转（天）	平均服务额（万元）
			完成数	争取数		
全系统总计	26976.50	3.41	1127.50	1209.00		
江海供销社	570.00	3.80	22.00	24.00	66.00	4.00
萧塘供销社	676.00	4.30	23.00	24.50	61.00	8.70
邬桥供销社	684.00	4.20	21.00	22.50	66.00	4.70
新寺供销社	792.00	4.89	24.00	26.00	67.00	4.00
胡桥供销社	760.00	4.55	20.00	21.50	65.00	4.10
庄行供销社	980.00	3.45	37.00	40.00	60.00	4.80
齐贤供销社	610.00	3.75	20.00	21.50	58.00	4.60
金汇供销社	600.00	4.45	19.00	20.50	65.00	4.20
泰日供销社	860.00	3.29	35.00	38.50	58.00	4.00

续表 4-1-2

单　位	销售总额（万元）	费用水平 %	利　润（万元）		资金周转（天）	平均服务额（万元）
			完成数	争取数		
头桥供销社	785.00	4.15	27.00	29.00	68.00	3.40
奉城供销社	1220.00	3.80	46.00	49.50	65.00	4.80
四团供销社	825.00	4.90	30.00	32.50	68.00	4.70
平安供销社	1020.00	4.50	33.00	36.00	77.00	4.90
塘外供销社	555.00	4.90	15.00	16.50	70.00	4.40
青村供销社	780.00	4.00	29.00	31.00	65.00	4.10
光明供销社	450.00	4.20	15.00	16.50	60.00	3.80
钱桥供销社	780.00	3.43	26.00	28.00	60.00	5.20
县农资公司	1465.00	5.50	25.00	27.00	50.00	10.40
县果品公司	555.00	4.20	26.00	28.00	45.00	7.40
县土产公司	476.00	8.20	38.00	41.00	22.00	11.60
县棉花公司		2.10	37.00	40.00	90.00	192.50
县百货公司	2725.00	1.00	86.00	91.00	53.00	44.00
南桥百货商店	543.00	2.80	38.00	40.50	55.00	4.50
县五金公司	1020.00	1.70	47.00	50.00	75.00	12.70
县医药公司	555.00	2.15	32.00	34.50	50.00	9.10
南桥药店	50.00	7.50	3.00	3.50	50.00	1.45
县烟糖公司	1802.00	1.18	50.00	53.00	23.00	16.60
县烟糖商店	170.00	3.80	8.00	8.50	18.00	3.40
县煤炭公司	1110.00	4.46	76.00	79.00	45.00	10.00
县蔬菜公司	95.00	9.06	3.00	3.50	20.00	1.30
五四农场商店	133.00	6.00	5.00	5.50	48.00	2.90
星火农场商店	160.00	5.50	7.00	7.50	44.00	2.50
燎原农场商店	57.00	6.70	2.00	2.00	55.00	2.00
县饮服公司	70.00	33.00	9.00	9.50		0.46
县供销社车队	23.50	89.00	2.50	2.50		
南桥轧花厂	1350.00	3.90	58.00	62.50		
奉城轧花厂	1370.00	4.30	59.00	64.00		
齐贤轧花厂			10.00	10.00		
奉贤鼎丰酿造厂	300.00	45.00	84.00	88.00		

1998 年奉贤县供销合作总社经济指标下达情况表

表 4-1-3　　单位：万元

单　位	销售总额	其中：工业产品销售	工业总产值	综合效益	其中：上交管理费
总计	169300	24300	18400	5900	700
江海供销社	5000			60	12
萧塘供销社	1800			40	15
邬桥供销社	1300			15	2

续表4-1-3 单位：万元

单 位	销售总额	其中：工业产品销售	工业总产值	综合效益	其中：上交管理费
新寺供销社	700			5	1
胡桥供销社	1000			15	3
庄行供销社	1600			10	2
齐贤供销社	17000	6500	6000	30	4
金汇供销社	1400	160	200	15	2
泰日供销社	1200			15	3
头桥供销社	5000			30	3
奉城供销社	4000			50	3
洪庙供销社	700			15	2
四团供销社	700	200	150	10	2
平安供销社	1900			30	3
邵厂供销社	500			10	1
塘外供销社	2400	2200	2000	50	12
青村供销社	1200			30	3
光明供销社	1000	100	100	25	1
钱桥供销社	600			15	3
柘林供销社	600	140	2500	25	2
奉新供销社	400			5	1
县百货公司	5300			50	20
县五金公司	6000			85	25
奉贤县烟草糖酒公司	44000			3900	150
县棉花公司	1500			60	50
上海滨江副食品集团	3600	3500		50	2
奉浦公司	9000			150	45
县果品公司	1000				
县物利公司	7000			30	3
县煤炭公司	5000			150	50
商业供销公司	2400			15	5
商业服务公司	1000			40	3
鸿雁商场	10500			200	50
精品商场	4200			80	40
康德药业公司	2700			50	30
奉贤供销社商业总公司	1200			15	3
奉贤供销社工业总公司	2000	300	250	15	2
奉贤供销社建设总公司	2400			50	40
齐贤轧花厂	700	2000	800	80	30
奉贤鼎丰酿造厂	7800	7800	5000	350	70
申达造漆厂	2000	1400	1400	30	2

注：综合效益为利润、折旧、上缴管理费合计。

2. **凭票（证）供应**　凭票（证）供应为计划经济年代紧俏商品供应管理的主要形式。1954年9月15日，棉制品供应紧张，全县棉布实行凭票供应。1960～1961年，在国家遭受自然灾害期间，肥皂、香皂、药皂先后实行凭上海市日用工业品购买证记数供应，对酱油、食盐实行“划片、定点、凭证、记数不限量”供应，对团体单位采取“划片、定点、凭介绍信、内部登记备查”的办法供应，并发出《关于调整糕点券供应标准和改变供应方法的通知》，对供应标准与供应时间作具体规定。同时发出“关于改进若干日用工业品供应方法的通知”。1962年3月，县供销社与县人委劳动科、人民银行、商业局联合发文，作出关于发放日用工业品购货券和定量购货券供应的规定。实行城市、郊区同货不同价供应。1978年11月1日，取消日用工业品地区差价，实行市区、郊区同价销售。1983年11月25日，棉布、针织品停止使用布票、棉絮票。所发计划棉絮票按原价使用到1984年。1984~1985年，先后对火柴、肥皂、黑白、彩色电视机实行凭票证供应。1987年，全市实行食糖定量凭票供应办法。1988年7月起，铝锅、铝水壶等实行“以旧换新”办法供应，在凭票（证）供应时期，票证由商业局（供销社）专门部门（专人）负责，按城乡居（农）民人数发放到村（居）民组织，由村（居）民组织发放到户。1990年后，计划经济逐渐向市场经济发展，票证陆续退出商品市场。

二、资产经营

1. **退出商品经营**　在计划经济时代，奉贤供销社充分发挥商品流通主渠道作用，在县级经济中占有比较重要地位。1976年，上缴给国家的税收占全县工商税收12.6%。中共十一届三中全会作出“全党工作的着重点转到社会主义建设上来”决定后，市场经济不断发展，供销社商品流通主渠道地位逐渐下降，社会消费品零售额逐渐减少，市场占有率逐渐降低。1985年，县供销系统商品零售额占全县商品零售总额由1978年的95%下降至74.59%，以后逐年下降。1997～1998年，全县供销系统企业亏损面80%。其中1997年全县供销系统亏损108万元。销售下降、资金运转困难、人员富余的矛盾日益突出，部分企业陷入严重困境。1998年，县供销社直属企业公司改制为有限责任公司，退出批发经营业务，百货、果品、五金等公司关闭一些长期经营不善、批发业务量小的批发部。并结合抽资承包、职工自主经营，从边缘、小型、微利、亏损门店开始，到各大商场陆续退出商品集体经营。2001年，供销系统社会消费品零售额占全区社会消费品零售额的29.56%。

2. **发展资产经营**　1999年，江海供销社开始尝试资产经营。南桥镇区街面小型门店向社会出租。资产经营收入120.40万元。全县其他基层供销社一些门店也开始向社会与内部职工招租。2000年，县供销总社直属公司、商场陆续推行资产经营，鸿雁商场、鸿苑商厦、五金交电商场、滨江商场等零售门店、批发部、仓库也开始向社会招租。资产经营由点到面展开，逐步成为区供销总社系统主要的经营方式。

2003 年 11 月，奉贤区供销合作总社召开第一届社员代表大会，作出实行“一区一社、资产一体化”的全县供销系统社有资产改革决定。确定社有资产“一级所有、分级管理”原则。将全资企业房地产权集中区供销总社管理。2004～2005 年，区供销总社印发《关于资产管理的若干规定》、《关于资产管理规定的实施细则》，确定资产经营的基本原则和具体方法。资产经营试点委托中介机构拍租。2006 年 10 月，区供销总社成立清产核资领导小组，由区供销总社两位领导担任正副组长，抽调机关部门负责人组成工作组，对基层企业的资产情况进行彻底清查，核清资产家底。是年，区供销总社作出基层企业资产经营新一轮招租必须委托中介机构拍租的规定。

2000 年，全县供销系统资产经营收入 1167.45 万元。2004 年，全区供销系统资产经营收入已达 2533.99 万元。2012 年，区供销总社共计出租房屋、场地 24.48 万平方米，其中房屋 18.65 万平方米，场地 5.83 万平方米，承租户 1019 户。区供销总社除烟糖公司外，资产经营收入 3976.85 万元。

2000～2012 年奉贤区（县）供销总社资产经营收入情况表

表 4-1-4　　　　单位：万元

年　份	收　入	年　份	收　入	年　份	收　入
2000	1167.45	2005	2229.27	2010	3592.92
2001	1346.53	2006	3306.32	2011	3750.84
2002	2440.03	2007	4195.00	2012	3976.85
2003	2699.13	2008	4689.84		
2004	2533.99	2009	3441.92		

区供销总社在南桥镇新发展商业街引进小元国酒店实行资产经营

三、新网工程

奉贤供销系统加强产品销售服务的网络建设。2004年7～12月，《解放日报》《人民日报》分别3次对奉贤供销网络建设工作进行报道。

1. **农资销售网络**　2007年，奉贤区供销合作总社农资公司设农资经营网络店77家。2009年春，青村供销社实施国家商务部提出的“万村千乡市场工程”和上海市供销合作社“5555”（5个龙头企业、50家配送中心、500家专业合作社、5000家连锁店）的新网工程，推进乡村农业生产资料销售网络建设。2010年，青村供销社组建的青供农资公司，已建有乡村网络店50家，其中32家乡村农资店经市商委、市供销社、区经委、区财政局验收合格。是年，全区乡村农资网络店销售肥料等农业生产资料18500吨，实现销售5300余万元，在全区农资市场上占有率达70%。2011～2012年，全区建有乡村农资网络店86余家，初步形成集采购、运输、配送、批发、零售为一体的农资销售网络。青供农业资料公司在水陆交通便捷的方墩设配送中心，建500吨泊位的码头，添置10余辆运输车，建2000余平方米仓储设施，管理上坚持“六个统一”（店牌标识统一、采购配送统一、销售价格统一、质量标准统一、技术服务统一、监督管理统一），服务上实现“六大保证”（保证热情服务、保证货真价实、保证对症配方、保证平价销售、保证开具发票、保证承诺兑现）。建立经营人员培训制度、购销台账登记制度和考核激励机制，不断规范乡村农资网络店销售服务。

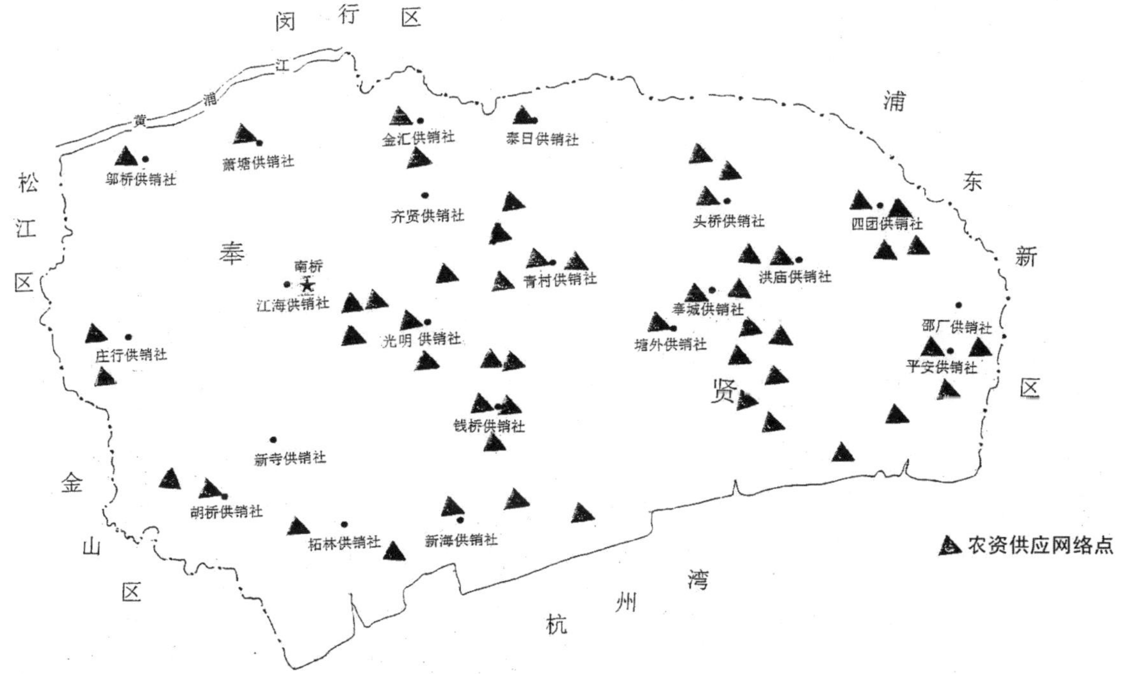

2012年奉贤区供销合作总社农资销售网络图

2. **再生资源回收利用网络** 2003年，区供销总社承接上海市人民政府“废品市场整治”实事项目，在全区建设废品交投站28个。2004年5月，承担奉贤区人民政府废品回收实事工程建设，成立奉贤帮业居民废品回收服务社，建立废品回收4级网络：废品回收保洁服务社、服务分社、废品交投站、回收点（流动车）。2003～2004年，回收废品业务额25142万元。2007年，全区有服务分社7个，废品交投站28家，回收点21个，流动车178辆，有回收人员235人。2009年，为配合家电下乡工程，废品回收保洁服务社专设废旧家电回收部门。2009～2011年，回收废旧家电25230台。2012年，全区废旧物资回收网点29个，电子废弃物签约单位191家。

2012年奉贤区供销社废旧物资回收企业网络情况表

表4-1-5

序号	企业名称	地址
1	奉贤帮业居民生活废品回收服务社	南桥镇人民路283号
2	上海载盛物资有限公司	南桥镇沪杭公路1972号
3	奉贤萧塘废品收购站	南桥镇沪杭公路861号
4	奉贤邵厂废品收购站	四团镇邵厂社区东安路2号
5	奉贤洪庙废品收购站	奉城镇洪庙社区洪朱路14号
6	奉贤塘外废品收购站	奉城镇塘外社区航塘路民昌路口
7	上海航南物资回收利用有限公司	南桥镇国秀路2号-1
8	上海真宝物资回收利用有限公司	南桥镇南亭公路沙港桥堍北首
9	上海滨海物资回收利用有限公司	南桥镇沪杭公路2258号
10	上海常茂物资回收利用有限公司	南桥镇运河路28号
11	奉贤奉城废品收购站	奉城镇新奉公路奉城水厂东首
12	奉贤头桥废品收购站	奉城镇头桥社区新奉公路2085弄8号
13	奉贤金汇废品收购站	金汇镇西街111号
14	奉贤齐贤废品收购站	金汇镇齐贤社区齐泰路一支路2号
15	奉贤柘林废品收购站	柘林镇沪杭公路3420号
16	奉贤新寺废品收购站	柘林镇新寺社区
17	奉贤邬桥废品收购站	庄行镇邬桥社区安东路168号
18	奉贤庄行废品收购站	庄行镇中学路11号
19	奉贤四团废品收购站	四团镇南街20号
20	奉贤青村南奉废品收购站	青村镇泰青路4015号
21	奉贤光明废品收购站	青村镇光明社区金钱公路3686号
22	上海威业废旧物资回收利用有限公司	南桥镇江海村7组
23	上海奉贤可章金属回收利用有限公司	青村镇唐家村141号
24	奉贤钱桥废品收购站	青村镇钱桥社区河东滩
25	奉贤胡桥废品收购站	柘林镇胡桥社区环镇东路86号
26	上海奉贤光耀废旧物资回收有限公司	金汇镇泰日社区航南公路1890号
27	奉贤平安废品收购站	四团镇平安社区龙平路7号

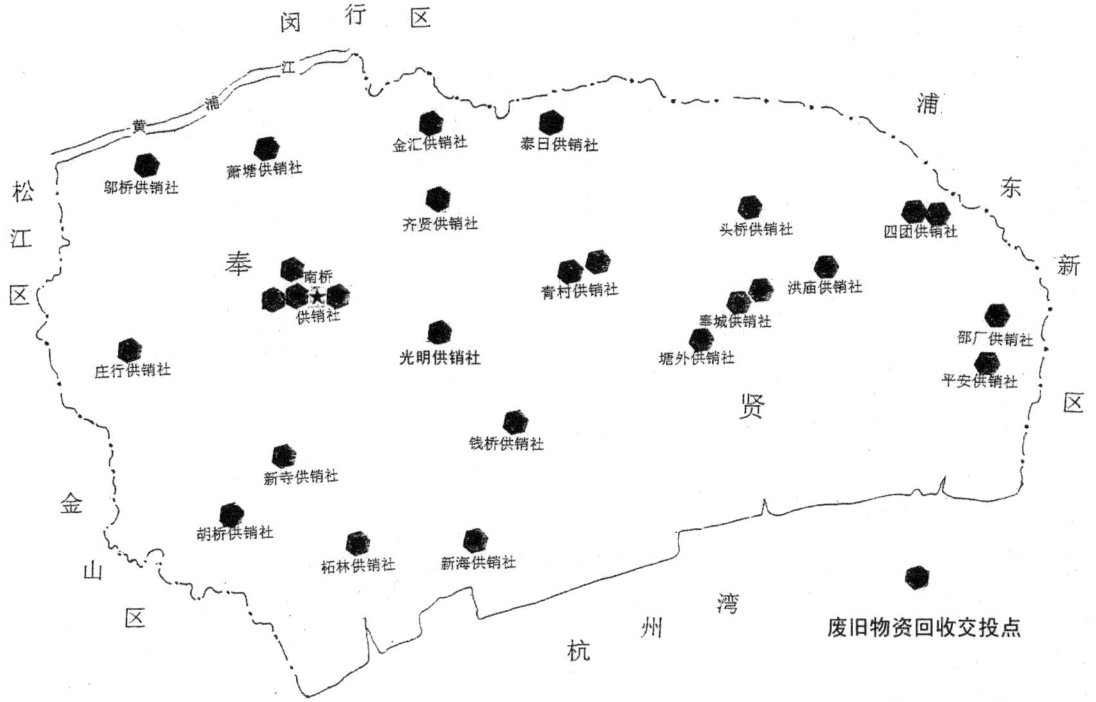

2012 年奉贤区废旧物资回收网络分布图

3. **鼎丰酿制品销售网络**　上海鼎丰酿造食品有限公司是一家近 150 年的“中华老字号”企业，以进京乳腐为代表的全国名优产品和上海市名牌产品“十连冠”、上海市非物质文化遗产企业称号的社会效应，推进“鼎丰牌”酿制系列产品的销售网络建设。2010 年，鼎丰系列产品除西藏外，已在全国 29 个省（市）设有销售网点，在 29 个国家设有鼎丰产品销售商（点）。在南美、北美、澳洲、西欧多国有销售网点。2012 年，鼎丰产品销售额 1.59 亿元，创利 209.59 万元。

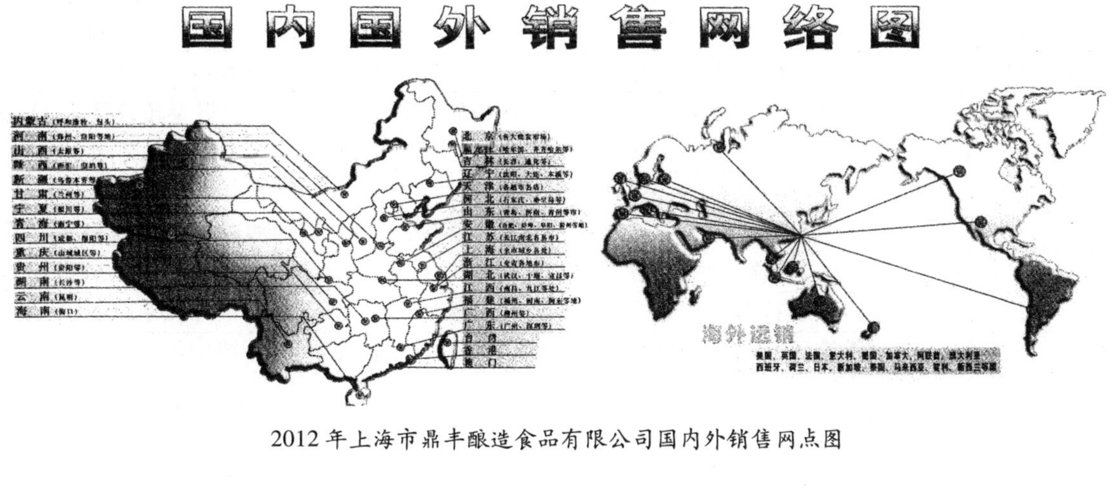

2012 年上海市鼎丰酿造食品有限公司国内外销售网点图

4. **烟草连锁销售网络** 2000年，奉贤县烟草糖酒公司所属上海金叶超市公司，在各镇相继开设26家面积500～1000平方米的金叶超市直营连锁店。2003～2006年，进一步在农村中心村和居民社区开设营业面积50～100平方米的金叶便利店219家。通过“一网多用、扶持便利店”等举措，发展卷烟销售网络。2007年，全区有卷烟销售网络户1706家、销售额4.38亿元。三级零售网络在全区形成。《人民日报》于2004年12月1日以“奉贤供销社建成三级服务网络（扎根农村、服务农民）为题，报道三级服务网络建设。

奉贤供销社建成三级服务网（扎根农村 服务农民）

本报讯 上海市奉贤区供销社积极拓展为农服务领域，先后建成区、乡、村三级零售网络，在市场拓展上获得突破，取得较好的经济效益和社会效益。

近年来，上海商业零售业竞争十分激烈，但在农村地区，农民购买日常消费品难的现象仍然存在。奉贤区供销社认为：建立健全郊区商业零售业的三级网络，既是供销社为农服务的具体表现，也是扩大销售、增加市场份额，促进企业发展壮大的有效途径。他们与上海市烟草集团公司合作成立奉贤烟草糖酒有限公司，壮大实力，为占领农村市场奠定了基础。目前，第一级网络已在南桥新城和奉城中心建有1万多平方米的综合百货商场1个，1万多平方米的金叶大卖场1个，5000多平方米的大卖场1个；第二级网络在乡镇建有500—1000平方米的金叶直营连锁店26家；第三级网络在中心村和居民相对集中的社区开设50平方米以上的金叶便利店48家。他们还以金叶大卖场为中心，成立了上海金叶超市公司，发挥金叶配售中心在商品配送、库存周转、人员配备上的优势，取得了比较好的经济效益。

（轩文）

《人民日报》(2004年12月01日 第六版)

2004年12月1日，《人民日报》对奉贤区供销总社建成三级服务网的报道

2004年金叶超市公司连锁网络情况表

表4-1-6

序号	店 名	地 址	序号	店 名	地 址
1	金叶奉城店	奉城镇城大路115号	13	金叶十六店	塘外社区文化街121号
2	金叶三店	青村镇光明社区光明西路15号	14	金叶十八店	头桥社区头桥中路14号
3	金叶五店	庄行镇南亭路1045号	15	金叶十九店	南桥镇解放西路296号
4	金叶六店	四团镇天鹏路115号	16	金叶二十店	平安社区平福东路128号
5	金叶七店	柘林镇新柘中路112号	17	金叶二十一店	泰日社区泰昌中路48号
6	金叶八店	柘林镇新寺社区新林路44号	18	金叶二十二店	钱桥社区奉柘公路3233号
7	金叶九店	柘林镇胡桥社区新街87号	19	金叶二十三店	齐贤社区金钱公路1800号
8	金叶十店	星火农场海滨路84号	20	金叶二十四店	海湾旅游区奉新街32号
9	金叶十一店	青村镇南奉公路504号	21	金叶二十五店	西渡社区沪杭公路945号
10	金叶十二店	奉城镇洪庙社区洪云路16号	22	金叶二十六店	头桥社区朝阳集贸市场内
11	金叶十四店	庄行镇邬桥社区安中路5号	23	金叶二十七店	南桥镇环城东路398号
12	金叶十五店	南桥镇环城东路585号	24	金叶二十八店	金汇镇中街57号

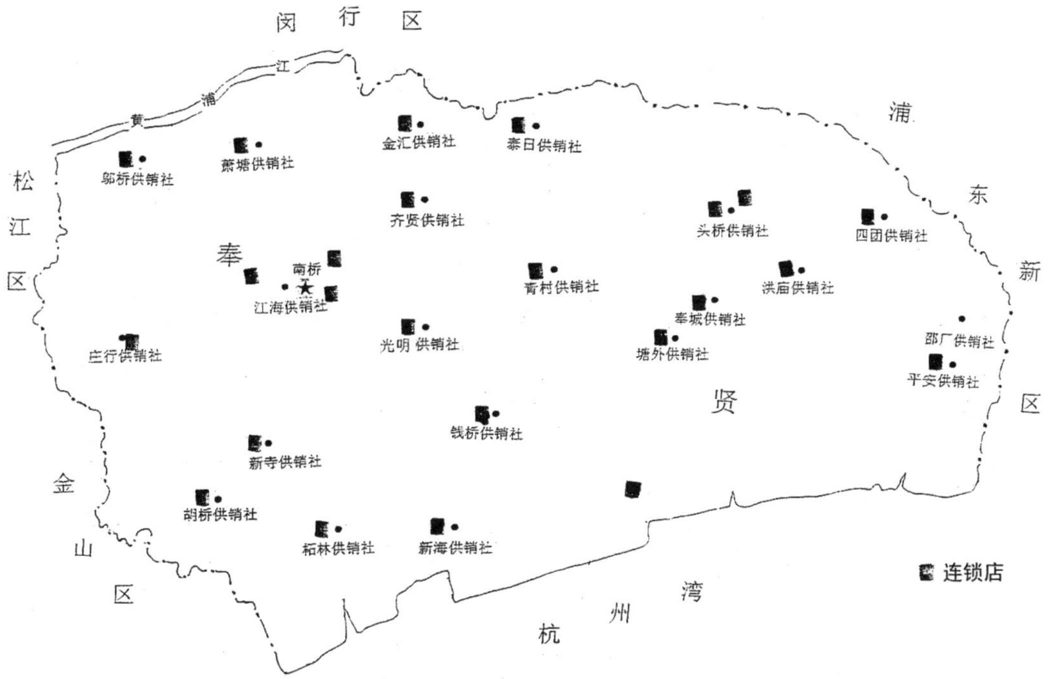

奉贤区金叶超市连锁店分布图

5. **药品销售网络**　上海复美康德大药房有限公司前身为1994年10月成立的康德药品总店。1994年销售网点19家，1995年销售1700万元，2007年销售5473万元，创利50余万元。2012年销售网点29家。形成区级有公司（总店）各镇（社区）有分店的经营网络格局。实现销售3599.34万元，利润26.49万元。

2012年上海复美康德大药房公司经营网点情况表

表4-1-7

序号	店　名	地　址	序号	店　名	地　址
1	康德总店	南桥镇人民中路227号	16	青村药店	青村社区南奉公路2782号
2	萧塘药店	西渡社区南虹路15号	17	光明药店	光明社区优化路191号
3	邬桥药店	邬桥社区安中路96号	18	钱桥药店	钱桥社区金钱公路4882号
4	新寺药店	新寺社区新北路25号	19	奉新药店	海湾旅游区奉炮公路220号
5	胡桥药店	胡桥社区新街120号	20	柘林药店	柘林镇柘中路86号
6	庄行药店	庄行镇东街5号	21	邵厂药店	邵厂路45号
7	齐贤药店	金汇镇汇南新村商业街26号	22	洪庙药店	洪庙沪杭公路88号浦东路120号
8	金汇药店	金汇镇中街85号	23	西渡药店	西渡社区
9	泰日药店	泰日社区新建路16号	24	古华药店	南桥镇育秀路202号
10	头桥药店	头桥社区头桥中路58号	25	南门药店	奉城镇川南奉公路9752号
11	奉城药店	奉城镇东街60号	26	贝港药店	南桥镇解放西路409号
12	康苑药店	头桥社区头桥中路190号	27	源心药店	南桥镇江南路200号
13	四团药店	四团镇四新街12号	28	锦绣药店	柘林镇钦林南路62号
14	平安药店	平安社区平福路1478号	29	新建路店	南桥镇新建西路98号
15	塘外药店	塘外社区人民中路142号			

2012年奉贤区复星康德大药房销售网点分布图

6. **专业合作社产销网络** 2008年，区供销总社按照党中央、国务院赋予的建设社会主义新农村，为“三农”（农村、农业、农民）服务的要求，根据奉贤农村特点与资源优势，各基层供销社出资参办，从信息、技术上扶持以农民为主体的各类农业专业合作社。2012年，全区有对虾、蜜梨、葡萄、粮食、水产、蜜桃、农产品等7个专业合作社，涉及全县农户1044家，总股本803万元，供销系统参股152万元，占总股数19%。全年销售各专业合作社的农（水）产品金额3200余万元。

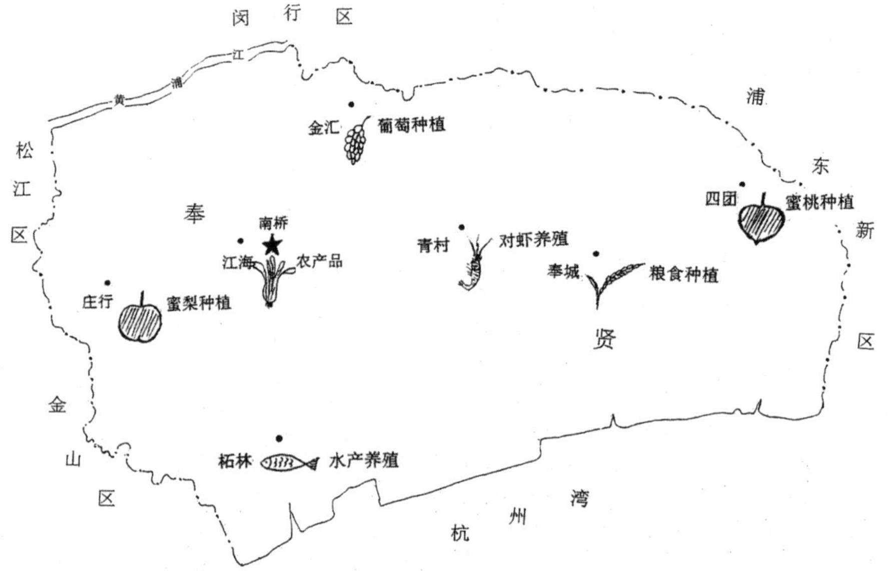

2012年奉贤区供销总社扶持农村专业合作社网络图

第二节　管理制度改革

一、民主整社

1950年10月，县供销合作社筹备处隶属基层供销社7个，职工消费合作社1个、轧花厂4家。由于供销社招收的人员复杂，加上缺乏骨干与经验，在工作中存在单纯业务观点、赚钱观点，缺乏支持农业、方便群众的思想。是月上旬，县供销总社筹备处召开基层供销社负责人会议，传达苏南行署供销总社业务会议精神，检查过去、端正业务，贯彻上级供销社为下级供销社服务，基层供销社为社员服务的办社方针。是年11月4日，县供销总社筹备处又召开基层社负责人会议，根据江苏省供销总社关于开展整社及社员登记工作指示。柘林、平安供销社率先进行民主整社，发挥社员代表作用，全县各供销社收到社员意见4927条，初步建立各项民主管理制度。1951年7月至1952年7月，根据中心集镇建社要求，民福、洪庙供销社撤并于奉城供销社，邵厂供销社撤并于四团供销社，东新市供销社撤并于头桥供销社。通过整社和发挥供销社监事会作用，基层供销社逐步巩固发展，社员数不断增加。1951年，全县有基层供销社17个，供销社社员11.54万户，股金7.68万元，社员比1950年增长10.7万户，股金增加6.6万余元。1955年6月24日，被江苏省供销总社以《奉贤县加强基层社监事会领导》为标题，发文赞扬监事会在民主整社中的作用。

二、贫下中农管理农村商业

1966年5月"文化大革命"开始。8月，县供销系统开展"四大"（大鸣、大放、大字报、大辩论），不少干部、职工诬为"黑帮""牛鬼蛇神"，企业管理陷入混乱，制度虚设、无人敢抓企业管理。1968年，开展所谓清理阶级队伍，不少干部职工被揪斗或关押，农村基层商业管理失控。1969年6月，县供销社体制被撤销。企业管理更处于松散状态。1976年1月23日，奉贤县革命委员会批转县商业局《关于全面实行贫下中农管理农村商业和加强农村代购代销店管理的请示》，在全县各公社、大队分别成立贫下中农管理商业委员会与贫下中农管理商业小组。全县通过53个大队下伸店试点，取得经验。是年，贫下中农管理农村商店发展到6个公社102个大队下伸店，占全县农村下伸店的40%。粉碎"江青反革命集团"后，县商业局成立经营管理领导小组重视农村商业管理。1978年8月，恢复由基层供销社管理的体制，贫下中农退出农村商业管理。

三、企业整顿

1982年7月，根据中共中央二号文件"搞好企业整顿，重点抓好财务整顿"的精神，县供销社建立企业整顿办公室，在平安、头桥供销社、县烟糖公司、人民食品厂等4家单位分别进行企业整顿调查，对没有列入全面整顿的单位，按照市财办“先整顿企业财务管理”的要求进行整顿。1983年11月15日，县供销社成立由2名党政领导任正副组长、部门负责人等11人组成的整顿企业领导小组。1984年3月24日，向所属基层单位下发《关于1984年企业整顿工作的意见》，提出全面展开企业整顿工作的方法与要求。县供销社成立企业整顿办公室，具体负责企业整顿工作。首先在邬桥供销社开展企业整顿试点。是年4月，在试点的基础上，全县供销系统企业整顿工作全面进行，各企业建立由党支部书记挂帅，行政领导、人事、会计、商政、工会等干部参加的企业整顿领导班子和工作班子。企业整顿实行五个结合（企业整顿与体制改革相结合，企业整顿与扩大购销相结合，企业整顿与开展争创六好企业、六好职工活动相结合，企业整顿与打击经济犯罪相结合，企业整顿与工资调改相结合）。经过县供销社从严、从高、从全、从细的预验与县人民政府企业整顿办公室验收，全县供销系统40家企业基本完成企业整顿任务。

1985年，奉城供销社在企业整顿中受到市表彰

四、达标升级

1987年，县供销系统在企业整顿基础上，全面开展企业达标升级工作。成立由县供销社主任为组长、1名副主任为副组长的达标升级领导小组，并建立升级工作班子，下设材料、“三貌”（精神面貌、店容店貌、仓容仓貌）建设、服务质量等3个小组。制定升级工作规划，进行层层发动，制定考查细则，坚持民主管理与深化内部改革，强化制度建设。1988年，奉贤鼎丰酿造厂通过达标升级工作，产品质量、物资消耗、经济效益均达到市级先进企业标准，基础管理符合商业部颁发的商办工业企业管理工作要求。1988～1989年，该厂连续两年被评为上海市、奉贤县供销系统先进企业。1990年，县供销社制定《机关管理目标》《科室职责范围》《科室为基层服务条例》。1991年年

2006年10月，金叶商厦被商务部授予达标百货店称号

初，从县供销社主任、党委书记至16个科室，制定104条为基层服务公约，支持基层企业的达标升级工作，促进企业的生产经营。1～5月，全县供销系统商品零售额分别比上年同期增长20.48%，利润增长30.45%。是年，全县供销系统有10家企业上等级，占供销系统企业的25%，其中国家二级企业1家、市供销社级先进企业7家、县级先进企业2家。1991年，经奉贤县审计事务所对县供销社四大经济指标的审计、县物价委员会对县供销系统物价工作的评价、县技术监督局对县供销系统计量管理的考评、县卫生防疫站对全县供销社系统食品卫生的检查评定、市安全生产办公室对县供销社系统安全工作的检查，县供销社达到上海市级先进企业标准。

1991年奉贤县供销社达标升级验收情况表

表4-2-1

考评内容	达标标准	验收结果
为农民人均供销服务值	≥450元	677.18元
资金利税率	≥10%	15.47%
社员社利润占系统利润比值	≥40%	45.97%
社员社效益超全国平均水平率	≥80%	100%

注一：服务质量评价应≥80分，县供销社实际评为96.55分。

注二：社员社是指基层供销社。

五、质量管理体系认证

1988年，县供销系统在进行企业达标升级基础上，开展以质量管理体系认证工作为主要内容的企业管理制度改革。是年，上海鼎丰酿造食品总厂推行并通过IQC达标工作。1999～2012年，上海鼎丰酿造食品有限公司、上海烟草集团奉贤烟草糖酒有限公司、上海金叶超市有限公司、上海金叶商厦先后由国家质量认证中心等部门验收审核，通过ISO质量管理体系认证工作。

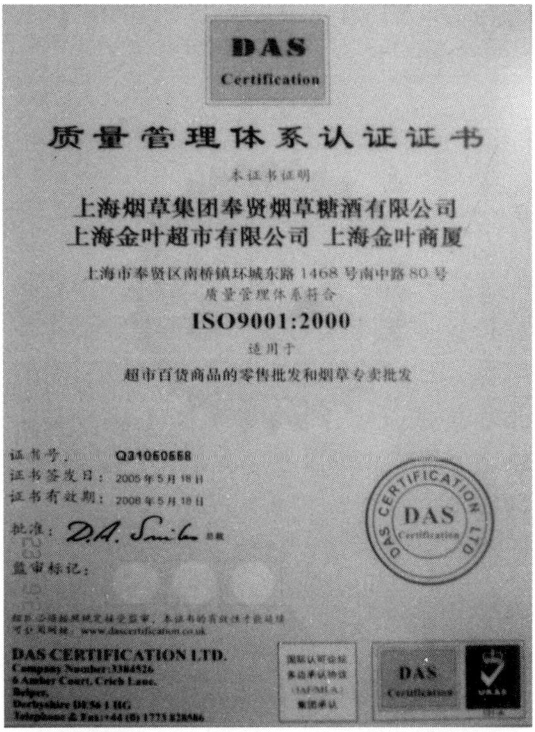

2005年5月，上海烟草集团奉贤烟草糖酒有限公司获质量管理体系认证证书

1999～2012 年奉贤供销企业质量管理认证情况表

表 4-2-2

单　位	级别	认证名称	认证机构	发证时间	有效期
上海鼎丰酿造食品总厂	国家级	ISO 9000 质量管理体系认证	中国质量认证中心	1999 年	3 年
上海金叶商厦	国家级	ISO 9000 质量管理体系认证	中国质量认证中心	2002 年	3 年
上海鼎丰酿造食品有限公司	国家级	ISO 9001：2000 质量管理体系认证	北京中大华远认证中心	2003 年 3 月	3 年
上海鼎丰酿造食品有限公司	国家级	HACCP 质量认证	中国质量认证中心	2005 年 5 月	3 年
上海金叶超市有限公司、上海金叶商厦	国家级	ISO 9001：2000 质量管理	中国质量认证中心	2005 年	3 年
上海鼎丰酿造食品有限公司	国家级	ISO 9001：2000 质量管理体系认证	中国质量认证中心	2006 年 2 月	3 年
上海鼎丰酿造食品有限公司	国家级	HACCP 质量认证	中国质量认证中心	2008 年 4 月	3 年
上海鼎丰酿造食品有限公司	国家级	ISO/DIS 22000 食品安全管理体系认证	中国质量认证中心	2008 年 4 月	3 年
上海鼎丰酿造食品有限公司	国家级	ISO 9001：2000 质量管理体系认证	中国质量认证中心	2009 年 2 月	3 年
上海鼎丰酿造食品有限公司	国家级	ISO 14001：2004 环境管理体系认证	中国质量认证中心	2012 年 4 月	3 年

第三节　经营机制改革

一、小组经营责任制

1952 年 7 月，为加强基层供销社业务活动的管理，县联社抽调社务股长、人事股长等干部 4 人组成“典型实验小组”，赴头桥供销社进行“定员定额”典型试点工作。1953 年 1 月，县联社抽调干部 10 人，组成 4 个工作组，分别到各区试点，帮助基层供销社开展业务整顿工作。是年 6 月，县联社在全系统推行“拨货计价、实物负责制”，加强批发、零售部门的商品管理。1954 年 5 月，全县各供销社所属的铁业生产合作社、生产小组、木业生产小组、竹业生产小组、农具生产小组共 27 个均建立独立经济核算的责任制。1956 年 1 月，全县供销社系统普遍推行“小组营业责任制”，制定《必备商品目录》和商品储备定额，完善零售部门经营管理制度。基层供销社试行定额到部门的考核办法。是年，全县供销系统 10 个木材门市部全部推行四团站的木材经营管理法，全县 22 家专业商店、40 家综合商店、25 个门市部先后推行小组营业责任制，占商店（站）的 90%。1958 年，四团供销部邵厂下伸店、新寺、青村供销部、奉城轧花厂、农副产品采购经理部等单位（部门）因改革经营管理成绩显著，被评为江苏省商业系统先进单位。1962年6月，县供销社试行指标到部门、分组核算，实行“四定”（定购销、定资金、定费用、定商品）“一奖”（超额部分按比例提取奖金）的管理办法。1963年各基层供销社落实经营管理责任制。3～6月增加利润收入19.09万元。“文化大革命”中，供销社系统经营管理受到干扰，青村供销社、南桥中街商店（门市部）还因造反派武斗，红卫兵静坐而被迫停止营业，经营责任制遭到破坏。粉碎“江青反革命集团”后，被破坏的经营责任制逐步恢复。1981年，县供销社在全县农村77个“双代”店实行经营责任制，促进农村商品的购销工作。1982年12月，县供销社下发《关于农村“双代”店全面实行经营责任制的意见》，全县232个“双代”店经营责任制全面建立。

二、经济核算制

“文化大革命”时期，由于极“左”的思潮影响，提高经营效益被批判为利润挂帅，经济核算机制遭到破坏，县供销系统不少企业出现亏损。1973年1月，县商业局贯彻全国“加强经济核算，扭转企业亏损”的会议精神，恢复企业（部门）经济核算制度，经营状况稍有好转。是年全县供销系统创利润825万元，比1967年420万元增长96%。1976年11月，贯彻中央“扫仓库”精神，全县供销系统开展清仓查库，查实有问题商品57.84万元，结合经济核算，妥善处理部分企业（部门）存在的贪污、赊销等问题。县供销社各专业公司逐步健全商品分运手续，基层供销社代购代销店建立定期报账和检查盘点制度。1977年11月，全县商业系统组织财经纪律大检查，开展查问题、找原因，实行边纠偏、边整改，把核算制度和扭亏工作作为企业经营管理重点。1978年下半年，全县供销系统在贯彻经济核算制中，全面开展“百、千、万”（门市部、基层企业、县供销社分别实现增产节约百元、千元、万元）增产节约活动，把职工奖金与企业经济效益挂钩，全县供销企业共节约78万元，比计划指标48万元增加30万元。1982年，结合打击经济领域严重犯罪斗争，不断完善经济核算机制。1983年，全县供销系统创利润1726万元，比1973年增长900万元。1984年，全县供销系统利润达到2000万元。1997年，针对全县供销系统亏损的困境，县供销社自上而下加强经济核算开展扭亏增盈。1998年全县供销系统实现利润1600余万元。1999年6月，萧塘供销社拓展农村市场，加强企业核算管理，扭亏增盈成绩显著，主任俞永刚出席全国供销总社扭亏增盈经验交流会，他的发言被列为大会典型材料。2000年，全县供销系统落实企业经济核算制，创利4034万元。纳税达到1.14亿元。2001年，区供销总社主任丁春瑜在全国供销总社三届二次理事会扭亏增盈工作表彰会上作“深化产权制度改革，实施抓大放小战略”的交流发言。

三、奖励制度

“文化大革命”后，全县供销系统逐步恢复与完善奖励制度。1978年7月，县供销社根据国务院91号文件“各尽所能、按劳分配”的精神，在全县企业中由点到面实行利润提成奖等奖励制度，至年底，县供销社直属37家企业中，实行奖励制度的有35家，占企业总数的94%。80年代中期，以上奖励办法为新的奖励制度代替。

1. **利润提成奖励** 1978年，首先在全县饮食行业、理发行业及饮食服务公司的旅馆、浴室、照相、茶馆、洗染行业及县蔬菜公司豆面加工场实行，按照行业历史水平，分别制定提成奖励方案和措施，推动饮食行业增加花色品种，扩大服务项目。南桥饭店推出包饭业务和高档菜，奉城饭店在“三夏”中试行送熟菜下乡。全县国营饮食行业每人每天服务额由15元提高到18.30元，增长20%，利润由7%提高到8.63%，增长23%。蔬菜公司豆面加工场自1978年11月至1979年6月，产值同比增长29.5%，净利润增长199.5%。全县理发行业每人每月服务额由过去平均72.60元，提高到91.24元，增加25.6%，利润增长18.4%。

2. **定额超产奖励** 1978年，在石油煤炭公司煤球厂及纯商业行业全面推行“五定”（销售、利润、资金周转率、费用率、劳动生产率）“一奖”（按照全年工资总额10%，加0.3%奖金）奖励制度。推动百货等纯商业企业多方面组织货源，从外省购进被面就有上万条，开展设摊、下乡活动。头桥、奉城等7个供销社在“三夏”小分配（预支资金）中，3天销售额80余万元。南桥洗染店主动上旅馆承接洗被头、下金山石化揽洗工作服业务，扩大服务范围。煤球厂每人每月生产煤球由过去105吨增加到146吨。1979年1～6月，全县供销系统销售同比增长12.58%，费用下降33.06%，利润增加18.58%。

3. **奖金兑现** 县供销系统全面实行“季度考核、年度结算”的办法。1979年1～6月，经考核，全县饮食行业平均每人每月奖金6.68元，同比增长43%；理发行业平均每人每月奖金7.13元，同比增长52.9%；蔬菜公司豆面加工场每人每月奖金6.36元，同比增长36.2%；煤球厂每人每月奖金7.28元，增加47.7%；五金公司自行车安装工种，每人每月奖金9.56元，比原规定标准增加104.7%。

四、放权搞活

1985年3月，奉贤县供销社制定《关于1985年进一步改革放权和实行单项奖励的意见》，向基层供销社下放经营决策权、商品作价权、财务管理权、基建管理权、人事决策权、福利改革权，试行经济效益贡献奖、开拓经营突出奖、扩股集资显著奖、文明建设成果奖、企业整顿成果奖等5个单项奖项。1986年10月，南桥镇区内县供销社直属零售公司和江海、奉城、泰日供销社的18家小型零售、饮食服务、修理行业作为放开搞活试点。原有18家供销企业重新组合成98家独立核算、自负盈亏的新经营单位，其中集体租赁80家，个人租赁10家，离店承包3家，转给个体5家。1991年9月，县供销社与县税务局联合作出《关于增强供销社系统企业活力的若干财税措施的意见》，明确增提业务活动费、费用节约奖励、改进基层供销社网点建设费的计提办法，进一步增强企业自主权。是年，销售、利润比1990年增加20%、12%。

五、“四制”改革

1987年12月，县供销社贯彻市政府财贸办公室《关于供销社大中型商业企业推行承包经营责任制的意见》，对上海鼎丰酿造厂等8家企业分别试行核定基数、超额分成、鼓励多包、多包多得、多超多得、歉收自补的“四制”（承包经营责任制、任期目标制、厂长（经理、主任）负责制、内部经济审计制）改革。是年底，全县供销系统37家企业中有34家实行“四制”改革，占企业总数的92%。1991年3月，县供销社作出《关于设立一九九一年度企业单项奖的意见》，从资金利税率、人均创利、科技兴农、流动资金平均占用、工业产品质量、研制开发新产品、双向购销目标、专项管理考核、经济指标同行考核等9个方面提出奖励意见，深化“四制”改革内容，作出30%奖金给党政领导、70%给职工的规定，推动“四制”改革不断深入发展。1992年1～7月，鸿雁商场通过“四制”改革转换经营机制，实现商品销售2280万元，利润120万元，同比增长57%、84%。被评为奉贤县年度“申美杯”十佳企业金奖。1996年在全国供销社百强商场中居第57位。

六、“六自主”改革

1992年2月，县供销社贯彻市政府《关于完善商业企业经营机制、推进“六自主”（经营活动自主、商品定价自主、劳动用工自主、工资分配自主、投资发展自主、机构设置自主）改革的试行办法》。是年3月，县供销社成立由主任为组长、2名副主任为副组长等10人组成的“六自主”改革领导小组。3～6月，县五金交电公司率先进行试点，县供销社先后召开“六自主”改革的第一、二阶段工作交流会，激活经营活动。新寺供销社17名干部职工于7月中旬组织适令商品下村进宅，4天销售4.95万元。县针纺织品公司在自主经营活动中，重视市场信息，不断拓宽销售渠道，6～8月销售489万元，同比增长5.3%。是年7～9月，县供销社对第二批11家直属公司、2家商场等13家企业推行“六自主”改革。是年重阳节展销，光明、钱桥供销社主动出击，采用摊外有摊、借摊经营等方法，销售额明显增加。县果品公司根据市场需求，摸准行情，组织货源、搞活经营，3个月销售额398.14万元，比上年同期增长66.72%。萧塘供销社所设的5个摊位，销售被单布3000米，占该供销社销售总量的15.5%。是年1～9月，全县供销系统完成销售7.96亿元，同比增长22%，创利2079万元，在郊区同行业中居次席。1993年3～6月，对17家基层供销社、7家直属厂、1家商场等25家单位进行“六自主”改革。全县供销系统实行“六自主”改革企业达39家。

七、承包经营

1981年，奉城供销社率先实行“利润包干超额分成”的经营承包责任制。1982

年，该社销售总额、利润分别比1980年增长16%、24%，人均创利润从1690元增加到3127元。承包经营在全系统逐步推行。1993年2月，县供销总社推行转换内部经营机制、多种形式的承包责任制等改革措施。提出定额上缴利润、超额税后分成、确定基数分配和超定额的分成比例；联产计酬按实现销售的提成比例确定，同时考核毛利率、超率有奖、不足回扣；定额上缴利润，超额归己；抵押风险承包，按购进或销售额确定提成比例；租赁承包，确定上缴资金使用费，退休工人统筹费和网点级差费；供销员计酬按照完成工作量或运输吨千米确定含值；拍卖偏僻小网点，实行个体经营，脱离与企业关系等10种承包形式。是年10月，进一步推行“风险经营承包”，实行“三定”（定承包门店、定职工组合人数、定承包目标）“五自”（自筹资金、自理费用、自主经营、自定分配、自负盈亏）“一保”（保证定期上缴足额税费）“一公开”（公开标的）“三不变”（保证集体性质不变，隶属管理不变，职工身份不变）等多种承包经营形式。

1995年，县供销总社与基层企业签订经营目标责任书

八、职工自主经营

1994年，县供销总社推行抽资承包经营责任制。对基层供销社边远、亏损、微利、小型零售网点，各专业公司和商业公司所属的小型亏损零售网点，包袱大、亏损严重、难以为继的小型企业，实行抽资承包经营风险责任制，确保集体资产保值、增值和受益。通过契约形式，由职工（个人或合伙）自筹资金，在一定期限内承租其门店的房屋及经营设施，使用企业的营业执照自我经营。1995年，县供销总社制定“关于对基层供销社边缘、小型、微利、亏损的门店实行抽资承包的意见”，在四团供销社进行试点。年末，全县供销系统有抽资承包的248户，抵押风险承包302户。2000年，向社会出售经营网点30个，向职工转让资产承包经营权网点226个，安置职工301人，共计回笼资金2257万元。2004年，全区供销系统“自筹资金、自主经营、自负盈亏、定额纳税”的职工自主经营户成为市场经济的实体，有个体营业执照480户，占网点数的74%，从事个体经营的职工800余人，占基层供销社职

工总数的41%。

第四节　产权制度改革

一、私营商业改造

1. 私改前的概况　1950年，奉贤县有工商行业45个，私营商业企业1519家，从业人员3339人。其中纯商业1096家，饮食业99家，服务业323家。

1950年11月奉贤县私营商业企业情况表

表4-4-1

行业名称	户数	从业人数	行业名称	户数	从业人数	行业名称	户数	从业人数
绸布	36	144	茶馆	126	195	杂货	185	272
花号	14		猪只代理行	22	38	陶瓷	10	20
洗织	3	3	柴草	1	1	皮毛骨角	3	10
粮食	34	88	报	1	2	五金电料	3	6
南北货	152	387	浴室	1	10	草织品	1	3
菜饭馆	40	91	旅馆	7	10	钟表眼镜	4	7
肉铺	58	150	理发	176	312	砖灰	22	36
鱼行	61	116	照相	9	22	木材	9	52
豆腐	127	311	国药	83	217	竹铺	16	46
油酒酱	16	159	新药	6	7	文具	11	19
盐	25	36	镶牙	13	22	汽车	1	7
鸡鸭蛋	6	9	迷信品	1	2	轮船	4	41
菜食糖果	11	25	饼馍	14	29	修自行车	12	23
鲜果	58	105	生面	45	89	煤炭	1	1
茶叶	10	31	百货	80	132	年糕	1	3

2. 重点行业试点改造　1952年，首先在粮食供应行业实行改造。1954年，国营商业和供销社商业都有较大发展，业已形成以国营商业、供销社商业为主体，私营商业、集市贸易居次的商品流通格局。粮食供应比重：1952年，国营商业和供销社商业占96.18%；私营商业占3.8%。私营粮商户数由1949年的222家，锐减为48家。至翌年全部淘汰。

1951～1954年奉贤县社会零售市场公私比重统计表

表4-4-2　　单位：万元

年份	市场零售总额	国营商业	比重（%）	供销社	比重（%）	私营商业	比重（%）
1951	1733.84	76.59	4.42	292.17	16.85	1365.08	78.73
1952	1883.23	248.34	13.19	706.47	37.51	928.42	49.30
1953	1857.47	128.44	6.91	872.99	47.00	856.04	46.09
1954	2045.41	100.85	4.93	1511.18	73.88	433.38	21.19

1954年9月15日，棉布实行统购统销。同年9月底，23家私营棉布商进行全行业社会主义改造，由政府安排经销9家；与供销社建立批购合同3家；转为经营其他商品2家、转为经销农业生产资料4家、转为手工业1家、转办剧场4家。是年11月，对南桥镇小商小贩进行改造试点，建立百货、南北货、烟杂、鲜肉行业等合作小组23个、经营小组9个、经销24家、批购4家、合作饭店1家、货郎担19副。1955年7月，对全县百货行业102家，南北货152家、烟杂业167家、鲜肉业7家进行改造。建立合作小组86个、合作商店9家、代销户13个、经销户89个、货郎担29副。年末，纯商业改造户占总数62.7%。

3. **全行业改造** 1956年，开始对私营工商业进行社会主义改造。是年1月，县人民政府成立私营工商社会主义改造领导小组。下设办公室由县供销社主任任主任，具体制定改造政策和实施办法，私改范围为全县私营纯商业207家，门店349个，从业人员1029人。至7月底，私营商店（摊）分别由所在区、镇人民政府通过宣传动员、政策教育，全面完成私营商业的社会主义改造。

4. **经济改组与网点安排** 1956年，经济改组根据“大部不动、小部调整”的方针，全县各镇行业经济改组为4种类型：经营统销物资的棉布、鲜肉、饭店行业，凡内部管理健全、有发展前途的，向国营、供销社商业过渡的23家；与国计民生关系较大、资金较厚、技术性高的国药、五金行业全部实行公私合营的123家；有劳力、资金，家店能分的百货、南杂、水地、鲜鱼、饭菜馆、豆面、菜园等7个行业，组织成合作商店813家；家店不分的摊贩和流动不定的商贩，组织合作小组或经销、代销店601家。同时，合理调配人力、安排网点下伸，方便农民购买，设置农村下伸店60家。

1956年奉贤县私营工商业社会主义改造后情况表

表4-4-3

项目		商店小组数（个）	门市部、货摊数（个）	从业人数（人）	资金额（万元）
合计		202	936	2398	54.31
纯商业	公私合营商业	9	67	212	14.67
	合作商店	35	190	581	19.15
	合作小组	21	161	177	3.30
	私营商业		144	221	3.23
	农村下伸店	60		108	
饮食业	公私合营饭店	1	2	22	0.13
	合作饭店	41	118	509	7.88
	合作小组	13	110	133	1.17
	私营饮食店		38	47	1.32
服务业	合作商店	19	53	236	1.40
	合作小组	3	12	31	0.40
	私营服务业		41	121	1.66

二、直属企业改制

1. **公司制改革**　1995年1月，县供销总社与上海烟草集团联营合资组建上海烟草集团奉贤烟草糖酒有限公司，公司注册资金2200万元，双方出资比例各占50%。1996年6月，县人民政府派出工作组进驻县供销总社，指导直属企业改制。1997年，县供销总社根据国务院《关于全国城镇集体企业、单位开展清产核资工作的通知》精神，开展清产核资工作，为直属企业改革产权建立现代企业制度奠定基础。是年8月，县供销总社制定直属企业改制的总体方案，明确企业改制的实施要点和总体目标，按照“产权明晰、权责明确、政企分开、管理科学”要求进行公司制改革。改制的内容：核实企业资产、明晰“社资”产权、确立多元投资主体、职工全员持股、建立法人治理机构、制定企业章程、明确“社资”责权、推进企业改制。改制的形式：确立县供销总社为社有资产所有者代表和管理者；直属企业由上海奉贤商社（供销社）控股，吸取职工持股和吸引法人入股等方式，将原来单一投资主体的企业，按公司法改制为两个以上多个投资主体的有限责任公司；对少数规模较小的企业，采用存量转股或增量吸股等方式，改制为股份合作制；对个别生产经营不善、连年亏损、资不抵债、规模较小的企业，采取改组、联合、兼并转让、租赁等多种形式，促进资产流动和重组。至1998年10月，24家县供销总社直属公司完成公司制改革。县供销总社控股、职工持股会参股企业：上海烟草（集团）奉贤烟草糖酒有限公司、上海鼎丰食品酿造有限公司、上海奉贤县鸿雁商场有限公司、上海奉贤百货有限公司、上海奉贤县商业建设有限公司、上海奉贤县商业有限公司、上海奉贤县五交化有限公司、上海奉贤县精品商场有限公司、上海奉贤县棉花有限公司、上海丰意果品日用有限公司、上海滨江副食品有限公司、上海奉贤物资回收利用有限公司、上海奉贤县饮食服务有限公司、上海康德药业有限公司14家。市公司控股、县供销总社和职工持股会参股2家：上海奉贤县农业生产资料有限公司和上海奉贤县煤炭有限公司。职工持股会控股、县供销总社参股1家：上海华邦涂料有限公司。由自然人投资、县供销总社不参股2家：上海奉贤千意置业有限公司和上海奉贤县商业供销有限公司。公司制改革推动企业发展，上海华邦涂料有限公司1997年销售仅400万元，亏损106万元。1998年实行内部多项改革，当年扭亏为盈。1999～2000年连续两年销售额超过3300万元，年创利60余万元，自行消化公司历年亏损150余万元，新增设备投资150余万元。

1996～1998年奉贤供销社公司制改革情况表

表4-4-4

企业名称	改制时间	职工人数		注册资金	出资情况（万元）			董事会人员	监事会
		在职	退休	（万元）	供销社	职代会	其他		
奉贤烟草糖酒公司	1996.09.19	675	96	2210	1105		市烟草集团公司1105	★徐明辉 蔡曙沧 孙大元 丁春瑜 赵睽淼	严明学 张贤民
奉贤县农资公司	1997.12.10	109	72	900	300	250	市农资公司350	★戴立根 俞强华 毛永发 卢志文 唐汉规 柯　冲 顾瑞培 徐正荣 褚银余	周承荫 陶永良 张火楼
奉贤煤炭公司	1997.12.18	116	53	750	250	150	市煤炭公司350	★梁金发 张文安 钱照根 沈士其 王烈君 龚云岳	孙玉宇 顾引初
鼎丰酿造食品公司	1997.12.19	434	114	3100	2600	500		★张　琪 陆志刚 崔　竣 徐　海 周跃进 孙石青 唐岱龙 潘玉华	赵睽淼 徐敬思 沈美英
奉贤鸿雁商场	1998.03.31	253	53	1000	550	450		★丁春瑜 孙玉宇 金根林 赵金林 顾为倩 吴喜杰 曹丽华 夏水宝	鲍振淦 阮忠烈
奉贤县百货公司	1998.09.30	150	80	150	85	65		★丁春瑜 蔡金根 吴依慈 陈　珍	沈亦平 孙玉宇 王雪华
奉贤县供销商业建设公司	1998.07.23	44	43	500	445	55		★唐汉规 范文新 庄正国 胡东华 付伯明	孙玉宇 李伯本 管红卫
奉贤供销商业公司	1998.06.26	60	22	100	60	40		★丁春瑜 邢勤均 吴浩杰 胡　云 黄新根	孙玉宇 张加成
奉贤县五金交点公司	1998.09.21	159	85	200	120	80		★丁春瑜 杨　晓 陈菊芳 嵇兰香 马德荣	孙玉宇 裴福清 李肖凤
奉贤精品商场	1998.06.09	79	29	200	120	80		★丁春瑜 周国友 邵　念	孙玉宇 曹国杰 周　敏

续表4-4-4

企业名称	改制时间	职工人数		注册资金	出资情况（万元）			董事会人员	监事会
		在职	退休	（万元）	供销社	职代会	其他		
奉贤县棉花公司	1998.08.18	19	17	50	38	12		★丁春瑜　沈建国	孙玉宇
上海丰意果品日杂公司	1998.10.26	78	76	50	38	12		★丁春瑜　高李华　金瑞兴	张　国
上海康德药品公司	1998.08.28	193	39	310	160	150		★丁春瑜　杨臣均　郭永福　卢　帆　徐淼华	顾　炜　孙玉宇　杨雪妹
奉贤物资回收利用公司	1998.08.26	68		100	55	45		★丁春瑜　褚伯龙	谭可章　孙玉宇
奉贤县饮服公司	1998.05			180	100	80		★丁春瑜　鲁国胜　崔雅琴　李晓龙　鞠守义	孙玉宇　余迪贤　曹水石
上海滨江副食品公司	1998.04.28	169		220	118	102		丁春瑜　顾　伟　王林弟　陈玉平　尤建光　金秀亮　王　刚	裴忠民　张明星　周德龙
上海华邦涂料公司	1998.09.24	146	26	80	30	50		★胡建新　唐顺华　任海南　徐保国　夏丰英	沈民国
上海千意置业公司	1998.05.12	9	1	68	由经营者控股、申锋建设公司、辉明实业公司2个法人、3个自然人参股			★马天林　韩耀初　何辉明　潘晨龙	宋月华
奉贤商业供销公司	1998.08.05	22	24	50	由经营者和自然人参股			★陈培峰　金永康　施梅芳	顾春华

注：★为董事长

2. **“双重组、双置换”**　1999年7月，县供销总社制定深化企业产权制度改革的“社退民进、多元投资、调整重组、推向市场”和“有限公司股权向经营层集中”的改革方针。县供销总社、市公司、职工持股会退出股权，由经营者（层）群体以自然人投资为形式、资产重组的第二次改制，亦称“双置换”即资产置换，职工身份置换或“双重组”即资产重组、职工重组。改制内容首先对企业进行资产评估和经营审计，确认企业资产额，以净资产进行置换；企业员工办理退工手续后，再与改制企业办理用工手续。1999年8月至2001年10月，上海华邦涂料有限公司、上海滨江副食品有限公司、上海奉贤物资回收利用有限公司、上海奉贤饮食服务有限公司、上海奉贤齐贤轧花厂有限公司、上海康德药业有限公司、奉贤商业建设有限公司、上海奉贤农业生产资料有限公司、上海千意置业有限公司、上海奉贤商业供销有限公司10家企业完成以自然人投资重组的改革。2006年，上海鼎丰食品酿造有限公司进行第二次产权制度改革，经营者（层）以自然人投资、实施资产重组。

1999～2006年奉贤供销社直属单位双置换改革情况表

表4-4-5

企业名称	改制时间	职工人数		注册资金（万元）	出资情况	董事会人员	监事会
		在职	退休				
上海华邦涂料公司	1999.9.19	74	26	84	由经营者控股，经营层参股，共18人出资	★胡建新 唐顺华 任海南 徐保国 夏丰英	沈民国
上海滨江副食品公司	1999.09.27	131		81	由经营者和经营层参股，共21人出资	★顾 伟 王新根 王林弟	陆祖廉
上海康德药业公司	2000.04.28	195		70	由经营者控股，经营层参股，共11人出资	★杨臣均 尤宪章 郭永福 徐淼华 顾天惜	顾 炜 蒋 敏 王仁明
奉贤县物资回收利用公司	1999.09.22	66		50	由经营者控股，经营层参股，共11人出资	★褚伯龙 徐天恩 秦益康 顾明明 施金发	金礼华
奉贤饮食服务公司	1999.09.09			54	由经营层参股，14人出资	★鲁国胜 李晓龙 崔雅琴 姚玉花 薛永刚 江家治 鞠守义	曹水石
上海奉贤农业生产资料公司	2001.11.21	89		210	区社以无形资产形式出资30万元，由经营者控股，经营层参股，4人出资	★柯 冲 潘国贤 黄祖明 方闵申	陶永良
奉贤供销商业建设公司	2001.10.30	30		800	由经营者控股，经营层参股，6人出资	★范文新 卫桂兴 李伯本 吴秋云 褚 敏	庄正国
上海鼎丰酿造食品公司	2006.01	287	180	1376	区总社以房屋、土地为资本参股，占51%，公司经营层参股，28人出资	★鲍振淦 沈仲华 祁 枫 孙石青	高李华 瞿激扬

注：★为董事长

3. **托管**　由于供销企业陆续退出商品集体经营，区供销总社实行企业托管。2003 年 10 月，奉贤精品商场有限公司由上海奉贤商业有限公司托管，上海奉贤棉花公司和奉贤齐贤轧花厂有限公司由上海丰意果品日用有限公司托管。2004 年 2 月，奉贤百货有限公司由上海奉贤鸿雁商场有限公司托管。2006 年 3 月，上海丰意果品日用有限公司由上海奉贤商业有限公司托管。2012 年 2 月，上海奉贤商业有限公司托管上海奉贤五金交电有限公司、上海奉贤煤炭有限公司。2003 年 10 月至 2012 年 2 月，先后有 7 家公司被托管，占全资企业 77.7%。

三、社员股金改革

1. **股金**　入股。1950 年，奉贤县各基层供销社有社员 7113 人、股金 9135 元，社员股金成为供销社资金的主要组成部分。1951 年，全县 16 个基层农村供销社社员发展到 11.54 万人，占农村人口的 46.08%，股金 12.28 万元。头桥、南桥职工消费合作社社员 1426 人，占职工人数的 21.6%，股金 1342.12 元。1952 年，基层供销社社员有 12.73 万人，占全县农村人口的 49.38%，股金 14.09 万元，人均股金 1.15 元。1954 年，全县 71 个小乡 708 个行政村，社员 11.48 万人，占总人口的 39.9%，有 11.48 万股、股金 15.85 万元。1963 年，全县 16 个基层供销社入社社员为 11.44 万人，占基层供销社所在地总人口的 71.97%，实有股数 12.24 万股，股金总额 37.20 万元，平均股金 3.04 元，其中 4 元正股有 7.33 万股。

一九五〇年奉賢縣社員發展统計表（冬季）

月份 / 項目 / 數目 / 社名	十月份				十一月份				十二月份			
	發展數		累積數		發展數		累積數		發展數		累積數	
	社員	股金	社員	股金	社員	股金	社員	股金	社員	股金	社員	股金
奉城供銷社	137	374,000.-	1120	21,685,000.-	146	[illegible]	1266	24,605,000.-	38	750000	1304	25,355,000.-
平安〃	134	3,368,000.-	336	6,446,900.-	770	4,610,000.-	1106	11,056,900.-			1106	11,056,900.-
邬廠〃	194	2,437,000.-	766	8,043,000.-	254	2,667,000.-	1020	10,710,000.-			1020	10,710,000.-
洪庙〃	134	3,368,000.-	591	10,260,000.-			591	10,260,000.-			591	10,260,000.-
東新市〃			858	7,464,600.-	70	609,000.-	928	8,073,600.-	31	259,700.-	959	8,333,300.-
青村〃	182	3,781,800.-	310	6,912,000.-	20	420,000.	330	7,332,000.	31	373,000.-	361	7,705,000.-
柘林〃	25	275,625.-	737	8,121,700.-	42	412,950.-	779	8,534,650.-	293	2,442,000.-	1072	10,977,050.-
南橋職工社					623	616,000.-	623	616,000.-	77	395,000.-	700	[illegible]
合計	806	[illegible]	4718	68,033,200.-	1925	13,798,950.-	6643	86,932,150.-	470	4,620,100.-	7113	91,352,250.-

1950 年奉贤县基层供销社社员发展统计表

1952年奉贤县基层供销社社员入股情况表

表4-4-7

名　称	农业人口（人）	社员数（人）	占农业人口（%）	股金（元）	社员人均股金（元）
合计	257847	127311	49.38	140898.54	1.11
南桥供销社	13256	7888	59.50	9212.75	1.17
柘林供销社	6862	3940	57.42	2981.78	0.76
道院供销社	10530	4190	39.79	3727.00	0.89
庄行供销社	16867	8050	47.73	6371.60	0.79
胡桥供销社	10066	4673	46.42	4353.00	0.93
邬桥供销社	14529	5649	38.88	4157.00	0.74
齐贤供销社	8600	6195	72.03	9357.20	1.51
金汇供销社	12687	7978	62.88	11308.60	1.42
萧塘供销社	17153	5494	32.03	7494.40	1.36
泰日供销社	17161	5940	34.61	9848.60	1.66
头桥供销社	19353	6949	35.91	8984.34	1.29
奉城供销社	29354	21876	74.52	19686.50	0.90
四团供销社	35993	15524	43.13	14075.80	0.91
三官供销社	11055	8236	74.50	9154.00	1.11
钱桥供销社	13694	4977	36.34	7229.00	1.45
青村供销社	20687	8890	42.97	12017.60	1.35
南桥职工消费合作社		862		939.37	1.09

1953年奉贤县基层供销社社员股金情况表

表4-4-8

单　位	社员数（人）	股金（元）	单　位	社员数（人）	股金（元）
南桥供销社	10268	10935	泰日供销社	5879	10308
新寺供销社	7293	6840	头桥供销社	7194	10506
庄行供销社	8321	7948	奉城供销社	21840	20234
胡桥供销社	4690	4393	四团供销社	15684	15532
邬桥供销社	6259	6160	青村供销社	9040	12821
齐贤供销社	14156	21739	三官供销社	8207	9607
萧塘供销社	5563	8175	钱桥供销社	5035	7820

1963 年奉贤县基层供销社股金情况表

表 4-4-9

单　位	入社数（人）	占总人口 %	股数（股）	股金（元）	人均股金（元）	千元正股数（股）
合计	114429	71.97	122351	372061	3.04	73314
江海供销社	6704	76.40	6980	18547	2.66	3050
新寺供销社	6195	75.00	6379	25338	3.97	5519
胡桥供销社	5752	67.13	5970	23649	3.96	5504
庄行供销社	6380	51.00	6743	18477	2.74	3527
邬桥供销社	7422	96.40	7482	28997	3.88	6712
萧塘供销社	6120	61.20	6148	22253	3.62	5091
金汇供销社	7823	91.10	7823	21776	2.78	3919
齐贤供销社	5897	72.30	6352	20045	3.16	3709
泰日供销社	7169	58.70	7169	26155	3.65	5807
头桥供销社	5071	42.10	5963	20053	3.36	4041
奉城供销社	9367	82.10	13147	30167	2.29	4954
四团供销社	9149	69.70	9149	20535	2.24	3589
平安供销社	9717	64.00	10505	30095	2.86	6213
青村供销社	10142	70.60	10142	29961	2.95	5489
三官供销社	6623	87.30	6887	18770	2.73	2552
钱桥供销社	4898	61.00	5512	17243	3.13	3638

1983 年奉贤县基层供销社社员股金情况表

表 4-4-10

名　称	原有股（股）	现有股（股）	原有股金（元）	现有股金（元）	农户数（户）	入股户数（户）	原有股金清理数（股）
合　计	97142	99647	350118	387422	122105	70562	333484
平安供销社	7308	7604	29232	30228	11203	5934	29189
四团供销社	5343	5440	20743	21256	10301	5276	16385
奉城供销社	8600	7629	25801	30516	10994	4729	22517
头桥供销社	4275	5013	19583	22664	9085	4561	19400
钱桥供销社	6895	6990	16094	17922	6580	3032	15549
塘外供销社	3289	4281	11716	17124	4838	3157	11716
光明供销社	4666	4472	18666	17822	4505	2335	18382
江海供销社	5797	5901	18658	19081	7652	5926	18651
庄行供销社	4617	5506	18029	22024	7995	4507	17962
新寺供销社	6489	6729	24767	26666	6833	3898	24091
金汇供销社	7582	6136	21495	24504	6129	3656	19222
齐贤供销社	4958	4776	19833	19110	5998	2597	17599
泰日供销社	6735	6988	26002	28220	8957	5624	24648

续表 4-4-10

名　称	原有股（股）	现有股（股）	原有股金（元）	现有股金（元）	农户数（户）	入股户数（户）	原有股金清理数（股）
萧塘供销社	6126	8046	22207	32184	7495	6648	21937
邬桥供销社	7378	7441	28996	30121	6870	3966	28465
胡桥供销社	7084	6695	28296	27980	6670	4716	27771

注：光明供销社由三官供销社改称。

1950～1984 年奉贤县基层供销社社员资金情况表

表 4-4-11

年　份	社员数（人）	自有资金（万元）	股金（万元）	股金所占比（%）
1950	7113		0.9135	
1951	12609	31.85	12.28	38.60
1953	127311	76.07	15.30	20.10
1955	114009	101.44	19.42	19.10
1959		150.10	19.99	13.30
1962		385.10	37.19	9.70
1963		415.17	37.19	8.96
1964		399.97	37.19	9.80
1965		348.76	37.19	10.70
1970		566.40	37.86	6.70
1973		870.05	38.12	4.40
1981		1502.67	37.40	2.50
1982		1623.14	37.39	2.30
1983	104898	1693.46	41.43	2.40
1984	114241	1874.27	57.80	3.10

扩股。1983 年，供销系统开展全面清理社员股金。1985 年，根据国务院“放手吸收农民入股，扩大农民资金比重，使供销社经济上同农民利益紧密联系起来”的要求，按照上海市供销社《关于加速供销系统扩股集资的试行办法》和商业部《关于下达“供销合作社社员股金和社会集资管理试行办法”的通知》，县供销社提出 1985 年扩股集资的意见，以供销社所在地农民、城镇居民、所在单位职工为主，不限金额、不限地区，当年扩股一律每股为 10 元，实现扩股集资总额占自有资金 20%以上。奉城供销社发动职工社员扩股集资 32 万元。是年，全县入股社员 11.42 万户，占农民总数的 87%，扩股集资后总额 808.14 万元。1997 年，胡桥供销社扩股 4813 户，扩股金额 2.49 万元。

1997年奉贤县基层社供销社社员扩股情况表

表4-4-12

名　称	农户数（户）	扩股社员数（人）	股金数（万元）	名　称	农户数（户）	扩股社员数（人）	股金数（万元）
金汇供销社	6000	1058	21.81	胡桥供销社	8372	4813	24.95
邬桥供销社	6500	5900	133.00	四团供销社	12284	6407	87.60
泰日供销社	8450	7868	53.42	庄行供销社	8714	4902	6.34
新寺供销社	4891	3892	2.21	头桥供销社	9774	9019	3.70
奉城供销社	8740	7076	40.00	光明供销社	3800	3620	65.63
平安供销社	7700	8755	125.87	柘林供销社	4350	3525	6.17
青村供销社	7985	5873	3.11	塘外供销社	5946	3649	1.96
钱桥供销社	6730	5353	19.13	齐贤供销社	7800	7800	197.00
江海供销社	7652	5926	19.08				

1997年胡桥供销社扩股情况表

表4-4-13

单位名称	农户数(户)	入股户数(户)	入股金额(元)	扩股户数(户)	扩股金额(元)
合计	8712	4818	35742	4813	240650
胡浜村	230			115	5750
朱家村	200	83	472	100	5000
公平村	470	208	1285	235	11750
林海村	260	191	1452	130	6500
潆缺村	651	316	2411	326	16300
孙桥村	778	308	2133	390	19500
黄沙村	762	525	2137	380	19000
花园村	371	382	1529	190	9500
兴隆村	475	363	3560	240	12000
团泾村	433	220	1139	220	11000
八桥村	312	149	1204	160	8000
迎新村	504	250	1391	260	13000
大树村	364	208	1594	182	9100
窑桥村	288	150	1109	145	7250
永革村	437	287	2460	220	11000
永新村	295	165	1484	150	7500
双桥村	408	255	1955	204	10200
法华村	590	367	2960	300	15000
立新村	544	391	4628	272	13600
供销社	170		839	424	21200
农贸公司	60			60	3000
副业公司	30			30	1500
商贸公司	30			30	1500
镇政府机关	50			50	2500

改制企业职工入股。1997年10月，供销系统企业实行第一轮改制，区供销总社作出“关于改制企业职工出资入股的若干意见”，对改制为有限责任公司的企业，由工会发起组建职工持股会，企业职工向职工持股会出资入股，职工持股会以社团法人向企业投资，成为企业股东。对改为股份制企业，由职工直接向企业出资入股，采用产权置换的方式成为企业股东，实行劳动合作和资本合作相结合、劳动分红和按资分红相结合的新型公有制组织形式。职工入股每股为1000元，基本股为10000元，企业领导入股为职工的3倍，中层干部入中股、职工入基本股，认购基本股的职工不低于上岗职工的90%。1997～1998年，县供销总社直属18家公司总股金8174万元，其中县供销社股金5577万元，占68.23%；社会法人股金380万元，占4.65%；职工持股会股金2217万元，占27.12%。

1997～1998年奉贤县供销总社各公司股本情况表

表4-4-14 单位：万元

公司名称	总股本	奉贤供销社		社会法人		职工持股会	
		股金	占%	股金	占%	股金	占%
合　计	8174.00	5577.00	68.23	380.00	4.65	2217.00	27.12
奉贤县物资回收利用公司	100.00	55.00	55.00			45.00	45.00
上海康德药业公司	310.00	160.00	51.61			150.00	48.39
奉贤县五金交电公司	200.00	120.00	60.00			80.00	40.00
上海华邦涂料公司	80.00	30.00	37.50			50.00	62.50
奉贤县百货公司	150.00	85.00	56.67			65.00	43.33
奉贤县饮食服务公司	180.00	100.00	55.56			80.00	44.44
上海千意置业公司	68.00	16.00	23.53	30	44.12	22.00	32.35
奉贤县鸿雁商场	1000.00	550.00	55.00			450.00	45.00
奉贤县商业供销公司	66.00	15.00	22.73			51.00	77.27
上海滨江副食品(集团)公司	220.00	118.00	53.64			102.00	46.36
奉贤县精品商场	200.00	120.00	60.00			80.00	40.00
奉贤县商业公司	100.00	60.00	60.00			40.00	40.00
奉贤县棉花公司	300.00	165.00	55.00			135.00	45.00
奉贤县商业建设公司	500.00	445.00	89.00			55.00	11.00
奉贤县煤炭公司	650.00	600.00	92.31			50.00	7.70
奉贤县农业生产资料公司	900.00	300.00	33.33	市农资 350.00	38.89	250.00	27.78
上海丰意果品日用公司	50.00	38.00	76.00			12.00	24.00
上海鼎丰食品有限公司	3100.00	2600.00	83.87			500.00	16.13

社员身份股。2003年11月，区供销总社实行社员身份股，31家企业（机关）171名在职人员入股，每人身份金1000元，总计17.10万元，后陆续退股。2012年，区

供销总社第二届社员代表大会，通过区供销合作总社身份金管理办法，入股社员119人、股金11.90万元。

2003年11月奉贤区供销总社社员入股情况表

表4-4-15

单位名称	股数(股)	股金(元)	单位名称	股数(股)	股金(元)
合　计	258	258000	奉贤区总社机关	31	31000
奉贤烟草糖酒有限公司	37	37000	奉贤供销商业建设有限公司	1	1000
上海鼎丰酿造食品有限公司	28	28000	奉贤千意置业有限公司	2	2000
奉贤县煤炭公司	6	6000	奉贤商业供销有限公司	4	4000
奉贤县五金公司	7	7000	上海奉贤塑料管厂	4	4000
鸿雁商场	7	7000	江海供销社	13	13000
上海丰意果品有限公司	10	10000	萧塘供销社	8	8000
奉贤商业有限公司	8	8000	庄行供销社	8	8000
上海奉共实业发展有限公司	3	3000	金汇供销社	7	7000
奉贤百货公司	3	3000	泰日供销社	4	4000
上海康德药业有限公司	9	9000	头桥供销社	6	6000
上海奉贤华邦涂料有限公司	4	4000	奉城供销社	8	8000
奉贤饮食服物公司	6	6000	四团供销社	4	4000
上海奉贤物资回收利用有限公司	5	5000	平安供销社	4	4000
奉贤滨江副食品有限公司	3	3000	青村供销社	9	9000
奉贤农业生产资料有限公司	4	4000	柘林供销社	5	5000

退股。由于改革开放后，供销社经济的快速发展，社员股金在供销社资金中所占比重逐年减少，由1951年的38.6%下降到1984年的3.1%。90年代中期，计划经济向市场经济转换，商品集体经营困难、效益下降，全县供销系统企业出现大面积亏损。1997年利润为负增长，部分地区社员出现挤兑股金风波。1998年12月，县供销总社贯彻上海市供销总社《关于清理、整顿、规范社员股金工作的意见》，停止吸收社员股金。1999年，县供销总社根据国务院《关于解决当前供销合作社几个突出问题的通知》中关于清理社员股金、消除金融隐患，各级供销社对以保息分红吸纳的股金，根据来源、期限在三年内退还的要求，开始清退个人股金工作。2000年全县农村社员股金基本清退完毕。共清退农村社员个人股金787.23万元。同时，清退企业职工持股会股金2049.77万元，两项合计2837万元。

2. **优待　分红**　购销优待。1951年，全县供销合作社对供销社社员实行购销优待政策，即供销社以优待价向社员收购农副产品，当时粮、棉、油7个主要产品，收购价比市场价平均高14.82%。以优待价向社员销售商品，以肥料、农药及生活必需品20种为主，平均销售价比市场价降14.19%。全年收购一项社员受益103.74万元，供应商品一项受益53.46万元，两项合计157.20万元。

1951年奉贤县联社收购农副产品优待情况表

表4-4-16

名　称	单位	收购价（元）	市场价（元）	优待价比市场价高%	全年收购量（担）	社员受益（元）
合计						1037410.10
稻谷	担	7.47	7.43	+5.30	37822	1512.88
小麦	担	9.28	6.87	+26.00	14569	35111.29
菜籽	担	11.94	8.00	+33.00	8716	34341.04
棉花	担	32.16	29.43	+8.50	351568	959780.64
杂粮	担	5.30	4.77	+10.00	4576	2425.28
大米	担	12.00	10.00	+16.67	654	1308.00
大豆	担	10.24	9.73	+5.00	5747	2930.97

说明：本表使用当时计量单位，1担为50公斤

1951年奉贤县联社供应商品优待情况表

表4-4-17

名　称	单位	优待价（元）	市场价（元）	优待价比市场价降%	全年销售量	社员得益（元）
合计						534630.88
豆饼	斤	0.0644	0.0743	-15.37	10042232	99418.10
肥田粉	斤	0.2011	0.2218	-10.29	55301	1144.73
棉籽	斤	0.0483	0.0773	-60.00	589192	17086.57
农药	斤	0.6597	0.6929	-5.00	7116	236.25
大米	斤	0.1166	0.1224	-5.01	7643566	44332.68
麸皮	斤	0.0344	0.0402	-16.87	1058918	6141.73
面粉	袋	7.7857	8.5715	-10.09	28	22.00
桐油	斤	0.7147	0.8037	-12.45	34985	3113.67
棉布	尺	0.3717	0.4150	-11.65	153547	6648.59
棉纱	支	1.2815	1.4487	-13.05	15419	2578.06
食油	斤	0.5146	0.5640	-9.60	114748	5668.55
食糖	斤	0.6058	0.7669	-26.59	92298	14869.21
食盐	斤	0.1199	0.1303	-8.70	1167956	12146.74
石碱	斤	0.1341	0.1547	-15.36	9532	196.40
煤油	斤	0.3457	0.3914	-13.21	114619	37262.64
纸烟	包	0.1821	0.1948	-7.00	313078	3976.09
肥皂	块	0.1527	0.1691	-10.73	126386	2072.73
火柴	包	0.1912	0.2143	-12.08	10787	249.18
毛巾	条	0.4487	0.5114	-13.97	11796	737.90
袜子	双	0.6713	0.7759	-15.58	8624	902.07
其他				-13.39	296060	275827.00

说明：本表使用当时计量单位，1斤为0.5公斤，每袋面粉为50斤（25公斤）

股金分红。1955 年，取消社员优惠价后，实行股金分红制度，各基层供销社在核实股金的基础上，从利润中提取 20% 作为 1955 年社员股金红利。全县基层供销社共分红利 10.28 万元，南桥供销社每股分红利 1.05 元。“文化大革命”中供销社停止分红制度。1981 年，各基层供销社在核实股金基础上，对入股股金重新进行分红。1991 年 1 月，县供销社根据市供销社要求，对 1990 年社员股金保息分红作出具体规定，股息和分红为14%。1994年，21家基层供销社实行保息分红，其中保息分红15%～20% 的有 15 家，15% 以内保息分红的 6 家，保息分红总额 255.30 万元。

1954 年奉贤县基层供销社社员股金分红情况表

表 4-4-18

名　称	乡数（个）	村数（个）	社员数（人）	占总人口（%）	股数（股）	股金额（元）	应分红（元）	实分红（元）	保留（元）	每元分红比例（%）
合计	71	708	114819	39.99	110839	162452.19	106513.12	102759.27	3861.08	0.695
齐贤供销社	7	63	14027	60.46	14047	25875.80	8750.32	8093.28	657.04	0.40
泰日供销社	4	43	4774	29.33	4774	10149.05	7305.08	6905.48	399.60	0.72
头桥供销社	5	52	5971	28.98	5971	10878.55	8460.19	8176.74	283.45	0.78
南桥供销社	6	47	8178	35.14	8178	11482.69	11125.69	10783.12	342.57	1.02
新寺供销社	5	52	6747	32.21	6747	6854.71	6031.26	5871.82	159.44	0.89
萧塘供销社	4	43	5472	30.00	5472	8347.60	4829.60	4620.58	209.02	0.58
庄行供销社	12	117	15369	33.42	15369	18394	11037	11011.2	25.80	0.60
奉城供销社	7	74	17118	55.00	17118	21122	14673.25	13463.45	1209.80	0.65
四团供销社	8	86	15023	40.40	15023	18325.99	14601.97	14559.06	42.91	0.85
青村供销社	6	63	9213	38.35	9213	13262	10422.24	10350	72.24	0.80
钱桥供销社	4	34	4748	32.03	4748	8005	4399.12	4248.64	150.48	0.55
三官供销社	3	34	8179	66.90	4179	9754.8	4877.40	4675.9	201.50	0.50

1983 年奉贤县部分基层供销社社员股金分红情况表

表 4-4-19

单　位	股金数（股）	应分红总额（元）	兑现分红（元）	单　位	股金数（股）	应分红总额（元）	兑现分红（元）
合计	97100	110979	110979	新寺供销社	6489	7287	7287
四团供销社	5343	6217	6217	平安供销社	7308	8562	8562
奉城供销社	8600	7740	7740	金汇供销社	7582	6449	6449
头桥供销社	4275	5881	5881	齐贤供销社	4958	5892	5892
钱桥供销社	6895	5162	5162	泰日供销社	6753	7728	7728
塘外供销社	3289	3514	3514	萧塘供销社	6126	6662	6662
光明供销社	4666	12132	12132	邬桥供销社	7318	8672	8672
江海供销社	5797	5214	5214	胡桥供销社	7084	8458	8458
庄行供销社	4617	5409	5409	青村供销社	（不详）		

四、资产一体化

2003年11月26日，根据上海市供销合作社关于区供销总社、基层供销社资产改革精神，区供销总社在第一届社员代表大会上通过《上海市奉贤区供销合作社章程》，明确实行“一区一社、资产一体、一级所有、分级管理”的社有资产改革。规定社务委员会是社有资产所有权的代表者和管理者，授权给奉贤区供销总社主任对社有资产实施运作。由社务委员会建立和实施社有资产管理的各项制度，并进行监督检查；组织和协调社有资产的管理、评估、界定和登记等工作，保护社有资产的合法权益；加强对社有资产的管理，决定或批准企业重大经营、投资决策和固定资产、无形资产的购置、出租、抵押、转让等事项，促进企业管理，提高经济效益；决定或批准所属合资、控股企业的设立、合并、终止、拍卖、破产、兼并和合资（合作）。2012年11月，区供销总社改社务委员会为理事会、监事会，负责社有资产运作和监督。

第五节　基层供销（商业）合作社改革

一、基层供销社改革

1. **个体经营**　基层供销社所属门店（门市部）实行职工自行办理个体（合伙）、合作股份制等企业，办理工商营业执照。对库存商品和低值易耗商品进行折价处理；对烟酒、农资等部门实行连锁经营，对废品收购站实行承包经营。1998～2004年，全区（县）基层供销社职工办理个体（合伙）营业执照403户，占网点总数的75%。

供销社个体承包经营的生产资料门市部

2. **人员分流**　基层供销社改革，实行职工有序多元分流，合同制职工一般解除劳动关系；固定职工符合上海市协议保留劳动关系条件的，按上级分配指标数办理“协保”手续；有重大疾病或离退休不满3年者，作内退处理，由企业发给适当的生活费；其余职工与企业解除劳动关系后，办理个体（合伙）工商营业执照，部分职工向社会劳务市场推荐。

1998～2004 年，基层供销社职工办理个体（合伙）工商营业执照 884 人，占基层供销社职工人数（含合同制职工）的 41%；退工后进入劳务市场 493 人；累计办理退工手续 1377 人。

3. **网点转让（租赁）**　根据上海市商委《关于允许小型企业网点带职工转让》的文件精神，基层供销社实行经营网点使用权有偿转让给职工经营，对闲置网点也向职工或社会人员转让，盘活存量资产。1998～2004 年，基层供销社向职工和社会人员有偿转让网点 256 个，营业面积 83203.79 平方米，回笼资金 2096 万元，安置职工 301 人；转让非经营性网点，回笼资金 162 万元。

4. **托管**　2003 年 10 月，根据奉贤区划调整和基层供销社经营情况，撤销镇级建制的基层供销社实行托管。塘外、洪庙供销社由奉城供销社托管；邵厂供销社由平安供销社托管；钱桥、光明供销社由青村供销社托管；齐贤供销社由金汇供销社托管；邬桥供销社由萧塘供销社托管；胡桥供销社由庄行供销社托管；新寺供销社由柘林供销社托管。2004 年 3 月，萧塘供销社由江海供销社托管，调整邬桥供销社由庄行供销社托管，胡桥供销社由柘林供销社托管。2006 年 3 月，平安供销社由四团供销社托管，泰日供销社由金汇供销社托管。2008 年 3 月，头桥供销社由奉城供销社托管。2003 年 10 月至 2008 年 3 月，先后由 13 家基层供销社被托管，占 62%。

5. **歇业解体**　1994 年 3 月，新海供销分社歇业。建立奉新商业公司。1998 年 4 月，奉新商业公司实施改制，对公司资产进行评估和确认，以净资产为基数，提留退休职工小病医药费、遗属生活补助费和烈属补助等费用，其余则按职工人数及职工总工龄进行量化，企业与职工解除劳动关系（除协保外），办理退工手续，自行办理个体工商营业执照，或走向社会劳动力市场。经营网店以内部竞拍形式有偿转让给职工经营，是年 12 月奉新商业公司歇业解体。

1998～2004 年奉贤基层供销社改革情况表

表 4-5-1

单位	办理个体（私营）工商营业执照（个）	人员分流情况（人）					门店改制	
		协保人数	内退人数	退工人数	其中		转让（平方米）	租赁（平方米）
					个体经营	进劳务市场		
合计	403	476	34	1377	884	493	83023.79	110305.61
江海供销社	15	18	11	49	30	19	292.00	8624.68
萧塘供销社	24	17		81	24	57	1781.00	11523.00
奉城供销社	21	64		143	83	60	2222.30	5485.50
头桥供销社	38	25		62	58	4	1433.54	12017.89
塘外供销社	29	24	2	67	63	4	4551.48	8434.81
洪庙供销社	3	11		8	3	5	1986.63	2193.00
四团供销社	11	38	3	70	31	39	6969.16	3859.00
平安供销社	35	31	3	156	78	78	18093.92	4612.00

续表4-5-1

单位	办理个体（私营）工商营业执照（个）	人员分流情况（人）					门店改制	
		协保人数	内退人数	退工人数	其中		转让（平方米）	租赁（平方米）
					个体经营	进劳务市场		
邵厂供销社	3	3		8	7	1	2848.00	614.00
青村供销社	9	40		62	52	10	3714.34	3488.00
钱桥供销社	23	25	1	79	46	33	5459.40	2547.32
光明供销社	23	11		48	41	7	2729.45	5123.04
金汇供销社	25	22	1	73	59	14	3502.00	1810.00
泰日供销社	15	8		77	75	2	1338.00	3567.00
齐贤供销社	15	9		63	36	27	2316.00	2188.00
庄行供销社	29	32	3	83	45	38	1629.37	10853.37
邬桥供销社	19	20	3	23	20	3	3725.00	10381.00
柘林供销社	12	34	5	44	34	10	1109.20	5760.00
胡桥供销社	29	28		79	43	36	8295.00	1095.00
新寺供销社	15	12		60	29	31	6348.00	6129.00
奉新商业公司	10	4	2	42	27	15	2680.00	

二、商业合作社改革

1956年，全县对私营工商业进行社会主义改造，建立合作商店（小组）132个，门市部货摊644个。1958年，集体商业并入人民公社供销部。1962年，从国营商业、供销社调整出原小商小贩1457人，重新建立合作商店102家，恢复独立核算，自负盈亏的经济制度。1969年10月，合作商店与基层供销社合并成公社商业站。1973年，合作商店与基层供销社分离。1985年，全县有合作商店23家。1988年10月，县供销社根据上海市供销合作总社“关于郊县集体商业深化改革的若干意见”，加快集体商业管理体制改革，把集体商业从基层供销社、县公司归口管理的体制中分离出来，实行自成体系、自主经营、自我发展，统一核算、统一布局、统一安排的“三自立、三统一”企业。全县以原有合作商店为基础，组建商业合作社、商业总店。1989年9月12日，成立奉贤县商业服务公司。商业合作社和商业总店的人、财、物统一归商业服务公司领导管理。南桥镇和江海乡原有9家合作商店组建成立南桥饮食服务总店、建立余庆果品日杂总店和群利商业总店。各乡、镇已相继组建商业合作社。是年，全县商业合作社（商业总店）20家。1989～2002年，奉贤区（县）供销社对商业合作社（总店）进行改革转制，提出“企业解体、资产量化、退休托管、人员分流”的方针。

1. **撤并** 1989～1992年，群利商业总店撤销并入县烟酒糖业公司，塘外、平安、柘林、胡桥、新寺、钱桥、光明、金汇、邬桥、奉城10家商业合作社先后撤销，并入所在地区的基层供销社。

2. **转制**　对企业实行资产量化、人员分流、重新组合。对未撤并的企业进行资产评估，确认资产总值，负债额和净资产。以净资产剥离一部分提留给退休职工小病医药费和遗属生活补助费等，其余部分按职工人数和职工总工龄数进行量化。企业与职工解除劳动关系，以自愿组合的原则办理工商营业执照，新建股份合作制企业。职工与新企业签订劳动合同。1998 年 3 月，萧塘商业合作社改制为股份合作制企业。同月，齐贤商业合作社改制为齐贤商业合作社、共进商贸合作公司 2 家企业。同年 8 月，四团商业合作社改制为股份合作制企业。

3. **解体**　1999～2002 年，泰日、庄行、申新、青村 4 家商业合作社，南桥饮食总店、余庆果品日杂总店，通过资产量化、人员分流、职工自主经营、网点有偿转让等改革，企业均歇业、解体。企业员工符合上海市协议保留劳动关系条件，自愿参加"协保"的以外，其余职工均与企业解除劳动关系，自行办理个体（合伙）工商营业执照，或进入社会劳动力市场；退休职工由所在地供销社托管。

第六节　用工制度改革

1950 年，国营、集体商业不断形成。是年 10 月，发动农民入股组建基层供销合作社。供销社人员大都来自于小商贩、私营店（厂）雇员；领导干部由上级委派；行政管理人员、业务人员多数调用县土改干部、工会积极分子，有的业务人员从外县调用。60 年代，县供销社（商业局）自主招收劳务工、季节工、亦工亦农、计划外用工等进入供销社工作。70～90 年代中期，除自主招工外，上级劳动部门逐年分配复、退、转军人、大中学校应届毕业生、插队知识青年和社会待业青年、土地工等充入到供销社干部职工队伍。1992 年前，县供销社在册职工有固定工、合同制职工、临时工等多种性质人员组成。1992 年实行全员劳动合同制。

一、用工来源

1. **小商贩**　1950 年，奉贤县坐商主要是小商贩和夫妻老婆店 1519 户，是奉贤县商业主要经营体，一般均雇用职工和学徒，从业人员 3340 人。建供销社初期，有相当一部分停业小商贩充实到供销社职工队伍。

2. **私营店（厂）雇员**　1952 年，部分私营商店停业，雇工失业后被充入到供销社队伍。是年，私营轧花厂所有制性质转变，工人关系全部转到供销社的有 203 人。1956 年，私营商业接受社会主义改造后，参加公私合营、合作商店、合作小组，涉及 1157 人。

3. **委派**　建社初期，供销社领导干部缺乏，一般都有上级集中培训后，委派到供销社工作，60 年代初取消委派。

4. **调配** 50～60年代，县供销社行政管理人员、业务人员多数调用县内土改干部、工会积极分子，棉花助收、粮食收购等专业人员由专区从松江、青浦调配过来。70～90年代中期，从外系统调到供销社，必须凭县劳动局调配单，才准予调入。1998年后，职工调配完全市场化运作。

5. **分配** 1974年起，上级劳动部门逐年分配复员、退伍、转业军人、大中学校应届毕业生、插队知识青年和社会待业青年充入供销社干部职工队伍。1993年起，大中专毕业生不再实行指令性分配，实行学校推荐、用人单位和毕业生双向选择。90年代后期，取消分配。

6. **土地工** 70年代末，根据《关于征用土地农民工的安置政策》有关规定，县劳动局每年都有一定数量的土地工被分派到县供销社，每安置一个土地工给予2万～3万元补贴。2000年起，政府取消土地工安置政策，一律以货币置换农民土地。

7. **顶替** 1965年，实行退休、退职子女顶替政策。"文化大革命"期间，退休顶替政策终止。1979年，恢复年老体弱职工办理退休、退职子女顶替政策。1980年，全系统退休、退职职工子女顶替598人。之后，每年都有不少退休、退职子女顶替进县供销社工作。1984年，取消顶替政策。

8. **招工（招录）** 1965年起，县供销社陆续向农村招收合同工和临时工。1980年起，开始改革用人制度，基层单位可以直接招录农民合同工，聘用业务技术或管理人员。1984年，经县劳动部门同意，由县供销社统一命题考试，择优录用合同制职工。1984年3月，县供销社首次招收农村合同工，并举行文化考试，应试者700人，计划择优录取273人，实际录用232人。1988年，县供销社向县劳动局申请招用合同制工人350人，其中包括1988年劳动局分配的职业学校财会班毕业生及1988年招收商业职业培训班毕业生、城镇知青、农民等。此后，每年根据需要，招录一批人员充入到供销社队伍。90年代初，县供销社进行用工制度改革，取消基层单位用人自主权，招录权归县供销社。90年代后期，由于受市场经济冲击，县供销总社经济遭到严重影响，企业纷纷改制裁员，停止招录员工。2008年起，区供销总社开始招录具有大专以上文化程度，年龄35周岁以内青年人才，至2012年，共招录22人。

二、人员性质

1. **固定工** 固定职工是实行劳动合同制以前参加工作的，经劳动人事行政部门批准录用的正式职工，（不含招收的临时工）。

50年代起，招收的青年职工（包括职工子女顶替），进入企业采取师傅带徒弟形式，指定专人负责，订立师徒合同，进行传、帮、带。学徒期限一般为2～3年，期满后办理转正手续。早期曾有学徒期间不准谈恋爱、不准结婚等规定，后来考虑到就业年龄增高与婚龄等关系，上述规定不再强调。80年代初，取消学徒工制度。

1992年7月，县供销社推行全员劳动合同制，固定工全部与企业签订无固定期限劳动合同。

2. **临时工**　劳务工。建社初期，因经营业务需要，县供销社开始招用大量劳务工，没有固定的劳动期限，一般时间不长，轮换性很强。70年代起，根据国务院“关于改革临时工、轮换工制度”的通知精神，符合条件的分期分批转为固定职工；截至1973年6月，共转正1371人。此后，县供销社每年聘用一些劳务工，充入到职工队伍。1994年《中华人民共和国劳动法》（以下简称《劳动法》）实施后，已无临时工、正式工区分，只有合同期限长短之分；2007年，《劳动合同法》的贯彻落实，用工单位取消聘用劳务工，改为招用“劳务派遣人员”。

季节工。70年代初，县供销社购销业务不断发展，一些季节性较突出的棉花收购、农副产品收购、轧花等部门，需要大量人手，而雇用一些季节工。季节工时间很短，旺季工作结束，人员就辞退。80年代起，取消雇用季节工。

亦工亦农。60年代末，由于“文化大革命”，县供销社停止招收新员工，新生力量得不到补充，加上自然减员和老年职工增多，就逐步招用一批亦工亦农临时工，户籍仍在农村，劳动关系是被雇用者，享受企业为他们制定的固定报酬。70年代起，随着用工制度的改革，亦工亦农员工符合条件的分期分批予以转正。1971年11月，转正1371人。80年代中期，取消聘用亦工亦农人员，原来的亦工亦农人员按照国家有关政策规定，根据经营需要，普遍进行一次考核，合格的转为合同制职工，不合格的辞退。

计划外用工。70年代后期，县供销社非在册人员、亦工亦农人员转为计划外用工，并每年招用一些计划外用工。计划外用工是单位在国家劳动计划外，通过各种形式吸收到本单位．由本单位直接组织生产或安排工作，并支付工资，他们没有正式职工编制，但列入劳动统计范围的人员。80年代起，县供销社开始逐步清理计划外用工，把一些工作时间较长、表现较好的计划外用工转为合同制职工，并签订劳动合同。1984年，对计划外用工普遍进行一次考核，合格的转为合同制职工。1997年2月，县供销总社下发关于清理和规范计划外用工意见，规定企业只实行全员合同制工人和劳务工；对连续工作满10年以上，男年满46周岁、女年满36周岁以上不能转为合同制工人的计划外用工，企业可以留用到法定退休年龄，必须办理好劳务工手续；对一些表现较好，企业确实需要的计划外用工，经考核后合格的转为合同制工人，不合格的辞退；由此计划外用工彻底清理完毕。

3. **合同制职工**　1984年起，实行劳动合同制；县供销社陆续把表现较好的亦工亦农人员、计划外用工转为合同制工人；同时严格按照县劳动局下达的招工指标进行招工。1986年起，县供销社严格执行国务院颁布《国营企业实行劳动合同制暂行规定》及市政府颁布《上海市国营企业劳动合同制实施办法》之规定，不论招用长期工、临时工和定期轮换工，统一实行劳动合同制，用人单位和劳动者个人签订劳动合同。

1992年2月，根据市府办关于完善商业企业经营机制、推进“六自主”改革的文件精神，按照“六自主”之一企业劳动用工自主的要求，打破“三铁一大”（铁饭碗、铁工资、铁交椅、大锅饭），实行全员劳动合同制。企业内部不论是国家干部编制，还是全民、集体性质的职工（包括1984年以后的劳动合同制职工，1971年底前的长期临时工），在人员性质上一律变为劳动合同制职工。企业与职工之间签劳动合同，明确人员性质，按合同内容规定使用职工。原固定职工及工龄满5年的原劳动合同制职工，签订无固定期限劳动合同；其余人员符合条件的可签订1～5年有固定期限的劳动合同。到1992年7月，先期两批共14家单位签订全员劳动合同制的职工2222人，占总数的98.98%；订立上岗合同的2111人，试岗的30人，待岗的9人。

实行全员劳动合同制以后，干部能上能下，实行聘任制；职工能进能出实行招聘制。招聘上岗者为在岗，落聘者为试岗，经过第2轮招聘仍落聘者为待岗；对老弱病残职工，根据实际情况实行待退休；逐步形成“上岗靠竞争、报酬靠贡献、管理靠合同”的机制。

4. **劳务派遣人员** 2007年，区供销总社属下个别单位根据经营业务需要，开始招用劳务派遣人员。单位根据工作实际需要，向劳务派遣公司提出所用人员的标准条件和工资福利待遇等，公司通过查询劳务库资料及各招聘储备人才中心等手段搜索合格人员，经严格筛选，把人员名单送交用人单位，用人单位进行选择并确定。然后用人单位和派遣公司签订劳务租赁（派遣）协议，派遣公司和被聘用人员签订聘用合同。用人单位与派遣公司的关系是劳务关系；被聘用人员与派遣公司的关系是劳动关系，与用人单位的关系是有偿使用关系。2012年，上海鼎丰酿造食品有限公司有劳务派遣工148人。

三、职工分流

1. **自主经营** 1998年，县供销社鼓励职工进行自主经营。具体政策为：对1984年之后进企业的劳动合同制职工，企业将多余的经营网点进行一次性使用权有偿转让，本人申办个体、合伙经营工商营业执照，自主经营、自缴三金（养老金、医疗金、失业金），劳动关系不变。对本人自找网点，办照自主经营，自缴三金，经济上与企业脱钩，企业给予一次性经济补偿，标准按本人上年月平均工资，每年工龄补1个月。1984年前进入企业的原固定职工：企业将经营网点使用权一次性有偿转让，申办个体、合伙经营执照；自主经营、自缴三金（养老金、医疗金、失业金），劳动关系不变。

2. **停薪留职** 80年代初，县供销社严格按照《劳动人事部、国家经济委员会关于企业职工要求“停薪留职”问题的通知》的规定，始办理停薪留职手续。并规定停薪留职期间不升级，不享受各种津贴、补贴和劳保福利待遇；因病、残而基本丧失劳动能力的，可按退职办法处理。停薪留职人员在从事其他收入的工作时，原则上按月向原单位缴纳劳动保险金，其数额不低于本人原工资的20%。至1998年6月底，全系统共有停薪留职238人。

90年代末，停止办理停薪留职手续。原固定工中经批准的停薪留职人员，愿意回单位继续工作的，原单位与其签订劳动合同；用人单位不能安排工作岗位，而职工又愿意到其他单位工作并继续与原单位保留劳动关系的，可以变更劳动关系的相关内容。不愿意回单位继续工作的，原单位可以与其解除劳动关系。

3. **下岗**　1998年，县供销总社制订职工下岗的规定：对1984年后进企业的劳动合同制职工，协议未到期本人自愿申请待岗的，允许待岗3个月，其间企业发给每月240元生活费；期满后，无论是否落实工作岗位，均解除劳动合同，企业给予一次性经济补偿，标准按本人上年月平均工资，每年工龄补1个月。

1984年年底之前进企业的固定职工，既不购买经营网点，也不自主经营的，作下岗处理，下岗期间发给一定的生活费。1998年下岗职工每月生活补贴费240元，后来随着最低工资不断调整，生活补贴费逐年增长；2002年280元，2004年290元，2007年320元，2008年350元，2009年400元，2010年450元，2011年640元，2012年725元；由于单位情况不同，发放上存在差别。1998年，有下岗职工164人，2012年有下岗职工199人。

4. **再就业**　1998年11月，县供销总社建立再就业服务中心，由党委1名领导任中心主任，1名基层领导任中心副主任；再就业服务中心主要负责供销系统内下岗职工的托管工作。按照市、县政府的有关政策，对1984年前参加工作的下岗职工进再就业服务中心（托管）。县供销总社采用多种形式推动下岗职工再就业。再就业服务中心对托管人员建立一人一卡制，妥善办好手续，教育下岗职工转变择业观和就业观，以适应社会主义市场经济条件下选人用人机制。再就业服务中心建立与人才市场、劳动服务所、职业介绍所等部门信息网络，提供就业信息服务。

2000年，再就业服务中心认真贯彻执行上海市人民政府关于实施协议保留社会保险关系（简称“协保”）的政策规定，及时向有关部门反映供销系统下岗职工情况，对符合条件的托管人员办理协保手续。2001年，再就业服务中心先后托管涉及到43个企业（包括商业合作社）787名下岗职工，支付托管人员社会保险费300余万元，发放生活费200余万元；其中区供销总社支出25万元，余款由区政府按政策拨款，确保托管人员的基本生活费、养老金、医疗保险、失业金及时发放和缴纳。至年末，为托管人员办理协保450人，转为个体经营72人，退工28人，退休45人，最后回原企业192人。是年12月，再就业服务中心撤销。

5. **协保**　协保即协议保留社会保险关系。2000年，县供销社根据市政府有关规定，在全系统推行办理协保手续。规定凡是男性1957年12月31日前出生、女性1962

年12月31日前出生的下岗人员及被认定为再就业特困的人员，由本人提出申请，与所在单位协商后就保留社会保险关系签订协议。协保人员在签订协保协议，其社会保险费一次性缴纳至退休日，费用由原单位与协保人员协商承担。协保人员的社会保险缴费基数，缴费比例分别为：养老保险16%、医疗保险6.5%、失业保险1%。协保人员走向社会后可以凭《劳动手册》，按相关规定从事劳务性的工作；用人单位使用协保人员的，可以免缴社会保险费或者补缴社会保险费差额。供销社共办理协保手续有1080人，支出“协保”费用1358万元。

6. **解除劳动关系** 1998年，县供销总社面对商品集体经营困难状况，按照《劳动法》关于解除劳动关系的规定实行裁减人员。对企业富余人员提出辞职的按劳动法有关规定解除劳动关系。解除劳动关系后，执行《经济补偿办法》：“用人单位应根据劳动者本单位工作年限进行补偿，每满1年发给相当于上年度1个月工资的经济补偿金，最多不超过12个月。工作时间不满1年的按1年的标准发给经济补偿金”的规定进行补偿。1999年2月，鸿雁商场出台《减员实施方案》，凡是劳动合同制职工至1999年3月31日合同到期的，且工作年限不满10年的，一律不再续签劳动合同，减员130余人。2001年，奉贤供销系统办理解除劳动关系1858人，发放经济补偿费2570万元。

7. **提前退休** 1997年，企业陆续改制，不少企业职工下岗。县供销总社根据上海市困难企业老职工办理提前退休政策有关规定，为部分符合条件男年满55周岁、女年满45周岁，本人提出申请，经县供销总社审核，最后报县劳动部门审批，准予提前退休的老职工办理提前退休手续。是年办理83人，1998年办理150人。

1951～2012年若干年份奉贤区（县）供销社职工队伍情况表

表4-5-1

年 份	合计（人）	固定工（人）	合同制职工（人）	临时工（人）	备 注
1951	668				
1955	1282	1140		142	
1960	1999	1832		167	
1965	3496	2247		1249	
1970	4012	2365		1647	
1975	5573	4775		798	
1980	5028	4854		174	
1985	6502	6210	125	167	
1990	6528	4811	1156	561	
1995	6496		5981	515	
2000	4526		4526		
2005	3482		3482		
2010	1791		1791		
2012	1420		1420		

第七节　分配制度改革

奉贤供销系统收入分配制度改革大致分为两个时期：第一个时期收入分配制度演变的趋势是从供给、薪给、包干三种制度到工改后的工资制，职工收入更多体现的是平均主义、“大锅饭”，没有激励机制和奖励制度；职工享受应有的福利待遇。第二个时期是改革开放后，县供销社在收入分配制度上进行一系列的探索，逐步打破计划经济体制下不合理的收入分配制度，初步建立与社会主义市场经济体制相适应的收入分配制度，根据企业效益、物价变化、在岗职工平均工资等因素，合理调整职工工资。

一、基本形式

1. **工资**　解放初期，干部职工工作报酬分供给、薪给、包干三种制度。供给制：伙食、服装、子女保育等费用均有国家供给。薪给制：分有级薪给、无级薪给、30元合同制和保留工资制等多种，均有国家按月支付现金。包干制：每天2.5公斤大米。1951年参加工作固定人员，月薪定为17元、19元、20元三档；临时人员，月薪定为15元、17元、18元、20元四档。1953年前，基层供销社人均月薪21.30元，全县系统人均月薪29.90元。1953年5月，根据松江专区供销总社下达的职工薪给标准，全社调整工资，调整后基层社人均月薪30元，县、基人均月薪34.10元。1954年，供给制取消某些供给项目，逐步向工资制过渡；基层社职工实行业务级5～12级，商办工厂薪给制改为6级，干部实行行政与业务两种级别，工资水平除级差调整外，基本稳定。1956年首次工资改革，县供销社纳入工改994人；改革前人均月薪32.48元，改革后人均月薪40.68元；新职工改革前人均月薪32.40元，改革后人均月薪37.80元。是年供给制、包干制改为货币工资制。工改后不久，行政机构人员实行职务工资制，公司经理和基层社主任实行职务补贴工资制，营业员和保管员实行业务技术等级工资制，合作商店从业人员实行基本工资加劳动返还制。

1962年3月，合作理发业工资形式由固定工资改为拆账制，全社215人，改革前人均月薪29.45元，改革后人均月薪33.62元。1963年，对部份1962年底前参加工作的正式职工和1960年底参加工作的临时职工调整工资，共调资909人，人均月薪增5.25元；商业局实际调资277人，人均月薪增3.50元；增资时间均自1964年1月算起。

1972年，对工作多年工资偏低职工调整工资；商办厂、车队实际调资252人，占总人数45.6%，其中调级增资127人，靠档增资125人，增资总额1284.60元；全民所有制单位实际调资1876人，占总人数51.8%，其中调级增资1306人，靠档增资570人，增资总额9720.24元；合作商店实际调资384人，占总人数34.5%，其中调级增资338人，靠档增资46人，增资总额2132.72元；增资时间均自1971年7月算起。1974年，对新职工调整工资，一般定为38元，表现良好者40元。1976年，对部分1968年参加工作，工资偏低职工调整工资，一般定为38元，表现良好者40元。1978年，对40%低工资干部、职工调整工资；全民所有制单位实际调资972人，占总人数37%，增资总额5906元，人均月增资6.07元；合作商店实际调资352人，占总人数38.3%，增资总额1913.96元，人均月增资5.44元。1979年1月起，实行附加工资，每人每月增加3.37元，与月薪同时发放，后凡增资超5元即抵销。是年，对20%低工资领导干部及先进工作者调整工资；全民所有制单位89人，合作商店9人；增资超5元，抵销附加工资。

1980年，对40%低工资干部、职工调整工资；全民所有制单位实际调资2343人，占总人数54.33%，人均月增资2.10元；合作商店实际调资602人，占总人数55.2%，人均月增资2.07元；增资超5元，抵销附加工资。1981年，对1971年年底前参加工作临时工调整工资，共140人，人均月增资4元。1983年，县供销社机关工作人员调整工资，实际调资77人，增资总额641.90元，人均月增资3.37元。1984年初，企业普遍调整工资，对纳入调资范围人员进行劳动态度、技术高低、贡献大小三个方面考核后，实行浮动升级；实际调资5357人，增资总额52157.62元，抵销附加工资后，人均净增8.48元。第4季度，对有特殊贡献职工予以晋级，晋级面为企业职工总人数4%，晋级幅度一般半级，个别一级。11月起，调整学徒工资：第1年每月28元；第2年每月30元；第3年每月33元。学徒期满转正工资39元；转正满1年工资45元；经考核业务技术达3级水平，劳动态度较好，定级49元；业务技术达4级水平，定级53元；熟练工在6个月内工资33元，转正满1年定级45元～49元。1986年，县供销社机关按事业单位调整工资，基层企业实行一次性浮动升级。1987年，县以上企业和基层供销社进行第二次自费增加工资。

1994年起，县供销总社进行了二次分配制度改革，即多元结构工资和绩效工资。1999年起，全资企业逐步退出商品经营，改为资产经营，人员有序分流，干部工资享受年薪制，每年由区（县）供销总社考核后确定发放基数；职工工资由企业根据经济效益自行分配。改制企业分配，由企业董事会根据经济效益讨论决定。

2. **奖金** 县供销社实行奖励制度始于1952年，当时局限于先进工作者，仅奖励笔记本、钢笔之类实物。1953年年末，江苏省商业厅规定商业企业奖励金提取、使用办法，县专业公司每月从工资总额中提取5%，其中：15%上缴对口省公司，30%作为职工福利金，其余作为优胜集体和优胜个人奖励。1958年起实行综合奖，规定人均每年40.50元，按季评定等级发放。“文化大革命”前期，各种评奖活动停止。后来恢复发放综合奖，不评等级，干多干少、干好干坏一个样。

1976年起，奖励制度逐步恢复、完善。1978年，对先进单位、先进个人，给予精神鼓励和物质奖励。县百货公司、饮服公司理发业、泰日社改进奖励办法，把企业经营成果与职工个人利益结合起来，多劳多得，少劳少得。是年10月，全社实行生产奖励，规定全年人均奖金87元，视职工日常劳动表现好坏，可上可下，不再综合平衡。1979年，全县饮食业实行超产奖励，理发业实行定额超产提奖。有些单位（部门）另设节约奖、节油奖等。

1980年，职工奖励基金与企业利润直接挂钩，奖金水平高低视当年利润实绩多少而定，一般发放人均工资1个半月至2个月额度，季度预发，年终结算。1981年，以高有限额、低有保证为原则对经营小商品部门，在考销售额、利润两项主要指标时，联系经营管理、服务态度、执行政策等诸方面情况，适当计奖。至1983年，全社奖励制度有：季度生产奖、利润提成奖、固定工资加提成奖、经济承包提取超额工资、定额超产奖等多种。1984年，在进行经济体制改革中，扩大企业自主权，具体分配为：1、纯商业：核定基数，超额分成，缺额赔补；县、基奖金基数155元～160元，利润超上年实绩，每超1%，增发奖金1%～1.3%。2、苦脏累及利薄接近亏损和实际亏损企业：定额上交，超额归己，缺额全赔；鼓励饮食、服务性行业职工离店承包或租赁承包，完成承包额外收入归己。1985年，全系统人均奖金250元左右；之后，企业职工奖金基数逐年递增。1985年3月，县供销社实施经济效益贡献奖、开拓经营突出奖、扩股集资显著奖、文明建设成果奖、企业整顿成果巩固奖五个奖项，年底经过综合考评后，予以发放。90年代初，全系统人均奖金1000元左右。

1992年，县供销社下发文件取消设立单项奖励办法，对企业领导班子实行经济效益、企业管理、依法经营等6个方面的经营责任制考核，年终经企业自查和上级考核后给予奖励。90年代中后期，企业面临严重困难，经济效益大幅下降，全资企业干部奖金由县供销总社考核发放，上岗职工奖金年底由企业根据实际情况，按照职务及工作业绩给予适当奖励；奖励额度由企业自行决定。改制企业奖金分配，由董事会自行决定。1999年起，全资企业干部职工取消奖金发放，实行年薪制。

3. **津补贴**　1979年11月，国家提高8种农副产品价格，此月起实行副食品差价补贴，每人每月5元，与月薪同时发放；1982年7月提高为10元。1985年起，开放副食品和水、电、煤价格，为使职工工资水平不受物价上涨影响，政府规定对城镇居民、企业职工及离、退休人员实行副食品价格补贴。1992年4月起，根据上海市财政局有关文件精神，适当发放职工粮食补贴，每人每月补贴5元。其他津补贴还有司机行车补贴、高温作业津贴、有毒有害作业人员的食品保健和高温作业津贴等。

二、职工福利

1. **医疗**　1953年5月，县供销社在册人员全部实行公费医疗制度，实报实销；之后，凡供销社退休干部（职工）医药费实报实销。1956年4月，临时工医药费待遇与固定职工同等享受。公私合营、合作商店人员每年医药费30元，医药费较大，家庭生活困难可申请补助。1973年起，集体所有制人员实行个人医疗医药费全额报销（门诊挂号费自理）。职工劳保对象医约费报销50%。1984年起，县供销社医药费实行定额包干使用，实报实销，超定额自负30%，定额结余归已；慢性病、住院治疗者例外。1985～1996年，县供销社干部职工的医疗实行公费医疗制度。1996年4月，实施城镇企业职工住院医疗保险暂行办法，实行住院医疗费用社会统筹；此后，供销社干部职工医药费享受国家医保政策，企业不再报销医药费。2000年起，退休职工全部纳入医疗统筹，按国家有关政策享受医疗及报销待遇。2001年起，供销社每年为职工缴纳补充医疗互助保障金，在职每人50元，退休每人170元；患病住院职工除属医保报销范围的医疗费用结算之后，可以享受住院补充医疗互助保障会，对个人自负部分的医疗费用按一定比例给付的补充医疗保障金。

2. **养老**　1998年以前，县供销社养老政策根据国家有关规定执行。凡男性干部、职工年满60周岁，女性职工年满50周岁，女性干部年满55周岁，企业准予办理退休或离休。退休干部（职工）按月领取原工资75%退休金，离休干部（职工）视参加革命工作时间长短，分别领取休养费；企业每年根据政府有关规定调整养老金。离休、退休干部（职工）医药费享受不变。1993年1月起，企业办理养老保险手续，并按规定缴纳职工养老保险费；职工建立养老金个人账户，并按本人上年月平均工资3%缴费，(以后每两年调增1%)。1998年10月，根据市政府办公厅《关于对本市离退休人员养老金实行社会化发放试行意见的通知》，县供销总社率先进行试点，至年底，离退休人员养老金全部实行社会化发放。建社后，县供销社根据政府有关规定，对在职及离退休干部（职工）遗属给予生活补助；发放标准：按政府当年制定的遗属补助额，扣除遗属已有收入，不足部分由企业每月发放；2008年起，遗属生活补助实行社会化发放；至2012年底，全系统共有遗属11人，享受遗属补助3人；其余8人都已享受镇保，其生活费已超过政府当年制定的遗属补助额。

3. **疗休养**　1962年起，县供销社逐年输送工作有成就干部、职工去杭州疗养。1981年至1984年，组织老干部、老职工、先进工作者到上海、杭州、苏州、庐山、无锡等风景区疗养，共751人。80年代中期起，县供销社工会每年发给各企业一份疗休养地点安排表，各单位根据安排表上报疗休养（包括外出学习考察）名单，由县供销社工会统一安排，单位不能自行组织外出；疗休养安排对象：(1) 劳动模范，先进工作者，单项标兵以及工作表现好、又将要退休的老职工；(2) 属国家劳动保护规定范围内从事尘毒作业的职工；(3) 其他职工；总的比例按职工人数的4%～6%安排职工疗休养；90年代末取消统一安排职工疗休养，企业根据自身情况，适当安排职工近距离旅游，有的单位每年固定发放一定的旅游费。1998年起，区（县）供销总社安排基层干部健康体检；具体做法：基层党政正职干部每2年1次健康体检；党政副职干部每3年1次健康体检；基层党政正职干部家属每3年1次健康体检。

4. **其他**　县供销社建立初期，供给制人员患病期间，供给标准不变；工资制人员患病期间，视具体情况，分别支付60%～80%工资。1953年，供销社机关实行星期日例假制，部分有条件基层社实行职工轮休制；是年起，家庭不在奉贤的干部，可短期离职休假。1955年上半年起，全社实行轮休和工间休息制度。1956年7月，贯彻执行劳动保险条例，职工生、老、病、伤、残均有切实保障；8月起，女职工正常生育，产假期间工资照发，另外发给生育补助费10元；之后，女职工一切待遇，严格按照政府有关规定执行。

1957年，商办工厂购置通风降温设备，并增加职工夏令防暑用品和清凉饮料费用。1961年起，全民所有制单位夫妻分居两地的工作人员，每年享受12天探亲假，探亲期间一切待遇不变，往返车船费报销。1966年起，凡气温高于37摄氏度，每人每天发放冷饮费5分；后规定每年6月15日至9月15日为防暑隆温期，每人享受冷饮费4.50元；1984年起，防暑隆温期每人每月享受冷饮费4元，之后每年进行调整；90年代起，开始发放高温费，每年6月15日至9月15日为高温期，发放金额每年不等；2011年，区供销总社规定，上岗职工每人每年享受高温费800元。

60年代末，有的单位开始开办食堂，没有食堂的单位发放饭贴；刚开始每人每天发放饭贴0.05元，80年代起，每人每天发放饭贴1元，1992年4月，每人每天饭贴调整为1.50元，后来随着物价上涨，不断调整；据统计，2012年职工饭贴按每个工作日8元～10元发放。

1974年6月起，家庭不在工作所在地职工，每月享受4次半往返交通费补贴；1984年起，职工交通费补贴按实际路程所需车资计算，骑自行车上下班路程在2千米以上者，每月补贴车费4元；90年代起，改为每月发放固定车贴，金额根据车价不断调整；据统计，2012年基层单位上岗职工每人每月发放交通费补贴150元。1976年起，合作商店夫妻分居两地者，享受探亲假，待遇与全民所有制单位等同。

1977年起，农药保管员享受保健食品待遇，每人每月食油250克、猪肉1公斤、食糖1斤或价值人民币3元的其他食品。1978年起，油库职工享受保健费，每人每月6.40元。1979年起，从事废旧物资人员，按接触脏物程度，每人每天分别享受0.30元、0.20元、0.15元职务补贴。1984年起，每人每月发放理发、洗澡费3元；1991年2月，县供销社调整职工洗澡费补贴标准，并根据不同工种及苦脏累程度共分为4档，分别为10元、15元、20元、26元 。1985年起，县、基层自办托儿所16个；90年代中期，自办托儿所取消；其间，领有“独生子女证”职工每月享受保健费5元。

三、新分配形式

1. **多元结构工资**　1994年，县供销总社召开企业工资改革大会；这次工资改革的内容：全社推行多元结构工资，分为六块即基本工资、岗位工资、技能工资、工龄工资、津补贴工资、效益奖励工资；特点是突出岗位和技能。(1) 基本工资是1992年年底之前的工资另加“六自主”企业提取工资总额4%，即每人每月5元，主要反映职工的历史工资水平。(2) 岗位工资是在岗位定员范围内的人员，以1994年

11 月底在册人数，下达每人每月 155 元的岗位工资额度。在岗的党政正职限额每月 260 元，副职每月 230 元，一般在岗的职工最低每月 130 元。(3) 技能工资是根据不同岗位、工种对劳动技能（技术、业务）要求和职工所具备的劳动技能水平，以及工作实绩而确定的工资报酬，主要反映职工实际技术业务水平的差别，技能工资求高不求低单一享受。(4) 工龄工资是反映职工劳动积累贡献的工资，每年按职工工龄增加，逐年积累。工龄工资每人每年为 2 元，以后每年 12 月调整 1 次。(5) 津补贴工资主要是由国家、企业发放的各种津贴、补贴。(6) 效益奖励工资是指本年新增效益提取工资额，实行工效挂钩的企业，留足 20% 储备工资，以丰补歉，然后根据工资定额剩余来确定本年奖励效益工资，企业可以自定分配方案作一次性发放。

2. 绩效工资 1997 年，提出《企业分配机制转换的若干意见》的讨论提纲，对企业分配机制转换提出设想：分配机制转换的基本原则是在总量调控、政策调节的前提下，以职工劳动效率和企业经济效益为主体，以个人的劳动技能、岗位责任、劳动强度和条件、贡献大小为分配依据，实行以基本工资、浮动工资（原有岗位工资和奖金的总和）和投资收益相结合的分配制度。分配机制转换模式，第一方案：将现在的基本工资、工龄工资、技能工资、伙食补贴 4 项合并为基本工资，将岗位工资和奖金改为浮动工资（即效益工资）。第二方案：将核定当年度工资总额的 30%～40% 为基本工资，工资总额 60%～70% 为浮动工资（改制后部分分红收益在内）。基本工资体现职工工资的历史的、客观的和政策性因素；浮动工资体现企业效益和职工劳动效率的紧密结合。

3. 联销联利计酬 联销联利计酬是县供销社工资分配的一种新形式，90 年代初，县供销社个别柜台、商店试行联销联利计酬。联销计酬是在搞好定员定额的基础上，将柜组职工工资总额（含原来综合奖）与应完成销售额之间的固定比值,确定为提取工资报酬的比率,然后按实际完成的销售额来提取工资；同时考核毛利率，超率有奖，不足扣回。联利计酬是分利的一种，联合到利润或收益计算报酬；计算方法：按柜组（商店）上年利润为基数，完成基数享受上一年工资水平，超额按比例分成，反之则按比例扣减。联销联利计酬是一种新型分配方式，只在部分商场柜台、小型商店试行，由于分配方式上的局限性及多种因素，没有在全系统推广。

4.年薪制 1999 年，对全资企业经营者（基层供销社主任、有限公司经理、党支部书记）试行年薪制。年薪工资由基础年薪（即基薪）和绩效性两部分组成。基薪根据各企业所有者权益额度、职工（包括离退休职工）规模、综合效益三者考核，共划分为五档。基薪的 70% 部分为固定基薪，由各企业每月发放；基薪的 30% 部分为浮动基薪，经考核后由各企业一次性发放；基薪列入企业工资总额。对企业资本金有回报的、企业扭亏、减亏增效的给予加薪，每年年终经审计考核后统一发放。改制企业经营者由董事会决定年薪分配方案。

2004 年，印发《关于对企业经营者目标管理责任考核的试行办法》，提出经济目标和工作目标考核内容、考核办法。经济目标考核内容：综合效益（利润总额、固定资产折旧、上交行政管理费）的完成情况。考核办法：由机关财务审计科对企业财务报表及相关资料进行审核，并计算劳动报酬增减额。工作目标考核内容：党建工作、精神文明建设、资产管理、综合治理、安全信访等。考核办法：由机关相关科室按考核内容进行考评。最后由区供销总社党政班子依据考核情况以及分管领导意见，确定全资企业经营者年薪分配额度。

2010 年，完善对经营者的考核细则。考核分两大块：经济目标和工作目标；经济目标考核内容：财务管理（制度执行、租金收缴率、预算费用执行率、现金流量状况等）、资产管理（资产出租率、资产收益率、合同规范化等）、招商引资；工作目标：领导干部综合素质、劳动人事和行政管理、综合管理等。考核办法：由机关相关科室按考核意见及内容进行考评。最后由区供销总社党政班子依据考核情况以及分管领导意见，确定经营者年薪分配额度。

2012 年，经营者报酬由基薪和绩效薪组成年薪。基薪：正职统一标准为 9 万元 / 年，按月发放，副职按正职的 70% 执行；绩效薪：区总社成立由“五科一室”组成的薪酬考核小组，负责组织实施对经营管理指标、预算执行指标、工作管理指标、责任指标的考核；经“五科一室”薪酬考核小组年终考核后，将考核数据提交区供销总社领导班子集体讨论审批后兑现，副职按正职的 70% 兑现。年薪是指企业领导人员获得的税前总收入，包括各类津贴补贴、由个人承担的社会保险金、住房公积金和个人所得税。考核内容：

1. 经营管理指标：40 分

项目	考核分	考核办法
总收入	15	每增加 1% 加 1 分，每减 1% 扣 1 分
利润总额	15	每增加 1% 加 1 分，每减 1% 扣 1 分
租赁合同履约率	10	按年度收到租金到账金额计算

注：考核责任部门为财务统计科、投资管理科、审计监察科。

2. 预算执行指标：30 分

项目	考核分	考核办法
管理费用	10	每增 1% 扣 1 分
1. 人工总成本		
其中：工资薪金	6	每增 2% 扣 1 分
职工福利费	2	每增 5% 扣 1 分
社会保险金、公积金	2	正职领导不超过区总社核定年薪基数
2. 业务活动费	6	统一按 6.8 万元 / 年支出，超 1% 扣 1 分。
3. 车辆费用（包括发放的车贴）	4	基层社按 4.2 万元 / 年支出，公司按 3.8 万元 / 年支出，超 1% 扣 1 分。

注：考核责任部门为财务统计科、审计监察科。

3. 工作目标管理：30分

考核目标	考核分		考核内容	考核责任科室
	公司	基层社		
资产管理 招商引资	10	5	1. 租赁合同 2. 资产信息管理系统 3. 投资、维修项目管理 4. 招商引资	投资管理科
财务管理	5	5	1. 财务统计基础工作	财务统计科
人力资源管理	5	5	1. 党群组织工作 2. 人力资源管理 3. 企业学习培训 4. 企业文化建设	人力资源科
综合管理	5	5	1. 日常工作 2. 安全生产 3. 企业稳定	办公室
内控制度与审计整改	5	5	1. 内控制度有效性 2. 审计事项整改率	审计监察科
为农服务		5	1. 专业合作社发展 2. 再生资源管理 3. 农资管理 4. 基层社建设	为农服务科

1951～2012年若干年份奉贤区（县）供销社从业人员和劳动报酬情况表

表4-7-1

年份	单位数	期末人数（人）				平均人数（人）				劳动报酬和生活费（千元）				平均劳动报酬和生活费（元）			
		从业人员	全部职工	在岗职工	其他	从业人员	全部职工	在岗职工	其他	从业人员	全部职工	在岗职工	其他	从业人员	全部职工	在岗职工	其他
1951	22		668				668				150				224		
1953	20		1316				1298				531				409		
1957			1108				768				386				503		
1962	21		2564				2536				1022				403		
1967	23		3556				3438				1416				412		
1976	27		3897				3798				1656				436		
1978	29		3404				3360				1697				505		
1984	37		5174				5118				5435				1062		
1986	40		5741				5883				8618				1465		
1991	63		7218				7042				20786				2952		
1992	60		7160				6835				28745				4206		
2001	41	3298	3976	2541	587	3392	4057	2698	602	32551	29194	27476	4874	9597	7196	10184	8097
2006	32	2571	2818	1870	701	2653	2892	1935	718	51456	42214	41238	10218	19395	14597	21312	14231
2007	34	1197	2220	1130	67	1234	2291	1166	68	24274	25030	24003	271	19671	10925	20586	3985
2012	29	896	1420	863	33	920	1503	885	35	36581	37767	36411	170	39762	25128	41142	4857

四、住　房

1. **建设**　1957～1959年，县供销社建造干部职工宿舍30间，县商业局建造职工宿舍20间，总面积1000余平方米。1962～1978年，县供销社（商业局）共投资建造职工住宅8693平方米，投资总额60余万元。1979年，县供销社在系统内自筹资金,建造职工住宅大楼5656平方米。80年代开始，在南桥镇解放新村、新建中路运河路、立新路、菜场二支路等处集资建造职工住宅，建筑面积3.80万平方米，累计投资2000余万元。各基层供销社在各乡镇也建造一批住宅房，据不完全统计，累计投资2000余万元，建筑面积3.11万平方米。

80年代初，奉贤县供销社建设的职工住宅房

2. **分配**　分配方式以福利房为主，县供销社（商业局）根据基层单位认购户数，向需房单位按建房成本价集资，利用自有闲置土地，建造职工住宅。建成后的住宅，由各单位租赁给住房困难职工，物业由县供销社统一管理。

1962～1978年，共为100余户职工解决住房困难。1979年，为99户职工分配住房；1980年后，在南桥地区为579户职工分配住房；各基层供销社为402户职工分配住房。

县供销社召开房改工作会议，落实房改政策

90年代起，福利房分配制度中止，曾一度由各单位依自身财力，对部分困难职工给予适度购房补贴。1991年5月起，企业为职工每月缴纳住房公积金。90年代中期起，职工购房完全市场化，企业不再作任何补贴。

第五章　行政管理

奉贤县供销合作总社筹备处设置社务、业务、会计等管理部门。奉贤合作总社成立以后，根据各个时期企业行政管理的需要，不断调整区（县）供销社机关内部职能管理部门，其间，各部门有分有合。先后设置科（股）室行政管理部门39个。不断坚持加强对人力资源、财务会计、社有资产、计划统计、物价商政、审计工作、综合安全、文书档案等各项管理，充分发挥供销合作社职能机构的作用，保证各项管理制度的贯彻落实，推动企业管理达标上等级，提高管理科学化规范化水平，建立激励机制、实行奖惩制度、完善劳动纪律、提高企业运行质量和经济效益。奉贤区（县）供销社等有38家（次）的企业（部门）被评为上海市、国家部委、全国供销合作社系统先进企业。奉城供销社被评为全国基层供销社第一家二级企业。

第一节　人力资源管理

一、机　构

1950年10月，奉贤县供销合作总社筹备处建立企业社务管理部门。1951年4月，县合作总社成立，设干部股、主管劳动人事工作。1958年4月专设人事股。“文化大革命”中，人事股撤销，由政工组负责劳动人事管理。1979年1月，县供销社重新设人事股。1982年，人事股改称劳动工资股。1984年后，劳动人事部门先后改称为人事保卫科、组织人事科等名称。2004年2月，劳动人事工作由区供销总社政工科管理。2012年2月设人力资源科。

二、职工队伍

1951年4月县合作总社建立后，供销系统企业不断发展，职工人数逐年增加。由1951年的668人增加到1961年的2329人。1970年，全县供销系统职工达到4012人。1972年，突破5000人。1992年2月，供销系统企业实行“六自主”改革，招收职工由企业自主进行，到是年年末，全县供销职工为7160人。90年代中期起，奉贤供销系统企业陆续进行改制，职工实行有序减员分流，区（县）供销总社直属企业职工人数逐年下降，2004～2006年平均有职工3600余人。2012年，全区供销系统直属企业职工1420人。由于供销社经济园区规模扩大，在园区登记注册企业的职工（从业人员）已超过万余人。

1950～1984年奉贤县供销社、国营、合作商业职工情况表

表5-1-1　　单位：人

年份	供销社系统	国营商业	合作商业	年份	供销社系统	国营商业	合作商业	年份	供销社系统	国营商业	合作商业
1950	275			1962	2564	455	1457	1974	5255		1282
1951	668			1963	2730			1975	5573		1180
1952	1050			1964	2903			1976	5571		1277
1953	1316			1965	3496	329		1977	5068		1273
1954	894			1966	3599	376		1978	5316	493	1285
1955	1282			1967	3556	401		1979	5279	506	1306
1956	1259		1667	1968	3526	385		1980	5028	508	1343
1957	1108	223		1969	3693	367		1981	5065	526	1392
1958	1430		1457	1970	4012	384		1982	4985	683	1468
1959	1749			1971	3622			1983	5118	676	1387
1960	1999			1972	5069			1984	5174	684	1357
1961	2329			1973	5055						

1985～2012年奉贤供销系统（含国营、合作商业）职工情况表

表5-1-2　　单位：人

年　份	职工数	年　份	职工数	年　份	职工数	年　份	职工数
1985	6502	1992	7160	1999	4963	2006	2818
1986	5741	1993	7089	2000	4526	2007	2220
1987	5323	1994	6539	2001	4209	2008	2542
1988	6152	1995	6496	2002	3767	2009	2456
1989	5103	1996	6590	2003	4048	2010	1791
1990	6528	1997	6332	2004	3769	2011	1707
1991	7218	1998	5977	2005	3482	2012	1420

三、员工管理

1. **岗位培训**　县合作总社成立后，重视干部、职工培训工作。1951年，设立教育培训基金，用于职工扫盲与岗位培训。1952年，县联社选派32名职工去苏南区合作总社棉训班学习。南桥供销社设文化部、卫生部，分管业务文化训练班、书店、阅览室、文工团和职业技术、卫生工作培训。1953年，县联社成立学习委员会。举办“一揽子”的训练班3次，培训基层组导员、营业员248人。1954年，职工培训列为县供销社重点工作之一，自办文化、业务训练班，对文盲职工采取包教包学、速成识字法，干部、职工培训工作逐渐形成制度。1963年，县供销社商业干校成立后，开始有计划分期分批培训各岗位专业职工。1978年改革开放后，为适应供销经

济发展的需要，培训干部和各方面业务人才成为供销社的重要任务。1984 年，全县供销系统共办各类培训班 28 期，接受培训 10500 余人次。1991 年，县供销社商业学校岗位培训 5473 人次。1995 年，利用商校阵地举行 800 余名中级营业员应知应会考试。2001 年后培训课目、受训范围不断扩大。至 2012 年，区（县）供销社职工中专、培训中心、职工学校先后为全系统 4 万余名干部职工进行文化补习、业务培训、学历教育、职称考评培训，提高干部企业管理能力和职工经营服务水平。

70 年代，奉贤县供销商校培训会计人员

2. **劳动管理**　1951 年，奉贤县各基层供销社对收购棉花等农副产品的助收人员进行劳动纪律教育。1952 年 12 月，16 个基层供销社员工总数 862 名，其中助收人员、勤杂工 646 人，占职工总数 75%，针对这些人员业务生疏、工作散慢的情况，各基层社加强管理教育，对临时聘用的人员签订小工合约（见附件），明确双方的权利和义务，提高工作责任性。1953 年，庄行供销社有员工 52 人，其中临时人员 49 人，占 94%，针对部分临时人员工作不认真、个别人还有历史问题、思想不稳定、作风粗暴、办事不公正的情况，对不宜在供销社工作的人员作出辞退等处理，编制上实行定员、工作上实行定额，调动职工劳动的积极性。1954 年，县供销社对基层供销社实行编制定员，合计 547 人，其中行政人员 95 人，供应人员 294 人，推销人员 158 人。1956 年 7 月，全县 1630 户私营工商业完成社会主义改造，对 2450 名纳入公私合营商业、合作商业、合作小组、经销代销店的原私营工商业职工分别进行劳动纪律教育。在一地多店区域设立商店委员会，加强对辖区职工的管理，对一般的贪污、盗窃、营私舞弊等违规违纪现象进行批评教育，情节比较严重的根据《全国合作社工作人员奖惩暂行办法》规定报供销社理事会进行处理。是年，实行职工轮休制，解决职工工时过长和落实整天休息问题。1962 年，县供销社与县商业局分署办公，对县供销社部分职工存在劳动纪律松弛、服务质量下降的情况，进行改善服务、买卖公平、不开后门、勤俭节约、执行劳动守则的教育。1970 年，根据国务院“关于改革临时工、轮换工制度”精神，建立对职工的考核评议制度。1973 年对全系统 1371 名临时工经考评后转为固定工。1978 年，针对职工中“文化大革命”期间遗存下来的各种不正确思想，针对性地进行劳动纪律教育，纠正企业规章制度是“管、卡、压”的错误认识。在职工中开展“四无”（与顾客无争吵、工作无差错、上班无缺勤、安全无事故）活动。开展“双学”（工业学大庆、农业学大寨）活动，以“三老四严”作风引导职工，把“三不”（不上自由班、不站自由岗、工作期间不做私活）作为基本的劳动纪律贯彻执行。1980 年，根据国家劳动人事部、国家经济委员会关于企业职工要求留职停薪的规定，对提出书面申请企业同意并履行留职停薪协议的职工，落实计算连续工龄的规定精神，保护留职停薪职工合法权益。1983 年，在开展“五讲”、“四美”活动中，引导职工投入争一流服务、满意在商场活动，规范劳动行为。是年，根据劳动管理有关政策规定，对全系统劳动表现好的亦工亦农职工和计划外用工转为合同制工人。1992 年 5 月制定《关于“劳动人事制度配套改革”总体方案》，县供销社把“劳动用工自主”作为企业“六自主”经营机制改革的内容，各企业按《劳动法》处理好自主招工与依法教育管理职工的关系，把遵纪守法、文明服务作为员工奖励、职务晋升、职称评定的重要内容。各商店、门市部职工以集体的名义主动张贴告顾客书，向社会承诺用劳动纪律进行自我约束，提高服务质量。是年，供销系统职工实行全员劳动合同制，固定工全部与企业签订无固定期限劳动合同，各级企业工会与企业法人签订集体劳动合同，对职工聘用、工资津贴、工作时间和休息休假、劳动安全卫生、福利保险、劳动争议、工会活动、合同保证等做出详细明确规定。1993 年，职工与企业签订劳动合同的签约率达 100%。1997～1998 年，全县供销企业在商品经营中发生严重困难，各企业严格按照《劳动法》《经济补偿法》有关规定，对 1858 名解除劳动关系的职工给予经济补偿 2570 万元。在企业减员增效、职工有序分流、帮助再就业工作中，县供销总社确定 1 名领导分工负责，采取协保、提前退休、辞退、办经济实体、向社会推荐等劳动管理新形式，分流职工 3000 余人。2005 年，区供销总社分管领导被上海市人民政府授予促进再就业先进工作者称号。2006 年，区供销总社根据《劳动法》规定和《上海市劳动合同条例》，制定《上海市奉贤区供销合作总社劳动人事管理制度》，对劳动者的权利与义务，促进就业和劳动合同等方面作出具体规定。2007～2012 年，区供销总社综合管理科（办公室）做好所属企业职工劳动纠纷的信访与接待，协调与处理企业与职工之间劳动纠纷 200 余起，改善劳资关系。

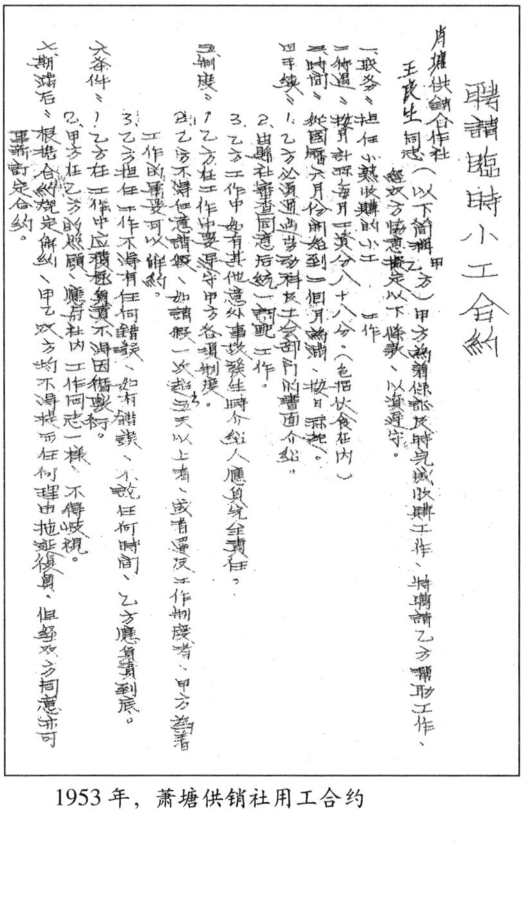
聘請臨時小工合約
肖塘供銷合作社（以下简称甲方）
王良生同志（以下简称乙方）甲方为着供销及时完成收購工作，特聘請乙方帮助工作、經双方協商議定以下條款，以資遵守。
一、职务：担任小猪收購的小工工作
二、待遇：按月計算每月工資八十八分。（包括伙食在内）
三、时间：从国历六月份開始到二個月为满，按日計算。
四、手續：1. 乙方必須通过劳动科或工会部门的書面介紹。
2. 由县社审查同意后統一調配工作。
3. 乙方工作中如有其他意外事故發生時介紹人應負完全責任。
五、制度：1. 乙方在工作中要遵守甲方各項制度。
2. 乙方不得任意請假，如請假一次超过五天以上者，或者違反工作制度者，甲方为着工作的需要可以解約。
3. 乙方担任工作不得有任何錯誤，如有錯誤，不論任何時間，乙方應負責到底。
六、条件：1. 乙方在工作中应積極負責不得因循敷衍。
2. 甲方在乙方的照顧，應与社内工作同志一樣，不得歧視。
七、期满后：根據合約規定解約，甲乙双方均不得提出任何理由拖延復員，但經双方同意亦可重新訂定合約。

1953 年，萧塘供销社用工合约

1954年奉贤县基层供销社编制定员情况表

表5-1-3 单位：人

单位	小计	供应人员	推销人员	行政人员	单位	小计	供应人员	推销人员	行政人员
总计	547	294	158	95	头桥供销社	37	19	12	6
南桥供销社	43	29	7	7	奉城供销社	57	32	13	12
新寺供销社	34	20	8	6	四团供销社	68	37	20	11
庄行供销社	32	19	7	6	青村供销社	47	25	15	7
邬桥供销社	28	15	8	5	三官供销社	27	14	8	5
萧塘供销社	32	17	9	6	钱桥供销社	30	12	13	5
齐贤供销社	48	27	13	8	胡桥供销社	29	14	10	5
泰日供销社	35	14	15	6					

2011年奉贤区供销总社劳动人事行政管理工作考核内容

表5-1-4

序号	项目	考核内容	评定标准	得分
1	劳动人事管理（20分）	1. 严格执行劳动法规，按劳动法规范一切用工制度 2. 认真签订、续订劳动合同 3. 加强对人才资源的管理，认真做好职工信息数据库的日常维护和数据 上报工作 4. 加强信息工作，及时按照区总社的要求上报有关信息	1. 严格执行劳动法规，按劳动法规范一切用工制度，得5分 2. 认真签订、续订劳动合同，得5分 3. 加强对人才资源的管理，认真做好职工信息数据库的日常维护和数据上报工作，得5分 4. 加强信息工作，及时按照区总社的要求上报信息得5分	
2	综合协调（20分）	1. 按时完成区总社布置的工作 2. 及时、准确贯彻区总社布置的工作	1. 完成区总社交办任务，得10分 2. 及时反馈，得10分	
3	参加会议报送材料（20分）	1. 按时出席区总社召开的各种会议 2. 按时报送年度工作总结 3. 报送有关材料	1. 按时出席会议得10分，缺席一次扣2分，扣分最多不超过6分 2. 按时报送工作总结得5分，不报扣5分 3. 按时报送有关材料得5分，少报1次扣1分，扣分最多不超过5分	
4	文书档案管理（20分）	1. 落实档案管理人员 2. 认真做好档案管理工作 3. 及时报送档案案卷目录	1. 落实档案管理人员，得5分 2. 认真做好档案管理工作，得10分 3. 及时报送档案案卷目录，得5分	
5	献血卫生（20分）	1. 完成区总社下达的献血任务 2. 做好清洁卫生工作	1. 完成献血任务得10分，完不成同比例扣减 2. 年内卫生清洁工作无差错得10分，差错适当扣减	

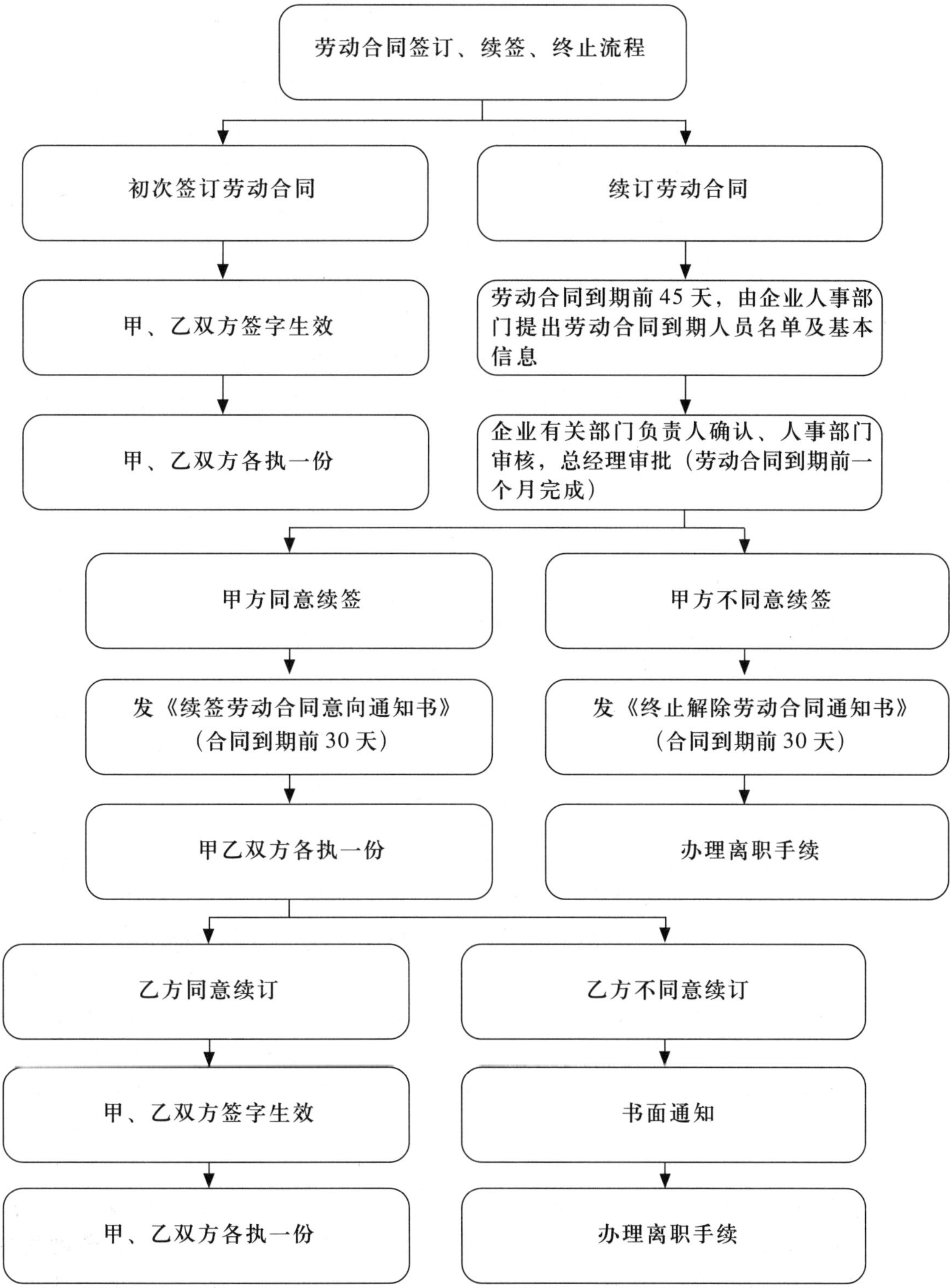

图 5-1-1　1992 年奉贤县供销总社劳动合同办理流程表

3. **奖惩制度**　奖励。奖励制度是调动职工劳动积极性、创造性的重要措施。1952年，县联社在全系统职工中开展爱国主义劳动竞赛，激发爱国热情，开始对先进职工实行以精神鼓励为主的各种奖励。组织全县供销系统职工学习、执行国务院颁布的《全国合作社工作人员奖惩暂行办法》，提高职工劳动积极性。1953年1月，县联社成立由主任为首的评奖委员会，召开全县16个基层供销社、10个县联社直属加工厂参加的爱国主义劳动竞赛大会，采用"打擂台"方式，对各单位选送的先进集体（部门）、先进个人候选人实行互评互比，评出奉城、三官、齐贤供销社为一、二、三等奖，县联社直属第二、第五加工厂为先进集体，27名职工分别评为一、二、三等奖，大会给先进集体代表、先进个人戴红花、发奖，全体代表以大会名义致信毛主席。是年，南桥区供销社率先建立和实行奖惩制度，对评奖范围、评奖条件、评奖人数比例，奖励办法作具体规定。1955年，全县供销系统评选的优胜工作者49人，进行精神鼓励与物质奖励。1956年3月，县供销社在全县供销系统推广南桥区供销社开展劳动竞赛做法与经验，促进供销商业发展。是年，结合劳动竞赛，开展技术革新活动，四团供销社职工邬志如创造发明木材堆积、毛竹水库保管新办法，奉贤鼎丰酿造厂职工杨金龙创造机械豆腐磨等，为企业发展、提高功效、节省成本作出显著成绩，被评为全国供销（财贸）系统先进工作者，受到毛主席、刘少奇、朱德等党和国家领导人接见，供销系统职工参加的劳动竞赛全面展开。1957年，全县供销系统在劳动竞赛、奖励先进工作中，把工作积极、作风正派、思想良好、服务热情与供销工作"五率"（工作定额率、商品周转率、商品流转费用率、损耗率、利润率）作为评奖的基本标准。南桥区供销社有25%的职工得到不同的奖励。1958年，全县供销系统兑现每人每年40.5元综合奖，按季度发给职工。"文化大革命"中，奖励措施被"极左"思潮污蔑为"奖金挂帅""物质刺激"而取消，挫伤职工劳动积极性。1962年6月，县供销社试行指标到部门，分组核算，实行"四定一奖"制度。粉碎"江青反革命集团"后，恢复开展评比先进集体、先进个人活动。1967年，导致全县供销系统利润比"文化大革命"前的1962～1965年平均利润下降9%。1970年，供销系统虽然恢复综合奖，但不评等级，干多干少、干好干坏一个样，企业与职工改善经营管理积极性受到打击。1977年县商业局（供销社）系统出席奉贤县群英会的先进集体15个、先进工作者22名。受到中共奉贤县委、奉贤县革命委员会的表彰。是年，全县供销系统，根据奖励政策，经核实对3938名干部职工发奖金51.54万元，人均年奖金131元。1978年10月27日，县供销社通报表扬庄行供销社季节工杨火林，及时发现打包棉花内火种，采取果断措施消除隐患，使堆场内100余万千克棉花避免损失的事迹，给予奖励30元（相当于1个月工资）。1981年，县供销系统提倡荣誉奖励和物质奖励相结合、义务劳动和报酬劳动相结合、劳动竞赛和奖励工作相结合原则，同时实行"四个区别"（行业工种区别、利润增长难易区别、增提基数区别、同业店之间区别）的奖励措施，并分别细化奖励制度，增加可操作性。1984 年 5 月，县供销社贯彻《企业职工奖励条例》规定精神，对 13 家先进企业、104 个先进集体、206 名先进工作者、同行业先进的 43 个部门颁发奖品、奖金，决定对顾来生、陆亚官两名劳模实行晋级、金伯平提前定级，对张梅珍等 4 名抓获贪污行为的职工给予通报表彰。对基层供销社改革扩权中的奖金作出规定，凡一次性发放 50 元以下的由基层供销社讨论决定的意见。1985 年，全县供销系统先后设立超产奖，建立职工奖励基金、季度生产奖、利润提成奖、定额超产奖、经济效益贡献奖、开拓经营突出奖、扩股集资显著奖、文明建设成果奖、企业整顿成果奖等奖项。1990 年，经层层考核批准，全县供销系统人均月奖金平均为 80 元～85 元。1991 年在全县供销系统设立企业单项奖，从资金利税率、企业人均创利、科技兴农、流动资金平均占用、工业产品质量、开发新产品、专项管理考核、经济指标同行考核等 9 个方面进行考核，在兑现生产奖金时，实行经济效益与奖金挂钩的措施。1992 年，县供销社对生产奖实行“县社调控来源，企业自主发放”的管理办法，同时建立食品卫生奖励基金，按每人每月 6 元标准，由县供销社统一使用发给食品安全卫生工作中成绩突出的职工。1995 年起，由于企业在商品经营中发生困难，经济效益明显下降，在岗职工奖金根据企业效益发放。县供销总社制定 1995 年度企业党政领导责任奖考核办法，对考核对象、风险基金、考核内容、考核奖罚、制约措施、奖金来源和发放及有关问题作具体规定。1999 年起，全县供销系统职工实行年薪，评为先进个人的奖金由授奖单位发给。2006 年，区供销总社在劳动人事管理文件中，明确作出凡“自学成才，推进用人单位技术进步和经济发展的劳动者，用人单位要

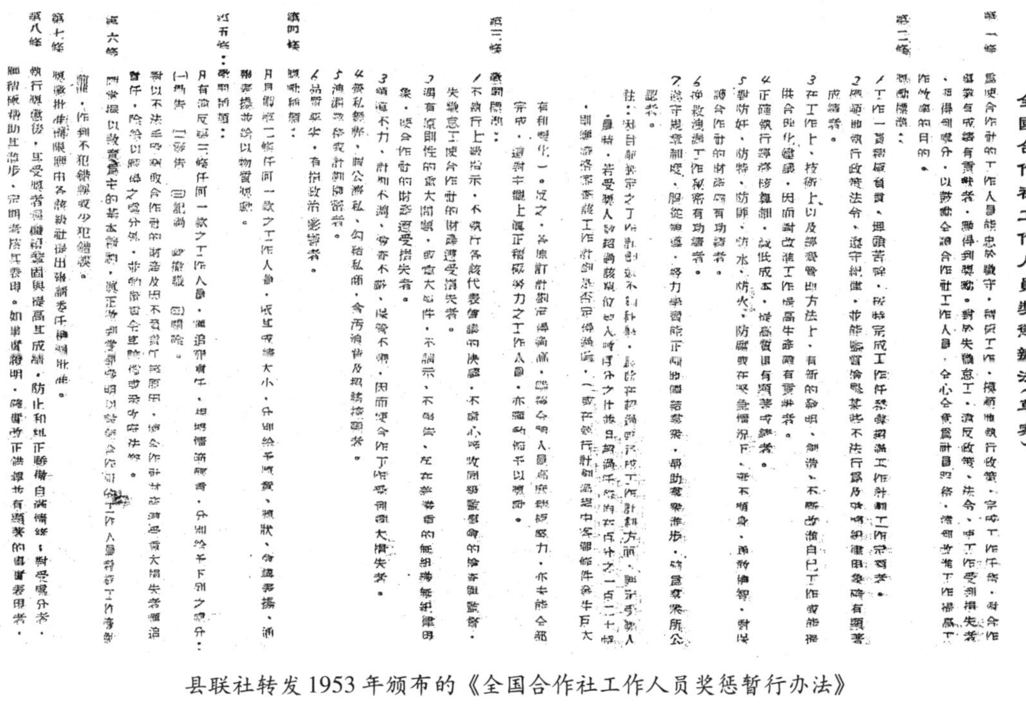
全國合作社工作人員獎懲辦法（草案）

第一條　為使合作社的工作人員能忠於職守，積極工作，模範地執行政策，完成工作任務，對合作事業有成績有貢獻者，應得到獎勵。對於失職怠工，違反政策、法令，使工作受到損失者，應得到處分，以鼓勵全國合作社工作人員，全心全意為社員服務，達到改進工作提高工作效率的目的。

第二條　獎勵標準：
1 工作一貫積極負責，埋頭苦幹，能按時完成工作任務或超過工作計劃工作完成者。
2 模範地執行政策法令，遵守紀律，並能監督檢舉某些不法行為及破壞紀律因而確有顯著成績者。
3 在工作上、技術上以及經營管理方法上，有新的發明、創造，不斷改進自己工作或能提供合理化建議，因而對改進工作提高生產確有貢獻者。
4 正確執行經濟核算制，減低成本，提高質量有顯著成績者。
5 對防奸、防特、防匪、防水、防火、防腐或在緊急情況下，奮不顧身，勇敢機智，對保護合作社的財產確有功績者。
6 [illegible]工作秘密有功績者。
7 遵守規章制度，服從領導，努力學習能正確的團結群眾，幫助群眾進步，確為群眾所公認者。
註：[illegible]

第三條　懲罰標準：
1 不執行上級指示，不執行各該代表會議的決議，不虛心接受同級監察會的檢查與監督，失職怠工使合作社的財產遭受損失者。
2 [illegible]原則性的重大問題，或重大事件，不請示，不報告，在群眾中造成無組織無紀律的現象，使合作社的財產遭受損失者。
3 領導不力，計劃不周，[illegible]，保管不慎，因而使合作社工作受到重大損失者。
4 營私舞弊，假公濟私，勾結私商，貪污浪費及投機倒把者。
5 洩漏國家或合作社機密者。
6 品質惡劣，有損政治影響者。

第四條　獎勵辦法：
凡具備第二條任何一款之工作人員，依其成績大小，分別給予嘉獎、獎狀、登報表揚、通報表揚並給以物質獎勵。

第五條　懲罰辦法：
凡有違反第三條任何一款之工作人員，應追究責任，根據情節輕重，分別給予下列之處分：
(一)批評　(二)警告　(三)記過　(四)撤職　(五)開除。
對以不法手段侵蝕合作社的財產及因不負責任等原因，使合作社財產遭受重大損失者應追賠，除給以應得之處分外，[illegible]。

第六條　懲罰以教育為主的基本精神，[illegible]工作人員[illegible]，作到不犯錯誤或少犯錯誤。

第七條　獎懲批准權限應由各級社提出意見報請上級批准。

第八條　執行獎懲後，其受獎者應繼續鞏固與提高其成績，防止和糾正驕傲自滿情緒；對受處分者，應積極幫助其進步，定期考核其表現。如果確實證明，確已改正錯誤並有顯著的[illegible]者，[illegible]

县联社转发 1953 年颁布的《全国合作社工作人员奖惩暂行办法》

给予奖励”的规定。至2012年，奉贤区（县）供销社系统评为国家级劳动模范（先进工作者）2人，市（省、部）级（条线）先进工作者（劳模）349人，区（县）级先进工作者249人，均受到各级政府和部门的奖励（详见第十八章荣誉）。

惩治。1952年，奉贤县联社在贯彻执行《全国合作社工作人员奖惩暂行办法》中，教育职工学习、执行奖惩暂行办法，对违反劳动纪律等错误行为，进行批评教育甚至处分。1953～1957年全县先后处分干部职工28名。“文化大革命”中，劳动纪律被诬为“管、卡、压”受到批判。1981～1982年，全县供销系统受到行政处罚共48人，其中经济问题25人，占受处罚人数的52.1%；生活腐化7人，占14.6%；工作失职5人，占10.4%；赌博5人，占10.4%；其他6人，占12.5%。1984年，县供销社根据《企业职工奖惩条例》有关条款规定，作出职工处分实行分级管理，记过以下由基层企业讨论决定，记大过以上由县供销社审批的意见。是年，对石油煤炭公司油库溢油事故责任人、对犯有经济与工作错误且谋取私利的四团、新寺、塘外、奉城供销社的5名职工给予政纪处分，对严重违反劳动纪律的县人民食品厂毛某某等15人作出开除公职的决定。1988年，县供销社对犯有严重错误的县煤炭公司金某某、县果品杂货公司沈某某作出开除公职的决定。1992年12月，县供销总社对犯有经济错误的江海供销社吴某某给予行政记过处分。1995年12月，齐贤供销社经营活动中违反银货两清原则，被骗50万元，直接损失40余万元，对有关责任人主办会计金某某行政记大过、撤销主办会计职务、个人负责赔偿2.5万元处分。2006年，区供销总社制定劳动人事管理有关规定，作出“用人单位有侵害劳动者合法权益情形，对劳动者造成损害的，应当依法承担赔偿责任；劳动者违法解除劳动合同或者违反劳动合同中约定的保密等事项，对用人单位造成经济损失的，应依法承担赔偿责任”的规定，保护企业与劳动者双方合法权益。1952～2002年，县供销社、基层企业根据《企业职工奖惩条例》有关规定，对违规违纪职工给予各类行政处分350人次。

1952～2002年奉贤供销系统受行政处罚人员情况表

表5-1-5　　单位：人

年份	合计	公安司法处理	开除	开除留用	撤职	记大过	记过	警告	辞退	扣发奖金	其他处分(除名)
1952	2	1									1
1953	9	2	3		4						
1955	4	2	1				1				
1957	15		8		3	3					1
1958	2	1	1								
1959	3	2		1							
1962	29	1	1	2	2	11	4	6	1		1
1966	2		1		1						
1970	1	1									

续表 5-1-5　　单位：人

年份	合计	公安司法处理	开除	开除留用	撤职	记大过	记过	警告	辞退	扣发奖金	其他处分（除名）
1972	1					1					
1973	12			1	1	2	6	2			
1975	2					1		1			
1976	4							1		3	
1977	1						1				
1978	16			3	1	7	2	3			
1979	9			2		1	1			5	
1980	13	1	3			1	2	2		4	
1981	21			1	2		5	3		9	1
1982	62	3		5	1	7	10	7	1	19	9
1983	5	2								3	
1984	61	3	16	3		5	10	9	1	13	1
1985	15		2	1			1	6		5	
1987	14	3	3	2		1	1	2		2	
1988	11		2	2							7
1989	6				1	1	2	1		1	
1991	3	1	1	1							
1992	6		1	2			1				2
1995	5		1		1			2		1	
1996	12		1	2		4	1	4			
1998	3	3									
2002	1	1									

4. **退休人员管理**　1970 年前后，县供销社陆续有职工办理退休手续，到 1980 年全系统共有退休人员 500 余人。退休人员的管理主要由企业自行负责，根据国家规定由企业每月发放工资；医药费实行报销制；企业根据自身经济状况给予一定的福利待遇，做好生病住院探望、重大节日慰问、退休人员生活困难补助、退休人员身后事处理等工作。1985 年，供销系统退休人员有 996 人，县供销社成立退休职工管理委员会，确定专职的退管会人员，所属各企业单位相继建立退休工人管理组织，组织离退人员定期开展活动。1986 年 7 月，县供销社召开离退休干部职工代表大会，大会表彰 55 位优秀离退休干部和职工。是年起，全县供销社系统各企业认真落实退休人员管理工作，坚持退休人员养老金按时发放，医疗费按规定报销，住院必望，对生活困难退休职工给予一定帮助。县供销社每年年底召开离（退）休干部团拜会，每 2 年组织 1 次退休干部健康体检。之后，这些工作成为对退休人员管理的常规工作。

1997年第十个敬老节，县供销社召开部分退休干部职工座谈会，亲切慰问老同志。供销社退管会及工会走访上海鼎丰酿造食品有限公司、奉贤县鸿雁商场、奉贤县烟草糖酒公司等8个单位的高龄、病残、孤寡及特困老人，送去党组织的温暖。1998年10月，根据市政府办公厅《关于对本市离退休人员养老金实行社会化发放试行意见的通知》，县供销总社率先进行试点，至年底，退休人员养老金全部实行社会化发放。2000年，退休职工全部纳入医疗统筹，按国家有关政策享受医疗待遇。2001年，县供销社为退休职工缴纳补充医疗互助保障金；是年每人100元，之后缴纳金额逐年增长；2012年每人缴纳保障金175元；2001年全系统投保金额45.99万元，实际保障金给付金额58.99万元。患病住院退休人员除属医保报销范围的医疗费用结算之后，可以享受住院补充医疗互助保障金，对个人自负部分医疗费用按一定比例给付的补充医疗保障金。2009年6月，区供销总社制定关于《加强对退休干部（职工）管理工作的意见》。

1984～2012年奉贤区（县）供销社退休人员情况表

表5-1-6

年　份	总人数	年　份	总人数	年　份	总人数	年　份	总人数
1984	713	1992	1668	2000	2659	2008	3314
1985	996	1993	1852	2001	2741	2009	3327
1986	1040	1994	1834	2002	2770	2010	3451
1987	1125	1995	2007	2003	2815	2011	3466
1988	1217	1996	2089	2004	2952	2012	3537
1989	1305	1997	2284	2005	3077		
1990	1429	1998	2550	2006	3186		
1991	1608	1999	2640	2007	3210		

第二节　财务会计管理

一、机　构

1950年，奉贤县供销合作总社筹备处设会计室，作为财务会计工作的管理部门。1951年，县合作总社成立后，设财务会计股。1953年，培训在职会计18人。1955年，全县各区供销社配备财会员5人，分站配备专职汇总员1人。1958年，财会股改称为财会科。“文化大革命”中，财务会计专业部门被撤销，被其他部门代替。1979年，县供销社恢复设立计财物价股。1982年改设财务会计股。1984年改称计划统计财务科。1993年，更名财务资产部。2004年改为财务会计科。2012年更改为财务统计科。2012年全区供销系统有在岗财会人员29人。

2012年奉贤区供销系统财会人员情况表

表5-2-1

单位名称	会计人数	其中技术职称人数		
		会计师	助理会计师	会计员
区供销总社机关	3	2	1	
直属公司（厂）	10		3	1
基层供销社	16	2		6

二、财会制度

1951年1月，县供销总社筹备处会计室执行苏南合作总社关于费用开支标准及原始凭证注意事项的规定。1952年7月，贯彻计划、统计、财会、合同4个制度和资金周转、流通费用、经营利润、商品损耗和定员定额5个定率。1953年3月，县联社对基层单位添置固定资产的审批，作出3条具体规定，同时推行拨货计价实物负责制度。是年4月，执行江苏省供销社关于基建报核的制度。是年年底，县联社对收购农副产品的铺底资金、领款依据、库存现金作出3条具体规定，建立财务会计工作6个制度（分工责任制、图章责任制、工作责任制、单据凭证制、辅导检查制、坚决消灭小金库）。1956年1月，县供销社规定各经理部、基层供销社财产损失权限为300元，颁发公私合营、合作商店财务管理制度和费用开支标准。1957年，县供销社制定票汇拨划制度（计划签订合同由财会科监证；按合同拨货，开具付款单；不按合同拨货，如货或规格不符退货，一切代垫费用由责任部门自理）。1959年2月，根据中央关于清查商业资金和商品库存的通知，作出制止赊销预付等规定。1961年4月，商业（供销）系统实行财产管理责任制。是年7月，修订财产损失处理权限的3条具体规定（商品、物资、账款一次损失处理，县商业局为2000元、基层供销社300元；现金1次损失处理，县商业局100元、基层供销社50元；商品损耗每批次超过3000元报县供销社核准，逾5000元报市供销社核准）。1966年1月，修订的费用开支标准，在“文化大革命”中，被当做资产阶级“管、卡、压”工具而受到批判，企业财务管理陷入混乱，财产浪费损失严重。1973年，恢复会计报表、季度汇审汇编制度。1978年8月，县供销社体制恢复后，着手改进财会工作，建立完善财会制度。1979年12月，县供销社对经营中现金短缺、商品损耗、生产性修理、非生产性修理、生产性家具专控商品、非生产性家具作出财务审批权限的8条规定。1982年1月，建立财务管理奖罚制度。1983年12月，健全职工门诊医疗报销的有关规定。1991年7月，县供销社执行市供销社《会计工作达标标准考评细则》、《会计工作升级标准考评细则》。1992年5月，县供销社下发关于修订县供销社财务审批的通知。是年6月，执行《供销合作社会计制度》补充意见的有关规定。1994年2月，在全县供销系统实行资本金制度，对所有者权益、取消各项专用基金等财务会计制度进行改革，作出《1993年企业留利分配办法》。是年5月，县供销总社制定《关于加强供销系统财会人员管理的意见》。6月，对固定资产投资、低值易耗品购置、流动资产、联营和合资经营、企业分列及兼并、转让、拍卖和利润分配等6个方面财务审批权限作试行规定。1996年6月，县供销总社下发《关于加强发票管理有关规定》《关于加强业务招待费管理的规定》，规范财务纪律制度。9月，县供销总社作出《关于县供销社系统内清理多头账户实行企业归口核算的通知》，清理核算单位过多过滥、企业资金分散、财务制度松弛、盈亏不实的问题。1998年1月，县供销总社根据市供销社《关于企业产权制度改革中有关财务资产等若干问题处置的指导意见》精神，作出《关于改制企业资产评估及社有资产确认的若干意见》。2005年，建立《上海市奉贤区供销合作总社财务管理制度》，明确财务机构和财务会计人员职责，对会计核算原则及科目报表；资金、现金、费用管理；税收及利润分配；库存物资、商品财务管理内容作具体规定，以后这些制度作为财务会计工作常规制度执行。

三、管理工作

1950年12月，县供销合作总社筹备处会计工作执行华东供销总社会计规则暂行草案。是月，召开基层供销社会计会议，建立新的会计制度，重新清理资产，实行会计核算。1951年，实行收付式会计制度，分季编造各种核算报表。9月，实行日结月报制度。1952年3月，南桥供销社在整顿业务中查出经费支出不报批，公款购个人物品、干部赊账、借钱、贪污挪用公款105万元（旧币）等悬案，以此为戒，加强财务管理。是年7月，县联社抽调股长2人、其他一般干部4人，组成“典型实验小组”，在头桥供销社进行“定员定额”典型试点，开展经营与财务管理的探索。1953年1月，根据中心集镇建社和有利于经济核算，加强财务会计管理，南桥职工消费合作社合并于南桥供销合作社，柘林、道院供销社并于新寺供销社。是年，基层供销社普遍实行核算制度。县联社在泰日供销社进行划拨清算试点工作，加强会计与业务部门联系，降低库存，加速商品流转，提高资金利用率。是年，全县16个基层供销社销售利润任务为72.58万元，实际完成73.73万元，占任务的101.58%。全县供销系统全面推行“四制”（计划制、统计制、财会制、合同制）“五定”（定资金周转、定流通费用、定经营利润、定商品损耗、定员定额）业务整顿。1954年，四团供销社竹木部首创核价速算验收划码单，提高功效6倍。是年，全县各基层供销社开始实行独立核算，推行“以表代账，无账会计”制度。是年，江苏省供销合作总社指定四团供销社为省社财务会计基点社。1955年，县供销社以南桥社为试点，划分营业小组，实行售货、保管、陈列、盘点分类负责制。1956年，全县供销系统完善零售部门经营管理、财务管理等制度。“文化大革命”中企业财会制度遭破坏，管理松懈。1976年1月，在农村建立贫下中农管理小组，管理农村双代店等商业。1977年，奉城供销社培训部门记账员，实行部门“六定”（定购销额、定资金、定费用、定利润、定劳动效率、定节约指标）财务会计管理制度，并在全县供销系统推广。

1980年，针对少数单位财经纪律松懈、发生垫支赊销、多定货和缺款的情况，县供销社于次年全面推行奖罚制度和分部门考核计奖办法。对供销系统财会人员开展职称评定工作，提高财会人员专业水平。1982年7月26日，县供销社批转《上海市财政局关于清理账外“小金库”的通知》的通知，对财经方面违规违纪情况进行检查。是年8月，组织供销系统全面开展整顿财务管理、加强经济核算工作。1983年12月，在整顿财务工作中，泰日食品站认真处理1979年发生的2名职工贪污销售款的积案，严肃财经纪律。1984年，全县基层供销社实行独立核算、自负盈亏，财会制度按合作企业性质进行改革。是年4月，县供销社举办商业会计学、商业企业财务、会计学原理专业考试，共计参加173人次，及格以上157人，占参加人数的90.8%，提高财会人员业务水平。是年5月28日，县供销社发出《关于工作人员因公外出买吃定额客饭的伙食补贴费》和《调整部分州、县出差类区补贴》的通知，严格财务报销制度。是年7月11日，县供销社转发商业部关于坚决纠正干部、职工借用、拖欠公款问题的通知到各企业，限期清理后报财务会计科。1985～1986年，在打击经济犯罪斗争中，加强与完善财经制度建设，打击经济工作中的犯罪活动。1990年6月，对所属单位会计工作进行考核验收，奉城供销社等7家企业上报为会计工作达标单位。其中得分960分以上3家（奉城供销社、上海古华中药材集团、县果品公司），910分以上4家（庄行、头桥、光明、泰日供销社）。1991年4月，根据《中华人民共和国会计法》《会计工作达标标准考评细则》《会计工作升级标准考评细则》对百货公司等16家企业的会计基础工作进行集中检查考评，平均得分达到规范化要求的800分以上。是年，市供销社组织郊县供销社财务会计同工种竞赛评比，奉贤供销社会计报表得分375分，财务分析327分，总分702分，在郊县12个社中列第8名。是年8月，根据商业部、市人民政府及市供销总社要求，进行以现金管理为主要内容的工作检查，自查面100%、抽查面25%。是年10月，青村供销社通过县供销社、县财政局考核，全部资金利税率、流动资金周转天数、人均创税率、商品流通费率等4项指标总分969分，超过规定的920分的要求，达到二级会计工作要求。1992年4月，组织供销系统进行“自我对照、自我完善、自我提高”会计核算质量检查活动。是年5月，作出《关于加强流动资金管理、提高资金使用效益的意见》，对资金的计划管理、定额定率管理；健全商品资金进、销、存流转环节控制，加强核算资金和货币资金管理，对成本管理等提出具体目标。1994年2月，精品商场的会计电脑记账通过市供销总社、县财政局验收，成为县供销总社第一家运用电脑会计记账的单位。是年组织11名财会人员参加全国会计专业技术资格考试，5人评为会计师，4人为助理会计师，2人为会计员。1995年3月，县供销总社根据《中华人民共和国会计法》，改革会计人员管理模式。作出对全系统财会主管实行双重管理（接受本企业领导人直接领导管理，同时接受县供销总社业务主管部门的管理）的若干意见，明确管理范围、内容、措施与要求。是年4月，县供销总社对新会计制度的实行情况进行全面考核检查，提出考核评分细则。1996年4月，县供销总社成立以主任为组长的整顿会计工作秩序，提高会计工作质量领导小组，在全县供销系统开展整顿工作。8～9月，先后查处头桥供销社王某某、塘外供销社会计胡某某贪污受贿和违反财经纪律、挪用公款、出借现金的案件。1998年2月13日，奉贤县人民法院以青村供销社主任李某某、支部书记陆某某、副主任周某某虚开增值税发票罪分别判处有期徒刑3年，缓刑5年、4年，判处青村供销社罚款10万元，没收非法所得37708元。2005年，区供销总社建立《上海市奉贤区供销合作总社财务管理制度》进一步明确财务机构与会计人员职责；对会计核算原则及科目报表；资金、现金、费用管理；税收及利润分配；库存物资商品财务管理等内容作出具体规定。2012年，区供销总社在财会工作中加强财务核算和管理，配合做好对外审计、进一步加强预、决算编报和预算调整，继续做好供销系统财产保险，做好国有资本金的收益收缴工作，强化资金监督，坚持统筹安排实现收支平衡；按《企业会计准则》，搞好会计的教育培训，组织力量抽查中央扶持资金的管理、使用、效果。

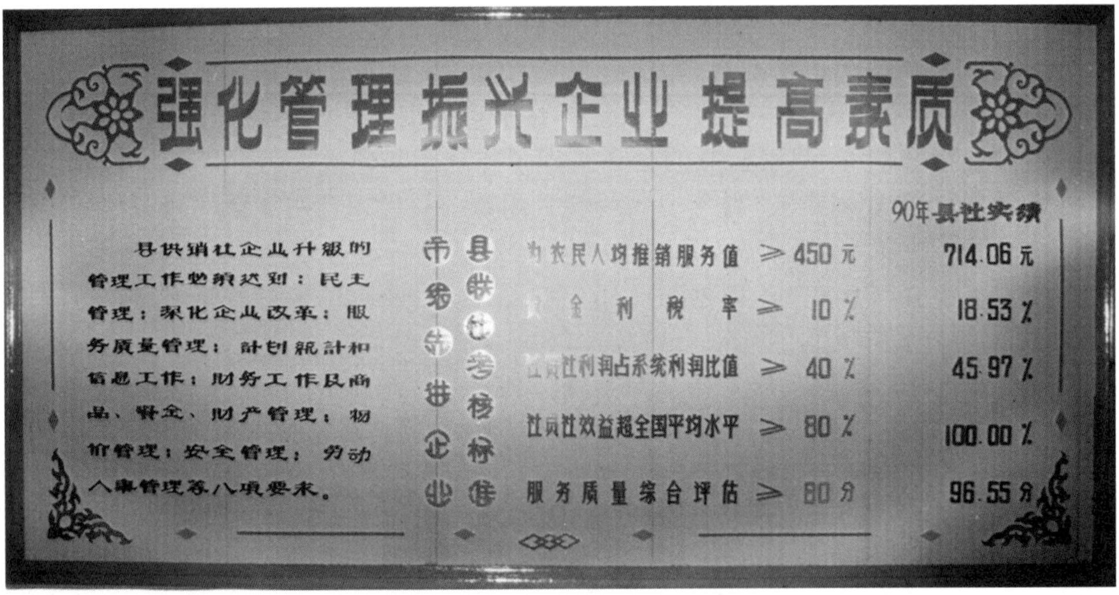

1990年，县供销社系统企业管理综合考核情况表

2011年奉贤区供销总社资产财务管理工作考核内容

表5-2-2

项目	考核内容	评定依据	得分
财务管理(40分)	1. 单位负责人对本单位财务管理负责，对本单位会计核算的合法性、真实性、完整性负责	1. 严重违反财经法规和财务会计制度的，扣6分	
		2. 在会计机构以外设账外账、小金库的，扣6分	
	2. 严格执行财经法规和财务会计制度	1. 财务人员必须持证上岗，出纳员不得兼管稽核、会计档案保管和收入、费用、债权债务账务的登记工作，违者扣2分	
		2. 收到租金及时入账，不得挪作他用，不得坐支现金，违者扣2分	
		3. 银行账户只供本单位收支结算使用，严禁出借账户给外单位或个人使用，严禁为外单位或个人代收代支、转账套现，库存现金不得超过银行规定，违者扣2分	
	3. 租金收缴率	根据实际情况要求达到100%，如未达到则保持去年水平不扣分，如降低则扣5分	
	4. 预算费用执行率	降低预算费用5%以上则奖励10分，超过预算费用2%，则扣2分；超过3%；则扣3分；以此类推	
	5. 值班费、通信费、交通费、业务招待费、福利费	执行奉供资财（2008）6号文件的规定，如超支，每一项扣5分	
	6. 现金流量	现金流量比上年有所增长，得4分	
资产管理(30分)	1. 资产出租率	根据实际情况要求达到100%，如未达到但保持去年水平不扣分，如降低出租率则扣5分	
	2. 资产的转让、添置、报废及对有问题资产处理应报资产财务科并经分管领导同意	发现有不符合规定手续的，扣5分	
	3. 项目投资要编制投资计划意见书并报区社分管领导同意	发现有不符合规定手续的，扣5分	
	4. 资产租赁标的市场化操作，租赁合同规范上报	发现有不符合规定手续的，扣5分	
	5. 有多余资金不得私自外借，将集中上交区社	发现有不符合规定手续的，扣5分	
	6. 不得私自将资产对外作抵押、不得对外提供担保、不得对外投资	发现有不符合规定手续的，扣5分	
招商引资(30分)	招商引资计划数	完成当年计划数，得30分。如完不成作相应扣分	

注：1. 企业因特殊因素影响以上考核业绩的，由区社分管领导审核同意后再作调整。

2. 招商引资当年新增户税收可按2%用于业务招待费，历年按税收1%用于业务招待费。

第三节 资产管理

一、机 构

1951年4月，奉贤县合作总社和基层供销社成立后，社有资产由两级理事会直接负责管理。1979年1月，县供销社设基建储运股，负责基本建设、固定资产投资管理的部分职能。90年代中期，供销系统企业实行改制转制，资产管理成为改革中的一项重要工作。1993年3月，成立县供销总社工业基建部，负责管理全县供销系统（基层供销社）工业基建项目的投资管理，设部长1人、副部长1人。2004年3月，区供销总社设资产管理科，负责资产一体化后供销系统的资产管理，设科长1人、副科长1人。2006年3月，资产管理科撤销，资产管理职能列入财务统计科。2012年2月，重设投资管理科，负责社有资产的管理职能，设科长1人，科员1人。

二、管理制度

县供销社、基层供销社初建时，百业待兴、经济基础薄弱、社有资产量小、管理制度简单。1956年，随着商品购销业务扩大，社有资产增加，资产管理制度逐步建立。“文化大革命”中，企业管理的各项制度受到破坏。1979年，为解决供销系统资产管理混乱的现象，县供销系统建立固定资产投资项目审核、监督制度，资产管理不断加强。1980年10月，作出《关于基层供销社经理（主任）基金制度试行规定》，对基金的提取、使用、管理作出具体规定。1984年7月，县供销社转发国家商业部《关于纠正干部、职工借用、拖欠公款问题的通知》，在全县供销系统贯彻。1992年5月，作出《关于修订县社财务审批权限的通知》，明确固定资产购置，建造修理，单项价值5万元以上、装潢10万元以上，购置设备、土建项目、资产调拨买卖、资金损失、商品缺损等需

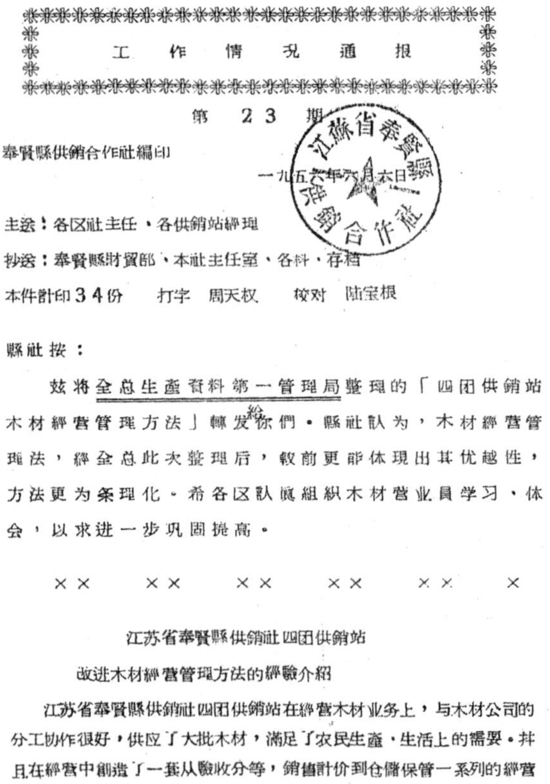

工 作 情 况 通 报

第 23 期

奉賢縣供銷合作社編印

一九五六年六月六日

主送：各区社主任、各供銷站經理

抄送：奉賢縣財貿部、本社主任室、各科、存档

本件計印34份 打字 周天权 校对 陆宝根

縣社按：

兹將全总生產資料第一管理局整理的「四团供銷站木材經營管理方法」轉发給你們。縣社認为，木材經營管理法，經全总此次整理后，較前更能体現出其优越性，方法更为条理化。希各区社慎組織木材营业員学习、体会，以求进一步巩固提高。

×× ×× ×× ×× ×× ×

江苏省奉賢縣供銷社四团供銷站

改进木材經营管理方法的經驗介紹

江苏省奉賢縣供銷社四团供銷站在經营木材业务上，与木材公司的分工协作很好，供应了大批木材，滿足了农民生產、生活上的需要。并且在經营中創造了一套从驗收分等，銷售計价到仓儲保管一系列的經营

1956年6月，县供销社关于学习四团供销站木材经营管理方法的通报

经县供销社审批的意见。1993年5月，制定《奉贤县供销合作总社资产管理暂行规定》，明确资产管理、有关资产的经济关系、监督和考核的具体内容。2004年4月，作出《上海市奉贤区供销合作总社关于加强社有资产管理的若干规定》，对社有资产管理范围、管理原则、资金管理、固定资产和投资管理、企业改制中的资产管理作进一步规定。2005年3月，制定《上海市奉贤区供销合作总社关于加强社有资产管理的实施细则》，使资产管理有章可循。

三、管理工作

奉贤县合作总社、基层各供销社建立之初，根据《供销合作社章程》“采取各种措施保护供销合作社财产”的规定，各企业对资产实行严格管理。1956年，棉花收购业务扩大，由县供销社投资，在全县西、中、东部地区的邬桥、萧塘、齐贤、新寺、奉城各建棉花仓库5间，由所在地供销社负责管理和使用。1957～1965年，对供销系统基建项目进行全面安排，对办公用房、商业用房、职工住宅等固定资产投资实行合理布局与管理。1981年，基本建设固定资产投资项目贯彻“四落实”（落实资金、落实地点、落实建材、落实图纸）方针，对批准项目与企业自筹资金项目，按每万元供应钢材、木材、水泥的数量分别作出规定，防止项目失控，保证工程质量。1982年8月，展开打击经济领域犯罪斗争，县供销社对收缴的赃款、赃物，采取集中管理的办法。1984年7月，开展逐户清理干部、职工借用、拖欠公款工作，落实边清理边收回的措施。1985年，对全县供销系统房产与土地，配合县房土部门进行全面清理、登记，办理房产土地证。1995年3月，根据固定资产账面价值脱离实际的情况，县供销总社成立由2名副主任为正副组长，有关部门干部等6人组成的奉贤县供销合作总社资产评估领导小组，对全系统商业、工业、饮服业、储运业、房地产业、教育单位全面进行资产评估，逐一摸清家底。是年11月，作出“关于进一步加强流动资产管理的意见”，提出强化法律意识、管好用好企业流动资产的各项具体规定。1997年6月，全县供销系统全面开展清产核资工作，重新建立清产核资领导小组，下设由财务部门负责人为召集人、财务资产、企业发展、法律审计、办公室、基建部、调研室等19人组成的工作小组，对企业实行分期分批的清产核资工作，进一步摸清企业家底，核实供销系统资产总量。1999年，按照国务院《关于解决当前供销合作社几个突出问题的通知》精神及四团供销社部分社员挤兑股金风波教训，县供销总社及时开展社员股金清退工作。1999～2000年，清退社员股金787.23万元。2003年，奉贤区镇级行政区划调整为7个镇，为加强基层供销社资产管理，柘林、青村、奉城、四团、金汇、庄行供销社托管各镇管辖地区其他供销社，同时由商业公司、鸿雁商场托管棉花、百货等公司（厂）企业。2004年3月，区供销总社资产管理科，对全区供销系统资产进行全面调查清理，企业所有土地、房产证采用集中保管办法，加强资产经营管理。凡是房产出租由基层企业与承租方签订协议，由区供销总社有关部门予以监证。2012年，资产管理逐步实行集约化、品牌化、专业化，投资管理科把全区供销系统20万平方米房产以块为主画成图表，标明房产位置、面积、性质，形成房产资料，建立《社有资产巡查台账制度》、印发印有联系电话、联系地址、监督电话、招商热线、供销社网址等信息的社有资产联系卡，掌握商业地产出租动态，规范出租手续，推动资产经营收入增长。

2012年，区供销总社在全区各地有203处房产（不含烟糖公司房产股份、物资局、南桥农贸市场），具体分布在上海鸿雁商场有限公司、上海奉供实业有限公司、上海奉贤五金交电公司、上海奉贤煤炭公司、上海奉贤商业有限公司及奉城等18个原基层供销社，建筑面积20.51万平方米，土地面积34.96万平方米（其中有证32.98万平方米，无证1.98万平方米）。

2012年上海鸿雁商场有限公司土地房产情况表

表5-3-1　　单位：平方米

序号	房地坐落位置	权证情况		房屋土地状况		
		编号	房屋土地证	用途	建筑面积	有证土地面积
	合计				10931.13	3442.20
1	南桥镇人民中路260号	沪房地奉字第001120号	有	商业	332.80	157.40
2	南桥镇红旗弄底	沪房地奉字第003292号	有	商业	823.00	761.00
3	南桥镇人民中路265、269、279号	沪房地奉字第008226号	有	商业	186.31	89.00
4	南桥镇人民中路188号	沪房地奉字第008446号	有	商业	6179.02	1257.80
5	南桥镇解放中路35号	沪房地奉字第008459号	有	商业	3410.00	1177.00

2012年上海奉供实业公司土地房产情况表

表5-3-2　　单位：平方米

序号	房地坐落位置	权证情况		房屋土地状况		
		编号	房屋土地证	用途	建筑面积	有证土地面积
	合计				23526.44	51584.10
1	南桥镇南中路459号	沪房地奉字（2003）第007685号	有	商业	77.16	41.20
2	南桥镇南中路461号	沪房地奉字（2003）第007686号	有	商业	95.29	50.90
3	南桥镇南中路457号	沪房地奉字（2003）第007687号	有	商业	68.08	36.40
4	奉贤区萧湾路318号	沪房地奉字（2006）第009498号	有	工业	13598.25	51455.60
5	奉贤区萧湾路318号	沪房地奉字（2008）第002677号	有	工业	9021.13	
6	奉贤区萧湾路319号		无		666.53	

2012年上海奉贤五金交电公司土地房产情况表

表5-3-3　　单位：平方米

序号	房地坐落位置	权证情况		房屋土地状况		
		编号	房屋土地证	用途	建筑面积	有证土地面积
	合计				13813.73	10233.70
1	南桥镇人民中路112、120、126、130～134号（双）	沪房地（奉）字1998第004285号	有	商业	1109.00	554.00
2	南桥镇解放路3号	沪房地（奉）字2003第017816号	有	商业	283.00	291.00
3	南桥镇立新北路26～28号（号）	沪房地（奉）字2003第017819号	有	办公商业	2139.74	817.00
4	奉城镇南街20号	沪房地（奉）字2003第017841号	有	商业	104.00	107.00
5	南桥镇新建路科技路口	沪房地（奉）字2003第017846号	有	仓库	64.00	62.00
6	南桥镇环城北路13号	沪房地（奉）字2003第017853号	有	仓库	9817.99	8380.00
7	浦东外高桥保税区新灵路118号	沪房地（浦）字1997第005620号	有	办公	102.40	22.70
8	南桥镇立新路289号		无	办公	193.60	

2012年上海奉贤煤炭公司土地房产情况表

表5-3-4　　单位：平方米

序号	房地坐落位置	权证情况		房屋土地状况		
		编号	房屋土地证	用途	建筑面积	有证土地面积
	合计				1007.13	50613.40
1	南桥镇新建中路498号	沪房地奉字2003第011013号	有	商业	29.66	12.40
2	南桥镇振贤路10号(92～94)	沪房地奉字2003第017201号	有	商业	255.00	164.00
3	西渡社区鸿宝村8组	沪房地奉字2003第007451号	有	仓库	661.99	48248.00
4	西渡社区鸿宝村8组	沪房地奉字2003第011166号	有	仓库	60.48	2189.00

2012 年上海奉贤商业公司土地房产情况表

表 5-3-5　　　　单位：平方米

序号	房地坐落位置	权证情况			房屋土地状况			
		编号	房屋土地证	房产证	用途	建筑面积	有证土地面积	无证土地面积
	合计					13181.94	10495.20	4816.65
1	南桥镇南中路94号	沪房地奉字（1998）第000240号	有		商业	822.57	487.20	
2	南桥镇解放东路211号	沪房地奉字（1998）第003794号	有		商业	206.00	104.00	
3	南桥镇运河路12号	沪房地奉字（1999）第000360号	有		仓库 商业	2469.40	5203.00	
4	南桥镇解放中路341～355号（单）	沪房地奉字（2000）第004780号	有		商业	309.00	145.00	
5	奉浦工业区奉浦商业街5幢	沪房地奉字（2003）第010993号	有		商业	4229.25	3021.00	
6	南桥镇南桥路30号	沪房地奉字（2003）第020923号	有		商业	2556.97	1535.00	
7	庄行镇华严村9组	沪房地奉字第0018681号	无	有	商业	2328.75		4816.65
8	南桥镇新建西路281～289号（单）		无		商业	260.00		

2012 年奉城供销社土地房产情况表

表 5-3-6　　　　单位：平方米

序号	房地坐落位置	权证情况				房屋土地状况		
		编号	房屋土地证	房产证	土地使用权	用途	建筑面积	有证土地面积
	合计						7006.56	8564.92
1	奉城镇川南奉公路	沪房地奉字第002150号	有			仓库	317.92	317.92
2	奉城镇东街13弄2号	沪房地奉字第005085号	有			商业办公	1234.00	727.00
3	奉城镇东街13弄2号	沪房奉字第00451号	无	有	有	商业	798.00	600.00
4	奉城镇东街	沪房奉字第00452号	无	有	无	住房	278.64	
5	奉城镇东街41号	沪房奉字第00453号	无	有	有	住房	68.00	60.00
6	奉城镇东街13弄2号	沪房奉字第02555号	无	有	无	住房	1130.00	
7	奉城镇东街14号	沪房奉字第18221号	无	有	无	住房	241.00	
8	奉城镇奉城村11组	沪房奉字第18226号	无	有	无	工业	1808.00	6860.00
9	奉城镇奉城村12组	沪房奉字第18228号	无	有	无	工业	1021.00	
10	奉城镇东街13弄5号		无	无	无	住房	110.00	

2012年头桥供销社土地房产情况表

表5-3-7　　　　单位：平方米

序号	房地坐落位置	权证情况				房屋土地状况			
		编号	房屋土地证	房产证	土地使用权	用途	建筑面积	有证土地面积	无证土地面积
	合计						13956.17	15753.40	900.00
1	头桥社区戴家村3组	沪房地奉字第002399号	有			商业	215.60	146.00	
2	头桥社区一号街	沪房地奉字第002400号	有			商业	863.50	344.40	
3	头桥社区新市村6组	沪房地奉字第002402号	有			工业 商业	3698.00	5629.00	
4	头桥社区镇中路2～8号	沪房地奉字第002404号	有			商业	1120.00	312.00	
5	头桥社区一号街	沪房地奉字第002411号	有			商业	40.37		
6	头桥社区一号街	沪房地奉字第002412号	有			商业	803.20	958.00	
7	头桥社区一号街	沪房地奉字第002413号	有			商业	2165.00	1140.00	
8	头桥社区东副业公司南	沪房奉字第02983号	无	有	无	办公	160.00		
9	头桥社区幸福村9组	沪房奉字第02992号	无	有	有	工业 商业	3446.00	5361.00	900.00
10	头桥社区一号街143号	沪房奉字第18036号	无	有	有	工业 商业	775.50	1796.00	
11	头桥社区西老街		无	无	有	商业	80.00		
12	头桥社区新奉公路		无	无	无	工业	210.00		
13	头桥社区沿港路10号		无	无	有	商业	70.00	67.00	
14	头桥社区一号街		无	无	无	商业	309.00		

2012年洪庙供销社土地房产情况表

表5-3-8　　　　单位：平方米

序号	房地坐落位置	权证情况				房屋土地状况		
		编号	房屋土地证	房产证	土地使用权	用途	建筑面积	有证土地面积
	合计						3064.77	4283.00
1	洪庙社区水闸路7号、9号	沪房地奉字第003016号	有			商业	1597.27	2618.00
2	洪庙社区洪庙村6组	沪房奉字第18217号	无	有	有	学校	1467.50	1665.00

2012年塘外供销社土地房产情况表

表5-3-9　　　　单位：平方米

序号	房地坐落位置	权证情况				房屋土地状况			
		编号	房屋土地证	房产证	土地使用权	用途	建筑面积	有证土地面积	无证土地面积
	合计						6658.61	6810.00	5932.00
1	塘外社区褚聚路11、13、15、17号	沪房奉字03148号	无	有	有	商业	706.40	1274.00	
2	塘外社区人民西路28、30、32号	沪房奉字17928号	无	有	有	工业 商业	430.70	1808.00	
3	塘外社区褚聚路9弄5号	沪房奉字17929号	无	有	有	工业 商业	5360.51	3728.00	5932.00
4	塘外社区人民路		无	有	有	商业 住房	161.00		

2012年邬桥供销社土地房产情况表

表5-3-10　　　　单位：平方米

序号	房地坐落位置	权证情况				房屋土地状况		
		编号	房屋土地证	房产证	土地使用权	用途	建筑面积	有证土地面积
	合计						9746.12	18708.00
1	邬桥社区汇中路74号	沪房地奉字2003第007454号	有			商业	2577.00	940.00
2	邬桥社区安东路36、38、40号	沪房奉字第03942号	无	有	有	商业	2705.80	10455.00
3	邬桥社区汇中路39、41号	沪房地奉字2000第005549号	有			商业	112.00	113.00
4	邬桥社区安东路39～49号（单）60、63、68、80号	沪房奉字第03944号	无	有	有	商业	1159.00	954.00
5	邬桥社区汇中路2～3号	沪房奉字第03945号	无	有	有	商业	2345.00	5653.00
6	邬桥社区汇中路43～47号（单）安东路293号	沪房奉字第03946号	无	有	有	商业	539.00	413.00
7	邬桥社区汇中路99号	沪房奉字第18209号	无	有	有	商业	308.32	180.00

2012年江海供销社土地房产情况表

表5-3-11 单位：平方米

序号	房地坐落位置	权证情况			房屋土地状况		
		编号	房屋土地证	土地使用权	用途	建筑面积	有证土地面积
	合计					9702.10	6098.60
1	南桥镇立新南路15弄内	沪房地奉字1997第002503号	有		仓库	382.66	108.90
2	南桥镇人民中路23～29、33～39（单）	沪房地奉字1997第002545号	有		商业	837.17	563.30
3	南桥镇立新南路15号6～8梯	沪房地奉字1997第002547号	有		商业	1320.53	512.50
4	南桥镇人民南路40～42号（双）	沪房地奉字1997第002893号	有		商业	349.56	250.00
5	南桥镇南中路78～82号(双)	沪房地奉字1998第003467号	有		商业	308.00	253.00
6	南桥镇南中路74号	沪房地奉字1998第003468号	有		商业	1429.60	659.00
7	南桥镇立新南路15弄内	沪房地奉字1999第003493号	有		商业	1962.24	1111.50
8	南桥镇立新南路13号	沪房地奉字1999第003495号	有		商业	79.82	41.00
9	南桥镇立新南路1弄1幢	沪房地奉字2000第002930号	有		商业	738.31	271.40
10	南桥镇菜场二支路1～8号	沪房地奉字2006第002577号	有		商业	1379.44	1914.30
11	南桥镇新建中路70弄598号	沪房地奉字2006第006912号	有		商业	48.75	22.20
12	南桥镇新建中路70弄596号	沪房地奉字2006第006914号	有		住房	48.75	22.20
13	南桥镇新建中路70弄600号	沪房地奉字2006第006915号	有		住房	48.75	22.20
14	南桥镇新建中路70弄602号	沪房地奉字2006第006916号	有		商业	31.03	14.10
15	南桥镇新建中路70弄604号	沪房地奉字2006第006917号	有		住房	52.83	24.10
16	南桥镇菜场路21号	沪房奉字第17924号		有	商业	102.00	
17	南桥镇立新南路15弄内	沪房奉字1997第002503号	有		商业	382.66	108.90
18	南桥镇沈陆村				商业	200.00	200.00

2012年萧塘供销社土地房产情况表

表5-3-12　　　　　　　　　　　　　　　　　　　　　　　　单位：平方米

序号	房地坐落位置	权证情况				房屋土地状况		
		编号	房屋土地证	房产证	土地使用权	用途	建筑面积	有证土地面积
	合计						10524.15	12662.87
1	西渡社区鸿宝一村4号房	沪房地奉字1997第002692号	有			商业	432.50	113.30
2	西渡社区水帘洞小区B1幢	沪房地奉字2000第001318号	有			商业	913.42	679.60
3	西渡社区北虹路84～88号(双)		无	无	无	商业	122.94	
4	南桥镇江海二村59幢183号	沪房地奉字2002第015005号	有			住房	99.72	50.10
5	南桥镇江南路335～351号(单)	沪房地奉字2002第015383号	有			商业	490.49	246.40
6	西渡社区沪杭公路859～879号(单)	沪房地奉字2003第022812号	有			仓库	1683.51	3353.00
7	西渡社区沪杭公路926号	沪房地奉字2004第002598号	有			商业	1702.00	585.00
8	西渡社区南虹路10～18号(双)	沪房地奉字2004第002606号	有			商业	486.90	380.00
9	西渡社区沪杭公路936号	沪房地奉字2004第002617号	有			仓库	47.00	75.00
10	西渡社区南虹路5、9、15号	沪房地奉字2004第002625号	有			商业	859.28	1341.60
11	南桥镇环城东路1847号	沪房地奉字2010第000248号	有			商业	69.33	34.67
12	南桥镇环城东路1861号	沪房地奉字2010第000249号	有			商业	98.39	49.20
13	西渡社区鸿宝村8组	沪房奉字第0018752号	无	有	有	工业	1486.00	2023.00
14	西渡社区沪杭公路东 西渡社区沪杭公路107号	沪房奉字第0018714号	无	有	有	商业	24.00	14.00
15	西渡社区陈湾村电灌站北	沪房奉字第0018753号	无	有	有	商业	886.00	2514.00
16	西渡社区新建路12、13、15、17号	沪房奉字第02090号	无	有	有	商业	231.00	133.00
17	西渡社区萧塘街109、131、156号	沪房奉字第02091号	无	有	有	工业	226.00	424.00
18	西渡社区新建路16、18、21～25号(单)	沪房奉字第02144号	无	有	有	商业	665.67	647.00

2012年庄行供销社土地房产情况表

表5-3-13　　　　　　　　　　　　　　　　单位：平方米

序号	房地坐落位置	权证情况				房屋土地状况			
		编号	房屋土地证	房产证	土地使用权	用途	建筑面积	有证土地面积	无证土地面积
	合计						16934.73	20567.80	2888.00
1	庄行镇一新街45～49号（单）	沪房地奉字1998第002890号	有			商业	334.00	417.00	
2	庄行镇西街4号	沪房地奉字1998第002891号	有			商业	67.00	54.00	
3	庄行镇一新街94、96号	沪房地奉字1998第002893号	有			商业	223.00	46.00	
4	庄行镇一新街139号	沪房地奉字1998第002894号	有			商业	135.00	221.00	
5	庄行镇东街1号	沪房地奉字1998第002895号	有			商业	24.00	22.00	
6	庄行镇中学路18号	沪房地奉字1999第002093号	有			商业	515.50	1316.00	
7	庄行镇一新街101号	沪房地奉字2003第021078号	有			商业	1721.00	839.00	
8	庄行镇朱家港西村95号	沪房地奉字2003第021878号	有			商业	400.30	1095.00	
9	庄行镇庄北村2组	沪房奉字第0018285号	无	有	有	商业	1794.00	3207.00	
10	庄行镇一新街63、83、94、96、45号 庄行东街22、23号 庄行西街20、35号	沪房奉字第0018457号	无	有	有	商业	501.00	209.00	37.00
11	庄行镇一新街40、48、50号	沪房奉字第03173号	无	有	有	商业	373.30	184.00	
12	庄行镇东街132、156、158号	沪房奉字第03174号	无	有	有	工业	4623.00	7128.00	
13	庄行镇一新街134号		无			商业	400.00		
14	庄行南亭公路996号		无	无	无	商业	2428.72		2851.00
15	庄行镇一新街140号		无	无	无	商业			
16	庄行镇庄利路8号		无	无	无	工业			
17	庄行镇庄良路1081号	沪房地奉字第017401号	有			商业	3394.91	5829.80	

2012年四团供销社土地房产情况表

表5-3-14　　单位：平方米

序号	房地坐落位置	权证情况				房屋土地状况			
		编号	房屋土地证	房产证	土地使用权	用途	建筑面积	有证土地面积	无证土地面积
	合计						5103.01	3700.00	440.00
1	四团镇团青公路310号	沪房奉字第18031号	无	有	有	住房 仓库	205.70	499.00	
2	四团镇团青公路321弄30号	沪房奉字第18032号	无	有	有	工业	2809.92	2000.00	
3	四团镇大桥村张家776号	（遗失）	无	有	有	商业	812.39	1035.00	
4	四团镇鹏贸街179号	（遗失）	无	有	有	仓库	425.00	166.00	
5	四团镇鹏贸街181号		无	无	无	商业	850.00		440.00

2012年平安供销社土地房产情况表

表5-3-15　　单位：平方米

序号	房地坐落位置	权证情况				房屋土地状况		
		编号	房屋土地证	房产证	土地使用权	用途	建筑面积	有证土地面积
	合计						7464.98	14258.00
1	平安社区谊盛路321、329、341、345号	沪房地奉字2000第002194号	有			工业	2372.06	7846.00
2	平安社区龙羊路1～7号	沪房地奉字第02924号	无	有	有	商业	297.72	292.00
3	平安社区东大街32～38号	沪房奉字第02926号	无	有	有	商业	29.20	
4	洪庙社区洪北村1组	沪房奉地字02929号	无	有	有	仓库	596.00	2566.00
5	平安社区东大街8～12号（双）	沪房奉字第03668号	无	有	有	仓库	165.00	199.00
6	平安社区四平公路1361弄	沪房奉字第18039号	无	有	有	工业 商业	1334.00 1591.00	3355.00
7	平安社区东大街35号	沪房奉字第18043号	无	有	有	住房	676.00	
8	邵厂社区邵厂街25号	沪房奉字第18034号	无	有	有	商业	404.00	

2012年柘林供销社土地房产情况表

表5-3-16　　单位：平方米

序号	房地坐落位置	权证情况				房屋土地状况		
		编号	房屋土地证	房产证	土地使用权	用途	建筑面积	有证土地面积
	合计						7580.11	9956.00
1	柘林镇钦林北路18弄2～8号	沪房奉字第14535号	无	有	有	仓库 商业 办公	2789.51	3093.00
2	柘林镇新柘东路8弄11～23号(单)	沪房奉字第14536号	无	有	有	仓库	3779.17	6863.00
3	柘林镇新柘东路8弄11号内		无	无	有	仓库	494.63	
4	奉新人民塘路551弄1～2号、10～16号	沪房地奉字（2000）第001084号	有	无	无	商业	516.80	

2012年新寺供销社土地房产情况表

表5-3-17　　单位：平方米

序号	房地坐落位置	权证情况				房屋土地状况		
		编号	房屋土地证	房产证	土地使用权	用途	建筑面积	有证土地面积
	合 计						6448.48	7111.00
1	新寺社区沪杭公路2455～2457号 新寺社区新北路25～43号（单）	沪房地奉字1998第001386号	有			办公	1060.00	586.00
2	新寺社区新林路618号	沪房奉字第0018288号	无	有	有	仓库	4165.35	4953.00
3	新寺社区新林路2125号	沪房奉字第02891号	无	有	有	仓库	326.00	696.00
4	新寺社区新北路31～41号（单）	沪房奉字第02897号	无	有	有	仓库	605.13	670.00
5	新寺社区道院	沪房奉字第02901号	无	有	有	商业	292.00	206.00

2012年胡桥供销社土地房产情况表

表5-3-18　　单位：平方米

序号	房地坐落位置	权证情况		房屋土地状况			
		编号	房屋土地证	用途	建筑面积	有证土地面积	无证土地面积
	合计				1458.00	2323.58	722.69
1	胡桥社区寺胡路2899号 胡桥社区孙桥村1187号	沪奉房地奉字1999第002931号	有	商业	339.60	1584.58	722.69
2	胡桥社区新街81弄11～19号(单)	沪房地奉字2003第000475号	有	商业	1118.40	739.00	

2012年青村供销社土地房产情况表

表5-3-19 单位：平方米

序号	房地坐落位置	权证情况		房屋土地状况		
		编号	房屋土地证	用途	建筑面积	有证土地面积
	合计				8180.26	9003.00
1	青村镇东街11号	沪房地奉字第003019号	有	商业	2008.85	3350.00
2	青村镇新建弄14号	沪房地奉字第003021号	有	商业	976.96	1027.00
3	南奉公路3017号	沪房地奉字第003418号	有	商业	1123.15	3137.00
4	南奉公路609弄2幢7号	沪房地奉字第015406号	有	商业	69.11	
5	南奉公路609弄2幢8号	沪房地奉字第015407号	有	商业	69.11	
6	南奉公路609弄2幢7号	沪房地奉字第015408号	有	商业	86.20	
7	南奉公路609弄2幢8号	沪房地奉字第015410号	有	商业	86.20	
8	南奉公路509弄2幢9号	沪房地奉字第015412号	有	商业	91.50	
9	青村镇东街50号	沪房地奉字第03107号	有	住房	44.00	40.00
10	青村镇东街69～73号	沪房地奉字第03108号	有	商业	22.00	19.00
11	青村镇中街23、27号	沪房地奉字第03112号	有	商业	64.34	
12	青村镇东街26号	沪房地奉字第03113号	有	住房	46.00	32.00
13	青村镇中街31、35、58号	沪房地奉字第03114号	有	住房	609.10	
14				商业		315.00
15	青村镇人民路45号	沪房地奉字第03117号	有	商业	830.48	548.00
16				住房		
17	南奉公路22号	沪房地奉字第03187号	有	商业	165.40	
18	青村镇中街13号	沪房地奉字第03188号	有	商业	347.00	535.00
19	青村镇人民街13号	沪房地奉字第04053号	有	住房	264.00	
20	青村镇人民街9号	沪房地奉字第17757号	有	商业	306.00	
21	青村镇东街45号		无	商业	970.86	
22	南奉公路2830～2848号		无	商业		

2012年光明供销社土地房产情况表

表5-3-20 单位：平方米

序号	房地坐落位置	权证情况				房屋土地状况			
		编号	房屋土地证	房产证	土地使用权	用途	建筑面积	有证土地面积	无证土地面积
	合计						6576.42	22578.96	4107.20
1	光明社区光明西路3号	沪房地奉字第005872号	有			工业	979.00	5872.00	2843.20
2	光明社区文化路8号	沪房地奉字第005873号	有			商业	545.85	5873.00	1264.00
3	光明社区光明路10号	沪房地奉字第03083号	有			商业 住房	127.00	113.00	

续表 5-3-20　　　　　　　　　　　　　　　　　　　　　　　　　　　　单位：平方米

序号	房地坐落位置	权证情况				房屋土地状况			
		编号	房屋土地证	房产证	土地使用权	用途	建筑面积	有证土地面积	无证土地面积
4	光明社区光明路 20、22、24、26、28 号	沪房地奉字第 03084 号	有			商业	967.57	404.46	
5	光明社区光明路 38、40、44、46 号	沪房地奉字第 03086 号	有			商业	596.00	925.00	
6	光明社区光明路茶园南弄 11 号	沪房地奉字第 03088 号	有			住房	58.00	64.00	
7	光明社区光明路茶园南弄 4 号	沪房地奉字第 03089 号	有			住房	52.00	53.50	
8	光明社区农工路 23 号	沪房地奉字第 03091 号	有			商业	299.00	480.00	
9	光明社区文化路 61 号	沪房地奉字第 03093 号	有			住房	30.00		
10	光明社区三官街 57 号	沪房地奉字第 03094 号	有			住房	43.00	40.00	
11	光明社区金汇港东	沪房地奉字第 17939 号	有			商业	2538.00	8754.00	
12	光明社区光明路 467 号	沪房地奉字第 17943 号	无	有		商业	157.00		
13	光明社区优化路 134～140 号		无	无	有	商业	124.00		
14	青村镇湾张村		无	无	无	商业	60.00		

2012 年钱桥供销社土地房产情况表

表 5-3-21　　　　　　　　　　　　　　　　　　　　　　　　　　　　单位：平方米

序号	房地坐落位置	权证情况			房屋土地状况		
		编号	房屋土地证	房产证	用途	建筑面积	有证土地面积
	合计					2020.65	4600.00
1	钱桥社区长丰路 102～104 号	沪房地奉字第 003593 号	有		商业	1063.00	640.00
2	钱桥社区文化路 2 号～4 号	沪房地奉字第 007232 号	有		商业	344.00	217.00
3	钱桥社区河东滩	沪房地奉字第 03102 号	有		商业	516.65	3743.00
4	钱桥社区长丰路 23～27 号	沪房地奉字第 03287 号	无	有	商业	97.00	

2012 年金汇供销社土地房产情况表

表 5-3-22　　　　　　　　　　　　　　　　单位：平方米

序号	房地坐落位置	权证情况				房屋土地状况		
		编号	房屋土地证	房产证	土地使用权	用途	建筑面积	有证土地面积
	合计						7305.52	15458.90
1	金汇镇东街 2～16 号(双)	沪房地奉字（1999）第 005477 号	有			商业	258.20	461.00
2	金汇镇东街 2～16 号(双)	沪房地奉字（1999）第 005478 号	有			商业	423.72	756.40
3	金汇镇东街	沪房地奉字（1999）第 005479 号	有			商业	439.00	632.00
4	金汇镇东街	沪房地奉字（1999）第 005481 号	有			商业	494.00	451.00
5	金汇镇汇中路 68 号	沪房地奉字（2005）第 008205 号	有			商业 仓库	915.00	1498.50
6	金汇镇西街 1 号	沪房地奉字第 02883 号	无	有	有	仓库 商业	1986.34	4404.00
7	金汇镇南街 2 号	沪房地奉字第 03182 号	无	有	有	工业 仓库 商业	1291.00	6804.00
8	金汇镇东街 37、43、61、63、71、73 号	沪房地奉字第 03183 号	无	有	有	商业 仓库	1498.26	452.00

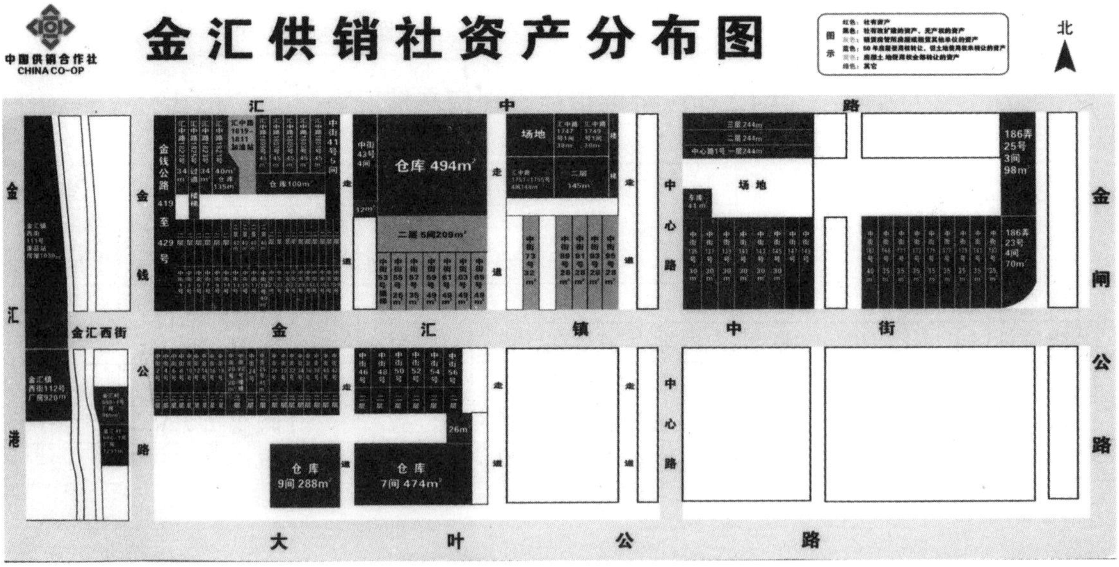

2012 年金汇供销社资产分布示意图

2012年泰日供销社土地房产情况表

表5-3-23　　　　单位：平方米

序号	房地坐落位置	权证情况				房屋土地状况		
		编号	房屋土地证	房产证	土地使用权	用途	建筑面积	有证土地面积
	合计						12903.29	19228.00
1	泰日社区人民街5～7号 泰日社区光耀村1组	沪房地奉字(2001)第010685号	有	无	无	仓库	670.89	1291.00
2	泰日社区人民街59弄7号	沪房地奉字第03125号	无	有	有	商业	361.00	679.00
3	泰日社区人民街128号	沪房奉字第003129号	无	有	有	商业		141.00
4	泰日社区新建路5～17号(单)、8、26号	沪房地奉字第03130号	无	有	有	商业 宿舍	4102.84	2596.00
5	泰日社区新建路29、32、34号	沪房地奉字第03131号	无	有	有	商业 仓库	368.30	628.00
6	泰日社区航南公路1002号	沪房地奉字第03133号	无	有	有	商业	816.56	4020.00
7	泰日社区光星村6组	沪房地奉字第04364号	无	有	有	仓库	3901.00	6001.00
8	泰日社区周家村7组	沪房地奉字第04365号	无	有	有	商业	302.40	1279.00
9	泰日社区姚堂村3组	沪房地奉字第04366号	无	有	有	商业	1818.00	2593.00
10	泰日社区大昌路		无	无	无	商业	562.30	

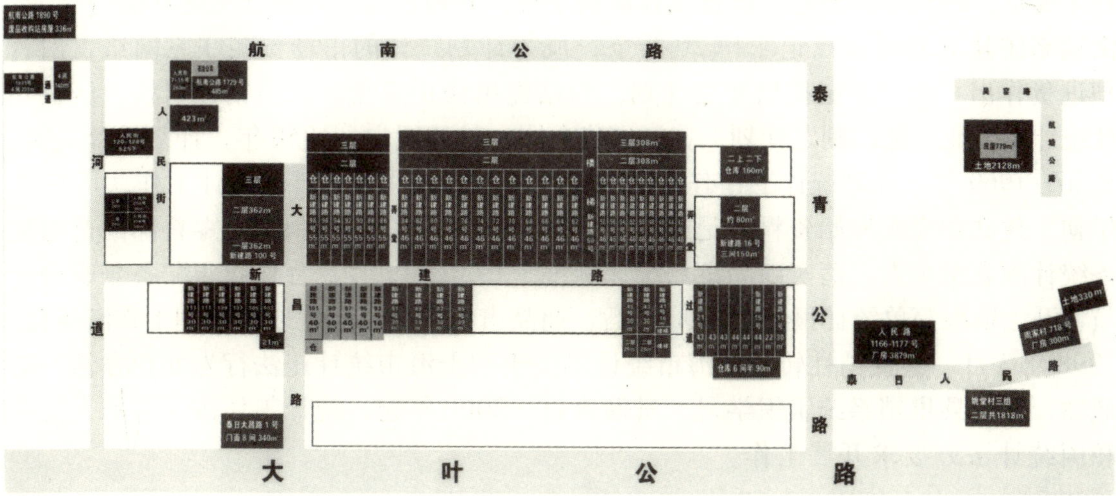

2012年泰日供销社资产分布示意图

第四节 计划统计管理

一、机 构

1950年10月，奉贤县供销合作总社筹备处会计室兼管计划统计工作。1951年9月，县合作总社设计划股，基层供销社配备兼职统计员。1953年1月改称计划科。1954年，以区建供销社后，每个区供销社配备专职统计员2人。1958年4月，县商业局与县供销社合署办公，设计划财务股。1969年9月，计划统计工作由商业管理站（商业局）生产组分管。1979年1月，县供销社设计财物价股。1982年设计划统计物价股。1984年改为计划财务科。1991年7月，县供销社与基层企业相继成立由行政领导为组长的信息网络领导小组，统计人员负责信息收集汇总等工作。1993年后不再设计划统计部门，改由财务资产部分管。

二、统计制度

1951年，县合作总社建立之初，计划统计编造计划粗略估计，未形成制度。1952年，南桥供销社建立原始统计制度、定额检查统计制度，设统计员1名，之后全县各基层供销社逐步推行统计制度。1953年年末，供销系统建立计划统计工作制度，对编制计划、每年每月工作计划、供销计划、每月定期检查计划作出具体规定。对原始统计记录、研究分析市场动态、现金收支日报、业务简速月报等统计工作作出具体规定。1956年7月起，统计工作取消季报、旬报，实行月报（快速月报）。8月，供销系统建立农村基点记账户20余个，成为计划统计的市场预测联系网络，对计划进货作出4项（小组提出要货计划、分站提出修正意见、县供销社复核、区供销社统计员、业务部门制定计划、签订进货合同）具体规定。1958年，计划统计失实。1966～1969年，计划统计工作有名无实。1970年4月，恢复计划统计工作。1972年年初，建立和完善原始资料登记统计制度。1976年，全县供销企业零售部门普遍配备统计制表员1人，落实商品盘点统计制度。1980年1月，合作商店配备兼职统计员，开始填报简单统计报表。1990年后，商品市场经济不断发展，计划工作渐淡化。1998年3月，县供销社转发上海市统计局关于《上海市统计违法行为处罚办法》的通知，在全县供销系统组织学习、贯彻执行。2000年起，统计工作按《中华人民共和国统计法》要求开展工作。

三、管理工作

县合作总社建社初，计划统计工作由财务会计兼职。1951年4月，开展计划统计工作。1953年，全县供销系统因计划不当造成商品积压，全县供销社损失2.32万元。是年年末，建立计划统计工作制度，提出计划制度以群众实际需要为依据；每年每月制定工作计划；供销计划由计划小组研究制定；每月检查计划执行情况的总体要求。全县供销企业普遍建立原始的统计记录，确保统计数据的正确可靠，并及时送交有关部门，作为研究分析市场动态和开展农村调查研究，掌握市场动向的依据；各企业坚持做好现金收支日报、业务简速月报、零售商品月报和收购农副产品月报。南桥区供销社计统工作实行购销计划由部门编制、以季度为期、制订具体执行计划、每天上报购销情况的做法，被定为江苏省社统计基点社。1954年9月，奉城供销社统计员方其章改进统计报表，在松江专业社经验交流会上作统计管理工作交流发言。1955年，每个区供销社配备专职统计员2人。是年，南桥供销社统计工作被评为江苏省供销系统先进单位，得奖金200元。1956年下半年，全县供销系统有20余个农村基点记账户为统计工作提供原始资料。1958年，浮夸成风，统计管理失控。1966~1969年“文化大革命”高潮中，统计报表凭部门随意填报。1972年，全县供销系统恢复计划统计互助活动，活动具体做法在市商业统计工作大会上作交流发言介绍。1977年，头桥、四团供销社不断完善统计工作制度，加强统计队伍管理，统计工作逐步规范，被评为上海市供销系统计划统计工作先进单位。1979年，县供销社组织供销系统企业统计员，举办2周时间的统计专业培训班，并在全县开展计划统计工作红旗竞赛活动。1981年，县供销社对全系统28名专职统计员分批进行培训，提高统计工作人员的业务素质。1982年，全供销系统统一原始摘录与统计科目，规定每年11月为统计数字质量检查月，开展评比检查。金汇供销社被评为上海市统计工作先进集体，庄行供销社的陆士琪、食品公司赵睽淼被评为上海市统计工作先进个人。1983年，在南桥镇选择10户居民为基点记账户、进行统计工作调研，为计划统计提供信息。1991年7月，在大商业、大市场、大流通经济格局中，县供销社注重信息网络工作，坚持统计与信息工作结合。建立由分管领导为组长的信息网络机构，各企业亦建立相应的信息网络组织，增强信息意识，注重信息开发与利用。1998年5月，县供销总社对全县供销系统领导干部进行《中华人民共和国统计法》学习宣传教育，贯彻落实中共中央、国务院办公厅坚决反对和制止在统计工作中弄虚弄假的通知，实行统计人员持证上岗制度。1999年12月，在每个企业设置一名信息员，负责信息的收集汇总和上报。2003年，供销系统由商品经营转为资产经营，计划统计工作重点逐渐转向资产经营。

第五节　物价商政管理

一、机　构

1950年10月，奉贤县供销合作社筹备处成立，物价工作无专人负责。1951年，物价工作由县联社供应科分管，设专职物价干部1人。1955年9月，县供销社供应科内附设物价组，配备专职物价干部2人。1956年9月，成立审价领导小组。1957

年，设物价科，配备物价干部 3 人。1958 年，县供销社与县商业局合署办公，专设物价股。1960 年，物价股与工商行政股合并为商政物价股，编制 5 人。1962 年，县供销社与县商业局分署办公，县供销社设物价股，编制 3 人。是年，县百货公司设专职物价员 1 名。1965 年，全县供销系统国营商业、供销社商业、合作商业、下伸店配备专（兼）职物价员 314 人。基本形成物价管理网络。“文化大革命”初期，物价管理松懈。1972 年恢复物价管理工作，县商业局生产组配备物价专职干部 1 人，县专业公司和基层供销社各配备专（兼）职物价员。1974 年，各门市部确定兼职物价员 1 人。1980 年，县工商局成立后，县供销社不再承担商政管理职能。1983 年，县供销社计统股有专职物价干部 2 人，全县所属专业公司、基层供销社共设专（兼）职物价员 617 人。1985 年后，随着改革开放和市场经济的发展，全县供销企业物价人员逐渐减少至全部退出。

二、政策规定

解放初期，国营商业和合作社商业建立不久，无力控制市场，商品供应紧张，价格无专人管理，造成物价混乱，波动频繁。1953～1957 年第一个五年计划期间，国家对某些工业品价格予以适当调低，同时有步骤地调高农副产品收购价格，奉贤地区物价趋向稳定。1958～1962 年，受自然灾害影响，国家经济发生困难，为稳定物价、安定人心，对人民生活基本必需品实行定量供应，对少数商品实行高价政策。1962 年下半年供销系统开展自营业务，实行议购议销，促进生产、活跃市场、平抑物价。1963～1965 年，市场情况逐步好转，物价基本恢复正常。“文化大革命”期间，对商品价格采取大部不动、个别调整的办法，物价基本稳定。1978 年后，重视价值规律调节作用。为支持商品生产，满足市场供应，对价格体系进行通盘调整，改变许多商品购销不合理现象。1980年，县供销社作出调控物价的 7 条规定。1981 年，执行县政府《关于建立和健全调价工作制度》，除糕点参照市区价格予以调整外，规定各类食品加工的毛利率，同时执行县物

奉贤县供销社举办物价业务讲座

价部门《关于认真做好明码标价工作制度》、《关于产（商）品自行定价制度》。1984年6月，商品物价坚持一放、二管、三活原则和以计划经济为主，市场调节为辅的原则。县供销社对农副产品的收购价格均作出新的规定。1985年4月，贯彻县物价局《关于放开6种主要副食品购销价格和适当调整牛奶销售价格的通知》规定，是月13日开始执行。1990年2月，县供销社执行县物价委员会《关于改进和加强奉贤县放开商品价格管理的通知》精神，对放开商品价格加强管理和引导、适度调控、活中有管、以管治乱。1993年4月粮油价格放开后，对城镇居民实行每人每月补贴8元的政策。1995年后，市场物价逐步放开。

三、管理工作

1949年5月奉贤解放，开始流通人民币，用人民币兑换国民党政府发行的金圆券。1950～1951年，由于党和政府采取打击投机势力，限制私商投机活动，加强商品供应，物价趋向平稳。县合作总社、基层供销社相继成立后，开始重视物价管理，对社员实行优待价，逐渐稳定市场物价。1953年1月，县人民政府财政经济委员会发出“对烟、酒、火柴、烧碱、搪瓷、木材、食油、食糖等100余种商品调整牌价”紧急通知，其中甲级卷烟提高牌价22.66%，酒类提高20.9%，加强物价调控。1954年，对居民日用工业品及生活必需品实行计划凭证凭票供应，稳定市场物价。1955年3月1日，发行新版人民币，新人民币与老人民币比例为1元∶1万元兑换。是年，供销商业系统首次对商品实行审价。1956年1月，贯彻执行江苏省人民政府《关于供销合作社系统当前物价掌握分工制度实施办法》，县供销社物价部门负责物价的监督检查、拟订和价格管理工作。9月，成立县供销社审价领导小组，根据上级规定的原则，制定经营商品的调拨价格，对所属基层企业的物价工作行使管理职能。是年，在企业物价员自查基础上，县供销社物价部门检查全系统270个部门7.01万笔商品交易，查出错价643笔，差错率0.91%。1958年“大跃进”，物价员调离岗位，物价工作松垮。1959年恢复物价员队伍，通过物价工作培训，开始对饮食业商品进行比质比价和审价。1961年，根据不同层次群众的需求，全县各供销商业部门在集镇设高价门市部和高价菜馆，对部分商品实行高价敞开供应，如50度土烧酒每500克4.80元，白糖每公斤4.80元，飞马牌香烟每包0.55元。1965年，国家经济形势好转，对部分商品实行降价，50度土烧酒每500克降至0.90元，白砂糖每公斤降至1.42元，飞马牌香烟每包降至0.37元。县供销社定期不定期的组织审价检查活动，防止物价失控。1969年，县供销社安排专人参加县加强市场管理打击投机倒把领导小组办公室工作，开展市场物价检查管理工作。1977年4月，根据商品物价波动情况，县供销系统贯彻国家计划委员会物价座谈会精神，组织力量在供销系统全面进行物价检查整顿。1978年11月，认真执行上级“取消日用工业品地区差价，实行市区、郊区同价销售”规定，开展物价管理红旗竞赛检查评比，奉城、青村、邬桥、胡桥供销社评为物价管理红旗单位。1980 年 10 月，为扩大需求，全县对鲜、咸猪肉先后进行 11 次降价供应。1983 年 2 月，组织有关股室、公司和业务、物价干部会同县物价委员会、县工商局、县防疫部门联合开展春节物价大检查，保证节日供应商品的物价平稳。是年 11 月 5 日起，执行猪肉牌价恢复到 1979 年水平（每 500 克 1.03 元）的物价规定。奉城供销社、县日杂果品公司前进土产门市部认真执行物价政策，被评为上海市供销系统物价工作先进单位。1981 年 1 月，县供销社发出《关于贯彻国务院加强物价管理、严肃物价纪律的通知》，在基层企业中学习宣传实行，促进物价管理工作。1981~1984 年，县供销社先后对违反物价政策的 13 个部门进行处罚，退还群众金额 1423 元，没收上交 17630 元，罚款 2900 元，对有关责任人员作出扣发奖金等行政处分。是年，供销系统涌现 14 个“双信”（物价信得过、质量信得过）单位和部门。1984 年 6 月，制定《奉贤县供销商业物价工作试行实施意见》，在所属企业中施行。是年 10 月 15 日，铝制品商品实行调价，因保密工作不慎，铝制品抢购一空，涉及到肥皂、火柴、毛巾、床单等日用商品的哄购。1985 年起，奉贤物价逐步由计划价格向市场价格转变，放开大部分农产品价格和部分工业消费品价格，工业生产资料价格实行计划价格和市场价格“双轨制”。商品开始采用标价签形式进行明码标价。1986 年 8 月，县供销社召开贯彻放开 7 种沪产工业消费品价格的文件精神会议，部署调价前后应做的物价管理各项工作。1987 年，开展冷饮、生产资料、烟酒行业、专卖行业进行物价检查。奉城、泰日供销社利用黑板对冷饮商品实行明码标价，得到顾客肯定。1988 年 11 月，为防止名烟名酒调价中发生违法乱纪问题，全县供销系统有关企业开展物价自查，县供销社由领导带队组成 6 个小组，深入基层单位，查实有关经管人员违规经营牡丹卷烟 1191 条，计划烟 1183 条，其他紧俏烟 1422 条，向县政府作专题书面报告，对相关单位进行罚没处理。1990 年，县供销社召开消除假冒伪劣商品、明码标价、优质服务动员大会，配合全国性调高民用煤制品、棉织品（包括棉絮）、食糖价格和上海市调高民用自来水、铁锅、沐浴费价格的各项工作。1992 年，供销系统采取“调、放、管”物价政策，使物价涨幅明显回落。1993 年 8 月，县供销社召开由 130 余人参加的打假动员大会，组织打击

1983 年 5 月，奉城供销社被评为上海市物价工作先进集体

假冒伪劣商品检查行动，对9个基层供销社、9个县供销社直属公司、商场进行检查，假冒伪劣商品被拒之门外。是年，全县供销系统烟酒、五金交电、食品、小商品价格陆续放开，由市场调节。1997年后，全县供销系统商品经营企业陆续退出集体经营，物价工作也随之淡出。1998年5月，县供销总社物价咨询活动在金叶商厦举行，进一步贯彻执行《中华人民共和国价格法》。1999年4月1日起，县供销系统从事商品零售批发经营部门执行上海市物价局《关于商品零售实行三色标价签的试行办法》。2001年，通过扩大内需和发布价格信息进行调节、引导和稳定社会市场零售商品价格。2003～2012年，区供销总社系统物价除少数生产企业执行国家价格政策外，大部分零售商品实行市场化管理。

第六节　审计工作管理

一、机　构

县合作总社建立后，审计工作方面事务，一直由财务会计部门代行。1985年3月，县供销社设审计科。1991年1月，审计科改称法律事务部。1993年3月改称法律审计部。1999年12月至2004年3月，先后更称为审计监察科、财务审计科。2012年2月，恢复审计监察科。

二、管理工作

50年代至80年代初，县供销社审计方面业务，由财务会计部门代行。1982年，财务会计部门对全县供销系统发放奖金进行审计，18个基层供销社固定职工2448人，全年核发奖金32.23万元；23家直属企业（不含食品站），固定职工1414人，核发全年奖金18.34万元；加上县供销社机关，合计固定职工3938人，核发全年奖金51.54万元。1991年12月，县供销社批转上海市供销合作总社《关于企业经理（厂长、主任）离任经济责任审计》试行办法，审计工作成为规范化的工作制度。1992年9月，县供销总社审计部门对供销系统23家直属公司（厂）及18个基层供销社应收款进行全面审计，查实一年以上应收款792.88万元，3个月以上应收借款37.01万元。1993年3月，县供销总社规定供销系统各项奖励的兑现原则，全年奖金发放，均实行先审计后兑现的原则。1994年2月，对萧塘商业合作社五金部计某某少解销货款，拖欠承包费4万余元，以及奉贤商厦筹备处将银行贷款、社会集资款出借外省市450万元（92万元尚未收回）的情况进行审计，提出制止资金管理中违法违规行为的建议。是年6月，县供销总社制定《奉贤县供销合作总社内部审计工作规定》，在各企业单位配备1名内审人员，完善审计网络，对审计工作的依据、审计对象、内审机构的主要任务、主要职权、审计工作主要程序等内容作具体规定。1995年，县供销总社审计部门先后对县百货总公司、奉贤申新针织厂、上海通乐金属制品厂、奉贤商厦汽车销售公司、供销商业建设公司、奉贤精艺皮件厂、滨江副食品集团公司及四团、邵厂、青村、萧塘、金汇等供销社行政主要负责人离任实行审计或经济运行情况审计，正确掌握被审计企业的经济运行状况。1996年，为加强基建审计工作，县供销总社下发关于开展奉贤县供销合作总社基建审计的通知，作出凡是土建、装潢、装修工程必须经过审计方可结算的规定。是年，审计的2个项目，核减率均在50%以上。是年12月，审计部门对某某服务公司经理离任进行审计，发现是年利润不实，应为负38.36万元，还欠缴县供销总社管理费15.05万元，实际亏损53.41万元，同时审计出企业赊销款21.87万元（其中本部门3名职工拖欠、赊销9.42万元），为县供销总社领导正确处理该公司存在问题提供决策依据。1997年1月，根据全县供销系统44名企业法人代表，向县供销总社作的书面述职报告，审计部门先后对这些企业一一进行审计，对企业运行情况作实事求是的结论。是年10月，县供销总社下发关于《开展奉贤县供销合作总社基建审计》的通知，规定基本建设项目竣工决算，必须由县供销总社审计部门进行监督；基建装潢工程5万元以上列入县供销总社审计内容。是年，对县供销总社直属的商业服务公司、百货公司、果品公司、五金交电化总公司、华亭商场、奉新商业公司经理离任进行审计。审计出某某公司库存问题商品资金375.44万元，占总公司库存商品的19.23%，问题应收款70余万元，为领导决策企业管理提供真实信息。并对供销社基建项目进行竣工决策审计。1998年，审计部门先后对光明、青村、塘外、四团、平安供销社主任、申达造漆厂厂长、百货公司经理、供销商业总公司、物资回收总公司负责人进行离任审计，作出客观的审计结论。在企业产权制度改革中，县供销总社发挥审计部门作用，对全县供销企业资产全面进行审计。2006年，区供销总社根据《中华人民共和国审计法》精神，制定《上海市奉贤区供销合作总社内部审计管理制度》，对内部审计机构及内部审计人员，内部审计工作的主要内容，内部审计工作的主要形式，内部审计工作的权限，内部审计工作程序一一作出具体规定，完善企业内部审计制度。2010～2012年，持续开展经营者离任审计，先后审计企业30余家次。2012年，开展预算目标化管理，制定《关于全资企业经营者报酬考核的实施意见（试行）》办法和《单位经营任期目标责任书》，与11家全资企业签订任期目标责任书。协助上海欣隆木材钢模有限公司股东股权转让，对全资企业经营者2012年任期目标责任书实行情况进行全面考核审计。

1992年奉贤县供销社系统应收款审计调查汇总表

表5-6-1 单位：万元

单位	一年以上应收款	三个月以上个人借款	合计	单位	一年以上应收款	三个月以上个人借款	合计
合计	792.88	37.01	829.89	上海华乐食品厂	0.03	0.24	0.27
奉贤农资公司	96.74	1.08	97.82	上海华英陶瓷厂	9.39		9.39
上海滨江食品公司	39.52		39.52	上海爱碧公司			
奉贤商业服务公司	16.81		16.81	江海供销社	22.06	0.19	22.25
奉贤煤炭公司	2.17		2.17	头桥供销社	7.60		7.60
奉贤烟糖公司	0.62		0.62	光明供销社	3.85		3.85
奉贤五金公司	10.70	0.10	10.80	邬桥供销社	47.42	4.61	52.03
奉贤果品公司	32.18		32.18	庄行供销社	28.76	3.59	32.35
奉贤物利公司	5.04		5.04	新寺供销社	6.59		6.59
奉贤棉花公司	6.97		6.97	奉城供销社	12.40	0.03	12.43
奉贤百货公司	12.58		12.58	齐贤供销社	2.16	0.04	2.20
上海古华集团				胡桥供销社	150.00		150.00
奉贤华亭商场	0.05		0.05	泰日供销社			
上海鸿雁商场				四团供销社	5.14	0.29	5.43
上海华城公司	47.32	5.28	52.60	金汇供销社	1.68	6.77	8.45
奉贤江南汽修厂	14.34	1.05	15.39	萧塘供销社	4.90		4.90
奉贤欣欣食品厂	17.23	0.69	17.92	塘外供销社	14.04	2.33	16.37
奉贤鼎丰酿造厂	2.93	0.45	3.38	钱桥供销社	38.62	1.10	39.72
上海市供销社机械厂	3.80	0.14	3.94	平安供销社	4.70	9.03	13.73
华联吸尘厂	111.00		111.00	柘林供销社	1.22		1.22
上海中达造漆厂	6.16		6.16	青村供销社	6.16		6.16
齐贤轧花厂							

注：1. 齐贤轧花厂、爱碧公司、胡桥供销社、泰日供销社没上报。

2. 华联吸尘器厂、胡桥供销社两个单位的数据为1991年审计出金额。

1992年前奉贤供销系统个人借款审计调查情况表

表5-6-2　　　　单位：千元

年份	江海供销社	邬桥供销社	金汇供销社	齐贤供销社	庄行供销社	塘外供销社	奉城供销社	钱桥供销社	平安供销社	四团供销社	县农资公司	县五金公司	上海鼎丰酿造厂	江南汽车修理厂	上海欣欣食品厂	上海供销机械厂	华东食品厂	华城特种纺织品厂
合计	1.88	46.09	67.73	0.35	35.86	23.30	0.33	11.00	90.34	2.86	10.83	1.00	4.49	10.54	6.89	1.40	2.40	52.79
50年代				0.35														
1984					0.47													
1985					17.75	9.05												
1986						12.23												
1987		44.36	67.73			1.05					10.58							
1988	1.20				6.34	0.67						1.00	4.49	6.04				
1989	0.68	1.26			3.21	0.30	0.13			1.92				1.29	3.14			
1990		0.47							18.33	0.94					2.75	0.60	0.50	
1991					7.59			3.90	38.45		0.25			3.21	1.00	0.80	0.30	52.79
1992					0.50		0.20	7.10	33.56								1.60	

第七节　综合安全管理

一、机　构

1951年4月，县合作总社社务股管理安全保卫工作，1952年，县联社组导科内设保卫股。“文化大革命”中，由县供销社撤销后建立的奉贤县生产资料管理站政工组分管安全保卫工作。1976年3月，商业局设武装保卫组。1979年改称保卫股。1984年起，先后改称为人事保卫科（部）、安全保卫科。2004年，安全保卫工作由综合管理科分管。2012年，安全保卫工作由区总社办公室负责管理。

60余年来，区（县）供销社制订一系列安全保卫、安全生产、消防安全等措施，推动综合安全管理工作的落实。

上海复美康德大药房有限公司被命名为2011年度上海市平安单位

二、管理工作

1. **治安保卫管理**　1950年11月，县供销合作总社筹备处在柘林、平安供销社开展整社把安全保卫作为重要内容。1952年11月中旬至12月上旬，南桥供销社结合整社清退担任干部职务的国民党军官1人、兵痞1人、流氓1人、贪污腐化1人。1953年10月31日，县联合社针对9～10月某供销社仓库附近发现敌特信号弹、某轧花厂花包中发现左轮手枪子弹等情况，提出加强企业重点部门安全保卫措施，建立24个安全保卫组、保卫人员544人。对全县供销系统人员进行清理，对政治经历复杂的员工71人，（其中当过土匪6人，参加过反动教会组织一贯道9人，国民党军官、旧政府人员37人）一一作出处理，纯洁供销干部队伍。60年代，全县供销企业普遍建立各种治安保卫组织。1977年1月，县供销社百货公司等13个企业建立治保委员会，设有主任13人、副主任10人、委员78人。1980年，县棉花公司等15家企业建立由96人组成的治安保卫委员会。是年5月，县供销社举办城乡物资交流会，建立县供销社1名领导等组成的安全保卫领导小组，配备安全保卫人员55人。1982年8～12月，县供销社先后对县饮食服务公司副经理兼治保主任康裕祥，副经理张涛荣、治保委员金瑞兴冒台风勇擒盗贼，青村供销社生产资料供应站组长唐一飞在检查库房时勇斗盗贼的事迹进行通报表扬。

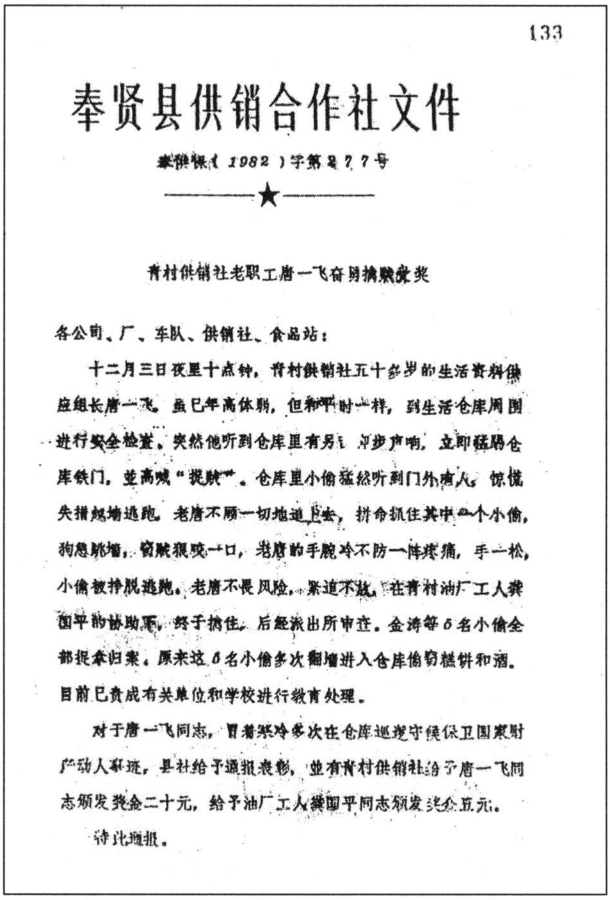

133

奉贤县供销合作社文件

奉供保（1982）字第277号

★

青村供销社老职工唐一飞奋勇擒贼受奖

各公司、厂、车队、供销社、食品站：

十二月三日夜里十点钟，青村供销社五十多岁的生活资料供应组长唐一飞，虽已年高体弱，但和平时一样，到生活仓库周围进行安全检查，突然他听到仓库里有异常脚步声响，立即猛踢仓库铁门，并高喊"捉贼"。仓库里小偷猛然听到门外有人，惊慌失措翻墙逃跑。老唐不顾一切地追上去，拼命抓住其中一个小偷，狗急跳墙，窃贼狠咬一口，老唐的手腕冷不防一阵疼痛，手一松，小偷被挣脱逃跑。老唐不畏风险，紧追不放，在青村油厂工人龚国平的协助下，终于擒住，后经派出所审查，金涛等6名小偷全部捉拿归案。原来这6名小偷多次翻墙进入仓库偷窃糕饼和酒。目前已责成有关单位和学校进行教育处理。

对于唐一飞同志，冒着寒冷多次在仓库巡逻守候保卫国家财产动人事迹，县社给予通报表彰，并有青村供销社给予唐一飞同志颁发奖金二十元，给予油厂工人龚国平同志颁发奖金五元。

特此通报。

1982年县供销社通报表彰安保先进的决定

12月，县供销社对全系统内部治安保卫工作提出"4条"标准（群众发动起来，各类案件下降，保卫机构齐全、治安制度完善），推动安全保卫工作落实。1983年，金汇供销社建立领导参加值班巡逻安全保卫制度，每名领导备有一张防盗警报示意图，并安排专人维修技防防盗设施。1985年，萧塘供销社实行安全保卫承包责任制，从职工劳动分红中抽出2%作为供销社安全保卫奖励基金，对所属50家商店、门市部的安全保卫工作实行考核，"四防"（防偷、防盗、防火、防霉）有效率从90%提高到99%。1991年9月，县供销社在全社范围内开展反盗窃斗争，制订安全保卫管理的实施办法。是年12月，对勇擒窃贼的塘外团结综合服务站“双代员”顾水官奖励100元。1992年2月，县供销社建立由40人组成的废旧行业治安联防队，对辖区内收购站（点）经营的再生源的来源、流向，安全防范等方面工作进行检查督促，配合企业的安保工作。是年10月，针对供销系统8～9月发生的2起伤亡事故与1起经营活动中合同受骗损失225万元的事故，专门召开县供销社所属单位、机关部门负责人参加安全工作会议，进行安全工作警示。1993年9月，全县供销系统普遍开展安全宣传月活动，提出安全保卫工作考核的8条标准。1996年，县供销社与基层企业签订安全目标管理责任书，以后成为制度。2004年3月，区供销总社制定《关于突发事故和重大灾害事故处置办法》，明确处置范围、应急处置工作职责、建立责任追究制。2006年6月，作出《奉贤区供销合作总社关于做好社会治安、综合治理和安全工作的实施意见》，提出安全保卫工作指导思想、健全综合治理和安全工作责任制为主要内容的一系列具体规定和要求，全区供销系统法人代表为第一责任人，配备专兼职安全保卫干部30余人。区供销总社每年与所属30余家企业签订社会治安、综合治理和安全工作责任书。2007年4月，召开建设平安单位推进大会，制

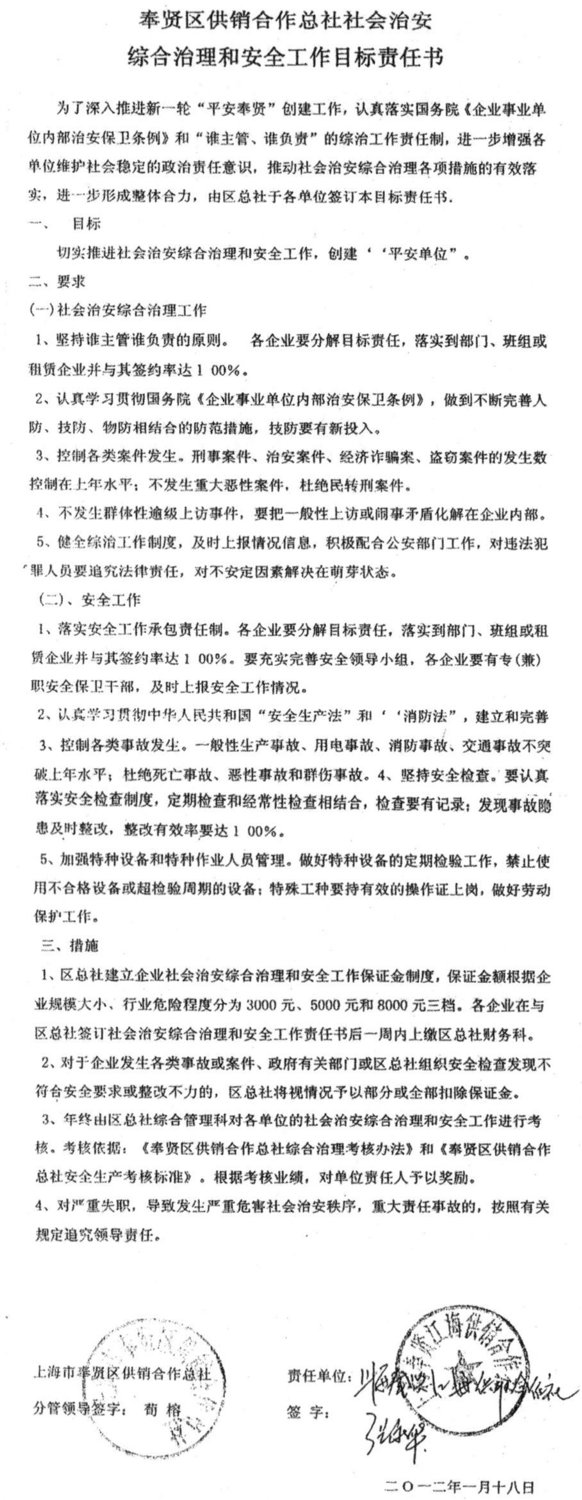

奉贤区供销合作总社社会治安
综合治理和安全工作目标责任书

为了深入推进新一轮“平安奉贤”创建工作，认真落实国务院《企业事业单位内部治安保卫条例》和“谁主管、谁负责”的综治工作责任制，进一步增强各单位维护社会稳定的政治责任意识，推动社会治安综合治理各项措施的有效落实，进一步形成整体合力，由区总社于各单位签订本目标责任书.

一、　目标

切实推进社会治安综合治理和安全工作，创建‘‘平安单位”。

二、要求

(一)社会治安综合治理工作

1、坚持谁主管谁负责的原则。　各企业要分解目标责任，落实到部门、班组或租赁企业并与其签约率达1 00%。

2、认真学习贯彻国务院《企业事业单位内部治安保卫条例》，做到不断完善人防、技防、物防相结合的防范措施，技防要有新投入。

3、控制各类案件发生。刑事案件、治安案件、经济诈骗案、盗窃案件的发生数控制在上年水平；不发生重大恶性案件，杜绝民转刑案件。

4、不发生群体性逾级上访事件，要把一般性上访或闹事矛盾化解在企业内部。

5、健全综治工作制度，及时上报情况信息，积极配合公安部门工作，对违法犯罪人员要追究法律责任，对不安定因素解决在萌芽状态。

(二)、安全工作

1、落实安全工作承包责任制。各企业要分解目标责任，落实到部门、班组或租赁企业并与其签约率达1 00%。要充实完善安全领导小组，各企业要有专(兼)职安全保卫干部，及时上报安全工作情况。

2、认真学习贯彻中华人民共和国“安全生产法”和‘‘消防法”，建立和完善

3、控制各类事故发生。一般性生产事故、用电事故、消防事故、交通事故不突破上年水平；杜绝死亡事故、恶性事故和群伤事故。4、坚持安全检查。要认真落实安全检查制度，定期检查和经常性检查相结合，检查要有记录；发现事故隐患及时整改，整改有效率要达1 00%。

5、加强特种设备和特种作业人员管理。做好特种设备的定期检验工作，禁止使用不合格设备或超检验周期的设备；特殊工种要持有效的操作证上岗，做好劳动保护工作。

三、措施

1、区总社建立企业社会治安综合治理和安全工作保证金制度，保证金额根据企业规模大小、行业危险程度分为3000元、5000元和8000元三档。各企业在与区总社签订社会治安综合治理和安全工作责任书后一周内上缴区总社财务科。

2、对于企业发生各类事故或案件、政府有关部门或区总社组织安全检查发现不符合安全要求或整改不力的，区总社将视情况予以部分或全部扣除保证金。

3、年终由区总社综合管理科对各单位的社会治安综合治理和安全工作进行考核。考核依据：《奉贤区供销合作总社综合治理考核办法》和《奉贤区供销合作总社安全生产考核标准》。根据考核业绩，对单位责任人予以奖励。

4、对严重失职，导致发生严重危害社会治安秩序，重大责任事故的，按照有关规定追究领导责任。

上海市奉贤区供销合作总社　　　　责任单位：
分管领导签字：　荀 榕　　　　　　签　字：

二〇一二年一月十八日

区供销总社与江海供销社签订的社会治安、安全工作责任书

定《综合治理考核办法》，是年有12家企业申报平安单位。2009年，区供销总社与所属33家企业签订《上海世博安全保卫责任书》。至2011年，与所属企业签订安全保卫责任书186份，安全大检查28次，发出整改通知116份，对576处安全隐患提出整改意见。创平安单位105家（次）安全工作培训2030人次。是年创建市级平安单位31家，创建率100%。2012年，区供销总社与所属企业签订安全责任书29份，签订率100%。

2006～2012年奉贤供销系统安全工作情况表

表5-7-1

年份	安全责任书签约（家）	占比（%）	平安企业（家）	占比（%）	其中		安全检查（次）	发整改通知（份）	提整改意见（条）	安全培训（次）
					市级（家）	区级（家）				
2006	34	100	5	14.70	1	4	3			1
2007	34	100	15	44.11	5	10	3	12	212	1
2008	34	100	26	76.47	18	8	4	51	168	1
2009	33	100	32	96.96	28	4	4	21	68	1
2010	32	100	32	100	31	1	2	15	56	2
2011	31	100	31	100	30	1	12	17	72	2
2012	29	100	29	100	29		4	20	140	2

2. **消防安全管理**　县合作总社成立后，消防安全成为棉花收购安全的主要工作。1951年，针对在收购棉花中发现枪弹、火柴等情况，对收购站全体工作人员及交售群众进行消防安全知识教育，建立与完善消防安全制度，成立业余消防队伍。1962年，全县供销系统棉花采收中建立“四集中”（集中采摘、集中晒拣、集中保管、集中交售）管理办法。1978年3月，县商业局制定《关于打好安全生产硬仗，搞好消防防火工作的意见》，推广南桥轧花厂义务消防队和萧塘棉花收购站加强消防工作经验，对全县供销系统35部消防水泵进行全面检查养护，使消防设备完好率达100%。1979年9月，县供销社组织5个小组，用3天时间对全县棉花收购站、轧花厂、重点仓库进行全面的消防安全检查，发现消防安全隐患20余处，责令有关部门进行整改。消防安全列为县供销社工作六大任务之一。1982年10月，县供销社在奉城、南桥、齐贤等3个轧花厂开展质量和安全单项劳动竞赛奖励活动，对参加人员、评奖种类、奖金水平、分配比例、消防安全奖考核作具体规定，调动消防安全积极性。1985年，奉城供销社开展以防火为重点的“四无”（无火灾、无盗窃、无霉蛀鼠咬、无差错事故）仓库活动，被国家商业部授予“四无”仓库锦旗，授予全国商业系统文明单位称号。是年9月，全县对各棉花收购站消防器材布局作出调整，对100余台灭火器、消防水泵进行全面检查维修保养，光明、泰日棉花收购站进行消防演习。1988年11月8日，县农资公司贝港4号木材库发生火灾，烧毁库房

532 平方米，损失木材174.66 立方米，直接经济损失26万余元，县供销社在火灾现场召开会议，在全县供销系统开展消防教育、消防检查活动。1992年12月，奉城供销社洪庙分社棉花收购站消防安全措施不到位，导致火种入库烧毁棉花680 公斤，向全县供销系统发出通报批评，告诫各企业警惕此类隐患。1997 年 8 月，县供销总社发出《关于加强棉花收购、运输、加工储存中的防火安全工作的通知》，对棉花收购、运输、加工储存、防火安全进行检查，提出消防安全工作的具体措施 16 条，全县 18 个基层供销社建立收购棉花防火领导小组，建立 100 余人组成的消防安全员队伍，加强护仓值班工作。1998 年 6 月，申达造漆厂举办消防运动会，提高员工防火意识和消防技能。2008 年，区供销总社先后 4 次组织以消防安全为重点大检查，对涉及消防安全隐患的企业（部门）发出 51 份整改通知书，提出 168 条整改建议。2006 年，区供销总社与企业签订安全保卫责任书，把消防安全作为重要内容。2010 年，区供销总社制定涉及消防安全的“窗口服务行业突发事件应急处置方案预案”、“处置突发性事故、人员疏散撤离和应急防护预案”，在全供销系统贯彻落实。

县供销社组织职工进行消防培训

3. 食品卫生安全管理 解放后，食品的生产和销售在供销系统零售商品中占有较大的比重，供销社系统生产（保管）食品一般继承传统工艺，食品销售也因粮食计划供应和凭票购买，常因供不应求而忽视卫生安全管理。1959 年，县供销社把卫生好作为“六好企业”“六好职工”评比标准之一，食品安全卫生工作开始重视。1975 年，县供销社建设冷库，主要对鲜鱼、肉类食品实行保鲜，防止腐烂变质。之后全县饮食服务行业逐渐添置冷藏设备，对生熟食品实行分开保管办法，食品卫生安全措施逐渐完善。1978 年 5 月，县供销社把食品卫生安全、销售无事故作为优质服务的内容之一，建立和实行“五不”（采购员不买腐烂变质原料、保管员不收腐烂变质原料、加工人员不用腐烂变质原料、零售部门不收腐烂变质食品、不准出售变质商品）、“四隔离”（成品存放实行生熟隔离，成品与半成品隔离，成品与杂物、药品隔离，食品与天然冰隔离）及餐饮用具实行一冲二洗三消毒，环境卫生采取定人、定物、定时间、定质量、划片分工、包干负责，个人卫生做到勤洗手、勤洗澡理发、勤换衣服工作服。1982年5月，县供销社把饮食、食品生产、销售的卫生安全作为劳动报酬考核的主要标准之一，实行交叉检查和突击检查的办法推动食品安全工作，并对全县食品生产、销售系统发放卫生用品作出明确规定。1983年10月，县食品公司根据《农村食品购销管理条例》制定部门负责制、岗位责任制，把食品安全保卫、食品卫生管理作为责任制的重要内容，提出食品购销安全的9条具体规定。1991年5月，转发市供销社《关于实行食品卫生管理目标责任制办法（试行）》的通知，在全系统食品生产、食品经营企业建立食品卫生责任人制度，明确法人代表为责任人，企业与上级主管部门签订食品卫生管理目标责任书，明确职责，实行分级管理，人定岗、岗定职，巩固每月进行2次食品卫生检查的制度，把食品卫生安全工作列入考核企业、干部的重要内容，对发生重大食品卫生安全事故或造成重大损失的责任人给予扣发奖金、通报批评，对企业作出取消评先、上等级资格的规定。1992年，县供销系统建立食品卫生奖励基金，开展评比和奖励食品安全先进部门和先进个人活动。1995年10月，根据《中华人民共和国食品卫生法》，县供销总社把食品卫生安全工作列为评选"消费放心店"的主要内容之一。上海鼎丰酿造食品有限公司生产的鼎丰牌系列产品卫生安全、价廉物美，多个品种被评为上海市名优、放心、信得过产品。1998年后，供销社系统食品经营为大市场替代，食品卫生安全管理的重心转入仅存的生产企业、零售部门。2000年6月，县供销总社贯彻执行奉贤县人民政府《关于禁止在本县范围内销售、使用一次性难解塑料制品的请示》通知精神，落实市供销总社关于食品卫生行业管理规范要求，在全县供销食品生产与销售企业开展食品卫生安全自查，找出问题及时改进。2002年，区供销总社系统22家有食品销售的企业被评为"消费放心店"。2004年，上海鼎丰酿造食品公司被国家质量检验协会授予"中国市场产品放心典范单位"称号。

90年代初，县供销社领导在检查食品卫生安全工作

4. **生产安全管理**　1953年，为确保棉花加工生产的安全，全县6个棉花加工厂

和基层社收购站加强对职工进行安全生产知识的宣传教育。1956年8月15日，台风侵袭奉贤，县供销社立即组织县社6名科长带队分赴庄行、泰日、青村、奉城区供销社，组织职工400余人协助抗台与生产自救，抢运出硫磺液罐等缸类物资898只。同月，针对奉城区供销社保管不善，造成物资霉烂损失千余元的情况，县供销社派专人赴5个区供销社11个供应站，对库存物资全面进行安全监察，发现香烟发霉、硫磺液流失、干果霉变等安全隐患，及时采取相应措施，保证商品和生产物资的安全。1959年9月，县供销社成立储运股，集中直属单位的机动车辆、船只，实行“两个统一”（统一教育、统一调度），提高安全运输管理水平。“文化大革命”中，“革命造反派”“夺权”“武斗”，生产安全管理受到冲击，部分店面一度被迫停止营业。1977年10月，泰日供销社食品收购站屠宰场发生的触电死亡事故，县商业局成立由局领导任组长的安全生产领导小组，对全县商业系统安全生产进行全面检查，消除生产安全隐患。1982年，开展“五好企业”“六好职工”活动，把改善劳动保护和安全生产作为评比先进企业、先进个人的重要内容。1992年10月，县供销社

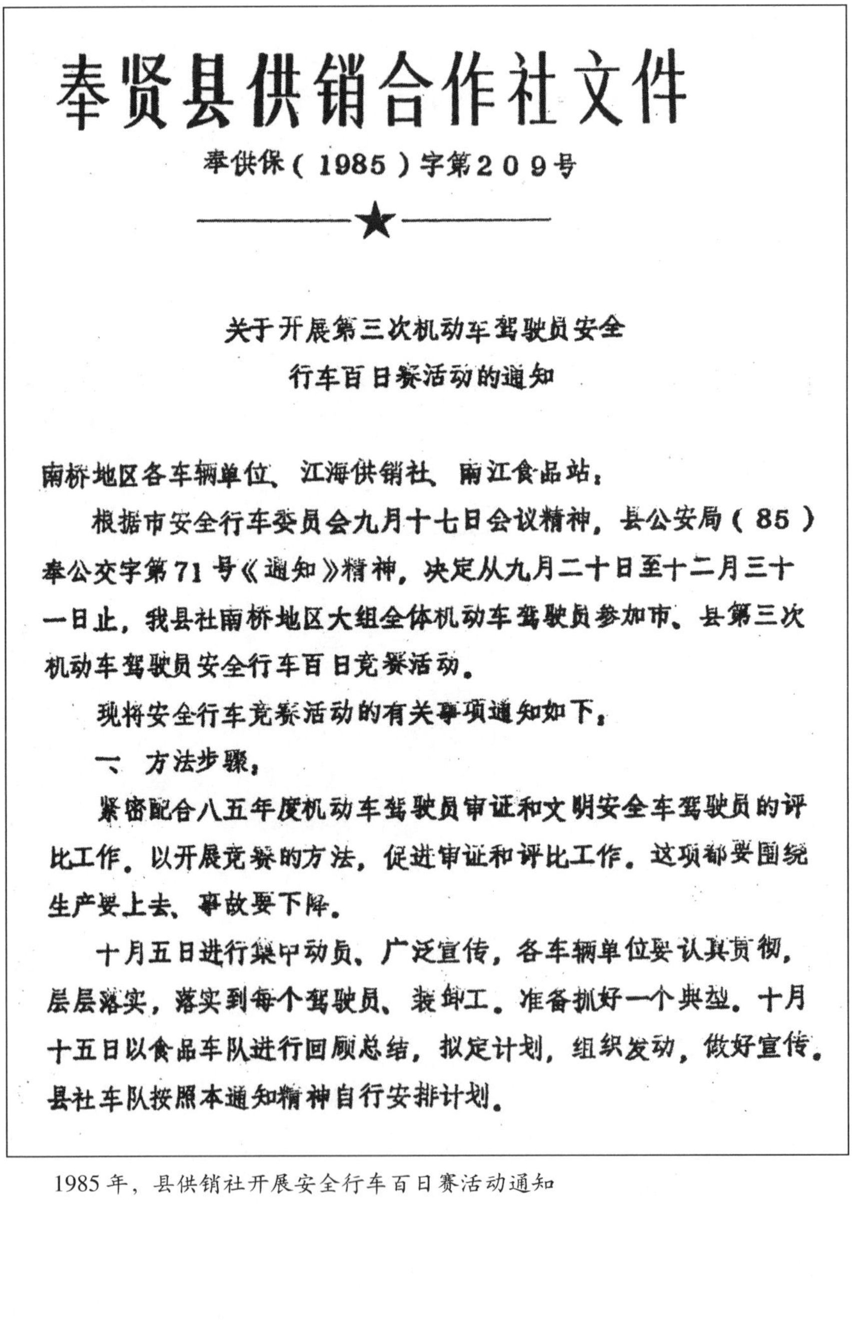

奉贤县供销合作社文件

奉供保（1985）字第209号

关于开展第三次机动车驾驶员安全行车百日赛活动的通知

南桥地区各车辆单位、江海供销社、南江食品站：

根据市安全行车委员会九月十七日会议精神，县公安局（85）奉公交字第71号《通知》精神，决定从九月二十日至十二月三十一日止，我县社南桥地区大组全体机动车驾驶员参加市、县第三次机动车驾驶员安全行车百日竞赛活动。

现将安全行车竞赛活动的有关事项通知如下：

一、方法步骤：

紧密配合八五年度机动车驾驶员审证和文明安全车驾驶员的评比工作，以开展竞赛的方法，促进审证和评比工作。这项都要围绕生产要上去、事故要下降。

十月五日进行集中动员、广泛宣传，各车辆单位要认真贯彻，层层落实，落实到每个驾驶员、装卸工。准备抓好一个典型，十月十五日以食品车队进行回顾总结，拟定计划，组织发动，做好宣传。县社车队按照本通知精神自行安排计划。

1985年，县供销社开展安全行车百日赛活动通知

针对两家企业发生2起生产伤亡事故和生产经营活动中合同受骗损失225万元的教训，专门召开所属企业、机关部门主要负责人会议，举一反三地进行安全生产教育。1995年8月，全县生产交通事故频发，县供销总社成立由1名副主任为组长的“百日安全竞赛”领导小组，全县供销系统开展“百日安全竞赛活动”，全面进行安全生产宣传和安全工作自查互查，开展安全竞赛评比活动。1996年9月，县供销总社制订安全行车奖励办法，规定每月行车达到“三无”（无事故、无违章、大组各项活动无缺席）、安全行车不少于1500公里的人员，可发安全行车奖15元。2006年6月，区供销总社制定《关于做好社会治安、综合治理工作和安全工作的实施意见》，建立安全工作责任人制度，加强日常安全工作管理，实行奖惩和责任追究制，贯彻《上海市安全生产条例》，对房屋出租、生产经营、储运化学危险品、特种设备、机动车辆、外来民工管理等多项安全工作作详细规定。2007年，区供销总社制定《安全生产考核办法》，在全系统贯彻执行，推动安全生产管理。2011年，组织全系统130名出租经营负责人和再生资源回收经营负责人，参加安全生产知识学习培训，对考试合格者核发合格证。2012年6月，召开“安全生产月”动员大会，组织观看《上海市安全生产警示片》，听取安监专家的专题讲课，在全系统开展“五个一”（接受一次安全生产知识培训，提一条加强安全生产的合理化建议，忆一次安全事故的沉痛教训，当一天安全检查员，查一查身边有没有安全隐患和违章）的活动。区供销总社分别与所属企业领导签订安全生产综合治理工作责任书29份。南桥菜场举行逃生演习，鸿雁商场邀请警官进行安全知识培训，开展安全生产知识竞赛，参加活动干部职工1800余人。

80年代初，县供销社汽车运输队在进行安全行车教育

2011年奉贤区供销总社综合管理工作考核内容

表5-7-2

序号	项目	内　容	考核方法　评定标准	备注
1	组织领导落实责任制（20分）	1. 组织健全，人员到位，目标明确，责任落实 2. 综合治理、年初有计划、专项经费落实，年中有检查，年底有总结	查书面文件、资料 1. 未建立健全综合治理领导小组及职责不明确扣10分 2. 综合治理目标责任制签约率100%，每缺1个百分点扣1分 3. 没有计划，专项经费不落实，没有总结扣4分	单项扣分超过其分值时，按该单项得分为0
2	安全管理（30分）	按安全生产考核结果×30		
3	防范稳定工作（20分）	1. 不发生群体性上访、越级上访事件 2. 信访处理及时，一般矛盾不上交 3. 落实防范措施，单位内部不发生刑案 4. 不发生违法犯罪和重新犯罪对象	1. 企业对信访不重视并互相推诿，应解决而未解决，造成越级上访、闹访、群访，每发生一起扣5分 2. 信访处理无书面答复、上报备案每次扣5分 3. 单位内部发生治安案件、刑事案件，防范措施不落实，发生盗窃案件，每起扣5分 4. 发生违法犯罪和重新犯罪对象扣5分	
4	为三农服务（20分）	1. 专业合作社创建、正常运行 2. 农资供应保质保量 3. 再生资源回收管理	1. 专业合作社创建任务没有完成扣5分；运行不正常扣5分 2. 农资供应发生质量问题扣5分；不能保证供应扣5分 3. 废旧金属收购发生违规现象扣5分；对服务社回收人员没有规范管理扣5分	
5	基础工作（10分）	1. 开展法制教育、宣传 2. 完成上级布置的专项工作	1. 全年对干部、职工进行法制教育不少于4次，组织专题法制宣传不少于2次，每少一次扣2分 2. 区综治委、区社综合科布置的专项工作未按时完成一次扣2分	
6	加分项	1. “平安单位”创建 2. 特色工作	1. 年内获得政府评定的“平安单位”加5分；保持加3分 2. 在综治管理工作上有创新，根据其效果加分10～20分	

5. **普法教育**　50年代初，奉贤合作总社在干部、职工中进行党的政策、法律法令教育。1954年，县供销社组织全系统干部91人（县供销社机关59人、基层企业32人）参加“三反”（反贪污、反浪费、反官僚主义）学习，提高遵守法律法规观念。1959年，把遵纪守法作为评比六好企业标准内容之一。“文化大革命”中，无政府主义泛滥，法纪教育无法开展。1978年，供销系统开始拨乱反正，进行党的改革开放政策和基本路线教育。80年代末，供销系统开始进行普法教育。1991年8月，县供销社结合普法教育，组织全县供销系统进行法律法规、规章制度贯彻执行情况自查抽查活动，推动“以法治商、依法经商”。1992年3月，采用“统一管理、分别实施、条块结合、分类指导”方式，全面展开普法宣传教育活动，对普法教育内容、实施计划、考核要求及县供销社直属公司、基层供销社普法学习教育提出具体要求。1993年8月，县供销总社下发《开展二五普法专业法规宣传教育工作的意见》，从组织、时间、质量等方面对普法教育工作做出具体规定。2006年，在基层企业建立普法教育宣传站和宣传员队伍，通过“3·15”“12·4”等重大法制教育节点，开展“法制进企业”活动。上海鼎丰酿造食品有限公司用黑板报和《鼎丰通讯》、画廊等阵地宣传法律知识，组织400余名职工参加的法律知识考试，开展“提高法律素质，做新一代上海人”专题宣传教育活动，把《中华人民共和国产品质量法》《中华人民共和国食品安全法》《中华人民共和国生产安全法》等法律法规为每个月班组学习的内容之一。2007年9月，区供销总社举办为期2天的供销系统党政干部法制学习班，深入开展“守法纪、学礼仪、讲文明”系列教育活动。2008年，完善“五五”普法工作组织机构，健全供销系统10个普法宣传站，31名普法宣传员队伍。是年，根据《中华人民共和国公司法》，区供销总社制定《员工手册》，推动企业依法经营管理，维护员工合法权益。2011年，综合科对承租、出租经营负责人和再生源回收企业负责人130人（次）进行安全培训和法制教育。是年，区供销总社开展《劳动合同法》《安全生产法》《食品卫生法》为主要内容的学法、懂法、用法宣传教育活动。

6. **信访工作**　奉贤区（县）供销社重视开展信访工作。1952年，县联社根据社员信访反映合作社干部作风、民主管理、经营作风存在问题，以南桥供销社为试点，全面开展民主整社，改进领导方法和作风，提高服务质量。1956年10月，私营工商业改造中，小商贩信访反映的紧张商品货源少、进货难、费用大、生意难做的问题，县供销社及时组织力量到江、浙两省采购物资，南桥区供销社一次购进46734元，满足小商贩进货。是年10月26日，县供销社创办反映信访工作推动私改工作内容的《奉贤私改情况通报》。1962年，全县供销系统12个基层供销合作社恢复设立社员信访意见箱和社员来访接待室，畅通社员信访的渠道、广泛听取社员意见。三官供销社建立的社员意见接待室，有专人负责专门接受社员信访。是年，县供销社收到人民来信来访28件（其中商品供应方面11件、经营管理方面5件、社员股金方面3件、其他9件)，处理完毕27件，占96.5%。1979年，县供销社组织有关部门复查历史遗留案件和“文化大革命”期间处理的案件，为20人改正右派错误结论，为42名人员不同程度落实有关政策。1992年，新海供销社药店秦某某来信来访要求对自己历史案件进行复查，县供销社有关部门经复查恢复其公职与城镇户口，落实工资政策。1995～2001年，全县供销企业由商品经营向资产经营转换，企业产权制度实行改革、人员实行分流，县供销总社信访部门受理与处理信访、来访数千人次，化解矛盾防止激化，妥善处理典型上访大户的问题，保障信访人员的基本权益。2004年，区供销总社收到涉及养老金、退工补偿、工伤补偿、商业建设影响居住环境等来信来访21件，处理答复率100%。2006年7月，区供销总社制订《关于规范紧急重大信访事项信息报送及信访处理的相关规定》，提出紧急重大信访、重大信访事项、重要督办案件的内涵和信访工作原则、工作职责、工作要求，推动信访工作规范化、常态化管理。区供销总社综合管理科具体负责信访受理、答复处理、复查、核查各项工作。2006～2011年，受理或处理上级转来信访181件，其中区级机构转来172件，市级机构转来5件，中央有关部门转来4件，接待基层来访人员565人次。2012年，信访工作由区供销总社办公室分管，受理区级以上部门（机关）转来信访和直接接收信访22件，接待来访人员34人次，妥善处理个别职工历史遗留的有关问题。

1962～2003年奉贤供销社主要事故情况

1962～2002年，奉贤供销系统共计发生交通（生产）等重大事故36起；其中交通事故22起；火灾事故6起；其他事故8起。

交通事故

1967年6月，县烟糖公司驾驶员吴某某驾驶三卡装运冷饮车驶至南桥东街，街边一未满周岁女孩突然从坐车内窜出，其颅骨被三卡右后轮撞碎，当场死亡。

1974年10月18日，头桥供销社1艘7.35千瓦机动船，违章拖带浙江嘉善洪溪公社建设5队1艘5吨水泥船，行至米市渡西三里湾水域，水泥船沉没。该船4人被救起，3人死亡，赔偿损失4000余元。

1976年2月，县商业局汽车运输队驾驶员茅某某驾驶4吨卡车在车队内场地作刹车试验，因刹车失灵，冲上房屋走廊，将油料保管员张立康撞倒，经抢救无效死亡。

1976年4月6日，县日杂果品公司驾驶员徐某某驾驶三轮卡车，在闵行加油站附近与上海印染厂大货车相擦而翻，三轮卡车搭乘人（钱桥合作商店营业员张晋乾）被压车底死亡。

1977年1月20日，平安供销社驾驶员曹某某驾驶2吨货车，行至沪闵路加油站北，撞倒上海滚动轴承厂职工吴建申，吴经抢救无效死亡。

1978年4月20日，县商业局汽车运输队临时工驾驶员高某某，驾驶4吨油罐车返回，途经青村方墩，见前方有1名骑车人，作紧急刹车，因天雨路滑，车辆成90度调头，撞倒自行车，骑车人方叔仁经抢救无效死亡。

1979年7月17日，县食品公司驾驶员吴某某，驾驶2吨货车往龙华饲料养场运送生猪，在吴泾与上海县塘湾公社社员陆书昂骑自行车相撞，陆经抢救无效死亡。

1979年9月13日晚，新寺供销社驾驶员姚某某，驾驶2吨货车从金汇返回，驶至沈陆村车站时，金山县亭新公社陈阿中突然横穿马路，人车相撞，陈经抢救无效死亡。

1981年3月12日，县食品公司驾驶员于某某，驾驶2吨货车途经南桥沪杭路（县大礼堂西侧）时，与青村姚家7队女社员蔡某某相撞，蔡经抢救无效死亡。

1982年7月14日，县食品公司驾驶员胡某某，驾驶2吨货车去上海，途经沪闵路莘庄北首时，临时押车工王锡连站立后车厢，被路旁树枝撞倒死亡。

1982年9月17日，县食品公司驾驶员董某某，驾驶4吨货车去浙江装运青年鸭，驶至桐乡一公路桥堍时，与浙江大学一汽车相撞，致使对方翻落水，车上8人受伤，赔偿损失8000余元。

1992年3月29日9时，县百货公司驾驶员金某某驾驶4吨交通货车，从市区装运胶鞋返奉，途经莘庄徐家湾车站处时，大型车道上前车（大型客车）突然向小型车道强行变道，金欲借左边道路逆向行驶，与对方桑塔纳轿车相撞，造成2人重伤、3人轻伤、轿车严重损害。经公安交警部门认定，百货公司驾驶员负全责。

1992年4月7日，县五金公司驾驶员蔡某某驾驶羊城牌客货两用车，从上海返奉经沪闵路北桥副业公司门口前处，发现前车刹车灯亮时，向左借方向，由于天雨路滑和车速较快，造成3人轻伤，2车损坏，经济损失3万余元。

1992年9月27日，县物资利用公司党支部书记、经理和县物价委员会副主任郑某某一行去上海商谈电磁平炉项目事宜，途经上海吴淞路闸桥上坡时，被市劳改局一辆吉普车迎面相撞，造成该公司驾驶员廖世官当场死亡，支部书记何某某经抢救无效死亡，经理朱某某等2人重伤，轿车严重损坏。经公安交警部门认定，对方驾驶员负全责。

1994年9月7日，上海鼎丰酿造食品总厂发生交通事故，造成2名装卸工死亡，经济损失10万余元。

1997年3月22日，江海供销社小轿车去东乡联系业务，途经南奉公路奉城路段，遇1名老年妇女突然横穿马路，轿车紧急刹车，由于惯性撞倒老人，经抢救无效死亡。轿车司机赔偿老人家属5万余元。

1998年8月28日14时30分左右，奉城供销社汽车出租公司承包车辆在回奉贤途经周浦时发生交通事故，造成伤亡各1人。经公安交警部门认定，车辆单位负次责，由承包人负责赔偿5万余元。

1998年8月29日上午，上海鼎丰酿造食品公司1辆卡车去庄行送货返回时，在南亭公路上，由于方向失灵，撞死一名浙江温岭籍行人。卡车司机赔偿死者家属8万余元。

2000年9月5日晚，上海鼎丰酿造食品公司小轿车去浦东川沙联系业务返回途中，在徐浦大桥东侧发生交通事故，造成1人死亡、3人受伤，经济损失14万余元。

2001年1月，精品商场有限公司承包面包车，送民工回乡，途经萧甬高速绍兴路段时发生车辆侧翻事故，造成1名7岁儿童死亡，4人受伤，面包车司机赔偿14万余元。

2001年2月，奉贤百货公司承包轿车，在回南桥途中，在4号线发生追尾事故，造成伤亡各1人。赔偿16.8万余元。

2002年12月23日，上海华邦涂料公司货车在大叶路泰日路段发生交通事故，撞伤1名行人，经抢救无效死亡，货车司机赔偿5万余元。

火灾事故

1958年10月30日晚，奉城轧花厂锯齿轧花车间起火，烧毁整座车间和9吨籽棉，财产损失6万余元；3名职工在救火中受伤，支付医药费1万余元。

1962年4月，道院合作商店南杂货门市部，石油煤炉烘烤冻结棉籽油，引起油桶爆炸，营业员王粉君当场死亡。

1981年3月10日15时，南桥轧花厂花壳堆装自燃起火，烧毁棉花壳15吨和麻袋500条，财产损失近1000元。

1981年9月6日晚，青村益民合作商店水地部学徒张学乱拉电线引起火灾，烧毁两层楼3间及部分商品，经济损失7500元。

1981年10月，四团供销社木器加工场失火，烧毁简易棚1座，半成品家具若干，损失2000元。

1988年11月7日15时10分，县农资公司贝港仓库4号木材库发生火灾，烧毁库房532平方米，木材174.66平方米，直接经济损失26万余元。

1993年5月12日凌晨1时左右，华亭商场底楼糕点柜因电线线路引起火灾，直接经济损失3万余元。

1993年7月27日，申达造漆厂因高温天气，引起库棚起火，烧毁库棚20平方米、塑料泡沫1吨，经济损失约7000元。

其他事故

1975年5月30日，县农资公司氨水船停泊在上海利华造纸厂码头，待装胡敏氨水。20时许，因暴风大雨，上海港务局向阳号浮吊断揽失控，船队10艘船只被撞坏，三艘水泥船及一艘拖轮被撞沉没，损失4000元，由对方单位赔偿。

1975年5月，县农资公司船队船行于沙港，在邬桥境内撞塌拱桥1座，赔偿1万余元。

1977年4月27日，县农资公司40号船队在吴泾化工厂码头附近遭大风袭击，为事前未作应急措施，沉没20吨驳船1艘，后经打捞出水，损失2000余元。

1977年8月5日9时许，泰日食品收购站屠宰场，为防暑降温而安装三箱排风扇，因电线线头脱落在风扇铁架，导致泥瓦工顾宝才触电，经抢救无效死亡。

1979年3月，齐贤轧花厂在迁建工程中，因施工质量问题发生2次墙面倒塌事故，经济损失6万余元。

1983年8月25日晚，县石油煤炭公司东油库当班职工失职，在泵油进槽时溢油，流失零号柴油8086公升。

1986年5月初，五金公司电工赵智武在检查电线线路时，踏破工棚石棉瓦，不慎跌落受伤，经抢救无效死亡。

1992年9月30日，上海神力营养食品公司，女职工戴明辉违章乘货物电梯，因电梯门故障，踏空而坠楼身亡。

1993年12月14日，奉城供销社棉花收购站，1名棉农在轧花车间轧籽棉时，因操作不慎被机器轧伤，经抢救无效死亡。奉城供销社一次性赔偿死者家属5万元。

第八节　文书档案管理

一、机　构

县合作总社成立之初，秘书股管理文书档案工作。“文化大革命”中由政工组负责，恢复县供销社后，此项工作先后由办公室（政工科）安排专人负责。

二、管理工作

1950年10月，奉贤县供销合作社筹备处建立文书档案柜，安排1名兼职人员负责文书档案工作。1953年5月25日，县联社召开各基层供销社文书会议，部署文书档案管理工作。1956年8月30日，县供销社召开各区供销社文书会议，肯定前几年文书档案工作进步，表扬庄行区、泰日区供销社主要领导重视文书档案工作的做法，对文书档案工作要求，在县供销社《工作情况通报》中刊出。全县供销系统文书档案工作人员严格执行本月工作综合简报与垂直汇报制度，搞好先进经验和单项工作总结。“文化大革命”中，由于派性斗争，部分文书档案流失或缺损。1978年后，县供销社办公室虽经几次迁移，文书档案室均作妥善安排，重要文书资料得以保存。基层企业各自建立档案室，不断完善管理制度。1989年，庄行供销社被评为上海市档案管理先进单位。1990年4月，县供销社贯彻县级先进企业档案管理的具体标准，作出关于抓紧做好文件材料归档工作的意见，把档案管理列入考核企业成绩的内容之一。1994年1月，县供销总社转发《国家行政机关公文处理办法》的通知，组织有关部门学习，提高公文处理水平和办事效率。1995年9月，奉贤鼎丰酿造总厂档案室由专人整理，通过县级合格档案室的验收。1998 年 12 月，为加强会计档案管理，根据县财政局、县档案局《会计档案管理办法》，在展开调查清理基础上，提出供销系统建立妥善保管、有序存放、便于查阅、严防毁损、散失和泄密的文书档案管理办法，对改制企业、撤销企业的会计档案移交给主体单位或县供销总社档案室代保管等方面作具体规定。1999 年，转发县财政局、县档案局关于档案管理办法的有关通知，发出关于加强机关行文，收文管理的通知，对行文、收文提出明确意见。是年，县供销总社机关迁入西圆弄新址后，安排文书档案室 100 余平方米，机关各部门设文书档案柜。区供销总社办公室配备 1 名兼职文书档案管理员。2006 年，根据《中华人民共和国档案法》《企业档案管理规定》，制定《上海市奉贤区供销合作总社关于进一步加强档案管理工作意见》，明确档案管理的指导思想、归档范围、工作要求。全区供销系统所属企业设立专职（兼职）档案工作人员 30 余人。2012 年，除 1995 年前永久性长期保存的文书档案交区档案局外，藏有各种历史文书档案上千册。文书档案的保管使用制度逐步规范。

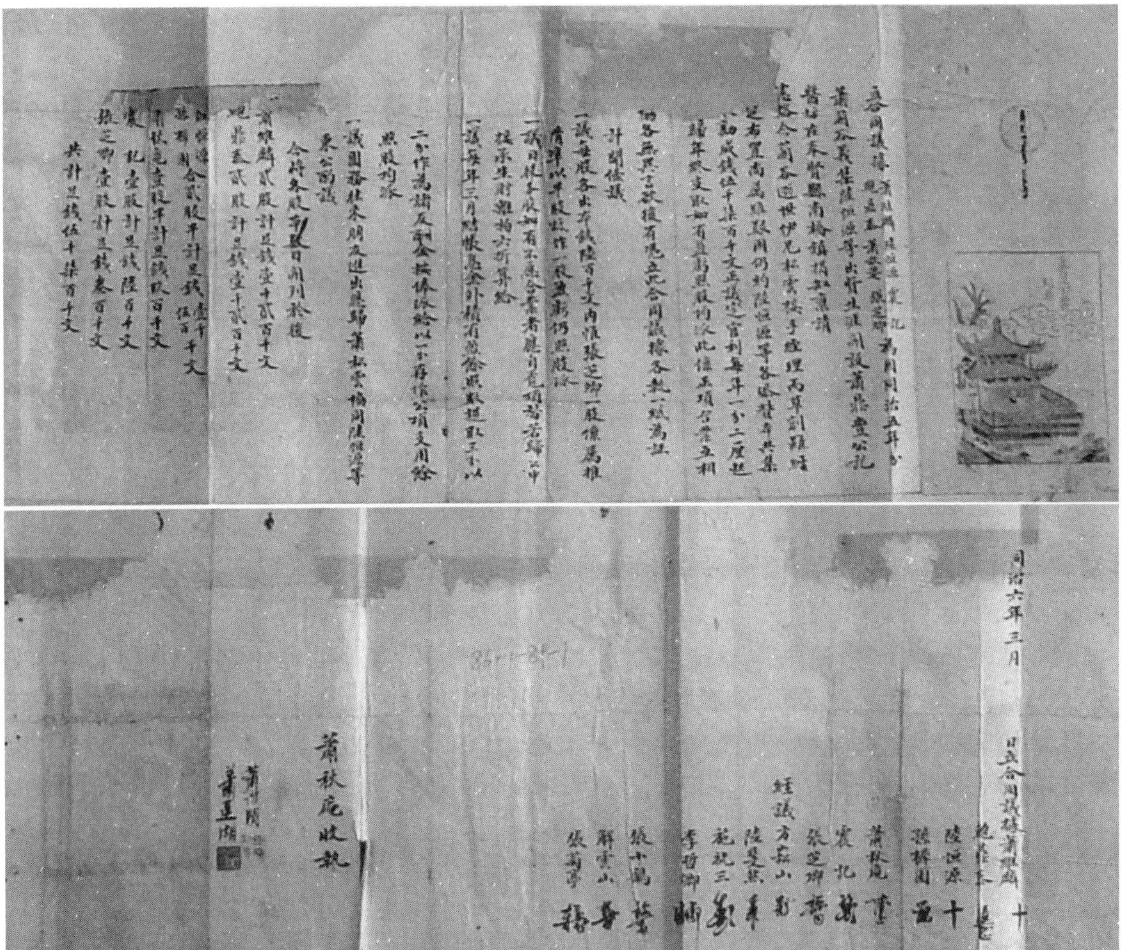
同治六年三月
萧秋庵收執

前身为鼎丰公记酱园的上海鼎丰酿造食品有限公司档案室保存的清同治六年（1867 年）的合同议据

第六章　为农服务

奉贤供销社成立后，把为“三农”（农村、农业、农民）服务作为供销工作的宗旨，采取各种措施坚持为农服务。1951年，县合作总社设供应科，计划与指导基层供销社向农村供应化肥、农药、农机具、建材及百货、杂货等生产、生活用品。1952～1956年，县供销系统先后在基层供销社建立杀虫站（测报站），配备2名～3名专业人员，在边远农村建立下伸店。1958年，在每个生产大队配备棉管员，负责棉花生产计划指导。1965年，在农村设立“双代”（代购、代销）店（1984年发展至236家）。1978年，县供销社成立多种经营办公室，具体组织指导农村发展特种养殖、种植等副业生产，推动农民勤劳致富工程。1986年，成立科技协会，帮助农村开展科技兴农。1991年起，在农村建立农村综合服务站。1992～1993年，全县创办农村植保服务的庄稼医院14家。2005～2008年，区供销总社投资、帮助建立农村专业合作社7家。2009年7月，上海奉贤青村供销社创办上海青供农业生产资料有限公司（以下简称青供农资公司），被国家商务部纳入“万村千乡市场工程”；2010～2011年，上海奉贤农资公司和青供农资公司在农村设立农资供应网店86家，2011年被区人民政府纳入实事项目工程。2011～2012年，经市商务委和区有关部门验收52家门店均为合格门店。2012年，全区农资供应部门向农村销售化肥3.14万吨、农药880吨、农膜720吨、农药械317架。

齐贤供销社庄稼医院被全国供销合作总社2次评为示范庄稼医院。全区（县）有3家农资供应单位（部门）先后3次被评为上海市和全国供销系统先进企业。供销社为农服务工作先后被《人民日报》《解放日报》作专题报道。

第一节　农资供应

奉贤区（县）农资供应主要由区（县）供销社农资公司与基层供销社农资门市部负责。计划经济时期，由供销社系统农资部门按照国家计划实行专营，县级农资部门为二级批发，基层供销社和农资门市部负责零售。1994年9月，国务院规定农资经营实行“一主两辅”的经营方式，即以供销社系统农资部门为主渠道，农资生产企业及农业“三站”（农技推广站、土肥站、植保站）为辅渠道。1998年，国务院提出适度放开农资流通市场，由供销社农资部门、农资生产企业及农业“三站”共同经营农资商品，实行市场竞争。

一、肥 料

1. **饼肥** 饼肥是食用油加工中的废渣。1951年奉贤合作总社经营饼肥，全年供应5190吨，其中国家肥贷3230吨，自营1960吨。1952年，肥贷改由银行办理，经理部协助贷放6815吨，其中现金销售3690吨、预售1160吨，订购1965吨。1956年，供应8390吨。翌年划归粮食系统经营。

2. **城市杂肥** 城市杂肥，系城市工厂废料和居民生活废弃物。有胡敏氨、垃圾、大粪、黑河泥等。1954年奉贤县开始利用城市杂肥，以弥补商品肥料不足。县供销社抽调干部8人，成立驻沪工作组长居市区，负责联系肥源和调运。是年调运850吨。1959年调运148683吨。1966年12月驻沪工作组撤销，调运工作停止。1968年2月8日，县供销社重建驻沪积肥组，协调运输城市肥料下乡。1978年，调运大粪138028吨、黑河泥47809吨、胡敏铵水49968吨、母液2524吨、皮革粉211吨、中低铵水1150吨、其他3781吨。1983年，除大粪外，其他杂肥停止调运。

1969～1984年奉贤县供销社城市杂肥调运情况表

表6-1-1

年 度	大粪	黑河泥（吨）	胡敏铵（吨）	母液（吨）	皮革粉（吨）	中低氨水（吨）	其他（吨）
合计		206349.00	349802.50	153401.70	1092.90	46305.58	20327.50
1969	429827车	47657.00	7886.00				
1970	453345车	24447.00	17113.00				
1971	490666车	3999.00	26441.00				
1972	439356车	3996.00	21600.00	576.45			
1973	471123车	11643.00	18144.00	2345.70	172.40		
1974	525040车	8024.00	23905.00	1755.24	219.00	16690.50	1397.00
1975	543090车	12992.00	22439.50	1504.44	101.00	14774.58	2698.50
1976	548336车	9467.00	25212.50	1197.12	93.00	6840.00	3488.50
1977	126136车	18777.00	27015.50	1845.20	93.50		3638.00
1978	138028吨	47809.00	49968.00	2524.25	211.00	1151.00	3781.50
1979	108894吨	17538.00	53731.00	2223.55	185.00	1972.00	2759.00
1980	85016吨		35181.00	779.40	18.00	4697.50	2029.00
1981	75476吨		16759.00	650.35		180.00	536.00
1982	66184吨		4407.00				
1983	33278吨						
1984	21102吨						

注：60～70年代，到市区调运大粪，每车约4吨左右。

3. **化肥**　1951年，奉贤县合作总社开始经营化肥，品种有氮肥、磷肥。1962年，氨水面市，由化肥厂自销，1965年，销售业务归口供销社。1985年，常用化肥有尿素、复合肥、碳铵、磷肥、氨水等。是年起县农资部门建立以经营化肥为主的供应网点，由于农业结构调整，化肥供应逐年减少。

1951～1984年奉贤县供销社化肥销售情况表

表6-1-2　　单位：吨

年　份	氮　肥	磷　肥	氨　水	年　份	氮　肥	磷　肥	氨　水
合计	596418.00	173854.00	714077.00	1968	17811.00	6321.00	19982.00
1951	29.00			1969	21031.00	6037.00	29024.00
1952	381.00	5.00		1970	17203.00	7285.00	34694.00
1953	407.00	1.00		1971	18613.00	4518.00	37746.00
1954	930.00	168.00		1972	20488.00	6848.00	46246.00
1955	1771.00	678.00		1973	22318.00	7739.00	40696.00
1956	2848.00	276.00		1974	22185.00	8060.00	39925.00
1957	3664.00	44.00		1975	18762.00	7966.00	48364.00
1958	7734.00	951.00		1976	22165.00	10569.00	33639.00
1959	7219.00	543.00		1977	15652.00	9968.00	33216.00
1960	7781.00	1590.00		1978	24466.00	12623.00	37554.00
1961	6023.00	31.00		1979	30894.00	9034.00	30935.00
1962	11380.00	6.00		1980	38796.00	10609.00	41393.00
1963	13036.00			1981	42476.00	10591.00	43873.00
1964	24870.00			1982	31994.00	12440.00	45355.00
1965	38604.00	4233.00	24826.00	1983	30064.00	10710.00	40368.00
1966	15601.00	3746.00	26221.00	1984	37116.00	17046.00	33441.00
1967	22106.00	3218.00	26579.00				

1985～2012年奉贤区（县）农资公司化肥销售情况表

表6-1-3　　单位：吨

年　份	销售量	年　份	销售量	年　份	销售量
合计	1575349.00	1994	93897.00	2004	12221.00
1985	72922.00	1995	98881.00	2005	14265.00
1986	99001.00	1996	83355.00	2006	12088.00
1987	104166.00	1997	62656.00	2007	11726.00
1988	110515.00	1998	57252.00	2008	13381.00
1989	105300.00	1999	42300.00	2009	13513.00
1990	113306.00	2000	41688.00	2010	13914.00
1991	115933.00	2001	18802.00	2011	14015.00
1992	100985.00	2002	13486.00	2012	14830.00
1993	104779.00	2003	16172.00		

2010～2012年青供农资公司销售情况表

表6-1-4 单位：吨

年　份	尿　素	碳　胺	磷　肥	复合肥	钾　肥
合计	16350.00	25380.00	4550.00	10780.00	175.00
2010	7000.00	8480.00		3000.00	20.00
2011	8400.00	9700.00		4000.00	30.00
2012	950.00	7200.00	4550.00	3780.00	125.00

二、农　药

1950年，奉贤供销总社开始经营农药，主要农药有：666粉、223剂、敌百虫、乐果、鱼藤精、西力生。1955年销售1605剧毒农药。1957年销售1059剧毒农药。1970年停止销售“1605”、“1059”、西力生等农药。1981年，666粉、223剂停止销售。随着农业科技进步，老品种逐步淘汰，新品种不断上市，至2001年达240余种。奉贤区（县）常用农药分杀虫剂、杀菌剂、除草剂和作物生长剂四类。杀虫剂有：敌百虫、敌敌畏、乐果、叶蝉散、速灭威、呋南丹、乙酰甲胺磷、锐劲特、万灵、杀灭菊脂、百克威、菊乐合剂、抑太保、虫螨杀星等。杀菌剂有：杀毒矾、百菌清、进口托布津、多菌灵、三环唑、菌克毒克、井冈霉素、硫酸铜等。除草剂有：草甘膦、农得时、卞黄隆、异丙隆、巨星等。作物生长剂有：920、多效唑、坐瓜灵、生根剂等。

甲胺磷农药于1998年停止销售，由锐劲将和乙酰甲胺磷替代，稻田除草剂从上世纪60年代开始使用，2001年12月停止销售，由农得时、卞黄隆替代。

1951～1984年奉贤县供销社农药销售情况表

表6-1-5 单位：吨

年份	666粉	223剂	敌百虫	乐果	年份	666粉	223剂	敌百虫	乐果
合计	7451.00	7.00	392.00	824.00	1973	802.00		40.00	61.00
1951		7.00			1974	917.00		36.00	47.00
1952	10.00				1975	365.00		31.00	45.00
1953	13.00				1976	170.00		34.00	74.00
1954	14.00				1977	344.00		46.00	84.00
1955	15.00				1978	667.00		19.00	76.00
1956	74.00				1979	47.00		16.00	72.00
1957	56.00				1980	7.00		18.00	50.00
1958	298.00				1981	5.00		6.00	42.00
1962	966.00		2.00	1.00	1982	1.00		11.00	30.00
1967	1137.00		45.00	39.00	1983			6.00	35.00
1971	816.00		21.00	47.00	1984			6.00	11.00
1972	727.00		55.00	110.00					

注：有的年份没有统计

1985～2012年奉贤区（县）农资公司农药销售情况表

表6-1-6　　单位：吨

年　份	销售量	年　份	销售量	年　份	销售量
合计	27900.00	1994	866.00	2004	456.00
1985	2046.00	1995	871.00	2005	609.00
1986	1440.00	1996	1083.00	2006	506.00
1987	2487.00	1997	864.00	2007	530.00
1988	2006.00	1998	872.00	2008	507.00
1989	1401.00	1999	693.00	2009	505.00
1990	2092.00	2000	919.00	2010	572.00
1991	1546.00	2001	498.00	2011	737.00
1992	904.00	2002	567.00	2012	880.00
1993	1040.00	2003	403.00		

三、农　膜

农膜在稻、棉、食用菌、瓜果、蔬菜生产中广泛使用。奉贤区（县）农膜经营于1980年开始，并由单一小型白色向大型多功能薄膜发展。县供销社农资部门经营农膜有：上海石化生产的2米×8米对幅、4米×8米对幅，上海三花生产的1.1米×8米、1米×1.5米对幅、1米×1.5米对幅黑膜，天津、山东生产的4米×8米对幅和3.5米×8米对幅等。

1985～2012年奉贤区（县）农资公司农膜销售情况表

表6-1-7　　单位：吨

年　份	销售量	年　份	销售量	年　份	销售量
合计	14955.00	1994	736.00	2004	389.00
1985	514.00	1995	934.00	2005	385.00
1986	478.00	1996	961.00	2006	349.00
1987	430.00	1997	427.00	2007	396.00
1988	559.00	1998	355.00	2008	350.00
1989	630.00	1999	404.00	2009	339.00
1990	451.00	2000	379.00	2010	554.00
1991	763.00	2001	366.00	2011	615.00
1992	841.00	2002	278.00	2012	720.00
1993	826.00	2003	526.00		

四、小农具 农药械

奉贤县供销社经营的小农具有：田刀（锄头）、铁搭（铁钯）、镰刀、犁头、枷皮条、巴斗栲栳、麻袋、扁担、木棍等。药械有喷雾器、喷粉器等。

1951～1984年奉贤县供销社小农具农药械销售情况表

表6-1-8

年份	喷雾器（架）	喷粉器（架）	小农具（百件）	年份	喷雾器（架）	喷粉器（架）	小农具（百件）
合计	141720	7923	23219	1972	6128	631	109
1951	470	180		1973	4371	596	
1952	1436	231	65	1974	6433	388	625
1953	2135	15	297	1975	5333	305	675
1954	2685	12	475	1976	8572	570	743
1955	3857	3	1325	1977	6817	113	1211
1956	6691	844	2017	1978	6321	111	1380
1957	303	28	1061	1979	9402	98	1306
1958	6953	1304	1561	1980	7154	52	1345
1959	1289	203		1981	5785	35	1387
1960	2325	377		1982	7021	24	1559
1961	2073			1983	21438	5	1672
1962	1585		2847	1984	11884	4	1559
1971	3259	1794					

1985～2012年奉贤区（县）农资公司农药械销售情况表

表6-1-9 单位：架

年份	销售量	年份	销售量	年份	销售量
合计	94188	1994	4067	2004	269
1985	10413	1995	4189	2005	351
1986	7999	1996	3579	2006	290
1987	9299	1997	2949	2007	362
1988	8467	1998	2761	2008	256
1989	7668	1999	1287	2009	260
1990	7484	2000	817	2010	270
1991	7981	2001	323	2011	305
1992	6373	2002	546	2012	317
1993	5087	2003	219		

齐贤供销社农资供应站一角

五、耕牛交易

解放初期，奉贤县耕牛交易仍由牛头（牛贩子）操纵。1954年起，县供销社开始经营耕牛交易，当年采购供应66头。1955年，县供销社建立耕牛交易市场，挑选正派牛头担任交易员，并制订价格，分别按耕牛强弱、大小，每头价格在300～700元之间浮动。同年组织调剂3097头。1956年，全县建立耕牛交易市场15处，分春秋两季各活动一次。同年，上市1395头，其中，调剂329头、买卖683头，供销社收购供应383头；协调农业社之间租借88头。1958～1959年，耕牛交易市场停办。1960年恢复交易，分别在南桥、青村、奉城3地组织交易，每地3天。1961～1964年，每年组织2次，1965年起，手扶拖拉机广泛应用，耕牛交易量逐年减少，牛市自行消失。

六、竹类　杂木

解放初，奉贤县竹类由私人经营。1956年，社会主义工商业改造后，竹类批发业务归口县供销社生产资料经理部，零售由基层社生产资料门市部负责。至80年代末，竹类经营市场化后，农资公司退出经营。

1953～1984年奉贤县供销社竹木销售情况表

表6-1-9

年份	毛竹（支）	蒿竹（百根）	柄竹（百根）	厘杂竹（百件）	毛竹梢（百件）	杂木棍（百根）
合计	3754961	35278	15729	8844	108241	114289
1953	14651					
1954	165352					
1955	255632					
1956	437920					
1957	112484					
1958	124666					
1959	78402					
1960	66432					
1961	47011					
1962	59715	610				
1963						
1964	79300					
1965	117600	1142	1431	1218		47
1966	112300	2110	928	687	7663	6059
1967	11200	2159	924	946	4912	5944
1968	150200	1459	555	666	5855	992
1969	14700	939	558	147	2322	1166
1970	100500	832	694	241	3223	3367
1971	101200	874	785	196	2686	2644
1972	99000	1131	415	164	3062	4192
1973	92500	1875	916	182	4525	7341
1974	99400	1791	637	312	5752	6909
1975	98200	3192	637	327	9792	7657
1976	85700	2856	916	367	5486	7761
1977	104400	2622	839	215	7322	10850
1978	169600	1792	683	264	8233	11537
1979	182400	2359	638	569	8713	10107
1980	128800	2071	594	299	5081	9757
1981	119200	1758	693	357	7162	6747
1982	172046	1641	820	190	5825	3693
1983	118550	1341	860	291	6144	3912
1984	235900	724	1206	1206	4483	3607

七、桐油　黄麻

1951年起，奉贤县供销社开始经营桐油。1965年，经营黄麻。至80年代末，市场化经营，农资公司退出黄麻、桐油经营。

1951～1984年奉贤县供销社桐油黄麻销售情况表

表6-1-10　　　　单位：吨

年份	桐油	黄麻	年份	桐油	黄麻	年份	桐油	黄麻
合计	2725.75	1317.70	1961	40.95		1974	90.55	50.55
1951	17.10		1962	33.55		1975	80.70	63.95
1952	45.55		1965	101.55	76.80	1976	81.05	60.85
1953	66.35		1966	151.70	46.95	1977	88.75	70.75
1954	76.95		1967	135.45	36.20	1978	121.85	73.25
1955	99.70		1968	102.70	35.50	1979	37.30	74.80
1956	97.60		1969	100.75	39.75	1980	42.30	80.30
1957	65.60		1970	100.10	40.35	1981	43.80	105.05
1958	75.00		1971	115.40	45.70	1982	75.05	124.65
1959	102.50		1972	89.15	33.05	1983	100.45	139.90
1960	133.85		1973	79.50	47.45	1984	132.95	71.90

八、农机配件

解放初期，奉贤县开始推广新式农具，县供销总社系统少量经营螺丝、螺帽等零配件。1958年，松江专区合作社分配给奉贤2台拖拉机和配件。1960年，建立县拖拉机站，随着机器耕地的推广使用，农机配件的销售业务增加。1962年，县成立物资局，农机配件销售业务划归物资局。1972年下半年，为方便农村购买机配件，全县除江海供销社外，其余基层供销社均设立农机门市部，由县物资局提供货源，代销农机配件。代销商品中有小拖拉机、36型喷雾器、165型汽油机、插秧机等4～5类，计有1200余种农机配件。供销社提取代销手续费为2%。90年代后期，农机配件供应站（点）大部分转为个体经营。

九、建筑材料

1. **砖瓦石灰供应**　1954年，奉贤有私营砖灰商店14家。1956年，对私营工商业改造后，砖瓦批发、零售业务归口县供销社系统。1963年改由县物资局经营。1968年，水泥、瓦筒批发业务从县物资局划入县供销社农资公司。1969年6月1日起，砖、瓦批发业务从县物资局划归县供销社农资公司经营，零售业务仍由基层供销社生产资料门市部经营。1969～1981年，奉贤县销售平瓦3595.41万张；1969～1984年，销售红砖436282.39万块，销售石灰650212.5吨。80年代末，建材市场放开，供销系统停止经营砖瓦、石灰。

1969～1981年奉贤县供销社平瓦销售情况表（一）

表6-1-11　　单位：万张

单位	小计	江海	邬桥	庄行	胡桥	金汇	齐贤	泰日
总计	1630.96	479.10	495.80	1.10	240.30	170.66	48.60	195.40
1969	49.30	18.90	14.70		15.70			
1970	94.10	35.00	46.10			13.00		
1971	126.00	36.00	60.00		10.00	20.00		
1972	158.00	38.00	65.50		5.00	25.00		24.50
1973	225.30	44.50	109.50		15.70	28.00		27.60
1974	275.26	41.40	110.00		42.40	19.66	17.80	44.00
1975	221.00	40.00	90.00		30.00	18.00	3.00	40.00
1976	74.00	20.00			25.00	20.00		9.00
1977	77.40	30.00			20.00	15.00		12.40
1978	129.00	35.00		1.10	38.80	12.00	8.20	33.90
1979	67.00	33.30			29.70			4.00
1980	73.60	49.00			8.00		16.60	
1981	61.00	58.00					3.00	

1969～1981年奉贤县供销社平瓦销售情况表（二）

表6-1-12　　单位：万张

单位	小计	奉城	四团	平安	青村	光明	钱桥
总计	1964.45	755.38	10.10	21.60	1.80	645.75	529.82
1969	63.90	50.00				13.90	
1970	85.88	85.88					
1971	95.70	80.00				15.70	
1972	205.05	95.60				60.43	49.02
1973	169.09	90.70				39.39	39.00
1974	185.20	68.20				66.00	51.00
1975	165.00	55.00				60.00	50.00
1976	145.00	28.00				53.00	64.00
1977	163.80	37.60				70.20	56.00
1978	213.23	45.00	10.10	4.00		85.13	69.00
1979	220.90	60.20		11.30	1.00	86.40	62.00
1980	136.40	23.10		6.30	0.40	57.70	48.90
1981	115.30	36.10			0.40	37.90	40.90

1969～1984年奉贤县供销社红砖销售情况表（一）

表6-1-13　　单位：万块

单位	小计	江海	萧塘	邬桥	庄行	胡桥	新寺	金汇	齐贤	泰日
总计	205593.33	31834.28	17038.20	16649.10	14376.30	26628.50	18450.00	19603.14	18434.83	43078.98
1969	2145.66	530.00		248.00		440.00		285.66	162.00	480.00
1970	4496.00	1535.00		350.00		1320.00		113.00	150.00	1528.00
1971	5508.55	1495.88		412.20		1401.57		131.00	289.90	1778.00
1972	6168.61	1890.00		484.00		1469.80		310.00	289.22	1725.59
1973	5926.86	1403.50		604.00		1518.41		245.48	324.97	1830.50
1974	7352.86	2000.00		570.00		2091.72		188.00	503.14	2000.00
1975	7250.00	1800.00		500.00		1500.00	300.00	450.00	1000.00	1700.00
1976	7788.49	1566.00		450.60		1555.00	1085.00	400.00	1051.00	1680.89
1977	12223.00	1700.00	1300.00	550.00	390.00	1800.00	1306.00	1000.00	1377.00	2800.00
1978	16771.80	1852.00	2202.00	522.00	1799.00	1854.00	1700.00	2000.00	1542.80	3300.00
1979	18726.80	2083.90	2410.00	1556.90	2007.00	2185.00	1884.00	1446.00	1607.00	3547.00
1980	17579.10	2187.00	2239.00	1676.00	207.30	1905.00	1407.00	2430.00	1725.80	3802.00
1981	21989.80	2693.00	2218.20	1949.60	2292.00	1908.00	2061.00	2654.00	2041.00	4173.00
1982	24922.80	3187.00	2192.00	2581.80	2700.00	2211.00	2865.00	2800.00	2232.00	4154.00
1983	21053.00	2811.00	1982.00	2000.00	2145.00	1316.00	2866.00	2150.00	1945.00	3838.00
1984	25690.00	3100.00	2495.00	2194.00	2836.00	2153.00	2976.00	3000.00	2194.00	4742.00

1969～1984年奉贤县供销社红砖销售情况表（二）

表6-1-14　　单位：万块

单位	小计	奉城	头桥	四团	平安	青村	塘外	光明	钱桥
总计	230189.26	54436.56	25379.00	15839.40	25229.95	23329.70	20797.00	34237.40	30940.25
1969	2541.85	1637.35			196.00			190.00	518.50
1970	4690.84	1725.48			180.00			1433.90	1351.46
1971	5830.30	2262.53			327.30			1439.74	1800.73
1972	6417.26	2279.20			410.99			1927.41	1799.66
1973	6624.37	2822.00			399.00			1601.17	1802.20
1974	7075.60	2908.60			420.00			2000.00	1747.00
1975	9000.00	2800.00			3000.00			1500.00	1700.00
1976	8392.40	2700.00			1749.90	105.50	280.00	1609.00	1948.00
1977	11644.00	3319.00	60.00	30.00	1727.00	1113.00	1450.00	1915.00	2030.00
1978	20307.48	4512.00	2600.00	1610.40	2233.00	2608.30	2233.00	2287.78	2223.00
1979	23542.10	5096.70	3259.00	2148.00	2466.70	2986.50	2790.00	2523.60	2271.60
1980	23372.06	4574.80	3288.00	2107.00	2458.06	3084.20	2653.00	2835.00	2372.00
1981	23940.30	4199.80	3301.00	2464.00	2375.00	3194.20	3006.00	3071.40	2328.90
1982	26333.30	5242.10	3865.00	2531.00	2939.00	3472.00	2750.00	3234.00	2300.20
1983	24797.00	5107.00	4206.00	2179.00	1958.00	3294.00	2635.00	3116.00	2302.00
1984	25680.40	3250.00	4800.00	2770.00	2390.00	3472.00	3000.00	3553.40	2445.00

1969～1984年奉贤县供销社石灰销售情况表

表6-1-15　　单位：吨

年　份	外采购	金汇厂	萧塘厂	年　份	外采购	金汇厂	萧塘厂
1969		250.00		1977		42857.00	
1970		6300.00		1978		50473.00	
1971		7624.00		1979		49159.00	
1972		13604.00		1980	8223.50	39989.00	13232.00
1973		26150.00		1981	1187.00	39607.00	26349.00
1974		25131.00		1982	1072.00	50000.00	27500.00
1975		27720.00		1983	1543.00	50000.00	28700.00
1976		31001.00		1984	1841.00	52300.00	28400.00

2. **木材**　1956年6月，成立奉贤县木材公司。木材批发、零售业务归口县供销社系统。1963年4月，木材批发、零售业务从县供销社生产资料经理部划入县物资局。县供销社农资公司仍经营木材业务。

1953～1984年奉贤县供销社木材销售情况表

表6-1-16　　单位：立方米

年　份	销售量	年　份	销售量	年　份	销售量
合计	330736	1963	4300	1974	9416
1953	988	1964	8726	1975	12130
1954	4411	1965	11551	1976	10645
1955	4685	1966	20346	1977	11480
1956	3228	1967	13214	1978	12915
1957	2661	1968	14988	1979	10430
1958	7840	1969	15098	1980	12339
1959	5221	1970	10651	1981	10121
1960	6542	1971	9239	1982	12318
1961	5228	1972	6674	1983	22203
1962	5113	1973	8813	1984	37222

第二节　农技指导

一、植保站

1952年，奉贤县在基层供销社开始设杀虫站。1953年，全县有杀虫站22个，1960年改称测报站。1961年改为植保站，设植保站站长1人，全县供销社系统配备专职植保员51名。植保站主要任务是根据农作物各个生长期的特点和病虫害发生、发展情况，用广播及书面简报形式向农民宣传防治方法，对防治情况进行跟踪检查提出复查、复灭（防）的措施。县供销社和基层供销社每年为全县农村大队和生产队培训植保骨干人员，1952～1962年，县与基层两级供销社共培训植保人员84785人次。1980年后，供销社植保站划归公社农业组，由公社配备专门人员，供销社编制职工由供销社另行安排。

1952～1962年奉贤县供销社植保人员培训情况表

表6-2-1　　　　单位：人

年　份	小　计	县培训			基层培训
		基层测报站	基层杀虫站	大队（高级社）	
合计	84785	136	784	8020	75845
1952	2950		7	843	2100
1953	6610		78	1880	4652
1954	6381		71	541	5769
1955	8936		81	1890	6965
1956	15351	1	106	896	14348
1957	17678	3	98	469	17108
1958	19770	18	131	810	18811
1959	3821	26	89	256	3450
1960	2181	29	75	221	1856
1961	1064	32	32	214	786
1962	43	27	16	未统计	

县供销社举办东方红农药机械培训班

二、棉花专管员

1958年，各公社供销部在每个生产大队配备有基层工作经验、熟悉棉花生产的棉花专管员1名（俗称下乡员），专管员的工作是协助各生产大队落实种植计划、选调良种、指导科学育苗移栽和棉田管理、防治病虫害，指导农民及时采摘新棉分拣交售等服务工作。1984年1月，棉花专管员改由大队（村）干部兼任，供销社编制的棉管员由供销社另行安排使用。

三、多种经营

1978年12月，县供销社建立多种经营办公室，简称“多办”。1979年，为发展菌菇生产，蔬菜公司配备蘑菇专管员，帮助社队解决菌种、建房材料以及盐水菇加工技术。全县种植单位发展到1384个，种植面积达22.33万平方米。80年代初，协助有关部门促成上海轻工业局和齐贤公社共同投资组建上海泰康食品分厂，在全县各地设立菌类产品收购站，并帮助上海泰康食品厂建立齐贤、金汇芦笙生产基地、光明黄桃生产基地、钱桥厚皮西瓜生产基地。在全县建立七彩山鸡、牛蛙、地鳖虫等养殖基地。1980年，除猪、禽、蛋、水产外，全县农民多种经营收入突破1000万元。1982年初，县供销社“多办”并入县“多办”。1983年2月，由多办牵头，县供销社外贸公司在南桥举办“发展多种经营，勤劳致富”展览会，展出养殖、种植业等实物70余种，历时25天，参观群众2.5万余人次。

县医药公司药材技工在田头指导种植管理

四、科技协会

1986年4月，县供销社成立科技协会。以公司和厂为依托、基层供销社为纽带、专业户为基础的长毛兔、食用菌、中药材、蚌珠4个龙头产品的专业科技协会。为专业户提供信息、物资、技术、资金、产销等服务。

1986 年 4 月，奉贤县供销合作社科学技术协会成立

五、庄稼医院

1992 年，县供销社农资部门帮助齐贤供销社建立庄稼医院。1993 年全县基层供销社庄稼医院发展到 14 家，设有 6 个农业科技咨询台。庄稼医院一般配备 2～3 名庄稼医生，建有店堂柜台、制定规章制度、设立服务档案、诊断处方、试验示范处、土壤和农药速测箱、植保机械，配备宣传设备（资料、标本、挂图等）和相关的商品供应。1997年，齐贤、奉城、泰日 3 家庄稼医院被上海市供销社正式命名为“庄稼医院”。齐贤供销社庄稼医院 1997 年被上海市供销社评为为农服务先进单位，2001 年，被全国供销合作总社评为示范庄稼医院。

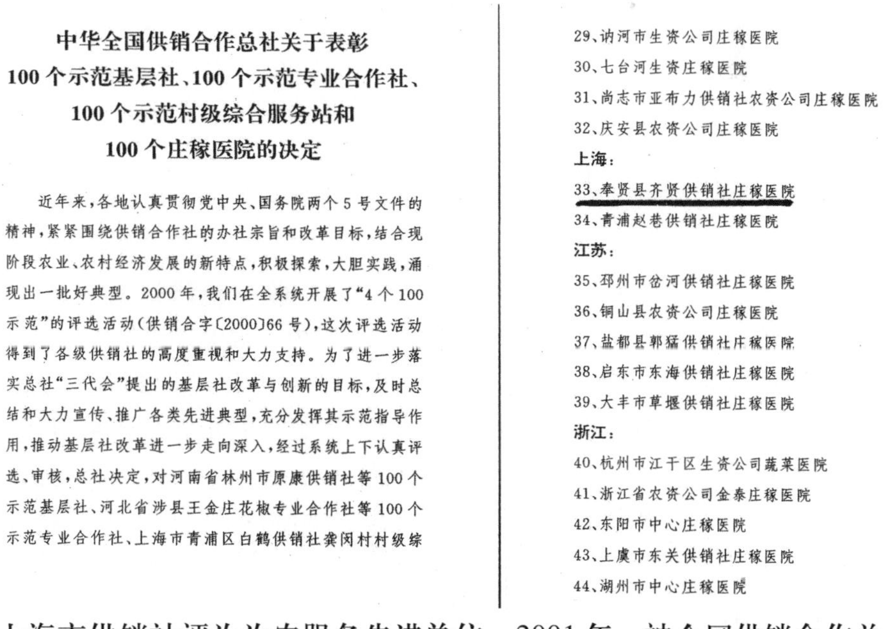

中华全国供销合作总社关于表彰
100 个示范基层社、100 个示范专业合作社、
100 个示范村级综合服务站和
100 个庄稼医院的决定

近年来，各地认真贯彻党中央、国务院两个 5 号文件的精神，紧紧围绕供销合作社的办社宗旨和改革目标，结合现阶段农业、农村经济发展的新特点，积极探索，大胆实践，涌现出一批好典型。2000 年，我们在全系统开展了“4 个 100 示范”的评选活动（供销合字〔2000〕66 号），这次评选活动得到了各级供销社的高度重视和大力支持。为了进一步落实总社“三代会”提出的基层社改革与创新的目标，及时总结和大力宣传、推广各类先进典型，充分发挥其示范指导作用，推动基层社改革进一步走向深入，经过系统上下认真评选、审核，总社决定，对河南省林州市原康供销社等 100 个示范基层社、河北省涉县王金庄花椒专业合作社等 100 个示范专业合作社、上海市青浦区白鹤供销社龚闵村村级综

29、讷河市生资公司庄稼医院
30、七台河生资庄稼医院
31、尚志市亚布力供销社农资公司庄稼医院
32、庆安县农资公司庄稼医院
上海：
33、奉贤县齐贤供销社庄稼医院
34、青浦赵巷供销社庄稼医院
江苏：
35、邳州市岔河供销社庄稼医院
36、铜山县农资公司庄稼医院
37、盐都县郭猛供销社庄稼医院
38、启东市东海供销社庄稼医院
39、大丰市草堰供销社庄稼医院
浙江：
40、杭州市江干区生资公司蔬菜医院
41、浙江省农资公司金泰庄稼医院
42、东阳市中心庄稼医院
43、上虞市东关供销社庄稼医院
44、湖州市中心庄稼医院

第三节 服务下乡

一、下伸店

1956年，县供销社结合对全县私营工商业进行社会主义改造，由基层供销社、合作商店和合作小组安排人员在乡村设农村下伸店（简称下伸店），方便农民购买生产、生活资料商品。是年，全县农村下伸店60家。1958年后，下伸店向偏远的生产大队延伸。1965年，全县有下伸店59家。90年代中后期，结合供销社经济体制改革，全县下伸店全部改制，由个人办理个体工商营业执照，与基层供销社、合作商店脱钩。

二、代购代销店

1965年，县供销社为发展经营业务，服务农民群众，在农村设置代购代销店（简称“双代店”）。“双代店”接受生产大队（村）和基层供销社的双重领导，其行政管理及人员调配由生产大队（村）负责；购销业务、经营资金由供销社安排和铺垫，经营利润作为生产大队（村）集体收入。“双代员”没有固定工资，参加生产大队（村）年终分配。“双代店”主要销售日常生活资料商品和生产资料小商品，收购废旧物资和禽蛋等。1983年，全县“双代店”实行经营承包责任制，“双代员”不再参加生产大队年终分配。1984年全县有“双代店”236家。1994年后，“双代店”陆续转制。2000年4月，奉贤区农资领导协调小组决定，允许“双代店”增加旺季农资代销业务，县供销总社与工商管理部门为65家“双代店”联合颁发化肥送货服务站证件。形成县、乡、村3级农资服务网络。2001年，“双代店”全部由个人经营，与基层供销社脱钩。

三、巡回设点供应

50～70年代，基层供销社和县供销社相关商品业务经营部门采取多种形式下乡为农服务，每逢农村春耕生产，“双抢”（抢收、抢种）及三秋（秋收、秋种、秋管理）大忙，组织干部职工送货下乡，货郎担、货郎手推车把群众需要的日用百货、糕点饮料送到田头宅基村落，用水泥船把农用化肥运到偏远大队和生产队。1976年，全县供销系统出动2590余人次，送化肥等农用物资1.45万余吨。供销系统还在开河水利工地、围海造田工程附近设点供应生产、生活资料商品。1978年冬，在疏浚金汇港南段工程中，全县供销系统出动1000余人次，在河道两岸设临时便民供应点50余个，供应额1000余万元。农忙季节，水利工地为农服务成为供销系统干部、职工长期坚持的传统和作风。

四、村级综合服务站

1990年10月，县供销社在金汇乡联民村率先建立农村综合服务站。1991年3月，相继建立泰日乡周家村、肖塘乡公谊村、齐贤乡李家村3家综合服务站。同月24日，商业部合作指导司杨德寿司长视察金汇乡联民村和泰日乡周家村农村综合服务站。同月27日，上海市供销社在奉贤召开“兴办村级综合服务站，落实市商业工作办实事目标现场动员会”，与会代表130余人出席会议并前往金汇乡联民村综合服务站参观。同年10月16日，商业部原副部长、全国供销经济协会潘遥会长考察金汇乡联民村综合服务站。同年11月，商业部确定奉贤县为全国兴办村级综合服务站示范县。

1992年8月7日，县供销社根据县人民政府批转的关于村级综合服务站发展规划着手在全县建设。1993年，全县建成村级综合服务站50个，营业面积5474平方米，仓库面积5030平方米，从业人员211人，服务范围涉及88个村，服务人口117363人。每站供应商品700种，年购销总额2267万元，其中化肥农药527万元，供应小农具3713件，提供各种咨询3992人次。

1993年，光明供销社湾张综合服务站成立

90年代中后期，农村社会商业兴起，村级综合服务站逐渐萎缩，转由个人承包经营。1998年后，由服务站人员自行办理个体营业执照，与基层供销社脱钩。

五、农家乐

2000年，县政府协调县供销总社、有关局（镇），在偏远农村建“农家乐”设施，由县政府、县供销总社、镇政府三方筹资。所在村委划出土地，建设集农村文化娱乐、健身、医疗、商品下乡为一体的“农家乐”。村民委员会负责建造房屋设施，县供销总社烟糖公司负责设立金叶超市分店；农资公司负责设立农资超市分店，县体育局、文化局、卫生局分别提供体育健身器材、图书、医疗器材等。同年，奉贤县首家“农家乐” 在庄行镇存古村投入使用。2001年，头桥联工村和光明湾张村“农家乐”建成。“农家乐”由县委书记施南昌题写。

六、专业合作社

1987年7月，县供销社扶持柘林乡成立地鳖虫生产合作社，此后先后成立食用菌、长毛兔等专业合作社。

国务院2008年1号文件提出供销社系统参与新农村建设，强化为农服务，实施体制创新、经营创新、服务创新，提高社有企业市场竞争能力的要求，2010年，奉贤区供销社根据各基层供销社所属区域农副产品特色，引导农民种植、养殖多元化、专业化，帮助农民销售农副产品。2010年，与专业户合股成立7家专业合作社。当年农副产品销售额达7288万元，为农民增加收入242万元。

2010年8月，江海供销社协办民耀农产品产销专业合作社

庄行惠农蜜梨种植服务社一角

2010 年奉贤区供销社农民专业合作社情况表

表 6-3-1

参股单位	专业合作社名称	产品名称	注册资本（万元）	供销社股金（万元）	农户股金（万元）	入社农户（户）	涉及农户（户）	年销售额（万元）	助农增收（万元）	种植养殖面积（公顷）
庄行供销社	上海庄供蜜梨种植专业合作社	梨	50.00	49.00	1.00	10	30	320.00	20.71	20.53
金汇供销社	上海汇群葡萄种植专业合作社	葡萄	10.00	2.00	8.00	30	80	120.00	10.00	56.67
江海供销社	上海民耀农产品产销专业合作社	农产品	23.00	5.00	18.00	10	40	48.00	5.00	52.53
奉城供销社	上海一致粮食种植专业合作社	粮食	100.00	10.00	90.00	27	90	10.00	1.00	106.67
青村供销社	上海青村对虾养殖专业合作社	水产	80.00	10.00	70.00	120	250	2800.00	10.50	166.67
四团供销社	上海口之缘蜜桃种植专业合作社	蜜桃	30.00	4.00	26.00	30	136	200.00	75.00	68.13
柘林供销社	上海新奉水产专业合作社	水产	200.00	68.00	132.00	68	253	3200.00	120.00	66.67

七、农业生产资料供应网络

1950～2008 年，奉贤区（县）农资公司是奉贤区（县）农资供应主渠道单位。2009 年，青村供销社与民营资本合股组建上海青供农业生产资料有限公司，参与农资经营。2012 年，奉贤区有农资经营网点 86 个（其中上海奉贤农资公司 34 个，上海青供农资公司 52 个）。

1. 奉贤区农资公司农资连锁网络情况

2001～2010 年上海奉贤农资公司连锁网络情况表

表 6-3-2

序号	店　名	地　址	序号	店　名	地　址
1	人民桥店	南桥镇运河路 2 号	9	洪庙店	四团长堰村秦树 756 号
2	南中路店	南桥镇南中路 130 号	10	头桥店	头桥社区大叶公路 7608 号
3	头桥二店	头桥社区新奉公路 88 号	11	三团店	四团镇三坎村 822 号
4	城南店	金汇镇金钱公路 1903 号	12	烟墩店	庄行镇烟墩龙泉港桥
5	青村店	青村镇人民路 40 号	13	新寺店	新寺社区新林路 2180 号
6	光明店	光明社区文化路 22 号	14	新林店	海湾镇燎原燎钦公路 1589 号
7	钱桥店	钱桥社区文化路二支弄 10 号	15	城西店	庄行镇华严村 9 组
8	平安店	四团镇四平路 1993 号	16	四团店	四团镇天鹏路 7 号

续表6-3-2

序号	店　名	地　址	序号	店　名	地　址
17	胡桥店	胡桥社区浦卫公路8854号	26	新中店	青村镇奉柘公路2702号
18	泰南店	泰日社区泰南新村65号101室	27	乐善店	金汇镇乐善村7组
19	吕桥店	庄行镇吕桥村3组	28	第28店	柘林镇法华村2组
20	张塘店	庄行镇张塘村	29	卫门店	塘外社区人民路324号
21	廉文店	奉城镇大门村	30	奉新店	海湾镇奉新南路1支弄1号
22	五古店	四团镇五古村7组	31	存古店	庄行镇存古村
23	周家店	金汇镇周家村255号	32	梅光店	金汇镇梅园村4组
24	邬桥店	庄行镇邬桥安中路77号	33	奉城店	大叶公路7548号E-2号
25	蔡桥店	奉城镇戴家村1组	34	柴场港店	南奉公路3500号

2. 上海青供农资公司经营网络情况

2012年上海青供农资公司经营网络情况表

表6-3-3

序号	店　名	地　址	序号	店　名	地　址
1	方墩店	青村沿钱公路3968号	27	南奉店	青村镇南奉公路2550号
2	青村店	青村南奉公路3017号	28	朱新店	奉城镇朱新路1901号
3	民安店	青村镇民安村9组	29	头桥店	头桥社区新奉公路4817号
4	湾张店	青村南奉公路5210号	30	新市店	奉城镇新市村
5	光明店	青村金钱公路3686号	31	陶宅店	青村镇陶宅村
6	杨王店	光明社区优化路130号	32	金钱店	光明社区金钱公路3758号
7	钱桥店	钱桥社区人民路66号	33	海湾店	柘林镇西湾村委内
8	长丰店	钱桥社区长丰路104号	34	协新店	奉城镇协新村委内
9	四团店	四团三团公路16号	35	联民店	奉城镇联民村203号
10	渔墩店	四团新川南奉公路249号	36	同新店	奉城镇同新村奉同路66号
11	永革店	柘林镇永革村北横路1号	37	渔洋店	平安社区渔洋中心路332号
12	湾张店	青村镇湾张村委内	38	一新店	庄行镇一新路141号
13	圆通店	青村镇元通村委内	39	庄良店	庄行镇庄良路111弄163号
14	泰日店	金汇镇泰青公路837号	40	陆桥店	奉城镇陆桥村委内
15	胡桥店	胡桥社区寺胡弄2911号	41	和平店	头桥社区和平村42号
16	金汇店	金汇镇中街121号	42	塘外店	塘外社区奉柘公路789号
17	邬桥店	邬桥社区安东路272号	43	小荡店	四团镇蒲基村742号
18	萧塘店	西渡社区沪杭公路940号	44	五四店	五四农场五四公路1102号
19	钱桥店	钱桥社区南府新村	45	汇中店	金汇镇汇中路1821号
20	圆通店	青村镇元通村201号	46	海振店	星火农场海振路999号
21	平安店	平安社区四平路1319号	47	海星店	星火农场海星路1173号
22	爱民店	奉城镇爱民村1114号	48	民福店	平安社区民福村855号
23	秦树店	四团镇秦树村委内	49	新民店	奉城镇奉干公路921号
24	洪庙店	洪庙社区南奉公路1116号	50	新海店	海湾镇奉新南一支弄1号
25	东门店	奉城镇东街293号	51	团青店	洪庙社区洪西中路
26	奉城店	奉城镇新奉公路633号	52	胡阮店	柘林镇胡阮路兴隆5组

八、社区农副产品直供店

奉贤区供销合作总社坚持为农服务宗旨，依托供销社资源优势，从田头或厂家直供农副产品，减少中间流通环节，降低成本，让农民得增收，让居民得实惠。农副产品直供点主要经营蔬菜、粮油、鲜肉、鲜蛋、豆制品、冷冻食品、调味品及鼎丰系列产品。

2012年5月28日，在南桥农贸市场内开设农副产品直供点。

2012年9月28日，南桥镇新建东路530号农副产品直供店开张营业。

2012年11月20日，南桥镇新建西路475号农副产品直供店开张营业。

2012年，区供销总社社区农副产品直供店开张（南桥镇新建东路530号）

2012年，区供销总社南桥镇农副产品展示厅、直供店（西圆弄10号）

第七章　收　购

收购农副产品是供销社的重要职能之一。1950年10月，县供销总社筹备处开始收购棉花。1951年，经营粮食、生猪、禽蛋和土产品收购业务。基层供销社设综合收购站，收购棉花、粮食、油料等农产品。1954年，农副产品、废旧物资收购业务归口基层供销社。1955年，增加收购瓜果和中药材，基层供销社增设10个收购分站。是年，粮食收购业务划入粮食系统。始设食品站（分站），专营生猪购销业务。1956年，蔬菜划入供销社收购。同年，开始收购肉羊。同年上半年，县供销系统开展“千产万元”废品、野生动植物采购活动，设立28个采购点、配备采购干部40名，组织34个合作商店驻乡点兼收，102个商贩流动供应兼收购，扩大收购品种57个，比1955年同期增加收购额27%。1957年，基层供销社下伸店实行购销兼营，收购禽蛋、废旧物资等。1958年，全县供销系统经营业务的收购站18家，农村下伸店146家。1961年，中草药收购业务划给县政府卫生科。1962年，担负收购西瓜调市任务。1978年，县供销社成立多种经营办公室，经营购销业务。同年，开始收购蘑菇。1984年，全县农副产品（棉花）、废品物资收购总额11897万元。2011年，废弃电子物列入收购范围。2012年，奉贤区供销社系统有废品收购单位（站）27家。

1978年，县供销社被商业部评为鲜蛋收购先进单位。1983～1989年，萧塘、头桥、钱桥供销社棉花收购站分别被国家商业部评为全国文明棉花收购站和上海市供销社先进集体。1986～1991年，奉贤县物资回收利用公司、钱桥、四团供销社废品收购站分别被上海市供销社评为先进集体。

第一节　棉花收购

一、沿　革

1950年10月，县供销总社筹备处成立后，设立业务股，负责棉花收购业务。1951～1955年，全县供销系统棉花收购大站有南桥、萧塘、邬桥、齐贤、金汇、泰日、庄行、胡桥、柘林、道院、三官、钱桥、青村、奉城、四团15个。收购分站西渡、法华、梁典、洪庙4个；临时收购点六墩、新寺、周家弄、东新市、分水墩、张塘6个。1956年，全县改设南桥（设齐贤、萧塘、新寺、道院、柘林分站）、庄行（设邬桥、法华、胡桥分站）、泰日（设梁典、金汇、头桥分站）、青村（设钱桥、三官分站）、奉城（设四团、新桥分站）5个中心站。1964～1966年，全县有江海等棉花收购站17个，星火农场等分站21个。1983年，县供销社投资扩建5个棉花收购站，分站减少至9个。1998年，全县有棉花收购站20个。2000年，全县棉花面积锐减，收购业务放开，各基层社棉花收购站停止收购。

二、收购方法

1950年10月，县供销总社筹备处在南桥、奉城、青村、齐贤设立棉花收购站，开展棉花收购业务，其余地区委托私商代购。1951年，开展预购、存实业务，无息借贷肥料、种子、粮食、棉花存实后，价格听涨不听落，凭折存取，整零两便，钱贷两取。1952年，棉花收购实行民主评级制，各村公推售棉代表，在收购现场参与品级评定工作。1953年前，农民售棉以一家一户为单位，收购站当场付讫现金。农业集体化后，改用转账方式，由银行划拨。1954年，供销社与农业生产合作社、互助组签订预购合同，定面积、定产量、定统购量，并按照预购总额，发放20%无息定金，于棉花上市后收转。收购站采取划片、定点、凭证收购、分户结算、内外记账等方法。1983年，农村实行分田承包责任制，棉花产购关系发生变化，交售单位分户、组、生产队等3种，以户交售的生产队2950个，农户84768户；以组交售的生产队60个，小组108个；以队交售的生产队265个。

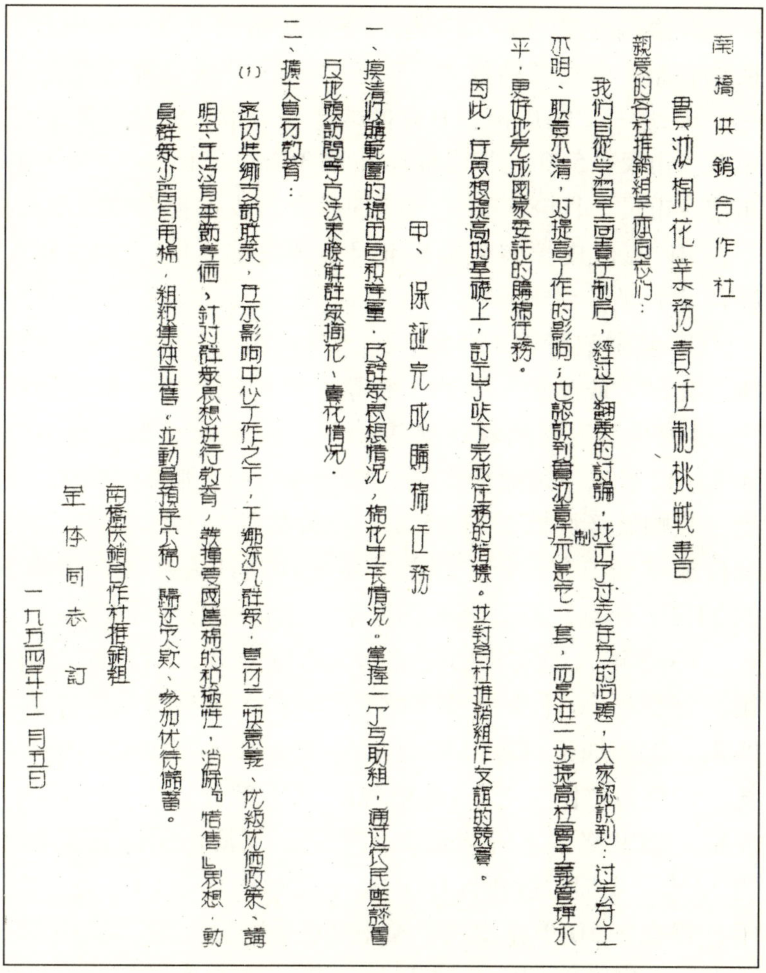
南橋供銷合作社

貫彻棉花業務責任制挑戰書

親愛的各社推銷組全体同志们：

我们自從学習了岗位責任制后，經过了熱烈的討論，找出了过去存在的問題，大家認識到：过去分工不明、职责不清，对提高工作的影响；也認識到貫彻責任制不是另一套，而是进一步提高社員主人翁管理水平，更好地完成国家委託的购棉任务。

因此，在思想提高的基礎上，订出了以下完成任务的指標。並对各社推銷組作友誼的競賽。

甲、保証完成购棉任务

一、摸清收购範圍的棉田面积产量，及群众思想情况，棉花上市情况。掌握一个互助組，通过农民座談會及地頭訪問等方法来瞭解群众摘花、賣花情况。

二、擴大宣傳教育：

(1) 密切与乡支部联系，在不影响中心工作之下，下乡深入群众，宣傳三大意義、优級优价政策、講明生、熟没有季節差價，針对群众思想进行教育，發揮愛国售棉的积极性，消除"惜售"思想，動員群众少留自用棉，組织集体出售，並動員预存公棉、歸还欠款，参加优待储蓄。

南橋供銷合作社推銷組

全体同志 訂

一九五四年十一月五日

1954，南桥供销社推销组劳动竞赛挑战书摘录

三、收购政策

1. 统购政策 1954年9月，国家对棉花实行统购统销政策，规定农户每人自留皮棉1.5千克。1958年，规定先购后留，卖好留次，其中10级～12级（等级）占75%、6级～9级占25%，每人自留皮棉750克。1962年，规定从生产队棉花总产量中提取

8% 作自留棉，每人高限不超 750 克，低限不少于絮棉计划供应定量，黄白各半。1964 年，自留棉定量不变，其中白棉占 70%、黄棉占 30%。1966 年，自留棉定量不变，全部留白棉。1978 年，平均每公顷超 1050 千克，人均自留棉 1 千克，低于此标准，人均自留棉 750 克。1984 年，农村实行分田承包生产责任制，不再规定自留棉定量。

2. **换购政策** 1962 年起，交售自留棉可以换购指定商品。2 级～7 级皮棉 500 克，换购布票 5 市尺或籼谷 4.5 千克；8 级～9 级皮棉 500 克，换购布票 4 市尺或籼谷 4 千克；10 级～12 级皮棉 500 克换购布票 3 市尺或籼谷 3 千克。1963 年，500 克白皮棉换布票 5 市尺，500 克黄皮棉换布票 3 市尺。1966～1967 年，不分黄白，500 克皮棉换布票 5 市尺。1968～1970 年，500 克白皮棉换布票 3 市尺，黄皮棉免换。1971～1982 年，500 克白皮棉换布票 5 市尺，黄皮棉免换。1983 年 11 月，棉布敞开供应，自留棉停止换购。

3. **奖励政策** 1955 年起，对农民交售棉花实行奖励政策，先后奖励现金、棉饼、化肥、成品粮、食油、布票、针棉织品券、工业品购货券和专用商品购货券等。

1959 年，鼓励农民交售棉花，收购低级棉花给予价格奖励：11 级籽棉加原价 10%；12 级以下加原价 20%。1960 年 2 月，收购 11 级以下籽棉，按原价的 20% 奖励，当年收购低级籽棉 1373.65 吨，支付奖励金 178203 元。1978 年，棉花超产超售，给予加价或奖励粮食，超产以前 3 年平均亩产为基数，加价 30%。超售标准按交售总数的 21.4% 计算，超售皮棉 500 克，奖励粮食 1 千克。

1985 年，国家改棉花统购为合同定购，对合同定购的棉花继续实行奖售化肥政策，每交售 50 千克皮棉，奖售 40 千克标准肥，棉籽饼全部返还，并继续给予“正四六”比例加价（等级棉的 40% 部分加价 30%），1987 年，定购棉比例加价，全国统一调整为“倒三七”（等级棉的 70% 部分加价 30%）。1988 年，棉农每交售 50 千克皮棉，国家奖售平价柴油 2.5 千克，上海市另返还柴油平议差价 1 元；定购内每交售 50 千克皮棉，返还棉籽饼 30 千克和棉籽壳 10 千克，或返还平议差价 4.40 元。1989 年，每交售 50 千克皮棉，奖售 50 千克标准肥（其中 15 千克属上海市奖售），并给予农药、农膜等调价补贴 27 元，停止实行比例加价。1990 年，农药、农膜补贴改为 13 元，返还柴油平议差价调至 1.25 元。1991 年，增加棉农口粮补贴 22.50 元，市奖售 15 千克化肥改为补贴平议差价 2.50 元。1992 年，国务院决定，棉农在完成定购任务后，棉花市场开放，价格随行就市；对计划收购棉花，由地方每 50 千克补贴 20 元。1993 年，每交售 50 千克皮棉奖售化肥、柴油政策改为补贴差价 12 元。上海市还提取高产奖励基金 1 元，由用棉单位支付给交售棉农。1994 年，国务院重申“三不放开”（不放开棉花经营、不放开棉花市场、不放开棉花价格）。同年，上海增加奖励尿素 20 千克。1995～1997 年，国家取消一切补贴和加价，上海将价外补贴 20 元调为 10 元，奖售计划价尿素 20 千克和高产奖励基金 1 元继续执行。

1955～1983年奉贤县超售皮棉（50千克）奖励标准情况表

表7-1-1

年　份	棉饼（千克）	化肥（千克）	成品粮（千克）	食油（千克）	棉布（米）	针棉制品券（张）	工业品购货券（张）	专用商品购货券（张）
1955～1960	6.50		2.50		1.66			
1961	65%		2.50		1.66			
1962	65%				3.66	1	7	4
1963任务内			10.00		4．00		7	4
1963超产部分	40.00	125.00	75.00	10.00	16.66		24	
1964任务内	20.00	20.00	10.00		2.33		7	4
1964超产部分	40.00	40.00	20.00	7.50	1.66		14	8
1965任务内	80%	20.00	10.00		1.00		3.5	
1965超产部分	100%	35.00	15.00	5.00	1.00		3.5	
1966任务内	20.00	20.00	10.00		1.00		3.5	
1966超产部分		35.00	15.00		1.00			
1967～1977	85%	35.00						
1978～1983	100%	40.00						

4. **收购价格**　棉花收购价格由国家统一规定。1950年，每50千克皮棉收购价格为72.13元（以年平均收购价为准，下同）；1951年调整为96元。1967年，每50千克皮棉收购价108.27元；1980年调到146.68元。1985～1986年，每50千克皮棉收购价格为163.30元；1990～1992年为300元；1994年为544元；1995～1997年调为700元，1998年调为617元；1999年，棉花收购价格放开收购后由购销双方协商确定，实行优质优价。棉花收购随种植面积增减，各年份间波动较大。

1950～1999年奉贤县皮棉收购价格情况表

表7-1-2　　单位：元/50千克

年　份	收购价	年　份	收购价	年　份	收购价
1950	72.13	1967	96.87	1986	163.30
1951	96.00	1968	106.13	1987	167.67
1952	92.00	1969	105.20	1988	176.42
1953	93.80	1973	105.20	1989	236.42
1954	89.50	1977	105.20	1990	300.00
1958	89.50	1978	108.46	1992	300.00
1961	89.50	1979	120.83	1993	330.00
1962	89.50	1980	136.93	1994	544.00
1963	90.03	1981	145.80	1995	700.00
1965	92.00	1983	145.80	1998	617.00
1966	92.00	1984	163.00	1999	放开

四、收购数量

1950年起，县供销总社筹备处（合作总社）为国家指定的唯一棉花收购企业。是年，收购皮棉（以下均为皮棉）1525吨。1960年，收购9795吨。由于科学种植，棉花产量逐年增加，1964年，皮棉亩产超百斤。1970年收购皮棉12975吨。1984年，全县收购皮棉17015吨；1985年后由于农村种植结构调整，棉花面积呈逐年下降趋势，棉花收购量也逐渐减少。是年收购8748吨；1992～1994年，收购平均在3000吨上下；1999年仅收购到76吨；2000年收购41吨；1950～2000年，全县收购皮棉41.59万吨，收购金额9.16亿元。2001年，棉花面积锐减加上市场放开，供销系统停止棉花收购。

70年代棉花收购现场

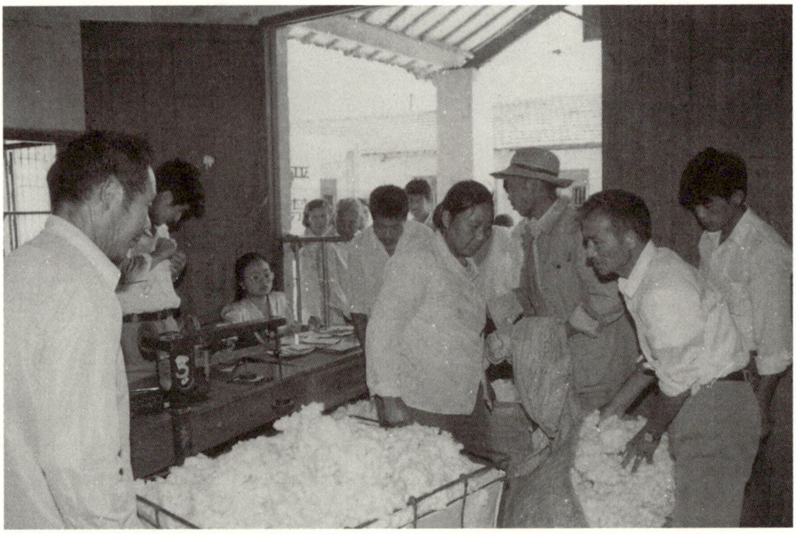

80年代，各棉花收购站收购棉花

1950年，县供销总社筹备处开始收购棉花。60～80年代中期为收购量最大的年代，以1968年最高，为19990吨。1958年为支持棉花生产，开始发放棉花定金。1985年，由于农村种植结构调整和实行家庭联户承包经营，棉花定金发放工作停止。

1950～1984年奉贤县棉花产、购量及定金发放情况表

表7-1-3

年 份	植棉面积（公顷）	总产量（吨）	单产（千克/公顷）	收购量（吨）	收购金额（万元）	定金发放额（万元）
1950	16226.67	3950.00	243.75	1525.00	162.00	
1951	25506.67	7815.00	306.75	5520.00	1020.00	
1952	25806.67	10020.00	386.25	7665.00	1375.00	
1953	21520.00	8140.00	378.00	6880.00	1223.00	
1954	19273.33	9425.00	360.00	6165.00	1174.00	
1955	19360.00	10730.00	554.25	10230.00	2357.00	
1956	19226.67	6240.00	323.25	5890.00	954.00	
1957	19100.00	9210.00	482.25	8870.00	1588.00	
1958	18193.33	10245.00	563.25	10045.00	1798.00	139.40
1959	16913.33	9945.00	588.00	9720.00	2029.00	111.80
1960	16833.33	9945.00	591.00	9795.00	2019.00	224.50
1961	16920.00	7665.00	453.00	7440.00	1549.00	
1962	14773.33	7305.00	494.25	7185.00	1453.00	
1963	15053.33	10140.00	673.50	9280.00	1980.00	301.40
1964	14993.33	13420.00	895.50	13175.00	2933.00	310.50
1965	14940.00	14450.00	966.75	14235.00	2946.00	186.60
1966	15046.67	12460.00	828.00	12275.00	2576.00	
1967	14986.67	15075.00	1005.75	14865.00	3411.00	2453.00
1968	14966.67	20235.00	1351.50	19990.00	4214.00	179.70
1969	14880.00	16600.00	1116.00	16340.00	3180.00	198.40
1970	14860.00	13255.00	891.75	12975.00	2078.00	165.00
1971	14453.33	10880.00	753.00	10700.00	2083.00	219.00
1972	14420.00	11285.00	783.00	11150.00	2198.00	319.00
1973	14413.33	12050.00	835.50	11910.00	2393.00	314.00
1974	14420.00	13320.00	923.25	13185.00	2854.00	241.00
1975	14293.33	15240.00	1066.50	15110.00	2925.00	168.00
1976	13273.33	9130.00	687.75	8995.00	1980.00	212.00
1977	12686.67	9980.00	786.75	9840.00	2102.00	216.00
1978	12400.00	17585.00	1418.25	17365.00	4611.00	217.00
1979	12313.33	12805.00	1040.25	12715.00	3863.00	188.00
1980	12546.67	8680.00	691.50	8795.00	2842.00	274.00
1981	14266.67	9225.00	646.50	8915.00	2445.00	315.00
1982	12460.00	8135.00	657.75	7820.00	2442.00	314.00
1983	11433.33	8910.00	779.25	8590.00	2571.00	182.00
1984	11520.00	15990.00	1388.25	17015.00	6005.00	123.00

1985年起，农村种植业结构逐渐调整，棉花面积、收购量不断减少。2000年仅收购41吨，次年停止收购业务。

1985～2001年奉贤区（县）皮棉产、购量情况表

表7-1-4

年份	植棉面积（公顷）	总产量（吨）	单产（千克/公顷）	收购量（吨）	收购金额（万元）
1985	11281.60	8740.00	774.70	8748.00	2550.92
1986	6935.90	4568.00	660.00	4584.00	1336.69
1987	3768.60	3058.00	810.00	2960.00	863.14
1988	2716.70	2582.00	950.00	2437.00	710.63
1989	2758.60	2583.00	936.00	2285.00	1080.44
1990	2150.10	2752.00	1280.00	2675.00	1605.00
1991	2664.50	4509.00	1692.00	4477.00	2686.20
1992	3330.20	4839.00	1453.00	4776.00	2865.60
1993	2333.20	3169.00	1358.00	3039.00	2005.74
1994	1885.80	2266.00	1201.00	2153.00	2342.50
1995	1252.40	1611.00	1286.00	1511.00	2115.40
1996	1102.00	1738.00	1577.00	1610.00	2254.00
1997	1069.00	1389.00	1298.00	1177.00	1647.80
1998	1205.90	1284.00	1064.00	1144.00	1411.70
1999	593.30	655.00	1104.00	74.00	
2000	237.50	259.00	1090.50	41.00	
2001	166.70	264.00	1583.60		

第二节　副食品收购

一、沿　革

1951年，县供销社开始收购生猪和禽蛋。1953年承担副食品调市区业务。1954年5月，猪禽蛋收购业务从供销社划入中国食品公司奉贤县公司，仍委托基层供销社代购。1955年，县食品公司在南桥、奉城、青村等地设立食品站，在其他基层社设立食品分站。1960年，开始收购肉禽。1965年7月，全县建立亦农亦商“三就点”（由生产大队选派业务人员，就地收购生猪、就地屠宰、就地销售），生产大队代购禽蛋。同年，全县建立“三就点”65个，收购生猪142400头。1969年，农村“三就点”购销业务为双代店取代。1972年11月，县食品公司与市公司脱钩，改为奉贤县商业局食品公司，集镇购销业务委托基层供销社代理。1984年，全县有食品购销站17个，分站9个，固定收购点26个，流动或定期点11个。1989年1月，收购业务，随县食品公司划入县畜牧水产局。

二、生猪收购

1. **收购政策**　1956～1957年，全县对生猪实行“派养派购”，每一农户全年派养2头，派购1头，采用上门看猪、合格发证，定时、定点、预约收购办法。1959年6月，收购生猪，按净肉发给交售户5%奖励肉票，奖励肉票享受批发价；对收购的生猪实行经济补贴，头重30千克～39.5千克（肉重，下同），每头补7元；头重40千克～60千克，每头补2元。1960年7月，分别改为补9元和4元。同年，对生猪实行计划收购，市、县之间按比例分成。集体计划交售生猪，毛重50千克作1头，超重抵计划。生猪分成为：市85%、县4.5%、公社10.5%；生猪超售，增发奖励肉票，一头生猪按净肉发给20%奖励肉票，并按出肉率每500克奖售精饲料500克，每头按批发价供应苗猪1头。1961年，以第一季度肉猪、苗猪存栏数，减除死亡和留养数作为派购数，生猪：生产大队购九留一、生产队购八留二、农户购七留三。1962年，生猪饲养1头，派购1头。交售派购猪金额每满10元，发放工业券4张，专用券40张；超售金额每满10元，减半奖励工业券和专用券。同年12月，生猪毛重50千克以上，每500克奖售精饲料1.5千克。1963年，生猪派购头重由50千克改为55千克，完成派购任务后多余部分允许集体、个人自由处理。1965年2月15日起，符合交售标准的生猪，每头奖售粮食（稻谷或大麦18.5千克、布票3市尺）。1966年2月1日起，改派购为计划收购。1971年，生猪白肉头重超35千克，每超500克，奖售饲料1千克。1980年，停止派购，生猪收购采用“按计划饲养、按计划上市、按计划供料”。1983年9月，收购计划外生猪，采取临时补贴，每头白肉重45千克～67.5千克，每500克白肉补贴0.18元，市、县交换各半。另奖布票2市尺，煤屑25千克。同年12月1日起，停止奖励布票。1985年，国家取消副食品派购制度，生猪实行合同定购与市场收购相结合的办法，是年收购生猪24.86万头。1989年1月，生猪收购随县食品公司划归奉贤县畜牧水产局。

2. **收购价格**　奉贤解放以后，对生猪收购价格作过多次调整。1951年起，实行除头出肉率定等级，肥膘加价办法，分六等18级，中心价三等3级，每50千克36.50元。1957年3月起，定等价格办法不变，改为六等不分级，中心价定位四等，收购价格每50千克39.70元。1959年6月，改为“毛重定等、毛斤计价”办法，分为五等，中心价定为三等，收购价格每50千克40.50元。1961年5月，实行优质优价，按肉膘肥瘦、食肚大小，分为五等，以50千克～65千克的四等猪为标准，收购价每50千克50.00元。1963年，改为毛重定等、出肉率定价、毛斤结算的办法，价格不动，等级差从1元～2元，扩大为1元～4元，起收标准改毛重50千克为55千克。1964年1月起，办法不变，价格不动，各等级猪出肉率提高1千克，中心出肉率为64%，起收标准改毛重55千克为连头白肉31千克。同年12月，价格不变，出肉率提高1.5千克，起收标准改为连头白肉35千克。1979年4月起，调高收购价格，以毛重65千克～75千克、出肉率71%的二等猪为标准，每50千克由54元提高到65元。1984年，生猪收购每50千克平均价为65元；1985年，调整为75.20元；1986年为81.64元，1987年为86.11元；1988年为104.58元。

1952～1988年奉贤县供销社生猪收购价格情况表

表7-2-1 单位：元/50千克

年　份	收购价	年　份	收购价	年　份	收购价
1952	32.50	1965	52.50	1977	52.50
1953	33.73	1966	52.50	1978	52.50
1954	33.05	1967	52.50	1979	62.71
1955	33.00	1968	52.50	1980	65.00
1956	33.45	1969	52.50	1981	65.00
1957	37.33	1970	52.50	1982	65.00
1958	38.00	1971	52.50	1983	65.00
1959	38.29	1972	52.50	1984	65.00
1960	38.50	1973	52.50	1985	75.20
1961	47.83	1974	52.50	1986	81.64
1962	52.50	1975	52.50	1987	86.11
1963	52.50	1976	52.50	1988	104.58
1964	52.50				

3. **收购情况** 1951年，奉贤县收购生猪1600头，1963年收购10.47万头，1979年收购42.09万头，创历史新高，1985年收购24.86万头。1986～1988年，全县收购生猪82.2万头，平均每年收购27.4万头。

1951～1985年奉贤县供销社生猪收购、调市情况表

表7-2-2

年　份	收购数（万头）	平均头重（公斤）	调市数（万头）	年　份	收购数（万头）	平均头重（公斤）	调市数（万头）
合计	619.60		307.13	1962	8.20	45.00	5.11
1951	0.16	55.50		1963	10.47	47.00	7.58
1952	1.14	65.00		1964	11.01	59.50	7.81
1953	2.34	60.00	0.42	1965	14.24		9.61
1954	8.04	65.50	2.87	1966	16.99	64.00	10.35
1955	3.25	62.00	0.58	1967	15.61	63.00	8.33
1956	4.52	63.00	1.92	1968	16.63	66.00	9.09
1957	6.37	54.00	2.60	1969	19.89	65.50	9.90
1958	3.71	46.00	2.16	1970	21.87	63.50	12.44
1959	5.42	44.00	4.47	1971	24.59	63.50	13.06
1960	6.40	28.00	3.23	1972	25.63	63.50	13.15
1961	3.97	42.00	2.68	1973	23.11	63.50	10.73

续表 7-2-2

年　份	收购数（万头）	平均头重（公斤）	调市数（万头）	年　份	收购数（万头）	平均头重（公斤）	调市数（万头）
1974	26.86	66.50	12.56	1980	31.51	73.50	15.78
1975	29.60	66.50	12.73	1981	30.32	81.50	12.47
1976	29.22	65.50	12.36	1982	34.92	82.00	17.74
1977	24.70	65.00	9.93	1983	33.37	81.50	13.16
1978	28.00	68.00	15.64	1984	30.59	80.50	9.88
1979	42.09	70.00	23.99	1985	24.86		12.80

三、肉禽收购

1. **收购方法**　1952 年，奉贤供销系统开始收购肉禽。1960 年，对肉禽实行计划收购，社员每户全年交售禽 2 羽～5 羽。市、县之间按比例分成：市 90%、县 5%、公社 5%；超过部分，公社加倍留成。1961 年，派购肉禽，集体购七留三，农户派购肉禽 3 羽。1962 年，购销站委托生产队与农户签订派购合同，每户派购禽 1 羽。交售禽金额每满 10 元，奖工业券 2 张，专用券 70 张，超售每满 10 元，减半奖励。1980 年，停止派购，改为计划收购。1989 年 1 月，肉禽收购随县食品公司划归奉贤县畜牧水产局。

2. **收购价格**　肉禽收购价格，以毛重计价、肥瘦分等。1952 年，活鸡收购价格每 500 克为 0.46 元，活鸭为 0.34 元。1956 年 11 月，收购 1.54 千克以上活鸡，每 500 克 0.70 元，2 千克以上活鸭每 500 克 0.56 元。经几次调整后，到 1981 年，1.5 千克以上的活鸡每 500 克 1.05 元，2 千克以上活鸭每 500 克 0.80 元。1985 年，收购 1.5 千克以上活鸡每 500 克为 1.50 元，2 千克以上活鸭每 500 克为 1.08 元。1988 年，活鸡调到 1.82 元，活鸭调到 1.50 元。

1952～1988 年奉贤县供销社肉禽收购价格情况表

表 7-2-3　　单位：元/500 克

年　份	鸡收购价	鸭收购价	年　份	鸡收购价	鸭收购价
1952	0.46	0.34	1962	1.00	0.80
1953	0.56	0.44	1963	0.95	0.77
1954	0.58	0.53	1964	0.85	0.67
1955	0.73	0.58	1967	0.85	0.58
1956	0.77	0.60	1971	0.85	0.58
1957	0.84	0.56	1972	0.89	0.58
1958	0.82	0.59	1973	0.90	0.58
1959	0.84	0.62	1975	0.90	0.58
1960	0.74	0.64	1978	0.90	0.59
1961	0.91	0.75	1979	1.01	0.75

续表 7-2-3　　单位：元/500克

年　份	鸡收购价	鸭收购价	年　份	鸡收购价	鸭收购价
1980	1.05	0.80	1984	1.50	1.08
1981	1.05	0.80	1985	1.50	1.08
1982	1.05	0.80	1986	1.50	1.08
1983	1.05	0.80	1988	1.82	1.50

3. **收购情况**　1952年，奉贤县收购肉禽2.53万羽。1975年收购29.13万羽。1984年收购20.76万羽。1985～1988年，全县累计收购禽52.15万羽，平均每年收购13.04万羽。

1952～1985年奉贤县供销社肉禽收购、调市情况表

表 7-2-4　　单位：万羽

年　份	收购数	调市数	直接进市数	年　份	收购数	调市数	直接进市数
合计	686.41	583.03	2128.76	1969	15.79	14.27	59.50
1952	2.53			1970	29.58	27.61	68.20
1953	0.54			1971	27.62	25.69	111.50
1954	1.74			1972	25.20	20.36	149.90
1955	5.51			1973	22.12	19.95	126.90
1956	1.85			1974	18.63	17.17	149.10
1957	9.22			1975	29.13	28.03	134.70
1958	2.99			1976	31.71	30.00	95.30
1959	8.01	7.16		1977	21.10	19.53	73.40
1960	28.59	27.84		1978	30.46	28.52	94.80
1961	18.07	16.98		1979	41.47	39.43	149.95
1962	22.70	21.51		1980	26.06	24.57	152.80
1963	27.83	27.16		1981	19.63	17.49	188.70
1964	19.31	16.71		1982	26.70	24.91	155.80
1965	20.08	19.19	0.30	1983	26.38	24.75	170.60
1966	27.84	25.57	19.80	1984	20.76	18.30	140.71
1967	19.35	17.28	38.40	1985	45.99	13.25	
1968	11.92	9.80	48.40				

四、禽蛋收购

1. **收购方法**　1960年，对禽蛋实行计划收购，社员每户全年交售禽蛋2千克～5千克。市、县之间按比例分成：市90%、县5%、公社5%。超过部分，公社加倍留成。超售鲜蛋500克，奖售250克饲料。1961年，禽蛋集体购七留三，农户派购蛋1.5千克。1962年，购销站委托生产队与农户签订派购合同，农户每年派购禽蛋1千克、交售鲜蛋每满10元，奖励工业券2张、专用券70张，超售每满10元，减半奖励。1970年，对集体饲养的蛋鸭，每只每年供应饲料30千克；次年，以蛋换料，收购500克鲜蛋，奖售饲料1.5千克。1980年，停止派购，禽蛋收购采用“按计划饲养、按计划上市、按计划供料”。

2. **收购价格**　1952年，鸡蛋收购价每500克为0.39元，鸭蛋为0.38元。1956年，鸡蛋收购价每500克为0.49元，鸭蛋收购价0.44元。1979年，鸭蛋每500克收购价0.81元，鸡蛋每500克0.89元。1985年鸡蛋每500克收购价1.11元，鸭蛋0.80元，1988年，鸡蛋收购价1.51元，鸭蛋1.35元。

1952～1988年奉贤县供销社禽蛋收购价格情况表

表7-2-5　单位：元/500克

年　份	鸡　蛋	鸭　蛋	年　份	鸡　蛋	鸭　蛋
1952	0.39	0.38	1964	0.78	0.75
1953	0.43	0.43	1965	0.76	0.70
1954	0.50	0.44	1966	0.71	0.69
1955	0.47	0.39	1967	0.72	0.70
1956	0.49	0.44	1972	0.72	0.70
1957	0.50	0.48	1979	0.89	0.81
1958	0.54	0.52	1980	0.94	0.85
1959	0.58	0.58	1983	0.94	0.85
1960	0.64	0.62	1985	1.11	0.80
1961	0.78	0.76	1986	1.18	0.92
1962	0.85	0.80	1987	1.18	0.92
1963	0.83	0.81	1988	1.51	1.35

3. **收购情况**　1951年，奉贤县收购禽蛋0.13吨，1960年收购207.70吨。1979年，全县收购鲜蛋突破2000吨。1985年收购2909.88吨。1986～1988年，全县副业生产发展较快，收购禽蛋累计15540余吨，平均每年收购5180吨。1989年1月，禽蛋收购业务，随食品公司划入县畜牧水产局。1978～1979年，连续两年获得国家商业部，全国供销合作总社颁发的禽蛋收购优胜奖。

1951～1985年奉贤县供销社禽蛋收购调市情况表

表7-2-6　单位：吨

年　份	收购量	调市量	年　份	收购量	调市量
合计	24463.36	17846.07	1957	80.70	
1951	0.13		1958	53.80	
1952	3.00		1959	66.95	36.40
1953	3.70		1960	207.70	145.90
1954	199.50		1961	140.40	105.90
1955	18.30		1962	213.80	176.05
1956	15.10		1963	310.00	286.70

续表 7-2-6　　单位：吨

年　份	收购量	调市量	年　份	收购量	调市量
1964	425.40	350.10	1975	382.10	239.20
1965	317.75	156.65	1976	452.90	333.60
1966	194.05	50.40	1977	606.05	436.70
1967	134.95	32.30	1978	1241.25	1009.25
1968	106.40	32.40	1979	2087.00	1626.50
1969	101.50	46.70	1980	2099.45	1648.35
1970	217.00		1981	2363.35	1856.10
1971	234.80	38.25	1982	2996.50	2542.30
1972	282.95	49.15	1983	2689.35	2180.55
1973	263.35	29.05	1984	2767.85	2170.35
1974	276.45	65.65	1985	2909.88	2201.57

五、羊　兔收购

1. **收购方法**　1956年，奉贤县供销社开始收购羊。1958年，开始收购肉兔。并对羊、兔实行派购。1961年，对羊、兔继续实行派购，集体购七留三，每个农户派购兔1.5只，羊按棚存量派购50%。同年5月，对羊按零售价格实行优惠收购。1962年，委托生产队与农户签订派购合同，同时实行综合换购，交售羊、兔，金额每满10元，发放工业券4张，专用券40张，超售金额每满10元，减半奖励工业券和专用券。

2. **收购情况**　1956年，奉贤县收购羊2983头。1958年，全县收购肉兔21000只；1962年收购肉兔345300只。1963年收购山羊19609头，1975年收购3066头。1981年收购肉兔32800只。1984年9月1日，停止收购肉兔。同年收购羊18头，1985年停止收购羊。

1956～1984年奉贤县供销社羊收购、调市情况表

表 7-2-7　　单位：头

年　份	收购量	调市量	年　份	收购量	调市量
合计	130446	72251	1965	5720	489
1956	2983		1966	5206	315
1957			1967	2313	
1958	2307		1968	1082	
1959	11929	8419	1969	1560	154
1960	11338	8498	1970	2603	258
1961	4340	3443	1971	4734	1462
1962	9990	7943	1972	4748	1982
1963	19609	16886	1973	4325	1819
1964	8083	1642	1974	3592	2167

续表 7-2-7　　单位：头

年　份	收购量	调市量	年　份	收购量	调市量
1975	3066	2072	1980	6690	4768
1976	2016	980	1981	1605	548
1977	565	15	1982	473	11
1978	449	367	1983	152	35
1979	8950	7978	1984	18	

六、水产收购

水产公司原属县畜牧水产局。1986 年划入县供销社。1986～1990 年，全县收购水产品 15300 余吨，平均每年收购 3060 吨。1985 年，上海市调整水产品购销政策，海水鱼类产品全部由生产者自行处理，淡水类鱼产品取消派购，改为合同定购。1994 年起，全部放开。

第三节　蔬菜收购

一、沿　革

1949 年奉贤解放初，南桥有兼营蔬菜地货行 11 家。1950 年，奉贤县国营商业和县供销社开始经营蔬菜购销业务。私营菜贩于 1951 年合并成联营组，批零兼营。1954 年，奉贤县大面积种植蔬菜，产品由供销社负责购销。1956 年，私营蔬菜商贩完成社会主义改造，组成合作商店或合作小组，此后，蔬菜销售业务纳入供销社商业范畴。同年，县供销社与上海市蔬菜公司挂钩，签订代购、代销协议。1958～1978 年，全县蔬菜销售业务，先后划入县食品经理部、县蔬菜公司、县饮食服务公司。1978 年 10 月，重建县蔬菜公司负责蔬菜购销业务，1985 年改由县副食品公司经营。1986 年，蔬菜由统购包销改为合同定购，江海乡南星种子场、庄行华严村及县农业局下属海滨良种场先后被列为合同定购蔬菜基地。80 年代后期起，随着市场放开，蔬菜合同定购逐年减少直至取消，县副食品公司的主渠道作用日趋萎缩。90 年代初，取消蔬菜合同定购。

奉贤县本地生产的蔬菜品种主要有青菜、萝卜、大白菜、卷心菜、冬瓜、莴笋、土豆、花菜、刀豆、豇豆、芋艿、茭白、蘑菇等。

二、收购政策

1. **收购价格**　解放后，奉贤县国营商业、供销社蔬菜收购价格，原则上随行就市。1959 年起，参照上海市蔬菜公司远郊价格，统一定价。另外实行保护价，政策性亏损补贴与价外补贴 3 种办法，保护菜农利益。保护价：蔬菜旺产季节，市场供过于求，凡在计划种植内的蔬菜，照常收购，仍执行远郊价格，县蔬菜公司每年承担价格损失1万元。1976年，蔬菜产销失调，大量过剩，返销大白菜、卷心菜355吨，县蔬菜公司承担价格损失35215元。政策性亏损补贴：1981年11月起，由县财政部门拨款补贴，旨在使奉贤蔬菜价格不高于市区。补贴范围是，凡市蔬菜公司规定对生产队有价外补贴的品种；凡市蔬菜公司价格通知中规定有购批零倒差的品种；凡用工多、用肥多，产值低、难管理的计划种植品种；计划内返销菜造成的削价损失。另外，对茨菇、红葱头、秋土豆、旱菠菜、火菜（指6月21日至9月20日期间生产的青菜、鸡毛菜、小白菜）、香葱、秋芹补贴200%；蒿菜补贴30%，荠菜、香菜补贴40%。1981年11～12月，补贴亏损5534元，1982年补贴192000元，1983年补贴109000元，1984年补贴51000元。

2. **奖励** 1961年2月起，县供销社与生产队签订青鲜苜蓿（俗名草头）、紫云英产购合同，规定每公顷上市3000千克～4500千克，奖励化肥45千克；并发放预购定金，苜蓿每50千克2.5元，紫云英每50千克2元。同年11月，以鼓励生产队插种蔬菜，规定交售蔬菜50千克，奖售化肥500克。同时规定，凡收购畜牧场种植的蔬菜，除实行蔬菜收购价格外，还换售饲料，饲料价格按零售价，收购青菜或萝卜2.5千克，换售大麦或荞麦500克；青菜或萝卜1.5千克，换售麸皮或糠饼1千克。1978年，收购花色菜奖售化肥，以50千克为基数，芋艿、土豆各奖1千克、茭白奖售2千克、花菜奖售5千克、茨菇奖售3千克、蒜头生姜各奖售2千克、韭菜奖售5千克。1980年，受自然灾害影响，减产减收。9月实行超比例奖励，奖金自当年初至翌年11月止。具体规定：计划面积蔬菜全部交售县公司者，其中10%产量由生产队自行安排，交售95%奖励5%，交售不满90%倒扣5%。另外，对6月21日至9月20日上市的小白菜、鸡毛菜奖励40%。是年1～11月，共发放奖励金12291元。

三、收购情况

1. **蔬菜收购** 1955年，奉贤县收购蔬菜55.90吨，1961年收购10669吨，1972年收购7461吨，1985年收购5519吨。90年代初，停止蔬菜收购。

1955～1985年奉贤县供销社蔬菜收购情况表

表7-3-1 单位：吨

年　份	收购量	年　份	收购量	年　份	收购量
合计	197531.25	1967	3144.70	1977	10362.10
1955	55.90	1968	5369.95	1978	14451.50
1956	5500.00	1969	4789.55	1979	10826.20
1960	8455.00	1970	4967.00	1980	7827.45
1961	10669.00	1971	6369.30	1981	8147.45
1962	9106.00	1972	7461.25	1982	10505.85
1963	10008.20	1973	9711.05	1983	6972.70
1964	3646.35	1974	8308.70	1984	7228.15
1965	3793.55	1975	8853.20	1985	5519.00
1966	3989.20	1976	7011.95		

2. **蘑菇收购**　1978年，奉贤县开始收购蘑菇，同年收购39.85吨。1984年，收购788吨。90年代初，蔬菜市场放开，停止收购蘑菇，菇农自产自销。

1978～1984年奉贤县供销社蘑菇收购情况表

表7-3-2

年　份	收购量（吨）	收购金额（万元）	年　份	收购量（吨）	收购金额（万元）
合计	4524.20	1062.87	1981	1007.05	219.39
1978	39.85	8.26	1982	716.20	151.83
1979	511.80	117.93	1983	158.25	96.28
1980	1303.05	298.11	1984	788.00	171.07

3. **榨菜收购**　1970年，奉贤县试种植榨菜。1971年，收购榨菜368.9吨。1972年，收购1381.15吨。1979年，收购2406.4吨。1983年，集市贸易开放，外地成品榨菜大量输入，本地榨菜生产受到冲击，此后榨菜种植面积逐渐减少，收购量随之减少而停止榨菜收购。

第四节　瓜果收购

一、沿　革

奉贤县解放初，瓜果购销业务仍由私商经营至社会主义工商业改造。1955年，县供销社开始收购甜瓜。1959年始，收购西瓜。1964年起，收购桃子。1971年始，收购生梨。1981年，瓜果收购金额达229.90万元。县产西瓜调市工作由县公司组织业务，委托基层社代为收购，付给手续费。县产水果调市原由县果品公司代购，1977年，改由县果品公司和基层供销社组织业务、生产单位直接运市。80年代中期，供销社停止收购瓜果，改由基层供销社中介推销。奉贤县生产的瓜果品种主要有西瓜、水蜜桃、生梨和甜瓜等。

二、收购政策

1. **收购价格**　瓜果收购价格由市果品公司统一制订。历年来以第一期每50千克收购价为标准，后随旺季淡季上下浮动。

1967～1984年奉贤县供销社瓜果收购价格情况表

表7-4-1　　单位：元/50千克

瓜果名称	1967年	1968年	1971年	1978年	1980年	1981年	1982年	1983年	1984年
解放西瓜	4.80	5.20	5.80	5.40	7.40	9.50	7.60	8.50	12.80
一级玉露桃	19.00	16.00	16.00	18.50	20.50	20.50	22.00	25.00	30.00
海东青甜瓜		5.60		7.70	8.40	9.50			
一级蜜梨		20.50	20.50	20.50	20.50	20.50	20.50	20.50	25.00
早熟西瓜					12.00	16.00			

2. **奖励政策** 1978年，市公司对西瓜产量高、调市多的生产队给予现金奖励。每公顷调市75吨以上，每公顷奖525元；63.75吨以上，每公顷奖375元；60吨以上，每公顷奖225元。1981年，西瓜超过调市计划，以县为单位，每超50千克，补价1元。

三、收购情况

1955年，奉贤县收购甜瓜6.40吨。1960年，各类水果收购金额25.49万元，1971年，收购金额19.56万元。1982年，县供销社系统收购西瓜调市达42126吨。1984年收购金额110.32万元。1985年，因收购工作量大、损耗多和瓜农可直接去市区销售西瓜等因素，供销社停止收购西瓜业务。

1955～1984年奉贤县供销社瓜果收购情况表

表7-4-2

年份	收购金额（万元）	收购量（吨）			
		西瓜	甜瓜	桃子	生梨
1955			6.40		
1956			27.65		
1957	3.74				
1958	4.35				
1959	28.21	640.00			
1960	25.49	762.40			
1961	23.21	415.10			
1962	20.99	256.10	1041.70		
1963		95.70	870.80		
1964	18.19	85.50	471.55	237.20	
1965	8.18	91.95		141.45	
1966	10.02	36.10		111.35	
1967	10.02	193.50		183.85	
1968	10.84	388.95		419.25	
1969	11.72	141.35		444.90	
1971	19.56	345.75	164.25	457.10	68.20
1972	19.30	1162.55	265.75	388.45	135.55
1973	15.17	653.25	116.25	152.75	50.05
1974	24.65	339.50	55.25	698.50	170.05
1975	12.13	393.35	104.40	170.70	73.70
1976	43.68	3520.80	43.35	252.70	130.95
1977	93.06	8007.60	58.45	329.70	141.40
1978	126.41	11518.75	161.30	322.65	208.65
1979	118.26	9637.05	111.50	392.55	318.80
1980	151.91	8482.15	68.35	135.00	95.90

续表 7-4-2

年 份	收购金额（万元）	收购量（吨）			
		西 瓜	甜 瓜	桃 子	生 梨
1981	230.90	6930.95	28.00	23.10	57.75
1982	751.01	42126.35		77.95	49.25
1983	135.78	3852.25		39.70	1.40
1984	110.32	8146.50	35.65	29.55	78.90

第五节 中药材收购

一、沿 革

1955年，县供销社开始收购中药材，由各基层供销社药店兼营收购。收购品种麦冬、蒲公英、地丁草、地鳖虫等10余个。1956年，增加收购益母草、野佩兰、蚂蝗、蛇壳、龟板等10余品种。1962年，开始收购地龙干。1968年起，收购蚌珠。1971年，奉贤县中药材收购居郊区首位，占药材收购金额的30%。1978年，开始收购灵芝；1979年收购白木耳。1982年，停止收购白木耳。1983年，县医药公司被推荐为国家医药总局药材生产联络点。1984年，全县中药材收购品种160余个。1985年，停止收购灵芝和蚌珠。1986年，药材收购由上海古华医药药材（集团）公司经营。主要品种有地龙干、地鳖虫、灵芝、蚌珠等。后收购业务逐渐减少。

二、收购价格

地龙干：1974～1980年，每500克收购价格1.60元；1981～1984年，收购价格每500克1.00元。

灵芝：1981年每500克收购价22元，1982年调为18元，1983年调至15元。

蚌珠：1974年每500克收购价1300元；1975年调为1000元。

70年代，县医药公司收购地龙（蚯蚓）干

三、收购情况

随着农村医药事业发展，尤其60～70年代群众性种植中草药和特种养殖，中药材收购量不断增加。1982年收购量达到高峰，收购金额210.26万元。

县供销社中药切片加工场一角

1955～1984年奉贤县供销社中药材收购情况表（一）

表7-5-1　　单位：万元

年　份	金　额	年　份	金　额	年　份	金　额
合计	1394.44	1965	3.22	1976	105.38
1955	0.05	1966	2.43	1977	93.97
1956	1.69	1967	2.01	1978	84.04
1957	1.58	1968	2.96	1979	46.61
1958	0.30	1969	29.67	1980	56.97
1959	3.86	1970	12.51	1981	134.22
1960	3.22	1971	21.73	1982	210.26
1961	6.17	1972	30.58	1983	129.15
1962	1.39	1973	66.36	1984	130.63
1963	2.78	1974	97.95		
1964	3.48	1975	109.27		

1969～1984年奉贤县供销社中药材收购情况表（二）

表7-5-2　　单位：吨

年　份	地龙干	地鳖虫	灵　芝	白木耳	蚌　珠
合计	1047.50	21.70	49.23	1.46	0.27
1969	45.00				
1974	200.00				
1979				1.21	
1980		1.30			
1981	50.00	3.25	19.02	0.25	0.25
1982	364.15	10.30	29.66		
1983	128.00	5.15	0.55		
1984	260.35	1.70			0.02

第六节 土产 畜产品收购

一、沿 革

1951年9月，县联社成立采购股，开始组织收购红花草籽，是年收购36.75吨。1954年收购土布（农民自纺自织），至1955年共收购土布25000余米。1956年，增加收购高粱扫帚、蒲包、芦花、蒲绒、天花粉等27个品种。1958年4月，建立土产废品经理部，后与农产品采购经理部合并组建农副产品经理部。1966年，恢复建立土产废品经理部，1972年改称县土副产品公司，基层供销社建立土副产品收购站。1980年红花草籽收购业务划归县农业局。土产品有蜂蜜、芦花、草绳、草片、杞柳、种草织席。畜产品有兔毛、肠衣等。

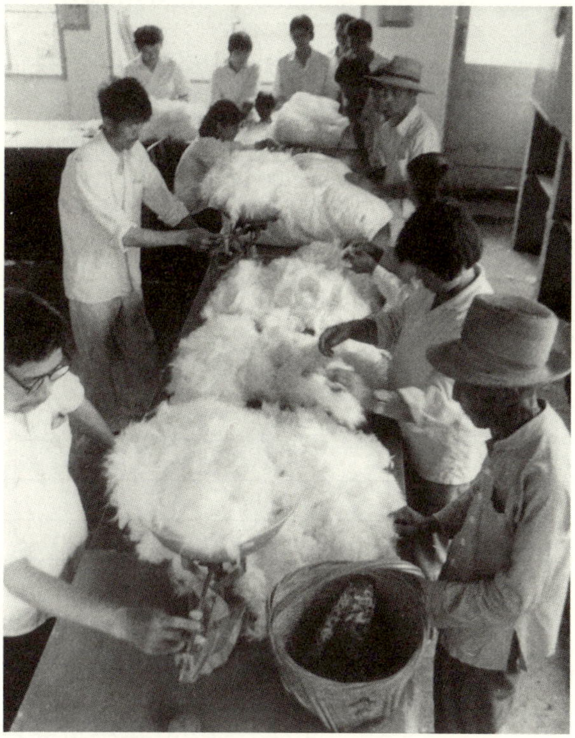

80年代中期，供销社收购兔毛现场

二、土副产品收购

1955年，奉贤县土副产品收购金额10.04万元，1965年收购额121万元，1984年收购金额173.09万元。

1955～1984年奉贤县供销社土副产品收购情况表

表7-6-1

单位：万元

年 份	收购额	年 份	收购额	年 份	收购额
合计	3697.72	1965	121.00	1976	174.63
1955	10.04	1966	101.03	1977	239.91
1956	12.41	1967	118.77	1978	198.47
1957	16.17	1968	131.70	1979	196.49
1958	28.74	1969	106.70	1980	281.57
1959	39.89	1970	113.11	1981	223.32
1960	57.34	1971	162.60	1982	151.88
1961	56.67	1972	145.86	1983	202.58
1962	34.28	1973	146.24	1984	173.09
1963	30.15	1974	189.11		
1964	90.74	1975	143.23		

1. **蜂蜜收购** 1956 年，奉贤养蜂业发展，县供销社组织收购蜂蜜 98.55 吨，1967 年收购 187.60 吨。1980 年后，农村实行产业结构调整和市场开放，收购量减少。1984 年仅收购 51.20 吨。1985 年起养蜂业以自产自销为主，供销社停止收购业务。

1956～1984 年奉贤县供销社蜂蜜收购情况表

表 7-6-2 单位：吨

年 份	收购量	年 份	收购量	年 份	收购量
合计	2545.40	1965	101.20	1975	11.45
1956	98.55	1966	120.40	1976	83.40
1957	68.30	1967	187.60	1977	85.95
1958	57.70	1968	186.85	1978	192.00
1959	9.00	1969	154.00	1979	107.65
1960	26.30	1970	40.10	1980	90.85
1961	20.50	1971	220.55	1981	143.10
1962	24.90	1972	113.90	1982	100.85
1963	18.90	1973	25.55	1983	37.55
1964	16.95	1974	150.15	1984	51.20

2. **草席收购** 60 年代末，奉贤部分社队发展草席生产，县供销社开始经营草席业务。80 年代初停止生产与收购。

1972～1980 年奉贤县供销社草席收购情况表

表 7-6-3 单位：条

年 份	收购量	年 份	收购量	年 份	收购量
合计	37542	1975	3812	1979	3243
1972	755	1976	1648	1980	80
1973	8644	1977	4992		
1974	8890	1978	5478		

3. **草绳收购** 解放初，草绳收购量不多。1958 年，南桥镇建立草绳厂，由县供销社农副产品经理部收购成品。由于农村改种矮秆稻，原料不足和加工草绳效益不高，于 1964 年停产。1965 年，县土产经理部分在齐贤和新寺开办 2 家草绳（机制）厂，年收购 360 吨。1966 年起，土产经理部先后在胡桥、邬桥、庄行、钱桥等地组织 6 号机绳加工厂，最多一年收购草绳 1500 吨。1980 年后，由于销路不畅，年收购量停滞在 500 吨左右。

4. **草片收购** 解放初，四团乡五墩、新桥一带农户利用茅草加工成草片，直接运销给上海协兴打包作坊。1965 年起，改用稻草加工成 1.05 平方米的草片，由县土产经理部收购调市，当时年收购量近 10 万张。此后，随着草片需求量的不断增加，草片加工向西部发展。1975 年，全县收购草片 400 万张，每张收购价 0.13 元，收购金额52万元。1977年收购988万张。1978年后，由于产销直接交易，收购量下降。1981年收购303万张。1982年后，停止草片收购。

5. **芦花（扫帚）收购** 1956年，开始收购芦花，当年收购芦花22.5吨。1973年收购芦花160余吨。1970年起，四团的新桥、五墩开始加工芦花扫帚。到1975年已有四团、平安、塘外、钱桥、奉城、头桥等地的14个大队加工芦花扫帚，平均年加工40万把，均由县土副产品公司收购调市。其中1973年收购芦花扫帚642000把。1979年后，根据市公司下达计划收购。1980年后，停止芦花（扫帚）收购。

6. **杞柳种植及加工** 60年代中期，奉贤部分农民发展柳条箱（筐）产品业务，县供销社协助农民购售而组织收购。1970年，县土产废品经理部从河北省清河县、安徽颍上县引进杞柳种条，首次利用滩涂、杂边地种植；同年，又从江苏、安徽等地采购柳条，组织加工柳条箱、筐等。1973年，柳条种植面积6.67公顷，产柳条190余吨。1979年，建立柳条加工场11个，加工柳条箱86527只。1984年，柳条种植面积17.33公顷，加工柳条箱20000只。1985年，停止柳条箱加工及收购。

1970～1984年奉贤县供销社加工柳条箱情况表

表7-6-4

年份	工场数	加工人数	种植杞柳		外采加工		产值（万元）	节约木材（立方米）	增加社员收入（万元）
			面积（公顷）	产量（吨）	柳条（吨）	柳条箱（只）			
合计	40	465	162.09	775.50	12568.45	892654	166.82	22296	27.19
1970～1978					3154.70	594483	116.42	14862	5.42
1979	11	160	26.13	224.25	810.00	86527	13.68	2143	6.50
1980	7	94	66.00	130.00	246.75	55273	9.92	1382	4.10
1981	4	46	18.00	140.70	162.00	44423	6.93	1110	3.30
1982	6	55	17.33	50.00		51785	9.17	1295	3.80
1983	6	55	17.33	139.70		40163	6.30	1004	2.67
1984	6	55	17.30	90.85	8195.00	20000	4.40	500	1.40

三、畜产品收购

1. **收购总量** 奉贤供销社收购的畜产品以兔毛、肠衣为主。1956年，奉贤县畜产品收购金额6.01万元，1968年收购金额10.28万元。1984年收购金额402.36万元。80年代中期后，由于收购多元化与市场变化，供销社基本停止收购。

1956～1984年奉贤县供销社畜产品收购情况表

表7-6-5 单位：万元

年　份	收购额	年　份	收购额	年　份	收购额
合计	2128.60	1966	9.29	1976	25.25
1956	6.01	1967	9.63	1977	22.27
1957	6.15	1968	10.28	1978	27.37
1958	9.32	1969	10.05	1979	63.10
1959	9.50	1971	16.68	1980	127.33
1960	11.43	1972	17.87	1981	289.18
1962	11.02	1973	18.51	1982	589.10
1963	10.31	1974	23.07	1983	370.69
1964	8.80	1975	24.03	1984	402.36

2. **兔毛收购**　1956年，奉贤地区养兔业发展，全县收购兔毛30.5千克，1972年收购1350千克。70年代末至80年代初全县毛兔养殖达到高峰。1984年收购77774.5千克。1986年后由于出口等市场原因逐年减少而停止收购。

1956～1984年奉贤县供销社兔毛收购情况表

表7-6-6 单位：千克

年　份	收购量	年　份	收购量	年　份	收购量
合计	469597.50	1972	1350.00	1979	13986.50
1956	30.50	1973	2450.00	1980	26928.00
1958	900.00	1974	4500.00	1981	66570.00
1959	1450.00	1975	5700.00	1982	146800.00
1963	1100.00	1976	5550.00	1983	102550.00
1964	242.00	1977	4550.00	1984	77774.50
1971	750.00	1978	6416.00		

3. **肠衣收购**　1955年，奉贤县收购肠衣1.76万根，1969年收购2.6万根，1977年收购19.3万根，1984年收购18.1万根。

1955～1984年奉贤县供销社肠衣收购情况表

表7-6-7 单位：万根

年　份	收购量	年　份	收购量	年　份	收购量
合计	189.67	1970	2.30	1978	10.20
1955	1.76	1971	7.00	1979	13.80
1956	1.76	1972	7.60	1980	14.20
1957	0.75	1973	8.70	1981	15.20
1966	1.00	1974	8.40	1982	15.85
1967	2.00	1975	10.10	1983	16.35
1968	2.50	1976	10.20	1984	18.10
1969	2.60	1977	19.30		

第七节 废品收购

一、沿 革

解放前，奉贤地区工业不发达，工厂废料不多，全县仅有5家糖坊兼营收购，另有40副～50副换糖担，串街走乡，用斩白糖（麦芽糖）换取废旧物资，有的转卖给当地的糖坊，有的打包直接送往苏州。

2012年，位于人民中路283号的奉贤区废品回收保洁服务社

1950年10月，松江县土产公司在南桥设营业所，收购土产、废品。1952年9月，奉贤县供销社开始收购废品。16个基层供销社设立综合收购站。1954年，全县各类废品收购均由供销社经营。1958年4月，建立土产废品经理部，后改称农副产品经理部。1972年11月，改称为县土副产品公司，基层供销社设立土副产品收购站。1984年10月，改称县农副产品公司。1991年12月改称县物资回收利用公司。

1999年9月，改称上海奉贤县物资回收利用有限公司。2004年4月，成立奉贤帮业居民废品回收服务社。2007年7月，该社加盟上海新锦华废品交投网络中心，实行在线收废。2011年，电子废弃物列入收购范围。

二、收购政策及品种

50～80年代，奉贤县废旧物资回收，由县供销社专业公司独家经营。专业公司每年下达收购计划，基层供销社废品收购站回收。其中废旧钢材、废旧有色金属和造纸原料由上海市废旧物资回收利用公司下达指导性计划。国家对回收市场实行严格管理，废旧黑色、有色金属和造纸原料回收，必须持公安部门颁发的特种行业许可证。对非法经营的单位和个人，国家明令禁止，陆路、水路设卡查堵，严禁私装偷运外流。1992年起，废旧物资回收市场逐步放开，外来个体户活跃于城乡，直接上门收购，县物资回收利用公司的主渠道功能淡化，废旧物资回收量逐年下降。1996年起，市、县两级专业公司不再下达指导性计划，实行市场化经营。生产性废旧物资即有色金属和废旧钢铁的回收，仍需持有公安部门颁发的特种行业许可证方可经营，生活性的废旧物资即书报杂志、塑料等基本放开。2003～2004年，上海市人民政府规范废旧物资回收行业经营，在奉贤区投资196万元，改建新建28个废品交投站。

50～80年代，收购废旧物资主要有废旧黑色、有色金属、书报杂志、塑料、旧棉、旧布、废橡胶、玻璃等。90年代，主要回收废钢材、有色金属和造纸原料。21世纪初，旧家用电器纳入回收渠道。2011年1月，根据奉贤区人民政府关于《奉贤区机关、事业单位电子废弃物回收管理暂行办法》的通知精神，同年2月，区经委委托奉贤区供销社投资企业上海载盛物资有限公司为奉贤区机关事业单位电子废弃物回收企业。当年，与144家企事业单位签订电子废弃物回收协议。

三、收购情况

1952年，收购废铜4.45吨。1962年，收购铜4吨、钢铁208吨。1980年收购铜70吨，钢铁14937吨。1985年收购废旧钢铁19323吨，有色金属130吨，废纸3497吨。1996年，收购有色金属131吨，废纸754吨。1997年起，收购量不再统计。

2011年，收购电脑主机及显示屏1366件，电视机、空调等201件，帮助处理油墨盒5283件，其他电器4706千克。2012年，与191家企事业单位签约，收购电脑主机及显示屏2638件；电视机、空调、冰箱等443件；其他电器9505千克，处理油墨盒425件。

1951～1984年奉贤县供销社废品收购情况表（一）

表7-7-1　　　　单位：万元

年　份	收购额	年　份	收购额	年　份	收购额
总额	70401.00	1962	749.00	1974	2428.00
1951	70.00	1963	675.00	1975	2652.00
1952	159.00	1964	218.00	1976	2604.00
1953	341.00	1965	1431.00	1977	2614.00
1954	764.00	1966	1500.00	1978	3286.00
1955	513.00	1967	1439.00	1979	5259.00
1956	805.00	1968	1593.00	1980	4861.00
1957	557.00	1969	1834.00	1981	5222.00
1958	587.00	1970	1702.00	1982	6798.00
1959	480.00	1971	1897.00	1983	6027.00
1960	480.00	1972	2317.00	1984	5892.00
1961	562.00	1973	2085.00		

1952～1985 年奉贤县供销社废金属收购情况表（二）

表 7-7-2

年 份	收购额（万元）	其中		年 份	收购额（万元）	其中	
		铜（吨）	铁（吨）			铜（吨）	铁（吨）
合计	2345.52	1192.65	187682	1969	46.10	11.00	2544.00
1952	0.45	4.45		1970	49.32	11.00	2712.00
1953	0.57	4.30	1.00	1971	53.20	10.00	2375.00
1954	9.98	29.85	59.00	1972	99.73	9.00	3256.00
1955	19.85	62.75	77.00	1973	65.39	12.00	5292.00
1956	10.11	22.30	297.00	1974	68.30	16.00	6278.00
1957	32.98	18.00	448.00	1975	74.79	16.00	7236.00
1958	89.63	290.00	1539.00	1976	80.73	15.00	7826.00
1959	27.49	14.00	336.00	1977	96.73	22.00	9873.00
1960	26.67	7.00	736.00	1978	157.10	34.00	13149.00
1961	22.63	4.00	391.00	1979	154.00	48.00	13761.00
1962	18.58	4.00	208.00	1980	158.53	70.00	14937.00
1963	20.77		349.00	1981	189.92	98.00	13080.00
1964	17.85		625.00	1982	187.24	18.00	17227.00
1965	22.00	4.00	980.00	1983	203.22	84.00	18881.00
1966	37.81	26.00	1060.00	1984	236.47	74.00	20353.00
1967	34.91	16.00	1301.00	1985		130.00	19323.00
1968	32.47	8.00	1172.00				

注：1986～2012 年，废品收购量，由于资料缺失而无法统计。

奉贤区可章废品交投站（青村镇唐家村 141 号）

第八章 销 售

奉贤县供销合作总社筹备处（合作总社）、基层供销合作社相继成立后，承担以农村为重点的生产、生活资料销售职能，成为计划经济时期全县商品流通、紧俏工业品凭票供应的主渠道。50～90年代，全县供销企业通过经营批发、零售业务，对私营工商业者进行社会主义改造，成立商品销售的合作经济组织、创办农村下伸店、建立农村代购代销店、举办城乡物资交流会、组织干部职工送货下乡销售等形式，扩大商品销售渠道。90年代后，县供销社、基层供销社为适应商品市场销售需要，先后建立大卖场、超市、连锁店、便利店，逐渐形成商品销售网络。销售商品由日常生产、生活必需的温饱型不断向时尚型、小康型发展。生产、生活资料销售随农村经济发展、人民生活水平提高而增加。

生活资料方面，1952年，全县销售棉布仅25万米，1964年达到142万米，销售毛线超过1万千克。1970年，收音机销售1.2万台。1974年自行车销售量超5000辆。1983年销售化纤布10万米，参茸销售额114万元。1984年销售缝纫机突破1万架。1992年销售照相机过千架。至1993年，全县供销系统先后召开27次大型商品展销会，实现销售额2.08亿元。1997年，全县黄金饰品销售额为4000万元、销售彩电万余台、空调4000余台，成为供销系统商品销售黄金时期。生产资料方面（不包括农业生产资料），1965年销售煤炭21957吨、汽油132吨。1984年销售煤炭突破10万吨、汽油5600余吨。1995年煤炭销售增加到27.48万吨。1998年，集体商业企业逐步退出商品经营，不断深化企业改革，实行资产经营。

第一节 批发 零售

一、棉布 百货

1. 沿革 1949年初，奉贤全县有绸布店37家、华洋百货78家、寄卖店4家。1950年10月，中国百货公司江苏省公司松江专区支公司在南桥设立营业所，批发零售兼营。1954年9月，棉布购销业务纳入国家计划，私营绸布店转业，棉布商店从南桥营业所划出，另建中国花纱布公司江苏省奉贤县公司，专营批发零售。后改称为奉贤纺织公司。

1956年4月，南桥营业所改称为奉贤县百货公司，专营批发。下设奉城、新寺两个批发分部。奉城批发分部批发平安、四团、头桥等供销社及合作商店和农村下伸店；新寺批发分部批发胡桥、法华、柘林、新寺、道院等供销社和合作商店。同年，商品有针织、百货、土产、五金、西药、糖糕、鞋帽、文化用品等共3000余种。同年，划出西药、糖糕、五金商品，另建专业公司。1958年上半年，奉贤县百货公司与奉贤县花纱布公司及南桥供销部所属棉布、百货零售商店合并，组建为奉贤县日用杂品经理部，以批发为主、兼营零售。1959年，县日用杂品经理部改称为奉贤县百货经理部，并撤销奉城、新寺两个批发分部。经营商品大类有纺织、针织、百货服装、鞋帽等。1960年，县百货经理部改称县百货公司。1961年10月，县百货公司专营批发，划出零售业务另建南桥综合贸易公司。1964年南桥综合贸易公司改建为奉贤县纺织公司，经营棉布批发及南桥地区棉布店。1965年2月，上海市百货公司、上海市纺织品公司在奉贤设两级批下伸机构，县百货纺织品批发业务与市两级批下伸机构合并，兼营南桥棉布、百货零售。1966年4月，市批发公司下伸机构撤销。同年，县百货公司经营百货、纺织、服装鞋帽、文化用品等大类商品。1974年5月，县百货公司兼营劳动防护用品，南桥设立劳动防护用品商店。1983年1月，县百货公司专营批发，划出零售业务，组建南桥百货商店（后改称南桥百货公司）。1984年，奉贤全县有棉布店75家、百货店45家。批发大类商品有：纺织品、针织品、百货、服装、鞋帽、文化用品、劳防用品等7个；其规格7200余种；零售商品7025种。1987年3月，南桥百货公司撤销并入县百货公司，同时，划出百货公司的纺织品批发部和南桥百货公司的棉布门市部，组建成立县针纺织品公司，经营针纺织品的批发和零售。1992年8月，成立奉贤县百货总公司，分别有百货公司、针纺织品公司、服装鞋帽公司和鸿雁商场经营百货商品。同年12月，成立精品商场，亦经营百货商品。1994年2月，县百货总公司撤销，恢复由县百货公司、县针纺织品公司、县服装鞋帽公司和鸿雁商场独立经营的局面。1996年12月和1999年9月，金叶商厦和金叶大卖场相继开业并兼营百货商品。随着市场开放，专业公司的职能逐渐减退，随人民生活水平提高，零售市场也发生变化，曾一度俏销的毛线，因羊毛衫、羊绒衫流行而日趋萎缩，销量从1985年的135吨跌至1999年的3吨。同时，化妆品从单纯护肤、护发发展成系列美容品，销售额从1996年的1332万元，2001年上升至2498万元；黄金饰品也成主要销售品，从1985年的146万元，升至2001年的1227万元。1999年，百货公司停止批发零售业务。2001年1月，县百货公司停业清理后，退出商品经营。

2. **经营方式** 1950～1953年，经营品种庞杂，无专业特色。1954年棉布实行计划供应，按人定量发放购布票，凭票供应棉布、棉制品。1955年，台钟、手表、缝纫机在国营百货商店上柜供应。1959～1961年国民经济困难时期，对一些日用工业品实行凭票、证供应。发放“日用工业品购货券”、“纺织品专用券”和“居民日用工业品购买证”。化纤布凭“纺织品专用券”供应；棉布、棉织品等凭布票供应，搪瓷面盒、搪瓷痰盂凭证记数供应，胶鞋、肥皂等是凭证记数，后改凭证记数限量供应。手表、缝纫机凭县发专用票供应，1961年实行敞开高价供应。1969年12月，肥皂、洗衣粉、毛巾、鞋子、铝制品、热水瓶、布伞、呢绒、绸缎及绸缎被面等商品，凭新发“日用工业品购买证”记数不定量供应。1977年1月，免证敞开供应，1981

年，除肥皂、缝纫机凭票供应外，其余商品敞开供应。1983年12月1日，棉布、棉织品等取消凭票，敞开供应。1991年1月起，家用缝纫机取消凭票购买，实行敞开供应。

80年代南桥集贸市场

3. **销售情况**　1952年，奉贤县销售棉布25万米，热水瓶600只，胶鞋1900双。随着我国经济发展，人民生活用品日益增加。1960年销售棉布228万米、毛线7564千克、热水瓶43700只、胶鞋121600双、家用缝纫机240架、手表36块。1984年，销售棉布128万米、毛线93483千克、缝纫机11890架、手表19534块。1998年，销售毛线53000千克、羊毛衫94000件、缝纫机280架、手表15900块、照相机1425架、化妆品销售额1632万元、金饰品销售3232万元。1999年起，鸿雁商场、精品商场、县百货公司等供销系统经营百货服装企业相继退出商品经营。2006年，金叶大卖场停业改建。2012年初，金叶商厦停业装修。

90年代末古华商城小商品市场

1952～1984年奉贤县供销社部分百货商品销售情况表（一）

表8-1-1

年　份	棉布（万米）	化纤布（百米）	棉毛衫裤(百件)	卫生衫裤（百件）	床褥单（百条）	纱线袜（百双）	毛巾（百条）	汗衫背心(百件)	毛线（千克）
1952	25			25		99	27		
1953	47			51		248	94		
1954	79		137	175	8	761	285	57	4543
1955	145		231	337	8	2437	817	91	6252
1956	184			325	7	2390	1017		8868
1957	141		78	183		2044	792	88	3038
1958	193			776		2797	1491		
1959	253		237	626	1196	2512	1448	538	7592
1960	228		256	698	4024	5873	4300	1233	7564
1961	74		127	209	2127	1814	1244	165	4649
1962	67		38	83	5308	638	824	176	8714
1963	82		179	650	8399	2155	1512	326	7215
1964	142		99	473	5355	1355	2180	397	10964
1965	202	291	144	807	103	2188	1387	589	13733
1966	229	1213	212	704	84	2354	1647	656	17266
1967	231	1083	201	618	142	2468	3411	722	31445
1968	161	1675	219	526	83	2041	3239	605	24081
1969	210	1939	199	575	108	2486	3976	688	40393
1970	236	1600	282	651	88	2122	4051	645	45268
1971	200	1932	317	421	86	2296	3592	713	25754
1972	243	1947	435	473	88	2074	3525	1003	30339
1973	246	2875	659	425	106	1841	4067	1003	33449
1974	276	2461	896	423	162	2268	4458	1362	37829
1975	250	3346	1214	345	273	1771	7694	1478	43305
1976	252	4714	1330	283	287	1745	4808	1517	49000
1977	229	4416	1412	240	312	1684	7009	1406	41857
1978	222	5421	1656	187	335	1792	5554	1539	61731
1979	232	6569	2439	144	364	1473	6757	2101	70117
1980	203	6145	2428	85	426	1162	7040	2023	71933
1981	204	7049	2248	59	754	1105	7940	1981	66148
1982	181	7912	1951	32	720	827	8107	2064	59216
1983	188	10324	2240	11	897	591	7939	1977	61836
1984	128	11300	3713	9	664	515	1111	2234	93483

1952～1984年奉贤县供销社部分百货商品销售情况表（二）

表8-1-2

年份	搪瓷面盆（百只）	暖水瓶（百只）	胶鞋（百双）	缝纫机（架）	钟（只）	手表（块）	火柴（百件）	肥皂（百箱）	机制纸（吨）
1952		6	19				18	12	117.00
1953		18	74				20	15	290.00
1954	31	108	262	22			42	35	618.00
1955	61	140	682	4			26	51	630.00
1956	39	109	465	32	106	38	53	45	88.00
1957		113	406				9	50	83.00
1958		124	732				66	62	141.00
1959	107	263	586	199	1334	124	70	102	128.00
1960	277	437	1216	240	1859	36	78	128	156.00
1961	301	462	1353	409	4781	489	87	109	56.00
1962	72	153	197	236	2463	704	57	20	103.00
1963	39	91	416	57	766	318	63	37	132.00
1964	52	162	645	69	1208	290	67	46	
1965	79	199	994	155	2586	905	65	70	
1966	131	228	1069	308	3954	3000	70	80	
1967	98	264	1005	597		3837	91	125	
1968	133	245	988	655		2182	75	149	
1969	148	357	1643	1047		5806	85	187	
1970	133	454	1296	789	2689	5479	89	235	
1971	139	475	986	1516	4663	4120	91	158	
1972	167	535	932	2473	6248	6505	78	180	
1973	176	572	1933	2783	7675	13931	81	193	
1974	203	686	1960	3207	7418	16915	90	227	
1975	208	852	2044	4458	7165	18024	104	341	
1976	199	684	1845	4404	6304	6239	112	358	300.00
1977	209	675	1827	6582	6868	24315	136	418	252.00
1978	213	885	1683	6354	7704	26573	130	381	275.00
1979	302	795	1988	6466	7156	33341	124	355	342.00
1980	227	732	2068	6161	6309	32471	117	258	390.00
1981	219	811	1803	7668	8241	30827	131	200	497.00
1982	176	735	1765	7668	1777	16347	133	179	526.00
1983	177	761	2010	8799	6880	12672	155	167	599.00
1984	239	980	6899	11890	6615	19534	155	238	794.00

1985～2001年奉贤县供销社部分百货商品销售情况表（三）

表8-1-3

年　份	毛线（吨）	羊毛衫（件）	火柴（百/件）	肥皂（箱）	洗衣粉（吨）	缝纫机（架）	手表（块）	照相机（架）	化妆品（万元）	金饰品（万元）
1985	132.00		20100	22800		9387	26200	1		146.00
1986	141.00		24000	19300	144.00	8919	16600	99		111.00
1987	108.00		33900	13900	832.00	8127	25500	164		91.00
1988	101.00		21400	42100	1004.00	4761	26800	413		545.00
1989	115.00		18100	18200	741.00	4868	22200	361		260.00
1990	72.00		14800	10200	672.00	2431	23400	300		122.00
1991	98.00	27500	13800	13300	678.00	1938	24600	468		199.00
1992	51.00	57900	14800	31700	801.00	2361	29100	1000		852.00
1993	56.00	68300	36600		610.00	2126	36100	1629		2899.00
1994	37.00	64400			664.00	971	30400	1267		2006.00
1995	41.00	66800			542.00	781	36700	1773		2782.00
1996	36.00	71900			989.00	567	23700	1556	1332.00	2641.00
1997	32.00	158300			415.00	489	32900	1770	1485.00	4022.00
1998	53.00	94000			354.00	280	15900	1425	1632.00	3232.00
1999	3.00	46600						1454	2187.00	3027.00
2000								1390	2410.00	1525.00
2001								1277	2498.00	1227.00

二、五金交电

1. 沿革　1949年，全县兼营五金商店61家，兼营电料商店2家。1956年，私营工商业进行社会主义改造，实行公私合营，华洋百货、铜锡店均以合作化方式改组成新的五金交电商店，归属棉布百货行业，小五金、小电料划归县生产资料经理部。1962年2月，建立奉贤县五金煤炭建筑器材公司，专营批发，零售业务划入南桥综合贸易公司。商品大类有：泥木工具、门窗五金、室内电料、钳子扳头、石油煤炭等800余种。1964年1月，成立中国五金机械公司上海市奉贤县公司，主营五金交电商品批发，兼营南桥地区零售，商品大类有：五金工具、建筑五金、电料电讯、自行车、石油、煤炭等2000余种。1965年7月，上海市五金公司批发下伸，与县公司联合经营批发业务，批发商品4000余种，零售业务划入国营百货商店。1966年4月，上海市五金交电公司下伸批发点撤销，建立中国五金交电公司上海市奉贤县公司，主营五金交电、石油煤炭批发，兼营南桥地区零售，批发商品5000余种。1973年3月，建立奉贤县商业局五金交电公司。1975年起，经营电视机销售。1978年4月，改称奉贤县五金交电公司，同年10月，划出石油煤炭业务。80年代，五金交电商品主要由市各专业公司计划分配和配套供应。部分家电如自行车、电风扇、冰箱、洗衣机等，也采用横向进货方式，以外省市名优特商品弥补市场供应不足。县五金公司在南桥开设 6 家五金交电商店，在基层社有 18 家。1984 年，奉贤五金交电商品有各种灯泡（管）32 种、电风扇 42 种、洗衣机 14 种、自行车 18 种、电冰箱 5 种、彩电 5 种、黑白电视机 20 种、收录机 28 种、建筑五金 660 余种、工具五金 1200 余种、胶木电料 122 种、卫生水道零件 22 种、电工仪表 17 种。2010 年，上海奉贤五金交电公司退出商品经营业务。

2. **经营方式**　解放后，随着工农业生产发展，居民生活水平提高，五金交电商品品种增加，1952 年，经营自行车。1974 年 2 月，沪产自行车实行凭票供应，1980 年取消票证，敞开供应。1975 年经营黑白电视机，1977 年 4 月，沪产电视机实行凭票供应，1980 年，取消凭票供应。1981 年经营彩色电视机和收录两用机，1983 年洗衣机上柜销售，1984 年起经营电冰箱和录像机。1985 年 1 月，黑白、彩色电视机实行凭票预售。1988 年 6 月，因彩色电视机供求矛盾突出，国家实施专营、销售价上调，沪产 18 英寸彩电零售价从 1400 余元 / 台，调至 1800 余元 / 台。1989 年起，国家又规定对彩电征收特别消费税和国产化发展基金。1992 年 8 月，彩电停止专营管理，取消征收彩电特别消费税和国产化发展基金。1993 年，洗衣机、彩色电视机敞开供应。

90 年代初开始，奉贤县供销系统除五金公司外，鸿雁商场、精品商场、金叶商厦、金叶大卖场等相继经营五金、家电类商品；至 2000 年，五金公司、鸿雁商场、精品商场退出五金家电经营。金叶商厦和金叶大卖场分别于 2005～2006 年退出五金家电经营。

3. **经营情况**　1954 年，奉贤县销售圆钉 7 吨、铁丝 9 吨、自行车 5 辆。1970 年，销售圆钉 109 吨、铁丝 113 吨、灯泡 211500 只、收音机 502 架、自行车 2773 辆。1984 年，销售圆钉 296 吨、铁丝 293 吨、收音机 10911 架、自行车 23132 辆、电视机 6761 台、电风扇 3871 台。1988 年，销售洗衣机 1.9 万余台、电视机 1.36 万台。1998～2001 年，年均销售彩电 1.7 万余台。2001 年，销售自行车 8046 辆、电视机 16577 台、洗衣机 7261 台、电冰箱 5798 台、空调 2331 台、脱排油烟机 1476 台、淋浴器 1774 台、微波炉 5466 台。

1986 年，县五金交电公司举办秋季商品批发展销会

1954～1984年奉贤县供销社部分五金交电商品销售情况表

表 8-1-4

年　份	圆钉（吨）	铁丝（吨）	灯泡（百只）	收音机（架）	自行车（辆）
1954	7.00	9.00			5
1955	11.00	14.00			23
1956	10.00			5	99
1959	44.00	62.00		5	155
1960	81.00	68.00		44	500
1961	51.00	51.00		352	903
1962	48.00	66.00	377	144	13
1963	39.00	85.00		32	24
1964	55.00	122.00		106	116
1965	84.00	87.00	624	180	207
1966			1050	559	1108
1967				424	1980
1968				887	2344
1969				2559	3690
1970	109.00	113.00	2115	502	2773
1971	138.00	121.00	2952	129	1668
1972	164.00	198.00		327	3076
1973	178.00	216.00		736	3986
1974	180.00	213.00	3932	602	5373
1975	168.00	174.00	5017	3117	
1976	172.00	179.00	4834	2667	
1977	220.00	273.00	4165	4002	
1978	238.00	252.00	4445	5199	
1979	292.00	260.00	5080	12235	
1980	293.00	305.00	5600	11466	
1981	269.00	254.00	6112	8991	
1982	288.00	258.00	6363	5795	
1983	281.00	281.00	5632	6231	
1984	296.00	293.00	6605	10911	

1975～2001年奉贤县供销社部分五金家电销售情况表

表 8-1-5

年　份	自行车（辆）	电视机（台）	其中彩电（台）	电风扇（台）	洗衣机（台）	电冰箱（台）	空调（台）	排油烟机（台）	淋浴器（台）	微波炉（台）
1975	6639	298								
1976	6634	169								
1977	7061	842								
1978	8653	838								
1979	7742	1726		967						
1980	8519	3566		1730						
1981	11205	3007	37	1062						
1982	14411	2874	32	1390						
1983	14057	3563	125	2212						
1984	23132	6761	493	3871						
1985	32121	13613	3017	23770	2038	643				
1986	26478	11170	2563	19805	4707	1057				
1987	25074	11444	2521	15952	8677	2496				
1988	31328	13560	5556	36018	19177	4774				
1989	30835	11159	4572	16383	7386	7267	4			
1990	18015	7723	3475	16447	3748	4617	37			
1991	16039	8022	4994	16840	4412	7000	26			
1992	28860	7759	5059	19600	6047	8979	70			
1993	25949	9551	6966	26236	6675	8675	407			
1994	17012	5992	3714	26606	4930	4930	424	4013	3044	429
1995	19792	7384	5140	26003	3422	5065	710	4257	3201	857
1996	15265	8840	6292	18916	5227	5589	2845	4605	3367	1842
1997	15531	12244	10103	16437	5458	6273	4324	4214	3794	4763
1998	10593	16327	15120	14280	6855	6119	3738	2856	3262	4827
1999	9477	20747	19379	7453	7455	5950	2754	2271	2676	4659
2000	11049	18572	18144	6938	7408	7407	2307	1426	1884	5049
2001	8046	16746	16577	8322	7261	5798	2331	1476	1774	5466

三、石油煤炭

1. **沿革**　1949年初，南桥有经营煤油、煤炭商店5家。是年5月，江苏省石油运销公司成立，停止私商经营煤炭，由国营百货商店统一经营。此后，供应政策放宽，恢复多种经营。1956年1月，商店分别按主营业务归口，石油煤炭划归县生产资料经理部，由所属门店经营零售。1962年，石油煤炭与五金交电业务合并为一个经营机构。1978年10月，石油煤炭从五金交电公司析出，建立奉贤县石油煤炭公司。1982年1月，石油煤炭业务实行“一条鞭”经营，归口上海市石油煤炭公司，县石油煤炭公司改称上海市石油煤炭公司奉贤县公司。1986年3月，石油、煤炭业务分开，分别成立奉贤县石油公司和奉贤县煤炭公司。1995年3月，县石油公司划归上海市石油公司，实行垂直管理。2009年，上海奉贤煤炭公司退出煤炭经营。

2. **经营方式**　县石油煤炭企业经营的油类品种有：汽油、柴油、煤油、润滑油、润滑脂等60余种；煤炭类有无烟煤，烟煤等20余个品种。

经营的生活用煤范围是居民、工厂、机关、学校和部队的伙食用煤；生产用煤范围包括工厂、饮食服务业、熟水店、豆制品工场及砖瓦厂、石灰厂等。

经营的石油类商品货源，无论平价、市价、议价均向上海市石油公司调进。煤炭类商品货源，计划类向上海市燃料公司调进；计划外一是向市燃料公司要求调拨，二是县公司自行横向采购。

基层供销社零售进货煤炭以系统内调拨价结算；汽柴油以市场调拨价结算；煤油、润滑油、润滑脂以批发价结算。

石油类商品供应按照农、轻、重次序安排；农业为重点，保证供应；交通运输业优先供应；特殊需要适当供应；工业用油，压缩供应；拖拉机运输用油，严格控制供应。1958年，拖拉机用柴油根据机耕面积补贴供应，全年每公顷补贴柴油135千克，价格优惠。1980年改为每公顷105千克，同年11月取消补贴。润滑油供应实行交废供新办法，农业植保机械用油实行大包干供应。煤油供应凭证定量，每户每季1千克。汽油定量标准分为3类：一类是县汽车运输公司、机关车队；二类是路程较远的车辆单位；三类是分散户和个体运输车辆。

生产性工业用煤，无论计划内外，用户先行报数申请，由县公司会同申请单位主管局核批；计划内按代营价结算，计划外按照以县公司调进价，加运杂费再加调进价3%结算。城镇居民生活用煤和煤制品月定量为：单人户50千克、2人户60千克、3人户70千克、4人户80千克、5人户90千克、6人户100千克、7人户105千克、7人以上凡增加1人，增加供应5千克。1977年，农民出售1头生猪，奖励煤屑25千克。1992年起，煤炭市场放开，市燃料公司不再有计划调拨业务，用煤计划、票证逐步取消，县煤炭公司独家经营局面被打破。2000年底，公司下属煤球厂关闭。

3. **销售情况**　1961年，奉贤供销社销售煤炭10543吨，煤制品791吨、汽油18吨，柴油1131吨，煤油367吨。1965年，奉贤县销售煤炭21957吨、煤制品3859吨、汽油132吨、柴油1027吨、煤油594吨。1975年，销售煤炭53668吨、煤制品20833吨、汽油2362吨、柴油7034吨、润滑油1037吨。改革开放后，随着工农业生产发展和人民生活水平提高，石油煤炭需求量逐年增加。1984年，全县销售煤炭103754吨、煤制品31845吨、汽油5674吨、柴油11014吨、润滑油1636吨。1995年，销售煤炭274776吨。2008年，销售煤炭23525吨。

1961～2008年奉贤区（县）供销社煤炭销售情况表

表8-1-6 单位：吨

年份	煤炭	煤制品	年份	煤炭	煤制品
1961	10543.00	791.00	1986	76339.00	
1962		14779.00	1987	93517.00	
1963		7906.00	1988	73720.00	
1964		17070.00	1989	121172.00	
1965	21957.00	3859.00	1990	139577.00	
1966	26179.00	5616.00	1991	153717.00	
1967	30814.00	6686.00	1992	231125.00	
1968	23981.00	5533.00	1993	247409.00	
1969	30203.00	8650.00	1994	210983.00	
1970	34102.00	11946.00	1995	274776.00	
1971	36625.00	16693.00	1996	195083.00	
1972	42778.00	18992.00	1997	109886.00	
1973	45400.00	18636.00	1998	84171.00	
1974	48834.00	18295.00	1999	55470.00	
1975	53668.00	20833.00	2000	74150.00	
1976	56717.00	20640.00	2001	55370.00	
1977	65420.00	23628.00	2002	93542.00	
1978	74235.00	23471.00	2003	76563.00	
1979	80504.00	30371.00	2004	66615.00	
1980	81223.00	38381.00	2005	52725.00	
1981	89279.00	33097.00	2006	146665.00	
1982	81240.00	35584.00	2007	93943.00	
1983	99748.00	36290.00	2008	23525.00	
1984	103754.00	31845.00			

1961～1984年奉贤县供销社石油销售情况表

表8-1-7 单位：吨

年份	汽油	柴油	煤油	润滑油
1961	18.00	1131.00	367.00	
1962	76.00	1123.00	377.00	
1963	75.00	1036.00	464.00	
1964	118.00	1120.00	529.00	
1965	132.00	1027.00	594.00	107.00
1966	145.00	1007.00	644.00	139.00
1967	193.00	1157.00	577.00	127.00
1968	202.00	1310.00	410.00	146.00
1969	235.00	1583.00	176.00	228.00
1970	244.00	1953.00	945.00	278.00

续表 8-1-7　　单位：吨

年 份	汽 油	柴 油	煤 油	润滑油
1971	401.00	2788.00	118.00	387.00
1972	660.00	3644.00	304.00	528.00
1973	1257.00	4928.00	411.00	683.00
1974	1952.00	5352.00	456.00	832.00
1975	2362.00	7034.00	478.00	1037.00
1976	3043.00	8479.00	533.00	1187.00
1977	3032.00	9441.00	527.00	1255.00
1978	3337.00	10694.00	507.00	1347.00
1979	3699.00	11260.00	360.00	1395.00
1980	4041.00	11930.00	161.00	1454.00
1981	4352.00	11154.00	140.00	1327.00
1982	4234.00	11282.00	163.00	1465.00
1983	5456.00	10818.00	165.00	1453.00
1984	5674.00	11014.00	277.00	1636.00

四、烟草糖酒

1. **沿革**　1949年初，奉贤县有南北杂货店315家。解放后，私营南北杂货店经过社会主义改造，实行公私合营。分别归口国营商业和供销社管理。1951年，松江专区专卖事业公司奉贤县专卖事业分处，对酒类实行统购专卖独家经营。私营酒坊限期停办，零售商户登记备案。烟糖、饼干商品除私商经销外，中国百货江苏省公司南桥营业所和供销社经营零售业务。1954年，松江专区专卖事业公司奉贤县专卖事业分处改称为奉贤县烟酒专卖事业公司，专营烟酒批发。1955年，县烟酒专卖事业公司与县食品公司副食品采购批发部合并为奉贤县副食品经理部，撤销奉城、四团、青村、新寺4个批发处，主营批发兼营南桥地区零售业务。1962年，糖业烟酒商品归口奉贤县商业局，县副食品经理部改称县食品杂货公司。1963年9月，县食品杂货公司改称中国糖业烟酒公司上海市奉贤县公司。1972年11月，改称奉贤县商业局糖业烟酒公司，主营批发兼营南桥地区零售业务。1983年1月，县糖业烟酒公司专营批发，南桥烟酒食品商店经营零售业务。20世纪90年代起，鸿雁商场、精品商场、金叶商厦等综合商场及超市经营零售业务。1995年1月，奉贤县供销社与上海烟草集团公司联营，成立上海烟草（集团）公司奉贤烟草糖酒有限公司。1996年3月，奉贤县糖业烟酒公司建立卷烟网络，是年底发展至304户。1996年12月，金叶商厦开业，经营商品包括百货、五金交电、烟草糖酒、食品、服装、果品杂货等。1999年9月，金叶超市公司和金叶大卖场相继开业，经营范围进一步扩大。2001年，奉城大卖场开业。同年，奉贤有卷烟网络1307户；2004年，卷烟网络1476户。

2006年，奉贤烟草糖酒公司经营范围调整，以烟草糖酒等为主，其他商品逐步退出经营。2012年，全区卷烟网络户2553户。

2. **经营方式与供应政策**　解放初，南北杂货货源大部分由华东供销合作社和江苏省供销社调拨，小部分从上海市国营公司调进。1957年始，商品货源全部由对口的上海市国营公司调拨。1959～1961年，国民经济困难时期，食糖、糖果、烟酒、糕饼、肥皂等商品实行凭票券供应和以实物换购。

实物换购比例表

表8-1-8

项目	实物（500克）	换购商品（克）	补收差价（元）	项目	实物（500克）	换购商品（克）	实收差价（元）
粮食换酒	高粱	46度白酒200	0.28	油料换油	油菜籽	菜油165	0.01
	玉米	46度白酒200	0.28		花生仁	花生油175	0.06
	山芋干	46度白酒200	0.27		芝麻	麻油250	0.15
	小麦	46度白酒200	0.25		黄豆	豆油50	0.06
	小米	46度白酒175	0.24				
	大麦	46度白酒175	0.24				

1962年5月28日，实行卷烟按人分级定量供应：南桥镇居民每人每月5包；公社集镇居民每人每月3包；机关团体每人每月10包。1963年6月，饼干、糕点商品凭粮票供应。同年7月，食盐、酱油、糖精片、卫生纸等退出凭票供应办法，实行敞开供应；乙级、丙级、丁级卷烟每包各减收专用购货券1张。同年11月1日，调整卷烟供应标准，南桥镇居民每人每月8包，公社集镇居民每人每月7包；南桥地区机关、企事业单位每人每月12包，公社所在地机关、企事业单位每人每月10包。1964年4月1日，取消板烟丝、旱烟丝凭票供应，青烟丝仍凭专用券，2张券购一两；城镇居民食糖月定量每人50克，糖果月定量每人50克；产妇一次性供应食糖1千克，乳儿糕每500克补贴食糖券50克；代乳品、民用奶粉1瓶（磅）各补贴食糖券50克。9月，取消雪茄烟凭票供应。10月1日，奶粉凭证、免收粮票，实行不定点敞开供应。1965年3月，丁级烟长风牌及山东乙级卷烟相继退出换购范围；同年7月，饼干、糕点、面包、食糖退出高价格供应范围，实行平价、议价，议价每500克增收人民币2角。1966年2月，红金、飞马牌卷烟退出高价及专用购货券供应范围，实行平价敞开供应。1969年12月25日，部分日用商品实行凭证供应。肥皂、火柴、食糖、糖果、卫生纸半刀以上凭日用工业品购买证记数不定量供应。卷面凭购粮证、粮票，不记数不定量供应。

1977年，卷烟实行按月定量凭证供应，每户发放编号购烟证，按月剪号购买。1981年卷烟实行凭票定量供应，南桥镇居民每户每月甲级烟2包、前门牌7包、飞马牌9包；公社集镇居民每户甲级烟1包、前门牌5包、飞马牌9包；农民每户前门牌2包、飞马牌9包。丁级烟敞开供应。1982年，南桥居民每户每月卷烟定量为前门牌6包、飞马牌12包；农村每户每月前门牌2包、飞马牌8包。1983年，南桥镇居民每户卷烟定量为甲级烟（沪产凤凰、牡丹、上海牌）4包、沪产前门6包、飞马10包；农村每户卷烟月定量为前门3包、飞马9包。1984年，奉贤县城乡卷烟票由县糖业烟酒公司统一印制发放，同时对机关、企事业单位根据人数，分别补发购烟券，作计划外调剂。1984年，奉贤县糖业烟酒公司进货总额3149.5万元；批发商品总额3167万余元。其中批发各种卷烟16941.5箱，酒类4831.81吨，食糖、糖果5735.75吨。1985年取消食糖凭票凭证供应，1987年9月，又恢复凭证供应。1988年7月，沪产名烟中华、双喜、牡丹取消凭票供应。1990年11月，食糖价格放开。1991年年4月，取消卷烟凭票凭证，实行敞开供应。

3. **卷烟销售情况**　1953年，奉贤县销售卷烟1704箱。1965年，销售卷烟4054箱。1981年，奉贤县卷烟销售连续8年超万箱。1984年，销售卷烟16941箱。1999年起，卷烟销售呈稳定增加趋势。2001年，销售卷烟25426箱。2012年，销售卷烟32600箱。

1953～1984年奉贤县供销社卷烟销售情况表

表8-1-9　　单位：250条/箱

年份	合计	甲级	乙级	丙级	丁级	戊级
1953	1704.50	2.00	323.00	980.00	399.50	
1954	2256.00	3.00	620.00	1465.00	168.00	
1955	2636.00	11.00	1306.00	1225.00	94.00	
1956	2412.50	6.00	702.50	1407.50	296.50	
1957	2773.50	3.50	385.50	1549.00	802.00	33.50
1958	3113.00	7.50	381.50	1507.00	1203.50	13.50
1959	3239.50	5.50	239.50	1642.50	1222.50	129.50
1960	3760.00	6.00	266.50	1658.00	1523.50	306.00
1961	2079.50	3.50	86.00	776.00	1214.00	
1962	2174.50	6.00	88.50	472.00	1608.00	
1963	3007.50	1.50	130.00	642.00	2234.00	
1964	3425.50	1.50	217.00	1225.00	1982.00	
1965	4054.00	10.00	433.50	2104.00	1506.50	
1966	4272.50	6.00	1213.00	2365.00	687.00	1.50
1967	4859.50	23.50	2711.50	1756.50	368.00	
1968	6086.00	21.50	3658.50	2089.00	317.00	
1969	6185.50	11.50	3798.50	2104.00	203.50	68.00
1970	6565.50	5.50	3626.50	2228.00	411.50	294.00
1971	6506.00	2.50	3317.00	2144.50	657.00	385.00
1972	7118.00	1.00	3439.00	2210.00	1055.50	412.50
1973	8067.00	17.50	4861.00	2590.00	451.00	147.50
1974	10307.00	61.50	7514.50	2244.50	405.00	81.50

续表 8-1-9 单位：250 条 / 箱

年 份	合 计	甲 级	乙 级	丙 级	丁 级	戊 级
1975	11701.50	20.50	9676.50	1683.50	271.00	50.00
1976	10822.50	189.50	10282.50	137.50	194.00	19.00
1977	13365.50	131.50	10237.00	2802.00	186.00	8.50
1978	12735.50	327.50	11412.00	955.50	38.50	2.00
1979	14261.00	283.00	13034.00	880.50	61.50	2.00
1980	14007.50	272.00	12291.50	1383.50	56.50	4.00
1981	13473.50	388.00	11680.00	1337.00	68.50	
1982	16096.00	720.00	13534.00	1708.00	134.00	
1983	3856.80	794.50	1633.80	1301.50	127.00	
1984	16941.50	920.00	15145.50	780.00	96.00	

1985～2012 年奉贤区（县）供销社卷烟销售情况表

表 8-1-10 单位：250 条 / 箱

年 份	销售量	年 份	销售量	年 份	销售量
1985	17846	1995	19233	2004	27200
1986	17865	1996	15147	2005	27600
1987	16707	1997	19403	2006	27900
1988	22450	1998	18958	2007	29600
1989	25236	1999	23269	2008	30700
1990	20783	2000	24910	2009	31200
1991	20572	2001	25426	2010	30900
1992	16030	2002	26500	2011	32400
1993	16617	2003	27100	2012	32600
1994	15270				

4. 糖酒销售情况 解放后，随着人民生活水平的提高，糖酒销量日益增加。1953 年，酒类只销售 2394 吨、食糖 294 吨。1981 年，酒类销量突破万吨，糖类连续 4 年销售超过 2000 吨。1999 年以后，糖、酒由于市场放开，供销系统销售明显下降。2012 年，各类酒仅 9.20 吨。

金叶商厦开业四周年庆典活动

1953～1984年奉贤县供销社糖酒销售情况表

表 8-1-11　　单位：吨

年　份	合　计	酒　类				糖　类		食　盐
		白　酒	黄　酒	啤　酒	其他酒	食　糖	糖　果	
1953	2394.77	542.24	47.05	0.61	0.67	294.20		1510.00
1954	2985.21	474.44	12.50	0.37	0.55	515.80		1981.55
1955	3160.70	647.83	109.29	0.65	1.63	937.95		1463.35
1956	3003.90	390.27	170.59	0.94	1.85	507.55		1932.70
1957	3022.22	401.21	203.26	1.94	1.51	386.80		2027.50
1958	5534.96	532.53	73.93	2.97	32.73	315.40	209.55	4367.85
1959	3371.01	566.51	268.17	19.81	14.47	293.25	123.80	2085.00
1960	4585.64	279.29	375.57	78.70	207.38	218.75	195.95	3230.00
1961	5105.12	110.01	170.13	63.74	68.44	292.00	270.80	4130.00
1962	3915.53	177.13	51.08	61.44	51.28	165.40	274.20	3135.00
1963	3536.49	215.21	7.73	35.82	35.43	794.00	158.30	2290.00
1964	908.58	300.97	8.24	23.68	15.54	452.70	107.45	
1965	3630.42	409.91	52.65	23.74	16.12	743.20	197.55	2187.25
1966	3644.81	499.03	17.43	32.65	25.40	790.70	306.30	1973.30
1967	4329.03	532.71	28.52	66.35	55.30	854.30	371.50	2420.35
1968	4649.70	574.63	54.67	94.40	137.10	927.45	362.70	2498.75
1969	5299.53	650.80	54.47	152.45	184.41	1131.95	414.35	2711.10
1970	5283.45	702.90	51.02	162.84	132.74	1072.50	361.10	2800.35
1971	5896.98	617.26	30.68	181.80	55.84	1182.95	353.60	3474.85
1972	6319.50	808.66	35.44	201.79	78.41	1394.45	471.30	3329.45
1973	7286.58	945.69	84.92	229.20	91.77	1794.70	467.15	3673.15
1974	7446.49	965.81	55.66	253.63	237.69	1769.25	511.75	3652.70
1975	8426.70	1054.95	103.80	395.10	326.35	1915.75	612.45	4018.30
1976	8671.27	1079.83	262.08	478.57	395.59	1696.25	592.70	4166.25
1977	9106.13	1197.67	239.55	440.48	506.68	1836.70	660.30	4224.75
1978	9586.08	1017.15	304.00	628.83	538.05	2258.55	555.00	4284.50
1979	9910.25	1189.20	494.73	524.03	971.79	2193.20	601.45	3935.85
1980	9977.68	1182.95	1078.53	517.89	774.86	2382.85	617.20	3423.40
1981	10171.58	1303.57	1302.57	604.76	675.08	2271.30	735.80	3278.50
1982	10242.18	1253.32	1253.74	577.71	508.31	2566.90	628.35	3453.85
1983	12989.00	1389.91	968.49	598.71	2519.09	3494.40	865.10	3153.30
1984	14097.32	1591.65	486.40	556.56	2197.21	4751.80	983.95	3529.75

1985～2012年奉贤区（县）烟草糖酒公司酒糖销售情况表

表8-1-12 单位：吨

年 份	酒	食 糖	年 份	酒	食 糖
1985	6293.00	10944.00	1999	1483.00	237.00
1986	8547.00	13234.00	2000	1225.00	303.00
1987	6098.00	6756.00	2001	1327.00	280.00
1988	6593.00	7711.00	2002	142.48	
1989	4486.00	6893.00	2003	146.25	
1990	3984.00	6228.00	2004	146.79	
1991	3496.00	2872.00	2005	148.95	
1992	16030.00	3479.00	2006	90.34	
1993	16617.00	4643.00	2007	9.33	
1994	3841.00	3900.00	2008	9.67	
1995	3694.00	3432.00	2009	9.83	
1996	4810.00	4274.00	2010	11.78	
1997	3521.00	3666.00	2011	11.47	
1998	2443.00	2756.00	2012	9.20	

五、日杂果品

1. **沿革** 解放后，南北杂货、干果、干菜、水果、日用杂品先后归供销社经营。1956～1972年，县商业局先后成立生活资料经理部、副食品采购批发站、副食品经理部、日杂果品公司。经营南北杂货、干果、干菜、水果、日用杂品批发、零售业务。1979年，县日杂果品公司建贸易货栈，经营建材、服装、衣料等商品议价交易。1984年3月，贸易货栈改称贸易信托公司。同月，县日杂果品公司改称县果品杂货公司，主营批发，兼营南桥地区零售。下设全民性质商店2家：四季花席商店主要经营棉絮、草席制品等；锦艺日杂商店主要经营陶、瓷、铁器等日用杂品。集体性质商店称南桥贸易信托综合商店，分设4个门市部，经营水果、地货、家具、建材、五金、交电、日用杂品、服装、针纺织品等176个品种。1993年，水果市场放开，产地果农和私营个体经商户供销一条龙经营，专业公司优势逐步丧失。1997年11月，县果品杂货公司改称上海丰意果品日用有限公司。2000年，上海丰意果品日用有限公司退出商品经营。

2. **果品杂货公司主要商品销售情况** 1959～1984年，奉贤县共销售水果44159.30吨。1963～1984年，全县共销售西瓜16477.35吨。1984年，销售水果2421.90吨，其中销售苹果1278吨、柑橘291.55吨、生梨288.55吨、香蕉40.25吨。

1959～1993年奉贤县果品杂货公司销售情况表（一）

表8-1-13

年　份	水果（吨）	草席（条）	铁锅（只）	年　份	水果（吨）	草席（条）	铁锅（只）
1959	149.55			1978	3903.30		
1963	146.30			1982	6616.35	31827	92039
1965	447.70	31251	60499	1983		33630	
1970	2361.35	26888	104217	1984	2421.90	28924	11216
1973			151791	1985	2056.00		
1976	2046.05			1993	3436.00		

1982～1984年奉贤县果品杂货公司主要商品销售情况表（二）

表8-1-14

品　名	单　位	1982年	1983年	1984年
苹果	吨	1439.15	1454.65	1278.00
桔橘	吨	271.95	309.30	291.55
生梨	吨	271.95	270.95	288.55
香蕉	吨	91.95	41.35	40.25
粉丝	吨	338.10	276.55	301.85
榨菜	吨	218.90	425.10	227.10
红黑枣	吨	202.20	246.80	198.70
核桃	吨	203.60	201.90	215.19
味精	吨	169.50	187.25	165.60
淀粉	吨	381.65	425.10	262.60
盐	吨	781.65	435.25	2460.70
花生米	吨	644.50	498.60	832.90
碱	吨	185.45	138.10	36.05
草席	条	31827	33630	28924(1～6月)
草帽	顶	125196	108637	101424
铁锅	只	92039	88797	11216
陶瓷器	只	1824847	1928133	296535
碗	只	1058644	1027049	161257
卫生纸	件	16343	14212	2675

3. **县贸易信托公司（贸易货栈）主要商品销售情况**　县贸易信托公司（货栈）单独经营时间不长，销售日杂用品量也不大。

1982～1984年奉贤县贸易信托公司主要商品销售情况表（三）

表8-1-15

品　名	单　位	1982年	1983年	1984年
服装	件	3963	983	5270
汗衫背心	件	55939		
绵纶袜	双	13565	14195	903
绸缎被面	条	603	1132	9506
电风扇	台	576	172	102
收音机	架	3805	776	5225
玻璃	平方米	8791	27342	24691
化纤布	米	10821	3826	106180
塑料鞋	双	5536	692	
电度表	只	7051	36673	14311
饼干	千克		22855.50	2926.50
糖果	千克		3725.00	26034.00
毛毯	条		290	150
床单	条			11611
布胶鞋	双			2272
电视机	台			2077
味精	千克			852.50
油毛毡	卷		65883	69859

六、蔬菜　豆面制品

1. **沿革**　解放初期，蔬菜经营分散。1951年，南桥镇4家地货行和18家水地商店，共43人组织联营组。在南桥镇西街（现新建中路）天主堂门前一段街面集中设摊销售，形成奉贤第一个蔬菜市场。1956年对私营改造后，全县各集镇蔬菜商贩组成水地合作商店（小组），蔬菜业务由水地行业兼营。1958年人民公社化，蔬菜业务分别归属国营商业和供销部。1960年6月，奉贤县蔬菜公司成立，主营蔬菜购销业务，南桥镇蔬菜零售由国营商业兼营。公社集镇蔬菜零售由供销部经营。“文化大革命”中，多次更改。1978年10月，重建县蔬菜公司，专营蔬菜批发、零售业务。南桥设立蔬菜收购批发部，豆制品加工场和8个零售门市部。1984年，南桥镇蔬菜零售门市部11个，各公社集镇由供销社组织水地商店兼营蔬菜。1987年后，改变蔬菜统购统销方式，部分重点菜、节日菜供应采取合同定购。90年代起，蔬菜进入多渠道流通，蔬菜生产者大多直接进入市场自行销售。

蔬菜货源，1956年前以近镇农民自产为主。同年，奉贤县建立蔬菜生产基地，安排蔬菜种植2.5公顷，1957年增到18.67公顷；1961年为153.33公顷；1981年全县蔬菜种植面积177.67公顷，其中南桥50公顷，均由县蔬菜公司统一收购，安排县内市场。县蔬菜公司和基层供销社向江、浙地区和上海市区采购花色细菜品种，弥补市场不足。1984年，向外采购415品种，达845.55吨，占总销量35%。

价格政策，1957年前分生产旺季、淡季，一市三等价、随行就市。建立蔬菜生产基地后，参照上海市蔬菜公司远郊收购价加购销差率，为奉贤蔬菜销售价。1981年11月，实行政策性亏损补贴，即以远郊收购价加5%为批发价格；每50千克4元～10元，零售价每千克比市区低0.01元～0.02元，每50千克不满4元，零售价与市区相同。1979年，为保障菜农利益，解决淡、旺季供需矛盾，实行收购保护价。

2. **豆面制品供应**　解放初期，奉贤豆面业务仍由私商经营。1954年，面制品实行凭粮票供应。1956年，社会主义工商业改造后，由豆面合作商店经营。1958年，豆面合作商店分别由国营商业和所在地供销部经营。1960年，城镇居民购买豆制品实行计划定量凭票供应，每人每月6分钱（节日稍有增加），农村居民则以实物（黄豆）换豆制品。1962年，从国营商业和供销社分离部分原小商小贩人员，重新组成豆面合作商店，经营豆面、蔬菜，兼营各乡镇豆面加工场。1984年，县蔬菜公司（后为县副食品公司）负责豆面、蔬菜经营。同年，南桥豆面加工场改称裕泰豆面制品厂，批发、零售兼营，另在南桥镇6个蔬菜门市部设有豆制品零售点实行定量计划凭票供应。1988年5月，裕泰投资增设内脂豆腐生产线，传统豆腐得以升级换代。1991年后，豆制品经营全面放开，计划票证取消，个体户生产的豆制品大量上市，裕泰厂被迫停业。此举引起居民很大反响，遂于1994年10月恢复生产，延续至1996年4月，再次停产。

3. **水地货供应**　解放初期，奉贤县有专、兼营水地货店、摊312家，另有水果店兼营地货18家，鱼行兼营地货4家，仍由私商经营。1956年，社会主义改造后，组成合作商店、合作小组，先后对口县蔬菜公司、县果品公司。货源由对口公司安排调拨。

4. **蔬菜销售情况**　1954年，奉贤县蔬菜销售481.7吨。1964年销售5385.7吨，1974年销售11885吨，1985年，销售5519吨。

1954～1985年奉贤县供销社蔬菜销售情况表

表8-1-16　　单位：吨

年　份	销售量	年　份	销售量	年　份	销售量
合 计	248992.93	1964	5385.70	1975	11275.35
1954	481.70	1965	5022.05	1976	13411.40
1955	300.08	1966	5956.15	1977	11646.70
1956	无资料	1967	7293.90	1978	14670.95
1957		1968	8495.70	1979	13481.45
1958		1969	8256.15	1980	10139.65
1959	3137.10	1970	10864.20	1981	10947.00
1960	3927.00	1971	9671.95	1982	11653.60
1961	4658.35	1972	14030.95	1983	10751.40
1962	5693.25	1973	14679.25	1984	10008.60
1963	5749.30	1974	11885.05	1985	5519.00

七、副食品

1. **沿革** 解放初，奉贤全县屠宰行业有肉庄85家，南桥镇有肉庄16家，牛肉庄1家，鸡鸭蛋行4家。肉庄分腌、鲜两个行业，经营鲜肉居多。猪源均来自附近农村，有就庄收购和到户屠宰两种方式。副食品仍由私商经营。1951年，县供销社经营副食品购销业务，当时私商投机倒把活动猖獗，供销社购销量占市场比重小。1953年春节前，私商囤积居奇，垄断猪源，企图抬高节日猪肉销售价格，奉贤县人民政府采取措施，发动农民将猪交售给国营企业，保障节日市场供应。1954年，成立中国食品公司江苏省奉贤县公司，主管副食品的购销业务。1989年1月，县食品公司划归县畜牧水产局，副食品购销业务随之归口奉贤县畜牧水产局。

2. **代购代销** 1965年7月至1968年5月，贯彻“积极收购、扩大内销”的方针。全县建立“三就”点65个，经营生猪代购、代宰、代销业务。代销手续费：销售每千克白肉0.05元～0.06元；代购禽、蛋手续费，从收购金额中抽取1.5%。1969年，撤销“三就”点，委托农村“双代店”代购禽、蛋、兔，代销猪肉。1978年，对“双代”店代购代销手续费规定：代购禽、兔每只0.1元，代购鲜蛋每千克0.08元，代销鲜猪肉销售价4%、咸肉5%。1984年，调整代销手续费：鲜肉2.5%、咸肉3%。同年，全县有“双代店”174家。

3. **猪肉销售** 1950～1953年，副食品以销定购，保障供应。1954年上半年，奉贤县副食品市场供销社占全部份额。同年5月，县供销社副食品购销业务划归县食品公司。基层供销社继续就地购销，其上调部分为县食品公司代购。1955～1958年，全县副食品均由县食品公司“一条鞭”经营，各乡、镇分设屠宰场、肉店。1959年，副食品归属县副食品经理部和基层供销社经营。1960年，国家遭受自然灾害，副食品供应紧张。5月，停止县内肉食品供应，凡30千克以上肉猪，一律支援市区。禁止私宰，农民交售生猪发给返还肉票，凭票供应鲜肉。对城镇居民实行定量供应，每人每月供应猪肉100克，节日增加100克；住院病人、产妇、知识分子和14～17级干部适当放宽定量标准。1964年，猪肉敞开供应。

1976年7月16日，实行按人定量，凭票供应猪肉。定量标准：城镇居民按常住户口每人每月供应猪肉1.5元，春节增加1.5元；伙食团按购粮12.5公斤折合1人计算，每人每月2元，节日适当增加供应。对部队、农场、医院病人、托儿所、产妇、献血者及特种专业工种人员等均有增加供应量的规定。

凭票供应品种有：鲜猪肉、咸肉、腊肉、猪内脏、猪油、香肠、香肚、火腿、肉松、熟猪肉等。

肉票发放。城镇居民每人每月10张，每张数值0.15元；农民每人每月10张，每张数值0.1元。定量肉票由粮食局系统按季代发，再由鲜肉门市部回收。1977年4月，定量标准由1.5元改变为猪肉750克，猪头、奶脯、火腿、香肠等小商品减半收票。1979年11月，实行敞开供应。1984年12月23～31日，对猪肉实行核定计划供应，核定计划为270.95吨，其中安排居民233.35吨。城镇居民凭购粮卡，农民凭户口簿每人供应1.65千克。1985～1991年，猪肉按人（包括居民、农民）凭卡定量供应，货源充足年份，实行凭卡不限量供应，节日增加肉票。1992年5月，猪肉取消凭票供应。

销售价格。1950年，奉贤县猪肉销售每500克平均价0.53元，1957年0.71元。1966～1979年销售价0.80元。1980年销售价1.03元。1988年，销售价2.30元。

1950～1988年奉贤县供销社猪肉销售价格情况表

表8-1-17 单位：元/500克

年 份	销售价	年 份	销售价	年 份	销售价
1950	0.53	1963	0.86	1976	0.80
1951	0.46	1964	0.87	1977	0.80
1952	0.46	1965	0.88	1978	0.80
1953	0.53	1966	0.80	1979	0.84
1954	0.66	1967	0.80	1980	1.03
1955	0.62	1968	0.80	1981	1.03
1956	0.68	1969	0.80	1982	1.03
1957	0.71	1970	0.80	1983	1.03
1958	0.72	1971	0.80	1984	1.03
1959	0.72	1972	0.80	1985	1.33
1960	0.72	1973	0.80	1986	1.47
1961	0.81	1974	0.80	1987	1.55
1962	0.86	1975	0.80	1988	2.30

折价销售。由于生猪淡、旺季上市数量不均衡，奉贤县曾出现几次猪肉供过于求情况。1964年7月12日至8月3日，共23天，按零售价7折供应，每千克1.20元。1965年6月3日至8月30日，共89天，按零售价7折供应，每千克1.26元。1966年1月6～26日，共21天，按零售价9折供应。同年12月18日至1967年1月2日，共16天，按零售价7折供应。1967年7月23日至8月1日，共10天，按零售价7折供应。1979年6月17～24日，共8天，鲜肉按零售价7折，咸肉按7.5折供应。同年12月2～21日，奖励肉票按零售价0.8元打9折供应。1980年，鲜猪肉、咸肉按零售价8折、8.5折、7折供应共5次，累计160天。折价损失163.70万元。1981年6月28日至7月15日，共17天，按零售价8.1折供应，销售鲜肉476吨。1982年3月6日至5月4日，廉价推销四川咸肉，零售价每千克1.40元～1.84元，共销售咸肉234吨，其中4月30日至5月5日，按零售价6.4折，销售100吨。同年7月2～9日，共8天，鲜肉按零售价8折，每千克1.54元供应，销售猪肉270吨。1983年4月22～30日，共9天，按零售价8折供应冷冻猪肉。

销售情况。1950年，奉贤县销售猪肉719吨。1960年，销售327吨。1975年销售6018吨，1984年销售9509吨。

1950～1984年奉贤县供销社猪肉销售情况表

表8-1-18

年份	全县人口（万人）	销售量（吨）	人均消费（千克）	年份	全县人口（万人）	销售量（吨）	人均消费（千克）
1950	24.67	719.00	2.92	1968	41.32	3393.00	8.21
1951	26.48	812.00	3.07	1969	42.72	4174.00	9.77
1952	27.24	1085.00	3.99	1970	43.54	3907.00	8.98
1953	28.11	1224.00	4.36	1971	44.07	3462.00	7.86
1954	29.11	932.00	3.20	1972	44.95	4253.00	9.46
1955	29.99	461.00	1.54	1973	45.53	4539.00	9.97
1956	30.47	986.00	3.24	1974	46.68	4819.00	10.33
1957	31.35	566.00	1.81	1975	47.94	6018.00	12.56
1958	31.66	412.00	1.30	1976	49.58	6144.00	12.39
1959	31.95	211.00	0.66	1977	51.14	5440.00	10.64
1960	33.38	327.00	0.98	1978	51.45	6154.00	11.96
1961	33.95	255.00	0.75	1979	50.06	8076.00	16.14
1962	34.95	638.00	1.83	1980	50.24	8301.00	16.52
1963	36.15	892.00	2.47	1981	46.59	8428.00	18.09
1964	37.11	1197.00	3.23	1982	47.87	8415.00	17.58
1965	38.13	2002.00	5.25	1983	47.87	8518.00	17.80
1966	39.51	2758.00	6.98	1984	47.87	9509.00	19.86
1967	40.10	2876.00	7.17				

4.**禽、蛋销售** 1950年至1953年上半年，禽蛋以销售定购，保障供应。1953年下半年，县供销社深入农村市场收购家禽、鲜蛋。10～12月份销售量占市场75.1%。1954年上半年，禽、蛋市场全部由供销社占领。同年5月，县供销社将禽、蛋购销业务归口县食品公司，基层供销社继续就地购销，其上调部分作为替县公司代购。1956年，全县销售活禽6250羽、鲜蛋24.1吨。1960年，销售活禽8066羽、鲜蛋63.30吨。1962年，禽蛋供应量上升，当年销售活禽18900羽。1965年，销售活禽11300羽、鲜蛋133.75吨。1966～1975年，销售活禽199171羽，平均每年销售19917羽；销售鲜蛋1245.5吨，平均每年销售124.55吨。1980年起，禽、蛋实行敞开供应。1985～1991年，又实行鲜蛋按户（城镇居民）凭票定量供应，货源充足的年份实行凭票不限量供应，节假日增加禽蛋票。1991年3月1日，鲜蛋取消凭票购买，实行敞开供应。

1955～1988年奉贤县供销社禽、蛋销售及价格情况表

表8-1-19

年　份	活　禽			鲜　蛋		
	销售量（羽）	鸡（元/500克）	鸭（元/500克）	销售量（吨）	鸡蛋（元/500克）	鸭蛋（元/500克）
1955		0.73	0.58	15.10	0.47	0.39
1956	6250	0.77	0.60	24.10	0.58	0.51
1959	8100	0.84	0.62		0.68	0.66
1962	18900	1.16	0.93		0.95	0.92
1965	11300	1.06	0.73	133.75	0.95	0.85
1970	19700	1.06	0.73	116.30	0.80	0.77
1976	20600	1.00	0.73	98.95	0.80	0.77
1978	10600	1.00	0.73	87.50	0.80	0.77
1979		1.04	0.77	367.45	0.85	0.81
1984	47340	1.26	0.96	579.60	1.08	1.00
1985		1.80	1.30		1.25	1.00
1986		1.40	1.02		1.18	0.92
1987		1.40	1.02		1.18	0.92
1988		1.80	1.32		2.20	2.00

注：活鸡销售价以母鸡、公鸡的平均价计算，鸡蛋为红壳蛋、白壳蛋的平均价计算。

八、医药器材　药品

1. **沿革**　解放初，奉贤南桥及乡镇均有中药店、铺，全县有药店89家，其中兼营西药有43家。南桥镇有药店12家，其中专营西药4家。奉贤著名的有南桥人和堂、庄行项九成、齐贤济寿堂、头桥焦天生。人和堂三开间门面，前店后工场，药材道地。自制天花粉、人参再造丸、人参大补膏、雄黄香袋、午时茶、八珍糕和各种饮片。

1950年，全县有国药店83家，从业人员217人，其中职工94人，资方123人。1956年1月，中、西药行业实行公私合营，归口县供销社管理。全县设18家药店，21个新方配药部、6个中草药配方部。同年4月，成立县医药公司，经营中西药批发业务。1964年1月，县医药公司划归县商业局，分别建立中国医药公司上海奉贤县公司和中国药材公司上海市奉贤县公司，实行两块牌子、一套班子。1966年4月，两公司合并，改称奉贤县商业局医药公司，主营药品批发业务，兼营南桥地区药品零售。1987年2月，县医药公司并入上海古华中药材集团公司。1994年4月，上海古华中药材集团公司从县供销社析出，行政单列，各基层供销社药店仍属于供销社系统。1994年12月，成立上海康德药品总店，经营药品批发和南桥地区部分零售，基层社21家药店纳入总店管理。1998年8月，改称康德药业有限责任公司。2004年，

该公司加盟上海复星大药房，改称上海复星康德大药房有限公司。2012年，公司在全区城乡供应网点29家，经营西药、中药饮片、医疗器械、保健品、药用化妆品等2000余种商品。

2. **销售方法** 解放初期，奉贤县药品货源主要向上海私营药厂和南汇新场进货。实行公私合营后，分别向上海市药材公司，南汇新场药材批发站和松江药材公司对口进货。1959年，从上海市药材公司，上海市医药公司对口进货。随着人民生活水平提高和医药发展需求，1980年起批量购进参茸等名贵药材。1983～1984年，从江苏、浙江、安徽及东北等药品、药材产地采购量明显增加，满足市场供应。

药品批发销售单位：奉贤全县24家药店，19个乡（镇）卫生院、县人民医院、精神病医院、传染病医院、血防站及市属农场职工医院、市县属工厂医务所和农村合作医疗单位。1984年，批发销售中药982种、西药935种。南桥人和堂建立问病卖药制度，代客煎送中药，聘退休老中医坐堂治病开处方。

县医药公司西药批发展销会

县医药公司于1964年建立中草中药加工场，1983年改称中药切制厂。经营中草药收购和饮片加工、批发业务。1984年12月，中药切制厂从医药公司析出独立建置。

3. **医药、器材销售情况** 解放初，中、西药主要由私商经营，销售业务量不大。60年代中期，医疗卫生工作的重点向农村转移，医药、医药器械销售迅速增加。1975年，奉贤县医药和医疗器材销售额627.17万元。1984年，销售额1053.83万元。1993年，销售额11964.82万元。1994年4月，古华医药集团单列。是年12月，县供销社成立上海康德药品总店，药品、药械销售稳定。2000年，销售额2932.35万元。2012年，销售额3599.34万元。

1975～1984年奉贤县医药公司医药、器材销售情况表

表8-1-20 单位：万元

年度	合 计	中草药上调	中 药			西 药	
			饮 片	参 茸	成 药	药 品	器 械
1975	627.17	113.77	73.44		61.97	326.99	51.00
1976	679.64	103.77	97.60		73.32	345.62	59.33
1977	644.91	97.99	100.59		70.04	325.28	51.01
1978	672.83	101.10	91.47		81.85	338.41	60.00
1979	762.47	54.64	104.87		81.79	382.44	48.73
1980	754.29	58.03	62.68	73.59	108.46	397.38	54.15
1981	819.04	70.34	76.60	75.76	137.79	404.4	54.15
1982	1016.11	211.67	101.43	66.41	152.34	428.36	55.90
1983	1016.89	88.56	100.21	113.08	172.44	488.72	53.88
1984	1053.83	145.87	95.32	85.39	203.05	468.34	55.86

1985～2012年奉贤区（县）供销社医药、器材销售情况表

表8-1-21 单位：万元

年 份	销售额	年 份	销售额	年 份	销售额
1985	1143.94	1995	1717.95	2004	3842.63
1986	1168.02	1996	2258.65	2005	5185.06
1987	2156.28	1997	2369.21	2006	4584.10
1988	3287.56	1998	2499.47	2007	5472.84
1989	3309.06	1999	2538.96	2008	5131.06
1990	3453.87	2000	2932.35	2009	5593.47
1991	4429.74	2001	3440.01	2010	3591.14
1992	5702.81	2002	3174.87	2011	3735.86
1993	11964.82	2003	3701.52	2012	3599.34
1994	244.83				

注：1994年起因古华集团单列，销售数据不在表内。

九、农 资

（详见本志第五章第一节农资供应）

第二节 展 销

奉贤县商品（物资）展销活动在南桥镇及各乡镇所在地举办，南桥地区的展销时间是利用春秋两季农闲或传统节日（五一、国庆、重阳等）进行，乡镇的展销地是庙会。

一、商品（物资）交流会

1952年7月至1993年10月，奉贤县人民政府、奉贤县供销社在南桥等地举办商品（物资）交流会27次，商品交易额累计21699.12万元。

1952～1993年奉贤县有关商品交流会情况表

表8-2-1

时　间	交流会名称	交易额（万元）	参加单位（人数）
1952年7月28～30日	奉贤县城乡物资交流会	17.25	15万人
1980年5月～	1980年奉贤夏季城乡物资交流会	191.00（县供销社）	
1981年10月24～26日	奉贤县第一届重阳节城乡物资交流会	156.00	
1982年4月21～28日	奉贤县供销社批发商品展销会	744.00	100余个单位
1982年10月23～25日	奉贤县供销社东乡片物资交流会	47.00	
1983年4月9～12日	奉贤县供销社春季批发商品展销会	463.00	15省市100余单位
1984年4月1～5日	奉贤县供销社春季批发商品展销会	733.00	227家单位
1984年9月5～9日	奉贤县供销社秋季批发商品展销会	818.20	
1985年9月1～5日	奉贤县供销社秋季批发商品展销会	1286.06	
1986年4月3～9日	奉贤县供销社春季批发商品展销会	1223.32	
1986年9月1～8日	奉贤县供销社秋季批发商品展销会	1488.02	1110人洽谈业务
1986年10月11～13日	奉贤县第二届重阳节城乡物资交流会	450.92（县供销社281.73）	
1987年4月3～8日	奉贤县供销社春季批发商品展销会	1419.74	
1987年11月21～24日	1987年奉贤县秋季城乡物资交流会	821.12（县供销社452.15）	8省市251个单位
1988年4月5～9日	奉贤县供销社春季批发商品展销会	1445.34	
1988年10月20～24日	奉贤县第三届重阳节城乡物资交流会	1536.19（县供销社481.09）	
1989年3月24～28日	奉贤县供销社春季批发商品供货会	1297.72	单位80余家，客户3000人
1989年10月6～10日	奉贤县第四届重阳节城乡物资交流会	758.70（县供销社318.76）	
1989年12月4～7日	市供销总社、商业一局联办工业品下乡展销会	1118.89	
1990年3月21～24日	奉贤县供销社春季批发商品展销会	769.67	
1990年8月27～31日	奉贤县供销社秋季批发商品展销会	1223.14	
1990年10月13～16日	奉贤县第五届重阳节城乡物资交流会	769.72（县供销社324.98）	

续表 8-2-1

时　间	交流会名称	交易额（万元）	参加单位（人数）
1991年4月29日至5月3日	奉贤县供销社春夏商品零售展销会	250.00	
1991年9月4～7日	奉贤县供销社秋季商品批发供货会	1325.17	
1991年10月12～17日	奉贤县第六届重阳节城乡物资交流会	431.30	
1992年10月7～12日	奉贤县第七届重阳节物资展销会	502.78	
1993年10月18～21日	奉贤县第八届重阳节物资展销会	458.87	

县纺织品公司供应处现场

二、庙　会

各乡镇根据农村传统庙会，举办商品交流会。（因资料不全，难以统计举办次数）

奉贤县古庙会一览表

表 8-2-2

地　址	名　称	日期（农历）	地　址	名　称	日期（农历）
柘林	小普陀	2月19～21日	三官堂（今光明镇）	关帝庙	9月13～15日
高桥	地方节	4月15～17日	法华	法华庵	9月15～17日
道院	庙会	8月15～17日	金汇	地方节	9月18～20日
新寺	庙会	8月18～20日	头桥	十月潮	10月1～3日
胡桥	庙会	8月24～26日	分水墩	地方节	10月1～3日
泰日	蒋和庙	8月24～26日	萧塘	十月潮	10月1～3日
庄行	吕匠桥	8月24～26日	青村	屠家庙	10月15～17日
邬桥	庙会	9月2～4日	周家弄	太公庙	10月15～17日
奉城	城隍庙	9月2～4日	三官堂	是益庙	10月18～20日
钱桥	重阳节	9月9～10日	齐贤	白沙庙	10月24～26日

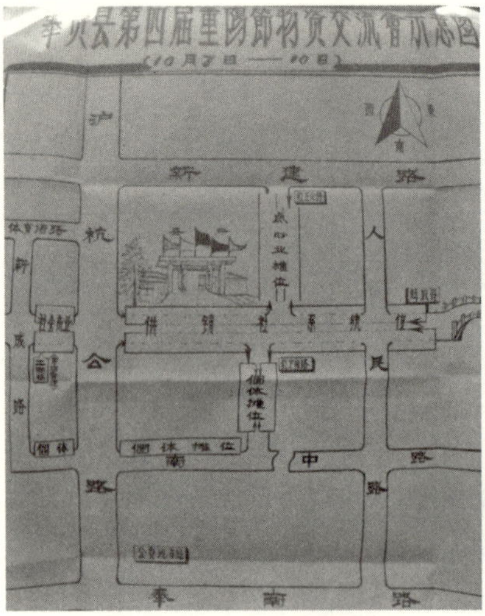

1989年10月，县供销社在南桥镇举办第四届重阳节物资交流会示意图

新寺供销社重阳节展销活动现场

第三节 连锁超市

90年代初，奉贤供销社尝试开设超市、连锁店、便利店；在价格体系上实行低价格、低利润、高周转经营；在销售方式上采取开价售货、顾客自选的方式；在贴近社区、贴近消费者、贴近生活的经营实践中，逐步形成吸引顾客的独具特色的卖点。

一、连锁店

1994年，县供销总社在经营领域探索县供销社、基层供销社两级连锁经营模式。是年12月，康德药品总店首先实行两级连锁经营，1995年底，先后与21个基层供销社药店实行连锁经营。2007年，上海复星康德大药房有限公司有连锁经营网络店31家。

1995年上半年，县烟草糖酒公司、精品商场，相继在平安、光明、柘林等地开设连锁店。1995年下半年，五金公司、果品公司推行两级连锁经营，并与部分基层供销社五金门市部及日用杂品门市部实施连锁经营。1998年，在企业转制中五金、果品连锁经营门店全部解体。

1995年，江海供销社利用鸿翔超市的知名度创办鸿翔超市配货中心，与邬桥、庄行、头桥、奉新等基层供销社发展连锁经营。鸿翔超市配货中心和鸿翔超市先后于1997年、1998年歇业。

1998年1月，农资公司与基层供销社农资销售门市部实行两级连锁经营，签订农资商品连锁经营约议。2007年，农资连锁经营网络店77家。

二、超 市

1994年10月28日，作为市政府实事工程之一的鸿翔超市开张营业，成为奉贤县内第一家超市。

1995年，县烟糖公司先后在光明、庄行、柘林镇开设超市。1997年1月，县烟草糖酒公司在南桥立新路开设金叶超市，经营各种食品及日用品。2000年2月，金叶超市搬迁到金叶商厦地下室，经营范围逐渐扩展到百货用品、家庭日用杂品、小家电以及保健品等。2007年12月，金叶超市歇业。

1997年3月，县果品公司与上海联华超市公司联营，成立上海联华超市奉贤有限公司，由联华超市公司统一经营管理。

1997年起，县供销总社建设生活资料三级网络，即在县城和中心镇，建设商场、大卖场；在乡镇、社区建直营超市；在中心村和居民区建便利店。同年，县烟草糖酒公司成立金叶配售中心，其下属直营连锁超市的管理与发展归配售中心负责。1999年9月19日，位于南桥镇环城东路1468号，由县烟糖公司投资兴建，占地1.2万平方米、营业面积10000余平方米金叶大卖场开张营业，设有食品、副食品、百货、家电4大区域，商品销售以中低档为主，经营品种2.5万余种。2001年1月，金叶配售中心改称为上海金叶超市有限公司；至2001年，有限公司共开设直营连锁超市26家，其中南桥地区6家，乡镇20家，除大卖场以外，营业面积500平方米～1000平方米，形成以超市、直营连锁店为主体的二级网络。

2002年起，区供销社依托卷烟网络，在各中心村、居民区，开设便利店，至2004年年底共有便利店219家。形成金叶超市连锁三级网络，此项目被奉贤区人民政府列入2004年度政府实事工程之一。

2004年5月28日，全国供销合作总社副主任赵显人考察奉贤生活资料三级网络。同年7月19日和10月10日《解放日报》以“奉贤供销社建成三级服务网络（扎根农村、服务农民）”为主题，报道了三级零售服务网络建设情况。同年12月1日，《人民日报》以“奉贤供销社建成三级服务网络（扎根农村、服务农民）”为主题，报道了三级零售服务网络建设情况。2005年7月，经营格局调整，连锁超市均歇业。

第四节 饮食服务

一、沿 革

1949年，奉贤饮食服务商业可分为三种类型，第一类堂口（规模）大、设备全，业主自己参加营业外，还常年雇用工徒；第二类堂口小、资金薄，自食其力经营；第三类家门前设摊或走街串巷叫卖。奉贤菜饭馆自清末以来，因刀功、配料不同，烹调方法有别，分为铲刀、栏杆两帮。铲刀帮只烧奉贤风味菜，俗称乡菜，色重，用老大碗盛装，朴实无华。栏杆帮讲究色、乡、味，多用小锅烹调，现配现炒。南桥镇菜饭馆兼有铲刀帮和栏杆帮两家之长，大菜、热炒兼而有之。各店各具有特色。

南桥小饮食店中，具有特色风味小吃的有4个摊、担（袁桂记，烹调熟龟肉。刘德兴，专售牛肉粉丝，主料厚实、味浓。季家木汤圆担，汤圆皮薄馅多、卤汁鲜美。杨本吉小馄饨担，皮子薄而不糊、馅子新鲜、汤料考究）。

奉贤理发店有本帮、扬帮之分。本帮系奉贤县籍人，擅长剃刀功夫，理发以外，另有敲背、按摩、捉耳垢、翻眼睛等下手活。扬帮为扬州、镇江、句容籍人，手艺精湛，讲究发式造型，迎合时尚潮流。南桥特色理发店有祥记理发店、董记理发店、姚春记理发店。

奉贤茶园遍布全县，以青村港为界，东乡少而西乡盛。

解放初的染坊，多为绍兴人氏经营，一般设在大集镇。主要经营纱线染色，土布印花。同行业中规模较大、设备完善的南桥有4家（施永泉洗染店、美华洗染店、新华洗染店和楼浩记洗染店）。

1950年初，全县有旅馆7家，茶园126家，理发店、摊176家（个），洗染店39家，浴室1家。1949～1954年，部分饮食服务店、摊歇业。1954年下半年，饮食服务业部分私营店、摊组成合作商店或合作小组。1956年，全行业实行社会主义改造，饮食服务商业由饭店、点心、茶园、旅馆、照相、理发、浴室、洗染、钟表修理、电器修理等10个行业组成。此后，同业店、摊又经常撤并、调整，照相、电器修理两种所有制性质均有。

1950～1962年8月，南桥地区饮食服务商业先后归口于南桥供销部、南桥区供销社、南桥供销社、南桥综合贸易公司，各集镇饮食服务店由当地供销社管理。1962年9月，南桥地区饮食服务行业归口县饮食服务公司。70～90年代，南桥饭店、东风饭店、鸿运楼、海蜃楼、人防餐厅等为饮食服务业主要单位。1998年后，饮服企业转为个体经营。

二、经　营

解放后，饮食服务行业经过社会主义改造，纳入供销社系统管理与经营。1954年，菜饭馆、点心店所需粮、油、食糖、肉类、鱼类、禽蛋等主要货源，由国家核准用量计划，统一配给。1959年，受自然灾害等影响，饭店、点心货源奇缺，饭店以素代荤，点心用麸皮制作、糕团用芋粉制作，称无粮点心。1961年，回笼货币，饭菜点心实行高价供应，毛利高于平价3～5倍。1962年8月，调低高价，肉类毛利比平价高2～3倍，禽蛋、水产毛利比平价高1.5～2.5倍；素材毛利比平价高1.5～2倍；和菜、筵席毛利比平价高3倍。1964年，饭菜、点心全部恢复平价。

1976年，允许向农贸市场自行采购部分副食品。旅馆、茶园、理发店、浴室等用布料也由国家核准用量统一配给。

1986年8月，县供销社饮食卫生智力竞赛活动现场

随着工农生产发展和人民生活水平提高，饭店恢复传统特色，开设雅座、供应高档菜肴，承接各种筵席。点心店制作各种糕点20余种，茶园全部发展为茶楼书场。

1985年，县供销社系统有饮食网点83家；旅馆12家，床位461张；理发店20家，照相馆8家，浴室2家，洗染店1家，钟表修理部7个，电器修理部2个。90年代，南桥饭店的“响油鳝丝”、南桥海蜃楼的“红烧鳗鱼”风靡全县，凡到南桥就餐的客人，均以尝“红烧鳗鱼”为荣。1998年，深化企业改革，饮食服务业网点均改制为个体或承包经营。

三、经营业绩

1954年，奉贤县饮食业销售额74.10万元。1965年营业额170.35万元。1976年营业额300.05万元。1985年营业额431.18万元。1997年营业额748.10万元，2006年营业额44.29万元。

1954～2006年奉贤区（县）供销社饮食业经营情况表

表8-4-1　　单位：万元

年　份	营业额	年　份	营业额	年　份	营业额
1954	74.10	1974	253.09	1991	452.26
1955	90.10	1975	291.68	1992	485.61
1959	154.66	1976	300.05	1993	558.96
1960	84.77	1977	314.92	1994	752.52
1961	204.45	1978	345.49	1995	557.01
1962	278.57	1979	362.56	1996	631.77
1963	212.28	1980	402.26	1997	748.10
1964	174.01	1981	418.00	1998	630.63
1965	170.35	1982	390.46	1999	428.30
1966	190.96	1983	477.58	2000	385.55
1967	177.58	1984	572.50	2001	194.58
1968	166.18	1985	431.18	2002	140.16
1969	178.10	1986	370.82	2003	114.08
1970	163.18	1987	393.43	2004	81.49
1971	173.93	1988	425.27	2005	44.48
1972	216.05	1989	619.53	2006	44.29
1973	228.17	1990	415.87		

第九章　基层商业组织

解放后，奉贤基层商业组织有基层供销社、国营综合商店、商业合作社（合作商店）和食品购销站。

1950年6月，奉贤县首家基层供销社——柘林供销社成立。1954年，全县有基层供销社18家。是年11月，基层供销社撤并为庄行、南桥、泰日、奉城、青村5家行政区供销社，下设14个供应站、4个收购站。1957年秋，全县撤区并乡，恢复各乡供销社。1958年9月，基层供销社改称公社供销部。1962年1月，各公社供销部改称供销社。1963年11月，以经济区划社，建立庄行、萧塘、齐贤、奉城、青村、四团、新寺7家供销社，其余供销社改称供销站。1964年底至1965年初，各公社恢复供销社。1966年1月，建立塘外供销社。1969年10月，供销社与国营综合商店、合作商店合并，改称公社商业站 。1973年6月，恢复基层供销社。1974年2月，全县有17家基层供销社。1982年1月，建立新海供销社。1984年12月，重建柘林供销社。1991年5月，新海供销社并入柘林供销社，改称新海分社。1994年2月，重建洪庙、邵厂供销社。同年3月，新海供销分社歇业，改称奉新商业公司。同年，全县基层供销社21家。1998年12月，奉新商业公司解体、歇业。2003～2008年，邵厂、洪庙、塘外、齐贤、邬桥、胡桥、新寺、光明、钱桥、萧塘、泰日、平安、头桥供销社先后由各行政镇供销社托管。2012年，奉贤区基层供销社20家（其中被托管13家）。

1965年7月，县商业局在县城以外集镇建立15家国营综合商店。1973～1978年，先后成立星火、燎原、五四农场国营综合商店。

商业合作社的前身是由小商小贩组建合作商店（小组）。1956年，全县有合作商店（小组）132家。1958年并入供销部。1962年，国营综合商店和供销社调整出原小商小贩1457人，重建合作商店102家。1989年，以合作商店为基础，全县建立商业合作社（总店）20家。1989～1991年，10家商业合作社并入基层供销社，1家总店并入县烟草糖酒公司。1998～2001年，全县9家商业合作社（总店）歇业、解体、转制改制。

1955年，奉贤县食品公司下设南桥、青村、奉城3个食品站。1958年9月，食品站和分站并入相关公社供销部。1963～1969年，食品站先后划归县食品公司、国营综合商店、公社商业站。1973年6月，并入基层供销社。1978年7月，食品购销站，重新划归县食品公司。1989年1月，食品购销站随县食品公司划入奉贤县畜牧水产局。

基层商业组织主要经营生产、生活资料和饮食等服务业。基层供销社还承担棉花、农副产品、废旧物资购销业务。成为商品流通的主渠道。

1979～2001年，庄行、奉城等供销社先后5次被上海市和国家商业部（全国供销合作总社）评为先进单位（企业）。邬志如等14人次先后被上海市（江苏省）和全国供销合作总社评为劳动模范（先进工作者）。

第一节　基层供销社

一、柘林供销社

1950年6月，为解决柘林聚居盐民购买粮油和生活用品困难，松江专区合作总社委派朱明到奉贤，协助建立柘林供销社。1953年3月，并入新寺供销社。1984年12月13日，从新寺供销社析出，重建柘林供销社。1989年，柘林商业合作社撤销，并入该社。1991年5月，新海供销社并入该社。1994年3月，划出新海供销分社。2003年10月，托管新寺供销社。2004年2月，胡桥供销社从庄行供销社划归该社托管。

地址：先后位于柘林镇沪港新村B区1号201室、钦林北路18弄8号。

1950～2012年，先后有6人任主任，12人任副主任。

1950～2012年柘林供销社行政领导更迭表

表9-1-1

主　任		副主任	
姓　名	任职时间	姓　名	任职时间
李　恽	1950.06～1951.05	毛云达	1990.03～1994.06
毛小善	1951.06～1953.04	朱福均	1991.05～1994.03
严兰根	1985.01～1992.03	赵竹强	1992.06～1992.09
李志成	1992.04～1994.03	李德宝	1993.08～1994.02
李德宝	1994.03～2006.03	平华忠	1994.03～1998.08
陈德兴	2006.03～2012.02	姚明德	1997.03～1998.07(兼)
副主任		翁孝华	1998.08～2009.03
褚石泉	1951.06～1952	翁卫明	2009.03～2012.02
莫伯铭	1985.01～1987.03	沈继军	2012.03～　（主持工作）
平雪根	1985.02～1992.06		

1985年，该社商品销售589.16万元，1988年突破1000万元，1993年达2899.30万元，1996年起逐步下降。2000年起，转换经营机制，以资产经营为主。2012年，资产经营收入199.24万元。

1985～2012年柘林供销社经营情况表

表9-1-2

年 份	职工人数（人）	销售额（万元）	利 润（万元）	年 份	职工人数（人）	销售额（万元）	利 润（万元）
1985	91	589.16	21.11	1999	74	169.22	2.47
1986	99	751.82	25.01	2000	27	31.66	1.32
1987	104	850.65	25.78	2001	23	28.90	1.24
1988	110	1102.87	35.40	2002	25	13.81	2.35
1989	135	1074.92	27.75	2003	50	19.04	1.60
1990	136	965.52	24.43	2004	121	64.91	0.25
1991	207	1753.29	31.26	2005	104	337.21	0.27
1992	194	2242.54	4.83	2006	92	560.09	0.31
1993	203	2899.30	-59.61	2007	83	259.28	0.35
1994	119	1875.70	4.12	2008	73	331.54	0.30
1995	180	1940.76	2.12	2009	65	94.42	-22.52
1996	91	798.46	0.65	2010	57	162.50	0.13
1997	94	558.71	-3.17	2011	51	198.47	0.90
1998	83	272.02	2.51	2012	40	199.24	-17.30

二、东新市供销社

1950年7月，建立东新市供销社。1951年7月，并入头桥供销社。1950年7月至1951年7月，该社主任李祥生。

三、青村供销社

1950年7月，建立青村供销社。1954年11月，改称青村区供销社，下设钱桥、三官2个供应站。1957年秋，青村区社撤销，改称青村供销社，同时划出钱桥、三官2个供应站。1958年9月，改称英雄人民公社供销部。1959年9月，改称青村人民公社供销部。1962年1月，改称青村人民公社供销社。1963年11月，改称青村供销社；同月，钱桥、光明供销部撤销，并入该社。1965年初，划出钱桥、光明供销站。1966年1月，划出塘外供销站。1969年10月，改称青村人民公社商业站。1973年6月，恢复青村供销社名称。2003年10月，托管光明、钱桥供销社。2009年9月，创办青供农资公司。

1959～1991年，先后4次被上海市供销社（财贸办）和江苏省财贸办评为先进单位。职工钱正兴1993年和2001年2次被国家卫生部评为无偿献血金奖。

地址：先后位于青村镇新建路60弄、人民路45号。

1950～2012年，该社先后有18人次任主任，32人次任副主任。

1950～2012年青村供销社行政领导更迭表

表9-1-3

主　任		副主任	
姓　名	任职时间	姓　名	任职时间
卫辉耀	1950.07～	路　华	1960.09～1965.06
沈仁杰	～1955	方才章	1960.10～1965.06
周凤喜	1955～1956.06	张思规	1962.10～1983.12
李琴生	1956.06～1958	朱祖荫	1963.05～1964.02
庄福祥	1962.04～1963.04	陈德望	1963.10～1963.12
洪玉祥	1963.04～1964.03	周云海	1963.10～
王守清	1964.04～1965.10	朱其琤	1963.10～1965.06
马梦忠	1967 ～1969	钱伯华	1964～1965.06
迟宗聚	1970～1972.03	项志龙	1965.06～1971
方才章	1972.03～1978.08	陈德望	1973.04～1983.01
唐友荣	1983.08～1984.12	马钖昌	1982.06～1983.12
潘志良	1987.07～1989.09	徐　峻	1984.04～1992.06
陶永良	1989.09～1995.01	陆勤云（女）	1984.04～1989.03
李昇华	1995.01～1997.08	潘志良	1984.12～1987.07（主持工作）
邢勤均	1997.09～1998.06	姚棣光	1991.03～1992.10
金秀亮	1998.06～1999.03	陆伯英	1991.05～1992.03
陈德兴	1999.03～2006.03	马速兵	1992.06～1993.06
周祖平	2006.03～	荀　榕	1992.08～1996.05
副主任		李昇华	1994.03～1995.01
倪耕泉	1950.03～1954.07	周明兴	1997.04～1997.08
季渭林	1951.03～1954.07	邢勤均	1998.06～1999.12（兼）
周伯衡	1953.05～1956.01	屠永华	1998.07～1999.12
张福寿	1954.07～1955.12	来克旺	1999.12～2003.10（兼）
庄福祥	1956.07～1962.04	卫祖民	1999.12～2001.06
洪玉祥	1958～1960.02	张永明	2006.03～
张思规	1959.03～1961.02		

1953年，该社商品销售53.04万元，以后逐年增长，1962年销售162.94万元。1976年，销售742.53万元。1984年达1241.61万元。1992年销售额2581.13万元，1998年起该社经营机制改革，销售下降，2001年起退出商品经营，以资产经营为主。2012年资产经营收入194.26万元。

1976～2012年青村供销社经营情况表

表9-1-4

年份	职工人数（人）	销售额（万元）	利润（万元）	年份	职工人数（人）	销售额（万元）	利润（万元）
1976	195	742.53	25.08	1995	173	2555.35	0.14
1977	216	747.74	27.23	1996	164	1186.85	1.34
1978	191	873.56	33.30	1997	163	1080.19	-86.39
1979	188	954.20	39.70	1998	131	695.48	-117.00
1980	176	852.54	37.72	1999	84	250.69	-134.22
1981	184	858.93	38.46	2000	80	262.47	-49.91
1982	196	859.89	37.11	2001	86	74.74	-13.72
1983	170	908.61	38.84	2002	81	61.77	65.26
1984	173	1241.61	57.56	2003	79	65.01	-3.58
1985	197	1369.86	63.37	2004	147	189.43	-17.67
1986	183	1360.44	65.47	2005	130	86.07	-3.36
1987	186	1326.13	59.78	2006	114	251.86	-18.86
1988	185	1674.76	62.29	2007	102	636.90	-28.76
1989	183	1757.85	53.65	2008	85	415.35	-11.34
1990	184	1736.47	51.84	2009	85	304.85	1.69
1991	185	2209.15	53.90	2010	78	580.61	2.33
1992	328	2581.13	34.30	2011	74	201.68	4.38
1993	196	4349.32	7.94	2012	69	194.26	-10.48
1994	180	2382.56	3.32				

四、平安供销社

1950年7月，建立平安供销社。1951年7月，并入四团供销社，改称平安供应站。1955年划入奉城区供销社。1957年秋，恢复平安供销社。1958年9月，改称星火人民公社供销部。1959年9月，改称平安人民公社供销部。1962年1月，改称平安人民公社供销社。1963年11月，并入四团供销社，改称平安供销站。1964年年底，从四团供销社划出，恢复平安人民公社供销社。1969年10月，改称为平安人民公社商业站。1973年6月，再次恢复平安供销社名称。1989年，平安合作商店撤销，并入该社。2003年10月，托管邵厂供销社。2006年3月，由四团供销社托管。

地址：平安社区平福路19号。

1950～2006年，先后有14人次任主任，19人次任副主任。

1950～2006 年平安供销社行政领导更迭表

表 9-1-5

主任		副主任	
姓名	任职时间	姓名	任职时间
陈书标	1950.10～1951.04	季根荣	1965.05～1973.07
徐水根	1958.10～1959	曹芹根	1976～1980.08
彭雪仁	1959～1960.08	苏仁舟	1977.07～1987.03
洪玉祥	1960.08～1962.10	徐水根	1979.01～1980
黄根楼	1962.10～1963.05	黄根楼	1979.01～
徐水根	1965.05～1971.12	顾忠海	1983.09～1987.12
曹芹根	1971.12～1976	蔡仲章	1983.09～1984.08（主持工作）
蔡仲章	1984.09～1987.12	王伟强	1984.09～1997.04
顾忠海	1987.12～1992.03	夏禹良	1984.09～1991.05
卢德根	1992.03～1994.03	房同明	1991.05～1992.06
周志清	1994.03～1997.04	朱宝龙	1992.06～1994.03
王伟强	1997.04～1998.07	曹正光	1992.06～1994.03
张 涛	1998.07～1999.03	蔡仲章	1994.03～1996.04（兼）
夏禹良	1999.03～2006.03	张 涛	1996.05～1998.07
副主任		夏禹良	1997.04～1999.03
赵碧官	1950.11～1951.07	陈志刚	1998.11～2006.03（兼）
黄益芳	1963～1965.05	张 涛	1999.03～1999.05

销售业绩。1951 年 7 月至 1955 年 11 月，归属四团供销社。1955 年 11 月至 1958 年归属奉城区供销社。1976 年，商品销售 986.36 万元，1977 年突破 1000 万元、1988 年达 2301.20 万元，1993 年销售 3955.32 万元，达到高峰。此后逐年下降，1998 年起，经营机制转换，逐步退出商品经营。2001 年后，以资产经营为主。2005 年，经营收入 27.58 万元。

1976～2005 年平安供销社经营情况表

表 9-1-6

年份	职工人数（人）	销售额（万元）	利润（万元）	年份	职工人数（人）	销售额（万元）	利润（万元）
1976	259	986.36	37.96	1984	209	1666.59	61.05
1977	219	1019.86	42.81	1985	200	1835.56	78.43
1978	242	1119.16	29.95	1986	250	1637.02	75.99
1979	268	1194.46	51.88	1987	227	1610.44	62.00
1980	263	1264.26	45.41	1988	277	2301.20	71.40
1981	274	1267.32	47.52	1989	279	2274.74	66.45
1982	256	1268.28	49.96	1990	236	2187.35	43.86
1983	270	1228.64	48.17	1991	315	2701.76	55.36

续表 9-1-6

年　份	职工人数（人）	销售额（万元）	利　润（万元）	年　份	职工人数（人）	销售额（万元）	利　润（万元）
1992	279	3081.71	13.30	1999	137	575.27	-143.71
1993	250	3955.32	-76.06	2000	21	253.99	-151.47
1994	220	2482.72	3.31	2001	15	15.63	-0.03
1995	179	2669.43	2.60	2002	15	173.45	80.23
1996	179	2458.45	0.73	2003	94	36.29	0.02
1997	169	1789.71	-45.02	2004	86	46.66	-0.02
1998	155	926.91	-62.48	2005	77	27.58	-0.03

五、洪庙供销社

1950 年 7 月，建立洪庙供销社。1951 年 7 月，并入奉城供销社。1987 年，建立奉城供销社洪庙分社。1994 年 2 月，重建洪庙供销社。2003 年 10 月，由奉城社托管。

地址：洪庙社区水闸路 7 号。

先后有 3 人任主任，2 人任副主任。

1950～2003 年洪庙供销社行政领导更迭表

表 9-1-7

主　任		副主任	
姓　名	任职时间	姓　名	任职时间
杨立山	1950.07～1951.07	王炎根	1994.03～1996.04
张国耀	1994.03～1999.12	张锦清	1996.05～2003.10（兼）
周志清	1999.12～2003.10		

1994 年，商品销售 1170.93 万元，1998 年起，随着改革开放深入，全民经商兴起，供销经营下滑并逐步退出商品经营。2003 年，经营收入 48.64 万元。

1994～2003 年洪庙供销社经营情况表

表 9-1-8

年　份	职工人数（人）	销售额（万元）	利　润（万元）	年　份	职工人数（人）	销售额（万元）	利　润（万元）
1994	67	1170.93	0.28	1999	60	301.37	-28.88
1995	69	1115.84	0.18	2000	51	305.00	-65.82
1996	69	795.16	-7.25	2001	49	155.02	-36.84
1997	63	656.42	-28.51	2002	39	74.00	0.13
1998	61	294.59	-32.53	2003	32	48.64	-0.19

六、邵厂供销社

1950年8月，建立邵厂乡供销社。1951年7月，并入四团供销社。1994年2月，重建邵厂供销社。2003年10月，由平安供销社托管。

地址：邵厂社区邵厂街50弄1号。

1950～2003年，该社先后有3人任主任，4人任副主任。

1950～2003年邵厂供销社行政领导更迭表

表9-1-9

主任		副主任	
姓　名	任职时间	姓　名	任职时间
董祥根	1951.03～1951.07	周祥林	1950.10～1951.07
顾忠官	1994.03～1996.04	李昌伯	1950.10～1951.07
蔡仲章	1996.04～2003.10	朱宝龙	1994.03～1996.04
		赵勇飞	1996.05～1998.11

1994年，该社商品销售443.67万元，1998～2000年，随着经商多元化和供销社经营机制转换，销售额逐年下降。2003年，销售额757.18万元。

1994～2003年邵厂供销社经营情况表

表9-1-10

年　份	职工人数（人）	销售额（万元）	利　润（万元）	年　份	职工人数（人）	销售额（万元）	利　润（万元）
1994	44	443.67	2.38	1999	5	251.51	-27.68
1995	37	604.22	0.20	2000	20	205.81	-10.84
1996	38	528.03	0.32	2001	16	227.67	0.07
1997	35	430.31	-2.40	2002	11	381.01	2.05
1998	34	282.84	-1.87	2003	8	757.18	-49.77

七、奉城供销社

1950年10月，建立奉城供销社。1951年7月，民福、洪庙供销社撤销，并入该社。1954年11月，建立奉城区供销社，四团供销社、平安供应站，并入该社。1957年秋，奉城区社撤销，恢复奉城供销社，同时，划出四团、平安2个供应站。1958年9月，改称曙光人民公社供销部，头桥供应站划入该部。1959年9月，改称奉城人民公社供销部。同月，划出头桥供销站。1962年1月，改称奉城人民公社供销社。1963年11月，改称奉城供销社；同月，头桥供销社撤销，并入该社。1965年6月，划出头桥供销站。1969年10月，改称奉城人民公社商业站。1973年6月，恢复奉城供销社名称。1987年，成立洪庙分社。1992年8月，奉城商业合作社撤销，并入该社。1994年2月，划出洪庙分社。2003年10月，托管塘外，洪庙供销社。2008年3

月，托管头桥供销社。

1983年，被国家商业部评为发展社会主义商业工作成绩优异奖。1985年被国家商业部评为“四无仓库”先进单位。1978～1991年，先后10次被上海市供销社（市财贸办）评为先进单位（企业）。1988年，该社美伦棉布店被上海市人民政府评为“上海劳模集体”。同年，被国家商业部评为国家二级企业。1962～1989年，陶品琴等4人被评为上海市劳动模范。1982年，张伯仁被全国总工会评为工会积极分子。

地址：先后位于奉城镇东街13号、川南奉公路9768号、奉城镇东街13弄。

1951～2012年，奉城供销社先后有22人任主任，31人次任副主任。

1951～2012年奉城供销社行政领导更迭表

表9-1-11

主任		副主任	
姓名	任职时间	姓名	任职时间
黄振国	1951.04～1951.12	周伯衡	1956.06～1958.05
徐友庭	1952.01～1952.05	董祥根	1956.06～1958
王虹	1952.06～1952.11	吴光	1959.11～1961.06
丁贵温	1953.05～1954.10	苏敏	1960.01～1963.10
李迪	1954.10～1955.02	张永芳（女）	1960.05～1960.10
李琴生	1955.03～1956.06	李克刚	1963.10～1965.06
曹芹根	1956.06～1957.08	陈德望	1963.12～1973.04
黄根楼	1957.08～1960.10	何正英（女）	1970.02～1973.10
张永芳（女）	1960.11～1961.11	季根荣	1973.07～1978.12
金利川	1961.12～1965.06	潘瑜（女）	1978.12～1981.02
钟荣杰	1965.06～1970	张伯仁	1981.02～1992.06
马德荣	1978.12～1990.02	陈菊芳（女）	1983.02～1991.05
唐仁章	1990.02～1992.03	陈建庆	1987.05～1989.03
顾忠海	1992.03～1993.06	朱根明	1988～1992.06
董文官	1993.06～1994.07	陈铭伟	1990.03～1992.03
褚伯龙	1994.07～1998.06	朱祖香	1991.05～1994.03
倪勤华	1998.06～1999.12	陆伯英	1992.03～1993.03
樊永良	1999.12～2002.07	张国耀	1992.06～1994.03
陆金昌	2002.07～2003.03（代）	褚伯龙	1992.06～1994.03
滕玉林	2003.03～2010.03	周志清	1993.03～1994.03
王正玲（女）	2010.03～2012.02	顾忠海	1993.06～1994.07（兼）
陈德兴	2012.02～	陈瑞芳（女）	1994.10～1998
副主任		许奔	1994.10～2012.02
李琴生	1951～1955.03	刘宝余	1996.06～2002.06（兼）
黄根楼	1951～1957.08	张永明	2003.10～2006.03
吴关兴	1951～1952.08	沈继军	2010.03～2012.02
蔡世林	1953.01～1953.07	翁卫明	2012.02～

1953年，奉城供销社商品销售额114.90万元，随着经济的发展，销售和利润同步增长。1962年1～6月，销售106.45万元。1976年销售1047.42万元。1984年销售额突破2000万元。1992年达5070.89万元，创利35.29万元；2000年起，经营机制改革，以资产经营为主。2012年，经营收入225.89万元。

1976～2012年奉城供销社经营情况表

表9-1-12

年份	职工人数（人）	销售额（万元）	利润（万元）	年份	职工人数（人）	销售额（万元）	利润（万元）
1976	295	1047.42	37.50	1995	244	2372.67	0.76
1977	285	1049.33	41.07	1996	230	2429.80	1.17
1978	250	1307.64	50.41	1997	186	1618.90	-60.55
1979	269	1532.12	55.08	1998	178	2056.87	-128.00
1980	285	1354.27	56.99	1999	207	1317.36	-74.00
1981	260	1479.35	70.08	2000	168	245.47	-171.82
1982	240	1569.59	70.68	2001	167	15.57	-146.82
1983	237	1515.51	73.32	2002	72	17.47	-65.68
1984	278	2097.36	82.80	2003	60	5.26	-26.78
1985	243	2307.64	105.33	2004	139	866.35	-17.36
1986	294	2104.06	101.63	2005	123	711.83	-25.90
1987	294	2116.22	107.60	2006	112	400.01	0.11
1988	293	2976.82	107.66	2007	96	382.39	-4.02
1989	306	3480.10	101.63	2008	147	153.65	3.27
1990	328	3068.12	105.01	2009	136	224.13	4.42
1991	338	3670.49	120.10	2010	122	226.29	1.48
1992	371	5070.89	35.29	2011	106	247.05	-28.00
1993	369	7360.41	0.03	2012	95	225.89	-77.22
1994	189	2057.41	0.11				

八、南桥职工消费合作社

1950年12月，建立南桥职工消费合作社。1953年3月，并入南桥供销社。1950年12月至1953年3月，主任仇祖炎。

九、民福供销社

1951年2月，建立民福供销社。同年7月，并入奉城供销社。1951年2～7月，主任徐友庭。

十、庄行供销社

1951年2月，建立庄行供销社。1954年11月，成立庄行区供销社，下设胡桥、邬桥2个供应站。1957年秋，庄行区社撤销，恢复庄行供销社，同时划出邬桥、胡桥2个供应站。1958年9月，改称东风人民公社供销部。1959年9月，改称庄行人民公社供销部。1962年1月，改称庄行人民公社供销社。1963年10月，改称庄行供销社，江海供销部撤销，并入该社。1965年初，划出江海供销站。1969年10月，改称庄行人民公社商业站。1973年6月，恢复庄行供销社名称。2003年10月，托管胡桥供销社。2004年2月，胡桥社从该社划归柘林社托管；同月，邬桥社由萧塘供销社划归该社托管。

2012年庄行供销社

1978～1991年，先后7次被上海市供销社（财贸办）评为先进单位（集体）。

地址：先后位于庄行镇一新街101号、一新街48号。

1952～2012年，先后有14人任主任，29人次任副主任。

1952～2012年庄行供销社行政领导更迭表

表9-1-13

主任		副主任	
姓名	任职时间	姓名	任职时间
顾南山	1952.02～1954.11	许云章	1954～1955.11
顾能发	1954.11～1956.06	胡世天	1955.01～1955.09
黄源深	1956.06～1961.01	李　恽	1955.09～1956.03
凤葵明	1961.01～1965.05	沈思泉	1955.11～1979.04
汤银楼	1965.05～1972.12	凤葵明	1955.11～1961.01
吴修元	1981.03～1984.12	程仲贤	1956.06～1957.12
张云川	1984.12～1992.06	沈永良	1961.01～1968.12
莫伯铭	1992.06～1994.03	萧伯君	1963.11～1965.06
姜仁发	1994.03～1996.05	胡连松	1971.01～1978.07
荀　榕	1996.05～2006.03	张则仁	1972.01～1973.01
邵才明	2006.03～2006.12	卫桂兴	1979.05～1981.12
倪永良	2006.12～2009.03	张云川	1979.05～1984.12
姚永跃	2009.03～2012.02	吴修元	1979.05～1981.03
王正玲（女）	2012.02～	蔡吉华	1982.02～1984.09

续表 9-1-13

副主任		副主任	
姓　名	任职时间	姓　名	任职时间
沈智林	1984.09～1985.11	赵学笙	1993.03～1996.05
陆菊华（女）	1984.09～1990.12	姜仁发	1993.03～1994.03
俞洪基	1985.11～1986.11	张云川	1994.03～1996.05（兼）
彭水龙	1986.11～1990.08	刘红弟	1996.05～
沈智林	1990.08～1991.03	姜仁发	1997.03～2004.03（兼）
王卫东	1991.05～1991.11	邵才明	2006.12～2008.03
莫伯铭	1991.05～1992.06	姚永跃	2008.03～2009.03
顾春华	1992.06～1996.05		

1953年，该社商品销售43.30万元；1962年，销售203.73万元。1976年销售896.96万元。1978年，销售突破1000万元，1993年达2736.49万元，1998年起商品销售逐年下降，2000年起退出商品经营，转为资产经营。2012年经营收入342.25万元。

1976～2012年庄行供销社经营情况表

表 9-1-14

年　份	职工人数（人）	销售额（万元）	利　润（万元）	年　份	职工人数（人）	销售额（万元）	利　润（万元）
1976	244	896.96	21.42	1995	144	2163.66	0.02
1977	225	947.30	26.38	1996	142	1594.96	-59.52
1978	202	1103.27	38.22	1997	130	1497.42	-47.10
1979	189	1140.04	46.73	1998	112	721.57	-63.90
1980	183	1116.67	49.59	1999	97	341.80	-79.51
1981	198	1016.48	49.62	2000	74	220.98	-23.28
1982	182	1079.92	50.34	2001	68	44.93	-0.57
1983	197	1044.29	45.08	2002	65	7.84	-16.88
1984	171	1387.74	58.83	2003	61	3.11	-4.23
1985	193	1433.53	65.62	2004	96	1.39	-3.21
1986	202	1454.52	59.42	2005	73	0.58	-5.22
1987	203	1510.08	63.18	2006	67	73.86	1.93
1988	200	1861.00	75.91	2007	58	113.65	2.27
1989	196	1811.14	64.93	2008	59	150.41	3.20
1990	190	1715.62	100.17	2009	51	135.13	1.08
1991	206	2125.42	79.44	2010	42	135.65	0.51
1992	203	2476.93	17.84	2011	38	291.69	0.08
1993	162	2736.49	-54.73	2012	33	342.25	-61.77
1994	150	2005.98	0.18				

十一、江海供销社

前身是1951年3月15日建立的南桥供销合作社。1953年3月，南桥职工消费合作社撤销并入南桥供销合作社。1954年11月，以区建社，改称南桥区供销社，下设萧塘、新寺、齐贤3个供应站。1957年秋，南桥区社撤销，恢复南桥供销社，同时，划出萧塘、新寺、齐贤3个供应站。1958年秋，改称南桥人民公社供销部。1961年10月，南桥供销部改称江海人民公社供销社。1963年11月，以经济区建社，并入庄行供销社，改称为江海人民公社供销站。1965年初，从庄行供销社划出，恢复江海人民公社供销社名称。1969年10月，改称江海人民公社商业站。1973年6月，再次恢复江海供销社名称。2004年2月，托管萧塘供销社。

2012年江海供销社办公楼正门

1994年，顾士荣被国内贸易部评为劳动模范。

地址：南桥镇立新路15号。

1951～2012年，江海（南桥）供销社先后有19人次任主任、20人次任副主任职务。

1951～2012年江海供销社行政领导更迭表

表9-1-15

主任		主任	
姓名	任职时间	姓名	任职时间
万桂秋	1951.03～1951.08	孙伯君	1959.10～1963.10
罗振汉	1951.10～1953.03	萧伯君	1965.07～1981.12
孔静波	1953.05～1954.03	曹水石	1982.10～1985.03
王瑞斋	1954.03～1955.03	宋石英	1985.04～1986.04
张　明	1955.03～1958.08	顾士荣	1986.04～1988.03
胡仁杰	1958.09～1959.09	吴方圭	1988.03～1989.02
姜明智	1959.09～（未到职）	顾士荣	1989.02～1999.12

续表 9-1-15

主　任		副主任	
姓　名	任职时间	姓　名	任职时间
宋石英	1999.12～2003.10	顾士荣	1985.04～1986.04
高李华（女）	2003.10～2004.03	吴方圭	1986.04～1989.03
俞永刚	2004.03～2006.03	沈亦平	1987.07～1991.05
盛其炎	2006.03～2009.03	周祖勇	1991.05～1996.04
张永华	2009.03～	张志贤	1992.06～2011.03
副主任		王海强	1994.03～1998.09
胡仁杰	1951.02～1955.12	宋石英	1997.04～1999.12（兼）
罗振汉	1951.03～1951.10	金秀亮	1999.03～2011.03
孙伯君	1955.04～1959.09	方宝根	1999.12～2008.03
郭伯仁	1956.06～	盛其炎	1999.12～2006.03（兼）
庄正国	1980.03～1983.12	周志清	2004.03～2012.02
李吉瑞	1983.07～1984.07	孙国贤	2004.03～
宋石英	1983.09～1985.03	薛金辉	2012.02～

1953 年，南桥供销社零售商品销售额 80.88 万元，以后逐年增加。1962 年 1～5 月，销售 72.92 万元。1976 年销售 601.45 万元。1988 年创利润 80.05 万元。1994 年销售额 5893.61 万元。2001 年企业转制，以资产经营为主。2012 年经营收入 824.96 万元。

1976～2012 年江海供销社经营情况表

表 9-1-16

年　份	职工人数（人）	销售额（万元）	利　润（万元）	年　份	职工人数（人）	销售额（万元）	利　润（万元）
1976	173	601.45	18.95	1991	189	2880.34	44.10
1977	171	651.28	22.78	1992	216	4282.93	31.19
1978	150	753.47	27.60	1993	207	8469.46	24.59
1979	128	714.53	24.47	1994	202	5893.61	49.97
1980	140	661.65	25.57	1995	193	5866.63	20.05
1981	144	731.14	33.40	1996	191	5464.37	10.06
1982	182	845.27	37.55	1997	180	4832.18	5.29
1983	152	921.18	40.02	1998	169	2968.64	8.12
1984	169	1032.77	37.76	1999	163	1811.93	9.80
1985	157	1244.90	58.41	2000	163	1147.64	7.10
1986	160	1273.19	67.62	2001	154	679.72	10.68
1987	174	1349.28	75.21	2002	149	677.95	10.45
1988	183	1940.49	80.05	2003	143	681.16	10.60
1989	192	1730.81	40.13	2004	209	557.05	15.06
1990	188	1893.85	24.29	2005	184	302.38	29.86

续表 9-1-16

年份	职工人数（人）	销售额（万元）	利润（万元）	年份	职工人数（人）	销售额（万元）	利润（万元）
2006	163	390.68	30.11	2010	123	709.67	35.22
2007	158	511.56	30.19	2011	121	767.92	36.15
2008	134	603.57	30.89	2012	109	824.96	124.28
2009	129	674.44	31.48				

十二、头桥供销社

1951 年 4 月，建立头桥供销社。同年 7 月，东新市供销社撤销，并入该社。1952 年 6 月，头桥职工消费合作社撤销，并入该社。1954 年 11 月，并入泰日区供销社，改称头桥供应站。1957 年秋，从泰日区社划出，恢复头桥供销社。1958 年 8 月，头桥地区划入曙光人民公社，同年 11 月，改称头桥供销站。1959 年 9 月，头桥人民公社建立，同月，供销站从奉城供销部划出，改称头桥人民公社供销部。1962 年 1 月，改称头桥人民公社供销社。1963 年 11 月，并入奉城供销社，改称头桥供销站。1965 年 6 月，恢复头桥人民公社供销社。1969 年 10 月，改称头桥人民公社商业站。1973 年 6 月，再次恢复头桥供销社名称。2008 年 3 月，由奉城供销社托管。1974～1991 年，先后 7 次被上海市供销合作总社（商业局、财贸办）评为先进单位。

地址：头桥社区头桥中路 19 号。

1951～2008 年，先后由 12 人次任主任，21 人次任副主任。

1951～2008 年头桥供销社行政领导更迭表

表 9-1-17

主任		副主任	
姓名	任职时间	姓名	任职时间
王能清	1951.06～1954	宋惠弟	1951～1954
夏国祥	1955～1956（经理）	周伯衡	1952.06～1953.09
唐兴昌	1957～1959.09	陈纪湘	～1955.03
钟荣杰	1959.09～1965.06	戴林根	1954.11～1955（副经理）
戈树林	1965.06～1971.03	路华	1959.04～1960.01
沈文寿	1971.03～1980.11	钟荣杰	1958～1959.09
张永才	1981.11～1987.10	路华	1962.01～1963.03
顾忠官	1987.11～1988.02（代）	李克刚	1965.06～1969.04
顾忠官	1988.03～1992.06	姚宝昌	1971～1972.12
张永才	1992.06～1999.02	萧岳云	1971～1974
周祖平	1999.03～2006.03	李克刚	1978.07～1981.08
陈志刚	2006.03～2008.03	陈德福	1978.07～1980.06
副主任		陈品章	1981.11～1985.03
徐裕泉	1951.06～1953	徐育章	1981.11～1988.03

续表 9-1-17

副主任		副主任	
姓　名	任职时间	姓　名	任职时间
朱祖香	1985.05～1989.03	周祖平	1994.03～1999.03
高才龙	1990.02～2000.02	朱祖香	1997.04～2003.10
董文官	1990.05～1992.01	张永才	1999.03～2003.10（兼）

1953年，商品销售额60.74万元；1962年1～6月，销售106.45万元。1976年销售786.83万元。1981年突破1000万，1995年达5137.35万元；1999年起，经营机制改革，逐步退出商品经营，2000年起以资产经营为主，2007年经营收入77.58万元。

1976～2007年头桥供销社经营情况表

表 9-1-18

年　份	职工人数（人）	销售额（万元）	利　润（万元）	年　份	职工人数（人）	销售额（万元）	利　润（万元）
1976	265	786.83	25.02	1992	216	2601.41	21.81
1977	254	786.08	25.43	1993	216	4846.80	0.11
1978	245	941.37	29.68	1994	210	3449.53	0.21
1979	248	963.40	32.02	1995	195	5137.35	0.51
1980	243	974.99	34.67	1996	194	5361.91	0.42
1981	193	1045.24	38.53	1997	174	5427.54	-4.85
1982	199	970.56	38.54	1998	161	2006.10	-27.28
1983	186	1066.18	39.20	1999	148	504.51	-65.73
1984	189	1433.72	50.24	2000	130	41.35	-40.91
1985	208	1786.01	67.80	2001	128	39.88	-0.92
1986	201	1980.50	64.69	2002	123	126.68	73.95
1987	202	1635.42	46.89	2003	119	41.69	-0.12
1988	242	1845.39	67.61	2004	112	121.86	-0.05
1989	292	1877.26	60.46	2005	97	2.52	-6.33
1990	296	1800.43	59.58	2006	82	60.57	0.43
1991	212	2137.69	58.75	2007	79	77.58	0.03

十三、四团供销社

1951年5月，建立四团供销社。同年7月，平安、邵厂供销社撤销，并入该社。1954年11月，并入奉城区供销社，改称四团供应站。1957年秋，奉城区社撤销，恢复四团供销社。1958年9月，改称东方红人民公社供销部。1959年9月，改称四团人民公社供销部。1962年1月，改称四团人民公社供销社。1963年11月，改称四团供销社。同月，平安供销部撤销，并入该社。1964年底，划出平安供销站。1969年

10月，改称四团人民公社商业站。1973年6月，恢复四团供销社名称。2006年3月，托管平安供销社。

1955～1977年，邬志如等4人先后被上海市（江苏省）人民政府评为劳动模范（先进个人）。

地址：先后位于四团镇四新街1号、平安社区平福路19号。

1952～2012年，先后有20人次任主任，25人次任副主任。

1951～2012年四团供销社行政领导更迭表

表9-1-19

主　任		副主任	
姓　名	任职时间	姓　名	任职时间
黄源深	1952.10～1954	李　恽	1958.02～1962.01
李琴生	1954～1955.03	陆明福	1960.06～
曹芹根	1955.03～1955.10	王德新	1962.01～1963.10
吴梦生	1955.12～1956.10	徐水根	1963.01～1965.06
彭雪仁	1956.10～1958.06	丁贵温	1964.08～
曹芹根	1958.06～1960	瞿勤根	1965.04～1973.12
汤银楼	1963.10～1965.05	曹芹根	1966.12～1971.12
王德新	1965.06～1966.12	秦玉书	1971.12～1972.12
秦玉书	1966.12～1971.12	黄苗均	1971.12～
徐水根	1971.12～1983.05	陶永良	1979.09～1983.05
陶永良	1983.07～1984.12	张宝洪	1981.07～1983.07
卢德耿	1985.07～1992.03	池竹青	1981.12～
唐仁章	1992.03～1994.03	王龙金	1982.09～1992.06
刘宝余	1994.03～1996.04	顾忠官	1983.07～1987.07
夏禹良	1996.04～1997.04	张宝洪	1990.02～1991.04
周志清	1997.04～1998.11	夏禹良	1991.05～1996.04
邵才明	1998.11～2006.03	徐金伟	1992.06～1996.04
夏禹良	2006.03～2009.03	卢德根	1994.03～1996.04（兼）
赵勇飞	2009.03～2011.03	邵才明	1996.04～1998.11
唐永明	2011.03～	陈志刚	1996.04～1998.11
副主任		赵勇飞	1998.11～2009.03（兼）
邬志雄	1951.06～1954.11	邵才明	2008.03～
沈人良	1951.06～	唐永明	2010.03～2011.03

1953年，该社商品销售139.26万元，随着经济发展、人民生活水平提高，供销业务扩大。1962年，销售321.85万元。1976年销售826.51万元。1982年销售突破1000万元，1992年超2000万元。1996年起，销售下降，2000年退出商品经营，以资产经营为主，2006～2008年，以废旧物资销售增加，2012年，经营收入121.14万元。

1976～2012年四团供销社经营情况表

表9-1-20

年　份	职工人数（人）	销售额（万元）	利　润（万元）	年　份	职工人数（人）	销售额（万元）	利　润（万元）
1976	190	826.51	24.48	1995	196	1103.30	3.27
1977	192	843.19	26.03	1996	186	771.73	-22.39
1978	209	898.05	31.20	1997	166	670.49	-43.25
1979	167	1031.36	35.32	1998	150	628.65	-137.27
1980	170	1074.44	38.00	1999	128	243.63	-196.22
1981	179	985.59	36.72	2000	103	19.13	-70.98
1982	178	1002.58	38.30	2001	87		-0.02
1983	172	988.32	36.64	2002	82	44.01	22.22
1984	182	1234.21	40.64	2003	79	18.97	-12.27
1985	182	1355.47	51.21	2004	66	21.39	-13.53
1986	185	1364.16	58.87	2005	59	27.78	-8.93
1987	219	1531.22	62.13	2006	118	6065.15	0.16
1988	215	2063.70	67.74	2007	102	4220.66	0.06
1989	329	2046.79	46.76	2008	85	3585.40	18.20
1990	342	1612.07	36.86	2009	72	244.22	-44.43
1991	212	1895.84	38.64	2010	56	223.76	-44.24
1992	217	2345.57	10.34	2011	47	350.72	-60.33
1993	237	2945.38	0.13	2012	39	121.14	-100.60
1994	217	1356.09	-90.64				

注：表中销售额一栏中2006～2008年，销售额增加主要是废旧金属销售。

十四、钱桥供销社

1951年5月，建立钱桥供销社。1954年11月，并入青村区供销社，改称钱桥供应站。1957年秋，从青村区供销社划出，恢复钱桥供销社。1958年9月，并入三官公社供销部，改称钱桥供销站。1959年9月，从三官公社供销部划出，改称钱桥人民公社供销部。1962年1月，改称钱桥人民公社供销社。1963年11月，并入青村供销社，改称钱桥供销站。1965年，从青村供销社划出，恢复钱桥人民公社供销社。1969年10月，改称钱桥人民公社商业站。1973年6月，再次恢复钱桥供销社名称。1990年9月，钱桥商业合作社撤销，并入该社。2003年10月，由青村供销社托管。

1978年，被上海市财贸办评为先进单位。同年，职工郭伯荣被上海市革委会评为上海市劳动模范。

地址：钱桥社区长丰路180号。

1951～2003年，先后有12人次任主任、20人次任副主任。

1951～2003年钱桥供销社行政领导更迭表

表9-1-21

主任		副主任	
姓名	任职时间	姓名	任职时间
曾棣华	1952～1954	朱祖荫	1960.06～1963.10
沈华德	1955.03～1955.12（经理）	徐勋之	1965.06～
卫绍增	1955.12～	顾洪根	1972～1977
朱祖荫	1964.02～	徐勋之	1978.12～1981
朱祖荫	1978.12～1981.10	黄锦福	1978.12～1981.10
黄锦福	1981.10～1983.07	朱福君	1981.10～1983.07
朱福君	1983.07～1985.11	唐友荣	1981.10～1983.03
张慕弟	1985.11～1990.02	张慕弟	1983.07～1985.11
陈品章	1990.02～1992.02	丁仁石	1990.02～1999.03
董勤飞	1992.06～1996.05	徐志勇	1991.05～1992.06
陈德兴	1996.05～1999.03	董勤飞	1991.05～1992.06
郭伟良	1999.03～2003.10	倪东辉	1992.06～1994.04
副主任		马德荣	1994.03～1995.02（兼）
朱木根	1951～1952	郭伟良	1994.03～1999.03
张福寿		屠士德	1999.03～2003.10（兼）
周伯衡	1953.09～1955.03	朱介苞	1999.03～2003.10
方才章	1960.01～1960.10		

1953年，该社商品销售38.11万元。1962年销售103.68万元。1976年销售686.80万元。1984年，销售额1210.26万元，1993年销售额达3599.26万元，1994年起逐年下降，2000年，退出商品经营，转为资产经营，2003年资产经营收入6.12万元。

1976～2003年钱桥供销社经营情况表

表9-1-22

年份	职工人数（人）	销售额（万元）	利润（万元）	年份	职工人数（人）	销售额（万元）	利润（万元）
1976	196	686.80	21.38	1986	136	1022.65	50.00
1977	156	723.88	22.57	1987	142	1064.03	51.66
1978	145	974.66	31.53	1988	140	1425.38	54.15
1979	143	875.28	30.33	1989	154	1233.16	41.39
1980	149	844.10	31.83	1990	164	1355.06	30.33
1981	141	850.63	32.22	1991	185	1800.85	11.24
1982	137	853.70	32.25	1992	175	2228.48	6.38
1983	169	888.01	33.10	1993	179	3599.26	0.01
1984	201	1210.26	49.61	1994	167	1790.07	0.13
1985	185	1180.44	55.95	1995	152	1325.06	2.00

续表 9-1-22

年　份	职工人数（人）	销售额（万元）	利　润（万元）	年　份	职工人数（人）	销售额（万元）	利　润（万元）
1996	143	721.71	0.12	2000	87	3.91	-131.34
1997	134	491.49	-64.10	2001	76	25.94	-6.49
1998	119	445.87	-89.15	2002	58	3.64	-43.60
1999	89	130.88	-86.78	2003	45	6.12	-45.41

十五、光明供销社

前身是 1951 年 5 月建立的三官供销社。1954 年 11 月，并入青村区供销社，改称三官供应站。1957 年秋，从青村区供销社划出，恢复三官供销社。1958 年 9 月，改称幸福人民公社供销部，同时划入钱桥供销站。1959 年 9 月，改称三官人民公社供销部。同月，划出钱桥供销站。1962 年 1 月，改称三官人民公社供销社。1963 年 10 月，并入青村供销社，改称三官供销站。1965 年初，三官供销站从青村供销社划出，恢复三官人民公社供销社。1968 年 2 月，改称光明人民公社供销社。1969 年 10 月，改称光明人民公社商业站。1973 年 6 月，恢复光明供销社名称。1990 年，光明商业合作社撤销，并入该社。2003 年 10 月，由青村供销社托管。

1983～1984 年，该社 2 次被上海市供销社评为先进单位。

地址：光明社区光明路 526 号。

1953～2003 年，先后有 16 人次任主任，15 人次任副主任。

1951～2003 年光明供销社行政领导更迭表

表 9-1-23

主　任		主　任	
姓　名	任职时间	姓　名	任职时间
金学明	1951.05～	屠永华	1999.12～2002.10
季渭林		倪永良	2002.10～2003.10
屠桔亭	1955～1956（经理）	副主任	
王守清	1956～1958	庄福祥	1953.06～1956.06
张福寿		夏国祥	1956.06～
洪玉祥	1962.10～1963	方才章	1958.09～1960.01
洪玉祥	1964.03～1965.04	朱祖荫	1964.02～1965.06
金淼渔	～1973.09	陈子敏	1965.06～
李建育	1973.12～1982.01	华桂章	1977.05～1978.12
屠桔亭	1982.01～1986.03	陈子敏	1978.12～1979.04
胡德明	1986.03～1988.02	谢焕华	1983.09～1984.03
屠桔亭	1988.02～1991.05	胡德明	1983.09～1986.02
张慕弟	1991.05～1997.04	林永仁	1984.04～1992.06
盛其炎	1997.04～1999.12	郭伟良	1992.06～1994.03

续表 9-1-23

副主任		副主任	
姓　名	任职时间	姓　名	任职时间
钱国仁	1992.06～1999.08	干建明	1998.07～2003.10
程建新	1994.03～1999.08	胡德明	1997.04～2003.10(兼)

1953 年，该社商品销售 30.86 万元。1962 年销售 94.33 万元。1976 年销售 440.74 万元。1988 年销售达 1166.87 万元。1993 年销售 1952.4 万元，此后逐年下降。2000 年起退出商品经营，以资产经营为主，2003 年资产经营收入 15.02 万元。

1976～2003 年光明供销社经营情况表

表 9-1-24

年　份	职工人数（人）	销售额（万元）	利　润（万元）	年　份	职工人数（人）	销售额（万元）	利　润（万元）
1976	122	440.74	14.94	1990	121	984.53	23.09
1977	128	442.65	16.04	1991	142	1294.76	23.24
1978	119	590.96	19.69	1992	130	1422.50	5.37
1979	114	537.16	17.85	1993	128	1952.43	0.22
1980	114	525.43	19.66	1994	104	1364.95	0.34
1981	117	566.38	21.64	1995	112	1496.57	0.93
1982	122	574.37	22.41	1996	109	1323.90	0.78
1983	120	701.23	23.44	1997	97	981.54	-2.14
1984	129	886.85	36.89	1998	89	558.15	-8.82
1985	136	904.86	39.44	1999	82	244.60	-12.37
1986	130	829.61	38.06	2000	75	43.99	-22.19
1987	127	815.38	37.69	2001	68	43.51	-16.33
1988	131	1166.87	37.98	2002	66	105.19	0.17
1989	129	1109.07	25.80	2003	59	15.02	0.28

十六、金汇供销社

1951 年 5 月，建立金汇供销社。1953 年 4 月，并入齐贤供销社，改称金汇供应站。1954 年 11 月，供应站并入泰日区供销社，改称金汇供应站。1957 年秋，从泰日区供销社划出，恢复金汇供销社。1958 年 9 月，改称卫星人民公社供销部。同时，齐贤供应站划入该部。1959 年 9 月，改称金汇人民公社供销部。1962 年 1 月，改称金汇人民公社供销社。1962 年 7 月，齐贤供销站从该社划出。1963 年 11 月，并入齐贤供销社，改称金汇供销站。1964 年底，从齐贤供销社划出，恢复金汇人民公社供销社。1969 年 10 月，改称金汇人民公社商业站。1973 年 6 月，再次恢复金汇供销社名称。1990 年，金汇商业合作社撤销，并入该社。2003 年 10 月，托管齐贤供销社。

2006 年 3 月，托管泰日供销社。

1982～1990 年，先后 6 次被上海市供销社评为先进单位；1990 年被上海市民政局评为拥军优属先进单位。

地址：先后位于金汇镇中心街 105 号、中心路 1 号。

1951～2012 年，该社先后各有 24 人任主任、副主任。

2012 年金汇供销社

1951～2012 年金汇供销社行政领导更迭表

表 9-1-25

主任		主任	
姓　名	任职时间	姓　名	任职时间
姚宝才	1951.05～1952	张永华	2006.03～2009.03
杜培生	1952～1955	沈　刚	2009.03～2012.02
戴林根	1955.09～1955.12（经理）	朱　红（女）	2012.02～
沈臻荣	1955.12～1956　（经理）	副主任	
唐兴昌	1956～1957（经理）	戴林根	1955.09～1955.11
姚耕莘	1957～1958	陈德旺	1957.02～1962.12
张顺兴	1959～1960	罗振汉	1958.10～1960.04
屠桔亭	1963.06～1970.03	胡志良	1961～1970
瞿桂根	1970.03～1976.05	唐福祥	1971～1980
瞿香明	1976.05～1978.12	戴莘泉	1981～1989
金淼渔	1979.04～1981.06	孙伯君	1981.01～1985.04
夏国俊	1981.07～1983.07	姚棣光	1983.12～1985.03
唐林泉	1983.07～1985.03	王雪林	1985.04～1987.06
顾宣文	1987.06～1989.11	沈保鸿	1985.05～1992.06
沈国民	1989.11～1991.05	张永华	1991.05～1992.06
陈金发	1991.05～1992.06	顾引初	1992.06～1995.05
高火龙	1992.06～1993.06	徐正荣	1992.06～1994.03
张　琪	1993.06～1996.01	方惜光	1993.06～1997.04
蔡金根	1996.01～1998.07	蔡金根	1994.03～1996.01
倪永良	1998.07～2002.10	金国平	1996.01～1997.04
乔修松	2002.10～2006.03	顾　浩	1996.01～2008.03

续表 9-1-25

副主任		副主任	
姓　名	任职时间	姓　名	任职时间
倪永良	1997.04～1998.07	朱　红（女）	2008.03～2012.02
乔修松	1998.07～2002.10	沈　刚	2008.03～2009.03
金国平	2003.10～2006.03	许　奔	2012.02～
朱汝清	2006.03～2009.03		

1962 年，商品销售 120.00 万元。1976 年金汇供销社商品销售 566.19 万元。1985 年销售 1089.42 万元。1993 年销售 2288.81 万元，1995 年起逐年下降，2000 年退出商品经营，2006～2008 年，废旧物资销售增加，2012 年资产经营收入 359.60 万元。

1976～2012 年金汇供销社经营情况表

表 9-1-26

年　份	职工人数（人）	销售额（万元）	利　润（万元）	年　份	职工人数（人）	销售额（万元）	利　润（万元）
1976	206	566.19	18.28	1995	142	1996.12	0.55
1977	159	580.22	19.25	1996	134	1187.90	-3.14
1978	145	683.65	20.72	1997	120	1274.84	3.10
1979	145	704.74	23.76	1998	110	678.41	-53.21
1980	138	730.60	26.39	1999	88	339.59	-35.29
1981	153	776.06	27.25	2000	85	11.80	-25.41
1982	141	691.01	26.92	2001	89	26.22	-8.31
1983	139	734.34	27.64	2002	88	81.45	20.02
1984	148	943.35	34.35	2003	86	34.97	0.46
1985	186	1089.42	48.42	2004	108	82.26	-0.35
1986	164	1107.43	53.29	2005	95	131.98	0.15
1987	146	1170.75	57.59	2006	151	3269.33	-18.83
1988	156	1499.92	57.16	2007	133	1855.94	0.88
1989	145	1323.96	27.93	2008	126	2006.07	21.64
1990	138	1372.68	36.53	2009	116	404.35	46.66
1991	181	1718.13	41.30	2010	110	356.78	68.35
1992	185	1909.39	4.59	2011	99	338.24	28.18
1993	212	2288.81	-98.76	2012	88	359.60	74.86
1994	180	1642.79	1.60				

注：1951～1976 年经营资料缺失。

十七、泰日供销社

1951年5月，建立泰日供销社。1954年11月，改称泰日区供销社，下设头桥、金汇2个供应站。1957年秋，划出头桥、金汇供应站。1958年9月，改称八一人民公社供销部。1959年9月，改称泰日人民公社供销部。1962年1月，改称泰日人民公社供销社。1963年11月，并入齐贤供销社，改称泰日供销站。1964年底，从齐贤供销社划出，恢复泰日人民公社供销社。1969年10月，改称泰日人民公社商业站。1973年6月，再次恢复泰日供销社名称。2006年3月，由金汇供销社托管。

1978～1985年，该社先后3次被上海市供销社评为先进单位（企业）。

地址：泰日社区新建路58号。

1951～2006年，先后有16人次任主任，20人次任副主任。

表9-1-27

1951～2006年泰日供销社行政领导更迭表

主　任		副主任	
姓　名	任职时间	姓　名	任职时间
吴文正	1951.05～1953	顾桂林	1955.04～1958.10
徐福良	1954～1955.11	夏国祥	1955.11～1958
纪巧根	1955.11～1961	陈纪湘	1959～
张敬言	1962～1963	沈振明	1959～1963
彭雪仁	1964.02～1965.06	罗振汉	1964.02～1965.06
洪玉祥	1965.06～1969.11	陈新煜	1965.06～1971.12
张汉章	1970.12～1971.12	林志英（女）	1966～1971
陈新煜	1972.01～1978.12	孙伯君	1970.02～1977.12
王林山	1978.12～1982.06	李跃明	1972～1985
陈志超	1982.06～1985.03	陈志超	1978.08～1982.06
曹水石	1985.04～1987.03	王雪林	1982.06～1997.04
陈志超	1987.03～1990.04	王连伯	1982.06～1985.05
王林山	1990.04～1996.04	姚棣光	1985.04～1989.03
张明荣	1996.04～1999.12	王连伯	1985.12～1996.04
王林山	1999.12～2003.10	朱祖香	1990.02～1997.04
张永华	2003.10～2006.03	沈保鸿	1992.06～2003.10（兼）
副主任		赵德才	1997.04～1998.04
周祖贤	1951.05～1953	朱汝清	1997.04～2006.08
周伯仁	1954～1957.06		

1953年，该社商品销售55.24万元，随着经济发展，商品销售增加，1976年销售873.05万元。1978年突破1000万元。1991年超2000万元。1996年起，全民经商兴起，供销社销售逐步下降，2002年该社退出商品经营，实行资产经营。2005年资产经营收入11.58万元。

1976～2005年泰日供销社经营情况表

表9-1-28

年份	职工人数（人）	销售额（万元）	利润（万元）	年份	职工人数（人）	销售额（万元）	利润（万元）
1976	250	873.05	25.73	1991	188	2088.09	58.11
1977	251	862.58	30.98	1992	188	2223.31	15.86
1978	209	1083.51	41.75	1993	173	2673.69	0.13
1979	204	1044.46	42.33	1994	160	1566.87	0.13
1980	199	954.49	41.57	1995	147	2019.03	0.15
1981	197	1038.37	44.91	1996	139	1522.79	-48.31
1982	185	923.68	43.26	1997	129	1093.06	0.50
1983	184	1053.40	46.28	1998	122	927.86	-0.18
1984	191	1440.60	66.98	1999	119	523.46	-4.87
1985	216	1997.08	82.76	2000	115	395.52	-47.29
1986	197	1546.24	79.72	2001	114	265.13	-0.07
1987	200	1509.61	70.37	2002	112	75.03	12.21
1988	193	1862.43	71.65	2003	106	30.35	-9.50
1989	199	1738.39	60.02	2004	92	36.18	-59.42
1990	193	1610.64	51.92	2005	78	11.58	-36.89

注：1954～1975年经营资料缺失。

十八、齐贤供销社

1951年5月，建立齐贤供销社。1953年4月，金汇供销社并入该社。1954年11月，并入南桥区供销社，改称齐贤供应站。1957年秋，从南桥区供销社划出，划入金汇供销社。1958年9月，改称齐贤供销站。1962年7月，从金汇供销社划出，改称齐贤人民公社供销社。1963年11月，改称齐贤供销社；同月，泰日、金汇供销社撤销，并入该社。1964年底，划出泰日、金汇供销站。1969年10月，改称齐贤人民公社商业站。1973年6月，恢复齐贤供销社名称。2003年10月，由金汇供销社托管。

1992年和1996年，该社生产资料门市部分别被上海市人民政府和全国供销合作总社评为上海市模范集体和全国农资流通先进集体。2001年，该社庄稼医院被全国供销合作总社评为示范庄稼医院。

地址：齐贤社区文明街69号。

1951～2003年，先后有15人次任主任，20人次任副主任。

1951～2003年齐贤供销社行政领导更迭表

表9-1-29

主任		副主任	
姓名	任职时间	姓名	任职时间
郑道明	1951.05～1954	张顺兴	1957～1958
张根官	1954～1956.10（经理）	仲天怀	1963.07～1965.06
罗振汉	1956.10～1958.10	屠桔亭	1963.10～1965.06
罗振汉	1960.04～1963.10	罗振汉	1963.10～1964.02
彭雪仁	1963.10～1964.02	顾德炎	1964～1968
庄福祥	1965.06～1974	王鹤林	1965.05～1966.04
吴长升	1974～1976.07	吴长升	1974～1975
蔡一飞	1976.08～1981.03	陆国昌	1976～1979
余伯祥	1981.03～1985.03	余伯祥	1976.09～1981.03
陈志超	1985.03～1987.06	仲天怀	1979.01～1981.03
王雪林	1987.06～1991.05	陆明泉	1981.11～1985
顾新安	1991.05～1993.03	方惜光	1985～1993.06
宋石英	1993.03～1996.04	来克旺	1992.06～1996.04
来克旺	1996.04～1999.12	邢勤均	1993.06～1997.11（兼）
张明荣	1999.12～2003.10	倪永良	1996.05～1997.04
副主任		金国平	1997.04～2003.10
张铭	1954～1956	周祖勇	1997.11～2003.10（兼）
林培生	1954～1956	徐天恩	1998.07～1999.06
金宝尧	1955.12～		

1953年，该社商品销售78.82万元。1962年销售225.00万元。1976年销售616.05万元。1985年销售突破1000万元，1993年达2781.98万元，1995～1999年，贵金属（钯）销售增加，2000年起退出商品经营。2002～2003年，废旧金属销售增加。

1976～2003年齐贤供销社经营情况表

表9-1-30

年份	职工人数（人）	销售额（万元）	利润（万元）	年份	职工人数（人）	销售额（万元）	利润（万元）
1976	152	616.05	16.79	1984	137	916.34	37.99
1977	165	603.54	20.03	1985	147	1050.10	44.56
1978	138	720.10	22.96	1986	144	1061.74	49.04
1979	133	720.00	26.99	1987	133	1046.08	53.90
1980	126	781.07	28.69	1988	138	1359.97	46.71
1981	132	755.81	24.44	1989	130	1300.42	43.63
1982	125	702.54	26.00	1990	122	1261.92	33.97
1983	124	666.19	26.24	1991	120	1551.61	36.29

续表 9-1-30

年　份	职工人数（人）	销售额（万元）	利　润（万元）	年　份	职工人数（人）	销售额（万元）	利　润（万元）
1992	121	1842.91	6.19	1998	99	8644.62	182.35
1993	116	2781.98	0.07	1999	14	7633.54	-45.51
1994	113	1630.15	0.25	2000	14	203.77	36.91
1995	119	6396.01	1.15	2001	12	394.72	16.13
1996	119	9777.52	3.45	2002	6	2695.09	7.19
1997	104	21131.03	-399.50	2003	48	12372.01	59.48

十九、邬桥供销社

1951 年 5 月，建立邬桥供销社。1954 年 11 月，并入庄行区供销社，改称邬桥供应站。1957 年 9 月，从庄行区供销社划出，恢复邬桥供销社。1958 年 9 月，并入红旗人民公社供销部，改为邬桥供销站。1959 年 9 月，从萧塘供销部划出，改称邬桥人民公社供销部。1962 年 1 月，改称邬桥人民公社供销社。1963 年 11 月，并入萧塘供销社，改称邬桥供销站。1965 年初，从萧塘供销社划出，改称邬桥人民公社供销社。1969 年 10 月，改称邬桥人民公社商业站。1973 年 6 月，恢复邬桥供销社名称。1990 年，邬桥商业合作社撤销，并入该社。2003 年 10 月，由萧塘供销社托管。2004 年 2 月，从萧塘供销社划归庄行供销社托管。

1974 年，该社被上海市商业局评为先进集体。1960～1961 年，职工钱应龙等 3 人被上海市人民委员会评为先进工作者。

地址：邬桥社区汇中路 74 号。

1952～2003 年，该社先后有 10 人任主任，16 人次任副主任。

1952～2003 年邬桥供销社行政领导更迭表

表 9-1-31

主　任		副主任	
姓　名	任职时间	姓　名	任职时间
王关宝	1952.05～1954.11	萧伯君	1952　～1954
陆明泉	1954.12～1956.01（经理）	平伯才	
夏国俊	1965.06～1966.03	胡世天	1953.05～1954.12
沈云生	1966.03～1969	吴梦章	1961.03～1965.06
邬烈华	1969～1971.03	钱伯华	1962～1963
叶四均	1974.05～1983.06	王树明	1966～1974
袁京声	1983.06～1984.07	戈树林	1971.03～
叶四均	1984.07～1992.06	夏国俊	1979.03～1981.07
卢　帆	1992.06～1995.01	袁京声	1981.07～1983.06
张永华	1995.01～2003.10	刘金海	1981.07～1988.09

续表 9-1-31

副主任		副主任	
姓　名	任职时间	姓　名	任职时间
高火龙	1984.09～1992.06	宋工业	1994.03～1994.12
张永华	1992.06～1995.01	高火龙	1995.01～2003.10(兼)
范文新	1992.06～1994.03	王勤杰	1996.05～1998.09

1953年，该社商品销售38.90万元。1967年销售137.04万元。1976年销售674.35万元。1986年销售突破1000万元，1993年销售达2649.25万元，1998年起销售逐年下降，2001年退出商品经营，实行资产经营。

1976～2003年邬桥供销社经营情况表

表 9-1-32

年　份	职工人数（人）	销售额（万元）	利　润（万元）	年　份	职工人数（人）	销售额（万元）	利　润（万元）
1976	192	674.35	18.63	1990	167	1228.29	35.45
1977	193	734.98	22.40	1991	271	1448.86	35.89
1978	159	833.24	23.82	1992	164	1735.09	0.23
1979	132	773.82	25.90	1993	169	2649.25	-79.14
1980	129	818.31	31.47	1994	149	1456.28	5.53
1981	134	738.70	31.07	1995	132	1318.12	3.41
1982	131	753.18	30.07	1996	122	1444.31	3.13
1983	130	716.17	28.80	1997	104	1147.94	-36.15
1984	137	953.48	38.67	1998	87	570.45	-42.18
1985	151	940.57	43.44	1999	71	313.58	-49.38
1986	152	1055.24	52.11	2000	65	130.39	-35.28
1987	150	1023.57	53.13	2001	63	19.17	-0.07
1988	162	1292.61	53.46	2002	56	65.88	14.53
1989	146	1216.28	45.02	2003	51	43.82	0.06

二十、胡桥供销社

1951年5月，建立胡桥供销社。1954年11月，并入庄行区供销社，改称胡桥供应站。1957年9月，从庄行区社划出，恢复胡桥供销社。1958年9月，并入跃进人民公社供销部，改称胡桥供销站。1961年3月，从新寺供销部划出，改称胡桥人民公社供销部，1962年1月，改称胡桥人民公社供销社。1963年11月，并入新寺供销社，改称胡桥供销站。1965年初，从新寺供销社划出，恢复胡桥人民公社供销社。1969年10月，改称胡桥人民公社商业站。1973年6月，再次恢复胡桥供销社名称。1990年7月，胡桥商业合作社撤销，并入该社。2003年10月，由庄行供销社托管。

2004年2月，从庄行供销社划归柘林供销社托管。

1983年，被上海市供销社评为五好集体。

地址：胡桥社区庄胡公路14号。

1951～2003年，该社先后有19人任主任，15人任副主任。

1951～2003年胡桥供销社行政领导更迭表

表9-1-33

主　任		主　任	
姓　名	任职时间	姓　名	任职时间
吴杏生	1951.06～1953.12	杨根法	1994.03～2003.10
程仲贤	1954.01～1954.12	副主任	
卫辉耀	1955.01～1956.12（经理）	蒋友发	
王嘉福	1957.01～1958.12	程仲贤	1953.03～1953.12
康裕祥	1959.01～1961.03	吴修元	1962.11～1963.10
张小弟	1961.04～1963.10	李　恽	1962～1963.03
方才章	1965.06～1972.02	何志良	1965.03～1966.06
王守清	1972.03～1973.03	朱妙仙（女）	1965.03～1979.07
陈宝林	1973.04～1983.07	倪士明	1965.03～1976
平雪根	1983.09～1985.01	彭水龙	1981.11～1985.01
彭水龙	1985.02～1987.02	平雪根	1981.11～1983.07
莫伯铭	1987.03～1988.02	杨根法	1983.03～1994.02
秦益康	1988.03～1990.02	毛云达	1986.04～1990.03
姜仁发	1990.03～1991.03	姜仁发	1991.05～1993.06
丁春瑜	1991.03～1991.09	翁国建	1993.06～1999.12
钱照根	1991.09～1992.06	陈纪花（女）	1994.0～1997.04（兼）
严兰根	1992.06～1993.06	瞿激杨	1996.10～2003.10
沈国民	1993.06～1994.03		

1953年，该社商品销售33.38万元。1962年1～6月销售82.23万元。1976年销售710.84万元。1983年销售突破1000万元，1993年销售达2237.02万元。1997年起销售逐年下降，2001年，经营机制转换，实行资产经营。

1976～2003年胡桥供销社经营情况表

表9-1-34

年　份	职工人数（人）	销售额（万元）	利　润（万元）	年　份	职工人数（人）	销售额（万元）	利　润（万元）
1976	230	710.84	14.56	1980	186	954.75	34.66
1977	208	771.47	21.43	1981	179	895.84	34.79
1978	180	926.85	24.05	1982	179	994.46	39.30
1979	186	904.56	32.97	1983	181	1035.11	39.84

续表 9-1-34

年　份	职工人数（人）	销售额（万元）	利　润（万元）	年　份	职工人数（人）	销售额（万元）	利　润（万元）
1984	191	1211.49	48.62	1994	189	1615.57	-17.75
1985	272	1326.49	52.12	1995	97	1799.18	0.15
1986	290	1255.47	46.18	1996	164	1287.61	0.29
1987	297	1239.64	52.85	1997	160	721.52	-43.90
1988	339	1681.92	58.23	1998	149	664.17	-47.97
1989	340	1625.33	51.86	1999	133	475.95	-24.87
1990	391	1616.47	26.50	2000	131	357.49	-76.51
1991	331	1761.05	17.39	2001	77	82.06	-59.62
1992	333	2090.07	-36.36	2002	73	17.28	-83.81
1993	203	2237.02	-96.12	2003	105	0.32	-68.67

二十一、道院供销社

1951年5月，建立道院供销社。1953年3月，并入新寺供销社。1951年5月至1952年8月，主任郁宗礼，1952年8月至1953年3月，主任李恽。

二十二、萧塘供销社

1951年5月，建立萧塘供销社。1954年11月，并入南桥区供销社，改称萧塘供应站。1957年秋，从南桥区供销社划出，恢复萧塘供销社。1958年9月，改称红旗人民公社供销部，同时，邬桥供销社撤销并入该部。1959年9月，改称萧塘人民公社供销部。同月，划出邬桥供销站。1962年1月，改称萧塘人民公社供销社。1963年11月，改称萧塘供销社；同月，邬桥供销部撤销，并入该社。1965年初，邬桥供销站划出。1969年10月，改称萧塘人民公社商业站。1973年6月，恢复萧塘供销社名称。2003年10月，托管邬桥供销社。2004年2月，邬桥供销社划归庄行供销社托管，同月，由江海供销社托管。

1986～1988年，该社棉花收购站3次被国家商业部评为先进单位（文明棉花收购站）。1982年和1995年两次被评为上海市供销系统先进企业。

地址：先后位于萧塘社区新建路1号、南虹路1号。

1951～2004年，该社先后14人任主任，16人任副主任。

1951～2004年萧塘供销社行政领导更迭表

表 9-1-35

主　任		主　任	
姓　名	任职时间	姓　名	任职时间
丁贵温	1951.05～1953.05	曹荣桂	1955.12～1957.05（经理）
郭伯仁	1954.05～1955.06	郁宗礼	1957.05～1957.12（经理）

续表 9-1-35

主任		副主任	
姓名	任职时间	姓名	任职时间
萧伯君	1958.06～1959.08	张顺兴	1963.12～1965.06
张汉章	1959.09～1961.12	胡仁志	1965.06～1973.03
张思规	1961.12～1962.10	丁春瑜	1979.04～1983.06
苏敏	1963.10～1965.06	沈大华	1979.04～1982.09
马梦忠	1970.11～1979.04	富炳华	1982.09～1984.05
潘桂林	1979.04～1983.07	沈永生	1983.07～1999.12
丁春瑜	1983.07～1984.05	徐关明	1989.10～1990.08
富炳华	1984.05～1990.08	顾伟	1991.05～1992.06
徐关明	1990.08～1994.11	俞永刚	1992.06～1994.11
俞永刚	1994.11～2004.03	朱文华	1996.04～1997.06
副主任		孙国贤	1997.10～2004.03
顾桂林	1952.03～1954.03	倪勤华	1999.12～2003.10(兼)
胡道维	1962.10～1963.08	周志清	2003.10～2004.03
夏国俊	1963.10～1965.06		

1953年，该社商品销售额46.83万元。1967年销售162.42万元。1976年销售667.52万元。随着业务扩大，销售额、利润同步增加，1988年创利64.58万元，1993年，注重开拓农村市场，提高经济效益，销售突破3000万元。1996年6月，主任俞永刚在全国供销系统扭亏增盈经验交流会上发言，成为全县基层供销社中没有年度亏损的少数企业之一。2001年，转换经营机制，退出商品经营。2003年，经营收入85.16万元。

1976～2003年萧塘供销社经营情况表

表 9-1-36

年份	职工人数（人）	销售额（万元）	利润（万元）	年份	职工人数（人）	销售额（万元）	利润（万元）
1976	245	667.52	23.06	1987	178	1306.41	57.76
1977	199	680.27	23.89	1988	185	1606.04	64.58
1978	177	772.43	25.33	1989	184	1606.28	49.20
1979	197	778.80	28.19	1990	184	1464.52	37.61
1980	162	823.28	30.74	1991	180	1661.14	38.76
1981	168	803.84	31.31	1992	185	2000.53	7.38
1982	180	751.27	32.51	1993	182	3446.83	5.83
1983	185	832.67	33.00	1994	169	2739.99	12.32
1984	159	1068.95	40.82	1995	160	2516.82	4.06
1985	172	1165.15	50.36	1996	151	1701.19	10.12
1986	191	1221.14	52.05	1997	159	1686.28	9.87

续表 9-1-36

年　份	职工人数（人）	销售额（万元）	利　润（万元）	年　份	职工人数（人）	销售额（万元）	利　润（万元）
1998	144	1758.48	5.01	2001	96	45.47	4.10
1999	147	189.64	4.18	2002	87	78.03	3.67
2000	130	116.08	4.13	2003	80	85.16	2.04

二十三、头桥职工消费合作社

1951 年 5 月，建立头桥职工消费合作社。1953 年，并入头桥供销社。1951 年 5 月至 1953 年，主任周伯衡。

二十四、新寺供销社

1953 年 3 月，建立新寺供销社；同月，道院供销社、柘林供销社撤销，并入该社。1954 年 11 月，并入南桥区供销社，改称新寺供应站。1957 年秋，从南桥供销社划出，恢复新寺供销社。1958 年 9 月，改称跃进人民公社供销部。同月，胡桥供销社划入该部。1959 年 9 月，改称新寺人民公社供销部。1961 年 3 月，划出胡桥供销站。1962 年 1 月，改称新寺人民公社供销社，1963 年 11 月，改称新寺供销社；同月，胡桥供销社撤销，并入该社。1965 年初，划出胡桥供销站。1969 年 10 月，改称新寺人民公社商业站。1973 年 6 月，恢复新寺供销社名称。1984 年 12 月，划出柘林供销站。1990 年 4 月，新寺商业合作社撤销，并入该社。2003 年 10 月，由柘林供销社托管。

1958 年，被江苏省财贸办评为先进单位。

地址：新寺社区新北路 5 号。

1951～2003 年，该社先后有 15 人次任主任，19 人次任副主任。

1953～2003 年新寺供销社行政领导更迭表

表 9-1-37

主　任		主　任	
姓　名	任职时间	姓　名	任职时间
李　恽	1953.03～1954.06	李志成	1990.08～1991.09
孙伯君	1954.06～1955.03	陆祖廉	1991.09～1992.06
罗振汉	1955.04～1956.09（经理）	彭水龙	1992.06～1994.10
黄源深	1956.09～1959	林惠章	1994.10～1997.04
倪正家	1959～1961.12	张慕弟	1997.04～1998.08
张小弟	1963.10～1965.03	严新建	1998.08～2003.10
毛小善	1965.06～1980.06	副主任	
吴祁土	1981.11～1985.10	毛小善	1953.03～
姜仁发	1985.10～1990.02	蒋友发	

续表 9-1-37

副主任		副主任	
姓 名	任职时间	姓 名	任职时间
倪士明	1957～1965.03	林惠章	1985.01～1994.10
方才章	1963.10～1963.12	李志成	1987.03～1989.03
吴修元	1963.10～1968.02	彭水龙	1990.08～1991.04
周云海	1977.04～1979.12	奚火菇	1992.06～1994.10
吴祁土	1978.12～1981.11	严新建	1994.10～1998.07
严兰根	1981.11～1984.12	姚明德	1994.10～1997.03（兼）
翁梦章	1983.03～1985.02	翁孝华	1997.03～1998.08
毛云达	1983.03～1986.03	平华忠	1998.08～2003.10
姜仁发	1983.12～1984.12		

1953年，该社商品销售58.26万元。1967年销售205.38万元。1976年销售790.50万元。1984年销售突破1000万元，1993年销售达2708.55万元。1994年起销售逐年下降，2001年起退出商品经营，实行资产经营。2003年，经营收入25.15万元。

1976～2003年新寺供销社经营情况表

表 9-1-38

年 份	职工人数（人）	销售额（万元）	利 润（万元）	年 份	职工人数（人）	销售额（万元）	利 润（万元）
1976	292	790.50	21.06	1990	173	1143.71	16.72
1977	246	818.36	27.21	1991	161	1390.86	13.79
1978	191	961.73	26.51	1992	159	1630.65	-13.81
1979	178	944.94	29.90	1993	153	2708.55	0.23
1980	181	907.79	31.49	1994	125	1233.07	-28.60
1981	185	921.76	33.44	1995	113	1168.85	0.67
1982	188	966.20	35.12	1996	105	1087.69	0.33
1983	181	987.83	36.87	1997	96	659.10	-60.00
1984	175	1214.00	47.56	1998	76	572.56	-33.70
1985	162	923.30	28.97	1999	68	312.63	-17.95
1986	165	891.53	29.48	2000	67	110.99	-28.49
1987	181	968.64	30.29	2001	57	24.79	-10.00
1988	192	1353.38	31.12	2002	46	20.11	-16.83
1989	152	1109.95	15.15	2003	41	25.15	-52.22

二十五、塘外供销社

前身为青村供销社下属塘外供销站。1966年1月，从青村供销社划出，建立塘外人民公社供销社。1969年10月，改称塘外人民公社商业站。1973年6月，恢复塘外供销社名称。1989 年 1 月，塘外合作商店撤销，并入该社。2003 年 10 月，该社由奉城供销社托管。

1990～1991 年，先后 2 次被上海市供销社评为先进单位。

地址：先后位于塘外社区褚聚路 8 号、人民路 185 号。

1966～2003 年，该社先后有 7 人次任主任，12 人次任副主任。

1966～2003 年塘外供销社行政领导更迭表

表 9-1-39

主　任		副主任	
姓　名	任职时间	姓　名	任职时间
钱伯华	1966.01～1969	唐仁章	1982.09～1983.08
钱伯华	1976～1977	钱国仁	1985.10～1992.06
唐仁章	1983.11～1990.02	徐育章	1988.03～1991.03
唐汉规	1990.02～1991.05	周志清	1990.03～1993.03
徐育章	1991.05～1994.03	夏宝明	1992.06～1994.03
唐仁章	1994.03～1997.02	陈德兴	1994.03～1996.05
季国才	1997.02～2003.10	季国才	1994.03～1997.04
副主任		徐育章	1994.03～2003.10(兼)
项志龙	1973～1977	张永明	1998.07～2003.10
盛金章	1976～		

1976 年，该社商品销售 472.77 万元，利润 18.51 万元，1987 年销售突破 1000 万元，1996 年销售达 2000.25 万元，1997 年起，商办工厂产品销售转旺，2003 年，商办厂转制为私营后，以资产经营为主。

1976～2003 年塘外供销社经营情况表

表 9-1-40

年　份	职工人数（人）	销售额（万元）	利　润（万元）	年　份	职工人数（人）	销售额（万元）	利　润（万元）
1976	154	472.77	18.51	1987	132	1040.75	45.05
1977	152	517.95	17.92	1988	125	1419.50	47.33
1978	127	547.45	14.17	1989	149	1461.02	34.93
1979	117	634.35	23.21	1990	145	1244.87	8.58
1980	117	654.66	24.90	1991	135	1523.49	36.83
1981	119	613.85	25.03	1992	142	1802.65	0.22
1982	114	546.92	24.25	1993	139	2602.03	0.46
1983	110	606.38	23.43	1994	128	1769.54	6.00
1984	114	856.16	33.59	1995	120	1505.32	8.05
1985	156	996.80	38.45	1996	123	2000.25	5.37
1986	155	926.20	39.78	1997	115	2434.09	38.47

续表 9-1-40

年 份	职工人数（人）	销售额（万元）	利 润（万元）	年 份	职工人数（人）	销售额（万元）	利 润（万元）
1998	108	1696.59	259.53	2001	111	3240.24	48.84
1999	96	1634.65	227.32	2002	107	3302.28	280.99
2000	112	1678.98	66.56	2003	91	37.86	-1.19

二十六、奉新商业公司

前身为1982年1月成立的新海供销社。1991年5月，并入柘林供销社，改称新海供销分社。1994年3月8日，新海供销分社歇业。同年4月，组建奉新商业公司。1998年4月，公司实施改制，于同年12月歇业。

地址：海湾旅游区新海街82号。

1982～1998年，奉新商业公司先后有2人任主任，6人任副主任。

1982～1998年奉新商业公司行政领导更迭表

表 9-1-41

主 任		副主任	
姓 名	任职时间	姓 名	任职时间
高克辉	1982.01～1982.08	莫伯铭	1988.08～1991.05（主持工作）
施胜杰	1997.02～1998.12	朱福君	1994.03～1995.08（主持工作）
副主任		施胜杰	1995.09～1997.04
章钦林	1983.08～1985.10（主持工作）	马春权	1997.05～1998.12
丁仁石	1985.11～1988.07（主持工作）		

1982年，该社商品销售79.04万元，1990年销售446.67万元，1998年，商品销售92.82万元。

1982～1998年奉新商业公司经营情况表

表 9-1-42

年 份	职工人数（人）	销售额（万元）	利 润（万元）	年 份	职工人数（人）	销售额（万元）	利 润（万元）
1982	34	79.04	1.57	1989	68	446.61	9.54
1983	34	128.60	3.64	1990	60	446.67	8.87
1984	37	205.68	6.54	1994	57	459.08	-16.42
1985	75	272.82	9.24	1995	55	388.72	2.02
1986	78	318.70	10.31	1996	50	307.32	1.22
1987	68	322.80	4.49	1997	49	341.40	-0.17
1988	74	446.00	8.92	1998	47	92.82	-21.15

注：表中1991～1993年数据统计在柘林供销社。

第二节　国营综合商店

一、沿　革

1949年6月，松江专区建中贸易公司在南桥设奉贤办事处，并在南桥、庄行、胡桥分设收购点，成为奉贤解放后第一个国营商业机构。其主要业务是委托私商收购大米和油菜籽。1950年，中国土产公司、中国百货公司、中国粮食公司先后在南桥设立营业所。1952年，中国烟酒专卖事业在南桥设立奉贤分处。1952年，中国花纱布公司在南桥设立联络站。1954年，中国油脂公司在南桥设营业所。同年9月15日，中国花纱布公司江苏省奉贤县营业所开张营业。

1956年4月27日，成立奉贤县商业局。下设百货、食品、医药、木材、煤建、纺织品、酒类专卖7个专业公司。1957年年末，调整为百货、食品、煤建、纺织品、酒类专卖5个专业公司。1962年1月，经营范围调整为生活工业品、五金、交电、化工和石油煤炭等生产资料的购销；县商业局下设百货、五金煤建、食品杂货、饮食服务、南桥综合贸易5个公司。1965年7月，县商业局建立萧塘、邬桥、泰日、金汇、庄行、胡桥、新寺、三官、钱桥、青村、奉城、头桥、四团、齐贤、平安15家国营综合商店。同时，明确各公社集镇的棉布、百货、五金等商品零售归国营综合商店经营。同年，市专业公司批发下伸，在奉贤设五金、百货、纺织品3个批发部。1969年10月，国营综合商店与基层供销社、合作商店合并，成立公社商业站。1971年1月至1972年9月，县商业局与县供销社合并，国营综合商店随之并入基层供销社。此后，商品经营不分国营与供销社。1978年7月，除食品、石油煤炭行业业务仍由市专业公司实行“一条鞭”经营外，其余国营商业全部转为供销社商业性质。

二、经理名录

1965年奉贤国营综合商店经理名录表

表9-2-1

单　位	经　理	单　位	经　理
胡桥综合商店	倪士明	平安综合商店	苏仁舟
三官综合商店	储福生	金汇综合商店	顾林英
泰日综合商店	孙伯君	齐贤综合商店	仲天怀
头桥综合商店	陈德福	青村综合商店	凌德运
邬桥综合商店	梁正海	四团综合商店	曹芹根
钱桥综合商店	胡道维	庄行综合商店	胡连松
奉城综合商店	吕友斌	萧塘综合商店	倪文德
奉城综合商店	何正英（女、副）	新寺综合商店	钟碧圭

三、经　营

国营综合商店主要经营各公社集镇的棉布、百货、五金等商品的零售业务。1965年，15家国营综合商店销售总额339.47万元；1970年销售999.93万元。

1965～1970年奉贤县国营综合商店经营情况表

表9-2-2

年　份	职工人数（人）	销售额（万元）	利　润（万元）	年　份	职工人数（人）	销售额（万元）	利　润（万元）
1965	329	339.47	28.06	1968	385	967.04	69.37
1966	376	1074.23	84.15	1969	367	1206.37	84.79
1967	401	942.60	72.40	1970	384	999.93	63.31

四、农场综合商店

1. **星火农场综合商店**　1973年10月，建立上海市星火农场综合商店。1980年1月，归口上海市农场局商业服务公司。经理先后为姜福根、潘福楼。

2. **五四农场综合商店**　1973年10月，建立上海市五四农场综合商店。1980年1月，归口上海市农场局商业服务公司。经理左殿臣。

3. **燎原农场综合商店**　1978年5月，建立上海市燎原农场综合商店。1980年1月，归口上海市农场局商业服务公司。经理先后由路华、盛金章担任，副经理戴志浩。

第三节　商业合作社（总店）

商业合作社的前身是在私营工商业的社会主义改造中，由小商小贩组织成立的商业组织。组织形式有合作商店、合作小组及农村下伸店等。1956年年末，奉贤县有合作商店（小组）132家，门市部、货摊644个，职工（含资方）1667人，资金总额33.30万元。1958年成立人民公社时，合作商店并入公社供销部。1962年，从国营商店和供销社调整出原小商小贩1457人，重新建立合作商店102家，实行独立核算、自负盈亏制度。1969年10月，合作商店与国营综合商店、供销社合并，成立公社商业站。1983年，全县合作商业有核算单位71家。1989年8月，南桥镇和江海镇合作商店组建成南桥饮食总店、余庆果品日杂总店、群利商业总店。各乡镇以原有合作商店为基础建立商业合作社，同年9月，建立奉贤县商业服务公司，对全县20家商业合作社（总店）实行统一管理。1989～1991年，柘林、邬桥、金汇、胡桥、新寺、光明、钱桥、塘外、平安、奉城10家商业合作社分别并入所在地基层供销社，群利商业总店并入县糖业烟酒公司。1998年，根据沪商委《关于小型商业转为个体，私营经济后有关问题的处理意见》实行改制转制，资产量化，门店转让给职工经营，企业与职工解除劳动关系，自行办理个体（私营）工商营业执照或进入劳务市场。

一、四团商业合作社

1989年，建立四团商业合作社，1998年8月歇业。经理先后由夏禹良和邵才明兼任。同年，实施体制改革，重新建立四团商业合作社（股份合作制），法人代表姚梅龙。

二、申新商业合作社

1986年，原新欣商店和乐业商店合并，建立申新商业合作社。经理高才龙（兼）。1999年，企业实施改制。2000年，申新商业合作社歇业。

三、青村商业合作社

前身是益民、穗丰、穗兴、理发等4家合作商店。1989年4月，4家合作商店合并成青村商业合作社。有百货、五金、杂货、文具、水果、饭店、点心、旅馆、茶馆、理发等20余个部门，职工100余人。经理唐龙。1998～2000年，实行体制改革。2002年4月，该社歇业。

四、泰日商业合作社

1989年，建立泰日商业合作社。经理赵德才（兼）。1998年12月1日歇业。1999年，企业实施改制解体。

五、齐贤商业合作社

1989年，建立齐贤商业合作社。经理先后由方勇、李文贤担任，1998年3月19日歇业。同年7月，实行改制，按自愿组合的原则，新建齐贤商业合作社（法人代表苏联家）和共进商贸合作公司（法人代表李文贤）。

六、萧塘商业合作社

1989年，建立萧塘商业合作社。经理先后由许建新、顾宏担任。1998年3月17日歇业，同年12月，企业实施经营机制转换。经职工讨论，自愿组合股份合作制，共同出资购买原商业合作社的资产15万元，组建为萧塘商业合作社（股份合作制）。法人代表顾宏。

七、庄行商业合作社

1989年，建立庄行商业合作社。经理先后由赵学笙（兼）、汪平、居伟龙担任。2000年12月，企业实施改制。庄行商业合作社于2001年歇业、解体。

八、南桥饮食服务总店

1989年9月26日，由南桥饮服商店、理发商店、江海饮食、理发等商店组成南桥饮食服务总店。主要经营点心（大饼、油条、面条等）。经理：鲁国胜（1989.09～1992.08）；李士弟（1992.08～2002.07）。1995年起，实行门店承包经营。1998～2000年，实行转制。2002年7月，南桥饮食服务总店歇业。

九、南桥余庆果品日杂总店

1989年9月26日，由县日杂果品公司余庆商店和县副食品公司水地商店组成南桥余庆日杂总店，主要经营日用杂货等。经理先后由蔡士权、余宝龙担任。1995年，实行门店承包经营，1998～2000年，实行转制改制。2002年7月，南桥余庆果品日杂总店歇业。

十、南桥群利商业总店

1989年9月26日，由县烟糖公司益群商店和县百货公司利民商店组成南桥群利商业总店。1991年5月，群利商业总店分别并入县糖业烟酒公司和华亭食品商场，经理戴继光。

第四节 食品购销站

一、沿 革

1955年下半年，县食品公司下设南桥、青村、奉城3个食品站，并在褚聚、法华、道院、柘林、西渡等地设食品分站。1958年秋，食品站和分站分别并入所在地公社供销部。1963年9月，食品购销业务划归县商业局食品公司，下设江海、萧塘、新寺、齐贤、青村、奉城、四团7个食品购销站。1965年6月，食品购销站并入所在地国营综合商店。1969年10月，食品购销站并入公社商业站。1973年6月，食品购销站并入基层供销社。1978年7月，食品购销站从供销社划出，并在公社所在地和市属农场设立20个食品购销站和9个购销分站。1980年1月，五四农场、星火农场、燎原农场食品购销站归口市农场局商业服务公司。1984年，奉贤有江海、萧塘、邬桥、金汇、泰日、庄行、新寺、胡桥、光明、钱桥、青村、塘外、奉城、头桥、四团、齐贤、平安17个食品购销站。1989年1月，食品购销站随县食品公司划归县畜牧水产局。

二、行政领导名录

食品购销站行政领导更迭共收录站长55人次，副站长41人次。

1955～1989 年奉贤县基层食品购销站行政领导更迭表

表 9-4-1

单　位	站长		副站长	
	姓　名	任职时间	姓　名	任职时间
江海站（南江）	戴林根	1955～1957	李宝荣	1983.01～1984.09
	胡道维	1963.10～1965.06	钱建国	～1987.09
	曹水石	1978.07～1982.09	王新根	1987.03～1989.01
	萧伯君	1982.09～1983.01		
	鞠成湘	1983.01～1984.07		
	金国林	1984.07～1989.01		
奉城站	陈书标	1955～1957	吕友斌	1978.07～1980.06
	李　恽	1957～1958.12	唐石飞	～1987.09
	朱伯胤	1965.06～	凌金奎	1987.09～1989.01
	裴炳祥	1978.07～1983.11		
	卫根明	1983.11～1987.09		
	夏宝郎	1987.09～1989.01		
四团站	吴粹光	1963.10～1965.06	王龙金	1978.07～1979.04
	秦玉书	1978.07～1979.04	张宝洪	1979.04～1981.07
	王龙金	1979.04～1982.09	许秋熊	1982.06～
	夏宝郎	1982.09～1987.09		
	杨宝安	1987.09～1989.01		
头桥站	盛永发	1978.11～1980.06（代）	盛永发	1980.06～
	陈德福	1980.06～1984.10		
	陈新煜	1984.10～1989.01		
平安站	杨宝安	1978.07～1987.09	陆文清	1978.07～
	张正德	1987.09～1989.01		
青村站	汤银楼	1955～1957	顾雪石	1978.07～
	薛奇峰	1963.10～1965.06	马钖昌	1984.08～
	顾治平	1979.12～	唐石飞	1987.09～1989.01
	顾雪石	～1987.07		
	卫根明	1987.09～1989.01		
塘外站	项志龙	1978.07～1979.04	卫根明	1979.04～1983.11
	华桂章	1979.04～1987.07	李义良	～1987.09
	顾雪石	1987.07～1989.01		
邬桥站	孙奎林	1978.07～	陈涤时	～1987.03
			戴友良	1987.09～1989.01

1955～1989年奉贤县基层食品购销站行政领导更迭表

表9-4-2

单位	站长		副站长	
	姓名	任职时间	姓名	任职时间
钱桥站	华桂章	1978.11～1979.04	袁伯清	1978.11～1979.04
	袁伯清	1979.04～	严禄振	1979.04～1984.10
	张正德	～1987.09	凌金奎	～1987.09
	沈银弟	1987.09～1989.01	陆才均	1984.07～
			李义良	1987.09～1989.01
光明站	顾伯葵	1978.07～1981.11	沈伯民	1985.03～1989.01
	许宝根	1981.11～1989.01		
金汇站	张培信	1979.05～1981.07	李瑞兴	1978.07～
	夏国俊	1983.07～1987.09	顾仁林	1979.05～
			唐福祥	1981.07～1987.09
			朱仁达	1987.09～1989.01
齐贤站	孙伯君	1963.10～1965.06	钱祖望	1982.09～
	高克辉	1978.07～1979.12	朱仁达	～1987.09
	瞿香明	1979.12～1988.12	唐福祥	1987.09～1989.01
泰日站	李跃明	1978.07～1988.12	许宝根	1979.04～1981.11
萧塘站	倪文德	1963.10～1965.06	七小弟	1978.07～
	张顺兴	1978.07～1979.09		
	项寿山	1979.09～1982.09		
	沈大华	1982.09～1988.12		
庄行站	胡连松	1978.07～1981.11	鞠成湘	1979.04～1983.01
	钱妙生	1981.11～	钱妙生	1979.12～1981.11
			沈银弟	1984.07～1987.09
胡桥站	郁志民	1978.07～1981.11	冯兆章	1978.07～1980.11
	冯兆章	1981.11～1987.07	吴淼仇	1984.07～1987.07
	朱毛弟	1987.07～1989.01		
新寺站	倪士明	1978.07～1981.11	章钦林	1978.07～1983.08
	周云海	1981.11～1983.13	陆梦春	～1987.07
	朱毛弟	1983.12～1987.07	吴淼仇	1987.07～1989.01

注：因县食品公司划归畜牧水产局、申兰集团整体转让；食品购销站转为个体经营等因素，各种资料缺失严重，只收录部分食品站领导人员。

第十章　直属公司

奉贤区（县）供销社直属企业是指商办工业以外的所有公司和有关单位。1954年4月，成立奉贤县烟酒专卖事业公司，至1958年县供销社（商业局）系统有直属公司（单位）9家。1966年有公司13家。1984年，有直属公司（单位）17家。1995年有20家，2004年有18家。2005年1月，奉贤区政府第28次常务会议作出决定，撤销上海奉贤物资总公司及整体资产划给区供销总社。同年6月，原物资总公司所属9家公司由区供销社托管。2011年1月至2012年5月，原奉贤物资总公司下属农业机械公司、有色金属公司、机电设备公司、欣隆木材钢模公司4家企业退出托管。2010年，奉贤区供销社有直属企业27家。2012年有24家，其中：全资企业7家、参股企业1家、改制企业10家、托管企业6家。

1979～2005年，县农资公司和奉贤烟草糖酒公司先后被评为全国供销合作总社和上海市精神文明建设先进单位。1962～2000年，先后由唐亚官等10人次被国家商业部和上海市评为先进工作者（劳动模范）。

第一节　烟酒　食品企业

一、上海烟草集团奉贤烟草糖酒有限公司

公司前身为1951年成立的松江专区专卖事业公司奉贤专卖事业处，归口县税务局。1954年4月，改称为奉贤县烟酒专卖事业公司。1958年4月，与县副食品采购批发站、县食品公司合并，先后改称县食品经理部、县副食品经理部。1962年1月，改称县食品杂货公司。1963年9月，改称中国糖业烟酒公司上海市奉贤县公司。1972年11月17日，改称奉贤县商业局糖业烟酒公司。1980年5月，改称奉贤县糖业烟酒公司。1987年3月，南桥烟酒食品公司撤销并入该公司。1991年2月，上海市烟草专卖局奉贤分局成立，并设立专卖办公室。是年5月，群利商业总店并入该公司。1993年6月，改称奉贤县糖业烟酒总公司。原各批发部升格为分公司。1995年1月1日，奉贤县供销总社与上海烟草集团公司联营，成立上海烟草（集团）公司奉贤烟草糖酒有限公司。1996年，公司经营管理金叶商厦。1999年，公司建立金叶超市公司（后改为金叶配售中心）。2006年12月，改称上海烟草集团奉贤烟草糖酒有限公司，由上海市烟草集团公司实行垂直管理，脱离与奉贤供销社隶属关系。

2001～2005年，区（县）烟草糖酒公司连续3次评为上海市文明单位。1997～2005年，上海金叶商厦3次被中共上海市委、市政府、上海警备区评为军民共建社会主义精神文明先进单位。2004年，上海金叶超市公司被上海市人民政府评为军民

共建先进集体。1979～2000年，吴德行等3人被上海市人民政府评为劳动模范。2001年，金叶商厦副经理陆正峰被上海市人民政府评为技术能手。

地址：先后位于南桥镇南桥塘路63号、西圆弄10号、环城东路1468号、航南公路7333号。

1954～2006年，该公司先后有14人任经理，16人任副经理。

1954～2006年奉贤烟草糖酒公司行政领导更迭表

表10-1-1

经理		副经理	
姓名	任职时间	姓名	任职时间
缪德奎	1954.01～	朱炳泉	
苏福根		何志良	
黄可亭		朱宗珍（女）	1979.12～1982.12
苏敏		汪秋祺	1982.01～1983.09
曲振有		耿秀庭（女）	1984.04～1984.08
陶仲儒		张孟黎	1984.10～2000.05
李本泉		徐玉清	1984.10～1991.04
吴耿堂		邹潮洪	1987.03～1987.10
张汉章	1973.04～1981.02	汤银楼	1988.05～1989.03
汤银楼	1981.02～1988.03	王木荣	1990.01～2000.05
顾士荣	1988.03～1989.03	夏宝明	1994.03～2000.05
汤银楼	1990.01～1991.04	沈恺	1995.03～2006.12
唐汉规	1991.04～1992.09	杨晓	1995.08～1998.07
陈品章	1992.09～2006.12	赵竹强	1999.05～2006.12
		陆正峰	1999.06～2004.02
		王丽丽（女）	2004.02～2006.12

1991～2006年奉贤烟草专卖局行政领导更迭表

表10-1-2

局长		副局长	
姓名	任职时间	姓名	任职时间
汤银楼	1991.02～1991.04	张孟黎	1995.04～1998.04
唐汉规	1991.04～1993.05	沈恺	1995.04～2006.12
陈品章	1993.05～2007.07	王木荣	1998.04～2006.12

1996～2007年奉贤金叶商厦行政领导更迭表

表10-1-3

经　理		副经理	
姓　名	任职时间	姓　名	任职时间
陈品章	1996.12～2007.12	张玲妹（女）	1996.12～2004.05
		陆正峰	1996.12～2007.12
		陈铭伟	1998.07～2000.02
		顾琴莲（女）	2000.02～2006.12

上海金叶商厦夜景

1999～2005年奉贤金叶超市公司行政领导更迭表

表10-1-4

经　理		副经理	
姓　名	任职时间	姓　名	任职时间
赵竹强	1999.03～2003.03	王丽丽（女）	1999.03～2003.03
王丽丽（女）	2003.03～2006.12	夏宝明	1999.09～2006.12

公司成立初，经营额不大。1953年批发卷烟1704.5箱（每箱250条）、酒590.57吨、糖5884吨。1955年1～5月，全公司销售卷烟404箱、糖105.2吨、酒190.7吨。1956年1～9月，销售实绩为卷烟786箱、糖260.9吨、酒107.4吨。60年代初，由于国家遭受三年自然灾害和烟酒糖实行凭票供应及以实物换购，销量增长缓慢。1962年批发卷烟2174箱、酒341吨、糖3308吨。1976年，全公司销售1684.72万元。1989年突破1亿元，创利183.58万元。1999年销售额突破6亿元。2000年，公司销售额实现7.35亿元。2004年，奉贤烟草糖业公司有卷烟网络户1476个；金叶超市连锁公司开设直营连锁超市26家、连锁便利店219家。2006年，公司销售10.70亿元，创利8964.11万元。2007年，经营机制变化，主要经营主业即烟草、糖酒，其他商品逐步退出公司经营范围。2012年，销售8.30亿元，创利2974.49万元。

1976～2012 年奉贤烟草糖酒公司经营情况表

表 10-1-5

年　份	职工人数（人）	销售额（万元）	利润（万元）	年　份	职工人数（人）	销售额（万元）	利润（万元）
1976	161	1684.72	60.65	1995	160	21916.76	1674.20
1977	168	1811.05	66.19	1996	420	23789.82	2334.28
1978	154	1854.20	64.49	1997	596	40556.27	2916.74
1979	108	2037.78	59.53	1998	752	49233.23	4368.16
1980	102	2048.26	63.32	1999	672	60114.31	4754.44
1981	110	2217.64	83.27	2000	684	73450.49	5162.38
1982	116	2836.08	114.96	2001	686	84673.02	5587.87
1983	118	3452.45	127.49	2002	660	85996.94	6352.24
1984	119	3617.35	137.09	2003	900	97972.40	7438.30
1985	129	4108.15	120.44	2004	919	105293.79	6962.64
1986	130	4893.01	129.05	2005	789	99550.92	6521.75
1987	160	5783.96	173.48	2006	1209	100669.51	8964.11
1988	156	8854.01	355.00	2007	826	100419.38	10312.25
1989	260	10036.23	183.58	2008	606	73908.28	6374.00
1990	314	8805.90	193.13	2009	587	52725.31	7054.97
1991	100	8571.64	172.63	2010	560	79891.26	4617.34
1992	104	10003.65	221.17	2011	559	88312.02	4113.77
1993	113	17052.76	283.55	2012	499	82983.62	2974.49
1994	148	16430.80	693.93				

二、上海丰意果品日用有限公司

公司前身为县供销社供应科所设业务经理部。1955 年 9 月，从业务经理部划出生活资料，成立生活资料经理部。1956 年 6 月，生活资料经理部分为副食品采购批发站和日用杂品经理部。1958 年 4 月，日用杂品经理部先后划并于生产资料、副食品采购批发等部门。1962 年 10 月，成立生活资料经理部和贸易货栈。1965 年 7 月，贸易货栈撤销。1972 年 11 月 27 日，生活资料经理部改称奉贤县商业局日杂果品公司。1979 年 11 月，该公司重建贸易货栈，实行“一套班子，两块牌子”。1984 年，贸易货栈改称贸易信托公司。同年 10 月 27 日，县日杂果品公司改称县果品杂货公司。1993 年 8 月，改称县果品杂货总公司。1997 年 11 月，改称上海丰意果品日用有限公司。2003 年 10 月，上海丰意果品日用公司托管县棉花公司和齐贤轧花厂。2006 年 3 月，由上海奉贤商业公司托管。

地址：先后位于南桥镇车站路 1 号（后称化工路）、南桥路 35 号。

1978 年和 1981 年，该公司 2 次被上海市财贸办评为先进单位。

1955～2006 年，该公司先后有 11 人任经理，21 人任副经理。

1955～2006年上海丰意果品日用公司行政领导更迭表

表10-1-6

经理		副经理	
姓名	任职时间	姓名	任职时间
郁宗礼	1955.09～1956.02	张保龙	1979.03～1984.08
俞煜然	1956.02～	朱妙仙（女）	1979.09～1981.03
刘志明		仲天怀	1982.01～1984.08
姚守先	1958.04～1960.06	查华康	1984.08～1985.11
戴林根	1960.06～1971.02	秦益康	1985.03～1988.03
沈云生	1971.02～1984.08	卢 帆	1985.05～1991.04
张保龙	1984.08～1990.02	陈德望	1987.01～1991.04
李纪勤	1990.02～1996.04	顾新安	1988.03～1991.04
屠士德	1996.04～1997.05	沈水兴	1991.04～1992.06
高李华（女）	1997.05～2003.10	沈仲华	1992.06～1992.12
陈毅豪	2003.10～2006.03	裴忠民	1992.06～1997.05
副经理		庄正国	1992.06～1997.05（兼）
姓名	任职时间	吴新初	1993.03～1997.05
耿炳祥	1956.06～	张 浩	1994.03～1997.11
吴修元	1956.01～1957.04	顾新安	1995.11～1997.05
王瑞斋	1958.06～1962.12	庄 坚	1997.05～1998.11（兼）
许 琦	～1965.06	孔守国	1997.05～2006.01

公司经营干果、干菜、水果、日用杂品批发零售业务。1976年，商品销售479.41万元，创利18.70万元。1981年销售1469.70万元。1984年，改称县贸易信托公司，经营水果、地货、家具、建材、五金交电、日用杂品、服装、针纺织品等。1993年销售8023.90万元，创利23.88万元。1994年起，销售逐年下降，2000年，公司退出商品经营，实行资产经营。

1976～2005年上海丰意果品日用公司经营情况表

表10-1-7

年份	职工人数（人）	销售额（万元）	利润（万元）	年份	职工人数（人）	销售额（万元）	利润（万元）
1976	81	479.41	18.70	1983	109	1461.00	66.39
1977	81	506.32	25.23	1984	91	1855.82	72.47
1978	81	577.87	26.33	1985	114	2263.27	74.09
1979	90	741.65	35.54	1986	117	2457.70	84.06
1980	96	913.44	46.37	1987	130	2778.57	97.09
1981	100	1469.70	64.51	1988	143	3628.26	112.10
1982	106	1361.25	39.83	1989	138	3659.13	4.23

续表 10-1-7

年　份	职工人数（人）	销售额（万元）	利润（万元）	年　份	职工人数（人）	销售额（万元）	利润（万元）
1990	136	3359.73	109.34	1998	170	451.79	-91.84
1991	151	4032.86	105.01	1999	59	370.86	0.10
1992	171	5260.03	48.71	2000	55	319.95	-80.04
1993	188	8023.90	23.88	2001	55	238.22	-36.29
1994	186	5336.95	33.31	2002	54	78.64	0.22
1995	193	4983.04	3.02	2003	54	82.76	-5.02
1996	191	4651.96	-333.90	2004	111	63.41	0.40
1997	189	1784.89	-289.68	2005	102	59.35	0.36

三、上海奉贤饮食服务有限公司

公司前身为南桥综合贸易公司所属饮食服务业。1962 年 7 月，建立奉贤县饮食服务公司。同年 10 月，改称县饮食服务经理部。1966 年 4 月 1 日，与南桥蔬菜豆面商店合并，改称县饮食服务公司。1989 年 9 月 12 日，以县饮食服务公司为基础，建立奉贤县商业服务公司，并管理全县商业合作社。1998 年 5 月 28 日，改称奉贤县饮食服务有限公司。1993 年 1 月，县商业服务公司所属商业供销公司创造人均实现利润过万元。《上海供销信息报》作了报道。1999 年 11 月 1 日，公司实行资产重组、员工重组，以经营层控股的产权制度改革。2002 年 1 月，改称上海奉贤饮食服务有限公司。

1962～1997 年，公司职工唐亚官等 2 人被上海市人民政府（人民委员会）评为劳动模范（先进工作者）。

地址：先后位于南桥镇新建西路 77 号、解放中路 217 号、新建中路 587 号。

1962～2012 年，公司先后有 14 人次任经理，13 人次任副经理。

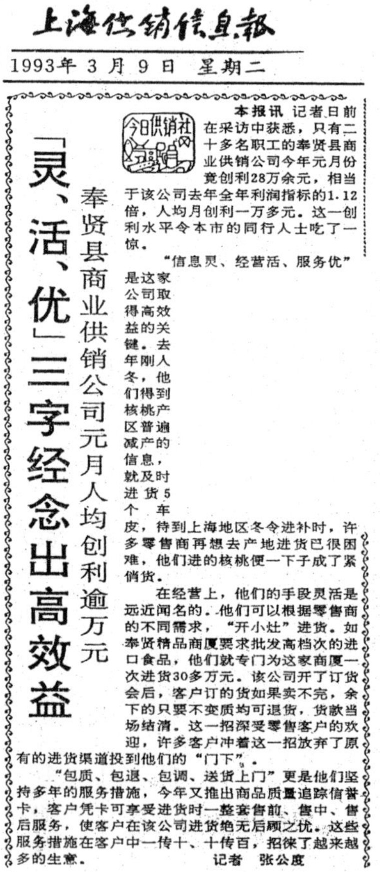
上海供销信息报

1993年 3 月 9 日　星期二

「灵、活、优」三字经念出高效益

奉贤县商业供销公司元月人均创利逾万元

本报讯　记者日前在采访中获悉，只有二十多名职工的奉贤县商业供销公司今年元月份竟创利28万余元，相当于该公司去年全年利润指标的1.12倍，人均月创利一万多元。这一创利水平令本市的同行人士吃了一惊。

“信息灵、经营活、服务优”是这家公司取得高效益的关键。去年刚人冬，他们得到核桃产区普遍减产的信息，就及时进货5个车皮，待到上海地区冬令进补时，许多零售商再想去产地进货已很困难，他们进的核桃便一下子成了紧俏货。

在经营上，他们的手段灵活是远近闻名的。他们可以根据零售商的不同需求，“开小灶”进货。如奉贤精品商厦要求批发高档次的进口食品，他们就专门为这家商厦一次进货30多万元。该公司开了订货会后，客户订的货如果卖不完，余下的只要不变质均可退货，货款当场结清。这一招深受零售客户的欢迎，许多客户冲着这一招放弃了原有的进货渠道投到他们的“门下”。

“包质、包退、包调、送货上门”更是他们坚持多年的服务措施，今年又推出商品质量追踪信誉卡，客户凭卡可享受进货时一整套售前、售中、售后服务，使客户在该公司进货绝无后顾之忧。这些服务措施在客户中一传十、十传百，招徕了越来越多的生意。

记者　张公度

1993年，《上海供销信息报》登载县商业服务公司下属商业供销公司的报道

1962～2012 年上海奉贤饮食服务公司行政领导更迭表

表 10-1-8

经　理		副经理	
姓　名	任职时间	姓　名	任职时间
胡仁杰	1962.12～1967.01	郁宗礼	1978.01～1984.09
曲振有	1967.01～	胡仁杰	1978.07～1979.07
蒋秋元	1974. ～1978.12	康裕祥	1981.02～
吴耿堂	1979.01～1979.04	张涛荣	1982.01～
蒋秋元	1979.04～1981.02	裴忠民	1987.09～1992.06
吴维龙	1981.02～1982.09	沈国民	1987.10～1990.02
陈新煜	1982.09～1984.10	潘志良	1989.09～1990.02
鲍振淦	1984.10～1988.05	秦益康	1990.03～1991.04
俞　松	1989.09～1992.06（兼）	曹水石	1991.04～1998.06
唐吉林	1989.09～1994.03（常务）	陈铭伟	1992.06～1998.06
倪勤华	1994.03～1996.04	陈培峰	1992.06～1994.03
李晓龙	1996.04～1997.05	姚月花（女）	1995.09～1999.11
鲁国胜	1997.05～2008.12	李晓龙	1997.05～2008.12
李晓龙	2008.12～		

1962 年 9 月，南桥地区饮食服务行业归口县饮食服务公司。60～80 年代，县饮服公司是南桥地区经营饮食、服务业的专业公司。经营饭店、点心店、旅馆、照相馆、浴室、洗染、修理等行业。1976 年公司销售 137.66 万元。1990 年销售 1382.83 万元。90 年代中期开始，饮食服务行业实行职工出资承包、自办个体营业执照、歇业等。1996 年销售 2319.92 万元。此后逐年下降，2001 年起，实行资产经营。

1976～2007 年上海奉贤饮食服务公司经营情况表

表 10-1-9

年　份	职工人数（人）	营业额（万元）	利润（万元）	年　份	职工人数（人）	营业额（万元）	利润（万元）
1976	222	137.66	9.43	1987	180	188.23	9.85
1977	218	141.74	10.15	1988	185	239.75	9.24
1978	156	126.34	11.03	1989	190	440.66	56.38
1979	156	80.60	14.73	1990	193	1382.83	73.18
1980	231	189.18	22.03	1991	245	1604.33	77.56
1981	185	220.37	22.73	1992	231	3189.18	26.69
1982	183	92.86	14.57	1993	230	3963.95	11.42
1983	171	99.28	19.81	1994	161	1423.63	6.03
1984	165	122.79	26.35	1995	175	1982.40	3.08
1985	174	169.81	32.60	1996	117	2319.92	1.97
1986	175	165.57	41.32	1997	176	1438.59	-143.10

续表 10-1-9

年 份	职工人数（人）	营业额（万元）	利润（万元）	年 份	职工人数（人）	营业额（万元）	利润（万元）
1998	155	630.63	-27.47	2003	107	114.08	20.18
1999	145	428.30	27.57	2004	98	81.49	2.07
2000	123	385.55	0.35	2005	89	44.48	2.41
2001	116	194.58	20.08	2006	84	44.29	-48.38
2002	112	140.16	24.07	2007	73		-33.76

四、奉贤南桥烟酒食品公司

公司前身为1983年1月建立的南桥食品商店。1984年11月7日，改称奉贤南桥烟酒食品公司。1987年3月，并入县糖业烟酒公司。

1983～1987年，公司有1人任经理，2人任副经理。

1983～1987年南桥烟酒食品公司行政领导更迭表

表 10-1-10

经 理		副经理	
姓 名	任职时间	姓 名	任职时间
陈德望	1983.01～1987.01	汪秋棋	1983.09～1985.11
		邹朝洪	1984.10～1987.03

公司主要经营南桥地区烟草、糖酒和食品的零售业务。1983年，销售额237.27万元。1986年销售396.12万元。

1983～1986年南桥烟酒食品公司经营情况表

表 10-1-11

年 份	职工人数（人）	销售额（万元）	利润（万元）	年 份	职工人数（人）	销售额（万元）	利润（万元）
1983	68	237.27	12.69	1985	71	314.58	15.80
1984	70	264.40	14.17	1986	76	396.12	15.49

五、奉贤华亭食品商场

1991年5月1日，成立华亭食品商场。1997年5月5日，商场歇业，商场本部及果品食品批发并入县烟糖公司，外围门店划归县商业总公司。

地址：南桥镇人民中路201号。

1991～1997年，商场先后有2人任经理，3人任副经理。

1991～1997年奉贤华亭食品商场行政领导更迭表

表10-1-12

经理		副经理	
姓　名	任职时间	姓　名	任职时间
沈国民	1991.05～1993.06	陈菊芳（女）	1991.05～1997.05（兼）
谭可章	1993.06～1997.05	吴浩杰	1992.09～1997.05
		孔守国	1996.06～1997.05

商场主要经营烟草、糖酒、食品、服装等商品的批发和零售。1991年销售1367.56万元。1997年销售412.84万元。

1991～1997年奉贤华亭食品商场经营情况表

表10-1-13

年　份	职工人数（人）	销售额（万元）	利润（万元）	年　份	职工人数（人）	销售额（万元）	利润（万元）
1991	87	1367.56	21.22	1995	114	1510.71	0.89
1992	127	2874.09	30.05	1996	106	1323.18	0.59
1993	124	4527.67	6.92	1997	106	412.84	-73.34
1994	128	2112.92	10.00				

六、上海奉贤商业有限公司

1992年12月，成立奉贤商业总公司。1996年8月9日，县土产公司部分并入该公司。1997年，华亭商场外围门店并入该公司。1998年，改称奉贤商业有限公司。2002年1月，改为上海奉贤商业有限公司。2003年10月，托管精品商场。2006年3月，托管上海丰意果品日用有限公司。2012年2月，托管上海奉贤五金交电公司和上海奉贤煤炭公司。

地址：先后位于南桥镇原解放中路17号、运河路876号、振贤路92号。

上海奉贤商业有限公司办公楼

1992～2012年，公司先后有5人任经理，7人任副经理。

1992～2012年上海奉贤商业公司行政领导更迭表

表10-1-14

经理		副经理	
姓名	任职时间	姓名	任职时间
丁春瑜	1992.12～1994.03（兼）	李建育	1992.12～1994.03（兼）
查华康	1994.03～1999.12	查华康	1992.12～1994.03（常务）
邢勤均	1999.12～2003.10	袁鑫联	1995.03～2011.03
周国友	2003.10～2006.03	吴浩杰	1997.05～2004.02
陈毅豪	2006.03～	孔守国	2006.03～2008.12
		刘光新	2008.12～2011.03
		倪东辉	2012.02～

公司主要经营百货、针纺织品烟酒糖及干果等类商品。1993年，商品销售1129.18万元，1997年销售1118.63万元，此后销售逐年下降，2002年退出商品经营，转为资产经营，2012年经营收入827.48万元。

1993～2012年上海奉贤商业公司经营情况表

表10-1-15

年份	职工人数（人）	销售额（万元）	利润（万元）	年份	职工人数（人）	销售额（万元）	利润（万元）
1993	26	1129.18	10.01	2003	51	40.47	0.84
1994	50	1336.65	10.91	2004	110	6.35	-9.83
1995	31	1561.93	2.93	2005	104	12.85	-51.35
1996	54	1229.25	-10.45	2006	181	68.48	15.25
1997	33	1118.63	-46.66	2007	167	61.70	-88.95
1998	83	502.07	-11.94	2008	150	82.29	-114.45
1999	64	311.39	4.59	2009	136	77.78	-50.73
2000	57	256.48	0.13	2010	120	75.77	-26.99
2001	55	122.60	0.28	2011	107	972.52	-30.41
2002	51	36.17	0.30	2012	177	827.48	-287.34

七、上海奉贤商业供销有限公司

公司前身为县商业服务公司批发部。1994年2月，建立奉贤县商业供销公司。1998年8月13日，改称奉贤县商业供销有限公司。1999年12月，该公司实行第二轮改制，经营者（层）以社会自然人出资，职工持股会退出持股。2002年1月，改称上海奉贤商业供销有限公司。

地址：先后位于南桥镇南奉公路45号、新建西路45号。

1994～2012年，公司有1人任经理，2人任副经理。

1994～2012 年上海奉贤商业供销公司行政领导更迭表

表 10-1-16

经　理		副经理	
姓　名	任职时间	姓　名	任职时间
陈培峰	1994.02～	吴依慈（女）	1994.02～1996.04
		顾春华	1996.05～

公司经营烟酒食品的批发和零售。1994 年，公司销售 3141.90 万元。1999 年销售 2025.19 万元。2001 年，经营机制转换，退出商品经营，实行资产经营。2009 年，经营收入 36.55 万元。2010 年，经营数据不再报区供销总社。

1994～2009 年上海奉贤商业供销公司经营情况表

表 10-1-17

年　份	职工人数（人）	销售额（万元）	利润（万元）	年　份	职工人数（人）	销售额（万元）	利润（万元）
1994	44	3141.90	10.00	2002	20	19.83	0.51
1995	45	3730.38	3.27	2003	19	52.50	26.87
1996	43	3344.83	2.71	2004	17	12.10	-19.52
1997	45	2195.77	-50.45	2005	16	33.58	2.51
1998	32	2452.06	-33.52	2006	14	33.79	2.68
1999	23	2025.19	15.45	2007	14	38.69	2.51
2000	20	675.48	-20.14	2008	14	42.95	2.01
2001	20	15.05	-4.83	2009	14	36.55	-0.32

第二节　百货　服装企业

一、奉贤县百货有限公司

公司前身为 1950 年 10 月设立的中国百货公司江苏省公司松江支公司南桥营业所。此后，先后改称为中国纱布公司奉贤县联络站，中国花布公司南桥营业所。1956 年 1 月，改称中国百货公司奉贤县公司。1958 年上半年，县百货公司与县纱布公司合并，组建成奉贤县日用杂品经理部。1959 年春，改称县百货经理部。1960 年，改称县百货公司。1966 年 4 月，改称中国百货公司上海市奉贤县公司。1972 年 11 月 27 日，改称为奉贤县商业局百货公司。1987 年 3 月，南桥百货公司撤销并入该公司，成为批零合一的公司，同时，将县百货公司的纺织品批发部和南桥百货公司的棉布门市部划出，组建纺织品公司。1992 年 8 月，划入县百货总公司。1994 年 4 月，上海奉贤县百货总公司撤销，恢复奉贤县百货公司。1997 年 3 月 26 日，县服装鞋帽公司、县针纺织品公司撤销，并入奉贤县百货公司。1998 年 9 月 28 日，改称为奉贤县百货有限公司。2000 年 1 月，县百货公司停业清理。2004 年 2 月，由奉贤区鸿雁商场有限公司托管。

1977～1984年，该公司先后4次被上海市供销社（市财贸办）评为先进单位（企业）。1977～1983年，公司职工陆亚官等2人各2次被上海市人民政府（革委会）评为上海市劳动模范。

地址：南桥镇化工街（原车站路）8号。

1952～2004年，该公司先后有10人任经理，21人次任副经理。

1952～2004年奉贤百货公司行政领导更迭表

表10-2-1

经　理		副经理	
姓　名	任职时间	姓　名	任职时间
邢启兰	1954.07～1956.04	王瑞斋	1963.10～1983.01
王能百	1957～1958	夏庚虞	1971.04～1981.06
段国瑞	1958～1960	何正英（女）	1973.11～1978.12
杨汉青	1971～	庄水铭	1979.12～1982.01
何正英（女）	1978.12～1981.12	潘　瑜（女）	1981.02～1983.01
庄水铭	1982.01～1988.03	周立忠	1983.03～1992.08
吴维龙	1988.05～1991.09	李晓龙	1984.09～1988.05
李晓龙	1991.09～1992.06	庄　坚	1984.09～1985.11
翁大粮	1992.08～1998.06	张文安	1985.11～1987.03
蔡金根	1998.06～2004.02	杨　晓	1987.03～1988.07
		卫桂兴	1988.05～1990.02
副经理		傅传新	1988.07～1990.03
姓　名	任职时间	沈亦平	1991.04～1992.06
夏庚虞	1952.04～1959.09	翁大粮	1991.04～1992.08
邢启兰	1956.04～1958.04	周荣华	1994.03～2000.01
王瑞斋	1958.06～1962.02	钟荣德	1997.03～2000.01
潘志云	1960.10～1980.04	刘晓龙	1997.05～2000.01

1956年，公司主要经营百货、棉布、针织、鞋帽、土产、五金、文化用品、钟表、搪瓷等3000余个品种。随着我国工业生产发展和人民生活水平提高，公司经营商品陆续增加。1966年，公司商品销售859.73万元。1975年销售突破2000万元。1981年销售4019.48万元。1988年销售6969.06万元，达到公司销售高峰。90年代中后期，大型商场陆续开设、个体经营全面放开，百货公司传统的批发、零售业日趋萎缩。1998年起，销售逐步下降。2000年，公司退出商品经营。

1966～2001年奉贤百货公司经营情况表

表10-2-2

年　份	职工人数（人）	销售额（万元）	利润（万元）	年　份	职工人数（人）	销售额（万元）	利润（万元）
1966	109	859.73	30.90	1984	222	5280.55	200.38
1967	110	952.32	31.10	1985	257	5846.39	181.52
1968	112	948.96	33.22	1986	120	5776.00	145.51
1969	108	1255.92	44.77	1987	222	4960.65	129.11
1970	104	1312.97	45.22	1988	222	6969.06	180.85
1971	108	992.04	26.12	1989	226	6564.30	142.83
1972	129	1248.05	42.69	1990	212	6143.36	135.90
1973	126	1598.05	56.78	1991	210	5939.27	114.16
1974	134	1899.86	76.53	1992			
1975	144	2105.38	83.10	1993			
1976	163	2355.39	92.10	1994	84	2750.44	15.13
1977	176	2475.18	94.23	1995	79	2511.50	5.24
1978	183	2652.67	94.81	1996	82	2641.63	3.34
1979	177	3107.43	105.51	1997	201	4893.18	-136.54
1980	189	3451.33	124.23	1998	174	2661.14	-378.42
1981	200	4019.48	132.21	1999	123	1161.25	-218.55
1982	204	4109.62	107.29	2000	70	158.18	-519.74
1983	220	4073.61	123.14	2001	67	21.46	-19.74

注：1992～1993年，数据纳入县百货总公司统计。

二、奉贤县纺织公司

公司前身为1961年10月建立的南桥综合贸易公司。1964年，南桥综合贸易公司改称为奉贤县纺织公司。主要经营棉布批发及南桥地区棉布零售。1965年5月，县纺织公司撤销与市百货、市纺织品公司合并成立市专业批发公司下伸机构。1961年10月至1964年1月，王瑞斋任副经理。1964年至1965年5月，王瑞斋任经理。

三、奉贤南桥百货公司

公司前身为1983年1月建立的南桥百货商店。1984年11月7日，改称为奉贤南桥百货公司。1987年3月，并入县百货公司。

地址：南桥镇新建西路27号。

1983～1987年，该公司先后有2人任经理，3人任副经理。

1983～1987 年奉贤南桥百货公司行政领导更迭表

表 10-2-3

经理		副经理	
姓 名	任职时间	姓 名	任职时间
潘 瑜（女）	1983.01～1984.08	王瑞斋	1983.01～1984.09
龚月琴（女）	1984.08～1985.03	乔东初	1984.09～1987.01
		杨 晓	1984.09～1987.03

公司主要经营南桥地区百货零售业务。1983 年销售 585.69 万元。1986 年销售 912.00 万元。

1983～1986 年奉贤南桥百货公司经营情况表

表 10-2-4

年 份	职工人数（人）	销售额（万元）	利润（万元）	年 份	职工人数（人）	销售额（万元）	利润（万元）
1983	136	585.69	32.97	1985	147	909.68	63.00
1984	131	791.75	55.05	1986	155	912.00	51.02

四、奉贤县针纺织品公司

1987 年 3 月，县百货公司和南桥百货公司合并时，划出县百货公司的纺织品批发部和原南桥百货公司的棉布门市部，建立奉贤县针纺织品公司。1992 年 8 月，县针纺织品公司改为县百货总公司下属公司。1994 年 4 月，县百货总公司撤销，县针纺织品公司改为县供销社直属单位。1997 年 3 月 26 日，县针纺织品公司撤销，并入县百货公司。

地址：南桥化工路 8 号。

1987～1997 年，该公司先后各有 4 人任正、副经理。

1987～1997 年奉贤针纺织品公司行政领导更迭表

表 10-2-5

经理		副经理	
姓 名	任职时间	姓 名	任职时间
张文安	1987.04～1988.03	乔东初	1987.04～1992.07
庄水铭	1988.03～1992.07	鲁国胜	1992.09～1993.06
陆勤云（女）	1992.07～1992.12	周国友	1994.03～1997.03
鲁国胜	1993.06～1997.05	刘晓龙	1996.05～1997.05

公司主要经营针纺织品的批发和零售。1987 年销售 1672.93 万元。1996 年销售 2740.88 万元。

1987～1996年奉贤针纺织品公司经营情况表

表10-2-6

年　份	职工人数（人）	销售额（万元）	利润（万元）	年　份	职工人数（人）	销售额（万元）	利润（万元）
1987	63	1672.93	33.81	1992			
1988	68	2758.93	71.20	1993			
1989	73	2504.00	57.73	1994	75	3028.43	37.06
1990	69	2144.11	46.53	1995	77	3455.56	1.41
1991	67	2214.66	37.59	1996	72	2740.88	0.81

五、奉贤区鸿雁商场（鸿苑商厦）有限公司

1990年5月25日，成立奉贤县鸿雁商场。1992年8月，划入奉贤县百货总公司。1994年2月，县百货总公司撤销。鸿雁商场单列。是年，鸿雁商场购买鸿苑商厦，次年开业。鸿雁商场、鸿苑商厦实行两块牌子，一套班子。1998年，改称为鸿雁商场有限公司。2004年2月，托管奉贤县百货公司。

地址：先后位于南桥镇人民中路218号、人民中路188号。

1990～2012年，该公司先后有5人任经理，10人任副经理。

1990～2012年奉贤鸿雁商场（鸿苑商厦）有限公司行政领导更迭表

表10-2-7

经　理		副经理	
姓　名	任职时间	姓　名	任职时间
傅传新	1990.03～1992.07	庄　坚	1994.03～1997.05
张玲妹（女）	1992.07～1994.03	高李华（女）	1994.03～1997.05
沈仲华	1994.03～1999.05	张玲妹（女）	1994.03～1996.04（兼）
金根林	1999.05～2010.03	耿秀庭（女）	1996.04～1999.05（兼）
倪永良	2010.03～	顾为倩（女）	1997.05～1999.08
副经理		陈幼兰（女）	1997.05～1999.08
陆勤云（女）	1990.03～1992.12	刘光新	1998.03～2008.12
钟荣德	1992.07～1994.03	干建明	2003.10～

1990年，商品销售1084.84万元，成为上海市郊区十大商场之一。1995年，销售超亿元。90年代后期由于综合型商场兴起、多元化流通商业进入奉贤，1998年起销售下降，该商场于1999年7月30日停业，退出集体经营，由职工出资自立经营。2000年11月，由县政府协调，该商场部分楼面改建为南桥小商品市场。2002年1月，鸿苑商厦引进麦当劳、亚一金店等品牌店进商场经营。2003年6月，鸿雁商场小商品市场搬迁；同年7月，商场引进肯德基、花之林、味之都等品牌店进商场经营。

2000年经营机制转换，实行资产经营，2012年经营收入602.10万元。

鸿雁商场一角

1990～2012 年奉贤区鸿雁商场（鸿苑商厦）有限公司经营情况表

表 10-2-8

年　份	职工人数（人）	销售额（万元）	利润（万元）	年　份	职工人数（人）	销售额（万元）	利润（万元）
1990	113	1084.84	34.00	2002	207	234.65	-125.10
1991	146	2449.69	82.06	2003	197	235.89	-136.86
1992				2004	275	278.69	-133.81
1993				2005	253	304.09	-127.88
1994	285	5267.28	85.54	2006	219	380.73	-66.95
1995	463	10332.50	133.65	2007	129	461.57	-60.24
1996	478	12162.98	100.73	2008	124	448.47	-73.57
1997	488	10013.63	-58.25	2009	181	513.83	-75.18
1998	465	7400.00	-188.25	2010	172	495.00	-131.06
1999	287	4137.13	-349.87	2011	161	467.99	-300.79
2000	239	846.61	-235.18	2012	137	602.10	-71.95
2001	221	107.77	-212.94				

六、奉贤县服装鞋帽公司

公司前身为 1992 年 8 月成立的县百货总公司下属服装鞋帽公司。1994 年 4 月，县百货总公司撤销，县服装鞋帽公司改为县供销社直属单位。1997 年 3 月 26 日，并入县百货公司。

地址：南桥镇化工路 8 号。

1992～1997 年，该公司有 1 人任经理，2 人任副经理。

1992～1997 年奉贤服装鞋帽公司行政领导任职表

表 10-2-9

经　理		副经理	
姓　名	任职时间	姓　名	任职时间
乔东初	1992.08～1997.03	钟荣德	1994.03～1997.03
		杨德龙	1994.10～1995.12

公司主要经营服装鞋帽的批发和零售。1994 年销售 1817.12 万元。1995 年，销售 1394.45 万元。1996 年，销售 836.84 万元。

七、奉贤县百货总公司

1992 年 8 月，奉贤县百货公司、奉贤县针纺织品公司、奉贤县服装鞋帽公司和奉贤县鸿雁商场组成奉贤县百货总公司。1992～1993 年，以上 3 个公司、1 个商场经济数据统一纳入百货总公司。1994 年 2 月，县百货总公司撤销，原总公司下设百货公司、针纺织品公司、服装鞋帽公司和鸿雁商场改为奉贤县供销社直属企业。

地址：南桥镇化工路 8 号。

该公司有 2 人任经理，先后有 5 人任副经理。

1992～1994 年奉贤百货总公司行政领导更迭表

表 10-2-10

经　理		副经理	
姓　名	任职时间	姓　名	任职时间
傅传新	1992.08～1993.07	翁大粮	1992.08～1994.03
张保龙	1993.07～1994.02	乔东初	1992.08～1994.03
副经理		陆勤云（女）	1992.08～1992.12
张玲妹（女）	1992.08～1994.03	张保龙	1993.03～1994.03（兼）

由所属公司和商场经营百货、服装、针纺织品、鞋帽等商品的批发和零售。1992 年和 1993 年，总公司销售额分别为 11370.32 万元、16789.05 万元，利润为 201.81 万元、14.59 万元。

八、奉贤区精品商场有限公司

1992 年 12 月，成立奉贤县精品商场，属综合型商场。1998 年改称奉贤县精品商场有限责任公司。2002 年 1 月，改称奉贤区精品商场有限公司。2003 年 10 月，该商场歇业，由上海奉贤商业有限公司托管。

地址：南桥镇原解放中路 15 号（今区文化广场处）。

1992～2000 年，先后有 3 人任经理，4 人任副经理。

1992～2000年奉贤区精品商场行政领导更迭表

表10-2-11

经理		副经理	
姓名	任职时间	姓名	任职时间
陆勤云（女）	1992.12～1999.08	顾伟	1992.12～1995.11
乔东初	1999.08～2000.02	沈仲华	1992.12～1994.03
周国友	2000.02～2003.10	金根林	1994.03～1999.05
		周国友	1997.03～2000.02

商场主要经营服装、鞋帽、家电、五金、食品、百货等，属综合型商场，1993年销售4925.05万元，创利43万元，1998年销售1742.99万元，亏损188.84万元，2000年退出商品经营。

1993～2000年奉贤精品商场经营情况表

表10-2-12

年份	职工人数（人）	销售额（万元）	利润（万元）	年份	职工人数（人）	销售额（万元）	利润（万元）
1993	132	4925.09	43.00	1997	162	3919.93	-130.96
1994	150	4124.57	90.00	1998	148	1742.99	-188.84
1995	163	4632.62	2.35	1999	86	239.17	-232.54
1996	160	4774.92	20.02	2000	79	24.08	-13.38

九、上海晟丰商厦有限公司

公司前身为奉城供销社下属综合型商场，2003年5月，经营者以自然人身份出资，改制为上海晟丰商厦有限公司，并升格为奉贤区供销社直属单位。经理樊永良。该商厦主要实行资产经营。

地址：奉城镇川南奉公路9768号。

第三节 副食品企业

一、上海市食品公司奉贤县公司

公司前身为1954年5月成立的中国食品公司江苏省奉贤县公司。1958年4月，改称奉贤县副食品经理部。1962年1月起，先后改称奉贤县副食品采购经理部、中国食品公司上海市奉贤公司。1972年11月，改称奉贤县商业局食品公司。1978年7月1日，改称上海市食品公司奉贤县公司。同年，基层供销社食品购销站划入县食品公司。1989年1月4日，食品公司划入县畜牧水产局。

地址：南桥镇新建西路63号。

1954～1989年，公司先后有7人任经理，10人任副经理。

1954～1989 年奉贤县食品公司行政领导更迭表

表 10-3-1

经理		副经理	
姓　名	任职时间	姓　名	任职时间
黄可亭	1954.05～1958	周伯衡	1961.05～1963.07
邢益三		沈银弟	
陶仲儒		凌德云	
吴长升	1962.03～1962.10	季壁观	1978.09～1988.12
周伯衡	1963.07～1975.04	夏宝朗	1978.09～1982.09
陈祖高	1978.09～1982.03	苏　敏	1983.01～1984.09
朱祖荫	1982.03～1988.12	李宝荣	1984.09～1988.12
副经理		徐正明	1984.09～
张汉章	1959.01～1959.12	鞠成湘	1985.11～1987.01
彭雪仁	1960.10～1963.10		

公司主要经营生猪收购及肉类销售。1954 年，销售猪肉 932 吨，1965 年销售猪肉 2002 吨。1976 年，销售 1069 万元、创利 29.33 万元。1983 年销售 5200 万元、创利 135.10 万元。1988 年销售 7449.72 万元、创利 239.16 万元。

1976～1988 年奉贤县食品公司经营情况表

表 10-3-2

年　份	职工人数（人）	销售额（万元）	利润（万元）	年　份	职工人数（人）	销售额（万元）	利润（万元）
1976	152	1069.00	29.33	1983	550	5200.00	135.10
1977	152	984.82	8.89	1984	497		29.03
1978	493	1903.51	16.34	1985	497	5157.74	51.97
1979	506	6174.14	107.38	1986	412	5754.43	270.43
1980	508	5367.66	166.95	1987	440	6259.71	269.84
1981	525	5106.85	136.91	1988	451	7449.72	239.16
1982	550	6411.68	165.56				

二、奉贤县副食品公司

公司前身为 1960 年 6 月建立的奉贤县蔬菜公司。1962 年 1 月改称奉贤县水产蔬菜经理部。1962 年 10 月，并入县生活资料经理部。1965 年 6 月，并入县商业局蔬菜豆面商店。1966 年 4 月，并入县饮服公司。1978 年 10 月 1 日，从县饮服公司划出，重建奉贤县蔬菜公司。1985 年 9 月，改称奉贤县副食品公司。1988 年 4 月，县副食品公司撤销，与县水产公司合并组成上海滨江副食品（集团）公司。

地址：南桥镇原解放中路 15 号（今区文化广场处）。

1978～1988 年，该公司先后有 3 人任经理，7 人任副经理。

1962～1988 年奉贤县副食品公司行政领导更迭表

表 10-3-3

经　理		副经理	
姓　名	任职时间	姓　名	任职时间
戴林根	1962.01～1962.10	庄福祥	1978.09～1981.03
曲振有	1978.10～1979.03	陈桂林	1980.06～1988.03
方才章	1979.03～1988.04	马锡昌	1981.02～1982.06
		王汉民	1981.11～1984.10
副经理		王能兰（女）	1982.06～1988.03
吴修元	1962 ～1963.10	曹水石	1987.03～1988.03

公司主要经营蔬菜类商品和豆制类商品。1960 年，销售蔬菜 3937 吨。1965 年，销售蔬菜 5022 吨。1978 年，销售额 20.45 万元。1987 年销售额 158.46 万元。

1978～1987 年奉贤县副食品（蔬菜）公司经营情况表

表 10-3-4

年　份	职工人数（人）	销售额（万元）	利润（万元）	年　份	职工人数（人）	销售额（万元）	利润（万元）
1978	71	20.45	0.61	1983	87	106.32	1.26
1979	75	109.43	4.84	1984	80	102.22	3.57
1980	78	114.08	5.90	1985	95	126.01	6.20
1981	82	135.36	10.03	1986	57	108.62	0.36
1982	92	127.16	8.93	1987	60	158.46	0.72

三、奉贤县水产公司

1986 年 10 月 16 日，奉贤县水产公司从县畜牧水产局划归奉贤县供销社。1988 年 4 月，该公司撤销，与县副食品公司合并组建成上海滨江副食品（集团）公司。

地址：先后位于南桥镇新建西路 63 号、解放西路 59 号。

1986～1988 年，公司先后各有 2 人任经理、副经理。

1986～1988 年奉贤县水产公司行政领导更迭表

表 10-3-5

经　理		副经理	
姓　名	任职时间	姓　名	任职时间
王林弟	1986.10～1987.03	王新根	1986.10～1987.01
钱照根	1987.03～1988.04	鞠成湘	1987.01～1988.03

公司主要经营水产品。1985 年销售 464.00 万元，利润 16 万元。1986 年销售 722.30 万元，利润 19.68 万元。1987 年销售 737.52 万元，利润 43.12 万元。

四、上海滨江副食品有限公司

公司前身为1985年9月23日建立的奉贤县副食品公司。1988年4月27日，由县副食品公司和县水产公司合并，成立上海滨江副食品（集团）公司。1998年4月28日，改称上海滨江副食品（集团）有限公司。1999年9月27日，由经营层以自然人身份出资，改制为上海滨江副食品有限公司。

地址：先后位于南桥镇解放西路59号、解放西路130号二楼。

1985～2012年，该公司先后各有6人任经理、副经理。

1988～2012年上海滨江副食品公司行政领导更迭表

表10-3-6

经理		副经理	
姓名	任职时间	姓名	任职时间
鲍振淦	1988.04～1990.02	秦益康	1991.04～1993.06
钱照根	1988.04～1990.02	陈桂林	1992.06～1992.02
曹水石	1988.04～1991.03	王林弟	1992.06～2007.02
张保龙	1990.02～1993.03	王新根	1994.03～2007.10
顾新安	1993.03～1995.11	金秀亮	1995.11～1998.03(兼)
顾伟	1995.11～	沈亦平	1997.05～1998.07

公司经营蔬菜、水产品、豆制品等商品。1988年，商品销售2075.03万元、创利42.79万元。90年代中后期经营废品收购和加工，销售额上升，1994年，销售6219.34万元。2000年销售59764.16万元。2006年起，该公司退出商品经营，以资产经营和废旧物资回收业务经营为主。2009年，经营收入1159.74万元。

1988～2009年上海滨江副食品公司经营情况表

表10-3-7

年份	职工人数（人）	销售额（万元）	利润（万元）	年份	职工人数（人）	销售额（万元）	利润（万元）
1988	235	2075.03	42.79	1999	131	28433.38	13.55
1989	256	2012.86	-9.18	2000	127	59764.16	50.56
1990	249	2272.86	41.69	2001	125	7769.40	4.75
1991	245	2429.27	55.90	2002	90	463.04	2.21
1992	271	2110.44	12.73	2003	86	621.21	115.96
1993	255	3569.02	-9.64	2004	84	1127.36	12.53
1994	247	6219.34	36.40	2005	78	786.70	-43.86
1995	189	6255.54	1.25	2006	71	628.74	-47.19
1996	200	2432.24	0.63	2007	66	1146.66	-80.04
1997	182	4780.66	-113.81	2008	62	1798.30	174.46
1998	169	15104.98	9.97	2009	55	1159.74	-22.09

五、上海南桥集贸市场管理有限公司

公司前身为上海兴贸集贸市场经营管理有限公司所属南桥集贸市场（属奉贤区交通实业总公司管理）；2008年5月，划归奉贤区国资委管理，改称上海南桥集贸市场管理有限公司。2011年6月，划入奉贤区供销合作总社管理。

南桥集贸市场营业面积6000余平方米，摊位（门面）438个，其中：小商品摊位271个、门面43个、农副产品摊位124个。

地址：南桥镇立新路162号。

2011年6月至今，经理褚亮、副经理凌志官。

第四节　医药企业

一、奉贤县医药公司

1956年4月，成立奉贤县医药公司，归口县人委卫生科。1957年10月，划入中国百货公司奉贤县公司。1960年4月，划入县政府卫生科。1964年1月，划归县商业局，分别建立中国医药公司上海市奉贤县公司和中国药材公司上海市奉贤县公司，实行两块牌子，一套班子。1966年4月，县药材公司和县医药公司合并，改称奉贤县商业局医药公司。1987年2月13日，县医药公司并入上海古华医药药材集团公司。

1966～1987年，该公司先后有6人任经理，3人任副经理。

地址：南桥镇立新路12号。

1986年6月，上海古华中药材农商股份集团成立

1966～1987年奉贤县医药公司行政领导更迭表

表10-4-1

经　理		经　理	
姓　名	任职时间	姓　名	任职时间
陆　鼎		金淼渔	1987.02～1992.06
李培忠		副经理	
薛奇峰	～1979.01	顾宣文	1979.01～1987.02
周　明（女）	1979.01～1982.09	薛奇峰	1979.01～1987.02
杨臣钧	1984.10～1987.02	杨臣均	1983.12～1984.10

1956年，公司成立初期，主要经营中西药批发业务，销售额较少。1965年，商品销售189.38万元，创利2.70万元。1966年，主营批发业务，兼营南桥地区零售业务。1975年销售638.01万元，1986年销售1168.02万元，创利84.80万元。

1965～1986年奉贤县医药公司经营情况表

表10-4-2

年　份	职工人数（人）	销售额（万元）	利润（万元）	年　份	职工人数（人）	销售额（万元）	利润（万元）
1965	37	189.38	2.70	1976	97	611.15	31.80
1966	38	183.44	7.46	1977	104	663.25	32.63
1967	34	199.83	11.24	1978	99	668.29	34.10
1968	35	250.24	12.41	1979	63	667.68	40.47
1969	37	309.83	23.33	1980	88	750.39	45.57
1970	43	311.17	15.70	1981	62	815.22	52.82
1971	44	363.28	11.28	1982	64	1016.31	57.13
1972	44	367.38	15.25	1983	79	1014.78	56.30
1973	49	444.70	21.27	1984	84	1057.67	63.82
1974	55	519.06	27.82	1985	80	1143.94	70.83
1975	57	638.01	36.75	1986	71	1168.02	84.80

二、上海古华医药药材（集团）公司

1986年6月21日，以奉贤县供销社中药切片厂和药材公司为基础，组建成立上海古华中药材农商股份集团。1987年2月13日，县医药公司并入该集团。1988年3月，奉贤县政府将原卫生局系统制药厂划交县供销社。同月，并入该集团。1990年6月7日，改称上海古华医药药材（集团）公司。1994年4月29日，上海古华医药药材（集团）公司行政单列，脱离与奉贤县供销社隶属关系（股权保留）。

1989～1991年，公司3次被上海市供销社（市财贸办）评为先进单位（企业）。1987年，经理朱宗熹被上海市人民政府评为上海市劳动模范。

地址：南桥镇立新路12号。

1986～1994年，公司有1人任经理，先后有6人任副经理。

1986～1994年上海古华医药药材（集团）公司行政领导更迭表

表10-4-3

经理		副经理	
姓名	任职时间	姓名	任职时间
朱宗熹	1986.03～1994.04	曹奇冲	1990.10～1994.04
副经理		顾宣文	1992.07～1994.04
杨臣均	1987.02～1990.02	李明	1992.07～1994.04
薛奇峰	1987.02～	韩耀林	1992.07～1994.04

古华集团公司主要经营中药切片加工、西药生产、中药复方生产，中、西药批发和南桥地区零售。1987年销售2156.28万元、创利200.20万元，1993年销售11964.82万元、创利273.38万元。

1987～1994年上海古华医药药材（集团）公司经营情况表

表10-4-4

年份	职工人数（人）	销售额（万元）	利润（万元）	年份	职工人数（人）	销售额（万元）	利润（万元）
1987	192	2156.28	200.20	1991	286	4429.74	504.54
1988	262	3287.56	318.68	1992	237	5702.81	340.34
1989	249	3309.06	318.70	1993	471	11964.82	273.38
1990	269	3453.87	305.66				

三、上海复美康德大药房有限公司

1994年12月8日，成立上海康德药品总店。原基层供销社药店划归康德总店。1998年8月28日，改称上海康德药业有限公司。2000年4月28日，由经营者控股，经营层参股的产权制度改革，改称上海康德药业有限公司。2002年改称上海康德大药房有限公司。2004年，加盟上海复星大药房，改称上海复星康德大药房有限公司。2010年5月，改称上海复美康德大药房有限公司。

地址：南桥镇南桥路453号。

1994～2012年，公司有1人任经理，3人任副经理。

1994～2012年上海复美康德大药房公司行政领导任职表

表10-4-5

经理		副经理	
姓名	任职时间	姓名	任职时间
杨臣均	1994.10～	尤宪章	1995.03～
		顾炜	1995.03～2000.04（兼）
		卢帆	1996.04～2000.04

公司集人、财、物、进、销、调、存于一体的医药零售企业。2001年，公司下属29家分店。经营西药、中药饮片、中成药、中西复合制品、医疗器械、滋补保健品、卫生保健品、营养特需品、药用化妆品等2000余种品种。1994年商品销售244.83万元。1999年7月，拓展经营业务成立康德旅行社有限公司，开展旅游服务。1999年销售2538.96万元。2009年销售5593.47万元。2012年销售3599.34万元。

上海复美康德大药房所属的上海康德旅行社

1994～2009年上海复美康德大药房公司经营情况表

表10-4-6

年　份	职工人数（人）	销售额（万元）	利润（万元）	年　份	职工人数（人）	销售额（万元）	利润（万元）
1994	126	244.83	0.07	2004	192	3842.63	73.12
1995	152	1717.95	1.19	2005	235	5185.06	75.86
1996	166	2258.65	10.08	2006	196	4584.10	73.67
1997	188	2369.21	0.07	2007	177	5472.84	55.09
1998	193	2499.47	10.56	2008	171	5131.06	53.72
1999	201	2538.96	24.48	2009	179	5593.47	34.51
2000	195	2932.35	39.90	2010	150	3591.14	22.03
2001	188	3440.01	59.94	2011	141	3735.86	22.69
2002	195	3174.87	77.84	2012	131	3599.34	26.49
2003	182	3701.52	79.69				

第五节　农副产品企业

一、上海奉贤棉花有限公司

公司前身先后为奉贤县供销社推销科、加工生产科、县农产品采购局、县农副产品经理部。1966年7月1日，县农副产品经理部撤销，成立奉贤县棉麻经理部。

1969年12月，县供销社棉花业务并入县粮棉管理站。1971年1月，县粮棉管理站撤销，县商业站设棉花组。1978年8月30日，县棉花组撤销，建立奉贤县棉花公司。1984年10月18日，县棉花公司与县土副产品公司合并组建县农副产品公司，并设立棉花股。1991年12月10日，农副产品公司棉花股划入县土产公司，成立土产棉花公司。1993年1月，恢复奉贤县棉花公司，并入齐贤轧花厂，作为奉贤轧花厂的一个分支机构，独立核算。1994年4月，县棉花公司从齐贤轧花厂划出，作为县供销社直属公司，并兼并上海爱碧制衣公司。1998年10月，齐贤轧花厂并入该公司，改称上海奉贤县棉花有限公司。1999年12月，齐贤轧花厂从该公司析出。2002年1月，改称上海奉贤棉花有限公司。2003年10月，由上海丰意果品日用有限公司托管。2005年11月，齐贤轧花厂撤销，并入该公司。2006年3月，由上海奉贤商业有限公司托管。

地址：先后位于南桥镇原解放中路15号（今区文化广场处）、南桥路33号。

1964～2006年，公司先后有4人任经理，10人任副经理。

1964～2012年上海奉贤棉花公司行政领导更迭表

表10-5-1

经理		副经理	
姓名	任职时间	姓名	任职时间
陆宝星	1966.08～1969.04	朱耀祖	1965.06～1984.04
陆宝星	1978.09～1984.04	陆宝星	1973.03～1979.09
赵洪官	1993.03～1994.03	朱其铮	1978.11～1982.01
沈建国	1994.03～2003.10	朱邦宽	1982.09～1984.10
		钱银如	1984.03～1984.10
副经理		沈建国	1993.03～1994.03
袁成章	1964.05～1965.06	莫伯铭	1994.03～1998.03
朱其铮	1965.06～1969.05	陈毅豪	1998.07～2006.03

棉花是国家计划物资。公司主要经营棉花收购和销售（上调），棉花销售按政府有关部门下达纺棉、絮棉计划分类调拨。纺棉主要调拨上海各大棉纺厂及上海市原料公司；絮棉主要调拨上海市供销社所属3家直属絮棉厂。1978年棉花销售2433.68万元。1988年，销售971.21万元。公司销售随着棉花种植面积和产量而变化。2001年，停止棉花收购。2002年销售357.32万元。

1978～2002年奉贤棉花公司经营情况表

表10-5-2

年份	职工人数（人）	销售额（万元）	利润（万元）	年份	职工人数（人）	销售额（万元）	利润（万元）
1978	26	2433.68	27.41	1980	24	3746.43	123.62
1979	24	5802.94	112.27	1981	23	3226.80	51.14

续表 10-5-2

年　份	职工人数（人）	销售额（万元）	利润（万元）	年　份	职工人数（人）	销售额（万元）	利润（万元）
1982	22	2799.28	29.13	1993	14	3446.91	21.70
1983	23	2605.59	91.56	1994	26	4490.41	10.07
1984	22	3881.10	89.60	1995	27	3767.98	0.17
1985		3658.30	23.53	1996	29	2650.30	7.35
1986		2698.32	4.84	1997	37	1378.82	0.13
1987		1200.80	16.98	1998	150	2083.98	-327.46
1988		971.21	23.09	1999	105	727.07	-178.04
1989		501.60		2000	17	27.11	-38.27
1991				2001	18	181.11	-236.03
1992	11	718.36	6.04	2002	18	357.32	-4.03

注：1985～1991 年，棉花公司职工人数统计在农副产品公司内。

二、奉贤县对外贸易服务公司

1982 年 4 月，建立奉贤县对外贸易服务公司。1990 年 3 月 15 日，与县农资公司综合经营部合并，成立奉贤县土产公司。

地址：南桥镇原解放中路 15 号（今区文化广场处）。

1982～1989 年，公司先后各有 3 人任经理、副经理。

1982～1989 年奉贤县对外贸易服务公司行政领导更迭表

表 10-5-3

经　理		副经理	
姓　名	任职时间	姓　名	任职时间
唐顺福	1982.01～1987.12	余元忠	1982.06～1985.11
张火楼	1987.12～1990.02	卫龙官	1985.11～1990.03
卫桂兴	1990.02～1990.03	何八渊	1988.03～1990.02

公司主要经营土副产品和畜产品出口。1982 年销售 478.78 万元。1989 年销售 191.33 万元。

1982～1989 年奉贤县外贸服务公司经营情况表

表 10-5-4

年　份	职工人数（人）	销售额（万元）	利润（万元）	年　份	职工人数（人）	销售额（万元）	利润（万元）
1982	22	478.78	23.18	1986	23	2323.62	50.05
1983	20	571.66	28.50	1987	26	1023.13	13.61
1984	20	407.49	23.20	1988	24	426.43	14.55
1985	23	1812.85	22.08	1989	25	191.33	13.07

三、奉贤县土产公司

公司前身为1982年1月建立的奉贤县对外贸易服务公司。1990年3月15日，县对外贸易公司与县农资公司综合经营部合并，建立奉贤县土产公司。1991年12月，县农副产品公司棉花股划入县土产公司，建立奉贤县土产棉花公司。1993年3月，棉花部分划出，另建公司；改称奉贤县土产公司。1996年8月9日，县土产公司撤销，分别并入县供销商业建设公司和奉贤县商业总公司。

地址：南桥镇南亭公路300号。

1990～1996年，公司先后有2人任经理、5人任副经理。

1990～1996年奉贤土产公司行政领导更迭表

表10-5-5

经理		副经理	
姓名	任职时间	姓名	任职时间
卫桂兴	1990.03～1996.04	卢帆	1991.04～1992.06
沈志刚	1996.04～1996.08	沈建国	1991.12～1993.03
副经理		李辉	1993.03～1996.08
卫龙官	1990.03～1992.06	卫桂兴	1996.04～1996.08(兼)

公司主要经营兔毛收购和销售、建筑材料、建筑装潢材料等。1990年销售523.58万元。1995年销售636.24万元。

1990～1996年奉贤县土产公司经营情况表

表10-5-6

年份	职工人数（人）	销售额（万元）	利润（万元）	年份	职工人数（人）	销售额（万元）	利润（万元）
1990	51	523.58	12.11	1993	76	1366.80	12.14
1991	50	622.49	1.22	1994	71	715.00	0.25
1992	51	3084.99	29.67	1995	65	636.24	-33.55

第六节 废品物资回收企业

一、上海奉贤物资回收利用有限公司

公司前身先后为松江县土产公司南桥营业所、奉贤县供销社推销科土副产品采购站。1958年4月1日，土副产品采购站撤销，建立奉贤县土产废品经理部。同月15日，土产废品经理部与农产品采购经理部合并，建立奉贤县农副产品经理部。1966年7月1日，改称县土产废品经理部。1972年11月27日，改称县土副产品公司。1984年10月，县土副产品公司与县棉花公司合并，建立县农副产品公司。1991年12月，该公司棉花股划入县土产公司，改称县废旧物资回收利用公司。1993年6月，改称县废旧物资回收利用总公司。1998年8月26日，改称上海奉贤县物资回收利用有限公司。1999年9月28日，以经营者控股、经营层参股的产权制度改革。2002年6月30日，改称上海奉贤物资回收利用有限公司。

1978年和1989年，公司分别被上海市财贸办公室和市供销社评为先进单位（企业）。

地址：先后位于南桥镇城乡北路运河滩边、运河路68号。

1955～2012年，公司先后有8人任经理，18人任副经理。

1955～2012年上海奉贤物资回收利用有限公司行政领导更迭表

表10-6-1

经理		副经理	
姓　名	任职时间	姓　名	任职时间
胡道维	1955.09～1958.04	胡仁志	1979.01～1981.12
陆宝星	1958.04～1966.07	刘贤林	1982.06～1984
刘贤林	1970.02～1979.01	朱邦宽	1984.10～1988.03
吴长升	1979.01～1980.03	沈建国	1984.10～1991.12
瞿勤根	1980.03～1984.10	卢　帆	1984.10～1985.05
朱德发	1984.10～1997.05	鞠成湘	1989.04～1990.10
陆祖廉	1997.05～1998.06	沈亦平	1992.06～1997.05
褚伯龙	1998.06～	张　琪	1992.06～1993.06
副经理		陆祖廉	1992.06～1998.05（兼）
姚宝才	1955.09～	秦益康	1993.06～2006.10
严振千	1955.09～	谭可章	1997.05～2002.09（兼）
袁成章	1960.10～1964.05	陈桂林	1997.05～2002.09
唐顺福	1962　～1969	徐天恩	1999.06～2001.03
顾桂林	1964.08～1972.10		

公司主要经营废旧物资收购、加工和销售。收购废旧钢铁、废旧有色金属和造纸原料（纸板、报纸、杂志、书籍、废纸等）。废旧金属通过分拣、整理，按规定销往定点厂上钢三厂和奉贤马铁厂、胡桥锰钢厂等；造纸原料主要销往星火造纸厂和泰日造纸厂。1976年销售341.53万元，1990年销售1338.24万元，1998～2001年，贵金属——钯销售增加，2002年起销售逐年减少，2007年，退出废旧物资收购和销售。

邵厂废品交投站

1976～2009年上海奉贤物资回收利用公司经营情况表

表10-6-2

年份	职工人数（人）	销售额（万元）	利润（万元）	年份	职工人数（人）	销售额（万元）	利润（万元）
1976	32	341.53	26.70	1993	85	5681.72	34.10
1977	35	440.89	35.34	1994	85	4394.28	35.04
1978	41	492.64	42.54	1995	85	7228.20	20.52
1979	50	611.94	48.74	1996	83	6503.44	-27.91
1980	65	637.95	53.68	1997	79	6742.45	-312.90
1981	66	817.18	65.77	1998	68	16702.70	-505.96
1982	60	668.25	69.24	1999	66	14301.36	97.57
1983	56	539.24	20.43	2000	66	72098.52	658.84
1984	90	698.48	83.82	2001	63	30376.29	17.05
1985	72	742.79	27.88	2002	48	884.34	-586.73
1986	70	678.19	90.59	2003	42	353.33	-107.60
1987	64	663.81	77.44	2004	38	206.89	-16.47
1988	65	782.72	87.52	2005	35		-15.01
1989	69	960.40	10.48	2006	33	290.00	-28.44
1990	70	1338.24	91.28	2007	27	27.00	-20.14
1991	72	1870.60	128.70	2008	13	42.36	-18.27
1992	79	2160.56	103.28	2009	12		-8.39

二、奉贤帮业居民废品回收服务社

2004年4月，奉贤帮业居民废品回收服务社成立，属非正规就业劳动组织。2006年3月，升格为区供销总社直属单位。2008年3月，降为非直属单位。2009年7月，成立新锦华在线收废奉贤分中心，实行两块牌子、一套班子。2012年2月，再次升格为区供销总社直属单位。该社主要是管理和培训废品回收人员。2012年，废品回收人员137人，其中城镇失业人员100人，农村富余人员28人，一次性镇保6人，“协保”人员2人。

奉贤区废品回收保洁服务社收购点（南桥镇科技路87号）

地址：南桥镇人民中路283号4楼。

奉贤帮业居民废品回收服务社主任：2006年3月至2008年3月乔修松，2012年3月至今屠士德。

三、上海载盛物资有限公司

2005年5月，上海载盛物资有限公司成立。注册资金100万元，由奉贤帮业居民废品服务社和社会自然人各50%股本。2010年2月，股本调整为服务社60%，社会自然人40%。公司经理缪天平。

地址：南桥镇沪杭公路1972号。

第七节　五金　家电企业

一、上海奉贤五金交电有限公司

公司前身为1962年1月成立的奉贤县五金煤业建筑器材公司。1963年9月，五金、煤建业务分离，改称奉贤县五金机械公司。1965年5月，奉贤县五金机械公司撤销，上海市五金机械公司在南桥设立二级批发站。1966年4月，二级批发站撤销，成立中国五金交电公司上海市奉贤县公司。1972 年 11 月 27 日，改称奉贤县商业局五金交电公司。1978 年 10 月，划出石油煤炭业务。1987 年 4 月，县供销社汽车运输队撤销并入该公司。1993 年 9 月 16 日，改称奉贤县五交化总公司。1995 年 4 月，上海达威国际贸易公司撤销并入该公司。1998 年 9 月 21 日，改称奉贤县五交化有限公司。2002 年 1 月，改称上海奉贤五金交电有限公司。2012 年 2 月，由上海奉贤商业有限公司托管。

地址：先后位于南桥镇南桥塘路 21 号、立新北路 289 号。

1962～2012 年，公司先后有 8 人任经理，16 人任副经理。

1962～2012 年奉贤五金交电公司行政领导更迭表

表 10-7-1

经理		副经理	
姓　名	任职时间	姓　名	任职时间
曹芹根		盛其炎	1987.04～1990.02
伊寿榕		杨　晓	1988.07～1993.03
曲振有	～1978.10	胡世天	1988.12～1993.06
朱德发	1978.12～1984.10	胡寿鑫	1991.04～1992.03
吴维龙	1984.10～1988.03	傅传新	1993.07～1994.03
陆金昌	1988.03～1996.04	杨臣均	1993.09～1994.11
倪勤华	1996.04～1998.06	薛金辉	1994.03～2012.02
杨　晓	1998.06～2012.02	马德荣	1995.02～2003.10
		吴寿鑫	1995.03～1996.04
副经理		顾明章	1995.03～1997.11
吴粹光	1979.12～1986	倪东辉	1995.04～1996.10
沈亦平	1984.10～1987.07	陈菊芳（女）	1997.05～2002.02(兼)
陆金昌	1986.03～1988.03	王海强	1998.09～2009.03

上海奉贤五金交电有限公司

公司主营五金交电商品批发，兼营南桥地区零售，商品大类有：五金工具、建筑五金、电料电讯、自行车。1966～1978年，经营石油煤炭业务。1967年，商品销售485.82万元、创利24.73万元。1973年销售突破1000万元。70年代后期开始经营家电。1986年销售超5000万元，创利150.29万元。1993年销售达16372.38万元、创利205.85万元。1997年起，销售逐年下降，2002年后，逐步退出商品经营，实行资产经营。2011年经营收入373.59万元。

1967～2009年上海奉贤五金交电公司经营情况表

表10-7-2

年　份	职工人数（人）	销售额（万元）	利润（万元）	年　份	职工人数（人）	销售额（万元）	利润（万元）
1967	71	485.82	24.73	1990	154	5432.42	174.91
1968	73	489.17	75.85	1991	147	6492.97	166.84
1969	76	617.81	38.48	1992	160	9251.70	166.20
1970	83	593.92	39.86	1993	175	16372.38	205.85
1971	111	221.33	47.70	1994	188	8933.33	74.63
1972	119	866.37	56.51	1995	252	9658.04	-5.29
1973	119	1035.71	75.70	1996	201	8479.74	-336.12
1974	135	1236.19	84.10	1997	214	6628.31	-224.66
1975	154	1498.91	100.60	1998	197	3825.91	-295.77
1976	180	1666.41	103.02	1999	164	2909.37	12.53
1977	182	1837.15	111.00	2000	143	1634.81	-25.73
1978	78	1746.38	98.68	2001	127	1093.21	-149.33
1979	78	1159.04	50.37	2002	116	773.64	-121.73
1980	86	1228.61	54.38	2003	112	586.65	-154.18
1981	87	1280.08	61.02	2004	103	591.64	-92.95
1982	93	1351.06	42.65	2005	91	503.26	-75.94
1983	97	1532.92	51.61	2006	89	568.97	-66.54
1984	106	2194.14	69.91	2007	84	512.51	-16.65
1985	118	4199.64	94.54	2008	62	468.92	-123.69
1986	139	5011.17	150.29	2009	58	441.21	-13.38
1987	152	7250.65	163.47	2010	55	320.05	-9.89
1988	140	7798.32	250.63	2011	55	373.59	-34.46
1989	163	7834.28	187.70				

萧塘供销社五金部

二、上海伊和电器有限公司

公司前身为2000年5月成立的上海伊和贸易有限公司，由鸿雁商场职工个人投资创办。2005年，改称上海伊和电器有限公司，并升格为奉贤区供销社直属改制企业，经理王建国。2010年，经营数据不再报区供销总社。

地址：南桥镇环城东路399号丽洲商务楼1703室。

公司主要经营家用电器，2005年销售3272.64万元。2009年销售2692万元。

2005～2009年上海伊和电器公司经营情况表

表10-7-3

年份	职工人数（人）	销售额（万元）	利润（万元）	年份	职工人数（人）	销售额（万元）	利润（万元）
2005	115	3272.64	155.28	2008	127	3317.77	5.02
2006	95	3170.47	291.50	2009	99	2692.09	-60.88
2007	152	3759.27	5.44				

第八节 农资 物资企业

一、上海奉贤农业生产资料有限公司

公司前身为奉贤县供销社供应科所设业务经理部。1955年9月，从业务经理部划出生产资料业务，成立奉贤县生产资料经理部。1956年6月，分为第一、第二生

80年代，奉贤县农业生产资料公司大楼

产资料经理部。1958年4月，与奉贤县日用品经理部合并，改称奉贤县生产资料经理部。1972年11月27日，改称奉贤县商业局农业生产资料公司。1993年7月28日，成立上海奉浦供销物资总公司，与奉贤县农业生产资料公司合署办公，实行“两块牌子，一套班子”。1997年10月，上海奉浦供销物资总公司歇业。同年12月，改称上海奉贤县农业生产资料有限公司。2002年6月，实施第二轮改制，由经营者控股、经营层参股的产权制度改革，改称上海奉贤农业生产资料有限公司。2010年，经营数据不再报区供销总社。

1979年，公司被全国供销合作总社评为全国供销系统先进企业。1974～1983年，先后6次被上海市商业局、财贸办、供销社评为先进企业（单位）。

地址：先后位于南桥镇运河路2号、南桥路509号。

1955～2012年，公司先后有14人次任经理，22人次任副经理。

1955～2012年上海奉贤农业生产资料公司行政领导更迭表

表10-8-1

经　理		经　理	
姓　名	任职时间	姓　名	任职时间
纪巧根	1955.09～1956.06	蔡洪章	1986.04～1993.03
潘栋生	1956.06～1958.04	柯　冲	1993.07～
曹桂福	1956.06～1958.04	副经理	
姚守先	1958.07～1962.02	蒋锡林	
黄可亭	1962.07～1963.05	徐关福	1956.06～
庄福祥	1963.05～1965.06	郁宗礼	1957.09～1978.01
金利川	1965.06～1969.05	戴林根	1958.04～1960.05
黄根楼	1969.05～1970.04	周伯衡	1958.05～1959.10
金利川	1970.04～1971.09	黄根楼	1963.05～1965.07
陆宝星	1971.09～1973.02	路　华	1965.06～1966.07
戴林根	1973.03～1983.07	苏　敏	1965.06～
陈宝林	1983.07～1986.04	唐林泉	1969.09～1983.06

续表 10-8-1

副经理		副经理	
姓　名	任职时间	姓　名	任职时间
李　辉	1984.10～1993.03	钱照根	1993.08～1997.05（兼）
钱银如	1984.10～1992.06	徐正荣	1994.03～2001.09
潘有发	1989.07～1992.09（兼）	金秀亮	1994.03～1995.11
沈水兴	1992.06～1994.03	潘可夫	1996～2003.03
柯　冲	1992.10～1993.07	沈志刚	1995.09～1996.04
金　章	1993.07～1994.03	张火楼	1997.05～2002.06（兼）
马速兵	1993.07～1994.03		

公司主要经营农业生产资料的批发和零售，经营商品有化肥、农药、地膜（农膜）、药械、农用建筑材料等。1955年，销售化肥2449吨。1960年，销售化肥9371吨。（50年代至2012年经营情况详见本志第五章第一节）。1964年农资商品销售806.96万元。1970年销售超1000万元，1984年销售超3000万元，1995年销售达12045.83万元，2009年销售926.69万元。

1976～2009年上海奉贤农业生产资料公司经营情况表

表 10-8-2

年　份	职工人数（人）	销售额（万元）	利润（万元）	年　份	职工人数（人）	销售额（万元）	利润（万元）
1964	40	806.96	18.27	1983	129	2796.36	125.17
1965	73	1136.58	24.72	1984	126	3092.77	133.49
1966	78	960.60	11.58	1985	123	3294.88	76.90
1967	86	578.00	3.53	1986	121	3146.86	90.59
1968	81	543.90	12.61	1987	118	3932.15	100.68
1969	78	639.50	16.09	1988	111	5292.96	144.25
1970	80	1187.70	34.84	1989	140	5492.71	5.82
1971	96	1364.90	47.06	1990	80	5429.82	89.16
1972	105	1431.76	53.61	1991	81	5797.07	105.16
1973	125	1498.69	33.62	1992	86	5590.41	43.45
1974	134	1438.00	35.61	1993	106	8693.23	29.58
1975	142	1436.43	2.56	1994	134	8445.22	30.81
1976	147	1348.17	13.74	1995	139	12045.83	3.31
1977	141	1392.17	12.60	1996	139	11405.81	20.42
1978	149	1526.18	27.67	1997	145	7962.64	-106.71
1979	138	1856.42	48.24	1998	127	9797.91	1.82
1980	135	2192.83	62.15	1999	106	6646.76	1.82
1981	139	2390.90	67.85	2000	100	4891.82	-69.63
1982	168	2654.07	91.39	2001	89	3483.15	-221.00

续表 10-8-2

年　份	职工人数（人）	销售额（万元）	利润（万元）	年　份	职工人数（人）	销售额（万元）	利润（万元）
2002	12	2476.23	5.02	2006	39	1822.21	-70.41
2003	62	2105.64	-5.45	2007	35	1248.12	-35.27
2004	58	2040.24	1.75	2008	29	1092.20	-2.41
2005	50	2245.07	21.24	2009	27	926.69	9.33

二、奉贤县木材公司

1956 年 6 月，建立奉贤县木材公司。1962 年并入县生产资料经理部。1963 年划归县物资局。1956 年 11 月至 1959 年 10 月，经理蔡一飞。

三、上海南化工业气体有限公司

1997 年 3 月 14 日，成立上海南化工业气体有限公司，原隶属于奉贤区（县）物资总公司（局）。2005 年 6 月，由区供销总社托管。2005～2012 年，经理许柏林，副经理王传新。

地址：南桥镇沪杭支路 18 号。

公司主要经营压缩气体和液化气体：易燃气体、不燃气体（以上不包括剧毒、特定种类危险化学品）批发、金属材料、化工轻工材料等。

四、上海奉贤有色金属有限公司

1982 年，建立上海奉贤有色金属公司。1997 年 8 月 1 日，改称上海奉贤金属有限公司，隶属于奉贤区（县）物资总公司（局）。2005 年 6 月，该公司由区供销总社托管。2011 年 1 月，该公司退出托管。2005～2011 年，公司经理徐金有。

地址：南桥镇新建西路 316 号。

公司主要经营有色金属、黑色金属、木材、建筑材料、机电设备、五金交电等。

五、上海南奉生产资料有限公司

1979 年 11 月，建立奉贤县生产资料服务中心。1998 年 3 月，改称上海南奉生产资料有限公司，原隶属于奉贤区（县）物资总公司（局）。2005 年 6 月，由区供销总社托管。2005～2012 年，经理李祖基。

地址：奉城镇奉粮路 186 号。

公司主要经营金属材料、化工材料（易制毒及危险化学品除外）、轻工材料、木材、建筑材料等。

六、上海欣隆木材钢模有限公司

1982年3月，成立奉贤县木材供应公司。1998年3月9日，改称上海欣隆木材钢模有限公司，隶属于奉贤区（县）物资总公司（局）。2005年6月，该公司由区供销总社托管。2012年5月，该公司退出托管。2005～2012年，公司经理朱志兴。

地址：南桥镇运河路4号。

公司主要经营木材、建筑材料、涂料、金属材料、锯木加工、钢模板出租、木制品加工等。

七、上海奉贤机电设备有限公司

1972年，建立奉贤县农机机电供应站。1979年3月，改称奉贤县机电设备供应公司。1998年4月9日，改称上海奉贤机电设备有限公司，隶属于奉贤区（县）物资总公司（局）。2005年6月，该公司由区供销总社托管。2011年11月，该公司退出托管。2005～2011年，公司经理杨国敏。

1977年，该公司职工毛福华被上海市革命委员会评为劳动模范。

地址：南桥镇南桥路318号。

公司主要经营机电产品、摩托车、橡胶制品、五金工具、有色金属、黑色金属等的批发和零售。

八、上海奉贤农业机械有限公司

1979年3月，成立奉贤县农业机械供应公司。1998年6月3日，改称上海奉贤农业机械有限公司，隶属于奉贤区（县）物资总公司（局）。2005年6月，该公司由区供销总社托管。2011年1月，该公司退出托管。2005～2008年，公司经理王小兴；2008～2011年经理吴锦旗。

地址：南桥镇南桥路537号。

公司主要经营农业机械配件、木材、建筑材料、商用车及9座以上乘用车、百货、尼龙、人造板、水暖器材等的批发和零售。

九、上海奉贤化工轻工有限公司

1979年3月，成立奉贤县化工原料供应公司；同年10月，改称奉贤县化工轻工供应公司。1998年6月28日，改称上海奉贤化工轻工有限公司，隶属于奉贤区（县）物资总公司（局）。2005年该公司由区供销总社托管。2005～2012年，经理乔东明。

地址：南桥镇南桥路296号。

公司主要经营化工轻工材料、金属材料、机电产品、机械设备、木材、建筑装潢、植物油料等。

十、上海奉贤建筑材料有限公司

1982年3月，成立奉贤县建筑材料供应公司。1998年6月28日，改称上海奉贤县建筑材料有限公司，隶属于奉贤区（县）物资总公司（局）。2005年6月，该公司由区供销总社托管。2005～2012年，经理单国勇。

地址：南桥镇西渡鸿宝新村17弄。

公司主要经营建筑材料、建筑五金、装潢五金、化工轻工材料、钢模板出租等。

十一、上海华物商贸有限公司

1999年7月，成立上海华物商贸有限公司，隶属于奉贤区（县）物资总公司。2005年6月，由区供销社托管。

公司主要经营金属材料、化工原料、农业机械、钢模板出租、五金交电、包装材料和资产经营。

地址：南桥镇南桥路612号。

第九节　石油　煤炭企业

一、上海奉贤煤炭有限公司

公司前身为1962年1月成立的奉贤县五金煤业建筑器材公司。1963年9月，与五金业务分离，成立中国煤业建筑器材公司上海市奉贤公司。1966年4月，中国煤业建筑器材公司上海市奉贤县公司撤销，合并于奉贤五金交电公司。1978年10月1日，从县五金交电公司划出石油煤炭业务，建立上海市奉贤县石油煤炭公司。1982年1月，改称上海市石油煤炭公司奉贤县公司。1986年3月，石油、煤炭业务分离，建立奉贤县煤炭公司。1997年12月，改称奉贤县煤炭有限公司。2001年9月，改称上海奉贤煤炭有限公司。2012年2月，由奉贤区商业有限公司托管。

地址：先后位于南桥立新中路2号、解放中路257号、振贤路92号。

1979～2012年，公司先后有8人任经理，11人任副经理。

1979～2012年上海奉贤煤炭公司行政领导更迭表

表10-9-1

经　理		经　理	
姓　名	任职时间	姓　名	任职时间
李　伦	1979.03～1984.10	张文安	1991.04～2003.03
王文标	1984.10～1986.03	王正玲（女）	2003.03～2007.03
陈品章	1986.03～1988.03	蔡金根	2007.03～2012.02
陈宝林	1988.03～1988.05	副经理	
丁春瑜	1989.03～1991.04	孙伯君	1979.03～1981.02

续表10-9-1

副经理		副经理	
姓　名	任职时间	姓　名	任职时间
许　琦	1980.06～1984.10	张火楼	1990.02～1997.05(兼)
蒋秋元	1981.02～1984.10	王正玲（女）	1992.06～2003.03
朱其铮	1982.01～1991.04	顾引初	1995.05～2010.03
费成荣	1984.10～1986.03	钱照根	1997.05～2008.03(兼)
吴粹光	1986～1991.04	沈　刚	2007.03～2008.03

公司主要经营煤炭的批发和零售，煤制品（煤球、煤饼）供应。1993年开始经营油品。

1978年销售332.56万元，随着工业生产发展和城镇居民增加，煤及煤制品销售上升，1979年销售超1000万元，1995年销售达7305.90万元。煤炭市场放开后，公司销售起伏较大，2011年销售117.02万元，同年，退出煤炭经营。

1978～2011年上海奉贤煤炭有限公司经营情况表

表10-9-2

年　份	职工人数（人）	销售额（万元）	利润（万元）	年　份	职工人数（人）	销售额（万元）	利润（万元）
1978	103	332.56	23.86	1995	111	7305.90	18.46
1979	105	1208.17	88.87	1996	110	6531.44	8.83
1980	113	1333.63	100.81	1997	108	3853.20	-183.31
1981	74	1246.05	104.72	1998	101	2936.48	-67.01
1982	85	1226.16	76.17	1999	114	2853.00	-39.19
1983	85	1404.06	101.14	2000	123	4140.51	-51.59
1984	84	1659.97	29.03	2001	69	3444.00	-106.84
1985		2333.91	169.44	2002	68	1313.81	-42.51
1986	37	730.98	72.92	2003	62	2664.96	-19.64
1987	39	790.25	87.30	2004	60	2989.00	-5.47
1988	37	910.71	104.39	2005	57	2629.22	-2.89
1989	50	2464.51	11.01	2006	57	6679.79	-1.73
1990	89	2548.29	149.18	2007	54	4544.54	-21.29
1991	83	2851.70	172.06	2008	53	1811.81	-59.35
1992	90	4324.09	106.69	2009	51	56.46	-118.17
1993	104	6289.87	52.63	2010	51	3301.34	-134.83
1994	106	5642.41	47.38	2011	45	117.02	-102.80

注：1978～1985年为石油煤炭公司经营情况

二、上海市石油公司奉贤县公司

公司前身为1978年10月建立的奉贤县石油煤炭公司。1982年1月，改称上海市石油煤炭公司奉贤县公司。1986年3月，石油、煤炭分离，建立上海市石油公司奉贤县公司。1995年3月30日，县石油公司划归上海市石油公司实行垂直管理，与奉贤县供销社脱离隶属关系。

地址：先后位于南桥镇立新中路3号、解放中路259号。

1986～1995年，公司先后有2人任经理，5人任副经理。

1986～1995年奉贤县石油公司行政领导更迭表

表10-9-3

经理		副经理	
姓名	任职时间	姓名	任职时间
王文标	1986.03～1994.04	金章	1991.12～1993.08
费成荣	1994.04～1995.03	沈新龙	1993.06～1995.03
副经理		唐吉林	1994.04～1995.03
费成荣	1986.03～1991.04	王炳华	1994.04～1995.03(经理助理)

第十节 投资 建设企业

一、上海千意置业有限公司

公司前身为县供销社工业科。1992年12月，建立奉贤供销工业总公司。1998年5月，改称上海千意置业有限公司。1999年，公司实行“双置换”，由2个私营公司和5个自然人出资，改制成新的上海千意置业有限公司。

地址：先后位于南桥镇运河路238号、华园路75弄36号。

1992～2007年，该公司先后有3人次任经理，7人次任副经理。

1992～2007年上海千意置业有限公司行政领导更迭表

表10-10-1

经理		副经理	
姓名	任职时间	姓名	任职时间
马天林	1992.12～1994.03(兼)	胡建新	1994.03～1998.08
金章	1994.03～1995.03	潘可夫	1994.03～1995.03
马天林	1995.03～2007.12	唐顺华	1995.03～1996.03
副经理		陈世才	1996.04～1999
盛其炎	1992.12～1993.03	卫映华	2000.01～2004
尹关章	1993.03～1994.03		

1993～1997 年主要生产橡胶制品、机械设备等；1993 年销售 1556.13 万元，1998 年主要经营金属材料、建筑材料。1998 年起，商品销售下降，2002～2007 年经营房地产开发。2009 年经营收入 472.79 万元。2010 年，经营数据不再报区供销总社。

1993～2009 年上海千意置业有限公司经营情况表

表 10-10-2

年份	职工人数（人）	销售额（万元）	利润（万元）	年份	职工人数（人）	销售额（万元）	利润（万元）
1993		1556.13	8.85	2002	8	12192.79	6.26
1994		1787.81	-1.35	2003	14	1585.56	-18.46
1995		1599.12	-1.24	2004	14	1676.32	12.34
1996		1865.19	-3.64	2005	11	1347.36	-10.53
1997	9	1931.88	-8.77	2006	11	2965.64	-5.92
1998	17	237.01	-14.43	2007	10	3240.60	-32.32
1999	9	230.22	8.36	2008	7	582.71	14.58
2000	7	182.53	4.68	2009	7	472.79	3.97
2001	7	759.69	2.32				

二、上海奉贤供销商业建设有限公司

公司前身为奉贤县供销社基建科。1992 年 12 月，建立奉贤县供销商业建设总公司。1996 年 8 月 9 日，土产公司部分并入该公司。1998 年 8 月，改称奉贤供销商业建设有限公司。2001 年 10 月 31 日，公司实行“双置换”改制成经营层控股企业，改称上海奉贤供销商业建设有限公司。

地址：先后位于南桥镇原解放中路 15 号（今区文化广场处）、南亭公路 300 号。

1992～2012 年，公司先后有 3 人任经理，6 人任副经理。

1992～2012 年上海奉贤供销商业建设有限公司行政领导更迭表

表 10-10-3

经理		副经理	
姓名	任职时间	姓名	任职时间
唐汉规	1992.12～1994.03（兼）	张保龙	1994.03～1997.05
王宣	1994.03～1998.08	郁援朝	1995.09～1998.08
范文新	1998.08～	卫桂兴	1996.08～2009.12
副经理		李辉	1996.08～1998.08
王宣	1992.12～1994.03	庄正国	1997.05～2006.08（兼）

主要经营房地产开发和物业管理。1993 年销售 389.40 万元，1997 年销售 2228.97 万元，2000 年起销售下降。2008 年经营收入 25.28 万元。

1993～2008 年上海奉贤供销商业建设公司经营情况表

表 10-10-4

年　份	职工人数（人）	销售额（万元）	利润（万元）	年　份	职工人数（人）	销售额（万元）	利润（万元）
1993		389.40	10.81	2001	30	614.16	31.07
1994	17	302.25	12.42	2002	30	52.18	-41.13
1995	31	811.57	9.90	2003	16	23.42	-18.25
1996	31	1631.75	10.17	2004	15	1930.11	64.02
1997	66	2228.97	-25.81	2005	12	26.38	-39.90
1998	62	1235.16	20.43	2006	10	25.76	1.77
1999	50	2746.63	1.70	2007	11	25.71	0.63
2000	42	768.84	6.18	2008	10	25.28	0.83

三、上海奉供实业发展有限公司

2002 年 6 月，成立上海奉供实业发展有限公司，由奉贤区供销社、江海供销社、萧塘供销社、上海加盟发展有限公司共同投资组建。2003 年 10 月，升格为区供销社直属企业。

地址：南桥镇人民中路 283 号。

2003～2012 年，公司有 1 人任经理，先后有 4 人任副经理。

2003～2012 年上海奉供实业发展有限公司行政领导任职情况表

表 10-10-5

经　理		副经理	
姓　名	任职时间	姓　名	任职时间
郭伟良	2003.10～	姚永跃	2007.03～2008.03
副经理		顾　浩	2008.03～
倪勤华	2003.10～	夏丰英（女）	2009.03～2011.03

公司主要从事资产经营管理、招商引资等综合型业务。2004 年，招商引资注册企业 36 户、上交税金 17 万元，2008 年注册企业 126 户、上交税金 3800 万元，2012 年注册企业 1091 户、上交税金 8473 万元。

2004～2012 年上海奉供实业发展有限公司经营情况表

表 10-10-6

年　份	职工人数（人）	招商引资					公司效益		
		注册户数（户）	其　中		注册资金(万元)	上交税金(万元)	综合效益(万元)	利　润（万元）	上交税金（万元）
			实业型	商贸型					
2004	4	36			3959.00	17.00	0.16	-4.23	0.18
2005	5	37			6679.00	300.00	29.50	24.37	23.71
2006	6	56	31	25	11101.50	1820.00	49.84	46.18	16.48

续表 10-10-6

年份	职工人数（人）	招商引资					公司效益		
		注册户数（户）	其中		注册资金(万元)	上交税金(万元)	综合效益(万元)	利润（万元）	上交税金（万元）
			实业型	商贸型					
2007	6	83	33	50	7250.00	3510.00	104.07	37.45	33.54
2008	8	126	32	94	9149.00	3800.00	203.97	43.28	43.61
2009	8	147	31	116	13200.00	5018.00	277.22	56.24	113.33
2010	8	213	29	184	13553.60	5550.00	293.87	65.00	61.83
2011	9	221	15	206	52391.00	6505.00	340.10	103.71	103.71
2012	9	172	11	161	16508.00	8473.00	501.75	272.00	271.61

第十一节 其 他

一、奉贤县商业局畜牧繁殖试验场

1958年4月15日，建立奉贤县商业局畜牧繁殖试验场。1962年9月停办。1958年4月至1962年9月，凌德运任场长，1958～1961年吴修元任副场长。1960年6月至1962年9月，胡连松任副场长。

地址：庄行人民公社柴塘大队。

二、奉贤县供销社汽车运输队

1974年6月，成立奉贤县商业局汽车运输队。1978年8月，改称县供销社汽车运输队，担负供销社（商业局）货运任务。1987年4月，并入县五金公司。

地址：南桥镇团结路13号（后改运河北路）。

1974～1987年，该队有1人任队长，先后有3人任副队长。

县供销社运输车队一角

1982～1987 年奉贤县供销社汽车运输队行政领导更迭表

表 10-11-1

经理		副经理	
姓　名	任职时间	姓　名	任职时间
夏炳其	1984.10～1987.07	莫伯铭	1982.02～1987.03
		裴忠民	1984.10～1987.07
		王连伯	1985.05～1985.12

主要经营汽车运输和车辆维修。1976 年经营收入 22.97 万元。1986 年经营收入 26.47 万元。

1976～1987 年奉贤供销社汽车运输队经营情况表

表 10-11-2

年　份	职工人数（人）	销售额（万元）	利润（万元）	年　份	职工人数（人）	销售额（万元）	利润（万元）
1976	55	22.97	1.16	1982	49	26.82	5.12
1977	53	20.41	1.91	1983	51	24.47	6.11
1978	52	22.30	2.46	1984	41	25.26	7.26
1979	49	27.32	3.07	1985	46	27.76	8.82
1980	50	27.46	4.51	1986	64	26.47	6.23
1981	52	28.64	5.11	1987			4.20

三、奉贤县商业局冷库

1975 年 1 月 15 日，建立奉贤县商业局冷库。1978 年 11 月 17 日，划归奉贤县畜牧水产局。

四、奉贤县供销社经济开发公司

1984 年 11 月 26 日，奉贤县供销社成立经济开发公司。1986 年 3 月，该公司撤销。该公司有 1 人任经理，先后有 4 人任副经理。

1984～1986 年开发公司行政领导任职情况表

表 10-11-3

经理		副经理	
姓　名	任职时间	姓　名	任职时间
沈华德	1984.11～1986.03（兼）	顾　炜	1984.11～1985.07
副经理		戴林根	1985.07～1986.03（兼）
仲天怀	1984.11～1986.03（兼）	陈品章	1985.07～1986.03（兼）

五、上海奉贤商社福州公司

1990年10月，县供销社主任沈华德（前排中）率队到福州考察

1988年4月22日，上海市奉贤县供销社与福建省福州市供销社建立供销总公司，并在马尾经济开发区设立马尾商行，双方各投资25万元。1989年8月，公司董事会决定，终止两社联营协议，联营公司与商行均由奉贤县供销社独立经营，企业名称改为上海奉贤商社福州公司。1990年10月，上海奉贤商社福州公司歇业。经理张文安。

六、上海奉贤商社深圳分公司

1988年11月11日，上海奉贤商社与深圳罗湖区外资企业产品暨生产资料市场，签订租用锦湖大厦二楼展厅和10号柜协议，设立奉贤商社深圳办事处。1989年9月11日，奉贤商社深圳分公司歇业。经理傅传新。

七、上海达威国际贸易公司

1994年4月20日，成立上海达威国际贸易公司。1995年4月，该公司并入奉贤县五交化总公司。经理倪东辉。

第十一章　商办工业

奉贤供销系统商办工业是供销社经济发展的重要组成部分。1950～1953年，县联社（合作总社）先后购进9家轧花厂、鼎丰酱园、印刷厂等，时有工业企业11家。50～60年代陆续兴办化工厂、煤球厂等生产、生活资料企业。改革开放后，供销系统商办工业发展较快。1990年，全县供销社工业有食品饮料、化工、五金、机械、电器、服装、制药等10个行业54家企业，包括上海华城特种织品有限公司等沪港、中外合资企业5家。1993年后，商办工业在市场经济竞争中处境艰难，实行关、停、并、转等一系列改革。2012年，全区供销系统商办工业有参股企业、转制企业各1家，年销售额1.97亿元。上海鼎丰酿造食品有限公司先后两次被授予全国精神文明建设工作先进单位、“中华老字号”企业称号，以进京乳腐为代表的鼎丰牌系列产品、上海华城特种织品有限公司生产的“津柏牌”抗菌防臭系列产品等分别评为国优、部优、市优产品和国家专利产品。上海鼎丰酿造食品公司于2005年和2009年，2次被全国精神文明指导委员会，评为全国精神文明建设先进单位；1993～2011年，连续10届被评为上海市精神文明建设先进单位；1996～2003年，先后4次被上海市人民政府、全国供销合作总社评为先进企业。1955～1995年，供销商办工业企业中，顾来生等14人次先后被评为市（省、部）级以上劳动模范（先进工作者）。

第一节　食品生产企业

一、奉贤县胡桥榨油厂

前身为私营恒丰油厂。1949年5月，松江军分区后勤部接收后，改称为胡桥榨油厂。1952年，划归县联社。1954年4月，该厂撤销并入青村轧花厂。1950～1954年，先后由王炳生、袁成章任厂长。

二、上海鼎丰酿造食品有限公司

前身是建于清同治三年（1864年）的鼎丰酱园。1952年1月，由县供销社联合社出资购进，改称奉贤县鼎丰酿造厂。1959年9月，归口县工业局，改称地方国营奉贤县酿造厂。1961年，划归县商业局。1981年12月，改称奉贤县鼎丰酿造厂。1993年，改称上海鼎丰酿造食品总厂，设酿造厂、食品厂、彩印包装厂和奉城分厂。同年11月，该厂兼并奉贤华乐食品厂。1994年8月，该厂兼并上海环东空调设备厂。1995年，鼎丰奉城分厂与美国CPC公司合资组建上海家丰（后为百仕福）食品有限公司（于2001年年底解约）。1997年9月，托管上海市供销机械厂和奉贤江南汽车修理厂。同年12月19日，改称上海鼎丰酿造食品有限公司。1999年7月，奉贤江南汽车修理厂改制为股份制企业（私企）。2006年10月，该公司实行“双置换、双重组”（即资产置换、员工身份置换，资产重组、员工重组）。

上海鼎丰酿造食品有限公司白醋（左图）、料酒王（右图）生产流水线

2005年和2009年，公司2次被全国精神文明指导委员会评为全国精神文明建设工作先进单位。1996～2003年，先后4次被上海市人民政府、全国供销合作总社评为先进企业。1993年，被国家商务部评定为中华老字号企业；1998年，该公司酱油车间被上海市人民政府评为模范集体。2006年，国家商务部重新认定为中华老字号企业。2003年，被中共上海市委、市政府、上海警备区评为拥军优属先进单位。1993～2011年，连续10届被评为上海市精神文明建设先进单位。1991～1996年，先后3次被上海市供销社评为先进企业。2002年和2008年，鼎丰牌商标2次被上海市工商局评为上海市著名商标。1956～1993年，该厂职工杨金龙等2人先后4次被国家轻工业部（全国供销合作社、上海市人民政府）评为先进工作者和上海市劳动模范。

地址：南桥镇新建中路450号。

1952～2012年，公司先后有10人任经理（厂长），17人次任副经理（副厂长、厂长助理）。

1952～2012年上海鼎丰酿造食品公司行政领导更迭表

表11-1-1

厂长（经理）		厂长（经理）	
姓　名	任职时间	姓　名	任职时间
周之忻	1952.01～（兼）	周龙生	1987.07～1990.02
周葆生	～1953.02	吴方圭	1990.02～1999.12
仇祖炎	1953.02～1953.11	沈仲华	1999.12～
王能宰	1954.01～1957.09	副厂长（副经理）	
姜明智	1958.03～1959.09	陆念祖	1952.01～1959.10
何永祥	1963.04～1978.01	潘晋尧	1955～1963.03
邵根炎	1984.09～1987.07	冯天发	1955～

续表 11-1-1

副厂长（副经理）		副厂长（副经理）	
姓　名	任职时间	姓　名	任职时间
陆念祖	1961.04～1977.03	周龙生	1990.02～1992.07
董季铭	1981.01～1984.09	王瑞芝	1990～1995.09（厂长助理）
沈耀光	1982.05～1991.04	孙石青	1991.11～
戴桂章	1982.05～1991.04	周跃进	1993.08～2001.12
李品高	1984.09～1996.01（兼）	陆志刚	1996.01～2006.03（兼）
周龙生	1984.09～1987.07	万成龙	1999.01～2006.03
赵龙才	1990.02～2003.10	祁　枫（女）	2006.03～

50年代，公司主要生产和销售乳腐、酱油、酱类、调料、食醋等，60～90年代增加生产冷饮和冷冻食品，其间，两度生产白酒。1983～1997年，鼎丰牌酿造食品获1个国优（精致玫瑰乳腐）、5个部优（小玫瑰、糟方、霉香、红方乳腐、黄豆辣酱）。1998年起，鼎丰牌系列制品被评为上海名牌产品“四连冠”。产品销往全国各省市（西藏除外），远销港澳台地区，出口亚、非、欧五个国家和地区。1952年，鼎丰酿造厂销售39.18万元，创利12.20万元，1991年销售1343.34万元，创利112.36万元，2007年销售10128.80万元，创利61.93万元，2012年销售15906.65万元，创利209.59万元。

1952～2012年上海鼎丰酿造食品公司经营情况表

表 11-1-2

年　份	职工人数（人）	销售额（万元）	利润额（万元）	年　份	职工人数（人）	销售额（万元）	利润额（万元）
1952		39.18	12.20	1968	108	152.40	44.49
1953	82	70.57	16.87	1969	110	163.00	50.04
1954	104	110.95	22.40	1970	109	168.40	45.94
1955	104	136.41	20.04	1971	115	168.30	51.61
1956	124	162.30	28.64	1972	132	210.72	51.41
1957	116	125.70	20.04	1973	134	209.33	68.00
1958	97	110.52	29.16	1974	141	205.52	62.12
1959	124	166.20	34.11	1975	154	242.12	70.82
1960	98	175.01	51.78	1976	169	219.07	76.90
1961	85	172.02	48.45	1977	166	245.72	77.82
1962	73	164.76	42.67	1978	166	239.26	82.05
1963	106	169.88	44.61	1979	164	272.53	87.57
1964	87	173.80	40.66	1980	165	294.51	91.71
1965	87	163.70	40.30	1981	171	301.33	87.51
1966	91	150.30	39.91	1982	170	319.46	83.26
1967	102	156.80	42.65	1983	166	323.24	91.76

续表 11-1-2

年份	职工人数（人）	销售额（万元）	利润额（万元）	年份	职工人数（人）	销售额（万元）	利润额（万元）
1984	164	359.39	95.98	1999	432	4884.07	50.39
1985	182	410.78	90.37	2000	427	5325.05	31.41
1986	181	462.66	86.03	2001	396	5569.39	31.50
1987	187	560.5	102.64	2002	408	6010.87	36.26
1988	184	635.3	107.10	2003	398	7057.16	43.41
1989	255	744.57	0.21	2004	383	7523.84	44.24
1990	219	870.26	107.58	2005	347	8464.23	20.18
1991	225	1343.34	112.36	2006	287	9488.23	38.05
1992	245	1849.27	130.99	2007	259	10128.80	61.93
1993	291	3616.61	131.24	2008	242	10813.57	102.36
1994	370	4427.16	43.89	2009	229	11802.87	157.65
1995	437	7865.81	101.56	2010	217	13166.34	183.17
1996	440	7880.22	48.09	2011	215	14476.72	185.27
1997	464	7026.60	-32.28	2012	201	15906.65	209.59
1998	443	5544.52	-4.31				

三、奉贤古华食品厂

食品厂前身先后为鼎丰酿造厂茶食车间、县烟糖公司茶食加工场。1981 年 4 月 1 日，改称奉贤县糖业烟酒公司人民食品厂。1982 年 1 月，升格为县供销社直属企业，改称奉贤县人民食品厂。1985 年 10 月，改称奉贤古华食品厂。1991 年 11 月，与上海欣欣食品厂合并，建立上海欣欣食品总厂。

地址：先后位于南桥镇横泾滩 25 号（后改为城乡北路）、环城东路 1148 号。

1982～1985 年，该厂先后有 5 人任厂长，8 人任副厂长。

1982～1991 年奉贤古华食品厂行政领导更迭表

表 11-1-3

厂长		副厂长	
姓名	任职时间	姓名	任职时间
李建育	1982.01～1984.10	朱秉耕	1984.10～1985.11
陆念祖	1984.10～1985.11	李纪勤	1985.11～1987.01
赵龙才	1985.11～1987.01	陈建庆	1986.02～1987.05
李纪勤	1987.01～1990.02	钱建国	1987.09～1990
富炳华	1990.02～1991.12	李德金	1988.03～1991.12
副厂长		沈美英（女）	1990.04～1991.12
赵龙才	1984.03～1985.11	孙石青	1991.04～1991.11

1982年，该厂销售各类食品71.63万元。1991年销售171.09万元。

1982～1991年奉贤古华食品厂经营情况表

表11-1-4

年　份	职工人数（人）	销售额（万元）	利　润（万元）	年　份	职工人数（人）	销售额（万元）	利　润（万元）
1982	64	71.63	7.58	1987	78	203.39	15.23
1983	57	73.56	7.54	1988	78	270.63	27.59
1984	77	87.10	8.05	1989	87	286.90	0.94
1985	65	117.20	1.15	1990	78	215.81	1.06
1986	74	156.78	9.26	1991	72	171.09	-29.04

注：1982～1985年为人民食品厂经营情况。

四、奉贤华乐食品厂

1989年3月，由奉城轧花厂转产成立奉贤华乐食品厂。1993年11月22日，该厂歇业，并入上海鼎丰酿造食品总厂。

地址：奉城镇东门。

1989～1993年，该厂先后有3人任厂长、5人任副厂长。

1989～1993年奉贤华乐食品厂行政领导更迭表

表11-1-5

厂　长		副厂长	
姓　名	任职时间	姓　名	任职时间
陈建庆	1989.03～1990.02	狄生官	1989.03～1989.09
刘宝余	1990.02～1992.06	朱宝龙	1989.09～1992.06
顾忠官	1992.06～1993.11	钱方根	1991.03～1992.06
		卫玉龙	1992.06～1992.08
		刘崇松	1993.03～1993.11

该厂主要生产和销售各类糖果。1990年产品销售40.99万元。1991年销售11.72万元。1992年销售47.09万元。1993年销售209.80万元。

五、上海神力营养食品有限公司

公司前身为1991年11月成立的上海欣欣食品总厂。1992年5月，由上海欣欣食品总厂与香港金勇发展有限公司合资建立上海神力营养食品有限公司。公司投资总额88万美元、注册资金61.6万美元，欣欣食品总厂出资61.5万美元，港方出资15.4万美元。1994年10月，上海神力营养食品公司破产、歇业。

地址：南桥镇环城东路1148号。

1991～1994年，公司先后有1人任经理，3人任副经理。

1991～1994年上海神力营养食品有限公司行政领导任职更迭表

表11-1-6

经　理		副经理	
姓　名	任职时间	姓　名	任职时间
王卫东	1991.11～1994.10	杨德龙	1991.11～1993.04
		郭永福	1991.11～1994.10
		房同明	1994.03～1994.10

公司主要生产和销售营养饼干、速冻点心等产品。主要生产和销售各种营养食品。1993～1994年，销售额分别为1460.67万元、270.11万元。

第二节　棉花加工企业

一、奉贤县南桥轧花厂

前身为国民党官办上海市棉产加工社南桥轧花厂。1949年10月，由华东军事管制委员会农村部接收，改称江苏省棉麻指导所南桥良种轧花厂。1951年9月，隶属苏南区棉麻指导所。1953年3月，划归奉贤县供销社联合社，改称奉贤县轧花六厂。1956年2月，划归县农产品采购局，改称南桥保种轧花厂。1957年7月10日，划归县供销社，改称奉贤县南桥轧花厂。1985年10月4日，南桥轧花厂转产。

1979～1985年，该厂顾来生4次被上海市人民政府评为上海市劳动模范。

地址：南桥镇城乡路26号。

1951～1985年，该厂先后有4人任厂长，6人任副厂长。

1951～1985年奉贤县南桥轧花厂行政领导更迭表

表11-2-1

厂　长		副厂长	
姓　名	任职时间	姓　名	任职时间
赵伯基	1951～	金　超	1951.02～1984.09
黄可亭		王瑞斋	1955.07～1956.03
裴福清	1979.09～1982.02(代)	李　迪	1959.12～1965.06
张慈心	1984.09～1985.10	吴方圭	1981.11～1986.04
		张慈心	1981.11～1984.09
		顾来生	1984.09～1985.10

主要经营棉花加工及销售。1976年销售972.17万元。1984年销售1378.60万元。

1976～1988 年奉贤南桥轧花厂经营情况表

表 11-2-2

年　份	职工人数（人）	销售额（万元）	利　润（万元）	年　份	职工人数（人）	销售额（万元）	利　润（万元）
1976	196	972.17	45.37	1983	212	126.95	39.24
1977	258	983.27	45.01	1984	204	1378.60	53.52
1978	301	206.29	52.75	1985	142	80.01	3.66
1979	279	351.24	101.57	1986	142	61.06	5.35
1980	228	242.13	50.05	1987	142	224.65	22.39
1981	212	205.69	47.72	1988	141	325.46	45.96
1982	203	174.35	51.95				

注：1985～1988 年为奉贤经编厂经营情况。

二、奉贤县奉城轧花厂

前身为私营涌源花厂。1950 年，华东军管会农村部利用该厂设备改建，改称为江苏省棉麻指导所奉城良种轧花厂。1951 年 9 月，隶属苏南棉麻指导所。1953 年 3 月，划归奉贤县供销社联合社，改称奉贤县轧花七厂。1956 年 2 月，划归县农产品采购局，改称奉城保种轧花厂。1957 年 7 月 10 日，划归县供销社，改称为奉城轧花厂。1964 年 8 月，四团轧花厂撤销并入该厂。1988 年 2 月停止棉花加工。1989 年 3 月转产，改称奉贤华乐食品厂。

地址：奉城镇东门。

1951～1989 年，该厂先后有 5 人任厂长。6 人任副厂长。

1951～1989 年奉贤县奉城轧花厂行政领导更迭表

表 11-2-3

厂　长		副厂长	
姓　名	任职时间	姓　名	任职时间
李岐荫	1951～	刘保三	1951.10～1965.06
王廷昭		董季铭	1979.03～1980.12
吴长升	1964～1965.06	刘宝余	1980.09～1984.09
彭雪仁	1965.06～1965.08	宋锐祥	1981.02～1984.09
刘宝余	1984.09～1989.09	朱宝龙	1984.09～1989.09
		狄生官	1984.09～1989.03

主要经营棉花加工及销售。1976 年销售 1225.56 万元，1988 年 114.31 万元。

1976～1988年奉贤县奉城轧花厂经营情况表

表11-2-4

年份	职工人数（人）	销售额（万元）	利润（万元）	年份	职工人数（人）	销售额（万元）	利润（万元）
1976	211	1225.56	21.73	1983	213	135.74	49.78
1977	264	954.83	54.47	1984	205	1016.06	60.49
1978	284	497.72	60.11	1985	225	236.29	79.81
1979	136	316.05	102.32	1986	147	137.72	104.06
1980		197.34	45.18	1987	169	139.58	62.03
1981	124	224.03	51.52	1988	90	114.31	38.01
1982	118	166.09	56.28				

三、奉贤县齐贤轧花厂

前身为齐贤一新、振昌、仁记3个私营花厂。1950年，县供销社出资购进，先后改称奉贤县轧花一、二、三厂。1953年，3厂合并，改称为齐贤轧花厂。1956年2月，划归县农产品采购局，改称齐贤保种轧花厂。1957年7月10日，划归县供销社，改称奉贤县齐贤轧花厂。1961年6月，西渡轧花厂撤销并入该厂。1998年7月，齐贤轧花厂并入县棉花公司。1999年12月，齐贤轧花厂从县棉花公司划出，建立奉贤县齐贤轧花厂有限公司。2003年10月，由上海丰意果品日用有限公司托管。

1958～1977年，该厂顾来生先后4次被上海市人民政府（江苏省人民政府、全国供销合作总社）评为先进工作者和上海市劳动模范。

地址：齐贤社区白沙村。

1951～2003年，该厂先后有10人次任厂长，10人任副厂长。

1950～2003年奉贤县齐贤轧花厂行政领导更迭表

表11-2-5

厂长		副厂长	
姓名	任职时间	姓名	任职时间
孙金波	1950～1951.08	王关兴	1951～1955
许掌林	1951.08～1952.04	杨金龙	
徐福君	1952.04～1955	朱炳泉	1952～
苏绪章	1955～1965	肖振	
蔡一飞	1972.03～1976.07	董季铭	1961.07～1965.06
庄福祥	1976.07～1979.05	刘保三	1965.06～1984.08
赵洪官	1979.05～1981.10	程建新	1984.09～1990.02
朱秉根	1981.10～1984.09	李金龙	1984.09～1998.07
赵洪官	1984.09～1998.07	张明荣	1992.06～1996.04
陈毅豪	2000.01～2003.09	陈毅豪	1997.06～1998.07

该厂主要进行棉花加工。1976年销售852.93万元，1986年销售142.42万元。1988年起，利用库房及场地，经营仓储业务，先后与上海南码头仓库、市轻工外贸公司、市、县粮食系统代保管储存进口棉花、纱、橡胶、化工原料、粮食等物资。1990年起，增加仓储业务收入。2000年资产经营收入61.33万元。

1976～2000年奉贤县齐贤轧花厂经营情况表

表11-2-6

年　份	职工人数（人）	销售额（万元）	利　润（万元）	年　份	职工人数（人）	销售额（万元）	利　润（万元）
1976	219	852.93	51.80	1987	182	187.92	106.78
1977	216	812.69	53.14	1988	222	178.47	69.92
1978	123	161.62	16.98	1990	209	1880.11	107.33
1979	107		8.57	1991	288	2513.33	111.27
1980	103		8.51	1992	260	470.47	94.41
1982	241	99.53	16.38	1993	224	836.33	82.26
1983	231	130.81	41.32	1994	207	927.75	52.32
1984	229	1262.60	50.15	1996	119	3050	10.10
1985	230	226.87	73.96	2000	117	61.33	0.20
1986	204	142.42	124.47				

四、奉贤县西渡轧花厂

前身为西渡私营大丰轧花厂。1950年，县供销社筹备处出资购进，改称奉贤县轧花四厂。1953年，改称奉贤县西渡轧花厂。1956年2月，划归县农产品采购局。1957年7月10日，划归县供销社，仍称奉贤县西渡轧花厂。1961年6月撤销并入齐贤轧花厂。1951～1961年，厂长先后为许掌林、赵云生，副厂长董季铭、袁成章。

地址：萧塘西渡口。

五、奉贤县胡桥轧花厂

前身为胡桥私营益南新花厂。1950年，松江军分区后勤部出资购买，改称胡桥轧花厂。1952年，划归奉贤县供销社，先后改称奉贤县轧花八厂、胡桥轧花厂。1954年4月，该厂撤销，并入青村轧花厂。1952年12月至1953年4月，厂长袁成章。

六、奉贤县四团轧花厂

前身为四团私营顾同发花厂。1953年，县供销合作社联合社出资购买，改称为奉贤县轧花十厂。1956年2月，划归县农产品采购局。1957年7月10日，划归县供销社，改称四团轧花厂。1964年8月停产撤销并入奉城轧花厂。

地址：四团新桥村。

1955～1964 年奉贤县四团轧花厂行政领导更迭表

表 11-2-7

厂长		副厂长	
姓名	任职时间	姓名	任职时间
邹甫清	1957.10～1959.11	纪巧根	1955.04～1955.09
蔡一飞	1959.11～1963.10	丁贵温	～1964.08
王德新	1963.10～1964.08		

七、奉贤县青村轧花厂

前身为私营新兴花厂。1953 年，县供销社联合社出资购进，改称轧花五厂。1954 年 4 月，胡桥轧花厂、胡桥榨油厂撤销并入该厂，改称青村轧花油饼加工厂。1955 年 9 月，支援苏北棉花加工生产，该厂棉花加工设备全迁江苏射阳县洋马港，油饼加工设备及职工划归县粮食局。1953 年 4 月至 1955 年 5 月，厂长袁成章，1955 年 5～9 月，厂长俞越东。

八、奉贤县头桥轧花厂

前身为头桥私营利昌花厂。1953 年，县供销社出资购买，利用原厂设备改建，先后改称奉贤县轧花十一厂、头桥轧花厂。1954 年，该厂停业。

九、奉贤县金汇轧花厂

前身为金汇私营丙丰花厂。1953 年 9 月，县供销社出资购买，利用原厂设备改建，先后改称奉贤县轧花九厂、金汇轧花厂。同年 12 月撤销。

第三节 化工 塑料企业

一、奉贤县化工厂

1956 年 6 月，建立奉贤县供销社肥料厂。1958 年 10 月，改称为奉贤县化工厂。1959 年 1 月，县化工厂与上海一家下放化工厂合并，成立地方国营奉贤化工厂。同年秋，划归县工业局。1956 年 6 月至 1959 年 9 月，吴生林任副厂长。

地址：江海秀南村。

二、上海华邦涂料有限公司

前身为 1985 年 3 月成立的青村家具涂料厂（县农资公司与青村造漆厂联营）。1986 年，与上海家具涂料厂联营成立上海家具涂料厂奉贤分厂。1988 年 1 月，升格为县供销社直属企业。1988 年 9 月，改称上海申达造漆厂。1996 年 10 月，上海华英精密陶瓷厂撤销，并入该厂成为一个车间。1998 年 9 月 28 日，改称上海申达造漆有限责任公司。1999年9月19日，通过资产置换、职工身份置换，即由经营者控股，经营层参股的产权制度改革，改称上海华邦涂料有限公司。2009年，因市政建设用地，上海华邦涂料有限公司歇业。

上海华邦涂料有限公司

地址：南桥镇环城东路977号。

1988～2009年，公司（厂）先后有3人任经理（厂长），4人任副经理（厂长）。

1988～2009年上海华邦涂料有限公司行政领导更迭表

表11-3-1

厂长（经理）		副厂长（副经理）	
姓　名	任职时间	姓　名	任职时间
谢焕华	1988.09～1997.05	沈熙华	1988.09～1997.05
沈熙华	1997.05～1998.08	胡建新	1988.09～1993.03
胡建新	1998.08～2009.12	潘志良	1990.02～1998.09
		郎惠华（女）	1992.09～1999.09

公司主要生产、销售各类油漆、涂料、水基等胶。1990年公司销售1100.10万元，2000年销售2999.15万元，2009年销售2367.84万元。

1988～2009年上海华邦涂料有限公司经营情况表

表11-3-2

年　份	职工人数（人）	销售额（万元）	利　润（万元）	年　份	职工人数（人）	销售额（万元）	利　润（万元）
1988	103	624.54	42.11	1999	77	3053.90	57.72
1989	153	545.10	44.15	2000	66	2999.15	58.58
1990	82	1100.10	62.90	2001	56	3383.38	54.32
1991	97	1475.18	97.35	2002	34	2743.75	45.91
1992	117	1641.59	111.65	2003	53	2350.02	27.25
1993	127	1536.94	33.49	2004	53	2774.43	7.99
1994	142	2695.17	40.00	2005	46	3055.63	-27.19
1995	156	3129.24	-51.83	2006	41	3058.78	10.35
1996	174	1718.53	-131.64	2007	44	3230.66	12.10
1997	143	1795.23	-144.11	2008	44	3569.11	12.24
1998	146	2096.50	-196.94	2009	43	2367.84	-15.29

三、奉贤塑料管厂

前身为1984年10月建立的塘外供销社商办工厂。2003年3月，升格为奉贤区供销社直属改制企业，并实行产权制度改革。厂长季国才。

地址：青村镇浦星公路6879号。

该厂主要生产和销售聚氯乙烯单（双）壁波纹管和PE光缆护套管等。2003年产品销售3145.31万元。2009年产品销售3275.75万元。

上海市奉贤塑料管厂

2003～2012年奉贤塑料管厂经营情况表

表11-3-3

年　份	职工人数（人）	销售额（万元）	利　润（万元）	年　份	职工人数（人）	销售额（万元）	利　润（万元）
2003	34	3145.31	464.67	2008	27	4501.53	290.38
2004	33	4225.86	154.35	2009	26	3275.75	265.06
2005	28	3599.06	281.40	2010	26	4050.00	291.05
2006	27	3647.19	152.92	2011	27	4125.00	302.13
2007	27	3915.71	160.16	2012	27	3867.00	287.60

四、上海佳丽密胺制品有限公司

1992年8月5日，由上海欣欣食品总厂和香港嘉华实业贸易公司合资建立上海佳丽密胺制品有限公司。公司投资总额140万美元，注册资金100万美元，奉贤供销社出资占70%、港方占30%。1994年2月，该公司升格为县供销社直属企业。1996年8月，该公司停业，并入县农业生产资料公司。厂长盛其炎，副厂长潘可夫。

地址：南桥镇沪杭公路1972号。

主要生产和销售聚酯卫浴设施和大理石加工。1993年，产品销售104.91万元。1996年销售37万元。

1993～1996年上海佳丽密胺制品有限公司经营情况表

表11-3-4　　单位：万元

年　份	销售额	利　润	年　份	销售额	利　润
1993	104.91	18.99	1995	43.60	0.21
1994	152.51	12.07	1996	37.00	-59.06

第四节　纺织　服装企业

一、上海奉贤经编厂

1985年10月，南桥轧花厂转产，成立上海奉贤经编厂。1994年4月，该厂歇业。该厂主要生产和销售“双燕”牌涤纶蚊帐，组装和销售“华联”牌吸尘器。

厂址：南桥镇解放东路95号。

1985～1994年，该厂先后有2人任厂长、3人任副厂长。

1985～1994年奉贤经编厂行政领导任职情况表

表11-4-1

厂　长		副厂长	
姓　名	任职时间	姓　名	任职时间
张慈心	1985.01～1990.09	顾来生	1985.10～1990.04
仲天怀	1990.09～1994.04	仲天怀	1986.04～1990.09
		张建强	1986.04～1991.04

二、上海华城特种织品有限公司

1989年4月18日，奉贤经编厂与中国纺织大学华盛科技开发公司、台湾生成企业有限公司合资组建上海华城特种织品有限公司。公司总投资300万元，三方各出资100万元。1990年9月24日，台湾生成企业有限公司退出合资经营，由香港勇亨投资有限公司参与合资经营。1994年12月由上海康德药业总店托管。1999年，合资期满歇业。

地址：南桥镇解放东路95号。

1990～1994年，公司（厂）先后各有4人任经理、副经理。

1990～1994年上海华城特种织品有限公司行政领导更迭表

表11-4-2

经　理		副经理	
姓　名	任职时间	姓　名	任职时间
仲天怀	1990.09～1994.03	吴寿鑫	1992.06～1994.03
吴寿鑫	1994.03～1994.12	顾　炜	1993.07～1999.12
杨臣均	1995.03～1999.12		

公司主要生产和销售抗菌纱布及其系列产品，经编、纬编织物及生产抗菌布的有关短纤产品。1988～1994年，该公司生产的AB抗菌防臭系列产品先后参加瑞士日内瓦、泰国曼谷、印度尼西亚雅加达、新加坡和德国汉堡展览会。

1988年4月，上海奉贤经编厂生产的“双燕牌”中纺AB抗菌防臭布参加第十六届日内瓦国际发明和新技术展览会，分别被评为金牌奖和人类保健大奖。1998 年 11 月，该产品被全国星火计划成果展览交易会评为金奖。同年 12 月，上海奉贤经编厂生产的“双燕牌”中纺 AB 抗菌防臭布被评为上海市优质产品。1991 年 3 月，上海华城特种织品有限公司生产的“津柏牌”抗菌防臭纤维及织物被国家商业部评为优质产品；同年 10 月，该产品被评为国家银质奖。同年 11 月，该产品参加 IENA91 国际纽伦堡 1991 年新思维、新专利、新产品展览会时获金奖。1991～1994 年，该公司生产的冰箱杀菌除臭器、抗菌防臭袜、治疗痤疮面罩、抗菌除臭消毒送话器罩、抗菌除臭保健鞋垫、抗菌保健巾、罗布麻抗菌保健内衣裤均获国家专利权。1993 年产品销售 514.47 万元。1997 年销售 116.98 万元。

1993～1997 年上海华城特种织品公司经营情况表

表 11-4-3　　单位：万元

年　份	销售额	利　润	年　份	销售额	利　润
1993	514.47	27.60	1996	222.00	0.02
1994	270.11	-8.35	1997	116.98	-29.39
1995	248.39	-23.93			

三、上海爱碧制衣公司

1992 年 7 月，成立上海爱碧制衣公司。1994 年 2 月，该公司撤销，并入奉贤县棉花公司。公司主要加工和销售各类服装。1992～1993 年，该厂销售分别为 31.50 万元、67.07 万元；利润分别为 -5.47 万元、-11.93 万元。厂长周国友，副厂长房同明。

第五节　药品生产企业

一、奉贤县制药厂

1970 年 12 月，成立奉贤县制药厂，隶属奉贤县卫生局。1988 年 3 月，划归奉贤县供销社古华医药药材（集团）公司。1994 年 4 月，随古华医药药材（集团）行政单列，析出供销系统。

地址：南桥镇运河北路 1000 号。

1988～1994 年奉贤县制药厂行政领导更迭表

表 11-5-1

厂　长		副厂长	
姓　名	任职时间	姓　名	任职时间
傅文彪	1988.03～1989.07	陆文达	1988.03～1994.04
顾宣文	1992.07～1994.04（兼）	潘振庭	1988.03～1994.04

主要生产和销售有关西药产品。1988 年销售 114.68 万元。1994 年销售 353.72 万元。

1988～1994年奉贤县制药厂经营情况表

表 11-5-2

年　份	职工人数（人）	销售额（万元）	利　润（万元）	年　份	职工人数（人）	销售额（万元）	利　润（万元）
1988	66	114.68	18.29	1991	88	587.12	148.01
1989	69	246.29	23.26	1992	131	197.22	-19.62
1990	84	298.57	27.28	1993	132	353.72	-149.93

二、奉贤县中药饮片厂

1964年，县医药公司建立中药加工场。1983年，加工场改称中药切制厂。1984年12月1日，从县医药公司划出，升格为县供销社直属企业，改称为奉贤县中药饮片厂。1986年6月，该厂划入上海古华医药药材（集团）公司。

地址：先后位于南桥镇立新中路12号、运河北路1008号。

该厂先后由4人任厂长、1人任副厂长。

1984～1994年奉贤县中药饮片厂行政领导更迭表

表 11-5-3

厂　长		厂　长	
姓　名	任职时间	姓　名	任职时间
朱宗熹	1984～1989.07	周龙生	1992.07～1994.04
金淼渔	1989.07～1990.03	副厂长	
顾宣文	1990.03～1992.07	徐志勇	1992.07～1994.04

主要经营中药材切片加工和销售。1984年销售127.44万元。1992年销售1342.64万元。

1984～1993年奉贤县中药饮片厂经营情况表

表 11-5-4

年　份	职工人数（人）	销售额（万元）	利　润（万元）	年　份	职工人数（人）	销售额（万元）	利　润（万元）
1984	24	127.44	15.53	1989	67	652.71	72.61
1985	100	194.64	30.27	1990	67	763.07	103.38
1986		124.32	17.71	1991	76	1228.09	100.13
1987		381.20	54.00	1992	84	1342.64	73.06
1988	74	598.48	89.28				

第六节 机械 五金企业

一、奉贤县洋钉厂

1958年初，由县供销社农副产品经理部筹建。1961年停办。

地址：南桥立新中路。

二、上海市供销机械总厂

1990年4月，建立上海市供销机械厂。1992年6月，原厂房市政建设拆除，迁入奉贤江南汽车修理厂，与其实行两块牌子、一套班子。1993年3月18日，改称上海市供销机械总厂，下设市社机械厂、江南汽车修理厂和飞达物资供销公司。1997年9月，由鼎丰食品酿造厂托管。

地址：南桥镇运河北路603号（原名环北路）。

1990～1997年，该厂先后有4人任厂长，7人任副厂长。

1990～1997年上海市供销机械厂行政领导更迭表

表11-6-1

厂 长		副厂长	
姓 名	任职时间	姓 名	任职时间
薛继尧	1991.04～1994.03	顾来生	1990.04～1992.06
陈世才	1994.03～1996.04	周国友	1991.04～1992.06
周祖勇	1996.04～1997.11	陈世才	1992.06～1994.03
副厂长		钱龙初	1994.03～1996.04
顾 炜	1990.04～1992.06	徐 海	1994.03～1999.07
杨臣钧	1990.04～1994.12		

该厂主要生产棉花打包机和棉花加工机械配件。1990年，产品销售150.44万元。1996年销售207.78万元。

1990～1996年上海市供销机械厂经营情况表

表11-6-2

年 份	职工人数（人）	销售额（万元）	利 润（万元）	年 份	职工人数（人）	销售额（万元）	利 润（万元）
1990	114	150.44	11.60	1994	30	247.53	0.46
1991	111	225.13	6.65	1995	57	244.19	0.65
1992	79	269.39	-64.49	1996	61	207.78	-127.97
1993	79	294.03	0.56				

注：表中1990～1992年系市供销机械总厂数据，1993～1996年系与江南汽修厂经营数据。

三、奉贤江南汽车修理厂

前身为县供销社汽车运输队修理车间。1987年4月，划入县五金公司。1991年3月7日，从县五金公司划出成立奉贤江南汽车修理厂。1992年6月，上海市供销机械厂迁入该厂，与上海供销机械厂实行两块牌子、一套班子。1993年3月，改为上海市供销机械总厂下属单位。1999年7月，江南汽车修理厂改制为股份合作制企业。

四、上海华英精密陶瓷厂

上海华英精密陶瓷厂原为奉城供销社商办工厂。1992年6月升格为县供销社直属企业，同时头桥商业机械厂并入该厂。1992年10月，上海华英精密陶瓷厂与香港亨远通实业有限公司合资建立上海鸿利食品机械有限公司。1994年5月11日，鸿利食品机械有限公司从该公司划出。1996年10月，上海华英精密陶瓷厂撤销，并入上海申达造漆厂，成为该厂一个车间。

地址：奉城镇西门。

1992～1996年，该厂先后有4人任厂长，2人任副厂长。

1992～1996年上海华英精密陶瓷厂行政领导更迭表

表11-6-3

厂长		副厂长	
姓　名	任职时间	姓　名	任职时间
董文官	1992.06～1993.06	周生荣	1992.08～1994.05
卫玉龙	1993.06～1994.05	卫玉龙	1992.08～1993.06
周生荣	1994.05～1996.03		
唐顺华	1996.03～1996.10		

主要生产和销售氮化硅制品（用于机械密封件）。

1992～1996年上海华英精密陶瓷厂经营情况表

表11-6-4

年　份	职工人数（人）	销售额（万元）	利　润（万元）	年　份	职工人数（人）	销售额（万元）	利　润（万元）
1992	44	242.55	10.49	1995	28	71.01	-15.50
1993	43	140.06	9.07	1996	23	58.00	
1994	43	86.40	-8.83				

五、上海鸿利食品机械有限公司

1992年10月，上海华英精密陶瓷厂与香港亨运通实业有限公司合资建立上海鸿利食品机械有限公司。公司投资总额30万美元，注册资金21万美元，奉贤供销社出资占52%，港方占48%。1994年5月1日，该公司解除与上海华英精密陶瓷厂的投资关系，升格为县供销社直属企业。2000年1月，该厂歇业，并入上海千意置业有限公司。

地址：奉城镇西门。

1992～1999年上海鸿利食品机械有限公司行政领导任职表

表11-6-5

经理		副经理	
姓名	任职时间	姓名	任职时间
卫玉龙	1994.05～1995.06	张培坚	1992.10～1999.12
卫映华	1995.06～1999.12		

主要生产和销售厨房食品机械设备，1993年产品销售341.51万元。1997年销售145.71万元。

1993～1997年上海鸿利食品机械有限公司经营情况表

表11-6-6 单位：万元

年份	销售额	利润	年份	销售额	利润
1993	341.51	50.99	1996	280.00	2.45
1994	305.92	27.44	1997	145.71	-23.11
1995	298.88	11.17			

六、上海环东空调设备厂

1993年4月，建立上海环东空调设备厂。1994年8月，该厂歇业，并入上海鼎丰酿造食品总厂。厂长陆志刚，副厂长杨德龙。

第七节 印刷 煤制品企业

一、奉贤县印刷厂

前身为私营复兴印刷所。1952年年末，县供销社出资购买，更名为奉贤县印刷厂，隶属县鼎丰酿造厂。1959年，划入县工业局。

地址：南桥新建东路。

二、奉贤县煤球厂

前身为南桥私营四丰煤球店。1956年，公私合营后，并入县供销社肥料厂，改称奉贤县煤球加工场。1957年8月，改称奉贤县煤球厂。1959年，划归生产资料经理部。1978年，划归县石油煤炭公司。1986年，石油煤炭分设时，划入县煤炭公司，2000年歇业。

地址：先后位于南桥镇立新中路2号、江海乡曙光村3组。

主要经营煤制品加工。1965年加工各类煤制品4230吨。1972年，加工煤制品18801吨，产值72.94万元。1978年，加工煤制品23194吨，产值85.41万元。

1965～1978年奉贤煤球厂生产经营情况表

表11-7-1

年　份	职工人数（人）	产值（万元）	合计（吨）	其　中		
				煤球（吨）	煤饼（吨）	煤屑（吨）
1965			4230.00			
1966			6008.00			
1967			5700.00			
1968			6192.00			
1969			9290.00			
1970			12666.00			
1971	48	65.80	16796.00			
1972	50	72.94	18801.00	9031.00	2040.00	7730.00
1973	44	71.24	18757.00	5443.00	2565.00	10749.00
1974	44	70.14	18629.00	3990.00	2477.00	12162.00
1975	47	75.95	20244.00	3156.00	3006.00	14082.00
1976	48	78.15	20908.00	2689.00	3026.00	15193.00
1977	48	89.23	24104.00	2089.00	2654.00	19361.00
1978	46	85.41	23194.00	1036.00	2465.00	19693.00

三、奉贤县炼焦厂

1958年9月，建立奉贤县炼焦厂。1959年秋，划入县工业局。厂长唐顺福。

地址：南桥三角花园北首。

四、奉贤县石灰厂

1958年9月，建立奉贤县石灰厂。1959年秋，划入县工业局。

地址：萧塘西渡口。

第八节　基层商办厂

奉贤供销社基层商办厂，创办于80年代中期至90年代初期，1984～1992年，基层供销社和直属公司创办基层厂50余家，涉及食品、副食品、饮料、日用化工、五金、电器、木材加工等10余个行业。随着市场经济和改革开放的发展，由于基层商办厂科技含量较低，属粗加工型，难以发展。从1993年开始，逐步退出市场竞争，实行转产、合并或歇业等。至1998年底，奉贤供销社系统基层商办厂有9家。2001～2005年，基层商办厂均转制为私营企业。

1978～2005年基层商办工业情况表（一）

表11-8-1

厂　名	主管单位	开办时间	经营内容	企业动向
奉贤煤球厂	煤炭公司	1978年	煤制品加工	2000年歇业
奉贤塑料管厂	塘外供销社	1984年1月	生产各种规格波纹塑料管	2003年12月升为直属企业
奉贤包装器材厂	江海供销社	1984年3月	生产真空包装机、自动回转排风阀	1990年转让给市机厂
滨江副食品厂	滨江副食品公司	1984年	豆面加工	1996年关闭
上海欣欣食品厂	庄行供销社	1984年	生产饼干	1991年11月升为直属企业
奉贤奉城康华食品厂	奉城供销社	1984年11月	生产加工糕点	
银杏食品厂	四团供销社	1984年	生产各种豆制品	1998年1月歇业
家具涂料厂奉贤分厂	县农资公司	1985年3月	家具涂料	1988年1月升格县供销社直属企业
奉贤胡桥空调设备厂	胡桥供销社	1985年3月	生产空调设备配件	1993年关闭
上海华英精密陶瓷厂	奉城供销社	1985年4月	生产氮化硅精密陶瓷	1992年6月升格为直属企业
奉新成衣厂	奉新商业公司	1985年8月	服装加工	1986年12月关闭
奉贤头桥商业机械厂	头桥供销社	1985年	生产食品加工机等	1992年并入鸿利厂
奉贤头桥珍珠工艺品厂	头桥供销社	1985年	珍珠工艺品加工	1992年关闭
上海奉贤天府可乐饮料厂	江海供销社	1985年	生产橘子汽水、可乐、香槟酒等	1997年转产为上海宝露纯水厂 2005年转制为私企
舒美五金电器厂	四团供销社	1985年	生产汽车沙发坐垫、钢折椅等	1999年转制
振安五金厂	平安供销社	1985年	生产环形锁等	1992年歇业
上海江海榨菜厂	江海供销社	1986年8月	榨菜加工	1991年5月歇业
精艺皮件厂	四团供销社	1986年	生产各类箱包	1999年转制
上海奉贤环秀针织厂	金汇供销社	1987年3月	针棉织品	2003年5月歇业
奉贤微型轴承厂	江海供销社	1987年	生产微型轴承	1990年转让给市机厂
上海振泰电器厂	奉贤饮食服务公司	1987年	生产加工各类防盗门、窗等	1995年歇业
上海奉贤除尘设备配件厂	青村供销社	1987年	除尘设备配件、冷作、钣金	1994年转让农资公司
上海奉贤机械五金厂	青村供销社	1987年	机械五金配件加工	1993年歇业
奉贤海滨电器塑料厂	柘林供销社	1988年4月		2000年歇业

续表 11-8-1

厂　名	主管单位	开办时间	经营内容	企业动向
西渡电器设备厂	萧塘供销社	1988 年 7 月	钣金加工、生产电子控制箱	1992 年 6 月歇业
上海爱达日用化学品厂	新寺供销社	1988 年	生产日用化妆品等	1997 年关闭

1989～2005 年基层商办工业情况表（二）

表 11-8-2

厂　名	单　位	开办时间	经营内容	企业动向
通乐金属制品厂	萧塘供销社	1989 年 5 月	生产圆钉、铁丝	1994 年 6 月歇业
西渡蓄电池厂	萧塘供销社	1989 年 6 月	生产汽车电瓶	1994 年 2 月歇业
上海奉贤青村日用化工厂	青村供销社	1989 年	日用化妆品等	1990 年关闭
金汇麻袋加工厂	金汇供销社	1990 年 1 月	麻袋加工	1992 年 5 月歇业
奉贤钱桥五金电器模具厂	钱桥供销社	1990 年 7 月	五金电器模具加工	1994 年 6 月转私营
上海江南板箱厂	萧塘供销社	1990 年 8 月	加工木料、板箱	1994 年 6 月关闭
上海通乐警报器材厂	金汇供销社	1991 年 8 月	黑白原件	1993 年 5 月歇业
上海通富精细化工厂	齐贤供销社	1991 年 10 月	贵金属加工	1979 年 7 月歇业
三联纸箱加工厂	钱桥供销社	1991 年	鼎丰冷饮纸箱加工	1993 年歇业
奉贤鸿翔锯制品厂	江海供销社	1991 年	生产加瓶盖、滴塑、消声器等	2005 年转私营
上海海光不锈钢器皿厂	光明供销社	1992 年	生产各种炊具、餐具	2000 年转制
上海奉青并铁厂	物利公司	1993 年 1 月	加工并铁	2002 年转制
上海海城电子设备厂	奉贤农业生产资料公司	1993 年 7 月	高频焊接机、锯片、金刚石刀头	1998 年歇业
上海铂族金属厂	滨江公司	1993 年 8 月	贵金属加工	2002 年歇业
古华润滑油脂厂	煤炭公司	1995 年 1 月	生产加工润滑油	1998 年歇业

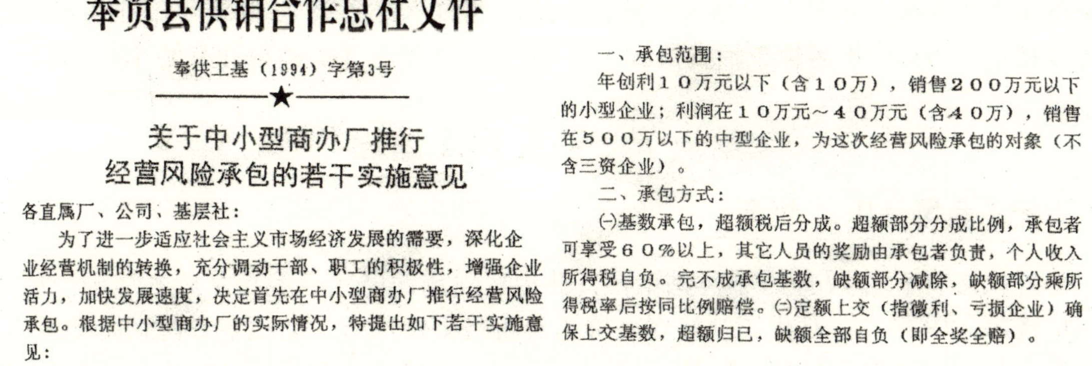

奉贤县供销合作总社文件

奉供工基（1994）字第3号

★

关于中小型商办厂推行经营风险承包的若干实施意见

各直属厂、公司、基层社：

为了进一步适应社会主义市场经济发展的需要，深化企业经营机制的转换，充分调动干部、职工的积极性，增强企业活力，加快发展速度，决定首先在中小型商办厂推行经营风险承包。根据中小型商办厂的实际情况，特提出如下若干实施意见：

一、承包范围：

年创利１０万元以下（含１０万），销售２００万元以下的小型企业；利润在１０万元～４０万元（含４０万），销售在５００万以下的中型企业，为这次经营风险承包的对象（不含三资企业）。

二、承包方式：

㈠基数承包，超额税后分成。超额部分分成比例，承包者可享受６０％以上，其它人员的奖励由承包者负责，个人收入所得税自负。完不成承包基数，缺额部分减除，缺额部分乘所得税率后按同比例赔偿。㈡定额上交（指微利、亏损企业）确保上交基数，超额归已，缺额全部自负（即全奖全赔）。

1994 年，县供销总社关于商办厂推行经营风险承包的若干实施意见摘录

第十二章　商业设施建设

奉贤合作总社建立初期，全县供销系统办公、营业用房设施简陋，甚至借房办公、租屋经营。随着全县工农业经济发展、人民生活水平提高、供销企业的不断壮大，商业设施建设随之加快。2012 年，全区供销系统有资产经营的各类商业设施面积 20 余万平方米。

改革开放后，全县供销系统加快建设大中型商业用房。1982～1984 年，县供销社、基层供销社建营业用房 35060 平方米。1985 年起，先后建成鸿雁商场、精品商场、古华商城、金叶商厦等大中型商场 54 家，建筑面积 88335 平方米。其中金叶商厦建筑面积 26500 平方米。在南桥等地购置 4 处建筑面积 10173 平方米的商铺，建金叶和奉城大卖场，建筑面积 25000 平方米。建 3394 平方米旅游接待中心 1 座。

1990～2011 年，全区（县）供销系统建办公营业综合楼 7 座，建筑面积 48440 平方米。1979 年起完成齐贤轧花厂等 4 家工厂企业的迁建工程，新建改建奉贤鼎丰酿造食品厂奉城分厂等厂房 4 处，在上海市综合工业开发区新建标准厂房等工业用房，总建筑面积 56017 平方米。1991～2004 年，对鼎丰食品酿造厂冰淇淋流水线等 12 个项目进行技术改造，总投资 6416 余万元。

1952 年，县联社、基层供销社始扩建仓储设施。1962 年，县供销社建土油池 5 只。1966 年改建成油库。1984 年，全县供销系统建成仓库 98000 余平方米。80～90 年代，先后新建扩建县百货公司等仓库 6 座；新建扩建县果品公司等冷库 4 座；基层供销社棉花仓库均进行扩建和新建。2006 年，上海烟草集团公司奉贤烟草糖酒公司建大型物流分发库 1 座。

1959 年，奉贤县供销社购置木船一艘，60 年代初建煤码头及堆场。1962～1965 年运输船只增加至 36 艘，并购置汽车等交通工具。1965 年，县供销社系统有各型运输车辆 65 台。1974 年，成立县供销社汽车运输队。1984 年，有各类汽车 105 辆。1992 年，西渡煤堆场再扩建占地面积 50000 余平方米，码头泊位 5 个（1986 年，西渡和中港水产码头随县水产公司划入县供销系统，西渡水产码头于 2007 年闵浦二桥建设时被征用）。1995 年运输车辆发展到 170 辆。2012 年，区供销总社有轿车 17 辆。

第一节　商业网点建设

一、商场（店）超市

解放初期至 1977 年，奉贤供销社营业用房设施简陋，一般均是砖木结构一层或二层楼房。1978 年，县供销社建成南桥新建西路南桥饭店、县蔬菜公司豆面加工场，庄行食品站、江海食品站，塘外、四团、平安、奉城 4 个基层社的门市部。1979 年建成县饮服公司南泉浴室，齐贤、光明、金汇、泰日、胡桥、青村、庄行、四团等供销社商业区。1982年，县供销社开始自建综合性商场。至1984年，共计建造营业用房面积35060平方米。1985～2006年，奉贤区（县）供销社先后建成鸿雁商场、古华商城、金叶商厦、精品商场、鸿翔商场、晟丰商场等53处，累计投资23197.75万元，建筑面积88335平方米，营业面积62978平方米。

1985～2006年奉贤区（县）供销社商场建设情况表

表12-1-1

序号	建筑名称	建造时间	投资金额（万元）	建筑面积（平方米）	营业面积（平方米）	附　注
	合　计		23089.27	88335	62978	
1	奉城海滨商场	1985	28.00	822	822	
2	塘外丰华商场	1986	43.00	650	530	
3	南桥家电商场	1986	12.00	150	150	
4	泰日振泰商场	1987	48.00	1000	1000	
5	奉城康乐食品商场	1987	9.00	300	300	
6	头桥五金商场	1988	23.00	600	600	
7	邵厂朝阳商场	1988	13.94	390	390	
8	鸿雁商场	1989	320.00	3370	1900	自建
9	江海鸿翔商场	1989	150.00	1337	1100	购买
10	柘林百货商场	1989	21.00	550	550	
11	青村晨光商场	1989	16.39	373	350	
12	金汇棉百商场	1989	20.00	410	410	
13	南桥滨江商场	1990	94.00	260	260	自建
14	华亭食品商场	1990	150.00	1100	980	购买
15	齐贤通达商场	1990	19.00	490	490	
16	庄行乐意商场	1990	45.00	880	610	
17	胡桥百货商店	1990	19.00	300	300	
18	奉新华海商场	1991	85.00	1000	880	自建
19	钱桥长丰商场	1991	87.00	1000	670	购买
20	青村明珠商场	1991	21.95	306	300	自建
21	洪庙大鹏商场	1991	69.00	1100	850	自建
22	平安鸿楼商场	1991	150.00	600	500	
23	四团春晨商场	1991	88.00	800	700	
24	精品商场	1992	124.76	1600	1600	自建
25	泰日针纺商场	1992	14.00	330	330	
26	泰日五金商店	1992	10.00	360	360	
27	庄行百货商场	1992	31.00	308	308	
28	钱桥长盛商场	1992	16.00	300	300	
29	平安鸿安商场	1992	100.00	600	600	

续表 12-1-1

序号	建筑名称	建造时间	投资金额（万元）	建筑面积（平方米）	营业面积（平方米）	附　注
30	柘林综合商场	1992	77.00	1100	1100	购买
31	邬桥正和商场	1992	110.00	2677	1100	自建
32	头桥鸿桥商场	1992	102.95	1120	1120	
33	泰日志华食品店	1992	47.00	391	391	
34	古华商城	1993	1100.00	11000	8500	自建
35	萧塘明霞商场	1993	170.00	1702	860	
36	鸿苑商厦	1994	1700.00	4400	3700	购买
37	胡桥鸿胡商场	1996	112.00	695	695	
38	金叶商厦	1996	14000.00	26500	10000	自建
39	奉城晟丰商厦	1996	900.00	2600	2600	自建
40	西渡商场	1997	47.00	913	913	
41	柘林金叶超市 7 店	1998	68.00	486	486	
42	萧塘民得利超市	1999	95.00	526	526	购买
43	泰日太昌超市	1999	79.00	340	340	
44	庄行金叶超市 5 店	1999	212.06	1229	1000	购买
45	邬桥金叶超市 14 店	2000	162.68	1297	1050	购买
46	新寺金叶超市 8 店	2000	56.62	543	500	购买
47	塘外金叶超市 16 店	2000	101.57	847	780	购买
48	江海路金叶分店	2000	1038.63	3323	3023	购买
49	四团金叶超市 6 店	2001	324.07	1502	1450	购买
50	平安金叶超市 20 店	2002	442.58	2004	1900	购买
51	钱桥金叶超市 22 店	2003	262.07	1700	1650	购买
52	齐贤家得利超市	2006	23.00	604	604	自建
53	金汇天成购物中心	2006	30.00	550	550	自建

二、大卖场

1. **奉贤金叶大卖场**　1998 年 9 月，县烟草糖酒公司租赁浦南市场部分展厅，投资 3600 万元，改建成奉贤金叶大卖场，建筑面积 10500 平方米，营业面积 10000 平方米。后购买此地块，于 2006 年 7 月，再次投资 8000 余万元，对金叶大卖场进行翻建，翻建后的建筑面积 20000 余平方米。

2. **奉贤奉城大卖场**　2000 年 9 月，县烟草糖酒公司在奉城镇城大路 115 号征地 10199 平方米，投资 2000 万元，建造奉贤奉城大卖场，建筑面积 5000 余平方米。

三、商　铺

1992～2007 年，奉贤区（县）供销总社先后投资 4186.54 万元，购买、新建扩建商铺房10173.06平方米。

1. **人民路商业用房**　1992年3月，县烟糖公司投资145.54万元，购买人民路商业用房2457.06平方米。

2. **新发展街**　1999年7月，县供销总社投资1338万元，购买南桥新发展商业街商业用房2557平方米。

3. **奉浦商业街**　1999年11月，县供销总社投资1057万元，购买奉浦商业街商业用房4229平方米。

4. **青村镇商业用房**　2008年2月，区供销总社投资450万元，购买青村镇商业用房930平方米。

四、梨缘旅游接待中心

2007年2月，区供销总社投资1000余万元，在庄行镇潘垫村征地8.83亩（5829平方米），建造梨缘旅游接待中心1座，建筑面积3394平方米。主要用于旅游、休闲和会务。

五、废品交投站

2002年，上海市为规范城乡废品回收市场，对废旧物资回收网点实行统一布局、统一建设、统一标识。2003年，奉贤区人民政府把废品交投站建设作为区政府实事工程之一，由奉贤区供销社组织实施。是年，上海市人民政府财政拨款196万元，先后改建或新建光明、柘林、四团、庄行、胡桥、新寺、钱桥、青村、塘外、青村、奉城、头桥、洪庙、平安、邵厂、泰日、齐贤、金汇、萧塘、邬桥、真宝、航南、滨海、轿行、可章25家废品交投站。

第二节　办公用房　厂房

一、办公用房

1990～2011年，奉贤区（县）供销社系统，建设办公设施7处，总投资15803.6万元，建筑面积48440平方米。

1. **县煤炭公司综合楼**　1990年3月，县煤炭公司投资80万元，建设综合楼，建筑面积1600平方米。

2. **县农资公司综合楼**　1990年，县农资公司投资77.6万元，建综合楼，建筑面积1560平方米。

3. **奉贤县供销社综合楼**　1992年，县供销社投资308万元，建成办公营业综合楼，建筑面积3950平方米（其中营业面积1600平方米）。

4. **县五金公司综合楼**　1993年，县五金公司投资210万元，建综合楼，建筑面积1715平方米。

5. **县物利公司综合楼** 1994年4月，县物资回收利用公司投资130万元，建综合办公楼767平方米和扩建并铁车间605平方米。

6. **奉贤烟草糖酒公司综合楼** 2006年，上海烟草集团奉贤烟草糖酒公司投资8000万元，在庄行镇华严9组建办公综合楼，建筑面积20134平方米。

2006年建成的奉贤烟草糖酒公司综合楼

7. **供销大厦** 2011年11月，奉贤区供销总社投资7000万元，在上海市工业综合开发区萧湾路318号（环城东路大叶路口），建造奉浦供销商务大楼，建筑面积18714平方米。

二、厂 房

1979～2008年，奉贤区（县）供销社系统新建（扩建）厂房9处，总投资5778.81万元，建筑面积56017平方米。

1. **齐贤轧花厂迁建** 1979年，投资84万元迁建齐贤轧花厂，新厂占地面积48840平方米，建筑面积9500余平方米。

2. **煤炭公司煤球厂迁建** 1981年，投资65万元，迁建煤炭公司煤球厂，新厂占地面积5000余平方米，建筑面积3000余平方米。

3. **人民食品厂迁建** 1983年8月，投资102万元，迁建人民食品厂，新厂房建筑面积2458平方米。

4. **中药饮片厂新建** 1988年，投资335万元，建中药饮片厂，建筑面积6691平方米。

5. **申达造漆厂新建** 1989年和1991年，投资160余万元，新建扩建厂房，建筑面积3903平方米。

6. **鼎丰酿造食品厂翻建车间** 1992年，鼎丰酿造食品厂投资155万元，翻建酱油车间2500平方米。

7. **县制药厂迁建** 1992年，投资210万元，完成县制药厂迁建工程，新厂房总建筑面积5650平方米。

8. **鼎丰奉城分厂**　1994年，鼎丰厂投资620万元，新建奉城分厂酱油车间650平方米，改建850平方米，建冷库1座。

9. **区供销社奉浦开发区厂房**　2006～2008年，区供销社投资4098万元，在奉浦综合工业开发区新建标准厂房20815平方米。

三、技术改造

1991～2004年，奉贤供销系统先后对鼎丰食品酿造厂冰淇淋流水线等12个项目进行技术改造，总投资6416.13万元。

1991～2004年奉贤区（县）供销社技术改造项目情况表

表12-2-1

年份	单　位	项目名称	投资额（万元）	审批机关
1991	奉贤鼎丰食品酿造厂	冰淇淋流水线	96.50	县计委
1991	江海供销社	天府可乐饮料厂	50.00	县计委
1995	申达造漆厂	生产聚氨酯漆	100.00	县计委
1995	奉贤鼎丰食品酿造厂	酱油、醋生产车间改造	175.00	县计委
1995	上海市供销机械厂	生产特种螺钉配套	60.00	县供销总社
1995	光明供销社	海光厂生产新型油烟净化器	50.00	县计委
1996	奉贤鼎丰食品酿造厂	酱油、纯粮醋生产改造	315.00	市商委
1997	奉贤鼎丰食品酿造厂	包装厂采用胶印技术	200.00	县计委
1998	奉贤鼎丰食品酿造厂	腐乳车间改造	300.00	县经委
1999	奉贤塑料管厂	双壁波纹管生产线	180.00	县经委
2000	奉贤塑料管厂	双壁波纹管技改追加投资	480.00	县经委
2000	奉贤烟草糖酒公司	金叶超市公司一期技改	2900.00	县经委
2000	奉贤烟草糖酒公司	金叶超市公司二期技改	1300.00	县经委
2004	上海鼎丰酿造食品公司	3000吨液态深层发酵醋	209.63	区经委

第三节　仓储设施

一、仓　库

解放初期，奉贤供销社和奉贤国营商业均利用旧房作仓库，商品储存条件差。1952年，供销社开始自建库房和简易廊棚，以敷急用。至1957年，全系统有综合性仓库42个，面积5473平方米，其中简易仓库14个，面积2018平方米；棉花仓库22个，面积7283平方米，简易仓库11个，面积3898平方米。1965年，县供销社和县商业局仓库面积累计39842平方米。1979年，县供销社把仓库建设列为重点之一。80～90年代，先后建成县百货公司、县土副产品公司、县果品公司、县五金公司、县烟糖公司南桥和奉城仓库；改建新建县水产公司、县果品公司、鼎丰酿造厂冷库；

基层供销社棉花仓库先后进行新建扩建。2006年，上海烟草集团公司奉贤烟草糖酒公司新建大型物流分发库1座。1982～2006年，奉贤区（县）供销系统投资5125.73万元，建成重点仓库7座，建筑面积40558平方米。

1. **县土副产品公司仓库** 1982年，投资39.88万元，建土副产品公司仓库，建筑面积3540平方米。

2. **县百货公司仓库** 1987年12月，投资241.87万元，建百货公司仓库，建筑面积3750平方米。

3. **县五金公司仓库** 1988年12月，投资188.98万元，建五金公司仓库，建筑面积4259平方米。

4. **县果品公司仓库** 1988年3月，县果品杂货公司，投资250万元，建果品仓库2510平方米。1993年3月，县果品公司综合仓库进行改造，投资233万元。先后位于运河滩、康德大酒店。

5. **县烟糖公司仓库** 1993年，县烟糖公司，投资200万元，翻建南桥东仓库。

6. **县烟糖公司奉城仓库** 1994年，县烟糖公司投资205万元，建造奉城仓库，建筑面积2499平方米。

7. **奉贤烟草糖酒公司物流分发库** 2006年，上海烟草集团奉贤烟草糖酒公司投资4000万元在庄行镇华严开发区新建烟草物流分发库，建筑面积24000平方米。

二、油　库

1962年，县供销社石油煤炭公司建土油池5只、储油120吨。1966年起，土油池逐步淘汰，改建成有防火、防漏性能、大能量钢板罐式油库。1981年，全县有油库2座，总储油量6000吨；南桥油库为卧室钢板罐，有72个罐，容积4000立方米，储油量3000吨；陈桥油库为立式钢板罐，有5个罐，容积4000立方米，储油量3000吨。1992年，南桥加油站扩建，更新设备，共投资90万元。1995年3月，油库随石油公司行政单列而划出。

三、冷　库

1973年起，供销系统企业始建冷库，至2003年，先后建冷库4座，投资679.86万元，储藏量2100吨。

1. **水产冷库** 1973年8月，奉贤县商业局投资60万元，建造冷库。1975年3月投产，冷藏量600吨、速冻15吨、制冰日产15吨、低温冷藏30吨。1977～1978年，冷库扩建制冰车间和锅炉房。1978年11月，冷库划给县畜牧水产局。1988年4月，冷库随县水产公司划入县供销社，归口县副食品公司。1992年，投资140万元，对冷库进行扩建改造。2002年10月，冷库转让给奉贤烟草糖酒公司后被改建。

2. **果品冷库** 1988年3月，县果品日杂公司投资120.66万元，建造1座冷库，建筑面积1786平方米，冷藏量500吨。2003年，冷库被改建。

3. **鼎丰酿造厂冷库**　1988年3月，投资179.20万元，鼎丰酿造厂扩建冷库1座，冷藏量500吨。

4. **鼎丰奉城分厂冷库**　1995年，鼎丰食品酿造总厂投资180万元，建奉城分厂冷库1座，冷藏量500吨。

第四节　运输设备　码头

一、运输工具

奉贤地区上海南郊水网地带。解放初期，商品调出、输入，主要依靠水运，仅有零星货物偶尔租借人力车装运，奉贤县供销社、国营商业尚无自备船只，完全依靠交通运输部门船只调运，运行缓慢、商品断档现象时有发生，在棉花收购季节，必有货多船少之虞。1957年，奉贤县自备船舶9艘，计运载能力29吨。1959年9月，奉贤县商业局设立储运股，统一调度货运。1964年，县农资公司租用县运输社木驳船成立肥料运输船队。1974年6月，奉贤县商业局成立汽车运输队。1984年，奉贤供销社有运输车辆115台，船舶20艘，车、船运载能力438吨。

1. **船舶**　1957年，奉贤供销社购置船舶9艘，装载量29吨。1959年，奉贤商业局成立船舶运输队。1962年，船队调至县农业生产资料公司。1964年，县商业局调拨47千瓦拖轮一艘，县农资公司再租用奉贤县运输社木驳船，扩大肥料运输船队。后该公司自购船舶，退还租用船。1974年，县财政局拨款5万元，添置船舶，并分别建立3个船舶运输队，运载能力600吨。1976年，县供销系统有船舶69艘。随着陆上运输的发展，水上运输逐步萎缩，至1998年，农资公司船队退出运输行业。

县供销社运输船队在烟糖公司仓库卸货

2. **汽车**　1958年，奉贤县商业局配备机动三轮车3辆。1959年，配置汽车4辆。同年9月，成立储运股，统一调度货运工作。1962年，储运股撤销，车辆分别调拨给烟糖、百货、食品3个专业公司。1962～1965年，陆续配置车辆。1965年，奉贤县商业局、供销社有运输车16辆。1974年6月，成立奉贤县商业局汽车运输队，集中南桥地区直属单位车辆，实行统一管理、统一使用，车队有各类汽车14辆，拖拉机一台，运载能力36吨。奉贤食品公司经营活畜、活禽、鲜蛋、肉食品等，调运要求高于一般商品，需用专用车辆，1975年，该公司成立汽车运输组。1976年，县供销社系统有运输汽车57辆。1984年，县供销商业系统有汽车115辆。1987年4月，供销社汽车运输队撤销，并入县五金交电公司。随着市场繁荣，商品销售不断增加，货物运输频繁，车辆运输任务繁忙，各企业相继购置车辆，自行运输。县五金交电公司、县烟糖公司、县百货公司、鼎丰酿造食品公司等先后建立汽车运输队。1995年，县供销系统有各类汽车170余辆。90年代末，物流公司兴起，各企业汽车运输量减少，除奉贤烟酒糖业公司车队外，其余专业公司车队均撤销，供销系统车辆拥有数逐年减少。2000年，奉贤供销系统有各种车辆62辆（其中奉贤烟草糖酒公司44辆）。2006年，奉贤烟草糖业公司行政单列后，奉贤区供销总社有轿车18辆。2012年有轿车17辆。

二、码头　堆场

1. **西渡水产码头**　位于西渡口人渡码头西侧，占地面积1270余平方米。原属县畜牧水产局，1986年随水产公司划归县供销社系统。1993年11月，西渡水产码头西迁至奉贤县建材公司码头。2001年，实行资产经营。2007年，闵浦二桥建设，被征用。

2. **中港水产码头**　70年代中期，由县畜牧水产局建造，1986年随县水产公司划归县供销社。该码头位于中港水闸东南侧、占地19800余平方米，建筑面积（库棚）2000余平方米。90年代后期起实行资产经营。

3. **煤码头及煤场**　建于20世纪60年代初，位于原轮渡码头西侧200米，占地面积2万余平方米。距黄浦江岸线200米。设施有大小码头4座，其中1号码头能停靠2000吨货轮卸货作业。1984年，配有固定输送设备150米、15米堆高机2台、15米运送机6台、3吨载重汽车1台、30吨汽车磅1台、煤炭卸货电子皮带称1套，年吞吐量20余万吨。1992年，县煤炭公司投资500余万元，在煤库（场）西侧新征用土地30360平方米，新增1000吨码头1座，并与原煤库贯通，煤场总面积5万余平方米，沿黄浦江岸线424米。

第十三章　中共奉贤供销社组织

奉贤县供销合作社建立后陆续发展党员。1954年全县供销系统有党员72人。1956年1月，奉城供销社率先成立党支部。至60年代初，基层社与直属企业党支部相继成立。1963年4月，建立奉贤县供销社党总支。是年有基层党支部17个，党员200余人。“文化大革命”中，各级党组织一度瘫痪。1971年1月，建立县商业局核心小组，基层党组织活动得以恢复。1972年3月，召开县商业局党员代表会议，党的组织建设不断加强。1978年8月，县商业局党委改称县供销社党委，先后设立干部科（股）、组织科、组织人事科、宣传教育科、政治工作科。1985年3月，建立县供销社党的纪律检查委员会。是年，县供销社党委根据中央统一部署开展整党，加强党的组织建设，严格按党章规定发展党员。在2000年前后企业改制中调整与健全党的基层组织机构。2012年，区供销总社系统有直属党总支2个，党支部13个，党员418人。基层供销社有党支部7个，党员93人，隶属于各乡镇党委。

奉贤区（县）供销社党委坚持党的思想建设，运用“三会一课”（党员大会、支委会、党小组会、党课）制度和党员活动室等形式，进行党的基本路线、方针政策、改革开放的教育；开展“三讲”（讲学习、讲政治、讲正气）、组织学习邓小平理论和“三个代表”重要思想，贯彻落实科学发展观；坚持党要管党、从严治党的方针，加强党的纪律检查工作和党风廉政建设，共处分违纪党员36名；坚持党管干部，加强干部培养教育使用；开展评先创优活动，涌现中共十一大代表顾来生等29名优秀共产党员（优秀党务工作者）和上海鼎丰酿造食品有限公司党支部等17个先进党组织。县供销社党委执行党的实事求是的思想路线，复查历史案件179件，拨乱反正，落实党的政策。奉贤区（县）供销社系统各级党组织在发展经济、改革创新、文明建设中成为企业的政治领导核心。

第一节　区（县）供销社（商业局）党委（总支）

一、中共奉贤县供销合作社总支委员会

1963年4月，建立中共奉贤县供销合作社总支委员会。

书　记　王　湘（1963.04～1966.05）

副书记　崔同华（1963.04～1966.05）　何永祥（1963.04～1966.05）

委　员　柏　万（1963.04～1966.05）　黄可亭（1963.04～1966.05）

刘乐三（1963.04～1966.05）　施志决（1963.04～1966.05）

金利川（1963.04～1966.05）　饶菊麟（女，1963.04～1966.05）

姚杏棣（女，1963.04～1966.05）

1966年5月～1971年6月文化大革命，党组织瘫痪。

二、中共奉贤县商业局核心小组（总支）

1970年1月，建立中共奉贤县商业局核心小组。

组　长　朱金章（1970.01～1972.03）

副组长　徐希夫（1972.01～1972.03）

成　员　沈斌忠（1971.06～1972.03）　金利川（1971.06～1972.03）

张兰忠（女，1971.06～1972.03）

1972年3月，建立中共奉贤县商业局总支委员会。

书　记　朱金章（1972.03～1973.05）

副书记　徐希夫（1972.03～1973.05）　刘德魁（1972.03～1973.05）

朱根楼（1972.03～1973.05）

委　员　李　洁（女，1972.03～1973.05）　唐亚官（女，1972.03～1973.05）

胡志刚（1972.03～1973.05）　钱银如（1972.03～1973.05）

李小弟（1972.03～1973.05）

三、中共奉贤县商业局委员会

1973年5月，建立中共奉贤县商业局委员会。

书　记　朱金章（1973.05～1978.03）　刘德魁（1978.03～1978.08）

副书记　刘德魁（1973.05～1978.03）　朱根楼（1973.05～1978.07）

张世科（1978.03～1978.08）　潘栋生（1978.03～1978.08）

严秉沁（女，1978.03～1978.08）

委　员　李　洁（女，1973.05～1978.08）　胡志刚（1973.05～1978.08）

钱银如（1973.05～1978.08）　唐亚官（女，1973.05～1978.08）

李小弟（1973.05～1978.08）　王天华（1973.05～1978.08）

张火楼（1973.05～1978.08）　吴耿唐（1978.03～1978.08）

袁成章（1978.03～1978.08）

四、中共奉贤县供销合作社委员会

1978年8月，建立中共奉贤县供销合作社委员会。

书　记　刘德魁（1978.08～1979.09）　张世科（1979.09～1984.07）

刘惠霖（1984.07～1991.09）　王　欣（女，1992.09～1992.11）

副书记　张世科（1978.08～1979.09）　潘栋生（1978.08～1984.07）

严秉沁（女，1978.08～1984.07）　袁成章（1978.08～1984.07）

李品高（1981.05～1984.07）　沈华德（1984.07～1991.09）

范妙祥（1984.07～1987.06）　潘驶君（1987.06～1989.12）
吴桂明（1989.12～1991.09）　吴岳初（1991.09～1992.09）
汤金章（1991.09～1992.11）　叶建锋（女，1992.09～1992.11）

委　员　李　洁（女，1978.08～1984.07）　胡志刚（1978.08～1980.03）
唐亚官（女，1978.08～1984.07）　李小弟（1978.08～1980）
王天华（1978.08～1984.07）　张火楼（1978.08～1984.07）
王雪生（1978.08～1981.01）　李　伦（1978.08～1984.07）
李品高（1978.08～1981.05）　吴耿唐（1978.08～1979.04）
尤立春（1979.10～1984.07）　周伯衡（1984.07～1992.07）
莫仁君（1987.06～1992.11）　陈建庆（1989.12～1991.09）
陆慧仙（女，1989.12～1992.11）　邵复健（女，1990.05～1992.11）
毕道鹏（1991.09～1992.11）

五、中共奉贤县供销合作总社委员会

1992年11月，中共奉贤县供销合作社委员会改为中共奉贤县供销合作总社委员会。

书　记　薛德初（1994.01～2001.08）

副书记　汤金章（1992.11～1998.05）　叶建锋（女，1992.11～1994.05）
陆慧仙（女，1996.04～2001.08）　丁春瑜（1998.05～2001.08）

委　员　莫仁君（1992.11～1992.12）　陆慧仙（女，1992.11～1996.04）
邵复健（女，1992.11～1997.11）　毕道鹏（1992.11～1997.11）
鲍振淦（1997.11～2001.08）　姜承烈（女，1997.11～2001.08）

六、中共奉贤区供销合作总社委员会

2001年8月，中共奉贤县供销合作总社委员会改为中共奉贤区供销合作总社委员会。

书　记　薛德初（2001.08～2003.05）　陆慧仙（女，2003.05～2008.07）
马晨辉（2009.05～　　）

副书记　丁春瑜（2001.08～2012.04）　陆慧仙（女，2001.08～2003.05）
唐汉规（2003.06～2009.10）

委　员　鲍振淦（2001.08～2008.01）　姜承烈（女，2001.08～　　）
荀　榕（2009.10～　　）

第二节 区（县）供销社纪委

一、机 构

1985 年 2 月，建立中共奉贤县供销社纪律检查委员会。

1993 年 1 月，改称中共奉贤县供销合作总社纪律检查委员会。

2001 年 8 月，改称中共奉贤区供销合作总社纪律检查委员会。

二、班 子

1985 年 2 月，范妙祥任书记（1985.02～1987.06），吴桂明任副书记，邢勤均任委员。以后历任纪委书记为：潘驰君（1987.06～1989.12），陆慧仙（女，1989.12～2003.06），唐汉规（2003.06～2009.10），荀 榕（2009.10～ ）。

第三节 党委部门设置

一、干部科（股）

1951 年 4 月，设立奉贤县合作总社干部股（1951.04～1953.01）。

1953 年 1 月，改称奉贤县合作社联合社干部科（1951.09～1957.08）。

二、政工（组织）科

1957 年 8 月，设立奉贤县供销合作社组织检查科（1957.08～1962.01）。

1966 年 5 月，设立奉贤县供销合作社政治处（1966.05～1970.01）。

1970 年 1 月，改称奉贤县商业局政工组（1971.01～1978.07）。

1978 年 7 月，改称奉贤县供销合作社组织股（1978.07～1984.10）。

1984 年 10 月，改称奉贤县供销合作社组织科（1984.10～1990.04）。

1990 年 4 月，改称奉贤县供销合作社组宣科（1990.04～1991.10）。

1991 年 10 月，改称奉贤县供销合作社组织人事科（1991.10～1993.03）。

1993 年 3 月，改称奉贤县供销合作总社政治工作部（1993.03～1998.07）。

1998 年 7 月，改称奉贤县供销合作总社组织人事科（1998.07～2004.03）。

2004 年 3 月，改称奉贤区供销合作总社政治工作科（2004.03～2012.02）。

三、宣教科

1978 年 8 月，设立奉贤县供销合作社宣教股（1978.08～1990.04）。

1991 年 10 月，重设奉贤县供销合作社宣教科（1991.10～1993.03）。

1998 年 7 月，重设奉贤县供销合作总社宣教科（1999.12～2001.08）。

2001年8月，改称奉贤区供销合作总社宣教科（2001.08～2004.03）。

因机关科室不断调整，从1978年设立宣教科一直到2004年，中间时有断离，宣教科几度撤并到政工科和组织科。

四、人力资源科

2012年2月，撤销政治工作科，设立奉贤区供销合作总社人力资源科（2012.02～　）。原政治工作科事务由人力资源科分管。

第四节　党员代表会议

1972年3月至2012年12月，中共奉贤区（县）供销社（商业局）委员会召开11次党的代表会议，选举产生中共奉贤区（县）供销社（商业局）委员会委员和出席中共奉贤区（县）党的代表大会代表。

一、县供销社（商业局）党员代表会议

1972年3月，商业局党的核心小组召开党员代表大会，大会听取朱锦章代表商业局党的核心小组作两年来的工作报告，选举产生中共奉贤县商业局总支委员会，经县委批准，委员会由朱金章、徐希夫（军代表）、刘德魁、朱根楼、李洁、胡志刚、钱银如、唐亚官、李小弟等9人组成。朱金章任总支书记，徐希夫、刘德魁、朱根楼任总支副书记。

1973年4月，召开中共奉贤县商业局代表大会，到会代表108人（因故缺席7人）。会议经过学习文件，听取并讨论上届总支委员会所作的工作报告，最后选举产生中共奉贤县商业局委员会，经县委批准，委员会由朱金章、刘德魁、朱根楼、李洁、胡志刚、钱银如、唐亚官、李小弟、王天华、张火楼等10人组成。朱金章任书记，刘德魁、朱根楼任副书记。

1978年10月，召开中共奉贤县商业局代表大会，到会代表73人，列席代表28人。会上学习党章、文件，听取并讨论刘德魁所作的工作报告，选举中共奉贤县供销合作社委员会。经县委批准，委员会由刘德魁、张世科、潘栋生、严秉沁、袁成章、王雪生、李伦、李洁、李品高、吴耿唐、唐亚官、胡志刚、李小弟、王天华、张火楼等15人组成，刘德魁任书记，张世科、潘栋生、严秉沁、袁成章任副书记。

1984年5月，召开中共奉贤县供销社代表大会，传达县委召开的党委书记会议精神，选举产生张世科等4人为中共奉贤县党代会代表。

1986年8月，召开中共奉贤县供销社代表大会，直属单位党支部推选的60名代表出席.会议选举刘惠霖等5人为中共奉贤县第五届党代会代表。

1990年1月，召开中共奉贤县供销社代表大会，刘惠霖作党委3年来的工作报

告。会议选举刘惠霖等6人为中共奉贤县第六届党代会代表。

1992年11月，召开中共奉贤县供销社代表大会。代表96人，实际出席88人。会议选举王欣等7人为中共奉贤县第七届党代会代表。

1998年1月，召开中共奉贤县供销总社代表大会。会议选举薛德初等6人为中共奉贤县第八届党代会代表。

1990年1月，奉贤县供销社党代会选举出席县第六届党代会代表

二、区供销总社党员代表会议

2003年1月，召开中共奉贤区供销总社代表大会。会议选举薛德初等6人为中共上海市奉贤区第一次党代会代表。

2006年12月，召开中共奉贤区供销总社代表大会。会上传达学习《中共上海市奉贤区委关于中国共产党上海市奉贤区第二次代表大会代表选举工作的通知》，选举产生陆慧仙等5人为中共上海市奉贤区第二次代表大会代表。

2011年11月召开中共奉贤区供销总社代表大会。会上传达学习《中共上海市奉贤区委关于中国共产党上海市奉贤区第三次代表大会代表选举工作的通知》，选举产生马晨辉等3人为中共上海市奉贤区第三次代表大会代表。

三、区（县）以上党代表

1977～2011年，全区（县）供销系统43人次出席奉贤区（县）级以上党代表大会。其中1977年8月出席中共十一次全国代表大会代表1人次，1984年6月出席奉贤县党代表大会4人，1986～1998年出席中共奉贤县第五次至第八次代表大会代表24人次，2003～2011年出席中共奉贤区第一次至第三次代表大会代表14人次。

第五节　基层党组织

一、机关（商校）党支部

1. **中共上海市奉贤区供销合作总社机关支部委员会**　1972年，建立中共奉贤县供销合作社机关支部委员会。

书　记　朱根楼（1972～1978.07）　尤立春（1980～1984.10）
吴岳初（1984.10～1988.07）　吴桂明（1988.07～1990.09）
陈建庆（1990.09～1991.10）　鲍振淦（1991.10～1992.05）
陈品章（1992.05～1992.09）　毕道鹏（1992.09～1997.11）
鲍振淦（1997.11～2006.03）　庄　坚（2006.03～2009.03）
荀　榕（2009.03～2012.02）　赵金林（2012.02～　）

副书记　顾琴根（1976.03～1978.10）　许掌林（　～1978.10）
孙明德（1978.10～1981.02）　唐亚官（女，1978.10～1990.09）
顾龙如（1982.06～1984.10）　鲍振淦（1990.09～1991.10）
赵竹强（1992.11～1999.06）　沈仲华（1999.06～1999.12）
周林昌（1999.12～2006.03）　荀　榕（2006.03～2009.02）
陈　英（女，2009.03～　）

2. **中共上海奉贤县供销商业职工中等专业学校支部委员会**　商校成立初，党员组织关系隶属于县供销社机关党支部。1987年10月，商校单独成立党支部，党员组织关系全部从机关党支部转往商校党支部。1997年7月学校停办，商校党支部撤销。

书　记　胡世天（1987.10～1988.12）　耿秀庭（女，1990.01～1993.03）
余元忠（1993.03～1997.07）

副书记　耿秀庭（女，1988.03～1990.01，其中1989.01～1990.01主持支部工作）
刘荣年（1993.03～1997.07）

二、基层供销社党支部

1. **中共上海奉贤奉城供销合作社支部委员会**　1956年1月，建立中共奉贤县奉城供销合作社支部委员会。

书　记　李琴生（1956.01～1957.07）　黄根楼（1957.07～1960.10）
张永芳（女，1960.10～1961.11）　金利川（1961.11～1965.06）
钟荣杰（1965.06～1972.02）　胡世天（1972.02～1987.10）
陈品章（1987.10～1990.02）　马德荣（1990.02～1992.06）
庄　坚（1992.06～1993.06）　顾忠海（1993.06～1994.07）
褚伯龙（1994.07～1998.06）　刘宝余（1998.06～2002.06）

张锦清（2003.10～2008.03） 王正玲（女，2008.03～2012.02）
陈德兴（2012.02～ ）

副书记 何正英（女，1970.02～1973.10） 陈德旺（1972～1973.04）
季根荣（1975～1978.12） 马德荣（1977.08～1990.02）
唐汉规（1984～1985.09） 陈铭伟（1991.04～1992.03）
唐仁章（1990.02～1992.03） 董文官（1993.06～1994.07）
顾忠海（1992.03～1993.06） 刘宝余（1996.06～1998.06）
倪勤华（1998.06～1999.12）

2. **中共上海奉贤头桥供销合作社支部委员会** 1959年，建立中共奉贤县头桥供销合作社支部委员会；2008年3月，奉城供销社托管头桥供销社，头桥社党支部撤销。

书 记 钟荣杰（1959～1963.11） 仲兆贵（1965～1971.03）
沈文寿（1971.03～1982.04） 路 华（1982.04～1987.10）
张永才（1987.10～1992.05） 刘宝余（1992.05～1994.04）
张永才（1994.04～2003.10） 来克旺（2003.10～2008.03）

副书记 戈树林（1965.06～1971） 仲兆贵（1970.03～1978）
萧鹤荣（1970～1978） 张永才（1971～1981.11）
路 华（1980～1982.04） 路 华（1987.11～1990.03）
董文官（1991.04～1993.05） 张永才（1992.05～1999.02）
朱祖香（1994.02～2003.10） 周祖平（1999.03～2006.03）
陈志刚（2006.03～2008.03）

3. **中共上海奉贤江海供销合作社支部委员会** 1959年10月，建立中共奉贤县江海供销合作社支部委员会。

书 记 穆光学（1959.10～1963.10） 顾德炎（1963.10～1967）
钟志奇（1967～1970） 屠桔亭（1970～1980.03）
韩耀林（1980.03～1984.08） 庄正国（1984.08～1986.04）
宋石英（1986.04～1992.04） 李晓龙（1992.04～1996.04）
宋石英（1996.04～1999.12） 盛其炎（1999.12～2006.03）
屠士德（2006.03～2012.02） 乔修松（2012.02～ ）

副书记 曹水石（1972.05～1985.04） 韩耀林（1977.12～1980.03）
庄正国（1982.06～1984.05） 孙秀英（女，1992.06～2001.06）
宋石英（1999.12～2003.10） 高李华（女，2003.10～2004.03）

4. **中共上海奉贤萧塘供销合作社支部委员会** 1959年12月，建立中共奉贤县萧塘供销合作社支部委员会；2004年3月，江海供销社托管萧塘供销社，萧塘社党支部撤销。

书 记 张汉章（1959.12～1965.06） 马梦忠（1970.11～1979.04）
潘桂林（1979.04～1984.06） 丁春瑜（1984.06～1988.07）
陈银芳（女，1988.07～1992.06） 谭可章（1992.06～1993.06）
沈永生（1993.06～1999.12） 倪勤华（1999.12～2003.10）
高火龙（2003.10～2004.03）

副书记 顾火根（1965.06～1966.06） 张顺兴（1972.04～1978.06）
潘桂林（1973.03～1979.04） 朱自权（1976.03～1978.06）
陈银芳（女，1978.07～1988.07） 丁春瑜（1982.08～1984.06）
沈永生（1991.08～1993.06） 俞永刚（1994.12～2004.03）
沈桂林（1997.05～2001.10）

5. **中共上海奉贤钱桥供销合作社支部委员会** 1960年2月，建立中共奉贤县钱桥供销合作社支部委员会；2003年10月，青村供销社托管钱桥供销社，钱桥社党支部撤销。

书 记 王守清（1960.02～1963.03） 朱祖荫（1965.06～1981.10）
黄锦福（1982～1985.10） 朱福君（1985.10～1990.03）
张慕弟（1990.03～1991.04） 陈品章（1991.04～1992.02）
马德荣（1992.06～1995.03） 董勤飞（1995.03～1997.05）
陈德兴（1997.05～1999.03） 屠士德（1999.03～2003.10）

副书记 丁志良（1972～1976） 陈祖高（1975～1978.04）
黄锦福（1978～1981.10） 朱祖荫（1981～1982）
朱福君（1982～1985.11） 张慕弟（1985.11～1991.04）
丁仁石（1988.02～1989.02） 陈品章（1990.02～1991.04）
徐志勇（1991.05～1992.06） 董勤飞（1992.05～1995.03）
朱介苞（1995.05～2003.10）

6. **中共上海奉贤金汇供销合作社支部委员会** 1961年，建立中共奉贤县金汇供销合作社支部委员会。

书 记 屠桔亭（1961～1962） 崔立松（1963～1965.06）
屠桔亭（1965.06～1970） 瞿桂根（1971.11～1976.09）
吴岳初（1976.09～1978） 夏国俊（1981.06～1992.06）
陈金发（1992.06～1993.06） 方惜光（1993.12～1997.04）
倪永良（1997.04～2002.10） 乔修松（2002.10～2003.10）
张明荣（2003.10～2006.03） 周祖勇（2006.03～2010.03）
沈 刚（2010.03～2012.02） 朱 红（女，2012.02～ ）

副书记 唐福祥（1972.09～1978.12） 金淼渔（1975.01～1982.07）
瞿香明（1976.05～1978.12） 孙伯君（1981.01～1985.04）

顾宣文（1987.06～1990.01）
方惜光（1993.06～1993.12主持支部工作）
乔修松（2003.10～2006.03） 张永华（2006.03～2008.03）
沈　刚（2009.03～2010.03） 钱继英（女，2010.03～ ）

7. **中共上海奉贤新寺供销合作社支部委员会**　1962年，建立中共奉贤县新寺供销合作社支部委员会；2003年10月，柘林供销社托管新寺供销社，新寺社党支部撤销。

书　记　蔡一飞（1962～1965.06） 毛小善（1965.06～1977.03）
唐炳贤（1977.03～1981.11） 卫桂兴（1981.11～1984.12）
吴祈土（1984.12～1985.10） 沈智林（1989.09～1990.08）
陆祖廉（1990.08～1992.06） 彭水龙（1992.06～1994.09）
姚明德（1994.09～1996.03） 林惠章（1997.04～1998.07）
张慕弟（1998.07～2003.10）

副书记　方才章（1962.01～1963.12） 沈云生（1962～1966.02）
崔凤章（1970.01～1971.02） 钟壁圭（1971.02～1973.03）
周云海（1973～1981.06） 毛小善（1977.04～1980.06）
吴祈土（1981.10～1985.01）
沈智林（1985.10～1989.09主持支部工作）
彭水龙（1990.11～1992.07） 姚明德（1993.10～1994.09）
林惠章（1994.10～1997.03） 张慕弟（1997.03～1998.07）

8. **中共上海奉贤胡桥供销合作社支部委员会**　1962年6月，建立中共奉贤县胡桥供销合作社支部委员会；2003年10月，庄行供销社托管胡桥供销社，胡桥社党支部撤销。

书　记　张小弟（1962.06～1965.06） 方才章（1965.06～1972.02）
王守清（1972.02～1973.03） 陈宝林（1973.03～1983.12）
陈纪花（女，1984.02～1991.04） 钱照根（1991.04～1993.02）
陈纪花（女，1993.02～1997.03） 杨根法（1997.03～2003.10）

副书记　平雪根（1969.10～1985.01） 倪士明（1970.07～1977.12）
陈纪花（女，1981.10～1984.01） 彭水龙（1985.02～1987.03）
丁春瑜（1991.04～1991.09） 赵竹强（1991.09～1992.06）
严兰根（1992.06～1993.03） 杨根法（1994.03～1997.03）

9. **中共上海奉贤四团供销合作社支部委员会**　1962年9月，建立中共奉贤县四团供销合作社支部委员会。

书　记　汤银楼（1962.09～1963.10） 潘晋尧（1963.10～1965.06）
王德新（1965.06～1971.12） 左殿臣（1971.12～1972.12）

	姚宝昌（1972.12～1975.12）	徐文玉（1975.12～1980.01）
	徐水根（1980.01～1983.03）	张宝洪（1983.03～1985.10）
	唐汉规（1985.10～1990.03）	王炎根（1990.03～1994.04）
	卢德耿（1994.04～1996.04）	夏禹良（1996.04～1997.04）
	周志清（1997.04～1998.11）	赵勇飞（1998.11～2011.03）
	唐永明（2011.03～　　　）	
副书记	曹芹根（1968～1973）	徐文玉（1974.12～1975.12）
	秦玉书（1974.12～1977.12）	张宝洪（1976.12～1983.02）
	池竹青（1979.12～1983.12）	陶永良（1983.03～1984.12）
	刘宝余（1994.04～1996.06）	

10. **中共上海奉贤光明供销合作社支部委员会**　1962年10月，建立中共奉贤县光明供销合作社支部委员会；2003年10月，青村供销社托管光明供销社，光明社党支部撤销。

书　记	洪玉祥（1962.10～1966.06）	金淼渔（1966.06～1973.09）
	瞿勤根（1973.09～1980.04）	屠桔亭（1980.04～1986.03）
	邢勤均（1986.03～1987.06）	屠桔亭（1987.06～1988.03）
	胡德明（1988.03～2003.10）	
副书记	李建育（1974.03～1982.01）	顾伯葵（1978～1981.11）
	胡德明（1986.03～1988.03）	屠桔亭（1988.03～1991.04）
	张慕弟（1991.04～1997.03）	

11. **中共上海奉贤青村供销合作社支部委员会**　1963年10月，建立中共奉贤县青村供销合作社支部委员会。

书　记	王守清（1963.10～1966.03）	徐关福（1966.03～1967.08）
	马梦忠（1967.08～1970.07）	迟宗聚（1970.07～1972.03）
	张汉章（1972.03～1973.04）	方才章（1973.04～1978.10）
	王守清（1978.10～1983.08）	张思规（1983.08～1985.01）
	陶永良（1985.01～1995.01）	陆伯英（1995.01～1997.09）
	邢勤均（1997.09～1999.12）	来克旺（1999.12～2003.10）
	倪永良（2003.10～2006.12）	周祖平（2006.12～2008.03）
	陈志刚（2008.03～　　　）	
副书记	钱伯华（1965.06～1966.04）	项志龙（1971～1972）
	方才章（1972.03～1973.04）	潘顺莲（女，1973～1983）
	陈德望（1981～1983.08）	徐　峻（1989～1992）
	唐　龙（1990～1992）	张寿良（1992.05～1993.05）
	李昇华（1995.01～1998.07）	陈德兴（1999.03～2006.03）

周祖平（2006.03～2006.12） 沈亦平（2006.12～2008.03）
周祖平（2008.03～ ）

12. **中共上海奉贤齐贤供销合作社支部委员会** 1963年10月，建立中共奉贤县齐贤供销合作社支部委员会；2003年10月，金汇供销社托管齐贤供销社，齐贤社党支部撤销。

书　记 崔立松（1963.10～1964.02） 黄根楼（1964.02～1965.07）
庄福祥（1965.07～1968.10） 张汉章（1968.10～1969.10）
庄福祥（1969.10～1974） 吴长升（1974～1976.07）
蔡一飞（1976.07～1981.03） 顾宣文（1981.03～1987.06）
潘桂林（1987.06～1991.05） 谭可章（1991.05～1993.03）
邢勤均（1993.03～1997.09） 周祖勇（1997.11～2003.10）

副书记 庄福祥（1974～1976.07） 余伯祥（1982.12～ ）
王雪林（1987.06～1991.05） 张明荣（1999.12～2003.10）

13. **中共上海奉贤庄行供销合作社支部委员会** 1963年10月，建立中共奉贤县庄行供销合作社支部委员会。

书　记 仲兆贵（1963.10～1965.05） 汤银楼（1965.05～1973.01）
张则仁（1973.01～1974.03） 顾寿良（1974.03～1992.06）
张云川（1992.06～1996.05） 姜仁发（1996.05～2004.03）
沈亦平（2004.03～2006.12） 倪永良（2006.12～2008.03）
乔修松（2008.03～2012.03） 王正玲（女，2012.03～ ）

副书记 张则仁（1972.01～1973.01） 胡连松（1973.01～1978.07）
卫桂兴（1979.05～1981.12） 张云川（1984.12～1992.06）
沈智林（1991.04～1993.06） 莫伯铭（1992.06～1994.03）
姜仁发（1994.03～1996.05） 荀　榕（1996.05～2006.03）
倪永良（2008.03～2009.03） 姚永跃（2009.03～2012.03）

14. **中共上海奉贤泰日供销合作社支部委员会** 1964年2月，建立中共奉贤县泰日供销合作社支部委员会；2006年3月金汇供销社托管泰日供销社，泰日社党支部撤销。

书　记 彭雪仁（1964.02～1965.06） 洪玉祥（1965.06～1969.11）
张汉章（1969.11～1972.03） 陈新煜（1972.03～1982.06）
陈志超（1982.06～1985.03） 王林山（1985.03～1990.04）
陈志超（1990.04～1991.06） 王雪林（1991.06～1997.04）
沈保鸿（1997.04～2003.10） 周祖勇（2003.10～2006.03）

副书记 宋保圭（1965.06～ ） 林志英（女，1969～1970）
李国铨（1972.01～1981.12） 王林山（1978.12～1985.03）

陈志超（1987.06～1990.04）　王林山（1990.05～1996.04）
王林山（1999.12～2003.10）　张永华（2003.10～2006.03）

15. **中共上海奉贤平安供销合作社支部委员会**　1965 年 6 月，建立中共奉贤县平安供销合作社支部委员会；2006 年 3 月，四团供销社托管平安供销社，平安社党支部撤销。

书　记　徐水根（1965.06～　）　王德新（1971.12～1978）
耿炳祥（1978～1982.05）　徐文玉（1982.12～1986.12）
蔡仲章（1987.01～1996.04）　周志清（1996.04～1997.04）
夏禹良（1997.04～2000.03）　陈志刚（2000.03～2006.03）

副书记　季根荣（1965.05～1973.07）　陈才新（1971～1983）
杨保安（1973～1976）　曹芹根（1973～1980）
蔡仲章（1977～1986）　徐水根（1979～　）
顾忠海（1987.11～1992.04）　卢德耿（1992.04～1994.03）
王伟强（1997.04～1998.12）

16. **中共上海奉贤邬桥供销合作社支部委员会**　1965 年 6 月，建立中共奉贤县邬桥供销合作社支部委员会；2003 年 10 月，萧塘供销社托管邬桥供销社，邬桥社党支部撤销。

书　记　邬烈华（1969～1974.05）　叶四均（1974.05～1989.10）
王秀英（女，1989.10～1992.05）　卢　帆（1992.05～1995.01）
高火龙（1995.01～2003.10）

副书记　张顺兴（1965.06～1972.04）
沈云生（1966.02～1971.02，其中 1966～1969 年主持支部工作）
叶四均（1989.11～1992.05）　高火龙（1993.06～1995.01）
张永华（1995.01～2003.10）

17. **中共上海奉贤塘外供销合作社支部委员会**　1966 年 4 月，建立中共奉贤县塘外供销合作社支部委员会；2003 年 5 月，奉城供销社托管塘外供销社，塘外社党支部撤销。

书　记　王守清（1966.04～1968）　钱伯华（1968～1969）
姜福根（1970～1972）　潘晋尧（1973～1978）
洪玉祥（1978～1980.05）　徐文玉（1980.05～1982.03）
蔡洪章（1982.03～1985.07）　朱根明（1985.07～1987）
唐仁章（1987～1989.09）　裴福清（1989.09～1994.02）
徐育章（1994.02～2003.10）

副书记　钱伯华（1966.04～1967）　项志龙（1973～1977）
钱伯华（1973～1977）　盛金章（1978～1979）

朱根明（1978～1984） 张宝石（1982.03～1992.02）
唐仁章（1985.07～1986） 唐汉规（1990.03～1991.04）
徐育章（1991.04～1994.03） 唐仁章（1994.03～1997.02）
季国才（1997.05～2003.05）

18. **中共上海奉贤新海供销合作社支部委员会** 1982年1月，建立中共奉贤县新海供销合作社支部委员会；1991年3月，新海供销社改称为柘林供销社新海分社，党支部撤销；1994年4月，新海供销社重新单列，并成立党支部；1998年12月，新海社改制歇业，党支部撤销。

书 记 唐炳贤（1982.01～1991.03） 唐炳贤（1994.04～1997.03）
施胜杰（1997.03～1998.12）

19. **中共上海奉贤柘林供销合作社支部委员会** 1985年1月，建立中共奉贤县柘林供销合作社支部委员会。

书 记 陆银昌（1985.01～1987.07） 严兰根（1987.07～1991.02）
唐炳贤（1991.02～1994.03） 李德宝（1994.03～1997.02）
姚明德（1997.02～1998.08） 李德宝（1998.08～2003.09）
严新建（2003.09～ ）
副书记 严兰根（1985.01～1987.07）

20. **中共上海奉贤洪庙供销合作社支部委员会** 1994年3月，建立中共奉贤县洪庙供销合作社支部委员会；2003年10月，奉城供销社托管洪庙供销社，洪庙社党支部撤销。

书 记 张国耀（1994.03～1999.12） 张锦清（1999.12～2003.10）
副书记 王炎根（1994.03～1996.04）

21. **中共上海奉贤邵厂供销合作社支部委员会** 1994年3月，建立中共奉贤县邵厂供销合作社支部委员会；2003年10月，平安供销社托管邵厂供销社，邵厂社党支部撤销。

书 记 顾忠官（1994.03～1996.04） 蔡仲章（1996.04～1999.01）
周志清（1999.01～1999.11） 蔡仲章（1999.11～2003.10）

三、直属公司党总支

1. **中共上海古华（集团）公司总支委员会** 1992年7月，组建上海古华医药药材（集团）公司党总支，下设4个党支部；1994年2月，改称为上海古华（集团）公司党总支，并撤销以上4个党支部，重新组建上海古华（集团）公司医药药材分公司等7个党支部。1994年4月，古华（集团）公司行政单列，与县供销总社党务脱离隶属关系。

中共上海古华医药药材（集团）公司总支委员会

书　记　　朱宗熹（1992.07～1994.02）

副书记　　韩耀林（1992.07～1994.02）

中共上海古华医药药材（集团）公司批发零售支部委员会

书　记　　曹奇冲（1992.07～1994.02）

中共奉贤县中药饮片厂支部委员会

书　记　　周龙生（1992.07～1994.02）

中共上海古华医药药材（集团）公司行政管理支部委员会

书　记　　李　民（1992.07～1994.02）

中共奉贤县制药厂支部委员会

书　记　　顾宣文（1992.07～1994.02）

中共上海古华（集团）公司总支委员会

书　记　　朱宗熹（1994.02～1994.04）

副书记　　韩耀林（1994.02～1994.04）

中共上海古华（集团）公司医药药材分公司支部委员会

书　记　　曹奇冲（1994.02～1994.04）

副书记　　徐志勇（1994.02～1994.04）

中共上海古华（集团）公司奉贤制药厂支部委员会

书　记　　顾宣文（1994.02～1994.04）

中共上海古华（集团）公司古华商城支部委员会

书　记　　李志仁（1994.02～1994.04）

中共上海古华（集团）行政支部委员会

书　记　　韩耀林（1994.02～1994.04）

副书记　　朱琪华（女，1994.02～1994.04）

中共上海古华（集团）公司安全工程、车队联合支部委员会

副书记　　范建新（1994.02～1994.04 主持支部工作）

中共德华国药制品有限公司支部委员会

书　记　　周龙生（1994.02～1994.04）

中共上海古华商城支部委员会

书　记　　张慈心（1994.02～1994.04）

副书记　　李　民（1994.02～1994.04）

2. **中共上海奉贤县百货总公司总支委员会**　1992 年 7 月，组建上海奉贤县百货总公司党总支，下设百货公司等 4 个党支部；1994 年 3 月百货总公司党总支撤销，所属 4 个党支部单列，直属县供销总社党委。

书　记　　傅传新（1992.07～1993.03）　　张保龙（1993.03～1994.03）

副书记　余元忠（1992.07～1993.03）　傅传新（1993.03～1993.07）

中共上海奉贤县百货总公司百货公司支部委员会

书　记　翁大粮（1992.07～1994.03）

中共上海奉贤县百货总公司纺织品公司支部委员会

书　记　陆勤云（女，1992.07～1992.12）　鲁国胜（1992.12～1994.03）

副书记　庄　坚（1993.06～1994.03）

中共上海奉贤县百货总公司服装鞋帽公司支部委员会

书　记　乔东初（1992.07～1994.03）

中共上海奉贤县百货总公司鸿雁商场支部委员会

书　记　张玲妹（女，1992.07～1994.03）

3. **中共上海烟草集团奉贤烟草糖酒有限公司总支委员会**　1999年5月组建上海烟草集团奉贤烟草糖酒有限公司党总支，下设金叶商厦等3个党支部；2001年7月，增设烟草专买党支部。2006年5月，根据国务院办公厅《关于进一步理顺烟草行业资产管理体制深化烟草企业改革的意见》精神，奉贤烟糖公司由上海烟草集团实行垂直管理，党务、行政与区总社脱离隶属关系。

书　记　陈品章（1999.05～2006.05）

副书记　赵竹强（1999.05～2006.05）

中共上海市金叶商厦支部委员会

书　记　陆正峰（1999.05～2006.05）

副书记　朱小平（1999.05～2006.05）

中共上海市金叶超市有限公司支部委员会

该支部前身是上海烟草集团奉贤烟草糖酒有限公司配售中心党支部，2001年7月改称为上海市金叶超市有限公司党支部。

书　记　赵竹强（1999.05～2006.05）

副书记　王丽丽（女，1999.05～2006.05）

中共上海烟草集团奉贤烟草糖酒有限公司行政支部委员会

书　记　陈品章（1999.05～2006.05）

副书记　张贤民（1999.05～2006.05）

中共上海烟草集团奉贤烟草糖酒有限公司烟草专买支部委员会

书　记　沈　恺（2001.07～2006.05）

4. **中共上海奉贤区供销经济园区总支委员会**　2010年4月组建中共上海奉贤区供销经济园区总支委员会，下设奉供实业公司等3个党支部。

书　记　倪勤华（2010.04～　　　）

副书记　郭伟良（2010.04～　　　）

中共上海奉供实业发展有限公司支部委员会

书　记　　倪勤华（2010.04～　　　）

副书记　　郭伟良（2010.04～　　　）

中共上海伊和电器有限公司支部委员会

书　记　　王建国（2010.04～　　　）

中共上海勤辉混凝土有限公司支部委员会

书　记　　金连军（2010.06～　　　）

5. **中共上海奉贤商业有限公司总支委员会**　2012年4月，组建中共上海奉贤商业有限公司总支委员会，下设2个党支部。

书　记　　陈毅豪（2012.04～　　　）

副书记　　沈亦平（2012.04～　　　）

中共上海奉贤商业有限公司总支委员会第一党支部

书　记　　陈毅豪（2012.04～　　　）

副书记　　沈亦平（2012.04～　　　）

中共上海奉贤商业有限公司总支委员会第二党支部

书　记　　沈亦平（2012.04～　　　）

四、直属公司党支部

1. **中共上海奉贤食品公司支部委员会**　1954年5月，建立中共中国食品公司江苏省奉贤县公司支部委员会；1958年4月，改称为奉贤县副食品经理部党支部；1962年1月，改称为中国食品公司上海市奉贤公司党支部；1978年7月，改称为上海食品公司奉贤县公司党支部。1989年1月，奉贤食品公司划归奉贤县畜牧水产局，党务、行政同县社脱离隶属关系。

书　记　　黄可亭（1954.05～1965）　　钟耀辉（1965.05～1972.03）
　　　　　杨正时（1972.03～1974.11）　钟荣杰（1974.11～1975.07）
　　　　　陈祖高（1978.09～1982.02）　朱祖荫（1982.02～1989.10）

副书记　　杨正时（1971.05～1972.03）　陈祖高（1978.04～1978.09）
　　　　　凌德云（1978.04～1979.04）　吴维龙（1978.10～1979.03）
　　　　　李德金（1979.03～1982.01）　季壁观（1982.01～1989.01）
　　　　　赵荣桂（1985.11～1989.01）

2. **中共上海烟草集团奉贤烟草糖酒有限公司支部委员会**　1960年10月，建立中共奉贤烟酒糖业公司支部委员会；1994年2月，改称为上海奉贤糖业烟酒总公司党支部；1995年1月，改称为上海烟草集团奉贤烟草糖酒有限公司党支部；1999年5月，组建中共上海烟草集团奉贤烟草糖酒有限公司总支委员会，烟草集团奉贤烟草糖酒有限公司党支部撤销。

书　记　朱宗珍（女，1960.10～1967.05）　吴耿唐（1970.03～1973.04）
张汉章（1973.04～1981.02）　汤银楼（1981.02～1991.04）
唐汉规（1991.04～1992.09）　陈品章（1992.09～1999.05）
副书记　王能兰（女，1976.10～1979.04）　何志良（1978.04～　）
王天华（1978.04～　）　朱宗珍（女，1979.12～1982.12）
王文标（1980.03～1982.02）　李德金（1982.09～1985.11）
张孟黎（1984.08～1994.02）　谭可章（1989.05～1991.04）
张贤民（1993.03～1999.05）　杨　晓（1996.12～1998.07）

3. **中共上海丰意果品日用有限公司支部委员会**　1962年，建立中共奉贤县生活资料经理部支部委员会；1972年11月，改称为上海奉贤日杂果品公司党支部；1984年1月，改称为上海奉贤贸易信托公司党支部；1993年12月，改称为上海奉贤果品日杂总公司党支部；1997年11月，改称为上海丰意果品日用有限公司党支部。2006年3月，奉贤商业公司托管丰意果品公司，丰意果品公司党支部撤销。

书　记　戴林根（1965.06～1971.02）　陆石峰（1971.02～1978.11）
沈云生（1978.11～1986.02）　张保龙（1986.02～1989.12）
黄锦福（1989.12～1992.06）　庄正国（1992.06～1997.05）
庄　坚（1997.05～1998.11）　高李华（女，1998.11～1999.12）
张国耀（1999.12～2003.10）　沈建国（2003.10～2006.03）
副书记　戴林根（1962～1965.06）　沈云生（1971.02～1978.11）
姚宝昌（1975.12～1978.11）　林志英（女，1978.04～　）
张保龙（1978.11～1990.02）　陈德望（1987.01～1991.11）
李纪勤（1991.11～1996.04）　屠士德（1996.04～1997.05）
高李华（女，1997.05～1998.11）　高李华（女，1999.12～2003.10）
陈毅豪（2003.10～2006.03）

4. **中共上海奉贤五金交电有限公司支部委员会**　1962年，建立中共奉贤县五金煤业建筑器材公司支部委员会；1978年10月，改称为奉贤县五金交电公司党支部；2012年2月，商业公司托管五金公司，五金公司党支部撤销。

书　记　曹芹根（1962～1964）　钟耀辉（1972.03～1976.04）
耿炳祥（1976.04～1978.01）　顾琴根（1984.10～1986.03）
沈云生（1986.03～1991.11）　陆金昌（1991.11～1992.06）
陈银芳（女，1992.06～1996.10）　倪勤华（1996.10～1997.05）
陈菊芳（女，1997.05～2002.02）　杨　晓（2002.02～2006.03）
张明荣（2006.06～2011.03）　杨　晓（2011.03～2012.02）
副书记　黄可亭（1970.04～1978）　朱德发（1978.12～1984.09）
薛美芳（女，1978.09～1985.11）　吴维龙（1984.09～1988.05）

陈银芳（女，1991.12～1992.06）　陆金昌（1988.09～1989.12）
陆金昌（1994.02～1996.04）　马德荣（1995.03～1996.10）
倪勤华（1996.04～1996.10）　吴寿鑫（1996.10～1996.04）
倪勤华（1997.05～1998.07）　杨　晓（1998.07～2002.03）
杨　晓（2006.03～2011.03）

5. **中共上海奉贤农业生产资料有限公司支部委员会**　1963年，建立中共奉贤县生产资料经理部支部委员会；1972年11月改称为上海奉贤农业生产资料公司党支部。

书　记　庄福祥（1963～1965.06）　金利川（1965.06～1970.06）
林树森（1970.06～1972.02）　钱银如（1970.02～1973.01）
汤银楼（1973.01～1979.04）　戴林根（1979.04～1985.06）
蔡洪章（1985.06～1987.03）　翁秀芳（女，1987.03～1989.02）
潘有发（1989.02～1993.03）　钱照根（1993.03～1997.05）
张火楼（1997.05～2002.06）　柯　冲（2002.06～　）

副书记　韩人恩（1972.02～1973.09）　许掌林（1972.02～1978.09）
钟子琦（1974.04～　）　戴林根（1978.11～1979.04）
唐林泉（1979.12～1983.06）　金淼渔（1982.07～1984.10）
陈保林（1985.02～1986.07）　蔡洪章（1988.03～1993.03）
柯　冲（1992.09～2002.06）　诸银余（1994.02～2002.06）
潘可夫（1996.08～2002.06）

6. **中共上海奉贤饮食服务有限公司支部委员会**　1963年7月，建立中共奉贤县饮食服务公司支部委员会；1989年8月改称为上海奉贤商业服务公司党支部；1998年5月改称为上海奉贤饮食服务有限公司党支部；2009年5月，饮食服务有限公司党支部撤销，退休党员的组织关系转到社区，在职党员的组织关系转到华物公司党支部。

书　记　黄根楼（1963.07～1964.02）　崔立松（1964.02～1979.01）
吴耿唐（1979.01～1979.04）　吴维龙（1979.04～1982.09）
陈新煜（1982.09～1984.10）　邵复健（女，1985.05～1989.11）
唐吉林（1989.11～1994.02）　倪勤华（1994.02～1996.04）
李晓龙（1996.04～2009.05）

副书记　唐亚官（女，1972.03～1977.09）　蒋秋元（1974.04～1980.03）
王能兰（女，1979.04～1982.06）　王金发（1982.06～1989.07）
邵复健（女，1984.10～1985.05，主持支部工作）
俞　松（1989.09～1992.06）　潘志良（1989.09～1994.03）
吴依慈（女，1991.04～1994.02）　陈铭伟（1994.02～1998.06）

鲁国胜（1997.03～2008.11）

7. **中共上海奉贤物资回收利用有限公司支部委员会** 1965年6月，建立中共奉贤县土产废品经理部支部委员会；1972年11月改称为奉贤县土副产品公司党支部；1984年10月改称为奉贤县农副产品公司党支部；1991年12月改称为上海奉贤物资回收利用有限公司党支部。

书 记 金淼渔（1965.06～1966.06） 蔡根堂（1970.06～1976.03）
吴长升（1978～1980.04） 瞿勤根（1980.04～1990.03）
何八渊（1990.03～1992.11） 陆祖廉（1992.11～1997.05）
谭可章（1997.05～2000.05） 褚伯龙（2000.05～ ）

副书记 余元忠（1978.02～1982.06） 胡仁志（1982.06～ ）
朱德发（1984.10～1997.05） 李德金（1985.11～1988.04）
蔡木顺（1993.06～1998.11） 陆祖廉（1997.05～1998.07）
褚伯龙（1998.07～2000.05） 陈桂林（1998.11～2003.05）

8. **中共上海古华药业（集团）有限公司支部委员会** 1970年3月，建立中共奉贤县医药药材公司支部委员会；1986年6月改称为上海古华药业（集团）有限公司党支部。1992年7月，建立上海古华医药药材（集团）有限公司党总支，上海古华药业（集团）有限公司党支部撤销。

书 记 周 明（女，1970.03～1982.09） 吴维龙（1982.09～1984.09）
吴祈土（1985.11～1988.05） 金淼渔（1990.01～1992.03）
鲍振淦（1992.03～1992.04）

副书记 柳毓瑞（1978.04～1981） 顾宣文（1978.04～1979.05）
吴维龙（1982.05～1982.09）
耿秀庭（女，1984.09～1987.01，其中1984.09～1985.11主持支部工作）
陆祖廉（1988.03～1990.08） 朱宗熹（1990.01～1992.07）

9. **中共上海奉贤百货有限公司支部委员会** 1971年5月，建立中共奉贤百货公司支部委员会；1992年7月，该支部隶属于百货总公司党总支；1994年3月，百货总公司党总支撤销，百货公司党支部单列。2004年2月，鸿雁商场托管百货公司，百货公司党支部撤销。

书 记 严秉沁（女，1971.05～1979.12） 吴桂明（1979.12～1983.01）
庄水铭（1984.09～1988.03） 卫桂兴（1988.03～1990.03）
严兰根（1991.03～1992.06） 翁大粮（1992.06～1992.07）
翁大粮（1994.03～1997.03） 乔东初（1997.03～1998.07）
沈亦平（1998.07～2004.02）

副书记 杨汉青（1971.05～1978.04） 吴桂明（1978.03～1979.12）
何正英（女，1978.12～1981.08） 庄水铭（1978.12～1984.09）

吴关心（1982.02～1984.09）　　潘　瑜（女，1982.02～1983.01）
张文安（1983～1988.03）　　卫桂兴（1986.08～1988.03）
吴维龙（1988.05～1991.09）　　张玲妹（女，1990.03～1990.08）
李晓龙（1991.09～1992.04）　　童士燕（女，1991.11～1992.06）
周荣华（1994.04～2000.07）　　吴依慈（女，1996.04～2001.09）
翁大粮（1997.03～1998.07）　　蔡金根（1998.07～2004.02）

10. **中共奉贤县商业局汽车运输队支部委员会**　1974年6月，建立中共奉贤县商业局汽车运输队支部委员会；1987年4月，商业局汽车运输队划归奉贤县五金公司，汽车运输队党支部撤销。

书　记　金利川（1974.06～1984.05）　　黄根楼（1984.05～1985.11）
黄锦福（1985.11～1987.04）

副书记　王德新（1978～1979.09）　　王根才（1979.09～1985.11）
莫伯铭（1984.05～1987.04）　　夏炳其（1985.11～1987.04）

11. **中共上海奉贤冷库支部委员会**　1975年7月，建立中共奉贤冷库支部委员会；1978年11月，奉贤冷库划归奉贤畜牧水产局，冷库党支部撤销。

书　记　钟荣杰（1975.07～1978.11）

12. **中共上海奉贤棉花有限公司支部委员会**　1978年9月，建立中共奉贤棉花公司支部委员会；1984年10月，棉花公司和土副产品公司支部并称为奉贤县农副产品公司党支部；1994年3月棉花公司重新成立党支部；2003年10月，丰意果品公司托管棉花公司，棉花公司党支部撤销。

书　记　许掌林（1978.09～1979.04）　　汤银楼（1979.04～1981.03）
蔡一飞（1981.03～1984.10）　　沈建国（1994.03～1998.07）
王林山（1998.07～1999.12）　　沈建国（1999.12～2003.10）

副书记　马锡昌（1978.09～1981.02）　　陆宝星（1981.02～1984.04）
朱邦宽（1981.02～1984.10）　　陆菊华（女，1994.10～1998.07）
沈建国（1998.07～1999.12）

13. **中共上海奉贤县副食品公司支部委员会**　1978年9月，建立中共奉贤县蔬菜公司支部委员会；1985年9月改称为奉贤县副食品公司党支部；1988年4月，奉贤县副食品公司和县水产供销公司合并，建立上海滨江副食品（集团）公司党支部，奉贤县副食品公司党支部撤销。

书　记　方才章（1978.09～1988.04）

副书记　庄福祥（1978.09～1981.12）　　马锡昌（1981.02～1982.06）
王能兰（女，1982.06～1988.03）

14. **中共上海奉贤石油煤炭公司支部委员会**　1978年10月，建立中共奉贤石油煤炭公司支部委员会；1986年3月，石油煤炭业务分离，单独成立公司并建立党组织，石油煤炭公司党支部撤销。

书　记　李　伦（1978.10～1986.03）

副书记　孙伯君（1978.10～1980.12）　蒋秋元（1980.12～1984.09）

王文标（1984.09～1986.03）

15. **中共上海奉贤县供销社驻沪组支部委员会**　1980 年 4 月，建立中共奉贤县供销社驻沪组支部委员会；1984 年 10 月，由于人员调动，党员数较少不能单独成立党支部，驻沪组党支部撤销。

书　记　吴长升（1980.04～1984.10）

副书记　蔡汉强（1980.04～1984.10）

16. **中共奉贤县外贸公司支部委员会**　1982 年 1 月，建立中共奉贤县外贸公司支部委员会；1990 年 3 月，外贸公司与农资综合经营部合并成立土产公司，外贸公司党支部撤销。

书　记　张火楼（1985.11～1988.03）　何八渊（1988.03～1990.03）

副书记　余元忠（1982.01～1986.06）　唐顺福（1985.11～1988.03）

薛美芳（女，1985.11～1990.03）　陈保林（1986.07～1988.03）

张火楼（1988.03～1990.03）

17. **中共奉贤县南桥百货公司支部委员会**　1983 年 1 月，建立中共奉贤县南桥百货商店支部委员会；1984 年 11 月，改称为奉贤县南桥百货公司党支部；1987 年 3 月，奉贤百货公司兼并南桥百货公司，南桥百货公司党支部撤销。

书　记　吴桂明（1983.01～1984.08）　潘　瑜（女，1984.08～1987.03）

副书记　潘　瑜（女，1983.01～1984.08）　龚月琴（女，1984.08～1987.03）

余元忠（1985.11～1987.03）

18. **中共奉贤县南桥烟酒食品公司支部委员会**　1983 年 1 月，建立奉贤县南桥食品商店支部委员会；1984 年 11 月，改称为奉贤县南桥烟酒食品公司党支部；1987 年 3 月，奉贤烟糖公司兼并南桥烟酒食品公司，南桥烟酒食品公司党支部撤销。

书　记　翁秀芳（女，1984.10～1987.03）

副书记　朱宗珍（女，1983.01～1984.10，主持支部工作）

陈德望（1983.08～1987.03）

19. **中共上海奉贤煤炭有限公司支部委员会**　1986 年 3 月，建立中共奉贤煤炭公司支部委员会；2012 年 2 月，商业公司托管煤炭公司，煤炭公司党支部撤销。

书　记　顾琴根（1986.03～1991.11）　张火楼（1991.11～1997.05）

钱照根（1997.05～2008.03）　蔡金根（2008.03～2012.02）

副书记　陈品章（1986.03～1988.03）　陈保林（1988.03～1988.05）

丁春瑜（1989.03～1991.04）　张文安（1991.04～2003.03）

顾引初（1997.12～2008.03）　王正玲（女，2003.03～2007.08）

蔡金根（2007.08～2008.03）　　沈亦平（2008.03～2012.02）

20. **中共上海奉贤石油公司支部委员会**　1986年3月，建立中共奉贤石油公司支部委员会；1995年3月，县石油公司党务、行政隶属于市公司，与县供销总社脱离隶属关系。

书　记　王文标（1986.03～1989.12）　　沈新龙（1989.12～1995.03）

副书记　王文标（1989.12～1994.04.）　　唐吉林（1994.02～1995.03）

费成荣（1994.09～1995.03）

21. **中共上海奉贤县水产公司支部委员会**　1986年10月，建立中共奉贤县水产公司支部委员会；1988年4月，奉贤县副食品公司和县水产供销公司合并，建立上海滨江副食品（集团）公司党支部，奉贤县水产公司党支部撤销。

书　记　钱照根（1986.10～1987.03）　　吴祈土（1987.03～1988.04）

22. **中共上海奉贤纺织品有限公司支部委员会**　1987年4月，建立中共奉贤纺织品公司支部委员会；1992年7月，该支部隶属于百货总公司党总支；1994年3月，百货总公司党总支撤销，纺织品公司党支部单列。1997年3月，百货公司托管纺织品公司，纺织品公司党支部撤销。

书　记　余元忠（1987.04～1992.07）　　鲁国胜（1994.03～1997.03）

副书记　庄水铭（1988.03～1992.07）　　鲁国胜（1992.09～1994.03）

周国友（1994.04～1997.03）

23. **中共上海滨江副食品有限公司支部委员会**　1988年4月，建立中共上海滨江副食品有限公司支部委员会。

书　记　吴祈土（1988.04～1995.11）　　金秀亮（1995.11～1998.07）

陆祖廉（1998.07～　　）

副书记　方才章（1988.05～1989.12）　　鲍振淦（1988.04～1990.02）

张保龙（1991.11～1993.03）　　顾新安（1993.03～1995.11）

顾　伟（1995.11～　　）

24. **中共上海奉贤土产公司支部委员会**　1990年3月，建立中共奉贤土产公司支部委员会；1996年8月，建设公司、商业总公司分别兼并土产公司，土产公司党支部撤销。

书　记　钱照根（1990.03～1991.04）　　卫桂兴（1991.04～1992.06）

童士燕（女，1992.06～1995.10）　　卫桂兴（1995.10～1996.08）

副书记　卫桂兴（1992.06～1995.10）

25. **中共上海奉贤区鸿雁商场有限公司支部委员会**　1990年8月，建立中共奉贤县鸿雁商场支部委员会；1992年7月，该支部隶属于百货总公司党总支；1994年3月，百货总公司党总支撤销，鸿雁商场党支部单列。

书　记　傅传新（1990.08～1992.07）　　张玲妹（女，1994.03～1996.04）

耿秀庭（女，1996.04～1999.05） 金根林（1999.05～2004.02）
蔡金根（2004.02～2007.08） 金根林（2007.08～2009.03）
倪永良（2009.03～ ）

副书记 张玲妹（女，1990.08～1992.07） 沈仲华（1994.03～1999.05）
赵金林（1997.06～2003.10） 金根林（2004.02～2007.08）
金根林（2009.03～2010.03）

26. **中共上海奉贤县华亭食品商场支部委员会** 1991年4月，建立中共奉贤县华亭食品商场支部委员会；1997年5月，烟糖公司兼并华亭食品商场，华亭食品商场党支部撤销。

书　记 屠桔亭（1991.04～1992.06） 龚月琴（女，1992.06～1992.09）
陈菊芳（女，1992.09～1997.05）

副书记 沈国民（1991.04～1993.06） 陈菊芳（女，1991.04～1992.09）
谭可章（1993.06～1997.05）

27. **中共上海奉贤服装鞋帽有限公司支部委员会** 1992年7月，建立中共奉贤服装鞋帽公司支部委员会，隶属于百货总公司党总支；1994年3月，百货总公司党总支撤销，服装鞋帽公司党支部单列。1997年3月，百货公司托管服装鞋帽公司，服装鞋帽公司党支部撤销。

书　记 乔东初（1994.03～1997.03）

副书记 杨德龙（1994.10～1995.12）

28. **中共上海奉贤商业有限公司支部委员会** 1993年5月，建立中共上海奉贤商业总公司联合支部委员会，由商业公司、精品商场、建设总公司、工业总公司组成；1994年3月撤销联合支部，以上单位分别建立党支部；2012年4月，成立中共上海奉贤商业有限公司总支委员会，商业有限公司党支部撤销。

书　记 陆勤云（女，1993.05～1994.02） 李建育（1994.02～1999.12）
邢勤均（1999.12～2003.10） 屠士德（2003.10～2006.03）
沈建国（2006.03～2008.03） 陈毅豪（2008.03～2012.04）

副书记 王　宣（1993.05～1994.02） 查华康（1994.02～1999.12）
吴浩杰（1997.05～2004.02） 周国友（2003.10～2006.03）
陈毅豪（2006.03～2008.03） 方宝根（2008.03～2012.02）
沈亦平（2012.02～2012.04）

29. **中共上海奉贤精品商场有限公司支部委员会** 1994年2月，建立中共上海奉贤精品商场支部委员会；2003年10月，商业公司托管精品商场，精品商场党支部撤销。

书　记 陆勤云（女，1994.02～1998.07） 乔东初（1998.07～2000.02）
周国友（2000.02～2003.10）

副书记　　朱梅英（女，1995.03～1999.12）　陆勤云（女，1998.07～1999.08）

30. **中共上海奉贤供销商业建设有限公司支部委员会**　1994年2月，建立中共上海奉贤供销商业建设公司支部委员会；2009年5月，奉贤供销建设有限公司党支部撤销，退休党员的组织关系转到社区，在职党员的组织关系转到华物公司党支部。

书　记　　张保龙（1994.02～1997.05）　　庄正国（1997.05～2006.09）
　　　　　范文新（2006.08～2009.05）

副书记　　王　宣（1994.02～1998.08）　　卫桂兴（1996.08～2009.05）
　　　　　范文兴（1998.08～2006.08）

31. **中共奉贤供销工业总公司、佳丽密胺厂联合支部委员会**　1994年2月，建立中共奉贤供销工业总公司支部委员会；1995年5月，成立供销工业总公司、佳丽密胺厂联合党支部；1996年8月，佳丽密胺厂关闭，供销工业总公司改制为上海千意置业有限公司，联合党支部撤销。

书　记　　金　章（1994.02～1995.03）　　盛其炎（1995.03～1996.08）

副书记　　潘可夫（1995.03～1996.08）

32. **中共上海奉贤商业供销有限公司支部委员会**　1994年2月，建立中共上海奉贤商业供销公司支部委员会；2006年5月，奉贤商业供销有限公司党支部撤销，退休党员的组织关系转到社区，在职党员的组织关系转到华物公司党支部。

书　记　　吴依慈（女，1994.02～1996.04）　陈培锋（1996.04～2006.05）

33. **中共上海康德药业有限公司支部委员会**　1996年5月，建立中共上海康德药品总店支部委员会；1998年8月，改称上海康德药业有限公司党支部。

书　记　　顾　炜（1996.05～2012.07）　　顾天惜（2012.07～　　　）

副书记　　杨臣钧（1996.05～2012.07）　　李建明（2012.07～　　　）

34. **中共上海晟丰商厦有限公司支部委员会**　2003年5月，建立中共上海晟丰商厦支部委员会；2008年5月，晟丰商厦党支部撤销，党员组织关系全部转到所在社区。

书　记　　刘宝余（2003.05～2006.10）　　樊永良（2006.10～2008.05）

35. **中共上海奉供实业发展有限公司支部委员会**　2003年10月，建立中共上海奉供实业发展有限公司支部委员会；2010年4月，隶属于奉贤区供销经济园区党总支。

书　记　　倪勤华（2003.10～2010.04）

副书记　　郭伟良（2003.10～2010.04）

36. **中共上海伊和电器有限公司支部委员会**　2006年5月，建立中共上海伊和电器有限公司支部委员会；2010年4月，隶属于奉贤区供销经济园区党总支。

书　记　　王建国（2006.05～2010.04）

五、直属厂党支部

1. **中共上海奉贤齐贤轧花厂有限公司支部委员会** 1955年，建立中共奉贤齐贤轧花厂支部委员会；1998年7月，棉花公司兼并齐贤轧花厂，齐贤轧花厂党支部撤销；1999年12月，齐贤轧花厂重新单列并成立党支部；2003年10月，丰意果品公司托管齐贤轧花厂，齐贤轧花厂党支部撤销。

书　记　苏绪章（1955～1965.06）　盛金章（1965～1969）
黄根楼（1969～1972.04）　蔡一飞（1972.04～1976.07）
庄福祥（1976.07～1978.09）　赵洪官（1978.09～1979.05）
顾宣文（1979.05～1982.01）　朱秉根（1982.01～1984.09）
潘桂林（1984.09～1986.02）　赵洪官（1986.02～1987.09）
邢勤均（1987.09～1992.06.）　顾　炜（1992.06～1993.07）
赵洪官（1993.07～1996.04）　王林山（1996.04～1998.07）
陈毅豪（1999.12～2003.10）

副书记　顾来生（1965～1979.10）　施存洪（　～1984.09）
赵洪官（1979.05～1986.02）

2. **中共上海鼎丰酿造食品有限公司支部委员会** 1959年，建立中共上海鼎丰酿造厂支部委员会；1997年12月，改称为上海鼎丰酿造食品公司党支部。

书　记　潘晋尧（1959～1963.04）　何永祥（1963.04～1978.01）
邵根炎（1978.01～1984.05）　金利川（1984.05～1989.12）
李品高（1989.12～1996.01）　吴方圭（1996.01～1999.12）
陆志刚（1999.12～2006.03）　祁　枫（女，2006.03～　）

副书记　冯天发（1961.01～　）　迟宗聚（1972.04～1984.09）
余元忠（1973.03～1978.02）　冯伯琴（1978.04～　）
邵根炎（1984.05～　）　赵龙才（1987.12～1990.03）
李品高（1989.05～1989.12）　吴方圭（1990.03～1994.02）
周龙生（1990.03～1990.08）　陆志刚（1994.09～1999.12）
徐敬思（1997.12～2006.03）　沈仲华（1999.12～　）
陈美英（女，2006.03～2009.01）

3. **中共上海奉贤华乐食品厂支部委员会** 1964年，建立中共奉贤奉城轧花厂支部委员会；1988年2月，改称为奉贤华乐食品厂党支部；1993年11月，华乐食品厂歇业，党员组织关系转到新单位，党支部撤销。

书　记　王廷昭（1964～1965.06）　吴长升（1965.06～1966）
王学成（1966～1970）　蔡根堂（1976.03～1984.09）
裴福清（1984.09～1989.08）　刘宝余（1989.08～1992.04）

顾忠官（1992.04～1993.11）

副书记　王德新（1964.08～1965.06）

盛金章（1970～1976.02，主持支部工作）

季根荣（1977.08～1984.09）　刘宝余（1984.04～1989.09）

陈建庆（1989.09～1990.03）　董文官（1990.03～1991.04）

4. **中共上海华城特种织品有限公司支部委员会**　1969年12月，建立中共奉贤南桥轧花厂支部委员会；1985年10月改称为奉贤经编厂党支部；1989年4月，经编厂与台商合资，改称为上海华城特种织品有限公司党支部。1996年5月，华城特种织品公司歇业，党支部撤销。

书　记　姚杏棣（女，1969.12～　）　朱秉根（　～1976.09）

裴福清（1976.09～1978.08）　穆光学（1978.08～1979.09）

裴福清（1979.09～1984.08）　陆志刚（1984.08～1986.03）

张慈心（1986.03～1988.03）　夏炳其（1988.03～1994.02）

顾　炜（1994.02～1996.05）

副书记　王根才（1978.04～1979.09）　唐吉林（1979.09～1984.09）

顾来生（1979.09～1990.04）　张慈心（1988.03～1990.04）

杨臣钧（1995.03～1996.05）

5. **中共上海神力食品有限公司支部委员会**　1982年2月，建立中共奉贤县人民食品厂支部委员会；1988年4月，改称为古华食品厂党支部；1991年12月改称为欣欣食品厂党支部；1992年5月，改称为上海神力食品有限公司党支部；1994年10月，神力食品有限公司破产歇业，党支部撤销。

书　记　王文标（1982.02～1984.10）　赵龙才（1984.10～1987.07）

夏炳其（1987.07～1988.04）　李纪勤（1988.04～1991.12）

顾寿良（1991.12～1992.06）　陆志刚（1992.06～1993.12）

副书记　李建育（1982.02～1984.10）　李德金（1988.04～1991.01）

陆菊华（女，1991.01～1994.10，其中1994年起主持支部工作）

6. **中共奉贤县中药饮片厂支部委员会**　1984年10月，建立中共奉贤县中药饮片厂支部委员会；1992年7月，中药饮片厂党支部隶属于上海古华医药药材（集团）公司党总支。

书　记　金淼渔（1984.10～1989.12）　顾宣文（1989.12～1992.07）

副书记　周龙生（1990.01～1992.07）

7. **中共上海华邦涂料有限公司支部委员会**　1988年10月，建立中共上海申达造漆厂支部委员会；1999年9月，改称为上海华邦涂料有限公司党支部。2010年5月，华邦涂料公司歇业，华邦公司党支部撤销。

书　记　方才章（1988.10～1992.06）　谢焕华（1992.06～1997.05）

潘志良（1997.05～1999.10） 胡建新（1999.10～2003.03）

副书记 谢焕华（1988.10～1992.06） 沈美英（女，1991.01～1997.06）

沈熙华（1997.06～1998.11） 胡建新（1998.11～1999.10）

潘可夫（2003.03～2004.06） 狄生官（2004.06～2006.05）

李国利（2006.05～2010.05）

8. **中共上海市供销机械厂支部委员会** 1990年4月，建立中共上海市供销机械厂支部委员会；1992年6月并入江南汽车修理厂党支部；1993年9月，江南汽车修理厂党支部改称为上海市供销社机械厂党支部；1997年12月，市机厂党支部撤销，党员关系转到鼎丰公司党支部。

书 记 顾 炜（1990.04～1992.06） 吕志丽（女，1993.09～1996.04）

周祖勇（1996.04～1997.12）

副书记 张慈心（1990.04～1992.06） 薛继尧（1993.09～1994.04）

陈世才（1994.04～1996.04） 沈美英（女，1997.06～1997.12）

9. **中共上海奉贤江南汽车修理厂支部委员会** 1991年5月，建立中共上海奉贤江南汽车修理厂支部委员会；1993年9月，该支部改称为上海市供销社机械厂党支部；江南汽车修理厂党支部撤销。

副书记 吕志丽（女，1991.05～1993.09，主持支部工作）

10. **中共上海爱碧制衣公司支部委员会** 1992年7月，建立中共上海爱碧制衣公司支部委员会；1994年3月，爱碧制衣公司歇业，党支部撤销。

书 记 宋石英（1992.07～1993.03） 周国友（1993.03～1994.03）

副书记 陈金发（1993.06～1994.02）

11. **中共上海环东空调设备厂支部委员会**

1993年12月，建立中共上海环东空调设备厂支部委员会；1994年3月，鼎丰酿造食品总厂兼并上海环东空调设备厂，环东空调设备厂党支部撤销。

书 记 陆志刚（1993.12～1994.08）

12. **中共上海奉贤塑料管厂支部委员会**

2003年3月，建立中共上海奉贤塑料管厂支部委员会。

书 记 季国才（2003.03～ ）

六、物资系统党支部

2005年1月，奉贤区政府第28次常务会议作出撤销上海奉贤物资总公司及整体资产划给区供销合作总社决定；2005年7月原物资总公司所属基层党支部隶属于区供销总社党委。

1. **中共上海奉贤农业机械有限公司支部委员会** 2007年11月，撤销农业机械公司党支部，退休党员的组织关系转到社区，在职党员的组织关系转到华物公司党支部。

书　记　　卫家龙（2005.07～2007.11）

2. **中共上海奉贤金属材料有限公司支部委员会**　2006年3月，撤销金属材料公司党支部，党员组织关系转到华物公司党支部。

书　记　　高林福（2005.07～2006.03）

3. **中共上海市奉贤区建筑材料有限公司支部委员会**

书　记　　单国勇（2005.07～　　）

4. **中共上海奉贤区机电设备有限公司支部委员会**　2006年5月，撤销机电设备公司党支部，退休党员的组织关系转到社区，在职党员的组织关系转到华物公司党支部。

书　记　　杨国敏（2005.07～2006.05）

5. **中共上海市奉贤有色金属有限公司支部委员会**　2006年5月，撤销有色金属公司党支部，退休党员的组织关系转到社区，在职党员的组织关系转到华物公司党支部。

书　记　　徐金有（2005.07～2006.05）

6. **中共上海南奉生产资料有限公司支部委员会**　2011年3月，南奉生产资料公司党支部撤销，党员组织关系全部转到社区。

书　记　　盛红梅（女，2005.07～2011.03）

7. **中共上海南化工业气体有限公司支部委员会**

书　记　　何忠玉（2005.07～2010.04）

副书记　　王传新（2010.04～　　）

8. **中共上海市奉贤化工轻工有限公司支部委员会**

书　记　　张生龙（2005.07～　　）

副书记　　乔东明（2005.07～　　）

9. **中共上海欣隆木材钢模有限公司支部委员会**　2012年4月，欣隆木材钢模公司党支部撤销，党员组织关系全部转到社区。

书　记　　朱志兴（2005.07～2012.04）

副书记　　裴璧人（2005.07～2009.04）

10. **中共上海华物商贸有限公司支部委员会**　2006年3月，建立中共上海华物商贸有限公司支部委员会。

书　记　　周国友（2006.03～2008.03）　　来克旺（2008.03～2011.03）

　　　　　金国平（2011.03～　　）

副书记　　金国平（2006.03～2011.03）

七、离退休党支部

1. **中共上海市奉贤区供销合作总社离休支部委员会** 1985年2月，建立中共奉贤县供销合作社离休支部委员会。

书　记　张世科（1985.02～1991.11）　尤立春（1991.11～2004.03）
庄　坚（2004.03～2006.03）　高李华（女，2006.03～2011.03）
张建平（女，2011.03～　）

副书记　王雪生（1985.02～1991.11）　崔立松（1990.01～1998）
杜文焕（1991.11～2003.03）　尤立春（2004.03～2007.10）

2. **中共上海市奉贤区供销合作总社退休支部委员会** 1994年4月，建立中共奉贤县供销合作总社退休支部委员会。

书　记　刘惠霖（1994.04～1996.12）　沈华德（1996.12～2009.06）
唐汉规（2009.12～　）

副书记　沈华德（1994.04～1996.12）　严秉沁（女，1996.12～2003.11）
耿秀庭（女，2003.11～　）

第六节　党的建设

一、组织建设

1. **组织结构** 1963年4月，建立中共奉贤县供销合作社总支委员会。“文化大革命”时期，党在供销商业系统的各级组织遭到破坏，党的领导处于瘫痪。1972年起，县供销社与基层公司（厂）二级党组织开始恢复，先后建立中共奉贤县商业局总支委员会、中共奉贤县商业局委员会，恢复建立直属单位党支部16个。1978年8月，建立中共奉贤县供销合作社委员会，所属党支部17个；1992年11月改称中共奉贤县供销合作总社委员会，所属党总支1个、党支

2010年6月9日，区供销系统新党员赴江苏沙家浜接受革命传统教育举行入党宣誓仪式后合影

部31个；2001年8月改称中共奉贤区供销合作总社委员会，所属党总支1个、党支部24个。至2012年12月底，区供销总社所属党总支2个、党支部13个。

2. **党员队伍**　党员构成。1952年，全县供销系统有党员18人，其中县联社7人，基层供销社11人。1954年，全县供销系统党员72人，占总职工人数4.8%。1978年，县供销社直属党支部共有党员266人，其中：女党员48人，占总数18%；45岁以下党员126人，占总数47.37%；高中以上学历23人，占总数8.65%。2012年区供销总社直属党支部（总支）共有党员418人，其中：女党员121人，占总数29%；45岁以下党员65人，占总数15.6%；高中以上学历229人，占总数54.8%，比例上升46.2%。

1978～2012年奉贤区（县）供销社若干年份党员构成情况表

表13-6-1　　　　单位：人

党员构成分类	年份							
	1978年	1980年	1990年	1995年	2000年	2005年	2010年	2012年
一、党员总数	266	281	481	582	632	653	449	418
正式党员	236	269	467	558	620	651	444	412
预备党员	3	12	14	24	12	2	5	6
女党员	48	56	117	153	170	180	127	121
二、年龄分段								
25岁以下		5		8	16	13	4	4
26～35岁	52	49	76	85	55	42	9	12
36～45岁	74	82	162	186	156	110	44	49
46～55岁	120	60	114	162	218	184	119	88
56～60岁	11	80	75	37	70	109	87	77
61岁以上	9	5	54	104	117	195	186	188
三、文化程度								
研究生							2	4
大学（大专）	1	1	44	65	79	99	76	75
中专		3	58	107	117	120	92	83
高中	22	23	44	66	101	107	72	67
初中	114	134	243	268	287	288	179	169
小学及以下	129	120	92	76	48	39	28	20
四、入党时间								
1937.07～1945.09	6	6	6	5	4	4		
1945.09～1949.09	14	12	12	8	7	7	6	6
1949.10～1966.04	156	150	151	126	109	96	64	54
1966.05～1976.10	90	95	120	113	123	121	79	70
1976.11～1992.09		18	192	265	248	245	213	211
1992.10以后				65	141	180	87	77

党员发展。50年代，县、乡党组织在供销系统企业中发展党员。60年代，县供销社党总支严格按照党章有关规定，认真做好党员发展工作，为党的组织补充新鲜血液。1966～1972年“文化大革命”，党组织瘫痪，党员发展工作滞缓。1972年起，县供销社（商业局）党委按“坚持标准、保证质量、改善结构、慎重发展”的16字方针，积极稳妥地发展新党员，每年有发展计划、培训计划。1988年起，建立发展党员“三级台账”(当年发展、近期发展、远期发展计划)。1995年，注重在优秀青年中发展党员，40岁以下的青年新党员占发展总数三分之二。1998年，按照“一线、一流、青年”的要求，做好党员发展工作，党委每年不定期地举办建党积极分子培训班。2001年起，建党积极分子培训班由区委组织部统一举办，区供销总社党委每年选送建党积极分子参加培训。2004年起，按照奉贤区委组织部关于发展党员实施票决制、公示制的意见和要求，推行发展党员的两次票决制和公示制，用投票的方式发展预备党员和预备党员转正，并用告示的方式向群众进行公示。2010年，按照奉贤区委组织部的要求，全面实行“确定入党积极分子公示制度”，注重对入党积极分子的培养教育和宏观管理。区（县）供销总社不定期组织新党员去上海一大会址、嘉兴南湖、龙华烈士陵园等地举行入党宣誓仪式，让新党员感受到做一名共产党员的光荣感和自豪感，牢记肩负的责任和使命。

1966～2012年奉贤区（县）供销社若干年份发展党员情况表

表13-6-2　　　　单位：人

年份	发展总数	性别		年龄				文化程度				专业技术人员
		男	女	25岁以下	26至35岁	36至60岁	60岁以上	大专以上	中专	高中	初中及以下	
1966～1978	29	23	6									
1980	5	4	1	3	1	1				2	3	
1990	11	7	4		2	9			2	3	6	3
1995	24	14	10		12	10	2	7	6	4	7	3
2000	9	5	4		6	3		1	3	1	4	
2005	2	1	1			2				1	1	
2010	5	3	2		2	3		3	2			
2012	6	5	1		2	4		4	2			

党员教育。建社初期，党员的学习教育活动有所在党支部负责。1954年7月，县联社开办3期党员培训班，每期培训时间3天，共培训59人。1963年县供销社成立党总支，党员学习教育以短期培训为主，在商业干校举办多期党员干部政治理论班、干部素质教育培训班。1966年由于“文化大革命”，党的各项学习教育活动无法正常开展。70年代初，县供销社（商业局）党委十分重视对党员的教育培训，以各种形式组织党员参加各类学习教育活动。1978年，举办党支部宣传委员、部分党

员政治学习班6期。1979年11月，举办2期党员学习班，参加党员104人。县供销社党委特邀全国三八红旗手、上海市劳动模范、南市区医药商店共产党员、营业员方静，向学员作“三尺柜台有限，为人民服务无限”的经验介绍。1980年起，县供销社党委组织开展迎七一系列活动；举行纪念党的生日报告会，表彰先进；举办弘扬企业精神和先进人物事迹的演讲；给全体党员作形势报告、上党课；组织党员观看党风廉政教育影片。1982年，在商业干校举办党、团员政治思想教育学习班4期，受训100余人。1985年对党员进行改革理论和政策、全心全意为人民服务、党风廉政建设、彻底否定“文化大革命”、科学文化、业务技术知识等方面教育。1985年7月至1986年12月开展整党活动。县供销社成立整党领导小组，由党委正副书记担任正副组长。1985年7月至1985年12月，县供销社机关、离休两个党支部78名党员，参加奉贤县2期1批整党学习。1986年3月，县供销社农资公司、农副产品公司党支部作为试点单位率先开展整党学习活动，共有44名党员参加。1986年5月，县供销社党委根据中共奉贤县委安排，开展整党学习，全社18个支部228名党员参加。9月底，整党学习活动结束，全社22个党支部经过党性教育和系统学习、对照检查、组织处理和党员登记3个阶段，通过上级验收全部达到合格，332名党员全部予以登记。整党学习，彻底否定文化大革命，清除“左”的影响，促进党的路线方针政策的贯彻执行，提高党员素质，加强班子建设。1988年，奉贤县供销社党委，遵照中共中央批转中组部《关于建立民主评议党员制度的意见》和中共奉贤县委统一部署，开展党员民主评议活动，民主评议党员活动每年1次。1990年，基层党支部建立党员活动室18个。1991年，建立党委、党校、党支部三位一体、互为补充的教育网络，加强党员的学习教育培训，共举办各类学习班8期。1992年4月，开展“塑党员形象”活动，明确提出党员要做3件好事、集体进行3次活动、提1条合理化建议要求；在“争光创优”活动中充分体现党员的先锋模范作用。1995年起每2年1次党员民主评议，根据当时形势任务和党员队伍现状，提出不同要求。整个评议过程一般分为动员部署、学习教育、民主评议、整改总结四个阶段。评议中全体党员认真填写《民主评议党员情况表》，各党支部（总支）召开支委会和评议小组会议，综合分析党员自我评价和党内外群众的评价意见，对党员逐个作出鉴定，形成组织意见，填入《民主评议党员评价表》。民主评议党员活动体现“党要管党”“治党要严”的精神，既增强党性，又纯洁组织。1996年6月，组织党员举办供销杯“在党的阳光下”歌咏比赛；参加县委组织部、宣传部举办的七一歌咏比赛。1997年6月，在党员中开展“庆七一、迎香港回归”为主题的“五个一”活动；参加由市委宣传部举办的“迎香港回归、颂伟大祖国——浦江两岸百支歌队万人唱”大型电视直播歌咏晚会。1998年3～4月，连续举办5期直属企业党员轮训班，参加轮训的党员有600余人；通过形势教育、政策宣传、组织生活、听报告、看录像、组织参观等形式的启发和熏陶，提高党员素质。2001年建党80周年，结合供销社建立50周

县供销社召开党员大会纪念党的生日

年，供销社党委组织全系统630余名党员，参加县委举办的建党80周年有关活动、党建知识竞赛、建社50周年业绩回顾；25个基层党支部分别运用上党课、观看历史教育电影等方式纪念党的生日。2003年起，基层党支部每年制定党员学习计划，注重抓好党员学习培训；有的单位举办形势报告会、与部队开展结对、组织党员外出参观学习等教育活动。2006年起，根据先进性教育活动所创造的小型、多样、灵活、分散的学习方法，利用班组学习、党小组学习、自学、宣传画廊、简报等形式开展党员学习教育活动。2008年，教育党员争当勤学习、讲奉献、树模范标兵，充分发挥共产党员的先锋模范作用。是年，四川汶川大地震，全系统521名党员交纳特殊党费10.85万元。

2012年，区供销总社党委开展"讲党性、重品行、作表率"及党员亮身份、领导点评主题教育活动，挖掘党员中的先进事迹进行典型宣传，形成学习先进、崇尚先进、争当先进的良好氛围。

3. **干部队伍** 干部任用。50年代初，县供销社干部主要由上级委派，后由社员代表大会选举产生。行政管理人员、业务人员多数调用奉贤县土改干部、工会积极分子等。60年代初期，领导干部实行选举和上级任命相结合，并每年对干部进行相应调整。60年代中期至70年代中期，由于"文化大革命"，组织机构遭到破坏，干部队伍得不到调整充实，个别老干部还受到迫害。70年代后期，县供销社（商业局）完善干部队伍管理制度，调整充实各企业领导班子，优化领导班子结构，并清理干部队伍中的"三种人"（造反起家的人、帮派思想严重的人和打砸抢分子）。1979年，整顿和调整所属单位领导班子，充实党政干部42人；提任支委以上干部19人；提任组、站长一级干部41人。1984年9～10月，经过摸底调查先后分3批对机关、商校、直属单位和部份基层供销社共38个单位和科室的干部进行调整，涉及145人，其中原党政班子成员109人，新提拔干部36人。1991年4月，对基层领导班子进行调整，涉及31个单位，62人；单位之间交流干部26人，公司、机关调任基层社5人，提任正职干部5人，提拔新干部19人，降职使用5人，兼职使用6人，退居二线的老干部8人，免职1人。1992年5月对基层领导班子进行调整，涉及84人；提任正职干部15人，副职干部28人，转岗7人，平调18人，免职1人，退居二线12

人。1993年3月，机关从原来的18个科室调整为“一室”“六部”。之后，区（县）供销总社每年对机关和基层领导干部进行适当调整。2003年10月，基层企业进行整合重组，从原来42个调整为30个；根据工作实际和干部年轻化要求，正副职干部从原来的133人，调整为117人，平均年龄从原来的49岁降至47.8岁。2004年2月，对部分基层企业进行整合重组，基层供销社主任、公司（厂）经理实行聘任制，激活供销社用人机制，组织结构进一步优化。2004年3月，推进干部任用制度改革，对机关科室长实施竞聘上岗，通过笔试和面试，择优任用机关正副科长3人。2010年11月，区供销总社党委严格执行市委组织部制定《关于贯彻落实党政领导干部选拔任用工作四项监督制度的实施意见》，规范干部选拔任用工作，对以前程序不完善提拔的干部，重新召开座谈会、测评、考察、公示，最后发文任命。2011年3月，区供销总社按照《党政领导干部选拔任用工作条例》，面向区供销总社机关、全资单位公开选拔5名领导干部，并成立公开选拔领导小组，在全系统宣传公开选拔的具体方案、内容，最后共有10人参加报名。公开选拔领导小组对报名人员进行资格初审，其中9人符合报名条件参加面试，按照成绩从高到低初定5位拟任人选，并进行组织考察，征求纪检部门意见，同时对拟任人选进行为期一周的任前公示，最终5人通过竞聘走上新的领导岗位。2012年2月，按照“德勤能绩廉”要求，对基层企业领导班子进行考核、充实调整，共调整干部19人；对新提任干部严格执行《四项监督制度》，在民主推荐的基础上，召开座谈会听取意见，并进行测评、公示，最后共提拔任用干部8人，其中副职提任到正职6人，行政管理人员提任到副职2人；这次调整提拔任用干部共27人，涉及单位（科室）16个。2012年，区供销系统基层单位有在职正职领导48人，副职领导 31人。

干部教育。1953年，县联社成立学习委员会，下设文教、总务两组，文教负责教材、宣传、讲授；总务负责组织、后勤，并对基层社干部进行全面轮训。当年，派出干部23人参加省合作总社干训班学习；派出多名专业人员分别参加华东地区、省社、专区社业务培训。1954～1960年，共培训或派出受训干部95人。1962年，县供销社先后37名干部参加县委党校训练班学习。1963年，县供销社成立商业干部学校，开始有计划培训干部和专业管理人员，并利用商业干校这个阵地，对干部进行短期轮训，组织学习党的方针政策、法律法规，学习各类专业技术。1966年起，受“文化大革命”影响，干部培训教育工作无法正常开展。1978年，商业干校恢复办学，是年举办党支部宣传委员、普通党员政治学习班4期。80年代，县供销社不定期举办领导干部政治理论学习班、干部素质教育培训班、企业经营管理培训班，提高领导干部的政治理论素养和管理水平。1981年，举办机关正副股长、专业公司正副经理、基层社正副主任培训班2期。1983年，先后开办干部政治、文化、业务技术培训班、中青年干部经济理论和企业管理培训班、财会人员专业理论训练班；经考核，有60余人获经济管理电视讲座结业证书，有358人获中级营业员电视讲座结业证书。1985 年，县供销社推荐优秀干部 16 人至高校进修；推荐 8 人参加上海市人民政府财贸办公室、市政府人事局联合举办的专业干部班学习。1989 年 8 月，县供销社党委举办企业党政班子成员学习班，专题学习党的十三届四中全会精神。1996 年 9 月，县供销总社召开干部思想务虚会，邀请县委组织部长张布尔作题为“新时期党员干部要求”的报告。1998 年 8～11 月，举办“知识经济与供销社经济发展”系列讲座；开设邓小平理论、领导艺术、企业管理、人力资源开发和管理、财务管理、市场经济管理、综合治理、社会主义市场经济理论与实践等 8 个主题的讲座，历时 4 个月，110 人参加。2004 年 3～5 月，对机关、企业的党政正副职领导进行全面的综合培训，参加培训的干部 103 人，每期培训 4 天。课堂培训结束后，组织赴井冈山接受革命传统教育。此后，每年组织各基层单位中层以上管理人员参加学习和培训。2007 年 9 月举办党政干部培训班，区供销总社党政班子成员、各基层企业党政正副职干部和机关科室长参加培训。2009 年 8 月，区供销总社举办为期 2 天的党政干部及管理人员培训班，区供销总社党政班子成员、机关正副科室长、基层企业党政班子等共 130 余人参加培训。2012 年，制定《干部教育培训计划》，组织举办每月讲坛，邀请学者、专家到供销社讲课；区供销总社机关全体人员、基层企业党政正副职领导参加；学习中采取考勤卡，记录每位学员的学习情况，作为年底考核领导干部业绩依据之一。

后备干部工作。1990 年，县供销社党委重视人才的培养，建立后备干部人才库。经过民主推荐、组织考察、党委审定，建立起一支基本符合革命化、年轻化、知识化、专业化标准的后备干部队伍，共 58 人。之后，区（县）供销总社党委每年从上而下做好后备干部推荐工作，党委组织部门对推荐人员定期召开访（座）谈会，进行测评考察，成绩突出者确定为区（县）供销总社后备干部。是年 11 月，举办中轻年后备干部培训班，机关和企业的 58 名中轻年骨干参加培训；经过半年的培训，陆续充实到各企业的党政班子中，目前这批中轻年骨干已成为奉贤供销社近 20 年来干部队伍的中坚力量。1992 年 1 月，县供销社党委在东门港的市工业党校用半年时间分三个阶段举办后备干部见习培训班，来自各基层单位的 39 名后备干部参加培训后，首次到基层企业（部门）进行挂职、见习实践。1993～1998 年，举办 3 期中轻年后备干部培训班，通过理论学习、下基层调研、外出考察学习活动，使 162 名后备干部领导和管理素质得到提高。1998 年 9 月，县供销总社举办中青年干部培训班，51 名中青年干部参加学习培训。是年 10 月，输送 1 名后备干部参加县委举办的第七期后备干部培训班。2002 年 11 月，经区供销系统党政干部民主推荐，区供销总社党政班子讨论，报区委组织部考察，有 5 名青年骨干被列为区供销总社后备干部，并向本人工作单位进行公示。2006～2009 年，选派 46 名后备干部到上海市干部培训中心、上海经济管理干部学院等培训机构参加不脱产培训，培养后备干部的综合能力。2010 年，区供销总社执行市委组织部制定《党政领导干部选拔任用工作条例》和《四项监督制度》，建立选人、育人、用人、管人新机制。明确选拔后备干部的4条标准：政治思想素质和理论水平好、业务素质和管理能力高、组织纪律和群众观念强、具有大专以上文化程度，年龄40周岁以下优秀中青年人才。完善管理责任制、民主考察制、谈话诫勉制、档案制四项制度，实行目标管理和动态管理。2012年，有后备干部8人，平均年龄33岁。其中女性后备干部5人，占62.5%；30岁以下3人，占37.5%；大学以上文化程度8人，占100%。后备干部中，党员5人，占62.5%。区（县）供销社共培养和输送副处级以上干部有袁成章、孙明德、李吉瑞、范妙祥、顾龙如、吴岳初、袁京声、丁春瑜、徐关明、朱群（女）、陈建庆、张琪、潘有发、鲍振淦、唐汉规、陈品章16人。

离休干部工作。据统计，在供销社工作过的离休干部有72人。1993年，全社符合离休条件的45名老干部全部办理离休手续。其中抗日战争前期参加革命工作的2人，抗日战争后期参加革命工作的10人，解放战争时期参加革命工作的33人。享受司局级1人，参照副局级1人，享受副处级22人，其他干部21人。1984～2012年，调离县供销社5人，其中女性3人；病故29人，其中女性2人。2012年，实有离休干部11人（女性3人）。区（县）供销总社党委注重老干部工作，坚持贯彻落实《上海市离休干部党支部工作条例》，把离休干部工作列入工作重要议事日程，明确离休干部工作的分管领导。党委组织部门履行日常工作，明确专人负责。1985年起，离休党支部每2～3年进行换届选举，完善离休党支部组织运行机制。2001年，建立区供销总社领导与离休干部结对管理制度，形成多层次、全方位关心老干部的良好氛围。1985年2月，成立中共奉贤县供销社离休支部委员会，并由组织科全面负责落实离休支部各项工作，重要节庆活动和会议请老干部代表参加。离休党支部每月活动1次，组织政治学习、传达有关文件、过组织生活。党政主要领导每年年底向老干部通报供销社一年来的工作情况，听取老干部们对新一年工作的意见和建议。1988年起，组织老干部参加区（县）委老干部局政治理论学习辅导、外出参观学习，每年为离休干部征订各类学习资料。1985～2008年，每年组

1994年，奉贤县供销总社全体离休干部合影

织1次外出考察学习，1次健康体检。2008年起，由于离休干部年龄偏高，考虑到安全因素，取消外出活动，给予经济补贴。1996年，组织离休干部免费看电影每月1次。1997年起，离休干部的离休金与在职的工资实现同职级、同幅度、同步增长。1999年起，离休干部免费乘坐县城内的环线车。是年，企业离休干部离休金实行社会化发放。2001年7月起，建立共享费标准机制，共享费逐年有所增加。1997～2001年，离休干部分别享受电话费补贴每月120元～140元。2000年起，对行动不便及瘫痪在床的老干部，给予护工费补贴每月300元～500元。

4. **人才培养**　50～60年代，县供销社注重对人才的培养，不断选派优秀青年参加松江专区、上海市供销社举办农药使用、农药机械修理、棉花检验等专业培训班；自办文化、业务培训班6期，受训397人；协助农业社培训农业技术人才847人。“文化大革命”期间，人才培养和管理处于“上面无人管、下面无人学”状态。1976年后，人才培养和教育工作得到重视。1978～1979年，县供销社为提高青年职工业务技术水平，开展业务技术练兵活动，有30多个单位4500余人参加。1979年10月，选出615名选手，分16个行业，87个项目，举行业务技术比武大会，中青年职工在比武中成绩优秀。技术练兵活动，为基层企业培养一批业务技术人才。80～90年代，县供销社从教育系统引进12名优秀教师，开展文化补习、职业培训和学历教育。全县供销系统参加各类文化补习2900余人；举办中青年职工业务培训班101期，参加培训2万余人次；开设中专学历教育课程，共设6个专业，14个班级，参加学历教育570人。1990年，县供销社党委重视人才的培养，建立后备干部人才库，加强对后备干部的教育、培养和管理。1992年起，县供销总社鼓励基层单位把目光投向大中专毕业生，每年从大专院校中挖掘人才，寻找专业对口，学业优秀的毕业生进入供销社工作，并加强培养，使其成为企业有用人才。鸿雁商场、烟糖公司坚持每年从大专院校招收大专以上毕业生，放到重要岗位上锻炼，培养一批懂管理、善经营的业务技术人才，为企业发展提供人才保证。1997年起，县供销总社面临市场经济的严重考验，经营状况发生困难，经济受到影响，企业停止招录一切人员。1997年4月，奉贤县供销合作总社培训中心成立，培训中心的职能主要是企业内训，包括营业员

1992年5月，县供销社举办的中青年后备干部见习班合影

初、中、高级培训；中、高级经营师系列培训等。1997 年以来，共培训初级工 1630 人，中级工 506 人，高级工 106 人，连锁店长 32 人；累计培训高级经营师 23 人，经营师 190 人；高级营销师 50 人，营销师 26 人。至 2012 年，区供销系统共有 6 人获得国家人事部颁发的高级技术职称资格证书；其中高级经济师 4 人，高级政工师 2 人；有 12 人获得国家劳动保障部颁发的高级营销师资格证书。2008 年，区供销总社为改善职工队伍结构，培养和引进专业技术人才，公开招聘具有大专以上文化程度，年龄 35 周岁以内青年人才。至 2012 年，共招录 21 人，其中硕士学历 1 人，本科学历 16 人，大专学历 4 人。目前，这部分人员已成为供销社经营管理中的中坚力量，为企业发展典定人才基础。

5. **评优创先**　1979 年开展评优创先活动。是年，县供销社评出优秀共产党员 13 人，并制定下发《关于评选先进党支部的试行意见》。1983 年，县供销社党委开展评选先进党支部、先进共产党员活动，18 个党支部共评出先进党支部 3 个，先进共产党员 23 人。1987 年，评出先进党支部 3 个，先进共产党员 14 人。1988～1997 年，开展评选“三为”（为党争光、为国出力、为民造福）先进党支部、先进共产党员活动；评出“三为”活动积极分子 181 人，“三为”活动先进党支部 12 个，优秀党务工作者 5 人。2000 年起，区（县）供销总社党委开展评选先进党支部、优秀共产党员、优秀党务工作者活动，每 2～3 年评选 1 次；2006 年，全社共评出 2003～2005 年度先进党支部 6 个，优秀共产党员 61 人，优秀党务工作者 8 人；2011 年，评出先进党支部 4 个、优秀共产党员 43 人、优秀党务工作者 4 人。评选活动，一般都在 5 月份展开，并在“七一”前夕予以表彰。

二、思想建设

1. **宣传教育**　60 年代，县供销社宣传工作主要以会议及学习班等形式开展宣传活动，并下发宣传资料。70 年代后期，县供销社（商业局）党委利用黑板报、党报、供销社简报等宣传阵地，广泛开展党的宣传教育工作。各基层党支部副书记或委员负责本单位宣传工作，并兼任宣传通讯员。80 年代初，《奉贤供销信息》创刊，主要内容以经济工作为中心，对全社经济工作、党务工作的经验、重要信息和两个文明建设中涌现出来的先进集体、先进个人事迹以及全社各项大事活动进行广泛宣传。1982 年 3 月，号召全县供销商业战线的干部职工向本系统的全国劳动模范顾来生和市最佳营业员陆亚官学习，学习他们全心全意为人民服务的品德。1983 年，制作改革开放成果宣传版面，宣传改革开放 5 年来所取得的成就。80 年代中期至 90 年代中期，重点宣传“八五”计划、改革开放、创建文明窗口等，开展“五讲”“四美”“三热爱”活动，激发职工爱国、爱社、爱岗位的热情。1996 年 5 月，推出“广泛深入学习徐虎，提高‘窗口’服务质量”活动，挖掘企业内先进人物、闪光点，树立学习典型，争做学习徐虎的领头羊。是年 6 月，举办“供销杯”弘扬企业精神演讲赛，旨在发扬乐做小事、敢闯大业的供销企业精神，展示供销商业风采。1998年，为展示良好的企业形象、服务宗旨，体现企业精神和特色，推出“设计企业形象”活动，下属26个企业党员、职工积极参加，鼎丰公司的设计方案获得优秀奖，并推荐参加县委宣传部举办的“奉贤县优秀企业形象展示活动。90年代，在市场竞争和改革大潮中，涌现一批事业心强、开拓进取、无私奉献、职工信赖的领导干部和脚踏实地、爱岗敬业、默默无闻工作的普通党员和职工。1998年6月，在纪念建党77周年大会上，对5位供销系统的先进人物事迹进行宣传演讲，并予以表彰。2001年起，宣传工作围绕招商引资、文明创建、“三个代表”重要思想（代表中国先进生产力的发展要求、代表中国先进文化的前进方向、代表中国最广大人民的根本利益）学习等重大活动广泛开展，宣传部门采取形式多样的宣传教育方法，激发干部职工勤奋学习、努力工作的热情。2006年，开展“迎奥运”“迎世博”主题宣传活动，努力做好服务窗口的形象建设；区供销总社组织开展“世博先锋行动”主题讨论，组织党员观看世博专题宣传片，强化党员意识，激发党员责任感和使命感。活动期间宣传部门向每个单位发出公开信，张贴宣传画报百余份。2008年5月，区供销总社举行纪念改革开放暨恢复建社30周年庆典活动，宣传供销社改革开放以来发生的巨大变化，回顾总结恢复建社以来取得的成果。2011年举办反映区供销总社60年来发展变化摄影图片展，召开区供销总社建社60周年纪念大会，举行反映企业发展变化、改革发展成果、技术能手、劳模事迹的演讲活动。是年，区总社建立党员服务信息平台，拓展平台信息服务内容，深化平台信息服务功能；至2012年底，党员服务信息平台共发送各类信息7167条。

2. **理论教育** 60～70年代，县供销社（商业局）党委（党总支）加强党员干部的学习教育活动，对党员进行系统马列主义、毛泽东思想、共产主义理论学习教育，开展爱国主义和职工当家作主思想教育，用理想、信念、精神和道德来教育、培养社会主义和共产主义新人；不定期举行专题理论学习活动，加强对党员干部的思想意识和思想方法改造，提高党员干部的理论水平和认识能力。1978年，在党员中开展实践是检验真理的唯一标准大讨论，党员在讨论的基础上投身工作和生活中进行实践，取得了一些成绩和成就，推动供销社各项工作的开展。真正认识到：实践不但是检验真理的唯一标准，而且是检验实践的唯一标准。1979年，组织学习邓小平坚持四项基本原则（必须坚持社会主义道路、坚持无产阶级专政、坚持共产党的领导、坚持马列主义、毛泽东思想）的重要讲话，教育党员肃清“江青反革命集团”散布的极“左”思潮的流毒，同反对四项基本原则的思潮作坚决斗争。供销社党委对四项基本原则的具体内容进行辅导，并把辅导材料印发到基层，以帮助各基层党支部的学习和宣讲。坚持四项基本原则的宣传教育活动，提高党员对解放思想和坚持四项基本原则一致性的认识，克服和纠正来自“左”的或右的错误倾向，达到党员思想提高、工作改进、作风改变、精神振作，自觉地在政治上同党中央保持一致。1980年，建立中心组理论学习制度。之后供销社党委每年年初制定党委中心组学习计划，既有理论学习，也有实践活动；理论学习主要是党的政策和理论、中央重大会议决策、市区（县）委有关会议和精神、党风廉政建设和四项监督制度等；实践活动主要组织外出学习考察，增强学习的系统性、针对性、实感性，提高中心组成员学习运用和开展工作的能力，增强党政班子的凝聚力、创造力和战斗力。党委下属各支部也相继建立健全中心组学习和党员学习制度，每月不少于一次。在学习过程中，坚持理论联系实际，全面提升党员干部的政治素养和理论水平，提高思想认识、解决突出问题、创新体制机制、促进科学发展的目标。2000～2012年，供销社党委组织开展了一系列政治理论教育学习活动：

“三讲”教育。2000年3～9月，开展以“讲学习、讲政治、讲正气”为主要内容的党性党风教育，开展“崇尚科学文明、反对迷信愚昧”活动。学习活动期间，党委举办各类专题培训班，进行“三讲”教育辅导。“三讲”学习教育，促进广大党员干部自觉形成讲学习，振精神，树立党员干部攻坚克难的意志；讲政治，重大局，增强党员干部政治责任感；讲正气，凝人心，确立党员干部无私奉献精神的良好氛围。2002年7月起，开展“三个代表”重要思想学习教育活动。区委学教活动督查组与供销社党政班子对基层单位干部进行个别访谈、听取意见。基层单位的干部对区供销总社党政班子成员进行书面测评。党委对存在的问题提出了整改措施，分别落实到班子的每一个成员，做到任务明了，责任明确。党委邀请区委宣传部、市委党校教授作辅导报告。举办党建知识竞赛，外出参观学习，组织观看《党的光辉历程》教育片等一系列活动。

先进性教育。2005年7月，开展以实践“三个代表”重要思想为主要内容的保持共产党员先进性教育活动。全社33个党支部（总支）650名党员参加学习教育活动，党员参加率达到100%。区供销总社成立由党委书记任组长，党委副书记任副组长，党委委员、副主任为成员的保持共产党员先进性教育活动领导小组，下设办公室。活动共分学习培训、民主评议、整改提高、“回头看”、回访测评5个阶段，历时3个月。直属单位党支部通过举办形势报告会、军民共建、邀请老同志作革命传统报告、组织党员外出学习参观等不同学习形式，提高党员思想认识，充分发挥共产党员的先锋模范作用。区供销总社通过先进性教育活动在全系统开展“献爱心、送温暖”募捐活动，共募集资金61.43万元，扩充区社救急济难基金会。党政领导和机关科室长分组对困难突出的79名党员职工上门慰问，发放慰问金3.16万元。

科学发展观教育。2009年10月至2010年2月，区供销总社开展深入学习实践科学发展观活动，全社22个党支部482名党员参加学习实践活动，12名群众评议代表全程参与。整个学习实践活动共分“学习调研、分析检查、整改落实”三个阶段。活动注重分类指导，因企施教，根据企业不同情况在认真完成学习教育活动规定动作外，对不同经济组织、不同类型党员群体采取小型、多样、灵活、机动的方式开展教育活动。区供销总社党委聘请区委党校老师作题为《学习实践科学发展观，推动奉贤经济又好又快发展》专题讲座；开展调查问卷、“我为企业科学发展献一计”活动，向广大党员干部职工书面征询意见；收到调查问卷回执139份，收到有关企业7个方面存在问题累计401条，有关如何解决问题的建议累计526条，收到“我为企业科学发展献一计”回执108份，职工提出的意见建议累计达177条。学习活动，区供销总社及各直属党支部累计组织学习49次，参加学习807人次；组织参观学习、听讲座、观看教育片10次，参加220人次；召开多层次座谈会、交流会6次，参加112人次，教育活动使广大党员干部理解科学发展观的深刻内涵以及重要指导意义。2010年1月28日，区供销总社对整个学习实践活动开展情况进行满意度测评，参加测评人员共65人，评价满意的有64人；比较满意的有1人，满意率达98.46%。

创先争优活动。2010～2012年，区供销总社党委开展创先争优活动，各基层党支部把握创先争优时间节点，认真有序推进活动。全体党员（特别是在岗党员）投入“亮党员身份、展党员风采、争当优秀共产党员”党员亮身份活动，牢记“一名党员就是一面旗帜”，处处亮身份、树形象、作表率，接受群众监督，发挥党员先锋模范作用。各基层党支部根据单位实际，丰富活动载体，通过典型宣传，以点带面，形成学习先进、崇尚先进、争当先进的良好氛围。2012年11月，区供销总社党委以党员干部为重点，认真组织学习党的十八大会议精神，邀请专家学者作党的十八大精神解读讲座，激发党员干部努力学习、干事创业的热情，推动供销企业科学发展。

3. **思想教育** 1953年，县联社召开爱国劳动竞赛评比大会，奉贤县人民政府县长王琳作政治动员，会后全体代表以大会名义致信毛泽东。1954年，县联社针对企业内部对党的统购统销政策认识不足的思想和执行不力的情况，在干部职工中开展社会主义和国内外形势教

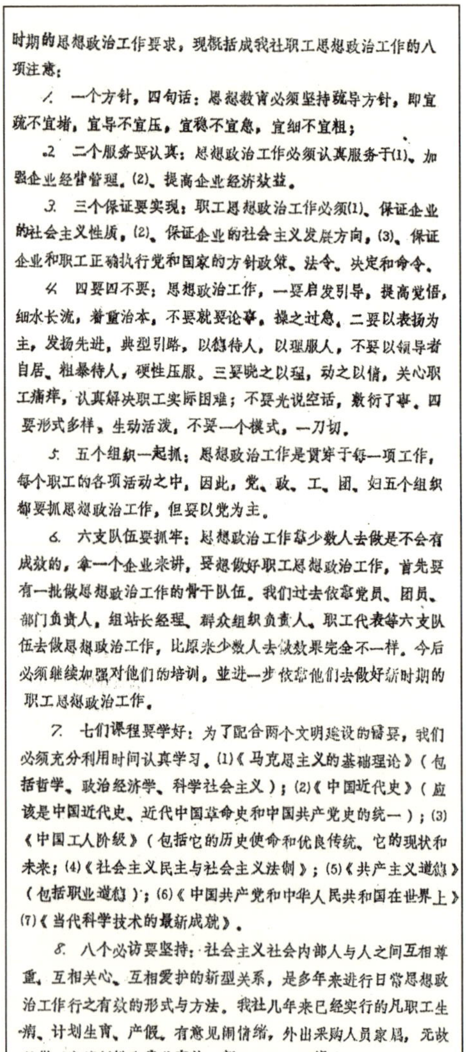

时期的思想政治工作要求，现概括成我社职工思想政治工作的八项注意：

1. 一个方针，四句话：思想教育必须坚持疏导方针，即宜疏不宜堵，宜导不宜压，宜稳不宜急，宜细不宜粗；

2. 二个服务要认真：思想政治工作必须认真服务于(1)、加强企业经营管理，(2)、提高企业经济效益。

3. 三个保证要实现：职工思想政治工作必须(1)、保证企业的社会主义性质，(2)、保证企业的社会主义发展方向，(3)、保证企业和职工正确执行党和国家的方针政策、法令、决定和命令。

4. 四要四不要：思想政治工作，一要启发引导，提高觉悟，细水长流，着重治本，不要就要论事，操之过急，二要以表扬为主，发扬先进，典型引路，以德待人，以理服人，不要以领导者自居、粗暴待人，硬性压服。三要晓之以理，动之以情，关心职工痛痒，认真解决职工实际困难；不要光说空话，敷衍了事。四要形式多样，生动活泼，不要一个模式，一刀切。

5. 五个组织一起抓：思想政治工作是贯穿于每一项工作，每个职工的各项活动之中，因此，党、政、工、团、妇五个组织都要抓思想政治工作，但要以党为主。

6. 六支队伍要抓牢：思想政治工作靠少数人去做是不会有成效的，拿一个企业来讲，要想做好职工思想政治工作，首先要有一批做思想政治工作的骨干队伍。我们过去依靠党员、团员、部门负责人，组站长经理、群众组织负责人、职工代表等六支队伍去做思想政治工作，比原来少数人去做效果完全不一样。今后必须继续加强对他们的培训，並进一步依靠他们去做好新时期的职工思想政治工作。

7. 七们课程要学好：为了配合两个文明建设的需要，我们必须充分利用时间认真学习。(1)《马克思主义的基础理论》（包括哲学、政治经济学、科学社会主义）；(2)《中国近代史》（应该是中国近代史、近代中国革命史和中国共产党史的统一）；(3)《中国工人阶级》（包括它的历史使命和优良传统、它的现状和未来；(4)《社会主义民主与社会主义法制》；(5)《共产主义道德》（包括职业道德）；(6)《中国共产党和中华人民共和国在世界上》(7)《当代科学技术的最新成就》。

8. 八个必访要坚持：社会主义社会内部人与人之间互相尊重、互相关心、互相爱护的新型关系，是多年来进行日常思想政治工作行之有效的形式与方法。我社几年来已经实行的凡职工生病、计划生育、产假、有意见闹情绪，外出采购人员家属，无故缺勤，家庭纠纷和意外事故，新分配职工和退休职工等八个必访，对及时解决思想问题，调动职工的积极性是有成效的。今后仍应提倡发扬。

1983年，奉城供销社党支部总结思想政治工作八项注意，在县供销社工作会议上交流发言摘录

育。1956年8月，针对供销社系统部分干部职工因工资低不安心工作的思想，组织以工资改革和思想政治教育相结合的巡回政治教育活动。1960～1962年三年困难时期，县供销社对干部职工进行勤俭建国、勤俭办社、勤俭持家、勤俭办一切事业的思想教育，与国家共渡难关。“文化大革命”中，思想政治工作形式僵化，教育方式简单粗暴。1978年，在干部职工中进行“进入新时期，实现新任务，进行新长征，作出新贡献”的思想教育，开展为实现四个现代化作贡献活动。1980年，县供销社注重加强思想政治建设，发挥党组织政治核心作用，以说服教育、情感教育、形象教育、表扬批评、身教率先、寓教于乐等进行日常和适时的思想教育活动，把思想政治工作纳入领导干部的岗位责任和任期目标之中，实行年终考核，并把考核成绩作为衡量和使用干部的重要依据。1981年，奉城供销社把政治思想工作制度列为《企业管理十项制度》之首。1982年6月，县供销社召开恢复供销社以来的第一次思想政治工作经验交流会，提出“关于加强和改善政治思想工作的意见”，明确提出政治工作是企业生命线的观点。1983年1月，奉城供销社党支部提出新时期思想政治工作的八项注意，使企业思想政治工作具体化。是年，县供销社召开的思想政治工作大会，奉城供销社党支部书记胡世天传达全国供销系统职工思想政治工作经验交流会议精神，作出“1983年思想政治工作的意见”，明确提出年内思想政治工作的任务和要求。是年12月，召开由214名干部职工参加的后进青年转化工作经验交流会，进一步探讨新时期加强青年职工思想政治工作的方法与措施。至1983年，县供销社先后召开5次思想政治工作经验交流会，推动企业重视与加强思想政治工作，不少基层单位自办青年政治、业务夜校或轮训班，以青工政治轮训教材为内容，进行针对性讲授，启发、提高青工思想觉悟和业务水平。1984年3月，县供销社根据《国营企业职工思想政治工作纲要》精神，对全县供销系统35周岁以下青年职工进行分期分批的政治轮训，以“提高一个认识”（对中国工人阶级历史使命和商业职工地位作用的认识）、“懂得两观”（共产主义的实现是必然历史观、共产主义人生观）、“明确三性”（没有共产党就没有新中国客观实在性、社会主义制度优越性，只有社会主义才能救中国的必然性）、“树立四坚”（坚持四项基本原则、坚持又红又专道路，坚持全心全意为人民服务宗旨，坚定共产主义必胜的信念）为主要内容，培养青年职工成为有理想、有道德、有文化、守纪律的社会主义新人。90年代，随着市场经济的发展，城乡市场发生很大变化，面临严峻形势，县供销总社推出一系列举措。1992年，县供销总社组织党员干部认真学习邓小平南方谈话，总结县供销总社改革开放以来的根本经验，澄清是非，搬掉长期束缚在供销社干部、职工头上的“紧箍咒”，指明干扰党的基本路线的主要错误倾向，启迪和解放干部、职工的思想，把供销社改革推向一个新的历史阶段。1997年5月，召开“认清形势，振奋精神，艰苦创业，扭亏增盈”动员大会。1998年5月，提出“深化改革，转换机制，扭亏增盈，提高效益”的工作目标。是年7月，在全系统深入开展“我为供销作贡献，我为供销献爱心，我为供销担风险，供销兴旺人人有责”的大讨论。同年11月，召开1000余人参加的“转机制、抓管理、练内功、增效益”大会，为进一步深化和完善供销社改革起到推动作用。1998～1999年，召开大型的思想动员会6次，许多党员发挥先锋模范作用，顾全大局，牺牲个人利益，带头办理协保、办理个体营业执照，积极自主创业。据不完全统计，有61名党员干部办协保，有33名党员干部转为个体经营。2003年6月，举行“塑造商业企业新形象，促进供销社新一轮发展”思想政治工作教育活动。2006年，围绕“树‘八荣八耻’（以热爱祖国为荣、以危害祖国为耻，以服务人民为荣、以背离人民为耻，以崇尚科学为荣、以愚昧无知为耻，以辛勤劳动为荣、以好逸恶劳为耻，以团结互助为荣、以损人利己为耻，以诚实守信为荣、以见利忘义为耻，以遵纪守法为荣、以违法乱纪为耻，以艰苦奋斗为荣、以骄奢淫逸为耻）社会主义荣辱观、做践行公民道德的文明员工”主题，收集典型人物和典型事例，开展主题教育活动。2005年起，区供销总社每年召开党员干部的思想务虚会，主要领导紧贴形势，准确把握党员干部思想脉搏，牢牢掌握思想教育工作的主动权。2012年，区供销总社针对干部职工普遍关注的热点、难点问题，开展有针对性的思想教育和说服引导工作，努力帮助企业职工解决各种实际问题，凝心聚力推动各方和谐。

三、作风建设

1. **思想作风**　50～60年代，县供销社领导牢固树立实事求是、深入群众的思想作风，要求党员干部发扬实事求是的传统，加强调查研究，由此在全系统兴起调查研究之风。1963年5月到1966年春，县供销社在社会主义教育运动中整顿党组织，保证社会主义教育运动顺利进行，提出党的三大作风教育和党员标准教育。80年代，县供销社严格执行党在长期的革命、建设和改革过程中形成的解放思想、实事求是、与时俱进的思想路线，并把他作为思想作风建设的主要内容、核心和灵魂。90年代初，县供销总社党委针对有些党员干部不实事求是，缺乏诚信，对自己要求和对别人要求不一样的思想作风问题，提出党员干部要端正思维方式，增强思想观念，改变世界观和方法论，端正思想作风，诚实守信。2002年，区供销总社党委根据党的十六大作出一系列重大决定，要求每个党员干部把诚信作为加强和改进思想作风的行为准则。2005年1月，区供销总社党委先后在全党开展保持共产党员先进性教育活动和深入学习实践科学发展观活动，在活动中把理想信念教育作为重要内容，把群众满意作为检验标准，并强调实事求是，突出实践特色。要求党员干部讲党性、重品行、作表率，继承优良传统，大力倡导八个方面良好风气，以优良的党风促政风带民风，党员干部思想作风建设得到加强和提高。

2. **改进学风**　建社初期，县供销社党员干部逐步形成勤奋好学、学以致用的学风。60年代，县供销社党委加强党的学风建设，重视理论学习，发扬马克思主义的学风，提高党员干部理论素养。70年代，毛泽东向全党特别是党的领导干部发出弘扬马克思主义学风，必须“认真看书学习，弄通马克思主义”，后来便成为领导干部加强理论修养的一句流行语。县供销社党委组织党员干部认真开展学习，全面把握马克思主义的科学体系、精神实质，掌握马列主义的立场、观点和方法。1978年，奉城轧花厂党支部在党员学习中做到“四个联系”（联系新党章、联系新时期总任务、联系党的中心工作、联系思想实际），端正学习态度，提高学习效果。70年代末，县供销社党委组织党员参加真理标准大讨论，总结历史经验，把马列主义、毛泽东思想的基本原理、科学体系，同他们的个别论断明确区分开来的原则，提高党员干部政治识别能力。90年代初，县供销总社党委在党员干部中开展深入基层调查研究，加强党的学风建设，并强调调查研究的重要性，指出没有调查就没有发言权。90年代末，县供销总社面临巨大的困难，经济效益大幅度下滑，各级领导干部认真学习中国特色社会主义理论，坚持理论联系实际，深入了解本单位工作中出现的失误和教训，研究影响和制约企业生存发展的突出问题，根据不同企业制定出不同改革方案，使企业在困境中求得生存，在生存中谋得发展。2003年起，区供销总社党委重视加强党的理论联系实际的优良学风，强调加强学风建设必须在理论联系实际上下功夫，引导党员、干部把学习理论同研究解决职工最关心最直接最现实的利益问题、本单位本部门改革发展稳定的重大问题、党的建设突出问题结合起来，增强工作的原则性、系统性、预见性、创造性。2005年7月，区供销总社开展保持共产党员先进性教育活动，活动中发现一些党员干部工作多年，当领导多年，工作水平始终没有多大提高，谈问题抓不住实质，干工作抓不住重点，说话说不到点子上等问题，这些问题归根到底还是理论底子不厚、思想水平不高、知识面不宽。是年起，区供销总社党委每年开办领导干部学习班，党员干部以谦逊的态度，顽强的毅力，勤奋好学，学以致用；并根据岗位需求、职责要求，本着缺什么补什么的原则，认真学习相关知识，不断完善知识结构，丰富知识储备，做到真学、真懂、真信、真用，活到老、学到老。2012年，区供销总社制定《干部教育培训计划》，组织举办每月讲坛，邀请学者、专家到供销社讲课，提升基层领导干部的政治理论水平和业务素质。

3. **工作作风**　建社初期，县供销社加强马克思主义唯物辩证法的学习，要求领导干部不仅在思想上懂得事物的两重性，而且在工作中善于从事物对立面的统一中把握它的每一个方面，牢固树立全局意识、大局意识，克服工作中的片面性。60年代，县供销社自觉贯彻实事求是的思想路线和从群众中来，到群众中去的工作路线，加强党性党纪教育，自觉遵守党的纪律，维护党的领导干部形象，保证中央和上级的政令畅通，克服自由主义的倾向。1978年起，县供销社加强时事、警示教育，增强各级领导干部改进工作作风的紧迫感和责任感；加强法治教育，增强各级领导干部依法行政，依法办事的能力。80年代，县供销社强调领导干部加强实践锻炼，把人民群众的根本利益放在首位；各级领导干部深入基层，深入群众，深入工作一线，及时为群众排忧解难，当好公仆，把转变工作作风体现在实际工作上，体现在为人民群众办好事、办实事上。1993年，县供销总社针对基层干部为满足于保安全、不出事，畏难于谋发展、打基础；对上级指示照抄照转，缺乏针对本单位实际解决问题的行动等形式主义错误倾向，组织全系统党员干部开展讨论，并明确指出培养务实作风，领导干部是关键，要求领导干部在工作中起表率作用。基层干部切实端正工作指导思想，解决好“干工作为业，还是干工作为看”的问题，高度重视基层职工反映的问题，设身处地给予解决和负责任的答复。1998年起，县供销社进入全面改革即企业改制、人员分流；各级领导干部深入调查研究，摸清困难企业的现状，在调研的基础上，组织力量对困难企业逐个排队分析，摆出问题、制订方案、明确目标，职工有序分流，改制工作全面顺利展开并如期完成。2009年12月，区供销总社党委在实践科学发展观活动中提出：“改变工作作风，创新工作特色”，要求领导干部牢固树立“学习、实干、创新、和谐、廉洁”的工作理念，转变区总社机关工作作风，增强服务意识。领导干部深入基层指导、协调各项工作，提高工作效率和执行力。区总社领导和机关各科室下基层调研、了解情况每周不少于1次，区总社领导找基层领导谈心，每年不少于1次。

4. **领导作风**　1957年，反右派斗争扩大化开始，犯了一系列严重的“左”倾错误，好多领导“不敢想、不敢说、不敢做”，“成了‘一言堂’”，县供销社针对这些问题，提出在领导干部中营造民主风气，改变领导作风，大胆鼓励领导干部敢想、敢说、敢做、敢当，形成较好言论和工作氛围。50～60年代，供销社领导下基层调研，住宿吃饭都由领导个人从工资中支出。70～80年代，县供销社建立领导干部调查研究制度，督促领导干部每年拿出不少于全年三分之一的时间，深入到基层一线搞调研，就自己主抓和分管的工作抓出一、二个对全局工作有指导性意义的典型。建立领导干部联系点制度和下基层办实事、解难题制度，督促领导干部下企业、访职工、问商户、搞调研、摸情况，帮助自己的联系点出主意、想办法、抓信息、引资金、促销售，切实解决企业、职工的实际问题。1980年，县供销社建立领导干部信访接待制度，及时化解矛盾纠纷，平息民怨；信访接待制度作为供销社一项长期工作制度，一直延续至今。1984年7月，县供销社深入奉城、光明供销社进行体制改革试点，总结经验，提出基层供销社改革扩权的具体方案，在全县基层供销社全面推广。90年代，县供销总社规范会议制度、检查评比制度和迎送接待制度，做到能不开的会，坚决不开，非开不行的会，开小，开短，开实；减少评比检查、迎来送往活动。1992年起，县供销总社党委按照团结—批评—团结的方式坚持党的民主生活会制度，每年1～2次；每次民主生活会之前，先要召开群众座谈会，充分听取群众对领导班子的意见和建议；领导班子在此基础上，开展积极健康的党内思想斗争，对领导作风上存在的问题进行认真的批评与自我批评；每位班子成员根据群众意见和自身存在问题，提出改进措施；民主生活会制度作为供销社领导班子建设的一项根本制度，一直保持至今。1998年企业改制期间，领导干部深入基层第一线，做到与职工共探讨、共协商、同患难，摸准实情，切实解决职工实际困难，坚持党的领导干部与人民群众的血肉联系。2002年，区供销总社党委根据“三讲”和“三个代表”重要思想学教活动经验，有针对性地开展整顿领导作风，集中解决领导作风上普遍存在或比较突出的问题，真心诚意地接受群众监督。2006年起，区供销总社党委加强对各级领导干部的民主集中制教育，按照集体领导、民主集中、个别酝酿、会议决定的原则，逐步建立健全党内民主议事工作制度和决策机制，切实加强党内民主、强化各级领导班子的内部监督制约，坚决克服独断专行的主观主义作风。2010年，区供销总社党委按照中央关于党的基层组织实行党务公开和市委的相关要求，切实抓好党务公开工作，尊重党员意愿，把党员关心的热点、难点问题列入目录，制定出比较规范的公开目录，既符合上级要求，又符合供销社实际，使党务公开内容科学、操作简便。

5. **生活作风**　50～60年代，县供销社完善领导干部的考察、考核制度，将领导干部的生活作风情况明确纳入干部考察和考核的范围，先后处理10余名生活作风腐败的党员干部。1978年起，县供销社在领导干部提拔使用的考察工作中，明确将领导干部的“生活圈”“社交圈”和领导干部的生活作风等有关内容纳入考察的范围，对品德败坏、不讲廉耻、道德沦丧、影响恶劣的领导干部，不仅不提拔任用，而且还从现有的领导岗位上撤下来，并按党纪进行处分，触犯刑律的，按照有关司法程序进行惩处。1992年起，县供销总社完善领导干部述职制度、重大事项报告制度、诫勉谈话制度等制度。例如，领导干部的诫勉谈话制度，明确规定如果有群众举报或反映领导干部在生活作风方面存在问题，纪检监察部门就应作进一步的了解和调查工作，必要时应及时进行诫勉谈话，对领导干部进行提醒或批评，拓宽监督渠道，完善监督举报制度。90年代末，区（县）供销总社加强对领导干部生活作风的监督，真正将领导干部的工作和生活置于群众的有效监督之下。在监督方式上，对提拔任命前的领导干部在本单位及相关单位进行公示，真正实现监督的公开性、群众性和广泛性。纪检监察部门通过暗访、私访、问卷调查和个别征询意见等多种形式，加大对领导干部生活作风的监督力度。对在生活作风方面存在严重问题，并且群众意见反映强烈者，坚决不提拔任用。2005年，区供销总社开展先进性教育活动，强调各级领导干部注重培养积极健康的生活情趣，保持高尚的情操追求，慎交朋友，生活正派，切实做到自重、自省、自警、自励，把党对加强领导干部生活作风建设的要求化为自觉行动。

四、反腐倡廉

1. **反腐倡廉教育**　1984年7月，县供销社召开全体干部全议，加强反腐教育，强调牢记“两手抓”的方针。1985年6月，全面开展整党学习，全社22个支部参加；县供销社党委成立整党领导小组，下设办公室。7月，召开整党动员大会，整个活动历时一年多。通过整党学习，彻底否定“文化大革命”，清除“左”的影响，促进党的路线方针政策的贯彻执行。1987年起，区（县）供销总社纪委每年把廉政自查列为民主生活会和民主评议党员的重要内容。1989年，深入开展坚持四项基本原则，反对资产阶级自由化的正面教育。1991年，根据中共中央纪律检查委员会《关于共产党员在经济方面违法违反党纪处分若干规定（试行）》的意见，开展党纪党规教育。1991～1992年，县供销社纪委认真贯彻落实中共奉贤县委《关于共产党员不准搓麻将的决议》和县纪委《关于共产党员犯赌博错误党纪处分的暂行规定》的精神，做到一级抓一级，层层抓落实，严禁共产党员参与赌博行为的发生。1993年起，以党纪党规、勤政廉政、艰苦创业、人民公仆、接受监督等为主题，采用上党课、看录像、知识测验等方法，开展反腐倡廉教育。1993年9月，召开推进党风廉政建设大会，观看廉政教育宣传片，加强对党员干部的廉政建设教育。1994～2007年，在党员干部中先后开展“保持廉洁自律、发扬艰苦奋斗作风”，“严格党的纪律，维护和坚持民主集中制”，“立党为公、执政为民、接受监督，做人民的好公仆”，“廉洁勤政、艰苦创业、拒腐防变”，“坚定信念、从严治党、勤廉从政”等主题教育活动。1996年7月，在建党75周年大会上，举办“反腐倡廉，立党为公，做人民好公仆”报告会。1998年，开展“牢记党的宗旨，接受人民监督”专题教育。1999年，开展以“三讲”为主要内容的反腐倡廉和廉政法规教育。2004年8月，召开“加强党风廉政建设，促进供销社健康发展”党政领导干部大会。2007年2月，召开传达贯彻市、区加强党风廉政建设干部大会精神暨2007年党建工作会议。2009年，完善党委中心组学习制度和基层领导干部党风廉政教育制度，筑牢领导干部拒腐防变思想防线。2012年，加强廉洁文化教育，开展企业廉政文化创建活动；认真组织全资企业领导干部到奉贤区党风廉政教育基地参观学习，组织党员干部观看《忠诚与背叛》等警世教育电影，引导党员干部加强党性修养、升华自己的道德情操，提高党员干部廉洁自律的自觉性。

2. **党风廉政建设责任制** 1987年3月，县供销社纪委按照县纪委下发《关于建立、健全党委抓党风责任制的通知》，要求各基层党组织按照分级管理的原则，明确任务，明确责任，层层负责，一级抓一级，把党风建设任务落实到组织，落实到人。1990年7月至1999年7月，县供销社纪委根据县委县府多次下发《关于党风廉政工作责任制的规定》的要求，完善和细化党风廉政建设责任制，阐明实施党风廉政建设责任制的基本原则、内容、责任范围，并对考核监督和责任追究等方面做出明确规定。2002年区供销总社纪委形成“人抓制度，制度管人”的工作机制，认真学习贯彻《建立健全教育、制度、监督并重的惩治腐败体系实施纲要》，多载体、多形式地抓好教育和监督管理，做到教育在先，警钟长鸣，积极实施源头预防和治理腐败。

2006年10月，区供销总社党委下发《关于加强党风廉政建设责任制的实施意见》，积极推进党风廉政建设责任制的全面落实。是年又制定下发《关于奉贤区供销合作总社企业内部审计制度》和《关于在企业产权制度改革中加强纪律的若干规定》；规定各基层单位正职任期届满或办理离任事项前，应接受任期经济责任审计；产权转让的企业必须进行清产核资、资产评估，转让资产必须委托中介机构重新评估，未经资产评估的企业不得进行产权转让；清产核资人员坚持公平、公正、公开的原则，实事求是、秉公办事，不得弄虚作假，徇私舞弊；企业产权转让必须经区供销合作总社领导班子集体讨论决定，并报区国资委审批；由于管理严密，制度健全，县供销总社在改制中确保资产保值增值，确保党员干部公正办事，清廉做人。2007年，区供销总社认真贯彻落实民主集中制，科学民主决策“三重”（重大决策、重要干部任免、重大投资项目），“一大”（大额资金运用）事项；并结合区社实际，制定完善相关细则。2009年，区供销总社党委书记与各基层支部责任人签订《党风廉政建设责任书》23份；2010年，区供销总社领导、机关科长、全资企业党政领导签订《干部廉洁自律承诺书》45份；之后，《党风廉政建设责任书》和《干部廉洁自律承诺书》每年签订1次。2011年，区供销总社纪委认真贯彻区纪委关于领导干部“一岗双职”工作要求，按照党风廉政建设责任制规定，每年制定党风廉政建设责任制工作分解，明确分工，落实责任，同时逐级落实到有关科室、基层单位和个人。

3. **领导干部廉洁自律**　1990年，对1987年以来领导干部的“四房”（分房、装修住房、建造私房、购买商品房）进行清理；1997年，对1992年以来领导干部住房分配、分（调）房补贴情况进行申报和清理。1993年起，根据县纪委《关于加强因公出国（境）人员管理的意见》等规定，规范领导干部出国（境）行为，严格办理手续，并按上级有关要求，把区（县）供销总社领导班子成员持有因私护照和港澳通行证全部集中上缴区（县）外事办统一保管。2008年，区供销总社制定《关于加强全资企业工资和费用支出管理的意见》，对全资企业党政正副职领导通信费、交通费、业务招待费作详尽规定。2012年，区供销总社制定《关于进一步加强领导干部外出请假制度的若干规定》，规定全资企业领导干部外出，必须办理外出请假报批手续。是年，区总社加强对领导干部政治纪律、民主集中制、廉洁自律各项规定执行情况的监督，督促领导干部自觉向党组织申报个人重大事项，加强对领导配偶、子女从业情况的监督检查。

4. **违纪查处**　1953～2010年，记载收集到奉贤区（县）供销社党委、纪委查处党员违纪案件33件，涉及违纪党员36人。1998年2月，奉贤县人民法院对青村供销社虚开增值税发票罪作出判决：判处李某某有期徒行3年，缓刑5年；判处陆某某有期徒行3年，缓刑4年；判处周某某有期徒行3年，缓刑4年；并处青村供销社罚金10万元，37708.77元非法所得予以没收。在36名违纪党员中，其中区（县）供销社级领导2人，占违纪人数的5.6%；基层级党员干部21人，占违纪人数的58.3%；一般党员13人，占违纪人数的36.1%。按党纪处分种类分：开除党籍22人，占违纪人数的61.1%；留党察看8人，占违纪人数的22.2%；撤销党内职务1人，占违纪人数的2.8%；党内严重警告4人，占违纪人数的11.1%；党内警告1人，占违纪人数的2.8%。

1953～2010年奉贤区（县）供销系统党员受党纪处分情况表

表13-6-3　　单位：人

年份	合计	党员类别			处分类别				
		区(县)管党员干部	一般党员干部	一般党员	开除党籍	留党察看	撤销党内职务	党内严重警告	党内警告
合计	36	2	21	13	22	8	1	4	1
1953	2	1	1		2				
1957	1		1		1				
1962	2		2			2			
1965	4		2	2	4				
1973	1			1				1	
1974	1			1					1
1978	2			2	1			1	
1979	2		2			1	1		
1980	1			1				1	
1990	2		1	1	2				
1992	4		3	1	1	2		1	
1993	2		2			2			
1995	2	1	1		2				
1998	3		3		3				
2001	1		1		1				
2003	2		1	1	2				
2005	3		1	2	3				
2010	1			1		1			

五、制度建设

制度是防止脱离群众的治本之策，这是党长期执政积累的经验教训和科学总结。奉贤县供销社自建立党组织起，严格按照党章规定的党员条件接收党员，贯彻党的民主集中制，发扬党内民主，对党员进行性质、理想、宗旨和任务等方面的教育，发挥党员先锋模范作用。1978年始，县供销社严格执行《关于党内政治生活的若干准则》《中国共产党党内监督条例》《中共中央关于党和国家机关必须保持廉洁的通知》《中共中央纪律检查委员会关于共产党员违反社会主义道德党纪处分的若干规定》等党内法规，要求共产党员必须模范地遵守职业道德，爱岗敬业；决不谋取私利、违法乱纪、侵犯别人的权益。县供销社在实践中建立了民主决策制度、民主监督制度等一系列制度；实践证明，这些制度对于加强党员的行为规范，密切联系群众是行之有效的。1997年3月，中共中央印发《中国共产党党员领导干部廉洁从政若干准则》，县供销总社党委班子成员不仅以身作则、模范遵守准则，同时承担对领导干部教育和监督的责任，把贯彻实施《廉政准则》作为党风廉政建设和反腐败工作的一项重要任务，摆上重要日程，狠抓工作落实，促使党员领导干部廉洁从政，如实向党组织报告个人有关事项，切实把接受监督作为工作和生活的常态，习惯在监督下行使权力，开展工作。2006年，区供销总社制定下发《上海市奉贤区供销合作总社管理制度汇编》，18项；制度汇编是区供销总社站在新的发展起点，为加强企业管理，进行自我总结、自我进取的理性要求，也是全系统干部职工为推进企业发展所奉献的集体智慧和信心；此制度汇编成为供销社企业管理的准则、程序的规范、动作的操守。2007年10月，区供销总社认真落实中共中央关于《加强和改进党的作风建设的决定》精神，健立联系群众的制度，健全民主集中制为重点制度建设，以完善惩治和预防腐败体系为重点，加强反腐倡廉建设，党风廉政建设朝着制度化和规范化的方向迈进。2010年，区供销总社严格执行市委组织部制定《党政领导干部选拔任用工作条例》和《四项监督制度》，建立选人、育人、用人、管人新机制。

1. **换届选举制度**　1963年建立县供销社党总支，此后党总支严格按照党章有关规定，组建和改选基层党支部。1966～1972年“文化大革命”时期，党在供销商业系统的基层组织遭到破坏，党的领导处于瘫痪。1972年，基层党组织逐步恢复，是年2～4月，县商业局直属单位党支部先后进行改选工作。1973年起，县供销社（商业局）党委重视基层党支部建设，根据企业经营和党员教育、管理的需要，改建基层党组织，基层支部班子成员由党委任命。1980～2011年，根据党章和《中国共产党基层组织选举工作暂行条例》的有关规定，每2～3年对基层党支部进行换届选举，并认真做好换届选举前准备工作，严格候选人条件、产生程序、名额和差额比例，候选人预备人选确定以后，报区（县）供销社党委审批，最后各基层党支部召开党员大会，采取无记名投票方式进行差额选举。2009年，区供销总社党委按照“两新”（新经济、新组织）党组织工作的要求，把5个改制企业党支部归为“两新”党支部。2010年，区供销总社党委按照“成熟一家，组建一家，发展一家”的思路，推动基层企业党建工作全面发展，扩大党组织覆盖面；对非公企业建立党组织工作的跟进和指导，摸清经济园区的流动党员、口袋党员的情况，在条件许可单位适时建立党支部，共建立非公企业党支部2家；2012年，全系统有“两新”组织党支部12家。2012年，区供销总社党委提出凡有条件的党支部试行“公推实选”方式。公推采取党组织推荐、党员推荐、群众推荐、个人自荐相结合的方法进行报名。通过民主推荐、资格初审、组织考察确定正式候选人，报区供销总社党委审查后向基层党支部下发批复。直选是在公推结束后召开党员大会，直接投票选举，以无记名方式直接等额选举产生书记、副书记，差额选举委员。党员选举大会结束后，将选举情况向区供销总社党委报告，区供销总社党委下发对基层党支部选举结果的批复。是年，有2家党支部按“公推实选”方式改选党支部。

2. **支部考核制度** 60年代初，党委（总支）工作重点组建基层党支部，配备基层党支部班子成员；由于基层党组织刚组建起动，没有完善的支部考核机制。60年代中期，开始“文化大革命”，基层党组织遭到破坏，工作无法正常开展。1972年，基层党组织逐步恢复，党支部工作正常运转。1973年起，县供销社（商业局）党委重视党支部考核工作；每年由基层党支部向党委作书面工作汇报，之后党委分组下基层听取支部班子成员及部分党员、行政管理人员对支部工作的意见，最后党委把意见反馈给各基层党支部；并针对各基层党支部工作情况，分别提出意见和要求。80年代，党支部工作主要以百分考核为主，考核项目有组织建设、思想建设、党风廉政建设、精神文明建设、群团工作等，考核内容根据党委每年工作要点，作不断修改完善。90年代，年度支部工作考核在各基层支部进行述职报告的基础上进行百分考核，考核内容根据当年党委工作的主要内容进行制定，考核方式采取自评、基层支部互评、党委考评相结合。2009年，在原来年度百分考核的基础上，完善支部党建工作考核机制，重申组织管理条例，提高支部组织生活和党员教育管理的质量。2010年，制定下发《关于进一步加强基层支部党建工作的考核意见》，对支部考核的内容、形式、程序等作明确要求；意见中强调“四个突出”：即突出分类管理、分类考核、分类要求；突出建立台账制度；突出结果的运用；突出深化“三服务”，推行党内民主。2012年，区供销总社党委加强支部党建台账管理，结合支部党建工作考核，抓好基层支部党建台账管理工作的落实，实现基层支部党建台账的规范化管理。是年9月，党委结合党务公开对各支部党建台账工作情况进行检查，推动各支部党建台账工作的落实，切实增强考核实效。

2009年度奉贤区供销系统党支部百分考核表

表13-6-4 ____________________支部

项目	序号	考核内容	基本分	自评分	互评分	综合分
支部班子建设	1	党支部工作年初有计划，日常工作有记录，年终有总结。各种上报材料按时齐全。	8			
	2	班子成员坚持集体学习制度和各种形式的自学，有正确的判断见识和一定的理论研讨水平。	5			
	3	按时出席区总社和有关主管部门的各种会议、学习活动，并及时、正确地加以贯彻落实。	5			
	4	班子工作分工明确，正常有序，团结协调，廉洁高效。重大决策按民主集中制原则，规范操作。	5			
	5	班子成员以身作则，模范带头，能密切联系群众，为职工排忧解难，在企业员工中有一定的威信和影响力。	5			

续表 13-6-4　　＿＿＿＿＿＿＿＿＿＿支部

项目	序号	考核内容	基本分	自评分	互评分	综合分
党建工作	1	坚持“三会一课”制度，切实过好组织生活和民主生活会，抓好党员教育，发挥先锋模范作用。	5			
	2	认真贯彻落实上级党委布置的工作要求，圆满完成党委部署的各阶段工作。	8			
	3	健全完善各项支部工作制度。建立老党员和困难党员信息库和党员帮扶联系卡制度，帮困结对活动情况做到有记录、有台账。	6			
	4	党建三级台账健全，做好建党积极分子考察、审核、吸收和转正等各项工作，各项材料规范齐全，党费缴纳及时、正常。	5			
	5	认真开展深入学习实践科学发展观活动，做到规定动作规范，自选动作有创新、有特色。能按区总社要求及时间节点完成任务，做到材料齐全、内容丰富。	5			
精神文明建设	1	重视企业文化建设，因企制宜开展企业文化活动，企业文化建设有内容、有新意。	5			
	2	组织企业员工学理论、学技术，企业学习氛围和员工素质不断得以提升。	5			
	3	重视加强党风廉政建设，无违法乱纪现象。凝聚力工程、“两心”活动有制度，有效果。	5			
	4	企业生产、经营、综合治理、稳定发展，无较大的纠纷和信访事件，无较大的生产安全或其他“一票否决”的事故发生。	8			
	5	企业积极开展争创文明单位活动，见成效。各条线、单项工作均能正常开展并争创先进。	5			
群团工作	1	重视工会等群众团体工作，计划生育等各项工作开展正常。	5			
	2	建立各项民主管理制度，企业重大问题经企业员工（职代会）讨论后决定。	5			
	3	建立健全关怀、帮扶的多层次机制，努力实施送温暖工程，主动关心特困职工，认真做好扶贫帮困、排忧解难工作。	5			
合计			100			
附加	1	在积极开展迎世博系列活动中，领导重视，积极组织，认真落实各项工作。	4			
	2	迎世博工作有特色、有新意。	3			
	3	能按迎世博工作考评要求认真组织自查、考核。	3			
合计			10			

2011 年，区供销总社党委下发 2011 年区总社基层党支部党建工作考核通知，重新制定《全资企业党支部目标管理考核内容》和《两新组织党支部目标管理考核内容》；全资企业及党员数 20 人以上的两新组织党支部考核要求参照《全资企业党支

部目标管理考核内容》。考核采用“双述双评”即：“向上级述职、组织考评，向党员述职、民主测评”。通过基层支部党建工作考核，完善支部工作机制，增强党组织活力。

2011年奉贤区供销总社全资企业党支部目标管理考核内容

表13-6-5

项目	序号	考核内容	评分值	自评分	互评分
组织建设30分	1	根据上级党建工作要求，结合自身实际，制定了年度党建工作目标，责任落实到人。	5		
	2	党支部班子健全，坚持集体领导，实行分工负责制原则，重大问题经支部集体研究决定。班子团结，有凝聚力和战斗力。	5		
	3	建立健全党的组织、活动制度，并积极加以落实。“三会一课”制度的内容、形式多样，效果明显，每次活动有记录。（查记录）	6		
	4	重视培养教育入党积极分子，发展党员工作年初有计划；做好党员的发展工作和组织关系转接工作，手续规范；及时做好党费收缴管理工作。	3		
	5	支委会、党员大会、组织生活会以及党组织开展的各种活动有一套翔实记录。收集、归纳和整理党组织开展各种活动的文字、照片等，形成相关活动资料。（查材料）	5		
	6	建立结对帮扶机制及生活困难党员和老党员关爱制度，切实帮助他们解决实际困难，建立老党员和困难党员信息库和党员帮扶联系卡制度，帮困结对活动情况做到有记录、有台账。	3		
	7	加强学习型党组织建设。坚持和完善学习制度，认真组织党员干部政治理论学习培训，形成良好学习氛围，每季度集中学习不少于1次，有会议记录。	3		
宣传教育工作20分	1	宣传、贯彻执行党的路线、方针、政策和决议，思想上、政治上行动上和党中央保持一致。认真贯彻落实上级党委布置的工作要求，圆满完成党委部署的各阶段工作。	3		
	2	支委会定期进行党员思想状况分析，有针对性地抓好教育、监督和管理。开展“谈心”活动，及时掌握职工的思想动态，定期走访困难党员和困难职工，并做好思想政治工作。	4		
	3	对党员有明确具体的要求，充分发挥党员的先锋模范作用，思想教育工作成绩显著。	3		
	4	深入开展创先争优活动，结合创先争优活动，挖掘身边先进事例和先进典型，大力宣传和倡导创先争优、坚韧不拔的精神风貌。	5		
	5	积极参与区社组织的纪念建党90周年、建社60周年的等各项活动。	5		

续表 13-6-5

项目	序号	考　核　内　容	评分值	自评分	互评分
党风廉政建设20分	1	加强党风廉政建设教育，认真学习贯彻党风廉政建设工作有关精神。组织党员干部认真学习党纪条规，开展党的优良传统教育和反腐倡廉教育有实效。	4		
	2	认真履行廉政建设任务，做到常抓不懈、落实到位。党风廉政建设工作纳入党支部和行政管理的重要议程。	5		
	3	抓好班子的思想、组织、作风、制度和执政能力建设，认真执行廉洁自律的各项规定。党员干部做到廉洁奉公、遵纪守法、无违纪违法行为。	6		
	4	认真贯彻“三重一大”决策和对主要负责人监督工作制度，重大事项民主决策经过集体研究决定。	5		
精神文明15分	1	加强精神文明建设，积极开展文明创建活动，努力把创建措施落实到实处。	5		
	2	以企业文化阵地为依托，定期开展群众性的娱乐活动，不断丰富职工业余文化生活。	5		
	3	企业生产、经营、安全、稳定有制度，有防范措施。无较大的纠纷和信访事件。无较大的生产安全或其他“一票否决”的事故发生。	5		
群团工作15分	1	维护员工合法权益，及时反映他们的意见和要求，帮助解决实际困难，及时化解矛盾，党群关系密切。	5		
	2	建立健全关怀、帮扶的多层次机制，努力实施送温暖工程，主动关心特困职工，认真做好扶贫帮困、排忧解难工作，凝聚员工人心。	5		
	3	重视计划生育工作，计划生育工作开展正常。做好租赁户计划生育管理工作，无违反计划生育政策、计划外生育情况。	5		
附加10分	1	根据各自的特点创造性地开展工作。党支部的活动方式、内容有创新，有实效性，有吸引力。	5		
	2	创先争优活动开展内容丰富、成绩显著。	5		

2011年奉贤区供销总社两新组织党支部目标管理考核内容

表 13-6-6

项目	序号	考　核　内　容	评分值	自评分	互评分
组织建设50分	1	支部重视党建工作。支部工作有安排、有计划、有记录。	5		
	2	加强党支部班子建设，支部至少配备1名政治素质好、工作态度认真、工作经验丰富、有一定政策理论水平党务干部。	5		
	3	每月召开一次支委会，研究支部工作，坚持民主集中制；班子团结，有凝聚力和战斗力。认真完成党委部署的各阶段工作。（有内容、有记录）	5		

续表13-6-6

项目	序号	考核内容	评分值	自评分	互评分
组织建设50分	4	按时出席区总社和有关主管部门的各种会议、学习活动，并及时、正确地加以贯彻落实。	5		
	5	支部活动正常，有固定场所，组织党员开展各种形式的教育活动，有内容，有记录。开展活动经费有保障。支部工作有台账。(查记录)	6		
	6	建立帮扶机制，关注党员需求，为党员成长成才提供服务和帮助，维护党员切身利益，切实为党员办实事、做好事。	4		
	7	加强对党员的教育、管理、监督和服务，引导党员自觉履行义务，保障党员充分行使权利。	4		
	8	认真做好发展党员工作，做好党费收缴管理工作，及时办理党员组织关系转接手续。	6		
	9	加强党风党纪和廉政教育，认真执行廉洁自律的各项规定。严格管理，党员干部做到廉洁奉公、遵纪守法、无违纪违法行为。	5		
	10	推行企务公开，加强企业民主管理。建立各项民主管理制度，企业重大问题及决策经股东大会讨论决定。	5		
宣传教育25分	1	坚持政治理论学习制度。组织党员学习时，事先有准备，学习效果好，有考勤和记录。积极完成党报党刊征订任务。	5		
	2	经常开展谈心活动，及时化解矛盾，党群关系密切。	5		
	3	积极参与区社组织各项主题活动（纪念建党90周年、建社60周年的等各项活动）。	5		
	4	重视企业文化建设，因企制宜开展企业文化活动。	5		
	5	认真组织开展创先争优活动，创先争优活动有计划、内容。	5		
安全稳定10分	1	及时做好稳定工作，不发生群体上访、越级上访事件。	5		
	2	落实安全防范措施，无重大安全生产、交通事件发生。	5		
群团工作15分	1	做好党支部所辖范围内的工会、计划生育等工作，加强领导，积极支持他们按照各自的章程开展活动。做好租赁户计划生育管理工作，无违反计划生育政策、计划外生育情况。	5		
	2	积极为群众排忧解难。做好对困难党员群众的慰问、帮扶等送温暖工作。(查记录)	5		
	3	参与社会公益事业，完成上级布置的各项任务。(献血、募捐等)	5		

3. **干部管理和考核制度**　建社初期，县供销社及所属企业党政正副职干部由中共奉贤县委、县人民委员会任命。“文化大革命”期间，基层企业党政正副职干部由县供销社（商业局）发文任命。“文化大革命”结束后，县供销社干部任免权又归属到县委县政府。在此期间，县供销社（商业局）相继设立干部科（股）、政工科、组织科，负责对干部的培养、教育、管理、考核，并把后备干部人选推荐给县委、县政府，确保基层领导干部后继有人。1984年，县供销社党委根据县委关于下放干部管理权限，实行分级管理，层层负责，哪一级管理哪一级审批的办法精神，强化落实干部教育管理措施，加强对基层领导干部岗位责任制考核，并制定考核细则。此后，干部考核成为制度化，每年进行，考核细则不断进行修订和完善。2005年，区供销总社实施《企业经营者目标管理责任考核办法》，强化企业目标管理责任，达到责任和利益挂钩、激励与制约相结合。是年，制定《上海市奉贤区供销合作总社干部选拔任用若干规定》，对选拔、任用、管理考核、教育、培养作明确规定，形成干部正常交替机制、选拔任用考核评价机制，在干部工作的监督管理方面有章可循。2009年，区供销总社制定《全资企业领导干部考核细则》，加强对基层领导干部的管理、监督、激励和约束。

2011年奉贤区供销总社系统领导干部综合素质考核内容

表13-6-7

序号	项目	考核内容	评定标准	得分
1	思想政治素质（25分）	1. 学理论重实践，有较高政策理论水平和良好的思想品德。 2. 立场坚定，观点鲜明，在政治、思想和行动上与党中央保持一致。 3. 正确行使人民赋予的权力，关心群众，自觉为人民群众谋利益。	1. 加强自身学习，具有良好的思想品德。（8分） 2. 政治立场坚定，观点鲜明，认真贯彻执行上级指示精神，一切按制度办事。（9分） 3. 关心关爱职工，始终以人民利益为重，正确处理好各种矛盾，自觉维护企业改革发展稳定大局。（8分）	
2	组织领导能力（25分）	1. 组织协调、科学决策、开拓创新的能力。 2. 发现人才、培养干部、知人善任的能力。 3. 驾驭全局、处理复杂问题的能力。	1. 有较强的组织协调能力，工作有特色，善于开拓创新。（8分） 2. 重视人才培养，充分发挥每个员工的积极性和创造性，具有知人善任的能力。（8分） 3. 有较强的总结概括能力，能及时把握工作中的规律性，及时调整领导工作方式，具有协调各方、统筹安排，善于“弹钢琴”的能力。（9分）	

续表 13-6-7

序号	项 目	考核内容	评定标准	得 分
3	工作作风(25分)	1. 坚持民主集中制，维护团结，虚心听取不同意见，勇于开展批评与自我批评的情况。 2. 深入实践，调查研究，求真务实的情况。 3. 敢于负责，严格管理，勤奋敬业的情况。	1. 按领导干部的标准要求自己，做到自觉维护领导班子团结，自觉维护组织决议决定的严肃性、权威性，勇于开展批评与自我批评。(9分) 2. 坚持深入基层，注重调查研究，具有分析问题、解决问题的能力。有较强的敏锐性，能及时捕捉工作中出现的新事物、新动向，作出科学判断，谋划好新一轮的发展。(8分) 3. 能按照民主集中制和集体领导与个人分工负责的原则，做到个人服从组织，少数服从多数，认真执行好组织决议和决定，履行好组织分配的工作职责，严格一切管理制度，爱岗敬业。(8分)	
4	廉洁自律(25分)	1. 遵守廉洁自律有关规定，自重、自省、自警、自励情况。 2. 执行党风廉政建设责任制的情况。 3. 对亲属及身边工作人员加强教育和严格要求情况。	1. 按照中纪委的要求自觉遵守"四大纪律、八项要求"和"五个不许"的规定，做到廉洁奉公、遵纪守法，无违法违纪行为。(9分) 2. 按照党风廉政建设责任制的规定，认真履行好涉及到本职领导岗位的廉政建设任务，做到常抓不懈，落实到位。(9分) 3. 加强对亲属及企业管理人员的教育管理，做到遵纪守法，无违规行为。(7分)	

2012年，在原来《全资企业领导干部考核细则》基础上，又重新完善制定考核细则。区供销总社成立由"五科一室"组成的考核小组，负责组织实施对经营管理指标、预算执行指标、工作管理指标、责任指标的考核。

2012年奉贤区供销总社全资企业领导干部考核细则

表 13-6-8

考核责任科室	考核内容	考核分	
		公司	基层社
投资管理科	1. 合同文本规范及续订合同租金增长率、押金等；合同签订、台账登记、租金管理等。	2	2
	2. 新签约合同、租金报表、信息管理数据库的及时上报及更新等。	2	1
	3. 投资项目的申报、招投标手续及工程审价等；购置、维修、报废固定资产的申报；不得私自将资产对外作抵押、担保及投资。	2	1
	4. 招商户数，优质纳税户的引进。	4	1
	小计	10	5

续表 13-6-8

考核责任科室	考核内容	考核分	
		公司	基层社
财务统计科	1. 执行财经法规和财务会计制度。	1	1
	2. 对单位财务管理负责，对会计核算、会计报表、统计报表的合法性、真实性、准确性负责。	2	2
	3. 货币资金使用不得出借、套现，多余资金集中存放区总社。不得坐支现金。	1	1
	4. 会计档案的管理。	1	1
	小计	5	5
人力资源科	1. 党群组织工作制度化、规范化，落实党风廉政建设责任制。	1	1
	2. 人力资源、薪酬福利管理，薪酬发放规范操作，人事档案信息及工资报表的准确性。	2	2
	3. 积极参与区总社组织的各种学习培训。	1	1
	4. 注重企业文化建设、加强企业精神文明建设。	1	1
	小计	5	5
办公室	1. 认真完成区社交办的各项工作，准时参加会议、材料报送及时、文书档案管理、外出请假制度的执行等。	1	1
	2. 建立安全管理制度、做好台账，落实人员，目标明确，经常开展安全检查，杜绝发生事故。	2	2
	3. 做好信访工作，不发生越级上访，信访事件及时处理。	2	2
	小计	5	5
审计监察科	1. 内控制度有效性。	2	2
	2. 审计事项整改率。	3	3
	小计	5	5
为农服务科	1. 专业合作社发展及正常运行。		2
	2. 再生资源管理组织齐全，管理到位，无各种事故，各方面达标。		1
	3. 农资管理：农资供应保质保量。		1
	4. 基层社建设：食品卫生工作，物价指导，合作商店管理，行业协会工作等。		1
	小计		5
工作目标管理总分值		30	30

4. **“三会一课”制度**　70年代初，县供销社各级党组织逐步建立“三会一课”（支部委员会、党小组会、党员大会、党课）制度。仅1978年1～9月，县供销系统19个直属公司、厂和17个基层供销社党支部上党课117次，召开“三会”196次，以后定期召开支部委员会、党小组会、支部党员大会，按时上好党课，“三会一课”成为党内生活长期坚持的制度。

支部委员会：每月召开1次，由基层单位党支部书记主持。主要内容是：贯彻执行上级党组织的指示、决定和支部党员大会决议；讨论、研究、决定本单位重大事情；总结部署工作；研究培养、发展新党员和自身建设等方面的问题。

支部党员大会：每季度召开1次，由基层单位党支部书记或副书记主持。主要内容是：听取、讨论和审查支部委员会的工作报告；传达、学习党的路线、方针、政策和上级组织的决议、指示；制定本单位贯彻执行的计划和措施；接收新党员和讨论预备党员转正；提出党员的奖励和处分；选举产生新的支委会，增补、撤销委员；讨论和决定支部的其他重大问题。

党小组会：每月召开1次，由党小组组长主持。主要内容是：学习党的路线、方针、政策和党的基本知识，学习文化、业务知识和科学技术知识；讨论上级党组织和党支部的决议，落实各项任务；汇报思想和工作情况，开展批评和自我批评；配合支部做好具体党务工作；分析群众思想状况，研究如何做好思想政治工作。

党课：每年进行1～2次。主要内容是：对党员和入党积极分子进行党性、党的基础知识、时事政治、科技文化等方面的教育。

区（县）供销总社党委坚持“三会一课”制度，每年召开民主生活会和组织生活会，接受党内外群众的监督和评议。加强党员教育，增强党员的组织观念，督促党员发挥先锋模范作用。

六、党校工作

1990年6月，成立中共奉贤县供销合作社委员会党校，挂牌仪式在县供销社商校举行，校长由党委书记刘惠霖兼任，副校长由邵复健、陈建庆兼任；1994年4月，党校校长由薛德初兼任，副校长由毕道鹏、邵复健兼任。1997年4月，县教育局为扩大高中办学规模，经县政府同意，以土地置换形式转让，学校教职员工由教育局统一安排，原商校人员的人事关系转入教育局，党校关闭。

1990年7月，成立党校后举办首次学习班，即国情教育骨干学习班，学员30余名。同年11月，举办中青年骨干（后备干部）培训班，参加培训人员58人。1991年健全党委、党校、党支部三位一体、互为补充的教育

1990年6月，奉贤县供销社党校成立

网络，加强对党员、干部的政治轮训，共举办各类知识培训班8期，参加人数243人次。1991年12月，举办第一期中青年干部培训班，为期6个月，学员39人。1993年8月，举办直属单位党支部书记岗位培训班，学习江泽民总书记七一讲话，贯彻中央关于开展加强党风廉政建设的意见。1993年9月，举行第二期后备干部培训班，时间1个月，有38人参加培训。1994年11月，举办第三期中青年干部培训班，时间10天。1995年9月，举办中青年干部培训班，时间5天。1996年8月，举行由党员干部参加的报告会，邀请县委组织部长张布尔作题为“新时期党员干部的要求”的报告。1996年10月，举办中青年干部培训班，时间7天。

七、案件复查

中共奉贤县供销合作社委员会根据党的政策和实事求是精神，1979～1982年，先后组织人员对全县供销系统1957～1958年反右斗争中和1966～1976年“文化大革命”期间遗留的179起涉及179人次的历史案件进行清查、复查和善终工作。1979年5月，由县供销社党委组织人事部门负责复查。1982年9月建立由1名县供销社党委副书记具体领导，办公室、组织人事科等部门组成的5人案件复查小组，并从县供销社直属单位抽调15名党员群众参加案件的善终复查。复查分为2个层面：县供销社复查重处理案件；抽调人员复查本单位一般性群众案件。

1. **右派（中右）案件复查**　1979年5月，复查1957～1958年反右斗争期间的42起涉及42人的案件。经复查，撤销右派分子结论20起20人；撤销因“中右”言论受处分13人；撤销因“中右”言论受党内处分3人、行政处分2人，撤销坏分子决定2人，恢复预备党员资格并予以转正的1人，恢复行政职务1人。

2. **“文化大革命”案件复查**　1982年9月，根据上海市委组织部转发的中央组织部《转发中南、华东地区加速做好落实干部政策善终工作座谈会纪要》的通知精神，县供销社复查小组对全系统137起“文化大革命”案件（其中1979年复查过案件121件和漏查、不属复查但此次需要复查的案件13件）进行复查，经过6个月的工作，经县复查办公室验收，复查工作善终。其中：

非正常死亡案件。此类案件“文化大革命”中全县供销系统共发生13件，死亡13人（党员干部5人，一般群众8人），经复查，作受迫害致死结论的8人（刘乐山、李迪、姚全金、马四才、张粹金、梁永建、夏怀球、金永新），作受害致死结论的2人（唐志良、金一鹏），作去世结论的3人（徐应耕、王国章、马建成）。

敌性（敌性内处）案件。此类案件共10件，涉及10人。经复查全部进行改正，撤销敌我矛盾性质的4人（陈朱昌、赵宝发、陈永和、张衍桓），撤销敌我矛盾性质作人民内部矛盾处理结论6人（倪掌英、施明发、周祖德、徐沅、王正才、梁绍品）。

开除党籍案件。此类案件7起，涉及7人，其中死亡案件2人，敌我矛盾性质

1人；1979年复查恢复党籍3人（沈正芳、蔡文官、王国章）；1982年善终复查恢复党籍3人（李迪、陈朱昌、徐宗泽），维持取消预备党员1人（卞洪才）。

其他处分案件。此类案件涉及17人，其中党员干部5人，群众12人。经复查撤销各种处分10人（党员干部2人，群众8人），维持处分7人（党员干部3人，群众4人）。

仅作审查结论案件。此类案件90件涉及90人，其中党员干部24人，群众66人。复查后撤销原结论47人（干部14人，群众33人）；改变原结论29人（干部7人，群众22人）；维持原结论14人（干部3人，群众11人）。

经复查，对5名死者子女安排顶替工作，对13名死者家属不同程度地给予一次性经济补助和补发丧葬费及抚恤金。

第七节 精神文明建设

奉贤区（县）供销合作总社建立63年中，把开展思想政治工作和创先评优活动，加强社会主义精神文明建设，作为团结、教育干部职工发展经济的政治动力。对干部职工进行爱国主义教育，组织参加“三反”运动，开展扶贫帮困、支援抗震救灾，坚持职业道德教育和学习先进经验、倡导优质为民服务，开展评先进、创文明单位活动，取得物质文明与精神文明双丰收。区（县）供销合作社先后被评为上海市级先进企业及全国供销系统先进单位。上海鼎丰酿造食品有限公司2次被全国精神文明建设指导委员会授予全国精神文明建设工作先进单位称号。市部级先进单位（集体）25家，区（县）文明（先进）单位39家，各级先进集体455家，评为区（县）以上劳动模范（先进工作者）600人次。

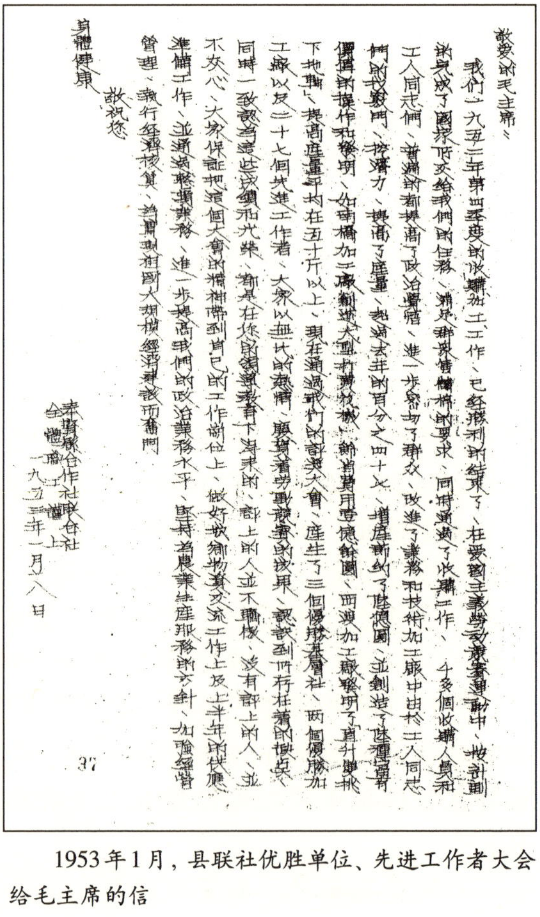
敬爱的毛主席：
我们一九五二年第四季度的收购加工工作，已经胜利的结束了，在爱国主义劳动竞赛运动中，按计划完成了国家所交给我们的任务，[illegible]要求，同时还做了收购工作，一千多个收购人员和工人同志们，普遍的都提高了政治觉悟，进一步密切了群众，改进了业务和技术，加工厂中由于工人同志们的钻研，挖潜力，提高了产量，轧米去年的百分之四十七，增产节约了[illegible]，并创造了[illegible]操作和发明，如南桥加工厂[illegible]，节省费用[illegible]，西渡加工厂发明了[illegible]下地种，提高产量平均在五十斤以上。现在通过我们的评奖大会，产生了三个优胜基层社，两个优胜加工厂以及二十七个先进工作者，大家以无比的热情，体会着劳动竞赛的成果，认识到所存在着的缺点，同时一致表示要向这些模范和先进学习，[illegible]，并不骄傲，没有[illegible]的人，并不灰心，大家保证把这个大会的精神带到自己的工作岗位上，做好收购物资交流工作及上半年的供应准备工作，并通过[illegible]业务，进一步提高我们的政治业务水平，坚持为农业生产服务的方针，加强经营管理，执行经济核算，为实现国家大规模经济建设而奋斗
敬祝您
身体健康
奉贤县合作社联合社 [illegible]
一九五三年一月八日
37

1953年1月，县联社优胜单位、先进工作者大会给毛主席的信

一、政治教育

1．**社会公德教育** 爱国主义教育。1951年6月，根据中共中央《关于开展订立爱国公约和捐献武器运动的指示》，全

县供销社系统围绕抗美援朝运动，在干部职工中进行保家卫国、为支援中国人民志愿军捐献飞机大炮的教育，组织干部职工参加南桥、奉城等镇反对美帝国主义侵略朝鲜、侵占中国领土台湾的游行示威活动，供销企业干部职工积极代收捐献飞机大炮的爱国棉37.01万公斤。1953年1月，全县联社系统组织开展爱国主义劳动竞赛，评选1952年度爱国劳动先进集体5个，爱国劳动先进个人27名。1957年，县供销社教育科为配合巡回教学，编印“树立共产主义道德品质，做一个名副其实的人民服务员”演讲稿，在基层企业中进行巡回演讲，3000余人次受教育。1962年，为分担国家暂时的经济困难，全县供销系统200余名干部职工响应党的“大办农业、大办粮食”号召，发扬爱国主义精神，服从组织安排返回家乡，参加农业生产劳动，不少基层供销社社员主动订立爱国公约，与国家共渡难关。1977～1978年，县商业局先后组织由32人组成的农业学大寨工作队和26人组成的党的基本路线教育工作队到基层企业开展爱党、爱国、爱社会主义为中心的思想政治教育。1985年，县供销社组织干部职工代表100余人听取对越自卫反击作战中奉贤籍官兵在老山前线英勇作战立功报国的英勇事迹报告，接受具体的爱国主义教育。是年8月24日，县供销社党委召开纪念抗日战争胜利40周年大会，邀请张世科、蔡一飞、王庭昭等老一辈革命者回忆抗日战争、抗美援朝的战斗历程和切身体会，为干部职工上爱国主义传统教育课。青村供销社职工钱正兴，发扬无私奉献的爱国主义精神，1979～1993年，累计无偿献血9800毫升，荣获全国第三届无偿献血金杯奖的事迹，在供销系统组织学习。1997年香港回归祖国，县供销总社组织由50名干部职工代表组成的歌咏合唱团参加市委宣传部举办的“庆香港回归、浦江两岸万人唱”大型电视演唱会，对干部职工进行爱国主义教育。2001年，上海鼎丰酿造食品有限公司以班组形式、对《华商报》上所载的有关国际形势与国外反动势力亡我之心不死的文章组织进行学习，在全公司

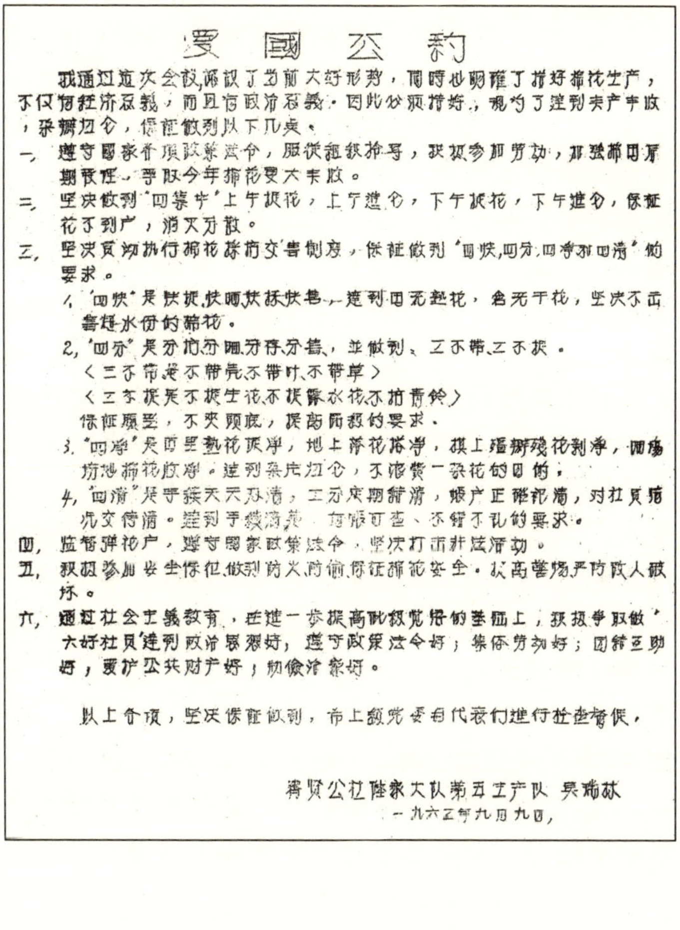

爱國公約

我通过这次会议，認識了当前大好形势，同時也明確了搞好棉花生产，不仅有經济意義，而且有政治意義。因此必须搞好，现为了達到丰产丰收，朵朵归仓，保証做到以下几点。

一、遵守國家各项政策法令，服从组织领导，积极参加劳动，加强棉田后期管理，争取今年棉花更大丰收。

二、坚决做到“四集中”上午採花，上午進仓，下午採花，下午進仓，保証花不到户，消灭分散。

三、坚决贯彻执行棉花採摘交售制度，保証做到“四快，四分，四净和四清”的要求。

1，“四快”是快採、快晒、快拣、快售，達到田无熟花，仓无干花，坚决不出售超水份的棉花。

2，“四分”是分採、分晒、分存、分售，並做到、三不带、三不採。

〈三不带是不带壳、不带叶、不带草〉

〈三不採是不採生花、不採露水花、不摘青铃〉

保証质量，不夹顶底，提高品级的要求。

3．“四净”是田里熟花採净，地上落花拣净，棵上僵瓣残花剥净，四旁坊地棉花收净。達到朵朵归仓，不浪费一朵花的目的。

4，“四清”是手续天天办清，工分定期结清，账户正確记清，对社员预先交待清。達到手续清楚、有帳可查、不错不乱的要求。

四、监督弹花户，遵守國家政策法令，坚决打击非法活动。

五、积极参加安全保卫，做到防火、防偷，保証棉花安全。提高警惕，严防敌人破坏。

六、通过社会主義教育，在進一步提高阶级觉悟的基础上，积极争取做“六好社员”達到政治思想好；遵守政策法令好；集体劳动好；团结互助好；爱护公共财产好；勤俭持家好。

以上各项，坚决保証做到，希上级党委和代表们進行检查督促，

奉贤公社陆家大队第五生产队　吴瑞林

一九六三年九月九日，

干部职工中进行爱国爱厂爱岗教育活动。2009年9月，区供销总社组织全系统中层以上干部到驻奉贤某导弹部队参观，观看国防教育资料片等，进行爱国、爱党、爱军的形势教育。

参加“三反”运动。1951年10月，县联社所属奉贤鼎丰厂发生资方逃税的不法行为，干部职工协助政府有关部门查清事实、核实案情，迫使资方补交税款11.68万元。1952年8月，县联社开展反贪污反浪费斗争，查实贪污浪费资金4700余元，处分基层干部15名。1953年，在“三反”（反贪污、反浪费、反官僚主义）斗争中，组织县联社机关与基层供销社干部参加“三反”学习，提高政治觉悟，有22人主动交代有不同程度的贪污等错误行为，占总人数24%，其中贪污100元～1000元的有16人，贪污1000元～20000元的5人。是年8月，县联社副主任周某某因贪污被开除党籍，撤销行政职务。1954年，全县供销社系统参加“三反”学习干部91人，其中县供销社机关59人、基层供销社32人。查实贪污盗窃案件30起，金额1411元，根据不同情节对有关人员一一作出处分。1955年，南桥供销社为防止不法人员偷漏粮食，把个体饮食业人员组织成合作饭店。是年9月，江苏省供销总社以奉贤县南桥供销社“把饮食业小商小贩用合作饭店形式组织起来，是杜绝偷漏粮食，保证市场应用的做法”在《江苏合作通报》第133期发表，省供销总社还写了按语，予以肯定和推广。1956～1957年，县供销社对经营活动中发生的贪污等错误的人员进行严肃处理，开除14人、撤职3人、记过4人，追究刑事责任被判刑1人，其中包括山东南下奉贤干部、县供销社生产股股长孙某某。1959年，全县饮食业推广“以素代荤”“无粮点心”为国家节省粮食的活动。

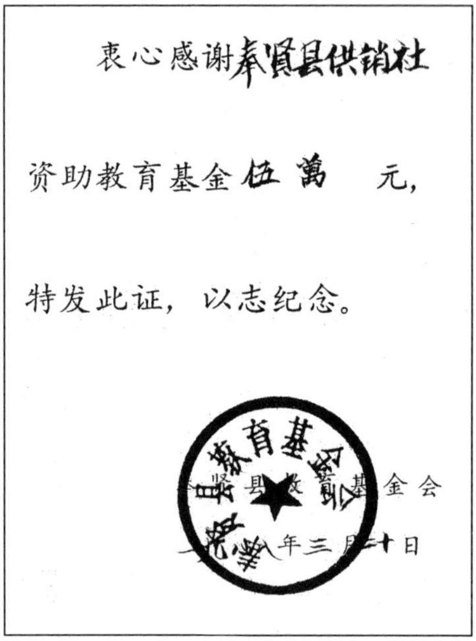
衷心感谢奉贤县供销社

资助教育基金伍万 元，

特发此证，以志纪念。

县 县 教 基金会

年三月十日

1988年3月，县供销社资助县教育基金会证书

扶贫帮困。1952年，全县各基层供销社设立卫生部，配合干部训练班训练农村技术、卫生人员。是年5月，四团供销社针对农村闲散个体手工、艺人工作、生活困难的情况，组织闲散手工艺人开办农具制造店，帮助走上合作化道路。1956年8月，县供销社根据全国供销总社《关于基层供销社公益金使用试行办法》，把有计划有步骤开展社员文化福利事业和整个农村文化活动结合进行，在砂绩乡进行试点基础上，向全县有专职教养员的49所幼儿园、364所托儿所、618个托儿组赠送价值4899元玩具数千件。1963～1966年，县供销社为农村培训农副业技术人员万余人次，提高农副业经营管理能力，支持农村发展生产。1978年3月，县商业局根据上级指示精神，对全县年老体弱的原工商业小业主及其供养亲属作全面调查，落实退

休的政策。1980 年 7 月，县供销社对 63 名 1971 年进入供销系统工作工资报酬偏低、生活困难的非在册人员，按照政策调整工资。是年 12 月，县供销社对有子女上山下乡的职工，从实际出发给予适当的困难补助。1988 年，根据县人民政府统一安排，县供销社与邬桥乡马路村、奉城镇北门村结对，县供销社机关安排专人，下乡开展扶贫帮困工作。2000 年，全县供销系统响应全国妇联“帮西部边缘贫困地区修建大地之爱母亲水窖”计划的号召，县烟糖公司、上海金叶商厦、上海鼎丰酿造食品有限公司干部职工捐款 1.23 万元。2005 年 9 月，区供销总社发起向供销社系统贫困职工及已故干部职工的遗属送温暖、献爱心活动，39 家企业党员、干部、职工 2090 名捐款 60.64 万元，区供销总社的救急济难帮困基金总额达到 100 万元。县机电公司 10 名党员干部为该单位一户三口人人患重病的家庭捐款 1330 元。区供销总社 5 名党政班子成员各与一户贫困家庭结对，坚持定期访问、进行帮助。2008 年，在“蓝天下的至爱”一日捐活动中，全县供销职工捐款 1.51 万元，在“献出你的爱心、关心困难职工”活动中，干部职工捐给救急济难帮困基金会 8081 元。2009 年，区供销总社为困难职工 264 人补助 12.92 万元。2010 年，参加“蓝天下的至爱”活动向“红十字”会捐款 6.29 万元。2012 年，区供销系统干部职工参加“好心人帮好心人”活动，捐款 4.43 万元，补助困难职工助学 432 人次，资助 17.24 万元。

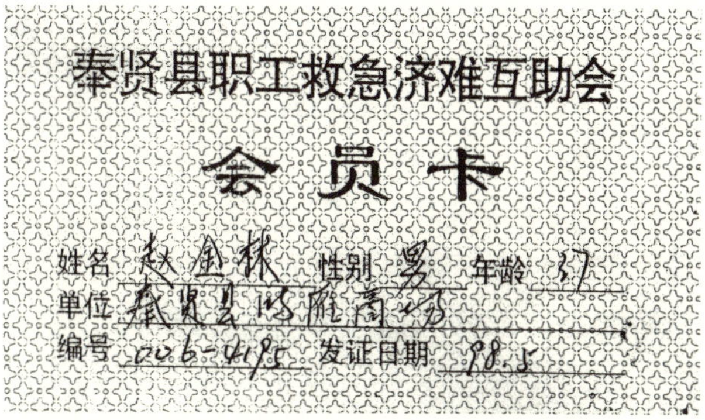

县供销系统印发的职工救急济难互助会会员卡

文明经商。1952 年，全县供销系统开展社会主义劳动竞赛优胜单位评选，奉城、三官、齐贤供销社分别被评为文明经商一、二、三等奖。1953 年，全县供销系统召开劳动竞赛评比大会，开展行业文明经营活动，以全体代表名义致信毛主席。1954 年 9 月，县供销社表扬南桥供销社营业员屠锡明认真钻研经营业务，热心为社员服务，文明经商的先进事迹。1963 年，供销系统开展以雷锋为榜样、全心全意为顾客服务的活动。1977 年 4 月，县供销社召开“双学”（工业学大庆、农业学大寨）千人大会，表彰评选出的文明经商先进单位 108 家、先进个人 164 人。1981 年，奉城供销社饭店，增设 10 个代客服务项目，平均每天代客服务 100 余人次，满足顾客需要。1983 年，奉城、光明供销社把经营服务与开展“五讲四美三热爱”（简称“五四三”活动）活动相结合，树立社会主义文明服务新风，分别被评为上海市、奉贤县“五四三”活动先进单位。是年，全县供销系统开展树企业形象、争创一流服务、满意在商场（店）竞赛活动，县日杂果品公司土产商店、南桥食品商店永康门市部被评为奉贤县首批“信得过商店”。1990 年，南桥地区 9 个行业、59 家零售商店开展“文明经商、优良服务”流动红旗评比竞赛，县供销社召开清除假冒伪劣商品、实行明码标价、促进优质服务动员大会，推动文明经商活动不断深入。1992～1993 年，全县供销企业开展“礼貌待人、热情服务、买卖公平、货真价实”和“让顾客高兴而来满意而去”“文明一条街”经营服务活动，提高服务质量。1996年5月，县供销总社组织开展的“学习徐虎，提高服务质量”“让人民高兴、让人民放心”文明经商活动在全系统企业全面展开。2002 年，区供销总社职工“爱心滋润顾客心”的事迹，被列为 2002～2003 年度奉贤区“十佳好事”之一。2008 年，在全区供销系统执行《公民道德建设实施纲要》，深入开展文明经商、文明待客服务活动。2011～2012 年，区供销总社农资公司与青供农资公司建立乡村农资网络，制订农资经营质量承诺制度、不合格商品召回和索赔制度，开展评选“合格农资店”活动，让农民得到“五个放心”（产品质量放心、产品价格放心、技术指导放心、使用效果放心、售后服务放心）。

告　顾　客　书

顾客同志们：

为了庆祝党的十二大召开，迎接八二年国庆，本店响应上级号召，自九月一日起，开展优良服务月活动，以更好地做好商业服务工作，努力使广大消费者满意，为此，恳切希望广大顾客对本店服务工作提出评议和意见，以进一步促进我们的服务工作。

×　×　商店（部门、站）

1982 年县供销社为商店起草的告顾客书

援助灾区。1991 年 8 月 10～12 日，县供销社组织有关商业企业 2320 人次参加南桥镇举行的援助灾区义卖活动，5 万元销售利润加上供销系统干部职工捐献的 20 万元，通过正常渠道汇往安徽省霍丘、六安县和江苏省兴化县等灾区。1995 年，县供销总社举办第 4 期中青年干部培训班，全体学员向西藏日喀则地区失学儿童捐款近万元。2002 年，区供销总社向云南省思茅地区港镇白腊河小学助建新校舍捐款 5 万元。2005 年 1 月，区供销总社机关干部职工纷纷

上海鼎丰酿造食品有限公司开展蓝天下的至爱新年慈善一日捐活动，总经理沈仲华带头募捐

参加支援印度洋海啸地区的救灾和重建的捐助活动。2008年，为支援四川省汶川大地震灾区抗震救灾，区供销总社全体共产党员缴特殊党费10.65万元，干部职工捐款4.39万元，捐衣物639件。2009年，为台风受灾地区捐款3.84万元。2010年，干部职工为青海玉树救灾重建家园捐款5.04万元。上海鼎丰酿造食品有限公司干部职工957人次参加“蓝天下的至爱”一日捐，向青海省玉树地区抗震救灾捐款3.06万元。

2002年1月，区供销总社主任丁春瑜（后排中）等赴云南思茅港镇白腊河小学

2. **职业道德教育**　组织学习。1953年，为提高基层干部和职工的职业道德与业务水平，县联社举办干部训练班，并选派23名干部去江苏省供销社干部学校进一步培训。1954年，县供销社全面开展短训干部和职工，全年办短训班11期，参训500人次，占正式职工的54%。1956年11月，为解决供销系统经营活动中存在的问题，县供销社在南桥镇举办“改善经营管理”为主要内容的商业展览会，运用典型事例，突出商品采购、供应、储运工作中正反两个方面的经验教训，组织1.2万人次干部职工观看，提高业务水平和管理能力。1963～1965年，县供销社把经常学习好作为评比“六好职工”的重要条件，增强职工学习积极性。1989年，县供销社采用多种形式在干部职工中开展职业道德培训和合作社经济理论教育，7026名职工接受学习教育，占全社干部职工总数的95.75%。1991年5月，作出《奉贤县供销合作社职工教育管理规定》，明确企业的职责、职工受教育的权利和义务、职工教育的目标任务。1996年8月，县供销总社党委作出《关于开展新一轮职业道德教育的实施意见》，对教育目的要求、轮训教育、考核发证等方面工作都作了具体规定。奉贤鼎丰酿造食品总厂以参加县委宣传部在上海举办的奉贤县优秀企业形象展示活动为抓手，在干部职工中开展企业形象的教育活动。2001年，金叶商厦自办由88名干部职工参加的中级、高级营销员、助理经营师培训班，以“金的品质、叶的奉献”企业精神激励职工奋发向上、优质服务，涌现一批精通业务、职业道德高尚的明星职工，家电柜台张海薇被上海市商业委员会百货行业协会命名为服务品牌，男装柜台被上海市总工会评为红旗班组。金叶商厦还组队参加“一百杯”职工技能大赛，

获得优胜奖。是年，金叶商厦商品零售额24098万元，创利613万元，上缴税收684万元，在全市零售百货商店（单体）中排行第14位，被评为上海市“双信”先进单位和市百货行业十佳标兵。2003年，区供销总社与兄弟商业单位联合举办由1182名从业人员（职工）参加酒类经营人员上岗培训，推动规范服务。2005年，区供销总社有关部门举办由1443名营业员、中药师、职业药师、GSP上岗班、废旧物资回收人员参加的8期专业知识、专业服务培训班，提高行业职工的职业道德水平和技能素质。2010年，全区供销系统开展以提高全员素质为目标的道德、法律法规学习教育和业务培训，组织“做企业好职工、家庭好成员、社会好公民”教育活动，树职工道德风尚，提高服务质量。

典型宣传。1953年，县联合社及时总结社会主义劳动竞赛先进经验，对1个部门8个先进队的典型事迹进行宣传。1955年6月，四团供应站职工邬志如创造“木材堆积法”“毛竹水库保存法”先进经营管理办法被江苏省供销合作总社总结成文字材料在全省推广。县供销社在全县供销系统广泛宣传、组织学习。1956年，奉贤县鼎丰酿造厂工人杨金龙革新“机械豆腐磨”“机械压榨豆腐”工艺成功，既减轻劳动强度，又提高工效。县供销社运用邬志如、杨金龙典型经验在全系统开展宣传，推动全系统技术革新活动。1959年，齐贤轧花厂职工顾来生革新双层锯齿剥绒机（1971年定型）等生产设备，棉籽剥绒率从7%～8%提高到10%～11%，全县全年可增加棉绒40余万公斤。县供销社以此为典型在供销系统干部职工中广泛开展向顾来生学习的宣传教育活动。1962年，组织开展学习上海市最佳营业员、奉贤县饮食服务公司职工唐亚官全心全意为顾客服务先进事迹。1980年7月，奉城供销社创办“双好”（好部门，好职工）简报，宣传先进典型。1986年5月，县供销社特邀全国商业系统特等劳动模范、上海浙江路菜场营业员安根娣到奉贤，为全县供销商业系统干部职工作经验介绍，进行传、帮、带。1987年9月，县供销社召开30年商业服务荣誉证书颁发大会，弘扬全县供销系统291名老职工30年扎根供销战线，安心商业工作贡献青春的精神。1990年，创办《奉贤供销信息》，建成宣传供销系统经营动态、文明建设、工作交流和典型

1987年9月，县供销社向商业服务30年干部职工颁发荣誉证书

宣传的平台。1999 年，全县供销系统开展拜名师学先进活动，上海金叶商厦 2 名职工拜上海中百一店营业员、全国劳动模范马桂宁为师，学习先进经商理念，培育新的职业道德风尚。2000 年，上海鼎丰酿造食品有限公司在干部职工中开展唱厂歌、升厂旗、讲厂史、学典型活动，弘扬“优质举鼎、文明双丰、科技振兴、管理促旺”的企业精神。2011 年 4 月，在奉贤供销社成立 60 周年之际，区供销总社举行企业发展史、改革开放成果展览和劳动模范（技术能手）事迹演讲活动，发扬历代供销系统干部、职工爱党、爱国家、爱企业、爱岗位和建功立业的精神风貌。

优质服务。1953 年，全县供销系统开展爱国劳动竞赛评比活动，把为群众优良服务作为主要内容之一。是年，为帮助农村消灭农业生产的病虫害和农田灌溉困难，县联社努力筹措资金在全县各地建立杀虫站 21 个，抽水站 4 个，配备专业人员 48 名，大小机器 9 台 80.85 千瓦，巡回乡村田间为农服务。1960 年，为支持帮助发展棉花生产，全县 16 个基层供销社配备 51 名棉花专管员，坚持长年下乡，与棉农开展面对面植棉技术指导和棉花采摘分拣、出售等服务工作。1978 年 5 月，供销系统开展优良服务月活动，倡导经商活动中坚持“四无”（无争吵、无差错、无缺勤、无事故）“四不”（紧张商品不通风报信、不私分走后门，不缺斤少两，不以次充好），把服务态度、服务质量、清洁卫生、店容店貌、完成指标等五个方面内容作为优良服务评比竞赛主要标准。是年 10 月，县供销社制订营业员、服务员“双学”活动和经营服务的“十个必须”和“十个不准”（必须遵守严明的纪律、严格的要求，不准擅离岗位、上自由班；必须保持严密的组织、严肃的态度，不准聚众嬉闹、站自由柜；必须集中精力，站好柜台，不准在工作期间领小孩，做私活；必须主动热情，有问必答，不准与顾客顶撞争吵；必须尺满寸足、买卖公平，不准短斤缺两、以次充好；必须按质论价、实事求是，不准压质压价、提质提价；必须方便群众、欢迎选购，不准硬性指定商品；必须实行卫生制度，不准出售变质商品；必须遵守财务纪律，不准赊销、挪用商品或代销私人商品；必须执行商业供应政策，不准泄露经济机密，为紧俏商品通风报信、私分、走后门）守则。

县供销系统职工为顾客公平服务

1979年，庄行供销社在百日优良服务活动中坚持“四个主动”（顾客进门主动招呼，顾客困难主动解决，顾客犹豫主动参谋，顾客询问主动介绍）。头桥供销社五金门市部坚持三本簿子制度（缺货登记簿、群众意见簿、急用物资预定簿），奉城供销社坚持“内外并举抓质量”（对外召开消费者座谈会，虚心听取群众意见。对内训练业务技术，加强优良服务教育）。齐贤供销社农机门市部坚持“生产急需上门服务、不计时间随时服务、增设项目扩大服务”的原则。1981年5月，供销系统开展“红五月”和“双佳”（最佳商店、最佳营业员）竞赛活动，全县422个零售商店3057名职工参加竞赛，先后出动下乡货郎担226副，手推车171辆，送货4129人次，服务范围遍及2035个生产队及77个社队企业。是年5～7月，全县供销企业收到顾客表扬信件和各类工作建议3210件。全县供销系统评出最佳商店6家、优秀商店14家、优胜商店30家、最佳营业员8人、优秀营业员16人。1982年3月，县供销社组织开展“双好”（好企业、好职工）活动，以提高服务质量为中心，组织同行业之间、各部门之间开展“五讲四美”劳动竞赛，提出在商品品种上抓一个“多”字，在规格价格上抓一个“准”字，在服务态度上抓一个“高”字，供应方法上抓一个“便”字，清洁卫生上抓一个“好”字，克服“三差”（服务质量差、清洁卫生差、店容店貌差）状况。全县供销系统评选好企业（部门）88个，好职工136人。庄行、头桥、金汇供销社参与建设的商业街，被评为上海市供销社系统文明商业街。县百货公司毛巾柜台员工率先实行营业员挂牌服务主动接受顾客评论，服务态度明显改善。是年10月13日，县饮食服务公司针对南桥鸿运楼饭店厨师殴打顾客、服务员冷待客人的事件进行严肃处理，教育职工不断改进经营作风。1986～1987年，萧塘供销社棉花收购站坚持文明收购棉花，开展系列优质服务活动，连续两年被国家商业部授予“文明棉花收购站”称号。1988年，经有关部门审核验收，全县有18家商业企业（店）被评为“双信”（物价信得过，计量信得过）单位，其中供销系统就占14家，占“双信”单位的78%。1991年5月6日，县供销社党委批转工会、团委、组宣科关于《全面开展争创“新风”竞赛活动的意见》，提出以质量求信誉，以服务求效益、以优质服务赢得消费者信赖的服务指导思想，把优良服务，职业道德素养与物质奖励、职务晋升、技术职称评定挂钩。1994年，在创建文明、优良服务活动中，县供销总社围绕“三基”（基层单位、基本素质、基础管理）、坚持“三心”（质量放心，服务称心、环境舒心）、达到“三化”（净化、美化、绿化）为主要内容开展文明服务活动。1996年10月，上海鸿雁商场作为全国供销社系统销售“百强”（列百强商场第57位）企业之一，参与向全国发出《全国供销社“百强”商场社会服务承诺书》。2002年11月，连续荣获上海市文明单位的区烟糖公司、金叶超市公司、金叶商厦文明建设事迹被中央电视台、全国供销合作总社音像中心拍摄成电视记录片，在央视二套、七套播出。2005年3月，区供销总社农资供应部门实行统一标识、规范服务，向社会公开作出绝不出售假冒、伪劣，“三无”产品承诺。2006

复星康德大药房为民服务“四心”宗旨

年，区供销系统围绕“八荣八耻”的社会主义荣辱观，开展做践行公民道德、文明员工为主要内容的文明服务主题活动。2009～2012年，区供销总社继续把优质服务作为文明建设重要内容与检验企业和领导班子的重要标准。

方便为民。1951年，县合作总社为方便全县农民交售棉花，设立16个棉花收购站，在边远乡村增设10个收购棉花分站，配备收购人员185名。1952年春，在奉城区增设杀虫站，配备专业人员7名，向农民传授农业科技知识与灭虫技术，供应农药，出租喷药农具，受到全国供销合作总社与江苏省苏南行政公署供销合作总社的表扬与推广。是年7月28日，为支持农民购置农用物资，县联社在南桥镇举办首届城乡物资交流大会，历时5天的参加物资交流人数15万余人，收购农副产品3.63万元，销售生产、生活资料商品16.62万元（此类展销活动一直延续至90年代初）。1953年4月，县联社培训供销系统经营农药、药械的职工81人，提高为民服务业务水平。1954年9月，各基层供销社与农业合作社、互助组签订棉花预购合同，按预购总额的20%，及时向棉农发放无息定金（此工作延续到80年代初）。1956年上半年，全县供销系统干部职工运送生产、生活资料下乡849人次，手推车、货郎担流动供应169人次。是年，全县供销系统组织以耕牛为主的耕牛调剂工作，奉城区供销社在护民乡开展“耕牛租借”试点，出租耕牛30头，开展“千户万元”收购活动，增加收购品种57个。1958年，在农村边远大队设立下伸店、“双代”（代购代销）店100余家，方便群众购买生产、生活必需品。60～70年代，在全县冬季兴修水利工地，县供销社纷纷组织企业干部职工在水利工地设点、设摊供应商品，方便民工。1971年8月，县商业局革命委员会创办《支援三抢战报》，表扬三抢中方便为民的典型事迹。1980年，头桥、胡桥等供销社由主任、书记带队送货下乡。奉城供销社组织20多副货郎担到边远农村、宅基送食品、百货上门。县农资公司在化肥供不应求情况下，派出多路人马，从各地采购上千吨化肥，紧急调运回奉贤，及时供应到各公社大队。1985年10月，为适应农村实行家庭联产责任制的需要和方便农民交售棉花，县供销社调整收购方法，改队交队结为户交户结，基本做到当日收购当日结算付款。1989 年 6 月，古华药业集团出资邀请华东、华山、龙华等 3 所三级医院的专家，在南桥镇社区举办现场免费医疗咨询活动，接待居民、农民1000余人次。2004年，区供销总社建成三级（县、镇、村）为农服务网络，扩大服务范围。是年 7 月 4 日，《解放日报》以“村头有了便利店”为题肯定金叶超市公司为农服务做法。同年 12 月 1 日，《人民日报》以“奉贤供销社建成三级服务网络、扎根农村、服务农民”为题报道奉贤供销系统为民服务事迹。2007 年 10 月，上海复星康德大药房有限公司组织 300 余人次进行《药品经营质量管理规范》《药学知识和药学法规》培训，配合区供销总社开展《关爱大众健康、共建和谐家园》活动，出资数万元，购置 1000 余个小药箱和医药保健书刊发送给社区居民，在文化广场，开展药师志愿者现场咨询服务活动，全公司所属门市部（店）全部通过“规范药店”达标考核，获得奉贤区“消费放心店”称号。2012 年 5 月，区供销总社在南桥集贸市场南大厅开设有 50 多个品种平价蔬菜的供应点。是年 8 月 28 日，区供销总社在新建东路开设社区农副产品直供店开张营业，有鲜活、多样、价格便宜的土特产品百余种。

区供销总社、复星康德大药房向居民区赠送的家庭小药箱

二、评先活动

1. 评先内容　1952 年，奉贤县联社系统开展爱国主义劳动竞赛活动。1956 年，县供销社在爱国主义劳动竞赛活动中，共评出优胜单位 8 个，先进工作者 102 人。1959 年，开展“六好”红旗竞赛活动。对领导、管理人员、营业员提出不同的“六好”要求。领导（股长）层“六好”（贯彻上级指示好、政治领导好、技术革新好、工作深入好、关心职工好、部门协调好）；管理人员“六好”（完成任务好、深入基层好、技术革新好、及时处理公文好、工作质量好、劳动锻炼好）。营业员“六好”（服务质量好，执行政策好，勤俭节约好，团结互助好，政治业务学习好，商品保管、安全、卫生好）。是年 8 月，县商业局提出以增产节约为中心的“六好”（政治思想好，执行政策、完成任务好，遵守商业道德、服务质量好，业务技术好，勤俭

节约好，团结互助遵纪守法好）单位标准。1963～1965年，开展争创“五好”（政治工作好，执行政策完成任务好，经营管理好，生活管理好，干部作风好）企业与“六好”（政治思想好、执行政策完成任务好、爱护公共财物好、团结互助好、经常学习好、服务态度好）职工活动。1966～1972年，“文化大革命”中劳动评比竞赛活动停止。1973年起恢复评比竞赛活动。1976年冬，开展“双学”活动。“双学”先进集体标准为：认真学习马列主义、毛泽东思想，坚持党的基本路线，依靠党的领导，深入揭批“江青反革命集团”，大批修正主义，大批资本主义。打击贪污盗窃、投机倒把，坚持社会主义方向；有一个坚决执行党的路线、方针和政策，坚持继续革命，坚持“三要三不要”（要搞马克思主义不要搞修正主义，要正大光明不要搞阴谋诡计，要团结不要分裂）的基本原则，积极参加集体生产劳动，密切联系群众，团结战斗，老中青三结合的支部领导班子；基本形成一支具有较高政治觉悟，“三老四严”（说老实话、办老实事、当老实人、严格的要求、严肃的态度、严密的组织、严明的纪律）革命作风，反修防修、又红又专、全心全意为人民服务的职工队伍，有百分之三十以上的职工和百分之五十左右的部门（班组）达到本单位先进水平；贯彻执行“发展经济、保障供应”的方针，支持农副业生产，支持社队开展多种经营等方面作出显著成绩，为壮大集体经济出力、贡献多；经营管理好，以岗位责任制为中心的必要规章制度健全，并能严格执行，群众核算普遍开展，勤俭办企业，增产节约，扭亏增盈和安全生产等成绩显著，服务质量不断提高，商店面貌显著改变；执行政策好，全面完成与超额完成国家计划，各项经济指标达到或接近本企业历史先进水平。在技术革新方面有新的成果。“双学”先进个人的标准为：认真学习马列和毛泽东主席著作，在揭批“江青反革命集团”反党集团的斗争中立场坚定、旗帜鲜明，敢于同修正主义、资本主义和不良倾向做斗争，严格要求自己，努力改造世界观；牢固树立全心全意为人民服务的思想，热爱本职工作，坚持大干社会主义，正确执行党的方针政策，在支持生产、服务消费中完成任务好，服务态度和服务质量达到先进水平；用无产阶级政治挂帅，坚持走又红又专道路，积极为革命钻研业务技术，不断提高为人民服务的本领，一专多能；密切联系群众关心集体，关心同志、勇于批评与自我批评，共产主义风尚高，团结协作好；发扬“三老四严”“四个一样”（黑夜工作与白天工作一个样，坏天气工作和好天气工作一个样，领导在场和领导不在场一个样，有人检查与无人检查一个样）的革命作风，模范执行各项规章制度，自觉遵守革命纪律，服从命令听指挥，不怕苦、不怕累，勇挑革命重担；坚持社会主义方向，发扬主人翁的责任感，自觉参加企业管理，处处勤俭节约，爱护国家财产，为管好企业、理好财作出贡献。1977年9月，县商业局设立“双学”办公室。是年成立“双学”活动评选委员会。1978年5月，开展“百日优秀服务”活动，是年9月下旬，开展“优良服务质量100天”活动。1979年，“双学”活动先进集体与先进个人，改称为“六好”红旗单位和“五好”先进职工。“六好”

红旗单位标准是：政治思想好，坚持走社会主义道路，坚持无产阶级专政，坚持党的领导，坚持马列主义、毛泽东思想，发展安定团结大好形势，并善于把政治思想工作做到经济工作中去；领导班子好，领导班子要以身作则、团结战斗、熟悉业务、作风民主、密切联系群众、关心职工生活；职工队伍好，认真学习政治、学习业务技术，学文化、遵守劳动纪律，全心全意为人民服务；执行政策、完成任务好，贯彻执行“发展经济、保障供给”的方针，坚持政治观点、生产观点和群众观点，严格执行政策，全面完成国家计划，为“四化”（农业现代化，工业现代化，科学技术现代化、军事现代化）多做贡献；服务质量、技术革新好，支持生产方便群众，不断提高服务质量、工作质量和产品质量，实行商品养护科学化，笨重劳动机械化、电子化；企业管理好，勤俭办企业，严格执行规章制度，加强民主管理，不断提高企业管理水平；“五好”先进职工标准：政治思想好，热爱社会主义、坚持政治观点、生产观点和群众观点；业务技术好，刻苦钻研业务技术，勇于创新、精益求精，不断提高业务水平；为人民服务好，不断改进服务态度，提高服务质量，做人民群众贴心人，全心全意为人民服务；完成任务好，工作成绩显著，一贯勤勤恳恳，艰苦奋斗，认真负责忠于职守；团结互助好，能够团结协作，帮助别人，在群众中起表率作用。1980 年 9 月 1 日，南桥地区零售商店参加市供销社和《解放日报》市郊版联合举办郊县十大镇最佳商店、最佳营业（服务）员评选活动。最佳商店标准是：文明经商，热情服务；执行政策，一丝不苟；服务项目，方便多样；店风店貌，高尚整洁；经营管理，效果显著；为农服务，成绩突出；有切实可行的店规店章、营业员守则。最佳营业（服务）员标准是：一贯讲究礼貌服务；规范遵守店规店则；严格执行各项政策；精通业务，操作熟练；主动当好顾客参谋。1982 年，开展创“五好”企业，争“六好”职工活动。1983 年，改称为创“六好”企业争“六好”职工活动。“六好”企业标准是：企业领导班子好；思想政治工作好；执行方针政策、经济效益好；企业管理好；服务质量好；国家、集体和个人三者兼顾好。“六好”职工标准是：政治思想好；执行政策完成任务好；遵守商业道德，服务质量好；业务技术好；勤俭节约好；团结互助遵纪守法好。1984 年，改为评比先进集体和先进个人，由各级评选领导机关根据各个阶段要求提出评选标准。

2. **创先成果** 1952～2012 年，奉贤供销系统在开展社会主义劳动竞赛，争先创优活动中，已收集到被评为国家级先进集体 2 家，上海市（江苏省）商业部、全国供销合作总社以上的先进集体 50 家，市条线、区（县）级先进集体 455 家，市级以上劳模（先进工作者）47 人，市条线、区（县）级先进工作者 553 人。

1955～2012年奉贤区（县）供销系统先进集体（个人）情况表

表13-7-1

年份	先进集体（家）				先进个人（人）			
	国家级	全国总社、省、市、部级	全国总社、省、市、部条线	区（县）级	国家级	全国总社、省、市、部级	全国总社、省、市、部条线	区（县）级
合计	2	50	340	115	2	45	304	249
1955						1	6	
1956						2		
1958			5			1	2	
1959					1	1		
1960						1		
1961						2		
1962			1			5	7	
1963			2			2	19	
1964			1				2	
1973				2				
1974			3					
1977			3			5	1	22
1978		1	19	15		2	4	
1979		2	6	18		2	8	21
1980			6				9	
1981			17			2	17	
1982			23	1		1	26	
1983		1	31	9		2	32	11
1984			21				17	
1985		2	6	6		1	3	1
1986		1	6				4	3
1987		1	7	14		1	8	34
1988		3	1				8	
1989		1	23	2	1	2	17	6
1990			12	1			5	2
1991			27	9		1	22	29
1992		1	2				3	2
1993		2	2	6		2	3	34
1994		1	3			1	4	2
1995		1	4	6		1	20	27
1996		2	3	1			2	5
1997		2	3			1	11	11
1998		1	3	1		1		
1999		2	3					

续表 13-7-1

年份	先进集体（家）				先进个人（人）			
	国家级	全国总社、省、市、部级	全国总社、省、市、部条线	区（县）级	国家级	全国总社、省、市、部级	全国总社、省、市、部条线	区（县）级
2000			1	5		1	7	16
2001		4	17	2		2	10	
2002		1	13				8	1
2003		8	11	5			4	2
2004		1	4				4	2
2005	1	4	3			1	5	3
2006		2	3	2			1	3
2007		3	1	1		1		8
2008			9					
2009	1	1	3				3	
2010			1	5				
2011		1	31				2	
2012		1		4				4

注：具体名单见第十七章荣誉。

三、文明创建

1. **创建活动** 1982年3月，县供销社召开有1200余名党员干部职工参加的供销系统“双佳”（最佳商店、最佳营业员）立新功经验交流会，作出“奉贤供销系统开展文明礼貌月活动”的决定。1983年3月，县供销社以开展五讲（讲文明、讲礼貌、讲卫生、讲秩序、讲道德）四美（心灵美、语言美、行为美、环境美）三热爱（热爱祖国、热爱社会主义、热爱中国共产党）为主题，召开由239名干部职工参加的精神文明建设经验交流会，作出“开展第二个全民文明礼貌月活动”“1983年职工教育”等工作意见。光明供销社干部职工积极参加光明乡“新风户”和“五讲四美三热爱”活动，被评为奉贤县社会主义精神文明建设先进单位。1984年，奉城供销社创建文明活动，坚持全面参与，落实各项措施，实现物质文明、精神文明双丰收，被国家

2001年12月，钱正兴被国家卫生部、中国红十字会总会、解放军总后卫生部授予无偿献血奉献奖金奖

钱正兴获上海市无偿献血白玉兰奖奖杯

商业部评为全国商业系统文明单位。1991年4月，县供销社党委批转工会、团委、组宣科《全面开展争创“新风”竞赛活动意见》，开展争创“新风”部门、“新风”柜组竞赛活动。是年8月，对县供销社所属的13个直属公司、2个商场、18个基层供销社全面进行“三貌”（精神面貌、店容店貌、仓容仓貌）检查，推动文明创建活动逐步深入。1992年，为迎接中共“十二大”召开和国庆节，全县供销企业开展优良服务、文明服务活动，各商店、门市部张贴告顾客书，把文明活动与商业服务工作结合起来。是年，青村供销社职工钱正兴无偿献血的事迹，被评为奉贤县50件精神文明好事之一。1994～1997年，县供销总社在全系统开展“迎世博、迎奥运”为主题的“文明在手中、文明在脚下”“清洁家园”等文明志愿者活动。1997年，全县供销系统开展“服务人民，奉献社会”道德风尚教育，推动创建文明单位、文明班组、文明窗口活动进一步深入，“烟草职工情系希望小学”被评为1997～2001年度奉贤县社会主义精神文明建设好事提名奖。1998～1999年，在创文明单位班组、窗口活动中，全县供销企业普遍开展“诚信经商、不售假货”“四优一严”“文明在奉贤、满意在商场”“文明经商、礼貌待客、优质服务、方便群众”等活动。2001年，区供销总社以开展“五争”（争创六好党支部、争创文明班组、争创文明科室、争创文明员工、争创先进示范岗）为抓手，进行争创文明评比系列活

中国人民解放军83318部队151分队
上海鼎丰酿造食品总厂
军民共建精神文明协议书

共建单位：

甲方：中国人民解放军83318部队151分队

乙方：上海鼎丰酿造食品总厂

㈠、共建目的：

进一步深化军民共建社会主义精神文明建设，继续贯彻全国“双拥”工作会议精神，积极响应中共上海市委、市政府提出“爱军人、固长城、爱人民、卫祖国，军民共建、共学，齐力振兴上海”的号召，扎扎实实开展“双拥、双学”的活动，使企业职工进一步理解军人、尊重部队，使部队战士视驻地为故乡，真正做到军民团结如一人，达到共创文明单位，共建先进党、团支部，共育“四有”新人的目的。

领导小组：

乙方：李品高、吴方圭、赵龙才、陶伟成、韩卫红

甲方：詹冈峰、尹涛、李达清

㈡、共建内容：

1.双方在活动内容上围绕着“双拥”主题，通过军民共建形式，共创双文明单位。

2.双方本着两个文明并举精神，共建共育，力争为对方多做好事、实事，企业可为部队培训军地两用人才，提供生产经营技术知识，部队可以利用节假日帮助厂方进行突击活动，提供不影响军事训练前提下的汽车运输服务。

3.双方原则上每月不少于一次活动，从九三年七月份开始。

㈢、活动安排：

七月份：双方联合召开共建动员会，布置共建任务，举行签协仪式，组织“八一”联欢活动。

八月份：甲方领导为乙方职工作我军传统教育报告，播放现代战争录像片，提高职工的国防观念。

九月份：双方党支部和党员交流在新时期内发挥支部战斗堡垒作用和党员先锋模范作用的经验体会，增强党员的党性观念。

十月份：双方团支部组织团员青年进行“爱党、爱军、爱社会主义祖国”读书演讲活动，增强爱党、爱军观念，坚定共产主义信念。

十一月份：双方组织战士、民兵、职工开展篮球、乒乓球以及各种棋类、卡拉OK等友谊比赛，密切军民的鱼水关系。

十二月份：进行军民共建总结，研定新一年共建计划。

甲方：
83318部队151分队党支部
代表：

乙方：
上海鼎丰酿造食品总厂党支部
代表：

一九九三年七月廿六日

动。2005年，长期坚持文明活动、措施到位、创建成效明显的上海鼎丰酿造食品有限公司被全国社会主义精神文明建设活动指导委员会评为全国精神文明建设工作先进单位。2007年，区供销系统针对行业窗口特点，从提高文明创建知晓率、扩大参与率入手，加强宣传力度、开展文明创建，2008～2009年，先后开展争创市区文明单位、班组、窗口活动，在全系统干部职工中倡导培养文明理念和文明习惯，提高文化素养、营造文明氛围，逐步形成练内功、强素质、抓管理、上水平、讲团结、求和谐、作贡献、谋发展的系列活动的氛围。2009～2010年，上海鼎丰酿造食品有限公司坚持用“优质举鼎、文明双丰”企业精神，深化文明创建工作，开展“每月一星”“每季一星”（指本企业评比星级先进人物）评选，自办反映企业两个文明为主要内容的《鼎丰简讯》59期，公司表彰最佳服务明星6人，最佳技术明星8人，文明班组10个，优秀志愿者等20人，再次被评为全国精神文明建设工作先进单位。2011年，奉贤供销系统17家文明单位联合举办文明创建联谊活动。2012年，区供销总社积极开展“7个窗口”（农资为农民服务、菜篮子利民、废品回收服务、医药健康服务、休闲旅游服务、鼎丰百年老字号品牌、经济园区服务窗口）文明建设，弘扬“为农、诚信、创业、合作”的企业精神和文明新风。

2. 结对共建 军民结对。90年代，县供销系统企业始与驻奉贤部队结对，开展军民共建社会主义精神文明活动。1993年7月，上海鼎丰酿造食品总厂与中国人民解放军83318部队151分队结对，由双方单位主要负责人签订《军民共建精神文明协议书》。每逢生产旺季，部队组织官兵到上海鼎丰酿造食品有限公司参加劳动协助抗灾。1999～2007年，上海金叶商厦、金叶超市公司、上海华邦涂料有限公司、上海复美康德大药房有限公司等5家企业先后与中国人民解放军驻奉贤73176部队、94774部队、南京军区空军后勤部副食品生产基地、驻奉武警消防奉贤区防火监督处、奉贤区军队退休干部管理所，结对开展共建活动。上海鼎丰酿造食品有限公司、上海金叶商厦、上海华邦涂料有限公司分别被中共上海市委、上海市人民政府、上海警备区评为上海市军民共建社会主义精神

1993年7月，与上海鼎丰酿造食品总厂签订军民共建社会主义精神文明的中国人民解放军83318部队151分队官兵在企业参加劳动

文明先进单位。

社企结对。1988年起，县供销社、上海鼎丰酿造食品有限公司、金叶商厦、金叶超市公司、奉贤烟草公司先后与郛桥乡马路村、奉城镇北门村、四团镇小荡村、南桥镇北街中街居委、育秀第二、三居委、古华第一居委、区福利院、南桥敬老院、新贝幼儿园等15家企业（单位）结对，开展社会主义精神文明活动，企业干部职工经常深入挂钩村和结对单位、开展扶贫帮困工作。

2006年6月，上海鼎丰酿造食品有限公司与奉贤中学精神文明创建工作座谈会全体人员合影

帮困结对。2005年，区供销总社党政班子成员5名成员分别与奉城供销社职工沈佩芬家庭、饮食服务公司职工宋银龙家庭、庄行供销社职工沈秀花家庭、金汇供销社职工王国良家庭、商业公司职工朱巧芳家庭结对，帮助解决1户因病治疗的部分费用，资助4名职工子女完成大学期间的学业。资助总额6万余元。

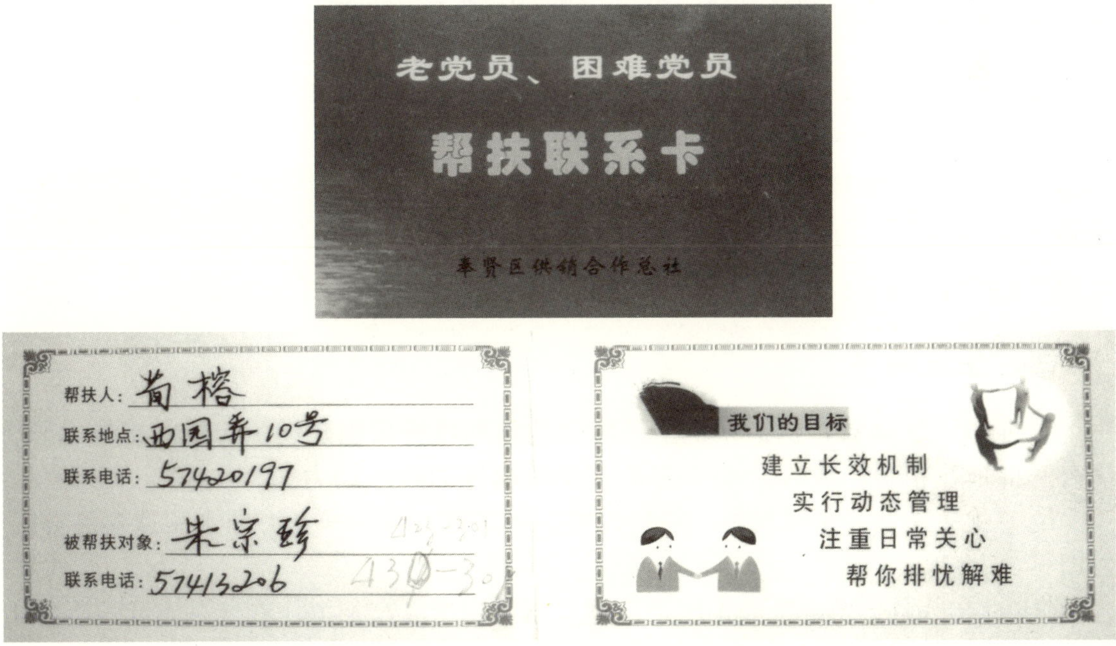

区供销总社党政班子、机关干部帮扶联系卡

与离休干部结对。2008年，区供销总社党政班子、机关科长与供销系统离休干部结对。之后不论班子成员调整，结对工作制度不变。2012年，区供销总社党政班子4名成员与机关6名科长（主任）分别与尤立春、朱宗珍、陈忠、迟宗聚、冒新才、姚守先、冯仪华、刘保山、仲天怀、何正英等10名离休干部结对，定期上门拜访，听取意见，及时解决他们的实际困难。

3. **创建成果** 1984～2012年，奉贤区（县）供销系统在抓物质文明同时，大力开展精神文明创建活动，先后涌现区（县）级以上社会主义精神文明单位（集体）66家（次），其中市部级以上文明单位27家（次）占全部文明单位的33%。市条线、区（县）级文明单位（班组、岗）39家（次）。占文明单位67%。

1983～2012年奉贤区（县）供销系统文明单位情况表

表13-7-2

年 份	合 计	国家级	市部级	市条线区（县）级	年 份	合 计	国家级	市部级	市条线区（县）级
1983	11			11	1999	2		2	
1985	7		1	6	2000	2			2
1986	1		1		2001	7		3	4
1987	6		1	5	2002				
1988					2003	6		5	1
1989	2		1	1	2004	1			1
1990					2005	5	1	4	
1991	1			1	2006	1			1
1992					2007	2		2	
1993	1		1		2008				
1994					2009	2	1	1	
1995	1		1		2010	3			3
1996	1			1	2011	1		1	
1997	1		1		2012	2			2
1998									

注：具体名单见第十七章荣誉。

四、企业精神

63年来，区（县）供销系统坚持经济建设和精神文明建设一起抓的指导思想，孕育一批企业精神，成为激励干部员工不断前进的政治动力。

1. “优质举鼎、文明双丰、科技振兴、管理促旺”——上海鼎丰酿造食品有限公司

（1992年3月，由奉贤鼎丰酿造厂党支部书记李品高初拟，在《鼎丰简讯》第1期代发刊词中刊出，经全厂干部职工讨论后正式形成。优质是鼎丰知名优势，文明

是鼎丰建设向往，科技是鼎丰的兴厂源泉，管理是鼎丰的当家法宝。每句最后一个字连成鼎丰兴旺。）

鼎丰制酱传统工艺作坊现场

2. “货真价实、童叟无欺”　“不二价”——人和堂药店

释义：药品真价格实，不论儿童、老人一视同仁，不讨价还价。

人和堂国药店门口设摊为群众服务，弘扬企业精神

3. “金的品质、叶的奉献”——上海金叶商厦

释义：经营的商品质量似金、服务的态度如叶奉献。

4. “商品精、价格廉、服务优”——精品商场

释义：质量上乘、价格合理、服务优良。

5. “温馨之家”——鸿雁商场

释义：走进鸿雁商场胜似回到自己温暖、祥和的家。

6. “团结　拼搏　务实　创新”——上海古华医药药材集团公司

释义：团结同心，拼搏向上，求真务实，不断创新。

第十四章　群众团体　民兵组织

奉贤县供销合作社建立后，县供销社系统陆续建立群团和民兵组织。50年代末，基层供销社群团组织、民兵组织相继建立；60年代末，直属公司（厂）群团组织、民兵组织相继建立。1963年5月，建立奉贤县供销合作社基层工会联合委员会。1973年2月，建立共青团商业局总支委员会。“文化大革命”期间，县供销社各级群团组织遭到破坏，组织瘫痪。1973年起，县供销社群团组织恢复建立，工作得以正常开展。1974年6月，建立奉贤县供销合作社工会工作委员会。1984年4月，建立供销社妇女组织。1989年，建立奉贤县供销合作社思想政治工作研究会。1990年建立奉贤县供销社计划生育协会。1995年6月，上海市奉贤县供销合作经济研究会核准登记建立。

在党组织领导下，全县供销系统群团及民兵组织，在组织开展理论学习和思想教育、供销合作经济研究、贯彻政府法令、提高职工文化业务素质、开展民主管理、维护职工权益、解决职工困难和搞好文体活动等方面发挥重要作用，激发职工生产经营的积极性，推动供销社系统两个文明建设的发展。先后涌现全国工会积极分子、先进女职工各1名；上海市模范职工之家2个；上海市新长征突击队1个；上海市新长征突击手3名；上海市三八红旗手9人次。

第一节　工　会

1953年起基层供销社先后建立工会组织；1963年5月，建立奉贤县供销合作社基层工会联合委员会；60年代末至70年代初直属公司（厂）先后建立工会组织。“文化大革命”期间，供销系统工会组织遭到摧毁。1973年7月，直属公司（厂）重建工会组织；1974年6月，基层供销社重建工会组织；之后工会组织随着企业建立而建立，部分企业被托管、兼并、歇业、关闭而撤销。

一、区（县）供销社工会

1963年5月，建立奉贤县供销合作社基层工会联合委员会。1974年6月，成立奉贤县供销合作社工会工作委员会。1979年1月，改称奉贤县供销合作社工会委员会。1993年7月，改称奉贤县供销合作总社工会委员会。2000年3月，召开奉贤县供销合作总社工会第一次代表大会，陆慧仙当选为工会主席。2003年7月，召开奉贤区供销合作总社工会第一次代表会议，唐汉规当选为工会主席，朱梅英为工会副主席。2006年11月，召开奉贤区供销合作总社工会第二次代表会议，唐汉规当选为工会主席，张建平为工会副主席。2009年12月，召开奉贤区供销合作总社工会第三次代表会议，荀榕当选为工会主席，张建平为工会副主席。

1974～2012年，奉贤区（县）供销总社历任工会主席、副主席：

主　席　唐亚官（女，1979.01～1987.06）　莫仁君（1987.06～1993.07）
邵复健（女，1993.07～1999.09）　陆慧仙（女，1999.09～2003.07）
唐汉规（2003.07～2009.12）　荀　榕（2009.12～　）

副主席　陈　忠（1974.06～　）　穆光学（1979.01～　）
张　洪（1984.10～1985.12）　瞿翠芳（女，1985.12～1999.10）
唐亚官（女，1987.06～1992.09）　朱梅英（女，2002.10～2006.11）
张建平（女，2006.11～　）

二、基层供销社工会

1953～2012年，全区（县）供销系统有记载的基层供销社工会21个。

1953～2012年奉贤区（县）基层供销社工会情况表

表14-1-1

工会名称	存续时间	历任工会主席
奉城供销社工会	1953～	张伯仁　陈铭伟　陆伯英　陈瑞芳　褚伯龙　许　奔　翁卫明
庄行供销社工会	1953～	李云龙　许月丽　沈智林　陆菊华　涂士人　赵学坌　刘红弟
青村供销社工会	1953～	陈德望　陈勤芳　陆勤云　陆伯英　屠永华　来克旺　倪永良　沈亦平　陈志刚
江海供销社工会	1953～	沈寿华　何仁明　庄正国　顾士荣　吴方圭　宋石英　李晓龙　盛其炎　屠士德　乔修松
泰日供销社工会	1953～2006.03	何文正　周生根　王连伯　王雪林　沈保鸿　周祖勇
钱桥供销社工会	1960～2003.10	黄锦福　陶火金　徐志勇　郭伟良　屠士德
金汇供销社工会	1961～	金进林　汪德明　杜龙章　陈金发　顾引初　方惜光　顾　浩　乔修松　周祖勇　钱继英
新寺供销社工会	1962～2003.10	毛小善　程　胜　姚明德　林惠章　张慕弟
胡桥供销社工会	1962～2003.10	平伯才　平雪根　彭水龙　杨根发　瞿激扬　冯召章　翁国建
光明供销社工会	1962～2003.10	华桂章　林永仁　何文兴　胡德明
四团供销社工会	1962～	顾水祥　王炎根　赵勇飞　邵才明
齐贤供销社工会	1963～2003.10	余伯祥　杨金龙　周祖勇
萧塘供销社工会	1965～2004.03	潘桂林　沈大华　沈永生
邬桥供销社工会	1965～2003.10	王胜君　唐仁发　高火龙
平安供销社工会	1965～2006.03	陈才新　陈立祥　夏根余　陈志刚
头桥供销社工会	1966～2008.03	徐根千　徐育章　张永才　来克旺
塘外供销社工会	1966～2003.10	盛金章　钱国仁　项海滨
新海供销社工会	1982.01～1998.12	张端林　谢焕华　施胜杰
柘林供销社工会	1985.01～	秦银发　严兰根　李德宝　严新建
邵厂供销社工会	1994.03～2003.10	陈才新　朱宝龙　蔡仲章
洪庙供销社工会	1994.03～2003.10	王炎根

三、机关、直属公司（厂）工会

1965～2012年，区（县）供销系统有记载的机关、直属公司（厂）工会44个。

1965～2012年奉贤区（县）供销机关、直属公司（厂）工会情况表

表14-1-2

工会名称	存续时间	历任工会主席
奉城轧花厂工会	1965～1993.11	戴志浩
食品公司工会	1967～1989.01	夏保郎
饮服公司工会	1967～	朱省三 康裕祥 吴依慈 陈铭伟 李晓龙 崔雅琴（负责人） 王晓华（负责人）
物利公司工会	1967～	余元忠 沈建国 梁美华
农资公司工会	1967～	李 辉 许秋熊 唐德明 诸银余 黄祖明
齐贤轧花厂工会	1968～2005.11	冯培根 肖 振 金林生 顾来生 赵洪官 许补兴 胡福兴 刘崇松
五金公司工会	1968～2012.02	薛美芳 李勤清 陈菊芳 张明荣
南桥轧花厂工会	1969～1996.05	王根才 裴福清 张慈心 顾来生
果品公司工会	1969～2006.03	林志英 余永清 卢 帆 裴忠民 庄 坚 张国耀 沈建国
烟糖公司工会	1970～2006.05	陈宝忠 陈宝财 王能兰 徐玉清 张贤民 赵竹强
鼎丰公司工会	1970～	李小弟 浦林芳 孙石青 陈美英 瞿激扬
医药公司工会	1970～1994.04	张云龙 傅文彪
百货公司工会	1971～2004.02	庄水铭 卫桂兴 童士燕 周荣华
棉花公司工会	1978～2003.10	朱邦宽 莫伯铭 沈建国
石煤公司工会	1978.10～1986.03	陆连德
区（县）社机关工会	1979.01～	姚杏棣 许月莲 钟荣杰 庄 坚 赵金林 孙玉宇 朱梅英 张建平
副食品公司工会	1979.01～1988.04	庄福祥 童士燕 王能兰 张雄官
汽车运输队工会	1979.01～1987.04	莫伯铭
古华食品厂工会	1982.03～1994.10	陈宝忠 沈美英
南桥食品商店工会	1983.04～1987.03	黄家培
南桥百货商店工会	1983.04～1987.03	唐月华
供销商业学校工会	1987.03～1997.07	张志贤 唐 彬
纺织品公司工会	1987.04～1997.03	潘明昌 刘晓龙
石油公司工会	1987.04～1995.03	王文标 沈新龙
煤炭公司工会	1987.04～2012.02	卞洪才 张火楼 钱照根 沈亦平
外贸公司工会	1987.07～1990.03	夏根余 何八渊
滨江集团公司工会	1988.07～	方才章 陈桂林 沈卫红
华邦涂料厂工会	1989.12～2010.05	方才章 杨明军 沈美英 潘可夫 狄生官 李国利
土产公司工会	1990.03～1996.08	钱照根 卫桂兴 童士燕
市社机械厂工会	1990.04～1997.12	顾 炜 吕志丽 沈美英

续表 14-1-2

工会名称	存续时间	历任工会主席
鸿雁商场工会	1990.08～	张玲妹　高李华　赵金林　干建明
华亭食品商场工会	1991.04～1997.05	孔守国
江南汽车修理厂工会	1991.05～1993.09	吕志丽
服装鞋帽公司工会	1992.07～1997.03	乔东初
环东厂工会	1993.12～1994.03	陆志刚
精品商场工会	1994.02～2003.10	朱梅英　周国友
工业公司工会	1994.02～1996.08	潘可夫
商业供销公司工会	1994.05～	吴依慈　顾春华
康德药业公司工会	1994.12～	卢　帆
建设公司工会	1995.07～	郁援朝　卫桂兴
商业公司工会	1995.07～	李建育　张加诚　吴浩杰　屠士德　沈建国　方宝根　沈亦平
塑料管厂工会	2003.03～	张　伟
伊和电器公司工会	2006.05～	张　斌
奉供实业公司工会	2011.05～	倪勤华

四、物资系统工会

2005 年 7 月，原物资总公司所属 9 个基层单位划归区供销总社。至 2012 年，物资系统单位先后建有工会 9 个。

2005～2012 年奉贤区供销总社托管的物资系统工会情况表

表 14-1-3

工会名称	存续时间	历任工会主席
农业机械公司工会	2005.07～2007.11	卫家龙
建筑材料公司工会	2005.07～	柯　瑾
机电设备公司工会	2005.07～2006.05	杨国敏
有色金属公司工会	2005.07～2006.05	徐金友
南奉生产资料公司工会	2005.07～2011.03	盛红梅
南化工业气体公司工会	2005.07～	何忠玉　王传新
化工轻工公司工会	2005.07～	张生龙
欣隆木材钢模公司工会	2005.07～2012.04	张玉萍
华物商贸公司工会	2006.03～	金国平

五、主要活动

1. **维护职工合法权益**　50 年代，基层供销社相继建立工会组织，并重点做好工会会员登记工作，办理职工互助基金会，参与解决职工与企业、职工与职工以及职工家庭之间的各类纠纷，确保职工正当利益不受侵害。60 年代，县供销社基联工会每年组织工作有成就职工去杭州疗养，发动职工提合理化建议。“文化大革命”结

1986年11月，奉城供销社工会被市总工会授予模范职工之家称号

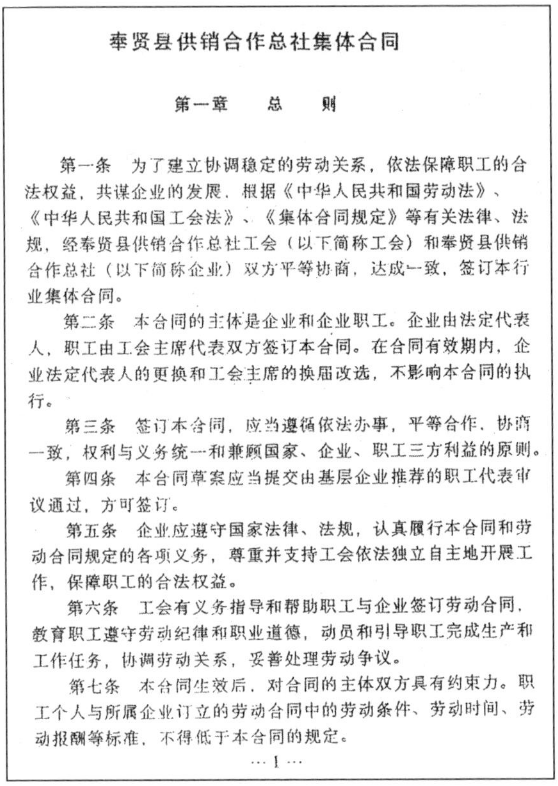

奉贤县供销合作总社集体合同

第一章　总　则

第一条　为了建立协调稳定的劳动关系，依法保障职工的合法权益，共谋企业的发展，根据《中华人民共和国劳动法》、《中华人民共和国工会法》、《集体合同规定》等有关法律、法规，经奉贤县供销合作总社工会（以下简称工会）和奉贤县供销合作总社（以下简称企业）双方平等协商，达成一致，签订本行业集体合同。

第二条　本合同的主体是企业和企业职工。企业由法定代表人，职工由工会主席代表双方签订本合同。在合同有效期内，企业法定代表人的更换和工会主席的换届改选，不影响本合同的执行。

第三条　签订本合同，应当遵循依法办事，平等合作，协商一致，权利与义务统一和兼顾国家、企业、职工三方利益的原则。

第四条　本合同草案应当提交由基层企业推荐的职工代表审议通过，方可签订。

第五条　企业应遵守国家法律、法规，认真履行本合同和劳动合同规定的各项义务，尊重并支持工会依法独立自主地开展工作，保障职工的合法权益。

第六条　工会有义务指导和帮助职工与企业签订劳动合同，教育职工遵守劳动纪律和职业道德，动员和引导职工完成生产和工作任务，协调劳动关系，妥善处理劳动争议。

第七条　本合同生效后，对合同的主体双方具有约束力。职工个人与所属企业订立的劳动合同中的劳动条件、劳动时间、劳动报酬等标准，不得低于本合同的规定。

…1…

县供销总社的集体合同摘录

束后，工会工作逐步进入正规化和规范化。1978年，各级工会坚持维护职工合法权益，参与协商解决劳资纠纷、安全生产检查、职工伤亡处理等工作。1981～1984年，组织751名老干部、老职工、先进工作者到上海、杭州、无锡等地疗养；此后，县供销社工会每年制定疗休养计划，落实职工疗修养以及外出学习考察活动。1984年全县供销系统安排疗休养1030人；1986年1732人；1990年2500人。1986年，创建“职工之家”，全系统58个单位，创建“职工之家”48个，创建率达到82.8%；1986年，奉城供销社被上海市总工会评为模范职工之家；2004～2005年，金叶

1985年6月，县供销社参加县总工会组织去黄山休养的人员合影

商厦被上海市总工会评为模范职工之家。1998年，建立企业职代会，在企业改革发展的重大事项和职工切身利益议案上，发挥职代会的作用。1996年起，根据《中华人民共和国劳动法》及国家劳动部《集体合同规定》，县供销总社逐步推行签订集体合同制度。企业集体合同每三年签订一次，工资集体协议每年签订一次。2012年，有26家企业建立集体合同和通过协商谈判签订工资集体协议，涉及职工1420人。

2．**开展企业文体活动**　60年代，县供销社基联工会每年在元旦、五一、十一等节日期间组织职工参加环队赛跑、跳绳、拔河、球类、棋牌等项目比赛。1980年起，不定期举办不同类型体育运动会，进行拔河、乒乓、象棋、跳绳、骑车等项目比赛；1996年10月，县供销总社举行职工运动会，42个单位1000余名职工参加比赛；闭幕仪式，市商委工会主席楼樱、市总社党委副书记郁素娥、县政府副县长管其昌到会作重要讲话。2006年起，每年举行一次职工运动会。2005～2012年，区供销总社工会相继组织7次职工运动会，2000余名职工参加20余个项目比赛。1978年6月，奉贤县商业局举行第一届业务操作比武大会，有8个行业23个项目，107名选手参加，每个项目前三名获物质奖励，其他选手获纪念品。1979年6月，县供销社在县体育馆举办第二届业务操作比赛，有6个行业25个项目，129名选手参加，75名选手获奖。1981年11月25日，县供销社举办第三届业务操作比赛，共27个项目，182名选手参加比赛，81名选手分获各个项目前三名。1987年7月，县供销社财会科举办供销系统才会人员珠算技术比赛，参加选手80余人，王传玉，何东明分获比赛前二名。1996年5月，组织“学习徐虎（市服务先进标兵）我为企业作贡献”技术比武珠算大赛。是年7月，县供销总社在全系统开展“供销杯”万名职工大练兵活动，有1428名职工参加8个大项12个小项的选拔比赛。2001年，在上海市商业委员会举办的理货员商业技能比赛中，县供销总社派出的代表队获团体二等奖。80年代，县供销社工会在国庆期间，组织基层单位举行唱革命歌曲、颂供销精神、树供销新风歌唱会。90年代，县供销社工会成立文艺小分队，以“振奋精神，深化企业内部改革”为主题，深入基层慰问演出20余场。各大店、名店工会在庆典活动时，用形式多样的文艺演出展示企业形象；如一年一度“鸿雁杯”戏曲沙龙、卡拉OK大奖赛、时装表演，“精品杯”消费者歌曲大奖赛等。1997年，金叶商厦工会组建戏曲、舞蹈、合唱、时装、仪仗、锣鼓等7个艺术队，精心创作和排练一大批群众喜闻乐见的节目；艺术团热心参加公益活动，到福利院、敬老院、上海提篮桥监狱慰问演出；参加区文化“三下乡”演出、区法制文艺宣传巡回演出、“相约滨海之夏”广场文化演出；深入共建单位、居委、企业、学校演出或办画展；至2006年艺术团参加各类演出438场。

3．**组织爱心济难捐助**　1991年，开展献爱心募捐活动，向遭受严重洪水灾害的江、浙、皖地区捐款2万元；1998年，我国遇到特大洪水灾害，募捐7万多元和100多箱衣、被等生活用品；2004～2007年，为支援灾区、奉献爱心共捐款25万元，

2010年6月，鸿翔商场成立联合工会

衣物19641件；2008年5月，四川汶川大地震，捐款11.90万元。1995年，制定《救急济难互助基金实施办法》《奉贤县供销合作总社救急济难互助基金章程》，救急济难互助基金总额42万元。2001年起，工会建立特困职工资料信息档案，每年调查摸底，核实确定对象，建立特困职工信息库，对生活困难的职工采取定期、不定期的经济补助。每年元旦、春节前夕，都要探望企业的困难职工和离退休干部。2001～2007年，补助困难职工共1210人次，金额38万元。2005年，全区供销系统筹集61万元捐款扩充到救急济难基金会。是年，供销社领导班子建立结对帮扶制度，开展结对帮困助学；结对活动开展以来，帮困7人，送助学金共2.1万元。各基层单位也纷纷开展结对帮困送温暖活动。2008～2012年，补助困难干部职工共1568人次，补助金额65.7万元。

第二节　共青团

60年代初，基层供销社相继建立团组织；70年代初，区（县）供销社及直属公司（厂）团组织也相继建立；90年代末，县供销社推行体制改革，实行企业兼并和减员分流，各基层单位团支部也随之撤销。供销社共青团工作依靠党组织和工会的大力支持，围绕企业改革发展这个中心，开展社会实践和创优活动，发挥共青团的助手和突击队作用。

一、团　委

1973年2月，成立共青团商业局总支委员会，召开共青团奉贤县商业局代表大会，选举产生团总支班子，胡志刚任团总支书记。

1978年9月，成立共青团奉贤县供销合作社委员会，召开共青团奉贤县供销合作社第一届代表大会。大会听取胡志刚所作团总支工作报告，选举产生第一届团委班子，胡志刚任团委书记。

1983年8月，召开共青团奉贤县供销合作社第二届代表大会。大会听取潘有发所作第一届团委工作报告，选举产生第二届团委班子，潘有发任团委书记。

1987年7月，召开共青团奉贤县供销合作社第三届代表大会。大会选举产生第三届团委班子，潘有发任团委书记。

1987年7月28日，奉贤县供销社第三次团代会开幕

1989年5月，召开共青团奉贤县供销合作社第四届代表大会。大会听取潘有发所作第三届团委工作报告，选举产生第四届团委班子，张琪任团委书记。

1991年4月，召开共青团奉贤县供销合作社第五届代表大会。大会听取张琪所作第四届团委工作报告，选举产生第五届团委班子，张琪任团委书记。

1993年6月，召开共青团奉贤县供销合作总社第六届代表大会。大会听取王正乙所作第五届团委工作报告，选举产生第六届团委班子，王正乙任团委书记。

1996年5月，召开共青团奉贤县供销合作总社第七届代表大会。大会听取祁枫所作第六届团委工作报告，选举产生第七届团委班子，祁枫任团委书记。

1999年9月，召开共青团奉贤县供销合作总社第八届代表大会。大会听取祁枫所作第七届团委工作报告，选举产生第八届团委班子，夏锋任团委书记。

2003年12月，召开共青团奉贤区供销合作总社第一届代表大会，选举夏锋为团委书记。

1973～2003年，团委（总支）历任书记、副书记：

书　记	胡志刚（1973.02～1980.03）	潘有发（1983.08～1989.05）
	张　琪（1989.05～1993.06）	王正乙（1993.06～1996.05）
	祁　枫（女，1996.05～1999.09）	夏　锋（1999.09～2006.05）
副书记	陆志刚（1973.02～1983.08）	王　玲（女，1973.02～1978.09）
	陈建权（1978.09～1983.08 ）	
	张建强（1978.09～1983.08，1980年3月起主持工作）	
	朱梅英（女，1978.09～1987.07）	张　琪（1987.07～1989.05）
	陈　英（女，1987.07～1989.05）	祁　枫（女，1989.05～1996.05）
	徐　敏（1989.05～1991.04）	王正乙（1991.04～1993.06）

陆伟明（1996.05～1999.09） 王 喆（1996.05～1999.09）
朱辉琴（女，1999.09～2003.12）

1986年11月，县供销社团委第二期团干部轮训班全体人员合影

二、基层组织

区（县）供销社先后共建有基层团支部68个。其中基层供销社团支部21个，17个建于60年代中后期，2个建于80年代初，2个建于90年代初；基层供销社团支部隶属各乡镇团委。1970年起，县供销社直属47家公司（厂）相继成立团支部。1998年基层单位进行改制和职工下岗分流，基层单位团支部随之撤销，此时供销系统建立团组织单位仅存烟草糖酒公司。2006年，烟草糖酒公司整机制划出供销社，由市烟草实行垂直管理，区供销总社团组织也随之消失。

三、主要活动

1. **志愿为民服务** 70年代，县供销社（商业局）团委（总支）组织开展“学雷锋、做好事、树新风”活动。全县供销系统组成十几支青年服务队，围绕企业的中心工作，开展突击义务劳动，并经常性为军属、孤老做好事，开展社会公益活动，倡导助人为乐和尊老敬老的社会新风。每年三月份，各级团组织组织团员青年开展上街设摊为民修理面盆、套鞋、家电、自行车、理发、熨烫衣服、送货上门等服务活动。每年儿童节和重阳节为儿童、老人服务，参加植树、大扫除、开河等突击性义务劳动。“学雷锋、做好事、树新风”活动是供销社团组织常年坚持的一项传统的特色工作。1982年3月7日，县供销社团委组织百余名团员青年开展“为您服务”

送温暖活动；上街设摊服务，组织4支青年服务队送货上门，活动服务项目有32项，服务4500人次。1983年2月，庄行供销社团员参加“为您服务”活动83人次，为顾客义务送货额7700余元。南桥百货商店4名团员组成关心小组，长期为本企业4名高龄退休职工解决生活难题。1985年9月，县供销社团委组织32名团员青年分5个组回收废旧物品，分别在南桥新村、解放一、二、三村设四个服务点，一个运输队在四个服务点轮流调运回收物资36个品种10吨废品，成交1538笔，总额891.49元。1986年，在全社团员青年中进行“四有”（有理想、有道德、有文化、有纪律）新人教育。1989年6月，团委组织18个团支部成立供销青年废旧物资查禁队，查禁废旧物资250吨，协助有关部门查获1起违规违法案，1起盗窃案。1990年，县供销社团委支持县煤炭公司团支部成立“青年送煤队”，开展为南桥镇孤寡老人上门义务送煤活动。各级团组织实行“社会敬老一条龙”服务，经常性为孤寡老人做好事，倡导助人为乐和尊老敬老的社会新风。

2．**文明“十佳”创建**　1992年，县供销总社团委在全县供销系统团员青年中开展“青年文明岗”创建活动。1997年，制定“青年文明岗管理办法”，开展“十佳合理化建议”“十佳双增双节”的“双十佳”活动，发挥“青年文明岗”岗位育人的作用，调动广大团员青年的积极性，为提高企业经济效益献计献策；鼓励团员组成青年技术攻关小组参与企业产品更新、废物利用等技术改造，为企业创造经济效益的同时，把团组织更加紧密地和经营管理融合在一起。是年5月，在南桥镇解放路举行的“文明红旗传万家”现场传递活动期间，共有11家单位的文明岗、共青团号、岗位能手参加。1998年，开展优质服务竞争和岗位练兵活动，发挥团员青年生力军作用。到1999年，共创建20余个青年文明岗和新风柜。2000年县供销总社团委根据上级部署，积极开展“百佳”青年竞赛活动和“青年文明柜”“青年文明岗”的建岗创号活动，同时还开展群星柜组、服务明星评定活动。举办商品知识竞赛，收银员、理货员技能比武大赛，超市营业员技能培训、电脑操作维修培训等，展现当代青年风貌，激励团员青年岗位成才，岗位奉献精神。

3．**突击队（手）评选**　供销社团委组织开展评选市、区（县）新长征突击队、新长征突击手活动。1990年5月，县物资回收利用公司团支部参加查禁废旧物资外流取得显著成绩，荣获上海市新长征突击队称号，县供销社党委向该公司团支部授予突击队队旗。1995年，县鸿雁商场团支部被共青团上海市委授予“上海市共青团号”称号。2003年，上海金叶商厦团支部弘扬“金的品质，叶的奉献”企业精神，被共青团上海市委授予“上海市共青团号”称号。1991～2003年，鸿雁商场团支部书记严宾、区供销总社团委书记夏锋等3人，被共青团上海市委授予上海市新长征突击手称号。

第三节 女职工委员会

60～70年代基层供销社陆续建立妇女组织，隶属于各乡镇妇联。县供销社工会专门有一名女工委员，负责供销社系统南桥地区各单位的妇女和计划生育工作。1984年，县供销社建立女职工委员会，由一名女工干部兼任女职工委员会主任，主管所属专业公司、直属商办厂的妇女工作。县级专业公司、直属商办厂配备一名妇女干部（由单位支委、人事干部兼任），具体负责本单位妇女工作。

一、女工组织

1984年4月，建立县供销合作社女职工委员会，设兼职主任1人。1984年4月至2012年12月，兼职女职工委员会历任主任：

李美华（1984.04～1985.06） 瞿翠芳（1985.06～1999.10）
祁 枫（1999.10～2006.03） 陈 英（2006.03～2011.03）
张建平（2011.03～ ）

二、基层组织

区（县）供销社先后共建有基层女工组织74个。其中基层供销社妇女组织21个，17个建于60年代中后期，2个建于80年代初，2个建于90年代初；基层供销社女工组织直属各乡镇妇联领导。1970年起，县供销社直属44家公司（厂）相继成立女工组织。2005年7月，奉贤物资总公司整建制划给区供销总社，原物资总公司所属9个基层单位女工组织隶属区供销总社。供销社女工组织随着企业建立而建立，部分企业被托管、兼并、歇业、关闭而撤销。

三、主要活动

1．**维护女职工合法权益** 1956年，县供销社女职工正常生育、产假期间工资照发，并享受补助金10元。80年代，全县供销系统女职工委员会根据《上海市女职工劳动保护暂行规定》精神，推动男女职工同工同酬政策的落实，同工同酬解决率100%；90年代，开展学习、宣传、贯彻《妇女权益保障法》活动，设立《妇女权益保障法》咨询日，发出《妇女权益保障法》宣传小册子100余本；2008年起，组织开展签订女职工特殊利益专项集体合同，每三年签订一次；至2012年，有30家企业签订女职工特殊利益专项集体合同，签约率100%。女职工委员会以生动活泼的形式开展活动，教育鼓励女职工发扬“四有”（有理想、有道德、有文化、有纪律）精神，争做“四有”新人；此外，女工委员会始终配合保健站等部门积极做好计划生育、女工卫生保健、妇婴卫生保健等一系列宣传教育工作和活动。

2．**“四自”形象教育**　60～70年代，在女工工作中开展“晚婚、晚育、领证、计划生育”等工作，并针对女工特点进行妇女解放和社会主义、共产主义等理想教育；各单位女工组织均在“三八”国际妇女节或其他国定假前后组织女职工开展各种形式的活动，如召开庆祝大会、座谈会、茶话会以表彰先进，交流工作经验；经常举办文艺联欢活动，观看电影、戏剧及旅游等活动。80年代，对女职工进行以“自尊、自爱、自重、自强”为内容的“四自”教育，做“四有”的新型女职工；在恋爱、婚姻、家庭等方面，帮助女职工树立正确的恋爱观、婚姻观、家庭观；每年逢三八、六一节向全体女工及独生子女赠送礼品，进行家访工作。开展“五好家庭”即“爱国守法，热心公益好；学习进取，爱岗敬业好；男女平等，尊老爱幼好；移风易俗，少生优育好；勤俭持家，保护环境好”评比活动，对在勤俭持家、计划生育、家庭关系处理等方面出现的先进家庭进行表彰。2000年，建立女职工周末学校，举办“提高女性能力素质”“女性形象设计”、《婚姻法》《风采与魅力》关于女性形象思考等讲座，大力培养和塑造当代女性的新形象。2001年，结合《中华人民共和国婚姻法》修改和“四五”普法的启动，开展集法制宣传、法律服务、法律援助为一体的妇女维权活动。此年起，针对下岗、协保、失业女职工文化层次低、年龄结构偏大、缺乏专业技能等因素，组织开展再就业技能培训和应试辅导。2006年，参与市“百万家庭学礼仪”活动，激发女工的学习创业能力。至2012年，陆慧仙、姜承烈等4人分别评为高级政工师、高级经济师等技术职称，郎惠华等3人当选为市人大代表，陆亚官等10人次当选为区（县）人大代表（政协委员）。

3．**创业立功竞赛**　50～60年代，县供销系统各级领导鼓励女职工参加社会主义劳动竞赛，奉城供销社合作饭店陶品勤等8人次女职工被评为市先进工作者和财贸系统先进工作者。1980年，南桥地区商店女职工参加市郊最佳营业员评选竞赛活动，县日杂果品公司崔国梅等6名女职工被评为上海市郊最佳营业员。1983年3月，县百货公司毛巾柜台陆亚官首先提出挂牌服务中的3条（紧俏商品不私留私分；售出商品如无损污可退调；顾客需要特殊商品尽力解决）的承诺，全县女职工中开展“学习陆亚官，赶超曹国咏”活动，至4月，实行挂牌服务部门25个，女营业员200余人。1997年，县饮食服务公司缪瑞芳在工作中廉洁勤政、艰苦创业、优良服务，被上海市纪委评为全市好事奖人物之一。至2007年，全区（县）供销系统7人次女职工被授予市劳模称号，1人次评为先进个人，70余人次受到市财办、市供销社表彰。区（县）供销社女工委员会组织开展评选市、区（县）三八红旗手活动，至2012年评出上海市三八红旗手9人次。2003年，女职工委员会荣获上海市妇女联合会评选的“促进妇女就业先进集体”荣誉称号。

第四节 计生协会

一、组 织

1990年6月，县供销社南桥地区计划生育协会第一届第一次理事会召开，会议选举计划生育协会会长、副会长。之后，区（县）供销社计划生育协会不再召开理事会，协会班子产生都是组织指定。区（县）供销社计划生育协会会长由分管领导兼任，副会长由工会或女职工委员会主任兼任，会员都有县供销社系统南桥地区单位妇女干部担任。

二、领导更迭

1990～2012年，区（县）供销社计划生育协会历任会长、副会长：

会 长 周伯衡（1990.06～1992.08） 邵复健（女，1992.08～1996.10）
楼关涛（1996.10～2004.06） 唐汉规（2004.06～2009.10）
姜承烈（女，2009.10～ ）

副会长 邵复健（女，1990.06～1992.08） 瞿翠芳（女，1990.06～1999.10）
祁 枫（女，1999.10～2006.03） 陈 英（女，2006.03～2011.03）
张建平（女，2011.03～ ）

三、主要活动

1964年，根据国家发出的“实行计划生育”的号召，县供销社直属单位开始引导育龄妇女实行避孕、绝育等生育措施。1979年，国家实行“每对夫妇只生一个孩子”政策，县供销社系统各级党政班子安排专人负责计划生育工作，按国家政策及乡规民约认真执行，落到实处。1980年，开始发放独生子女奖励费；执行只生一个并领取独生子女证男女职工，每人每月发放独生子女费2.50元的规定；凡持有独生子女父母光荣证的男女职工达到法定退休年龄，一次性给予计划生育奖励金每人2000元。2011年1月，调整独生子女父母奖励费和一次性计划生育奖励金；独生子女奖励费由每人每月2.5元提高到每人每月30元；一次性计划生育奖励标准由原来的每人2000元提高到每人5000元。

1990年6月，县供销社计划生育协会成立。南桥地区各直属单位成立计生协会活动小组，开展计划生育宣传和咨询活动，落实计生工作责任，确保计划生育率达100%，晚婚率达99%以上，节育率达100%。2001年，计划生育工作实施目标管理责任制，区供销总社与直属单位签订责任书30份，签订率100%；发出计生工作联系函近百份；落实节育措施100余人，落实率100%；独生子女领证率100%。2001年后，计划生育基本国策随着时代进步，已深入职工群众人心，成为职工自觉行为，计划生育协会工作进入常态管理。

第五节　民兵组织

1958年10月，毛泽东提出“大办民兵师”的号召，各地相继成立民兵组织。县供销社所属单位先后建立民兵组织，选配兼职民兵连长和指导员，组织学习和开展民兵军事训练，维护治安，确保一方平安。

一、入编条件

1952年，《中华人民共和国民兵组织暂行条例》规定，年满18～35周岁男性青年，经政审符合条件者编入民兵组织；其中18～28周岁民兵积极分子编入基干民兵组织。1958年，《中共中央关于民兵问题的决定》规定，年满18～50周岁男女青年，经政审符合条件者都可以参加民兵组织。1982年中央把参加民兵组织的年龄调整到18～35周岁。民兵分为普通民兵和基干民兵，基干民兵服一类预备役，普通民兵服二类预备役。18～28周岁的先进青年编入基干民兵，其余人员编入普通民兵。

二、基层组织

1960年起，奉贤县供销社直属系统相继成立民兵组织。至70年代末，共建立基层民兵连23个共2000余人；南桥地区直属南桥镇人民武装部领导，基层供销社民兵连隶属于当地镇（乡）人民武装部。民兵连下设普通民兵排和基干民兵排（班）。基层单位民兵连长、指导员由直属乡镇武装部提名，党委任命。指导员由党支部书记或副书记兼任，连长由复退军人或民兵积极分子兼任，副指导员由团支部书记兼任。1982年，民兵组织实行减少数量、提高质量的方针，不再在基层单位组建民兵连组织。南桥地区由县供销社为单位组建一个民兵连，基层供销社根据适龄青年数量组织1个民兵排或班。90年代末，供销社系统不再组建民兵组织。

三、主要活动

1．**政治教育**　民兵政治教育的内容有党的方针政策、战备形势、革命传统和参加民兵组织的光荣感、使命感，各级民兵组织每年征订《中国民兵》《东海民兵》《上海国防》等刊物。政治学习时间除每季度组织一次季课外，结合年度民兵军事训练和民兵整组进行。

2．**民兵组织整顿**　民兵组织整顿（简称民兵整组）每年进行一次，凡当年年满18周岁的青年加入民兵组织，其中优秀青年编入基干民兵组织。当年超过28周岁的基干民兵转入普通民兵组织，普通民兵超过规定年龄的则退出民兵组织。民兵整组中，进行民兵干部的选配，任命的民兵干部和编入基干民兵组织的名单须张榜公布。

3．**军事训练** 建有民兵组织单位，每年开展不定期不脱产民兵军事训练，民兵连干部和专业兵种参加由县武装部统一组织的脱产军事训练。训练内容：普通兵有射击、投弹、刺杀、队列、爆破等，训练以不脱产为主，时间为7～10天。鼎丰酿造厂组建高机排；百货公司、烟糖公司、饮服公司、食品公司均组建民兵无线电通信分队，无线通信训练时间30天（脱产）。

4．**维护治安** 配合公安部门巡逻值班，维护社会治安；加强单位安全生产，处理突发事件。

第六节 合作经济研究会

上海市奉贤区（县）供销合作经济研究会，坚持党的基本路线，遵守宪法和法律法规，发挥供销系统优势，团结和组织系统内的管理人员和专业技术人员，开展合作经济理论和实践的研究探讨，提高各级领导经营决策的科学性和正确性，推动奉贤供销合作事业的发展。

一、机 构

1995年6月，上海市奉贤县供销合作经济研究会核准登记成立。供销合作经济研究会下设秘书处，是研究会的日常办事机构。供销合作经济研究会历任法人代表、正副会长、正副秘书长名单：法人代表汤金章、丁春瑜；会长汤金章、丁春瑜；副会长丁春瑜、唐汉规、毕道鹏、邵复健、鲍振淦、陈品章、姜承烈；秘书长赵金林、赵竹强、周林昌；副秘书长赵睒淼。研究会创办初有团体会员31个，个人会员56个；最多时有团体会员53个，个人会员78个。2006年3月，经奉贤区供销合作总社提出申请，上海市奉贤区社会团体管理局批准，撤销上海市奉贤区供销合作经济研究会。

二、主要工作

召开供销合作经济研究会会员大会，每3年1次；召开理事会会议每年1次。会议主要内容：组织会员学习市场经济理论，交流和探讨供销社发展思路；修改供销合作经济研究会章程，经理事会进行讨论、表决通过后报会员大会审议。做好研究会三年任期届满换届工作。1995～1998年，先后组织会员赴金山县、松江县、宝山县等供销社经济研究会学习取经，探讨学会发展新路子。1997年3月，组织县以上企业（五金、果品、康德）与基层供销社部分会员进行“县基两级连锁经营”研讨会，对连锁中出现的问题达成共识，采取应对措施。1998年5月，组织会员对基层供销社“组织上民主性”进行研讨，为全社20个基层社恢复召开“社代会”在理论上奠定基础。2000年，组织部分研究会会员参加市供销社合作经济研究会研讨活动；供销社研究会唐汉规出席市社研究会举办的“供销社体制创新”杭州会议；秘书处参加“合作经济体制如何改革发展的研讨会”。2000年，供销合作经济研究会会员丁春瑜、唐汉规、楼关涛、姜承烈、张志贤在市供销总社《合作经济杂志》上发表5篇研究文章。2001年初，召开有11家会员单位参加的“深化有限公司改革研讨会”，分析现状、剖析利弊，提出深化企业改革对策措施，为拟定推行公司“双重组”改革实施意见打下基础。是年8月，组织10个团体会员赴浙江余杭、萧山供销社学习改革发展先进经验。2002年，供销合作经济研究会与供销社宣教科联合举办“高级经营师、助理经营师、营销中级工”等业务技能培训班4期，参加培训有150人。2003年，组织部分会员单位赴全国供销合作总社参加WTO与人力资源开发学习培训，参加培训7人；组织部分成员单位共12人赴四川重庆参加WTO与供销社改革发展研讨班。2004年，组织部分企业法人代表共8人赴青岛海尔集团学习青岛海尔管理模式和先进经验。是年，区供销总社经济研究会与区供销总社职工培训中心联合举办助理经营师培训班，参加培训106人，有52人通过经营师考核评审。2005年奉贤区供销合作经济研究会会长、秘书处成员参加上海供销合作经济研究会举行的业务工作研讨会，学习如何在新形势下开展合作经济研究的理论学习班。举办1次经济形势与企业改革发展报告会。举行“深化基层供销社改革，重组调整发展”工作研讨会。

第七节　思想政治工作研究会

一、机　构

1989年3月，成立奉贤县供销合作社思想政治工作研究会；名誉会长刘惠霖、沈华德、张世科，会长潘驰君，副会长莫仁君，秘书长吴桂明，副秘书长翁梦章，县供销社系统各单位作为团体会员。秘书处，是思想政治工作研究会的日常办事机构。

二、主要工作

1989年3月，县供销社召开首届思想政治工作研讨会，通过思想政治工作研究会章程。之后，县供销社党委每年提出研讨课题，对企业在经济改革发展中出现的各种思想动态、热点进行探讨，为加强和改善思想政治工作、创新思想政治工作方法起到积极推动作用。

县供销社领导深入商店开展政治思想工作

1990年，县供销社召开基层企业经理、主任（厂长）参加的加强企业思想政治工作为主要内容的培训班，明确把思想政治工作贯穿到企业经营活动的全过程。是年9月，召开县供销社第三届思想政治工作研讨会，全县供销系统各个行业推荐的干部职工交流发言论文46篇，有14篇被评为优秀作品。

1992年4月，县供销社贯彻市供销社思想务虚会议精神，提出“学文件提高深度、务实干加快速度，两手抓加强力度”的指导思想。

1993年，建立思研小组组长列会制度，每季活动1次，交流、研讨思研工作活动情况；思研会坚持“虚事实做”，采取记功簿、新风榜、快讯等形式，发扬好人好事，增强思研活动生命力。是年，县供销总社《市场经济条件下思想政治工作的特性试析》《浅谈社会主义市场经济条件下的思想政治工作》论文获得奉贤县第六届思想政治工作年会金奖。上海鼎丰酿造食品厂的《建设企业文化、发扬鼎丰精神》获奉贤县思想政治工作征文一等奖。县供销总社思研会获得奉贤县思想政治工作研究会第六届年会先进集体。

1994年，县供销总社思研会获得奉贤县思想政治工作研究会第七届年会和市供销社思研会第八届年会先进集体。

1998年，全县供销系统正处于困难阶段，企业亏损面80%，亏损额3000万元；人员分流，人心不稳；县供销总社在干部职工中开展“我为供销作奉献，我为供销献爱心，我为供销担风险，供销兴旺、人人有责”的思想大讨论，激励干部职工奋发向上。1999年，县供销总社先后召开大型思想政治工作会议6次，对企业转型发展中的思想政治工作开展讨论，有94名党员干部、职工顾全大局，率先办理“协保”（协议保留劳动关系）或转为个体经营。

2000年5月，县供销总社根据副市长冯国勤考察奉贤提出的“解放思想要创新”“形成改革奋进的政治气氛”要求，做深做细思想政治工作。上海鼎丰酿造食品有限公司在开展思想政治工作中，提出干部职工做“六心”人（质量用心、经营苦心、科技有心、管理精心、改革热心、文明献心），编写厂歌《奔向明天的鼎丰人》。鸿雁商场运用“思想教育在先，政策宣传到位，有情操作到人”的思想政治工作方法，使企业困难时期职工减员顺利实施。是年10月，在全县供销系统党政干部会议上，区供销总社主任代表党政班子作“用心用脑用力做事，情感策动、利益驱动、干部带动，以崭新的姿态迈向二十一世纪”的加强思想政治工作的主题报告，深化全系统思想政治工作，为全县供销系统走出困境提供思想导向和精神动力。

2003年6月，区供销总社举行“塑造商业企业新形象，促进供销新一轮发展”座谈会，研讨大力增强市场竞争力、提高经济效益的新思路，塑造供销商业新形象。

加强职工思想工作　促进企业和谐稳定

奉贤区供销合作总社党委

奉贤区供销合作总社目前是集国有、集体、民营多种经济成分为一体的企业。截至2006年底，有36个基层企业，在册职工2453人，有26个直属党支部，534名党员。近年来，区总社党委紧扣时代脉搏，贴近企业，贴近员工，因企制宜，务实开拓，积极探索思想政治工作新机制，不断加强企业思想政治工作，为促进供销经济健康、有序、可持续发展提供了坚强的保证。

一、正视企业面临的突出问题

随着市场经济的建立和流通体制的放开搞活，供销社经济从计划经济转向市场经济后，经济成分呈现多元化，职工队伍性质趋于多样化，有协保、个体、待岗、劳务输出、门店经营等。同时在改革发展的过程中，企业各种深层次矛盾逐渐显现。集中表现为：社会分配差距不断拉大、企业职工收入增长缓慢、部分低收入群众对现行有关政策不满情绪增加，企业改制中遗留下的问题也逐渐显露出来。面对新情况、新问题，区总社党委认为，必须高度重视职工群众普遍关注的热点、难点问题，采取切实有效的措施，加大思想政治工作的力度，进一步充实内容，改进方法，落实责任，完善机制，促进各项生产经营活动有序推进。

二、做到“一深、二化、三结合”

(一)深入基层，分析掌握职工思想动态

根据供销系统各企业的实际情况和不同特点，区总社党政班子成员和科室干部，经常深入基层、深入群众开展调研活动。及时了解企业发展现状和制约因素，认真研究在改革发展过程中企业职工的思想动态和面临的实际困难，并提出切实可行的办法措施，推动企业改革和发展。

(二)坚持“二化”，增强宣传教育的说服力

坚持政策宣传的公开化。在实际工作中缺乏有效的政策宣传是引起群众对有关政策了解不全，理解不透，产生困惑，矛盾加剧的主要原因。近年来，我们加强各种法律法规、政策条款的宣传，组织干部职工学习《劳动法》、《工会法》、企业改制政策，以及市、区有关办理协保、提前退休等有关规定。一方面使职工了解上级政策法规，另一方面增强职工依法保护自身权益的意识。如在鼎丰公司的改制过程中，我们将改制方案、职工退工补偿等情况进行公示，做到政策透明，职工明了。区总社改制领导小组和鼎丰公司党政班子还对上访职工做好思想解释、政策宣传工作。通过认真耐心地宣传解释引导工作，确保了企业正常生产经营活动和改制的顺利进行。

坚持思想工作的细致化。把思想政治工作渗透到群众日常工作中去，变单向教育灌输为双向情感交流，使思想政治工作做到春风化雨，潜移默化。通过上下联动、耐心细致地开展思想政治工作，把准职工思想脉搏，理顺职工思想情绪，化解职工思想疑虑，推动企业各项工作。如商业公司是由五个单位整合重组的企业，有19位职工集体反映协保生活费发放问题，公司领导了解情况后，主动把思想工作做在前头，对一些有思想情绪的及退休职工，一家一户地上门沟通，认真做好解释工作，并积极帮助职工解决实际困难，使矛盾化解在激化之前。

(三)做到“三结合”，确保思想工作落到实处

思想政治工作与加强班子建设相结合。区总社党委注重加强领导班子建设，充分发挥党组织政治核心作用，明确班子主要领导均为思想政治工作的第一责任人，强化领导责任，坚持一级抓一级，层层抓落实。党委还建立健全目标考核机制，把思想政治工作纳入领导干部的岗位责任和任期目标之中，年终实行考核，把思想政治工作成效作为衡量和使用干部的重要依据，使思想政治工作真正与经济工作统一部署、统一落实、统一考核。

思想政治工作与提高干群素质相结合。思想政治建设是领导班子建设和干部队伍建设的关键，也是提高干部职工自身素质的有效手段，更是做好各项工作的有力保证。我们每年举办基层领导干部培训班，坚持对职工进行职业教育和技能培训。我们还因企制宜，开展企业文化活动，如举办职工运动会，组织职工学习参观，积极参与文明城区创建活动等。

思想政治工作与解决实际问题相结合。区总社党委把思想政治工作贯穿于企业管理的始终，贯穿于改革、发展、稳定各项工作的全过程，注重对弱势群体的关爱工作，努力解决群众生产生活中的实际困难。我们制订了《信访处理相关规定》，要求总社各职能部门认真做好职工来信来访工作。对群众反映的改制企业遗留问题和企业改革发展中出现的一些问题，按照合情、合理、合法的原则，妥善处理解决。同时，认真做好扶贫帮困、排忧解难工作。积极开展“创建劳动关系和谐社会活动”，建立特困职工资料信息档案，扩充区总社救急济难基金，做好医疗互助保障工作。量力而行，尽力而为，为广大职工办好事、办实事。

三、几点启示

由于我们认真加强和改进思想政治工作，干部职工思想稳定，各项工作有条不紊，生产经营稳步发展。2006年，总社实现销售总额14.80亿元，利润总额9256.28万元，应缴税收总额8483.09万元，同比分别增长10.9%、39.10%、13.05%。在工作实践中，我们深刻体会到，只有切实做好思想政治工作，才能确保企业改革、发展的顺利进行和企业的和谐稳定。为此，我们得出以下几点启示。

(一)思想政治工作要从企业实际出发，适应形势需要，适应企业发展的需要

近几年，供销社通过自强、自立，逐步从困境中走了出来，步入了健康发展的轨道，这其中，思想政治工作发挥了很大的作用。我们本着实事求是的精神，一切从企业实际出发，通过深入细致、贴近企业、贴近职工的思想政治工作，把广大干部职工的思想凝聚在奋发图强、实现第二次创业的目标和旗帜下，供销社才有了重新发展的今天。

(二)思想政治工作要以人为本，着力解决职工群众普遍关心的实际问题

群众是思想政治工作的主体，又是企业发展的动力和依靠对象，思想工作要做，职工的实际问题 切身利益也必须考虑。在先进性教育活动中，我们针对企业老职工、困难职工多的实际情况，通过广泛宣传、层层发动，扩充了100万元帮困基金，受到了广大干部职工的好评。思想政治工作只有和干部职工的生产、生活实际紧密结合，才会有生命力。

(三)思想政治工作要针对职工队伍现状有的放矢，才能取得实际效果

面对改革开放的新形势，面对供销社经济成份多元化、员工队伍多样性的现状，我们一方面要不断加强形势任务、职业道德、综合素质的教育，使职工正确应对改革发展的新情况，另一方面要深入细致地做好政策宣传、思想引导、业务培训的工作，使职工不断增强奋发有为的信心与动力。思想政治工作只有与提高职工队伍素质相结合，才能产生实际效果。

2007年奉贤区思想政治工作研究会会刊发表的区供销总社党委文章

第十五章 企业文化

1952年，南桥等供销社设文化部，负责企业文化工作。1953年，县联社成立学习委员会，并举办首期干部训练班。1963～2012年，以先后成立的县商业干部学校、县商业职工学校、县商业职工中等专业学校、上海市供销合作总社职工中等专业学校奉贤县分校、区（县）供销总社培训中心、区供销总社职工学校为阵地，对全区（县）供销系统干部职工进行技能培训、文化补习、职称改评、支农培训4万余人次，先后建立职工俱乐部（活动室）和电影放映队，组织业余文艺宣传队（艺术团），举办职工体育（消防）运动会，开展技术革新、业务操作比赛，重视注册商标和申请产品专利，撰写专著文章，创办供销简报和供销网站，培育企业精神等形式，陶冶干部职工文化素养，丰富企业文化生活，提高业务技术水平，推动全区（县）供销企业不断取得物质文明、精神文明双丰收。

第一节 教育培训

一、教育阵地

1. **干部训练班** 1953年，县联社建立由干部股负责的干部训练班，对基层供销社、县联社直属企业领导与业务骨干进行培训，同时选派骨干参加上级供销社举办的干部训练班进行深造。

2.**商业干部学校** 1963年，县供销社在江海公社秀南大队（姚家行）组建奉贤县商业干部学校，时有教室等7～8间建筑面积200余平方米。1964年，学校迁址江海公社九华大队（今南航公路原奉贤县农机厂北侧），有教室等建筑面积500余平方米。“文化大革命”中停办。1979年恢复办学，更名为奉贤县供销商业干部学校。1983年7月，迁至南桥镇解放中路15号县供销社大院内，校舍为1幢4层大楼，建筑面积1500平方米。1984年，改名

80年代，奉贤县供销社商校一角

为奉贤县供销商业职工学校。1985 年在江海乡南星村 1 队、8 队征地 1.09 万平方米建设新校（今南桥镇秀龙路 115 号奉贤区致远高级中学内）。1986、1991 年，先后升格为奉贤县供销商业职工中等专业学校、上海市供销合作总社职工中等专业学校奉贤县分校。1993 年扩建，有教学楼等建筑面积 3576 平方米，绿化、场地等面积 5529 平方米。1997 年停办，全校转让给县教育局。1963～1997 年，县供销商业学校先后历任校长 8 人，并设副校长主持工作。

1981 年 9 月，县供销商业干校第二期领导干部培训班结业留念

1963～1997 年奉贤县供销商业学校校长（副校长）任职情况表

表 15-1-1

姓名	任期	姓名	任期	姓名	任期
穆光学		韩耀林	1984.8～1988.10 （校长）	余永清	1991.10～1997.8 （副校长）
吴耿唐		傅传康	1988.10～1989.1 （副校长） 1989.01～1991.10 （校长）	刘永年	1993.3～1994.3 （副校长） 1994.3～1997.8 （校长）
吴岳初	1978.8～1984.8 （副校长）	邵复健	1991.10～1994.3 （校长）		

1956年，县供销社设干部教育科，配备专职干部7名，专职辅导员5名。1963～1978年，商校配教职员工4～5名。1979年后逐步引进。1985年教职员工19名，其中教师12名。1987年设校长室、教务室、总务、财务等部门。1997年停办时有教职员工24名，其中教师14名，属县供销社机关编制，学校转让时全部转入县教育局编制。

3. **区（县）供销社培训中心** 1997年4月，县供销总社成立培训中心，由县供销总社主任丁春瑜任理事长、党委委员邵复健、姜承烈（女）先后任主任。承担供销系统初、中、高级商品营业员，中高级经营师系列培训，有文化教师、辅导员100余人。2003年9月，评为上海市商业系统教育工作先进集体。2008年7月撤销。

4. **区供销总社职工学校** 2011年8月，建立区供销总社职工学校，由区供销总社工会负责，主要承担企业新职工培训。至2012年培训基层干部职工、招聘大学生200余人次。培训内容为供销社工作基本性质、特点，流通服务创新、现代企业管理等课程。

二、培训工作

1.**扫盲工补习** 1951年，县合作总社成立初，针对干部职工中文盲、半文盲人员多的情况，全县各基层企业普遍举办扫盲班。1953年，县联社成立的学习委员会下设文化教育、后勤保障两个组，分别负责文化教学和后勤保障工作。1954～1955年，县供销社举办文化、业务培训班6期参加培训897人次。1958年继续在职工中开展扫盲工作。1980年10月，县供销社发出《关于加强职工文化教育工作的通知》，对28周岁以下未达到初中文化水平的青年职工1363人全面进行文化补习，学习成绩入个人档案，并作为定级、升级的标准之一。1983年，举办文化补习班50个，参加职工1600余人次。1985～1987年，又举办文化补习班10期，500余名职工得到补习。

80年代，县供销社职工文化考试现场

2. **业务培训** 1954年，县供销社系统陆续举办各种业务培训班。1962年，各基层社亦自办职工培训班，县供销社在姚家行举办新招初高中毕业生培训班。县商校成立后，县供销社运用商业学校等平台，先后举办30余个学科业务（技能）培训班，共计179期，参训学员2.5万余人次。南桥轧花厂利用开展幻灯等多种形象化教育，被评为1960年上海市文教工作先进集体。

县供销社商业学校首届门店经理业务培训班学员留影

1954～2012年奉贤区（县）供销社业务培训情况表

表15-1-2

年份	培训科目	期数	人次	说明
1952	棉花业务	1	32	
1953	业务	3	248	
1954	业务	11	500	
1955	业务	6	397	
1957	会计、统计	4	245	部分送县财贸培训
1958	业务	1	60	市商校培训
1962	商业基本知识	40	2000	县供销社、基层社办
1963～1966	会计、棉检员、学徒、商店业务、畜产检验员、保管、烹饪、点心	7	1372	
1978	业务练兵	1	1500	
1979	财会、统计、棉检、厨师、经营管理	7	1050	
1984	业务、政治	28	10500	
1985～1987	会计、药剂、业务、工业会计、统计、管理	6	329	
1988～1989	商品经营、售货艺术、柜台英语、市场预测	2	83	
1988～1994	商业基础知识、计算技术、商业美工、职业道德	26	5811	
2001	超市理货、电子收银		389	
2002～2003	酒类经营	15	1182	
2003～2005	商品交易、市场管理、中药工、药师、收银员、理货员、GSP上岗、废旧物资回收	20	2439	
2009～2012	企业管理	4	200	

3. **学历教育** 1985年起，县供销社开设中专学历教育课程，至1993年共设6个专业、14个班级，参加学习570人。

1985～1993年奉贤县供销社中专班培训情况表

表15-1-3

年份	专业	学制（年）	课程（门）	期数	人数
1985～1986	商业企业管理	2年脱产	18	2	75
1988	统计	2.5年半脱产	12	1	22
1988～1990	经济管理	1.5年半脱产	9	3	79
1990～1993	营销	2.5年半脱产	17	5	164
1992	商业知识	2年脱产	45	2	163
1992	经营管理	2年脱产	23	1	67

4. **支农培训** 1952年，各基层供销社设卫生部，帮助农村培训农技、卫生人员，之后县供销社利用商校等阵地，根据生产发展需要又缺乏农业科技人才的实际，举办各种形式的短期培训班，传授农技知识。1955、1957、1965年为农副业生产第一线培训技术人员、农机具操作手、化肥农药员、生产队植保员、杀虫站工作人员1.13万人，并拨付培训费2万余元。

5. **培训资金** 1951年，县联社设立教育基金，是年拨款710元。1952年，教育培训基金增加到16800元。以后根据上海市（江苏省）供销总社规定安排教育培训基金。商校成立后，办学期间，教学培训资金由区（县）供销社拨给，财务实行报账制。

三、职称考评

1979年，县供销系统开展技术职称评定工作。1980年，成立由一名县供销社主要领导任组长的升级考评领导小组部署考评工作。6月，4288名职工、集体所有制26个单位1073名职工列入升级考评范围。

1980年7月，经市、县供销社批准，县供销社系统有9人获得技术职称，其中会计师2人，助理会计师6人，助理兽医卫生师1人。1981年，县供销社饮食服务行业有25人获技术职称。1982年11月，县供销社建立社会科学技术职称评定领导小组，由1名党委副书记任组长，1名副主任任副组长共11名成员组成。是年12月中旬，对全县供销系统在职会计进行集中培训复习，推动会计人员参加技术职称考评工作。1983年，县供销社对营业员分期分批进行岗位培训，358名人员获中级营业员结业证书。1984年，业务培训396人，考核合格53%。1992年，全县供销系统技术职称人员有691人，其中初级575人，中级114人，高级2人。1997年3月，在供销系统开展评聘政工专业职务的工作。

2000年，全县（区）供销系统全面展开评审高级经济师，高级营销师工作。2001年，共有1500人办理职业资格证。2002年，举办“高级经营师、助理经营师、营销中级工”等业务技能培训班4期，参加培训有150人。2004年，区供销总社职工培训中心联合举办助理经营师培训班，参加培训106人，有52人通过经营师考核评审。2012年，区供销系统获得国家劳动保障部颁发的高级技术职称资格证书的高级营销师13人。

奉贤区（县）供销社系统有13人评为高级技术职称

奉贤区（县）供销总社高级营销师人物名录

表15-1-4

姓名	性别	工作单位	技术职称	颁发机关
张　琪	男	县供销总社机关	高级营销师	国家劳动保障部
孙石青	男	上海鼎丰酿造食品有限公司	高级营销师	国家劳动保障部
庄　坚	男	区供销总社机关	高级营销师	国家劳动保障部
祁　枫	女	上海鼎丰酿造食品有限公司	高级营销师	国家劳动保障部
吴越其	男	上海鼎丰酿造食品有限公司	高级营销师	国家劳动保障部
沈仲华	男	上海鼎丰酿造食品有限公司	高级营销师	国家劳动保障部
杨臣钧	男	上海复兴康德药业有限公司	高级营销师	国家劳动保障部
柯　冲	男	奉贤农业生产资料公司	高级营销师	国家劳动保障部
高李华	女	区供销总社机关	高级营销师	国家劳动保障部
顾　伟	男	上海滨江副食品公司	高级营销师	国家劳动保障部
郭伟良	男	上海奉供实业公司	高级营销师	国家劳动保障部
黄祖明	男	奉贤农业生产资料公司	高级营销师	国家劳动保障部
荀　榕	男	区供销总社机关	高级营销师	国家劳动保障部

第二节　文化　体育

一、文化娱乐

1. **社员俱乐部**　1952年，南桥供销社建立文化部，设主任1人，负责管理干部职工训练班、书店、阅览室、文工团、宣传教育室。阅览室设管理员1人，负责报刊、图书管理。文工团设专职干部1人，负责组织农村剧团、开展歌舞、音乐文艺活动。1956年，南桥区供销社成立社员俱乐部。随后，各区供销社也随后建立。80年代，供销系统不少企业成立职工文化活动室，并逐步配备电视机、棋牌、图书报刊、乒乓室。有的企业还装修多功能会议室，实行一室多用，举行舞会等娱乐活动。1985年2月，县供销总社机关专门安排一间房子，作为离休干部文化活动室。1994年4月，县供销总社机关专门开设机关退休干部活动室。供退休干部开展学习教育和文化娱乐活动。2001年，金汇供销社创办的联民综合服务社，内设有电视、棋艺、阅览场所，供职工与群众开展文化娱乐活动。

1953年南桥供销社文化部全体人员合影［前排左起郁吾从、王士均、胡梦章，后排左二龚学文（女）］

2. **电影放映队** 1956年2月，县供销社与县电影放映队签订协议，在供销社社员中开展电影放映活动，由供销社按社员证每股发放优待券1张，是月11日至3月31日，先后在庄行、南桥、青村、泰日、奉城、头桥、东新寺、四团、平安、胡桥、齐贤、道院、钱桥等基层供销社放映电影48场，观众万余人次。3月，县供销社经江苏省供销社批准，购置全套电影机。自此，县供销社电影队开始活跃全县乡村，为社员免费放映电影。

3. **业余文艺宣传队** 1952年，南桥供销社建有文工团，自编节目下乡演出。1979年1月，县供销社业余文

1979年，县供销社业余文艺演出队“于无声处”剧组成员合影

艺演出队排演反映时代新声的沪剧《于无声处》，受到好评。1992年5月，县供销社组织业余文艺小分队，自编自演反映供销系统深化企业改革为主要内容的各类文艺节目，深入基层供销社和企业演出20余场次，并参加奉贤县科技、文化、卫生下三乡演出活动。1994年元宵节，县供销总社举办古华灯会，奉贤精品商场、鸿雁商场分别举办职工卡拉OK歌咏比赛。1995年，县供销总社组织的合唱团参加上海市供销社举办的“祖国颂”歌会，受到表扬。2001年6月，由县供销总社业余歌咏队表演的《放下三棒鼓，扛起红缨枪》节目，被评为奉贤县纪念中国共产党成立80周年文艺汇演二等奖。2007年，区供销总社与上海南闵果业经营有限公司邀请著名相声演员王双柏、著名沪剧演员马莉莉联合参加“绚丽人生，美丽人生”第20个敬老节文艺联欢活动。

4. **金叶艺术团**　1997年，上海金叶商厦成立金叶艺术团，下设戏曲、舞蹈、合唱、仪仗、锣鼓等7个艺术队。吸收企业内外职工参与文娱宣传活动，活跃企业文化。深入南桥地区敬老院、福利院参加公益演出，还应邀到上海提篮桥监狱慰问公安民警。2000年，《乡村网迷》获上海市第九届十月歌会创作表演一等奖。

5. **书画　摄影比赛**　1998～2007年，金叶商厦连续举办10届由万名少年儿童参加的书画大赛，选拔金叶琴童，组织服装模特表演队。2012年12月，区供销总社机关举办个人摄影作品比赛，参展作品37件。经全体机关员工评议，评出“夕阳余晖”（丁春瑜摄）为一等奖，同时评出二等奖2名，三等奖6名。

2012年12月，区供销总社摄影展的37件作品

6.**鼎丰厂旗　厂歌**　2000年，上海鼎丰酿造食品有限公司，组织专人设计厂旗。厂旗正中为企业商标、下面3条波纹象征鼎丰地处长江、浦江、东海三大江海的上

上海鼎丰酿造食品有限公司厂旗

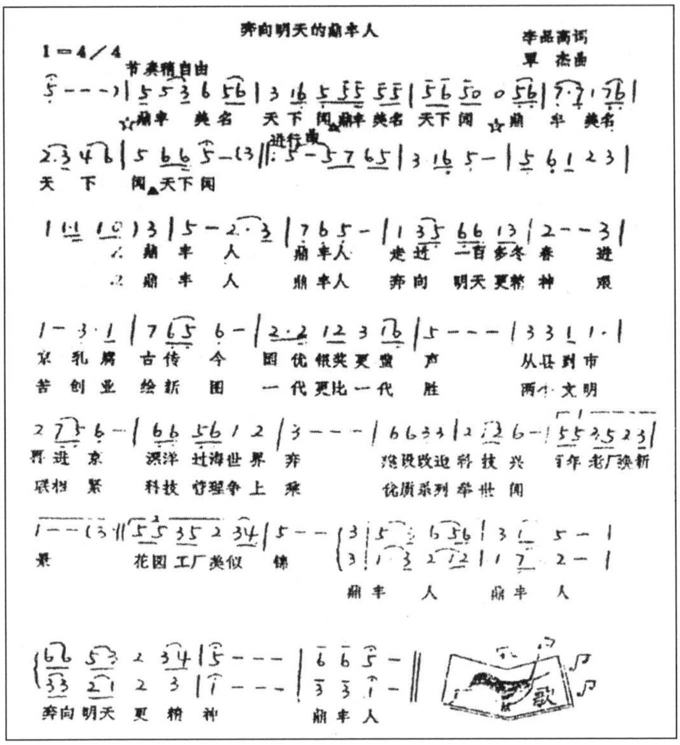

厂歌：奔向明天的鼎丰人

海南大门；象征鼎丰主要生产以原料与水制作的酱油、乳腐、调料（酱、醋、酒、卤、汁等）三大类产品；象征鼎丰在社会主义市场经济的大江大海中奋力拼搏，争取各项经济任务比计划、比历史、比同行，一浪推一浪，三比同长进。整个厂旗构思，如同旭日东升，天天向上，象征百年老厂，兴旺发达，代代相传。

2000 年，上海鼎丰酿造食品有限公司根据企业发展需要，组织专人谱写厂歌，歌名为“奔向明天的鼎丰人”。

二、职工运动会

1. **消防运动会**　80～90 年代，县供销社举办两届职工消防运动会。1990 年 7 月，在县供销社第二届消防运动会上，设消防安全等 8 个单项项目和 3 个团体项目，参加运动员 270 名。申达造漆厂、县农资公司、县百货公司分获团体全能第一、二、三名。

2. **体育运动会**　1989 年，奉贤县供销商业系统举办女篮比赛，奉城供销社女子篮球队获第 1 名。1991 年 10 月，县供销系统组成的体育代表团参加奉贤县第五届体育运动会，获得职工组团体总分第三名，男、女篮球队双双获得冠军。1997 年 10 月，在奉贤县第六届体育运动会上，县供销总社代表团获得团体总分第二名。2005～2012 年，区供销总社先后举办 7 届职工运动会，设乒乓球、羽毛球、游泳、登高、跳绳、中国象棋、自行车慢骑、飞镖等竞赛项目 8 个，累计参加运动员 2000 余人次，其中第六届参赛职工 509 名，列历届参赛人数之首。2007 年 6 月，区供销总社与上海思哲体育文化传播有限公司联合承办 2007 年凯灵松业余网球公开赛。

1989年，奉城供销社女子篮球队获全县商业系统女子篮球比赛第一名

第三节　技改　比武

一、技术革新

1.**木材经营管理法、毛竹水库保管法**　1955年，由时任四团供销站竹木部负责人的邬志如在实践中创造总结的经营管理办法。是年6月，江苏省供销合作总社生产资料第一管理局在四团供销站整理“四团供销站木材经营管理办法”，在全国供销系统推广。

木材经营管理法的具体做法是：对每批木材按品种、长度、规格实行分类，实行分等标价、标号，填写“核价速算验收划码单”，建立对号售货牌。设计好木材堆放场地，采取“层层通气、块块通风”的抽屉式堆积法。不仅防止木材霉烂变质而损失，又方便顾客选购与销售。

毛竹水库保管法具体做法是：在河道水面上先搭一个棚，然后把毛竹理顺、散放在棚里，把毛竹梢尾压住固定以防流失，在每根毛竹上用刀刻或不易被水冲刷的油漆标上价格，既防止毛竹晒枯破裂影响质量，又方便群众选购。采用此种办法后，毛竹枯裂明显减少。

2. **机械豆腐磨、机械压榨豆腐工艺**　1956年由奉贤鼎丰酿造食品厂工人杨金龙创造发明，使人工磨豆浆、土法压榨豆腐的传统制法改进为由机械代替人工的制法，既减轻职工的劳动强度又提高工作效率。

3. **液体活量售货器**　1956年，由南桥区供销合作社职工叶春全创造发明，改变长期以来零售液体商品（酱油、火油、柴油、石油等），用不等规格吊升为度量衡器的方法。具有出售量正确、提高功效、控制损耗、便于商品盘点、制作方便、价格低廉等特点。1956年5月，县供销社发文在全供销系统推广。

4. **双层锯齿剥绒机** 1958年由齐贤轧花厂顾来生开始研制。1959年9月和1960年12月，全国供销合作总社先后在奉贤县召开籽棉剥绒现场会后，双层锯齿剥绒机性能得到不断改进提高。1971年，双层锯齿剥绒机（见图）正式改制成功，剥绒率提高2%～3%，为国家增产大量棉绒，被列为商业部技术革新推广项目，并由珠江电影制片厂摄制成科教片在全国放映。

5. **胶粘胶补技术** 1975年，由光明供销社研制成功，尿酸树脂胶，发展胶粘胶补技术，在全国同类产品中被评为优质奖，北京电影制片厂制成科教影片，上海电视台曾做专门报道。至1979年，使用网点224个，累计胶制胶修262500件，其中胶制竹木扁担51724条，胶修竹木扁担50989条，为国家节省木材250立方米、毛竹2500支，为集体节省32.3万元。

6. **榨菜加工新工艺新品种** 80年代初，奉贤鼎丰酿造厂根据榨菜特性，不断改进加工工艺，生产出多种包装、便于顾客食用、价廉物美的“脱水榨菜丝”新品种。1983年3月获上海市人民政府颁发的重大科技成果三等奖。

二、星火计划项目

1991～1997年，奉贤县供销系统7家商办工业企业的8个产品被列入上海市星火计划项目。5个产品评为上海市新产品，2个获奖。

1991～1997年奉贤县供销社工业产品列入星火计划项目情况表

表15-3-1

年份	企业	产品名称	奖励类型
1991	上海欣欣食品厂	欣欣牌特制钙奶饼干	上海市首届儿童生活食品消费者信用奖
1991	上海申达造漆厂	水基胶系列产品	上海市新产品
1992	上海华英精密陶瓷厂	氮化硅无压烧结	上海市科技成果奖
1992	上海申达造漆厂	“922”色漆	上海市新产品
1993	上海爱达化学品厂	超级冻疮防治霜	上海市新产品
1994	上海奉贤青村防尘设备厂	高校茶水炉	上海市新产品
1994	上海舒美食品机械厂	全自动营养午餐盒式包装流水线	
1997	奉贤塑料管厂	聚氯乙烯双壁波纹管	上海市新产品

三、业务操作比赛

1978年6月，县商业局举办第一期职工业务操作比武大会，8个行业23个项目107名选手参加，每个项目前三名予以物质奖励，其余选手获参赛纪念品。1979年

6月，县供销社在体育馆举办第二届职工业务操作比武大会，6个行业设25个项目，128名选手参加。每个项目前三名给予奖励。1981年11月，举办全县供销系统第三届职工业务操作比武大会，182名选手参加27个项目比武，81名选手获项目前三名。1987年7月，县供销社组织全系统财会人员珠算技术比赛，80余名选手中，王传玉、何东明获第一、二名。

奉贤县商业系统第一次技术操作表演项目单

系统	出场顺序	表演项目	表演内容	技术要求	时间限度	表演者单位和姓名
百货系统	1	抖布 筒卷 板卷	25公尺涤棉色布 25公尺涤棉花布 80公尺卡其	快、齐、准、层次清、质量好	各一分钟	1、公司：徐敏 2、柘林：张明棠 3、四团：王伯芹 1、公司：欧阳青 2、公司：吴慧萍 3、金汇：黄才林 1、金汇：勤敏 2、齐贤：方照英 3、泰日：宋金仙
百货系统	2	包扎搪瓷制品	二只痰盂 二只面盆 扎成一扎	痰盂与面盆之间垫一张纸 二只面盆中间一根草绳、十字形底口都要打结、腰部要打圈串紧	一分钟	1、齐贤：王福林 2、泰日：周德烦 3、钱桥：汤歆韵
烟糖系统	3	饼干包扎	用钳子装咸饼干一斤，每人装二袋	用钳子敞袋，饼干不落地，袋底封口四角平整，上下大小均匀、二袋一起扎、扎紧扎牢、不损纸袋	二分半钟	1、益群商店：费志祥 2、泰日：陆爱华 3、食品商店：段玉妹
烟糖系统	3	包三角包	7.5两茶叶包成十六包	边称边包、斤两准、包数足、包角相等。嘉角紧、美观、抛上一尺落地勿散手不接触茶叶	三分钟	1、泰日：金秀太 2、奉城：瞿葵珍 3、果品：何亚仙
烟糖系统	4	扎瓶头酒	用草绳扎酒9瓶 二瓶一扎 三瓶一扎 四瓶一扎	商标朝面 扎紧牢固 外形美观	三分钟	1、新寺：杨凤粪 2、庄行：潘士云 3、四团：倪志英
医药系统	5	算　方	新旧制二种各称方五张	速度快 数字准	新制 十分钟 旧制 四分钟	新制：1、南桥：邹银速 2、南桥：姚　红 3、奉城：金国才 4、奉城、唐志刚 旧制：1、庄行：徐水华 2、钱桥：徐志勇 3、齐贤：何汝才 4、新寺：郑美贞
医药系统	6	认　药	认药10种	准确、无误	四分钟	1、南桥：王斌华 2、青村：卢顺莫 3、奉城：马湘元 4、金汇：褚国林
医药系统	7	活牌价	问答	快、准	二分钟	公司门市部：李月秀
果品系统	8	包扎瓷碗	大碗20只 小碗20只 各扎一支	快、扎紧、整齐	二分钟	1、肖塘：王培林 2、泰日：李新金 3、庄行：钟亚利 4、果品：童芝萍
果品系统	8	包扎茶杯茶壶	茶壶二把 茶杯八只	扎成一大件、快、扎紧、整齐、包装纸不碎	一分半钟	1、新寺：杨吉官 2、果品：吴华仙 3、果品：屠志良
果品系统	8	包扎瓷器40只	大碗10只 小碗10只 碟子10只 调羹10只	40只扎成一大件、快、扎紧整齐	二分钟	1、果品：崔国梅 2、邬桥：钱侠 3、江海：屠岳明
农资系统	9	农药基本知识	只试	一口清	一分钟	邬桥：汤四珍
农资系统	10	氨水测定	不同氨水度数测定	正　确	四分钟	1、奉城：陆品佳 2、钱桥：唐友章 3、齐贤：吴忠杰
农资系统	11	16型喷雾机拆装	16型喷雾机一架拆散装好	快、完整、不漏水	十分钟	1、齐贤：孙菊林 2、光明：胡其荣 3、青村：岑忠忠 4、邬桥：薛进章
食品系统	12	斩　肉 一刀准	腿肉一块斩三刀 0.5元一刀 1.00元一刀 1.50元一刀	出刀快、刀路清爽、分量准	一分半钟	1、公司：邹金芳 2、泰日：沈永晶 3、塘外：王龙根
食品系统	13	剥猪皮	除头爪 剥猪皮	速度快、每头在二分半钟内，皮张完整，无洞，无描刀带膘少	二分半钟	1、公司：施玉官 2、公司：鲍德林 3、奉城：唐石飞 4、泰日：俞大公 5、青村：蒋宝林
财会系统	14	心　算	心算加减法	数字报完，及时答出准确数字		饮服公司：王汉民
财会系统	15	珠　算	打算盘	快、准		1、平安：张文才 2、食品公司：袁发珍 3、头桥：高瑞龙 4、中百：龚月琴 5、医药：顾惠治
果品系统	16	抛　碗	抛三支江西稻草有瓷碗	快、准报被碎部位及破碎只数		1、果品：章芝萍 2、江海：屠岳明 3、果品：尤梓林
五金系统	17	圆钉分装	二斤圆钉分成20包	纸包牢固、分包误差小	四分钟	1、金汇：余福仙 2、南桥：陆惠芳 3、南桥：王守石
五金系统	18	螺丝点数	螺帽、螺丝若干只点数	快、准	四分钟	1、四团：施凤仙 2、钱桥：唐友荣 3、钱桥：唐品晶
五金系统	19	拉线开关拆装	原拆原装	快、好	二分钟	1、钱桥：姚卫英 2、南桥：蒋　玲 3、南桥：王守石 4、泰日：陆林法 5、江海：吉仁芪
饮服系统	20	切肉丝	半斤腿肉切肉成丝	速度快、切丝细 特约缪瑞芳同志表演垫毛巾切肉丝、毛巾勿碎	三分钟	1、南桥：卫全珍 2、南桥：吴惠华 3、胡桥：张树凡
饮服系统	21	包鲜肉大包	包肉馅40只 摘坯10只	时间快、规格准、色泽好、造型美观、花纹细	十分钟	1、肖塘：汪小弟 2、江海：刘金芳 3、胡桥：俞金堂 4、齐贤：徐国胜 5、泰日：杜金泉
饮服系统	21	做烧卖	擀皮子 包馅心30只	皮子薄、勿脱底、时间快、质量好	十五分钟	1、金汇：于雪良 2、青村：沈君石 3、齐贤：郑德晶
饮服系统	21	小馄饨	包五分钟	5分钟包160只、规格准、每100只用肉1两，质量好	五分钟	1、泰日：陈秀兰 2、肖塘：黄书娟 3、胡桥：陆静华 4、平安：倪春梅
百货系统	22	装三五牌台钟	散装三五牌台钟一只装好	快、好、并能走时	十分钟	1、公司：杨　晓 2、青村：曹文碑 3、钱桥：蒋晓忠
百货系统	22	装配缝纫机	装一架三斗藏书机头与上带轮子先装好，皮带不占眼，其他散装	踏脚灵活无声 螺丝紧固 使用轻便	十五分钟	1、公司：翁大根 2、肖塘：付炳华 3、新寺：曹秀忠
五金系统	22	装自行车	18型自行车一辆二人装	好准、使用轻便、无声	十五分钟	张桂君 张[illegible]初 侯君跃 沈志刚
饮服系统	23	杀　鸡	杀　鸡 脱　毛 除内脏	三个刀口小、时间快、脱毛净、皮不碎、血尽	三斤左右 5分钟 五斤以上 8-10分钟	1、南桥：卫余珍 2、泰日：张元忠 3、南桥：吴惠中 4、齐贤：郑德晶 5、肖塘：[illegible]元鑫

1978年6月，县商业局第一次技术操作表演项目单（按原件打印）

第四节　商标　专利

一、知名商标

1. 鼎丰牌商标　2002年3月被上海市工商局授予上海市著名商标。2005年3月重新认定。

商标图形解释。图形以繁体字“豐”字为主体，从“豐”字中又折射出“鼎”的图形，嵌在镶有连环形古代饰边的图形之中，下加现代化简化体“鼎丰”二字，整体图字形象象征了“鼎丰”企业与“鼎丰”商标。

商标文字解释。繁体字“豐”字折射的“鼎”，意是古代煮用的器，形似古庙大殿前朝香的“鼎”，象征“鼎丰”是个创建于清同治三年（1864年）的老字号。“豐”字上半部形似“麦穗”，下半部是个“豆”字，意似鼎丰酿造产品都以黄豆、麦类等粮食为主要原料。鼎与丰两字连接起来，形象地祝愿古老历史的“鼎丰”将向丰盛、兴隆问鼎。

象征意义。鼎丰商标的含义象征鼎丰历史古老，日趋鼎盛，年复丰登，鼎立市场经济之林，丰裕企业综合之力，激励鼎丰之人，奋发创新，争创鼎丰兴旺，代代相传。

2. **古华牌商标** 1986年6月，上海古华中药材农商股份集团成立后创立的商标。其中古华牌中药饮片于80年代前后多次获上海市郊同行业质量评比第一名。县中药饮片厂被国家医药管理局授予“质量先进单位”称号。

二、产品专利

1991～1995年，上海华城特种纺织品公司仲天怀等人设计的AB抗菌防臭系列产品多次获中华人民共和国专利局授予专利权。

1991～1995年上海华城特种纺织品公司获专利情况表

表15-4-1

名　称	设计人	专利号（申请号）	专利批准机关	专利权人	发证日期
冰箱杀菌除臭器	仲天怀 陈美华 郑令健	90207153.X	国家专利局	仲天怀 陈美华 郑令健	1991.03.20
抗菌防臭保健袜 抗菌、除臭、	仲天怀 陈美华	90207154.8	国家专利局	仲天怀 陈美华	1991.06.05
消毒送话器罩	仲天怀	ZL9222153.1	国家专利局	仲天怀	1992.08.19
治疗痤疮面罩	仲天怀	91215982.0	国家专利局	仲天怀	1992.08.19
抗菌、除臭保健鞋垫	仲天怀	ZL9222153.1	国家专利局	仲天怀	1993.03.15
抗菌保健巾	仲天怀	ZL9221538.3	国家专利局	仲天怀	1993.10.31
罗布麻抗菌保健内衣裤	仲天怀	ZL94227828.3	国家专利局	仲天怀	1995.07.15

第五节 著作 文章 媒体报道

一、出版著作

1982～2012年，奉贤供销系统干部职工先后出版著作3部，内部印刷4部。

1986～2009年奉贤供销系统著作出版情况表

表15-5-1

主编姓名	著作名称	出版单位	出版年份
周伯衡　施仁明	《地鳖虫》	江西人民出版社	1982年
王瑞芝	《鼎丰乳腐生产技术》	上海市奉贤印刷厂	1986年
蒋　侃	《奉贤县供销合作商业志》（1951～1984）	江苏扬中县印刷厂	1987年
王瑞芝	《中国腐乳酿造》（一）	中国轻工业出版社	1998年
郝实安　赵金林	上海市奉贤区供销合作社大事记（1950～2007）	内部印刷	2007年
丁春瑜	奉贤供销社改革开放 恢复建社30周年巡礼（1978～2008）	内部印刷	2008年
王瑞芝	《中国腐乳酿造》（二）	中国轻工业出版社	2009年

二、登载文章

1953～2012年，区（县）供销系统10人次先后在上海市级以上报刊杂志上发表各类文章43篇，其中5篇评为优秀论文。

1953～2012年奉贤供销系统文章登载情况表

表15-5-2

作者	文章名称	登载报刊名称	发表年月
严秉沁	我是怎样当一个理事会主任的？	中国合作总社汇编《手工业合作社典型社》	1953年1月
王瑞芝	上海奉贤乳腐	《上海调味品》杂志	1981年第4期
王瑞芝	南桥乳腐	上海科技出版社《沪郊百宝》	1982年
周伯衡 张世科 张　洪	农村供销商业的应尽职责	《上海农业经济》第3期	1982年10月15日
周伯衡	加快基层供销社改革的步伐	《上海农业经济》第3期	1983年3月15日
王瑞芝	榨菜加工新工艺	中国商业科技	1983年第3期
王瑞芝	“浸淋法”在酱油生产中的地位	《江苏调味副食品》	1983年第4期
王瑞芝	“浸淋法”在酱油中地位	《江苏副食调味品》杂志	1983年第4期
周伯衡 龚介民 顾　超 张振全	改革农村流通体制、促进商品生产发展——关于上海郊区商品流通的调查	《财经研究》第1期	1984年2月25日获1986年优秀论文奖
周伯衡	对农村基层供销社流动资金的探讨	《上海农业经济》第3期	1984年9月10日
周伯衡	鹌鹑育雏技术	商业部《中国土特产》试刊	1985年1月10日
周伯衡	基层供销社的劳动分工	《合作经济》第3期（安徽财经学院）	1985年3月15日
周伯衡	家庭饲养泥鳅	《湖北日报》专业户报	1985年5月10日

续表 15-5-2

作者	文章名称	登载报刊名称	发表年月
周伯衡	发展农商联营	《合作经济》第 8 期	1985 年 8 月 15 日
周伯衡	萝卜芽菜	《解放日报》市郊版	1985 年 11 月 4 日
王瑞芝	如何提高乳腐坯质量	《上海调味品》杂志	1985 年第 1 期
王瑞芝	谈谈如何提高乳腐坯质量	《中国调味品》杂志	1985 年第 2 期
周伯衡	保健食品——魔芋	《解放日报》市郊版	1986 年 1 月 2 日
周伯衡	香辛调料佳品——辣根	《上海供销信息报》	1986 年 1 月 9 日
周伯衡	河蟹屯养技术	《解放日报》市郊版	1986 年 4 月 3 日
周伯衡	人工饲养对虾	《解放日报》市郊版	1986 年 5 月 8 日
王瑞芝	怎样防止酱油“发霉”	上海供销信息报	1986 年 5 月 14 日
周伯衡	无菌蝇的繁殖与寄养	《商业科技》第 7 期	1986 年 7 月 10 日
王瑞芝	如何提高饴糖出品率	《中国调味品》杂志	1986 年第 4 期
王瑞芝	如何提高乳腐坯质量	《中国调味品》杂志	1986 年第 10 期
王瑞芝	提高乳腐质量的新菌种通过鉴定	中国食品报	1987 年 4 月 13 日
王瑞芝	浅谈乳腐前期发酵	《中国酿造》杂志	1987 年第 5 期
王瑞芝	乳腐后期发酵与质量关系	《中国酿造》杂志 (获全国优秀论文)	1988 年第 5 期
王瑞芝	乳腐后发酵与质量管理	获全国学术交流会优秀论文奖	1988 年
王瑞芝	夏季如何生产乳腐	《上海调味品》杂志	1989 年 1 期
王瑞芝	试述酱油腐败与微生物关系	获上海市供销社优秀论文奖	1991 年
王瑞芝	试述酱油酸败与微生物关系	苏联食品刊物	1992 年第 12 期
李品高 王瑞芝	昔日进京乳腐美名远扬、 今朝百年老厂风采依旧	上海供销信息报	1993 年 3 月 5 日
周伯衡 汤金章	高举服务旗帜、拓开服务新领域 (获 1991～1992 年优秀论文奖)	市供销社合作经济编辑部	1993 年 3 月
王瑞芝	利用生产乳腐下料酿造酱油	《上海调味品》杂志	1994 年 2 期
王瑞芝	警惕假酱油进入家庭	上海科技报	1998 年 4 月 22 日
王瑞芝	“三招”识破假酱油	新民晚报	1998 年 5 月 23 日
王瑞芝	话中国大豆发酵调味品——腐乳	《中国酿造》杂志	1998 年第 5 期
王瑞芝	多菌种酿制乳腐	获国际优秀论文作品	1999 年
王瑞芝	豆腐乳变质防酸	美国化学文摘社	1999 年第 2 期
王瑞芝	论影响腐乳前期发酵主要因素	《中国酿造》杂志	2005 年第 11 期
王瑞芝	如何控制大酱胀袋的要点	《中国酿造》杂志	2007 年第 3 期
王瑞芝	美味乳腐	联合时报	2009 年 6 月 23 日
倪勤华	服务经济的有效探索	《供销合作经济》杂志	2012 年第 2 期

三、媒体报道

1993～2012年，《人民日报》《解放日报》等先后登载奉贤供销社的有关报道，已收集到9份。

二次创业激活沪郊供销社

本报讯　（记者　黄勇娣）上世纪90年代一度亏损，如今拥有资产3.23亿元，最近又被国家[illegible]部和全国供销总社授予“全国供销系统先进集[illegible]称号，这就是金山区供销社。在上海供销社系[illegible]并非个案。通过二次创业，“供销社”这个似乎[illegible]传统的字眼，而今又重新在沪郊迸发活力。

从经营红火，到逐步萧条萎缩，再到今天的又[illegible]崛起，郊区供销社经历了一番坎坷。奉贤区供[illegible]成立于上世纪50年代初，上世纪80年代达到[illegible]期，职工人数达到1万多人。随着市场经济改[illegible]的深入，1992年开始出现企业亏损，亏损面[illegible]到80%。1998年起，该区供销社提出二次创[illegible]年实现销售总额13.64亿元、利润总额达[illegible]67万元，同比增长26.03%。

改革用人机制，激活一潭死水。二次创业的过程中，“铁饭碗、铁交椅、铁工资”首先在郊区供销社系统被打碎，而对职工实行全员劳动制、对企业干部实行上岗聘用制，干部职工的劳动收入按企业的经济效益而定。在青浦区，过去的258家“代购代销店”被改建成服务站，由职工承包经营，人们热情大涨、干劲十足，原来年销售收入在1000万元左右，2002年达9000万元水平。从上世纪90年代中期起，郊区供销社结合产权制度改革，通过清退解除、分流输出、精简、协保、置换职工身份等途径，解决“企业人”向“社会人”转变的难题，理顺劳动关系。

产权制度的改革，使资产“保值增值”。据介绍，1999年起，金山区供销社实施产权改革，进行门店实体化改造，同时进行投资主体多元化改造，有选择地放弃控股地位，鼓励经营者和经营层持大股和控股，探索出资者所有权与法人经营权分离的新路子。几年来，关闭撤并了14个无竞争优势和资不抵偾的企业，通过资产剥离、资源配置，重组了16个新业态、新机制的有限责任公司，社有资产不断优化。同时，还将众多闲置资产运用市场手段使其保值增值，年收益达1600万元以上。一些基层社先后开设了30家“供销社综合便民店”，今年又试办了干巷蟠桃专业合作社和漕泾果蔬专业合作社，还建立起11家农资直销店、41家医药零售药店及15个废旧物资交投站。

加强零售网络建设，重新占领农村市场。奉贤区供销社主任丁春瑜介绍，目前该社已在全区成功构筑了三级零售网络，在郊区商业中抢占了重要位置：第一级网络，在南桥新城和奉城中心镇，建有一个1万平方米的综合百货商场金叶商厦，以及1万多平方米和5000多平方米的大卖场各一个；第二级网络，在其他各镇和撤镇后的社区建成500至1000平方米的金叶直营连锁店26家；第三级网络，在中心村和居民相对集中的社区，开设了经营面积50至100平方米以上的金叶便利店75家。今后[illegible]年还将发展300家便利店，预计每年销售将增近[illegible]个亿。据悉，2003年，仅金叶商厦就实现商品销售2.32亿元，利润总额731万元；金叶直营连锁店实现商品销售6083.06万元，同比增长10.58%；金叶便利店实现商品销售150.82万元，与2002年全年销售相比翻了一番。

2004年10月，《解放日报》登载奉贤区供销总社二次创业的报道

供销社首开小区农副产品直销点

“菜园子”直通居民“菜篮子”　目前尚无进入中心城区规划

记者/胡玉荣

自国庆节以来，家住奉贤南桥镇万隆花苑的苗阿姨早上不再像以往一样急匆匆去菜场买菜，而是慢悠悠来到楼下的供销社社区农副产品直供点采购农副产品，不一会，鸡蛋、青菜、鲜肉等就装了一大篮。“鸡蛋才4.5元一斤，比附近几家大超市还便宜。青菜1元一斤，比集贸市场便宜2到5角”。苗阿姨高兴地说：“不用跑老远，就能买到新鲜便宜的蔬菜了”。

据悉，作为本市首家开进居民区的供销社农副产品直供点，该店自9月28日开张以来，生意火爆，不仅极大方便了社区居民特别是上班一族采购生活必需品，而且由于它的平价特性，直接带动了周边农贸市场菜价的下调。

蔬菜既便宜又安全

奉贤区供销社的这家社区农副产品直供点，位于南桥镇新建东路530号，紧邻万隆花苑、万龙新村、良友新村等多个社区，经营面积约80余平方米。营业时间从早上6点30分至下午5点30分。

记者早上8点在店内看到，尽管已经过了买菜高峰，顾客依然不少。陈列架上，蔬菜、粮油、鲜肉、鲜蛋、豆制品、冷冻食品、调味品等一应俱全，蔬菜价格普遍比周边农贸市场便宜二到三成，其他商品也比大卖场要低。店内干净整齐的环境与农贸市场有天壤之别。宋勤娟是该店售货员，她告诉记者，自从在服装行业下岗后，来到这里当了一名售货员，心里特别满足，不仅因为有了一份踏实的工作，还能为居民介绍如何挑选肉类、如何科学搭配膳食等，“有点小小的成就感”。

据该直供点负责人韩经理介绍，“新鲜、物美、价廉、安全”，是社区农副产品直供点的服务承诺，所售农副产品特别是绿叶蔬菜，做到当日进货，当日销售，日日新鲜；直供点依托供销社的传统资源优势，从田头或厂家直供农副产品，最大限度地降低成本，并且所有进店商品都要经过严格安全检测，保证产品安全。记者在店内发现，直供点设农副产品安全监测公示牌，由专业人员严格监测并予以公示，让居民买得安心、吃得放心。

年底前再开三到五家

“今年年内，供销社还将陆续在南桥各个居民区附近设立3到5个直供点，让农民的‘菜园子’直通居民的‘菜篮子’，让广大居民买得便宜，吃得放心。”奉贤区供销社党委书记、主任马晨辉对记者说。

记者了解到，供销社在计划经济时代是各种物资的主要流通渠道，曾经辉煌一时。然而随着各种商业形式日益发达，如今，这个“老大哥”有点日薄西山，大多数的供销社除了负责农资供应等一些传统业务外，主要依靠出租原先一些商铺来维持运营。而奉贤区供销社在社区开设农副产品直供点，无疑是发挥传统的为农优势和创新发展的有益尝试。

今年5月，奉贤区供销社首先在南桥集贸市场开设了平价蔬菜供应点，供应时间为早上7点至9点。没想到推出供应平价蔬菜后，周边摊位纷纷推出特价菜，整个菜场的蔬菜价格都有不同程度下降。但居民也反映，如果家门口有这样的直供店，供应的时间延长，就更好了。说者无意，听者有心，奉贤区供销社产生了在社区开出农副产品直供点的想法。

马晨辉告诉记者，为了更好地支撑直销店，打响品牌，供销社已经开始自筹自己的种植基地，首期350亩蔬菜基地今年就可以播种，主要生产无公害蔬菜。“有没有把直销店开进中心城区的计划？”面对记者的问题，马晨辉表示，目前尚无这样的计划，作为直销店，在形成规模效应之前，经营的压力很大。首家直销店设立至今，尽管生意不错，但是作用主要体现在社会效益上，蔬菜的价格下来了，还解决了部分困难群体的就业问题，但经济效益依然亏损。只有当连锁规模效应上去了，同时团购等其他销售形式建立起来了，才会有进入中心城区的规划。

2012年11月19日，《劳动报》登载奉贤区供销总社首开小区农副产品直销点的报道

1993～2012年国内媒体报道奉贤供销社信息情况表

表15-5-3

报社名称	报道题目	登载时间	撰稿人
中国商报（第1342期）	上海鼎丰酿造厂建厂130周年暨上海鼎丰酿造食品总厂成立，系列产品宣传广告	1993年3月6日	吴方圭 李品高
解放日报第二版	“老抽王晒酱油南乳 出口成为抢手货”上海鼎丰酿造厂10年摘取14块奖牌	1993年3月7日	朱瑞华
上海供销信息报	“灵、活、优三字经念出高效益”奉贤县商业供销公司元月人均创立逾万元	1993年3月9日	张公度
解放日报今日市郊	“二次创业激活沪郊供销社”奉贤供销社建立三级零售网络	2004年10月10日	黄勇娣
人民日报第六版	奉贤供销社建成三级服务网（扎根农村、服务农民）	2004年12月1日	
奉贤报第三版	筑巢引凤借翅膀飞——奉贤供销经济园区五周年巡礼	2010年1月29日	周　费
中华合作时报第八版	全国供销合作社系统劳模表彰大会先进集体名单	2012年7月10日	米雅娜
劳动报第四版	供销社首开小区农副产品直销点——介绍奉贤供销社在小区开直销点情况	2012年11月19日	胡玉荣

第六节 信息平台

一、简 报

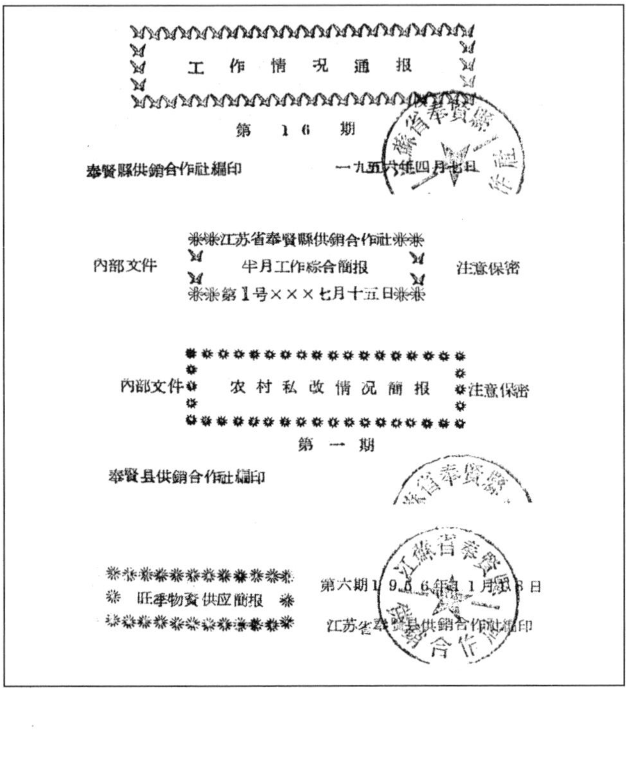

1956年，奉贤供销社内部印发《工作情况通报》和《半月工作综合简报》。70年代，改称《情况交流》，90年代改为《奉贤供销信息》。至2012年，先后办《情况交流》899期、《奉贤供销信息》450期。

1971年8月，县商业局创办农村“双抢”（抢收抢种）战报。1980年7月，奉城供销社党支部创办“双好”（好部门、好职工）简报。1992年3月，奉贤县鼎丰酿造厂创办《鼎丰简讯》，至2012年创办372期。

1971年8月，商业局的《支援三抢战报》

1980年7月，奉城供销社自办的“双好”简报

1992年3月24日，鼎丰简讯第一期

二、网　站

2012年6月，建立上海市奉贤区供销合作总社网站，网址 www.fxcoop.cn。网站设新闻、动态、通知公告、网上办事、农副产品展示、商业地产经营、招商引资、为农服务、人力资源、党建与企业文化、主任信箱等内容，成为供销社工作社会化、公开化的平台。

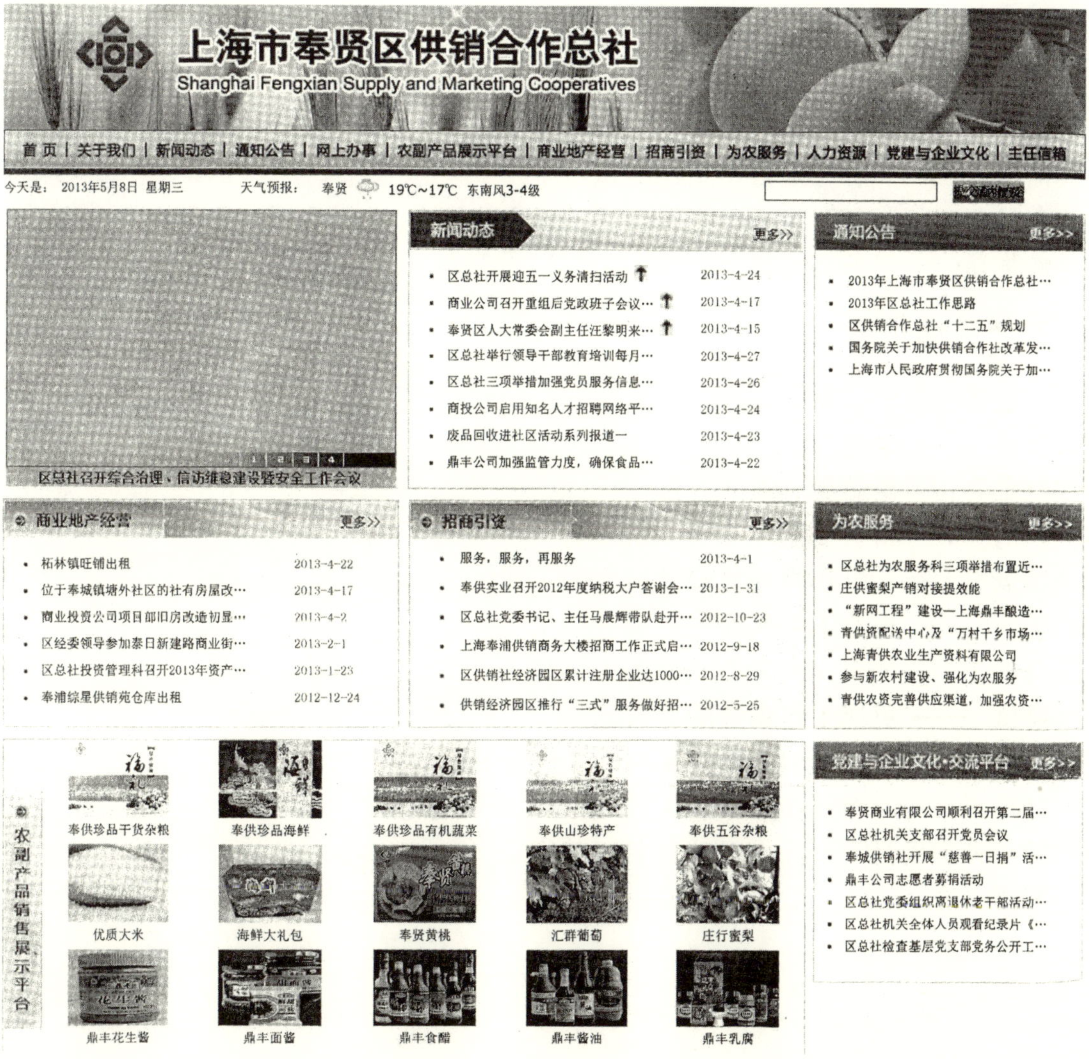

第七节　商业新词汇

奉贤地区商业活动中，出现不少群众化、形象化的与商业经营活动有关的新词汇，现暂收集到200余条，归纳为七个大类。

一、货币　卡　券

1. 人民币

捻头 —— 钞票

铅角子 —— 硬币统称

大团结 —— 5元币

1张分 —— 10元币

2. 卡券

交通卡　—— 市内交通专用卡

敬老卡　—— 上海市70周岁以上老人免费乘公交、地铁、轻轨优惠交通卡

社会保障卡　—— 治疗疾病专用卡

购物卡　—— 各大型商场销售的电子卡

信用卡　—— 有一定信用定额的银行卡

会员卡　—— 在规定场所消费可享受优惠的卡

购物券　—— 各商业部门自制的以券代币的券

二、劳动用工

1. 工作

扒分　—— 挣钱

打工　—— 参加某一单位工作

下海　—— 辞去公职从事私（民）营经济活动

钟点工　—— 以小时计算劳动报酬的工作

下岗　—— 企业不景气而失去工作岗位

再就业　—— 下岗后重新找到工作岗位

跳槽　—— 更换工作单位的个人行为

协保　—— 协议保留劳动关系

分流　—— 对企业多余人员的安置

外来务工人员　—— 离开原籍打工的人员

的哥（妹）—— 开出租车的男女司机

2. 称呼

大款 —— 经济实力雄厚的私营企业老总

白领 —— 从事管理层次文职工作的人员

灰领 —— 有娴熟技术处在生产一线的人员

蓝领 —— 以体力劳动为主的员工

三、娱乐休闲

夜总会 —— 档次较高，晚上进行娱乐的场所

歌舞厅 —— 唱歌跳舞的场所

练歌房 —— 自娱自乐的唱歌场所

KTV（量贩KTV）—— 唱歌休闲娱乐包房

酒吧 —— 喝酒休闲场所

咖吧 —— 喝咖啡休闲场所

茶吧 —— 喝茶聊天场所

网吧 —— 上网场所

棋牌室 —— 搓麻将、打扑克、下棋场所

足浴 —— 洗脚保健

发廊 —— 理发店

桑拿 —— 蒸汽洗澡

四、经营业务

购物中心（大卖场）—— 大型综合性商场，俗称超市

专卖店 —— 专售品牌商品商店

折扣店 —— 打折扣的商品销售店

步行街 —— 只供人们步行的商业街

连锁店 —— 购物中心下属分店

便利店 —— 深入农村社区、街道的生活用品销售店

田头超市 —— 在农村开设专售农副产

位于洪庙镇的奉贤烟草糖酒有限公司连锁店

品的大中型商场（店）

夜排档 —— 夜间街头临时饮食摊

网购 —— 网上购买商品

团购 —— 团体购买商品

促销价 —— 促进商品销售的优惠价格

大兴货 —— “三无”商品

水货 —— 走私货

打假 —— 打击假冒伪劣产品

假日经济 —— 重大节假日带动的旅游、购物潮

物流 —— 商品物资流动

五、房 产

廉租房 —— 租金低廉的出租房

经济适用房 —— 低于市场价格为收入较低的家庭提供的销售住房

商品房 —— 按市场价格销售的住房

集资房 —— 由个人出资共同建设的住宅房

商务楼（写字楼）—— 专供商务办公活动的楼房

钟点房 ——以小时计算住房价格的旅馆房间

连锁酒店 —— 总店下设的分店

会所 —— 商务会议（娱乐）的场所

农家乐 —— 农村建立的会议、婚事喜事、娱乐为一体的场所

二手房 —— 二次以上交易的房产

商场 —— 销售商品的大中型店铺

宾馆 —— 设施较好的住宿、餐饮、娱乐设施

大酒家 —— 设施较好的餐饮、住宿、会议场所

六、通 讯

大哥大 —— 早期使用、体积较大的移动电话

手机 —— 体积较小的移动电话

PP 机 —— 寻呼电话机

小灵通 —— 一定范围内移动通讯工具

计算机 —— 电脑的俗称

光盘 —— 用来存储数据的一种物品

U 盘 —— 存放资料记忆棒

硬件 —— 由许多不同功能模块化的部件组合而成的

软件 —— 按照特定顺序组织的计算机数据和指令的集合

互联网 —— 多个计算机网络相互连接而成，而不论采用何种协议与技术的网络

宽带 —— 能够满足人们感观所能感受到的各种媒体在网络上所需要的传输

投币电话 —— 投入硬币可以通话的电话设施

网站 —— 因特网上一块固定的面向全世界发布消息的地方

QQ号 —— 在网络上朋友间用来沟通的软件

视频 —— 包含电视图像信号频谱分量的频带内的频率

微博 —— 一个基于用户关系信息分享、传播以及获取平台

博客 —— 通常由个人管理、不定期张贴新的文章的网站

黑客 —— 利用系统安全漏洞对网络进行攻击破坏或窃取资料的人

网虫 —— 对上网入迷人员的俗称

电脑病毒 —— 编制者在计算机程序中插入的破坏计算机功能或者破坏数据，影响计算机使用并且能够自我复制的一组计算机指令或者程序代码

快递 —— 专门从事快速递送邮件的企业

七、交通工具

巴士 —— 英语BUS的译言，指大中型客运车

的士 —— 出租小车，也俗称“差头”

面的 —— 形似面包的中巴

黑车 —— 无证经营的车辆

打的 —— 扬招乘坐出租车

高铁 —— 高速铁路

地铁 —— 地下铁路、地下轨道交通

轻轨 —— 地面轨道交通

磁悬浮列车 —— 靠磁悬浮力来推动的列车

第十六章　人　物

本章记载收集到的奉贤供销合作社创建63年来担任党政领导职务的干部、供销系统离休的干部、市（省、部、全国供销总社）劳动模范（先进工作者）、区（县）以上党代表人民代表、政协委员，高级技术职称人员、出席区（县）以上各级供销社社员代表大会部分代表、行业（社会）闻人等1950余人。分别作人物传略、人物简介和人物名录。

第一节　人物传略

一、区（县）供销社党政正职干部（11人）

刘乐三（1918～1970）　1994年8月参加工作，高中文化。曾任奉贤县人民政府工商科长。1953年10月，任奉贤县联社副主任。1956年5月，主持供销社工作。是年7月，任奉贤供销社主任。1957年9月至1958年9月，任郑桥公社党委书记。1962年，任县供销社副主任。“文化大革命”中被迫害致死。1983年复查后平反。

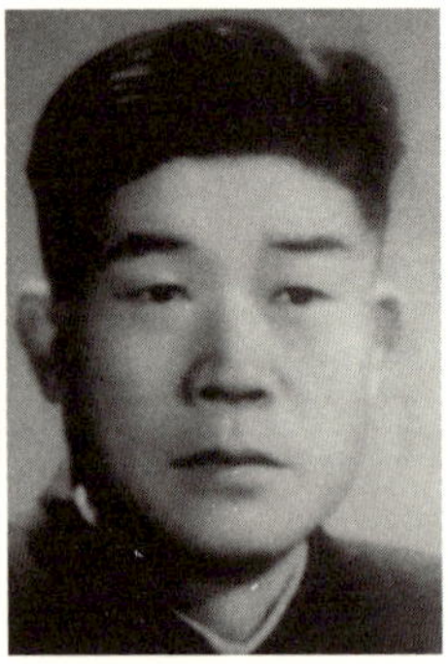

刘乐三

王文忠（1919～1986）　山东省蓬莱县人，中共党员。1940年8月参加工作，1949年4月渡江南下。是年5月，任中共奉贤县委宣传部部长，12月任县委民运部部长。1949年10月至1951年3月，兼任奉贤县农民协会会长。1951年3月至1955年9月任中共奉贤县委副书记。其中1951年4月至1952年6月兼任奉贤县合作总社、县合作社联合社主任。1951年11月任奉贤县第二届第一次各界人民代表会议常务委员会副主任。1955年9月任中共奉贤县委书记。1959年4月调离奉贤。1956年7月至1959年4月，任政协奉贤县第一届委员会委员，当选为政协奉贤县第一届委员会主席。

王文忠

李臣芳（1919～1991）　曾用名李志忠，山东省蓬莱县人，中共党员。1943年6月参加革命。历任蓬莱县李家村党支部书记，崮寺区委干事，峰山区公安员、副区长，中国人民解放军第9纵队26师78团警卫营副政治指导员，蓬莱县峰山区粮库主任、城东区公所区长。1949年2月随军南下至奉贤县，历任奉贤县人民政府建设科科长、奉贤县供销合作总社筹备处主任、县人民政府人事科科长、县委监委副书记，江海公社党委副书记、社长，县

李臣芳

人委民政科长，青村粮库党支部书记，县物资局二站党支部书记，县物资局副局长，1982年3月离休，享受处级待遇。

王 湘（1923～1991） 山东省蓬莱县人，中共党员。1949年5月南下奉贤，1957年6月至1958年4月，任奉贤县供销社主任。1959年4月任青村人民公社党委书记。1962年1月至1969年5月任奉贤县供销社党总支书记、主任。后调离奉贤。

张世科（1917～1994） 江苏省泗阳县人，中共党员。1942年2月参加革命。

张世科

历任江苏省泗阳县政府财粮处文书、王集区政府财粮股股长、区税务所所长、县税务二分局副局长，宿迁县税务局直属分局局长，淮海行政公署整风队学员，宿迁县裕昌商店经理，宿北县义昌商店经理、党支部书记。1946年6月，调任中国人民解放军9纵26师副特派员兼76团特派员。1948年8月，调任山东省政府机关党委驻村工作委员会副主任。南下后任青州3大队宣教股股长。1949年5月调至上海，历任华东粮食局行政处人事秘书，华东粮政干校教导员、党支部书记，上海财经学院专修班人事科长，中央粮食部上海干校党总支副书记兼校办公室主任。1959年1月调至奉贤县工作，历任南桥镇党委书记，县委财贸部第一副部长，县粮食局局长，县委城镇政治部主任，县落实政策办公室负责人，县政府环保、用电办公室主任、党支部书记，县供销社党委副书记、书记兼主任。1984年8月离休，享受司局级待遇。

杨 锐（1923～1995） 江苏省铜山县人，中共党员。1938年参加革命，历任

杨 锐

中共铜山县王台区、铜睢县睢西区、单集等区区委书记，渡江南下后先后任中共上海市江湾区、龙华区区委书记等职。1959年初调入奉贤县工作。1959年3月至1963年3月，任中共奉贤县委书记（时中共奉贤县委内职务设置第一、第二书记）。1963年3月至1966年6月，任中共奉贤县委副书记（时已撤销第一、第二书记设置）。1959年12月至1966年5月，任奉贤县县长。其间，1962年7月兼任奉贤县供销社第五届监事会主任。曾兼任奉贤县第一届科技协会主席和奉贤县计划经济委员会主任等职。1961年9月至1966年5月，任政协奉贤县第二、三届委员会委员，当选为政协奉贤县第二、三届委员会副主席。1972年9月至1978年2月，任奉贤县革命委员会副主任。其间，1976年3～10月，任中共奉贤县委常委。1979年4月至1980年8月，任奉贤县革命委员会常委。后调离奉贤。

林 峰

林 峰（1918～1999） 曾用名林荣璋、林雯，浙江省宁波市人，中共党员，1941年5月参加革命。历任新四军黄逸峰部队政治部战地团团员，新四军联抗民运部曲北区乡基干队指导

员，苏北泰兴地区特委交通科、苏南地委交通科副科长，苏浙军区兵站副站长，山东省交通总局、省军区野战军后勤部秘书，华东野战军特纵纵队部供管科副科长、科长，苏北、苏南军区政治部副科长、科长，苏南军区卫生部供管科行政科长。后调任松江专区医院副院长、护士学校副校长。1958年调至奉贤县工作，历任县供销社主任，县商业局局长，县人委财政科科长，县财政局副局长、局长、党总支委员、党总支副书记兼纪委书记。1983年1月在县财政局离休，参照司局级待遇。在苏中区党委交通局训练班被评为模范学员。

朱金章（1921～2008） 江苏省邳县人，中共党员，1946年2月参加革命。历任江苏省邳县徐塘镇副政治指导员，山海工作团桃村工作队工作组长，山东益临县委工作队队员，益临县郑母区委副宣传委员、组织干事，中国人民解放军第33军291团工作队员。1949年6月调至上海市工作，历任新泾区委接管工作组组员，新泾区新泾乡党总支委员、新泾乡乡长，新泾镇党总支书记、镇长，新泾区委“五反”工作站站长、武装部副部长，新泾区委农业合作部副部长，上海市西郊区委农业合作部长、区委委员，上海市委农村工作合作处工作人员。1959年2月，调至奉贤县工作，历任新寺公社、萧塘公社、钱桥公社党委书记，县农村政治部副主任，县委委员，县商业管理站核心组组长、革委会主任，县商业局党总支书记、局长，县委常委兼县委组织部长。1984年5月离休。

朱金章

汤金章

汤金章（1944～2009） 奉贤县胡桥乡（今属柘林镇）人，中共党员，大专文化。1960年2月参加工作。历任奉贤县农机局拖拉机站副队长。1962年应征入伍，1962～1969年，历任战士、班长、技术员、所长。1979～1989年，任南京军区后勤训练大队处长、干部训练大队副主任、主任、南京军区油库主任。1989年转业，任奉贤县供销社副主任。1991年9月任县供销社主任、党委副书记。1998年5月任奉贤县政府正处级调研员。2004年4月退休。

邵人杰

邵人杰（1924～2009） 安徽省天长县人，中共党员，1941年5月参加革命，长期在安徽、江苏、山东等地参加抗日斗争和解放战争。1949年5月从山东随部队南下到上海市参加粮食系统的接管工作，先后担任上海市军管会贸易处南昌转运站副主任、华东粮食调运指挥部南昌接运处副主任，上海市蓬莱区普选委员会工作队队长，第一商业局科长等职。1959年4月，主动报名参加郊县的生产建设，先后任奉贤县平安公社社长、奉贤县人委财贸办副主任兼商业局局长、奉贤县委教育卫生工作部部长等职。其间曾任奉贤工商联副主任，曾当选为奉贤县第二、三届政治协商会议委员，第五、七届人民代表大会代表和奉贤县第二次党代会代表，并当选为候补委员。“文化大革命”期间遭遇迫害、打击，“靠边站”，平反后，在农场工作，先后任工业组长、后勤组长、党委副书记、场长。1981 年 9 月离休，享受局级待遇。

杜文焕（1920～2010）　山东省胶县（现为胶州市）人，中共党员。1945 年 7 月帮助村里借粮、征粮，担任村抗日救国会会长。1946 年 1 月脱产参加革命，历任胶县沙河区各救会委员、区公所文书、战勤助理、民政助理，沙河区副区长、区长。1949 年 2 月南下时任班长，历任松江专区上海县闵行镇委会镇长、闵行区委会区长、塘外区委会区长，松江专区人民银行中心支行党支部副书记、书记、人事保卫股股长。1952 年 9 月调至奉贤县工作，历任中国人民银行奉贤县支行行长，县委城市工作部副部长，县委委员、县总工会主席，南桥镇工作委员会党委书记，县供销社主任，县人民政府副县长，泰日区委书记，泰日乡党委书记，八一公社（后改泰日公社）党委书记。奉贤县第二届各界人民代表大会、奉贤县第一、二、三届人民代表大会代表，中共奉贤县第一届代表大会代表。1984 年 11 月在县供销社离休，享受处级待遇。

杜文焕

二、离休干部（28 人）

黄可亭

黄可亭（1910～1984）　山东省荣成县人，中共党员，1943 年 3 月参加革命。历任荣成县寻山村工会主席、区工会干事，青岛地区工作队副书记，齐东县工会干事，胶东军区党校书记，江苏省常州市尤头部队小队长，常州市武进县林区民运科长、阜牛区农会会长，江苏省棉麻指导所人事科长。曾荣获一等劳动模范称号，荣立三等功 1 次。1952 年 2 月调至奉贤，历任南桥轧花厂厂长，县供销社副主任，县食品公司党支部书记、经理，县农委农业科副科长，县农业局副局长，县烟糖公司党支部书记，庄行公社财贸党总支书记，县五金公司党支部书记。1979 年 11 月退休，1981 年 5 月改办离休，享受处级待遇。

王瑞斋

王瑞斋（1922～1987）　山东省曲阜县人，中共党员，1949 年 3 月参加革命。历任中国人民解放军江苏省太仓县总队文化教员，苏南军区教导团教育干事，徐州军分区政治助理员。在部队荣立三等功、四等功各 2 次。1955 年 6 月转业至奉贤县工作，历任南桥地区供销社主任，县日用杂品经理部经理，县综合贸易公司副经理，县纺织品公司副经理，县百货公司副经理。1984 年 10

李 伦

月离休，享受处级待遇。

李 伦（1927～1987） 江苏省滨海县人，中共党员。1947年7月参加革命，在江苏省滨海县淮北盐务干校学习后，任江苏省扬州盐务干校事务长，袁浦盐场生产科科长。1958年8月调至奉贤县工作，历任县工业局副政治指导员。县交通建设局党委委员、政工组长，县供销社党委委员，县石油煤炭公司党支部书记，县石油公司协理员。1987年5月离休，享受处级待遇。

蒋天宝

蒋天宝（1924～1987） 上海市奉贤县人。1949年4月参加革命，曾任华中联络部"东海纵队"独立一团团副。1983年5月调至奉贤县，任四团供销社合作商店经理。1987年7月离休。

范崇全

范崇全（1923～1988） 上海市奉贤县人。1923年2月生。1949年参加革命，在松江专区干部学校学习后，历任松江专区干校文书，嘉定县中粮公司、煤建公司文书，松江专区木材公司文书。1958年1月调至奉贤县工作，历任平安公社文书，奉城供销社文书。1985年12月离休。

徐勋之

徐勋之（1919～1989） 山东省蓬莱市人，中共党员。1944年9月参加革命。历任蓬莱县会文南五中心校校长、教导主任，蓬莱县雨山区公所文教助理，蓬莱县支前担架连文书。1949年5月南下到奉贤县工作，历任奉城粮库主任，庄行区区长，县政府民政科长，泰日区、奉城区区委书记，县委合作部副部长，奉城乡、四团乡党委书记，钱桥供销社副主任。1984年11月离休，享受处级待遇。

苏 敏

苏 敏（1924～1991） 浙江省慈溪县人。1948年12月参加革命，历任苏北第四地委渡江南下干部，松江地委工作队副组长。1951年4月调至奉贤县工作，历任县人武部情报参谋，县总工会劳保干部，县食品公司股长、副经理，县副食品经理部经理，奉城供销社副主任，萧塘供销社主任，县生产资料经理部副经理，县革委会生产组新技术办公室负责人，县农资公司业务干部。1981年5月调任县食品公司副经理。1987年7月离休。

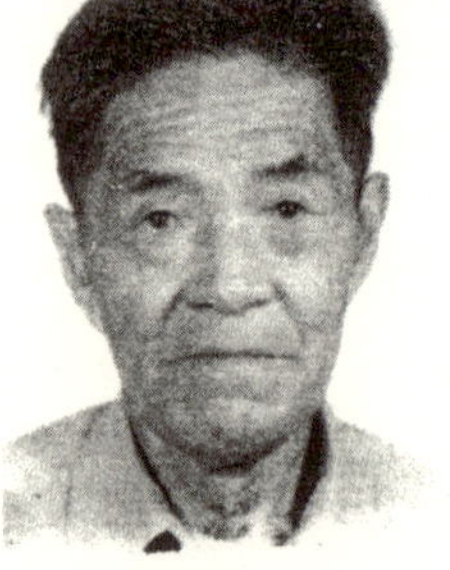
董友庆

董友庆（1908～1991） 山东省招远县人，中共党员。1944

年参加革命。历任招远县金陵区中队班长，县矿务大队、独立营炊事员，东江纵队华东党校炊事员、炊事班班长。1949年6月调至奉贤县工作，历任松江地委工作队事务长，奉贤县委事务长，县看守所副所长，县委传达室、招待所公务员，奉城轧花厂警卫。1979年3月退休，1983年4月改办离休，享受处级待遇。

许掌林

许掌林（1915～1993）　浙江省海盐县人，中共党员。1948年12月参加革命，历任地下游击队浦东中队联络员，泰日区五华乡乡长、区民政助理，齐贤轧花厂、西渡轧花厂、青村轧花厂厂长，县供销社加工科科长。县供销社副主任，泰日乡乡长，泰日人民公社社长、党委副书记，庄行公社工业部部长，胡桥公社财贸部部长，县棉花公司党支部书记。1979年4月退休，1982年12月改办离休。

韩人恩

韩人恩（1917～1994）　山东省蓬莱县人，中共党员，1946年2月参加革命。历任蓬莱县城东区支前大队、区公所干事、民政助理、财政助理。1949年5月到奉贤县工作，历任新寺公社社长，三官公社副社长，县农场场长，县总工会副主席，县农业局副局长，县委合作部副部长，县农业科科长，县农林建设科科长。离休前在县供销社棉花公司工作。1974年退休，1983年4月改办离休，享受处级待遇。

明吉英

明吉英（1927～1994）　江苏省江都县人，中共党员，1944年1月参加革命。历任江都县丁伙区公所文书、区委干事、县委城工科科员、县公安局侦查课课员，邵伯市青云镇党委书记、市政府后勤委员会副主任，兴化县公安局书记员、审讯、治安课课长，江都县公安局侦查课长、仙女区分局局长、区委委员，江都县仙女镇工委副书记，扬州市人民警察学校大队长，江苏省公安厅交保科副科长、科长，江都县凡川区区委书记。1957年4月调至奉贤县工作，历任县公安局局长，奉城供销社干部。1984年8月任县供销社视察员。1987年7月离休，享受处级待遇。

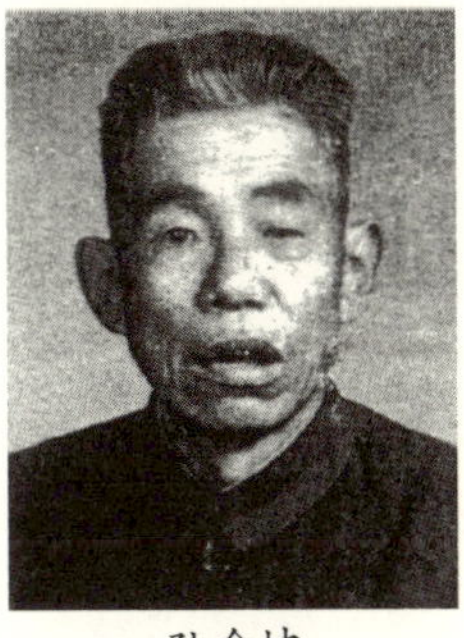
孙金坡

孙金坡（1919～1995）　山东省蓬莱市人。1947年7月参加革命，任蓬莱县政府事务长。1949年2月从山东南下，5月至奉贤县工作，历任齐贤区粮库主任，县合作总社（商业局）生产股股长，县农副产品采购局加工股副股长，江海供销社棉花收购站站长。1984年8月离休。

薛奇峰（1928～1995）　江苏省南京市人，中共党员。1949

年7月在华东军政大学三总队参加革命。在空军第5航空学校毕业后，历任航空兵15师43团机械师、国营112厂、211厂、320厂、132厂军代表。1963年6月转业至奉贤县工作，历任庄行供销社、青村食品站负责人、经理，县医药公司副经理、经理，县古华中药材（集团）公司副总经理。1988年10月离休，享受处级待遇。

薛奇峰

施存洪

施存洪（1924～1995） 浙江省金华县人，中共党员。1944年5月参加新四军，历任浙江省义乌县抗日游击队8大队战士，华东野战军第1纵队（后改20军）8团3营3连战士、班长。1949年4月渡江南下到奉贤县工作，历任青村区委组织科干事、副科长，县公安局劳改队管教干部，钱桥公社民兵指导员、武装部部长，齐贤公社武装部部长，齐贤公社办公室组长，齐贤轧花厂党支部副书记。1985年4月离休，享受处级待遇。

阮泉楼

阮泉楼（1916～1999） 上海市奉贤县人，中共党员，1948年12月参加革命。历任中国人民解放军战士、班长，海军侦察班侦查员。在部队荣立四等功1次。1952年12月复员回奉贤县工作，历任青村油厂警卫，齐贤穗丰油米厂厂长，南桥钢铁厂厂长，西渡水泥厂副厂长、人事干部。1979年11月退休，1983年4月在鼎丰酿造厂改办离休。

崔立松

崔立松（1921～2000） 江苏省灌南县人，中共党员。1944年7月参加革命。历任江苏省灌云县李集区颜马行政村村长、颜马乡乡长、余兴乡乡长、党支部书记，董集区殷口乡党支部书记、区委委员、区委宣传科科长，苏北合作总社供应处土产经理部副课长，江苏省供销合作总社生产资料处人秘科副课长、党支部副书记、烟菸麻蚕茧处人秘科副科长。1957年7月调至奉贤县工作，历任县供销社组检科负责人，西渡轧花厂党支部书记，齐贤供销社党支部书记，县饮食服务公司党支部书记，县供销社办公室副主任。1984年12月离休，享受处级待遇。

胡 博

胡 博（1921～2001） 浙江省余姚县人。1949年参加革命，曾任金山县人民政府财审科作物会计。1949年10月调至奉贤县工作，历任县委总务科总务、会计，县航管所出纳，县食品公司、副食品公司经理部总务、业务员。1984年11月离休。

林志英

林志英（1924～2002）　女，浙江省宁波市人，中共党员。1945年8月参加革命。历任上海第四棉纺织厂干部科干事、组长，工会副主席。在上海评为上海市先进妇女工作者1次，“三八”红旗手1次。1961年3月调至奉贤县工作，历任青村公社宣传部副部长，塘外公社妇女主任，泰日供销社党支部副书记，县果品公司党支部副书记。1985年4月离休，享受处级待遇。

凌德运

凌德运（1913～2002）　山东省蓬莱市人，中共党员。1947年7月参加革命。任山东省蓬莱县潮水区委炊事员。1949年5月南下至奉贤县工作，历任县人民政府事务长，县农场总务，县食品公司仓库组长，县商业局牧场场长，县烟糖公司副经理，青村综合商店经理，县食品公司副经理、党支部副书记。1984年11月离休，享受处级待遇。1990年7月回原籍，易地安置至蓬莱市。

姚耕莘

姚耕莘（1916～2004）　上海市奉贤县人，中共党员。1949年7月参加革命，住泰日区粮库任助征员。是年10月任泰日区景仰乡乡长、乡主任。1951年2月后历任苏南边防局东港检查站干事、奉贤县公安局干事。1953年9月调县联社，在保卫科、干部科工作。1957年7月任泰日区供销社副主任。1964年4月任齐贤国新药店中心店经理。1965年5月任金汇综合商店副经理。1979年3月退休。1994年9月改办离休。

毛小善

毛小善（1919～2006）　上海市奉贤县人，中共党员。1945年4月参加革命。历任柘林乡乡长兼农委主任，柘林供销社主任，新寺供销社副主任，南桥区供销社新寺供销站经理，县供销社驻沪工作组调运组长，新寺供销社党支部书记、主任、副书记。1981年6月退休，1983年1月改办离休，享受处级待遇。

孙可生

孙可生（1918～2006）　上海市奉贤县人，中共党员。1949年8月参加革命。历任松江专区干部学校第一期学员，奉贤县青村区生产助理兼朱墩乡主任，县人民银行外勤，县食品公司青村站业务干部，青村运输站主任，平安供销社生产资料组长，塘外供销社废品收购站站长。1979年3月退休，1984年11月改办离休。

王雪生（1920～2006）　上海市奉贤县人平安乡，中共党员。1940年3月参加革命。历任浙沪游击队第五支队3大队战士、

王雪生

警卫员、班长、副排长、排长，华东野战军第1纵队3师9团1营副连长、连长，3师8团2营连长，20军60师179团管理员、警卫连长。1950年10月参加抗美援朝，任20军60师180团1营副营长、营长兼党委书记，179团3营营长、2营营长。1952年回国后，历任北大荒军垦生产队长、基建科长、第9分场场长，北京市第四建设公司工程大队队长。在部队被评为战斗模范，荣立三等功1次，四等功1次。荣获独立自由奖章1枚，三级解放勋章1枚，抗美援朝三级勋章1枚。为三等甲级荣誉军人。1959年4月调至奉贤县，历任平安公社党委副书记、副社长，县畜牧水产局副局长，县副业局副局长，县供销社副主任、党委委员，县多种经营办公室副主任。1980年12月离休，享受处级待遇。

王廷昭

王廷昭（1925～2007） 浙江省嵊县人，中共党员。1945年3月参加革命。历任新四军浙东纵队4支队3营7连战士，解放军三野20军60师179团2营6连战士、班长。1949年7月转业到奉贤县工作，历任县土改工作队组长、县公安局保警队排长，县供销社人保科副科长，奉城轧花厂党支部书记，奉城公社党委委员、财贸党总支书记、教导员，南桥轧花厂党支部副书记。1981年1月离休，享受处级待遇。

金　辉

金　辉（1930～2008） 江苏省南通县人，中共党员。1949年3月参加革命。在华东军政大学南通分校学习后，历任松江新华书店总务，奉贤县公安局会计、治安股干事，光明供销社干部。1988年5月离休。

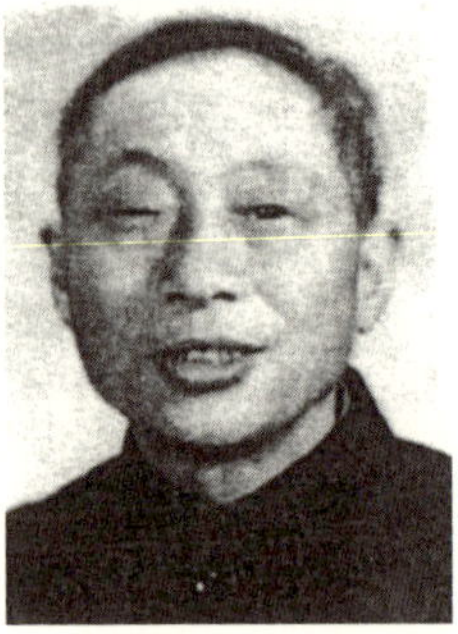
蔡一飞

蔡一飞（1925～2010） 上海市奉贤县人，中共党员。1943年8月参加革命。历任新四军浙东纵队司令部战士、班长、排长，三野1纵3旅教导团、三野20军司令部学员、科员，中国人民志愿军某部军需处军需员（连级干部）。1952年9月，任山东省曹县油脂公司、木材公司经理。1956年11月调至奉贤县工作，历任县木材公司经理，新寺供销社、齐贤轧花厂党支部书记，齐贤供销社党支部书记、主任，县棉花公司党支部书记，县农副公司协理员。1985年4月离休，享受处级待遇。

周　明

周　明（1929～2011） 女，江苏省淮安县人，中共党员。1945年4月参加革命。曾任淮安县顺河区黄庄乡妇联主任。1947年进华东医务学校学习，于1948年毕业后，历任中国人民解放军苏北第3医院见习生，三野第9兵团卫生员，在淮海战役中荣立三等功1次。

苏州军区卫生处卫生员，苏州市公安总队医院助理军医，公安五总队门诊助理军医，江苏省常熟县血防站指导员、县卫生科科员，南京市血防站副站长。1957年6月调至奉贤县工作，历任县血防站党支部书记兼第一副站长，奉城医院党支部书记兼副院长，县医药公司党支部书记兼经理，县供销社基建储运股股长。1984年12月离休，享受处级待遇。

孔静波

孔静波（1929～2012） 江苏省海安县人。1949年2月参加革命，同年4月随军渡江，历任松江专署征粮组组长。1949年10月调至奉贤县工作，历任庄行区政府财粮助理，县供销社计划股代股长、业务股副股长，县供销社秘书，南桥供销社主任，县果品公司业务员。1986年12月离休。

三、劳动模范（6人）

陈国均（1919～1988） 上海奉贤县人，奉城轧花厂工人。1961年被上海市人民委员会授予1960～1961年度上海市先进工作者。

钱应龙

钱应龙（1913～1991） 奉贤县庄行镇人，1953年6月参加工作，先后在庄行供销社、邬桥废品收购站任验货员。1958年在江苏省苏州专员公署商业局专业短期训练班学习。1963年3月，被上海市人民委员会授予上海市1960～1961年度先进工作者称号。1979年6月退休。

吴方圭

吴方圭（1940～2000） 奉贤县平安乡人，中共党员。1956年7月参加工作。先后在南桥轧花厂任技工、车间主任、副厂长，江海供销社副主任、主任，县供销社工业科负责人，奉贤鼎丰厂厂长、总经理、党支部书记，奉贤商社副总经理等职。2000年4月退休后任鼎丰酿造食品公司顾问。1992年被评为上海市供销社“开拓状元”。1993年被评为上海市劳动模范。1994年获全国食品行业优秀企业家称号。1995年评为奉贤十大优秀企业家和依靠职工办企业的优秀厂长。1996～2000年评为奉贤县名厂长、奉贤县先进工作者、上海市优秀质量标兵。1993年3月当选为奉贤县第十一届人大代表。2000年9月5日因公车祸逝世。

杨金龙

杨金龙（1920～2002） 奉贤县奉城镇人，中共党员。1932年起先后在奉贤县顶和太铁工厂、顾大成轧花厂、隆茂面粉厂当学徒、司机、技工。1949年9月参加工作。先后任齐贤轧花厂副厂长兼司机，奉贤鼎丰酿造厂、奉贤县机械厂任司机、车间主任等职。1956年在鼎丰酿造厂进行技术革新，成功研制“机械豆腐磨”“机械压榨豆腐”两项设备，提高功效8倍。江苏省人民政府授予他社会主义建设先进工作者，国家轻工业部授予他全国轻工业系统先进工作者，全国供销合作总社也授予他全国供销系统先进工作者称号。1958年，在奉贤县机械厂工作期间，与10多位工人一起改革两台简易龙门刨床，为发展机械工业做出贡献。1956年起连续四届当选为奉贤县政协委员。1956年到北京参加全国先进工作者表彰大会，受到毛泽东、刘少奇等党和国家领导人接见。

陆亚官

陆亚官（1928～2008） 女，奉贤县南桥镇人，中共党员。1958年11月参加工作。先后在南桥供销社、奉贤县贸易公司、南桥百货公司工作，任毛巾柜台负责人等职。1980～1981年被评为上海市郊十大镇最佳营业员。1981年、1983年两次被上海市人民政府授予上海市劳动模范称号、市供销社“六好”职工。

邬志如

邬志如（1919～2009） 奉贤县四团镇人，中共党员。1951年参加工作。1951～1958年任四团供销社职工、部门负责人。1958～1965年任奉贤酒厂厂长、党支部书记。1965～1967年任奉贤县物资局木材公司负责人。物资局二站党支部副书记等职。1955年，发明“木材堆积法”“毛竹水库保管法”，在江苏省推广，被中华全国供销合作总社授予全国供销系统先进工作者称号。1956年，参加全国先进工作者表彰大会，受到毛泽东、刘少奇等党和国家领导人接见。1984年3月退休。

四、行业闻人（3人）

萧兰国（？～1867） 浙江省海盐县人，鼎丰酱园创始人。清同治三年（1864年）与任子欣合股在上海县莘庄镇（今闵行区）开设鼎丰酱园。由任子欣主管制造，萧兰国专办园务。由于当时各地动荡不定，商人民众四处逃散，酱园生意日渐冷清，资本日益短缺，最后不得不关门歇业。然而萧兰国并不灰心，与其他各股东商议再添资本，到奉贤南桥复行开设鼎丰公记酱园，但任子欣以他事为由撤股。萧兰国不忘任子欣往昔调度有方之功，拟议每年取一定的赢利给任子欣作为报答。不料这个愿望未实现萧兰国就去世。

萧维麟（？～？） 浙江省海盐县人，萧兰国之子，在其父去世的清同治六年（1867年）三月，为扩充资本增强市场竞争能力，与陆恒源、萧鼎泰等人合资，签下鼎丰公记酱园合同议据，同时将鼎丰酱园更名为萧鼎丰公记酱坊。同治七年（1868年）闰四月，为完成父亲萧兰国遗愿，萧维麟与陆醒记等7人签订公议据，约定每年赢利十分中提出四厘（即4%）以酬任子欣过去为鼎丰酱园所做出的贡献。该议据直到宣统三年（1911年）才注销，历时43年，萧家对任子欣可谓仁至义尽，充分展示一位诚实守信的商家形象。

萧宝山（1848～1900）　浙江省海盐县人，早年做丝行生意，办事精明，善于经济理财。当得知族人萧兰国在奉贤县南桥开设的萧鼎丰酱园营业每况愈下，濒临倒闭消息之后，即抵奉查考原因，发现主要症结在管理不善。清光绪六年（1880年），萧宝山自荐任萧鼎丰经理，约定3年为期，务使萧鼎丰转还生机。其上任后，革弊兴利、严格制作工序、不图省时求快、不许粗制滥造、违者辞退，故不久，酱油鲜味胜过同行业，乳腐色、香、味均高人一筹，信誉雀起。次年产品销路大开。3年后，股东一致推荐萧宝山连任经理。此后，萧鼎丰酱园规模不断扩大，营业日益发达，产品畅销奉贤及县外市场，尤以乳腐为最佳，远销京津等地。誉称进京乳腐，在浦南同行中名列第一。光绪二十六年（1900年），萧宝山中风去世，终年53岁。众股东为感念其功绩，会签报酬笔据一张：今后年终结账如有盈余，必提一股记在萧宝山名下。

第二节　人物简介

一、区（县）供销社党政正职干部（16人）

刘德魁

刘德魁　1921年9月6日生，河北省栾城县人，中共党员。1938年6月参加革命。历任太行1分区独立2支队通讯员、副班长，129师随营学校第六期学员，冀南新8旅副排长，抗大第8期基干科学员，太行2分军区同浦支部（交通队）小队副，河北省获鹿县公安局公安队长，获鹿县三区区委书记。1949年3月随军南下，历任皖南至德县官港区区委书记，至德县委组织部副部长。1951年11月调至上海，历任沪西产业党委工作组组员，上海国营标准毛巾厂党支部书记，博士金笔厂公方代表，关勒铭金笔厂党总支副书记。1959年2月调至奉贤县工作，历任头桥公社党委书记，县供销社党委书记，县纪委筹备组副组长，县人大常委会副主任。1983年12月离休，享受司局级待遇。

李少峰

李少峰　1925年12月生，山东省蓬莱县人，中共党员。1949年5月随解放军南下奉贤，任青村区工委书记。1951年3月任奉贤县供销合作社筹备处主任。1951年4月任奉贤县合作总社主任。1955年2月至1959年4月，任中共奉贤县委副书记。后调离奉贤，在青浦区离休。

王海涛　出生年月不详，山东省蓬莱县人，中共党员。1949

年5月，随解放军南下奉贤。1951年4月至1952年6月，任江苏省苏南区奉贤县合作总社副主任。1952年6月至1954年5月任江苏省苏南区奉贤县联社主任。后调离奉贤。

王　琳　出生年月不详，山东省蓬莱县人，中共党员。1949年5月随解放军南下奉贤。1951年9月至1952年10月任奉贤县人民政府代理县长。1952年10月至1954年3月任奉贤县人民政府县长。其间1953年10月，兼任奉贤县联社第二届监事会主任。后调离奉贤县。

白元益　出生年月不详，山东省蓬莱县人，中共党员。1949年5月随解放军南下奉贤。1952年10月任江苏省奉贤县联社副主任。1954年7月至1955年10月任江苏省奉贤县联社（供销社）主任。后调离奉贤。

刘惠霖

刘惠霖　1931年11月生，江苏省常州市人，中共党员，高级政工师。1951年11月参加工作。曾在上海市第一百货公司工作。1959年2月调入奉贤。1965年2月任青村人民公社副社长。1966年5月任邬桥人民公社党委副书记。1978年9月任邬桥公社革命委员会主任。1979年，任庄行公社党委书记。1982年任奉贤县畜牧水产局党委书记、局长。1984年7月任奉贤县供销合作社党委书记。1991年9月任奉贤县人民政府副处级调研员。1992年2月退休。

沈华德

沈华德　1932年1月生，奉贤县钱桥镇人，中共党员。1952年2月参加工作。1955年任钱桥供应站经理。1966年5月，任四团公社副社长。1973年3月任四团公社党委副书记。1976年1月任奉贤盐场党委书记。1978年10月任胡桥公社革命委员会主任、党委书记。1981年4月任县物资局局长。1984年7月任县供销社主任、党委副书记。1991年9月任县人民政府副处级调研员。1992年退休。

周伯衡

周伯衡　1932年7月生，奉贤县头桥镇人，中共党员。1951年5月参加工作。1951年5月组织头桥职工消费合作社，任理事会主任。历任头桥、钱桥、青村、奉城供销社任副主任、主任。历任机关股长、县供销社副主任、党委委员、县供销社社务委员会会长等职。1991年1月被商业部评为全国科技兴农先进工作者。1992年7月退休。

金利川

金利川　1932年11月生，南汇县周浦镇人，中共党员。1951年9月参加工作。先后任奉城粮管所主任，奉城供销社主任、党支部书记，奉贤县农业生产资料经理部党支部书记。1969年奉贤县供销社改称奉贤县生产资料管理站后任管理站革命委员会第一召集人、县商业管理站革命委员会第三召集人，县供销社汽车运输队党支部书记，奉贤鼎丰酿造厂党支部书记，县供销社政策调研室主任，县供销社社务委员会秘书长等职。1992年退休。

唐雨林

唐雨林　1933年2月生，奉贤县钱桥镇人、中共党员。1950年7月任钱桥集镇工会宣传委员。1953～1958年先后任钱桥供销社营业员、乡政府文书等职。1960年7月，任青村公社管委会副主任。1958～1962年，任青村、塘外公社管委会副社长，县供销社生产资料部经理、县委组织部组织员。“文化大革命”后任萧塘人民公社革命委员会主任、党委书记、庄行公社党委书记。1981年1月至1990年4月，任奉贤县人民政府副县长，兼任县供销社第六届监事会主任。其中1984年3月至1984年4月任奉贤县代理县长。1990年4月，任奉贤县第十届人民代表大会常务委员会副主任。

薛德初

薛德初　1945年7月生，奉贤县青村镇人，中共党员，高级政工师，副局级干部。1976年至1994年1月，先后任青村民安大队支部书记，中共青村人民公社委员会委员、副书记，中共齐贤乡（公社）、洪庙乡、四团乡委员会书记。1994年1月至2003年5月任区（县）供销总社党委书记。其间：1993年3月至1998年3月任县政协副主席，1998年3月至2001年10月任奉贤县人大常委会副主任，2001年8月至2003年3月任县商业委员会调研员，2003年3月起，任区人大常委会副主任。2005年12月退休。

王　欣

王　欣　女，1946年2月生，山东省烟台市人，中共党员。1970年在中国人民解放军0487部队学生连锻炼。1971年江西永丰中学任教。1982年4月调入奉贤，任县委组织部组织员。1985年10月至1989年12月，先后任萧塘乡党委副书记、书记。1990年1月至1992年9月任县人事局局长。1992年9月任县供销社委员会书记。1992年11月调离奉贤。

丁春瑜

丁春瑜　1952年4月生，奉贤县萧塘乡人，中共党员。1968年8月参加工作。历任萧塘供销社团支书、副主任、主任、党支部书记、县供销社职改办副主任，煤炭公司经理、胡桥供销社主任。1991年9月任县供销社副主任。1997年2月中央党校函授学院党政管理系本科毕业。1998年5月任县供销总社主任、副书记。

陆慧仙

2001年12月被评为高级经济师。1999～2002年，发表《长风破浪会有时·奉贤供销合作社摆脱困境的对策与措施》等论文。2008年1月，被评为全国供销系统先进工作者。2010年出席全国供销合作总社第五次代表大会。2012年5月退休。

陆慧仙 女，1953年7月生，奉贤县南桥镇人，中共党员，高级政工师。1969年12月至1971年6月在云南勐腊县水利兵团3营14连任班长。1971年6月至1975年8月任云南思茅地区五七农场文书、党委秘书。1975年9月至1978年8月就读上海师范大学政治教育系。1978年9月至1981年7月，齐贤中学任教。1981～1989年12月，中共奉贤县委组织部科员、副主任科员。1989年12月起历任奉贤县供销社党委委员、纪委书记、党委副书记、工会主席、党委书记。2008年7月退休。

陈洪明

陈洪明 1955年7月生，奉贤县光明乡人，中共党员，大专学历。1973年1月至1974年12月，任大队团支部书记。是年12月应征入伍参加中国人民解放军，历任60军178师战士、副连级干事、副连级秘书、连政治指导员、营副教导员。1985至1998年7月，历任第1集团军炮兵旅政治部干部科科长、第98医院政治处主任、吴江农场政治处主任、政治委员、上校军衔。1998年7月转业回奉贤，历任县纪律检查委员会副书记、县监委副主任、区民防办公室主任、现任区供销合作总社监事会主席。

马晨辉

马晨辉 1970年9月生，奉贤县青村镇人，中共党员。1990年8月参加工作。历任奉贤县民政局科员、副主任科员。1992～1995年复旦大学计算机信息管理专业自学大专毕业。1997年任县民政局计划财务科长。1999～2002年中央党校函授学院本科、2006～2009年市委党校硕士研究生毕业。2006年任区城建集团党委委员、副总经理。2009年5月任区供销合作总社党委书记。2012年4月兼任区供销合作总社主任。

迟宗聚

二、离休干部（11人）

迟宗聚 1926年4月生，山东省莱阳县人，中共党员。1947年1月参加中国人民解放军。任27军79师237团班长。1950年10月参加中国人民志愿军。1953年2月回国，历任排长、连副政治指导员。荣立三等功3次、四等功6次，荣获解放奖章1枚、抗美援朝纪念章1枚。1958年5月转业至奉贤县工作，历任梁典砖瓦厂厂长，南桥炼焦厂党支部书记，青村油厂党支部书记，平

冒新才

安公社财贸党总支书记，青村供销社党支部书记，县鼎丰酿造厂党支部副书记、协理员。1986年10月离休，享受处级待遇。

冒新才　1926年9月生，江苏省如皋市人，中共党员。1946年7月参加革命。历任中国人民解放军江苏东台县柴湾区中队战士，苏北一分区交通连、1团2营5连战士，华东警备6旅16团5营5连副班长，常州分区武进县大队2连副班长，武进县独立3营2连班长，武进县奔牛区人武部副排长、参谋，江苏军区泰州文化干校学员。在部队，曾被评为三好战士，荣立三等功3次、四等功4次。1957年8月调至奉贤县工作，历任西渡轧花厂、南桥轧花厂、县蔬菜公司、县农副公司总务，县土产废品公司经理部负责人，县农资公司总务。1987年7月离休。

姚守先

姚守先　1926年9月生，江苏省建湖县人，中共党员。1948年3月参加革命。历任建湖县沿河区青年干事，苏南农委会农村检查组组员，江苏省供销社私改办组长。1957年10月调至奉贤县工作，历任县供销社生产资料经理部股长、经理，县鼎丰酿造厂干部。1986年12月离休，享受处级待遇。

刘保三

刘保三　1927年8月生，河南省淅川县人。1949年8月参加革命，历任苏南棉麻指导所农场管理员、人事股组织干事。1951年9月调至奉贤，历任奉城轧花厂副厂长，齐贤轧花厂副厂长、协理员，经济师。1987年9月离休。

冯仪华

冯仪华　女，1927年9月生，江苏省无锡县人。1949年5月参加革命，在无锡苏南粮食局会计训练班学习后，历任奉贤县庄行粮库会计，县土改工作队三区团委干事、三区团委副书记，县血吸虫防治站、县食品公司会计，金汇供销社统计、出纳会计，齐贤供销社、县五金公司出纳会计，县百货公司统计、商品会计。1984年7月离休。

陈　忠

陈　忠　1927年11月生，上海市崇明县人。1949年9月参加革命，历任华东军区防空部队高炮524团3连文化教员，中国人民志愿军高炮524团宣传股文教干事。在华东军区直属师范学校毕业后，历任华东军区第5速中教务处师范部教员，南京军区第一文化学校教务处师范部语文系教员，总参谋部解放军外语学院教员。1963年4月转业至奉贤县工作，历任县供销社干训班副主任，县供销社工会副主席，县供销社工会工作委员会副主任，县供销社商业干校协理员。1987年1月离休，享受处级待遇。

朱宗珍

朱宗珍 女，1927年12月生，江苏省建湖县人，中共党员。1946年1月参加革命。历任建湖县永平乡乡长、妇联主任，建湖县芦沟区妇联干事、委员，仪征县胥浦区、凌桥区妇联主任，仪征县新城区妇联主任、党委委员、县妇联福利科科长、新城区团委书记。1954年10月调至上海市工作，历任中共闸北区委妇联组织科长，奉贤县商业局党总支副书记，奉贤县烟糖公司党支部书记、经理、党支部副书记、副经理。1984年11月离休，享受处级待遇。

顾 正

顾 正 1928年8月生，上海市杨浦区人。1947年在上海市大夏大学休学，其间筹建“丽社”。1948年8月到华中地委报到，分配在招待所任组长，同年11月分配在华中大学一部任学习组长。1949年1月在华中南通公学团任第四、七、八组联络员兼任学习组长，同年3月分配至31军后勤部任中队分队长，同时任新民主主义青年团支书。1949年11月调至奉贤县工作，历任齐贤区粮征股股长、粮库主任，齐贤区副区长，庄行区副区长，中国人民银行奉贤支行副行长，南桥乡人民政府副乡长，江海公社财贸部副部长等职。后调入县供销社工作。1988年12月离休，享受处级待遇。

尤立春

尤立春 1929年8月生，江苏省建湖县人，中共党员。1943年10月参加革命。历任江苏省建阳县第7区区中队战士，建阳县独立团、苏北盐阜区第3团2连副班长，华中10总队86团1营2连副班长，苏北第5分区独立团1营2连班长、副排长，苏北、苏南军区特务团1营机炮连排长，华东警备10旅24团1营机炮连、华东军区吴淞海防团1营机炮连副连长，华东海军嵊泗、舟山基地流动炮营2连连长，海军东海舰队陆战师炮兵团司令部、上海警备区180团司令部股长，江苏生产建设兵团3师17团四营营长，上海警备区2师炮兵团司令部副参谋长。在部队荣立二等功2次、三等功2次。1955年4月获解放军奖章1枚。1979年10月转业至奉贤县工作，任县供销社副主任、视察员。1989年11月离休，享受处级待遇。

仲天怀

仲天怀 1933年4月生，浙江省嘉兴市人。1949年7月参加中国人民解放军，在华东军政大学3总队12团四连当战士。第三野战军通讯学校学习后，历任第三野战军司令部报务员，530部队司令部报务员、电台台长、通信排长、参谋。在部队荣立三等功2次。1963年转业至奉贤县工作，历任齐贤供销社副主任，县果品公司副经理，县供销社工业开发科副科长，县供销社驻沪经理部经理，县经编厂副厂长，上海华城特种织品有限公司总经理。设计的AB抗菌防臭系列产品获七项国家专利和多种奖项。1993年11月离休，享受处级待遇。

何正英

何正英　女，1933年5月出生，江苏省江都县人，中共党员。1949年4月参加革命。历任上海市杨浦区中纺十厂工人，荣立三等功1次。杨浦区工人消费合作社社务股长、区商政办公室办事员、区文化用品商店公方经理、区百货公司党总支委员、分支部书记，徐州装甲兵264部队军人服务社副主任。1964年11月调至奉贤县工作，历任县商业局奉城综合商店副经理、党支部副书记，县供销社生活干事，奉城供销社党支部副书记、副主任，县百货公司经理，县供销社业务科科长。1988年10月离休，享受处级待遇。

三、劳动模范　先进工作者（20人）

郭伯荣

郭伯荣　1922年3月生，奉贤县南桥镇人，中共党员。1952年参加工作。先后在三官、钱桥供销社任营业员、部门负责人。1965年被评为奉贤县“六好职工”。1978年被上海市革命委员会授予上海市先进工作者称号。1979～1980年先后评为奉贤县“五好职工”和“双佳营业员”。1985年4月退休。

金仲初

金仲初　1923年4月生，奉贤县四团镇人，中共党员。1954年11月参加工作。长期在四团供销社工作，担任营业员、实物负责人、部门负责人。1963年被上海市人民委员会授予上海市先进工作者称号。1984年7月退休。

陶品琴

陶品琴　女，1927年11月生，奉贤县奉城镇人。1955年12月参加工作，在奉城供销社合作饭店任营业员。1962年被评为上海市先进工作者。1977年7月退休。

金永根

金永根　1929年1月生，奉贤县邬桥镇人，邬桥供销社职工。1955年参加邬桥合作商店工作，先后担任下乡员、植保员、植保站站长。1962年被上海市人民委员会授予先进工作者称号，

严秉沁

1963～1964年两次被评为上海供销系统先进个人，1989年退休。

严秉沁 女，1929年4月生，上海市南市区人，中共党员。1950年参加工作。1951年筹建生产合作社，担任理事会主任，代表企业参加全国手工业总社第一届工人代表大会。之后在上海天救织袜厂、国营群力袜厂、志永日袜厂工作，担任副厂长职务。1960年8月调入奉贤，任奉贤县百货公司党支部书记。1978年4月任奉贤县商业局党委副书记、副局长。奉贤县供销社恢复后，任党委副书记、副主任。1977年被上海市革命委员会授予上海市先进工作者称号。1978年6月，参加全国学大庆、学大寨表彰大会，受到华国锋、邓小平、叶剑英、李先念等中央领导接见。《我是怎样当一个理事会主任的？》一文收入中央合作总社汇编“手工业合作社典型社”选辑。

顾来生

顾来生 1934年7月生，南汇县六灶乡人，中共党员。1951年参加工作。先后在奉贤县光明、西渡、齐贤轧花厂、奉贤经编厂、上海市供销机械厂任工人、技师、助理工程师、副厂长、党支部副书记等职。曾两次去也门参加援助建设。1977年8月12日，作为正式代表参加中国共产党第十一次全国代表大会，两次评为全国劳动模范（全国先进工作者），7次被评为上海市（江苏省）劳动模范，1次被评为全国供销合作社先进工作者，先后受到朱德、华国锋、邓小平、江泽民等党和国家领导人的接见。1958～1988年的30年中，顾来生响应党的号召，投入技术革新事业，先后创造发明以“双层锯齿剥绒机”为代表的各种机械设备20余项。其中“双层锯齿剥绒机”提高生产效率60%，剥绒率比原来提高4%，得到国家商业部的肯定，并在产棉区推广使用，被珠江电影制片厂拍成新闻记录片。顾来生改革的各类风机，降低能耗43%，风机噪声从原来10分贝下降到7.55分贝。1987年他改造630车床等加工设备，发明生产各种规格的打包机，产品销往江苏、浙江、河南、山东、新疆等10个省市，企业利润提高44%。顾来生于60～80年代先后两次作为中国专家赴也门支援建设萨那纺织联合工厂和荷台达轧花榨油厂。即使在他爱人病重住院期间，他仍坚守岗位，攻克轧花—剥绒—榨油—生产中一系列难关，每小时生产皮棉达642公斤，超过设计指标的60%。顾来生在也门期间，还耐心细致地向当地工人传授生产和管理技术，阿拉伯也门共和国政府总理和政府部长参观工厂后给予高度评价。1994年退休。

唐亚官

唐亚官 女，1937年9月生，奉贤县南桥镇人，中共党员，经济师。1957年9月在齐贤轧花厂参加工作。先后在四团造纸厂、南桥贸易公司、县饮食服务公司、县商业局、县供销社机关工作，担任部门负责人、党支部副书记、股长、县供销社基层联合工会主席、县供销社党委委员。1963年3月被评为上海市1960～1961年度先进工作者，获上海市“三八”红旗手、奉贤县“三八”红旗手等称号。1992年9月退休。

郑福祥

郑福祥　1938年8月生，南汇县黄路乡人，中共党员。1955年参加工作。先后在四团轧花厂、四团供销社任炊事员、总务和四团棉花收购站站长等职。1977年被上海市革命委员会授其上海市先进工作者称号。1977～1979年评为奉贤县先进工作者。1998年7月办理退休手续。

顾士荣

顾士荣　1941年6月生，奉贤县江海乡人，中共党员。1964年3月参加工作。1962年毕业于江苏省水利学校。1962～1964年在家务农，参加工作后历任营业员、江海供销社主任、县烟糖公司经理等职。1994年被国内贸易部评为劳动模范。2001年6月退休。

王秀英

王秀英　女，1942年2月生，奉贤县邬桥镇人。1958年1月参加工作，先后在上海市南市区商业部门、邬桥供销社工作。1960年，被上海市人民委员会授予上海市先进工作者、南市区“三八”红旗手称号。1997年2月退休。

马德荣

马德荣　1944年8月生，奉贤县奉城镇人，中共党员。1962年10月参加工作。1963年2月应征入伍参加中国人民解放军，任报务员。1969年4月退伍后先后在奉城供销社、钱桥供销社、县五金公司工作，历任部门负责人、基层供销社主任、党支部书记等职，政工师职称。1989年被商业部授予全国商业系统劳动模范称号。2004年9月退休。

朱宗熹

朱宗熹　1944年9月生，奉贤县新寺镇人，中共党员。1959年8月参加工作。历任奉贤县药材公司经理，上海古华医药药材（集团）公司总经理，现任集团董事长。1987年被评为上海市劳动模范。

张新仪

张新仪　女，1944年10月生，奉贤县奉城镇人。1962年10月参加工作，先后在四团、塘外、奉城供销社工作，历任营业员、棉布部负责人等职。1989年被上海市人民政府授予劳动模范称号。1995年1月退休。

毛福华 1945年2月生，浙江省杭州市人。1967年7月参加上海特种灯泡厂工作，1977年被评为上海市先进工作者。1992年10月调入奉贤县机电设备公司。2005年7月随物资总公司划入奉贤区供销总社。

刘桂凤

刘桂凤 女，1945年8月生，奉贤县南桥镇人，中共党员。1962年10月参加工作，曾任营业员、柜组长。奉贤县烟糖公司职工。1991年评为上海市三八红旗手。1992年5月被评为1991年度上海市劳动模范。1993年当选为上海市第十届人民代表大会代表。1995年10月退休。

鞠守义

鞠守义 1947年7月生，奉贤县青村镇人，中共党员。1964年6月参加工作。长期在奉贤县饮食服务公司从事厨师工作，任部门经理。1995年，被上海市劳动局评为一级厨师。1998年4月被上海市人民政府授予1997年度上海市劳动模范。2007年7月退休。

陈品章

陈品章 1947年11月生，奉贤县头桥乡人，中共党员。1966年5月参加工作。1966～1976年先后任头桥测报站植保员、奉贤县革命委员会办公室打字员，1976年8月调奉贤县供销社政工科任办事员。1979年2月，任头桥供销社副主任。1984年3月调任县社驻沪办事处工作。1986年3月任县煤炭公司经理。1987年9月至1992年9月，任奉城供销社党支部书记、钱桥供销社主任、书记、奉贤县供销社办公室主任。1992年9月，任奉贤县烟糖公司经理兼县烟草专卖局局长、党支部书记。1997年6月，任奉贤县供销社副主任。2006年，任上海烟草集团奉贤烟草糖酒有限公司经理（正处），兼任上海市烟草专卖局奉贤分局局长。2008年11月退休。2000年被评为上海市劳动模范。

吴德行

吴德行 1947年12月生，奉贤县南桥镇人，1968年10月参加工作。先在庄行插队，后在庄行无线电厂、县轻机厂、马铁厂、变压器厂、奉贤商厦、县烟糖有限公司工作。1980年4月，被评为上海市1979年度劳动模范。2007年12月退休。

陈宝林

陈宝林 1950年1月生，奉贤县奉城镇人，中共党员。1970年11月参加工作。历任奉城供销社长丰商店、协新下伸店负责人。1977年被上海市革命委员会授予上海市先进工作者称号，当选为上海市第七届人民代表大会代表。1978～1979年先后被评为县先进工作者。2010年

2 月退休。

黄金庆　奉贤县人，县供销系统职工。50 年代参加工作，1962 年被上海市人民委员会授予先进工作者称号。

四、社会闻人（4 人）

王瑞芝

王瑞芝　1936 年 3 月生，江苏省江都县人，中共党员。1949 年参加工作，工程师职称。先后在松江泗泾药店、松江酿造厂、奉贤鼎丰酿造厂任职工、技术干部，享受副厂长待遇，奉贤县第四至第八届政协委员。1983 年～2002 年先后被聘任为中国乳腐学会乳腐学组副组长、国家乳腐质量金银奖评委、中国调味品协会技术（专家）委员、上海市酿造业技师考评员、中国调味品协会全国乳腐技术培训授课老师，曾先后去福建、江西、安徽等省市进行技术讲授与现场指导。技术成果有腐乳毛霉优良选育鼎丰 MM-1 毛霉新菌株、改革酱醋发酵及淋油工艺等，获国家商业部科技奖、上海市重大科技成果奖（榨菜加工新工艺新品种）三等奖、上海市供销社科技成果奖。主编《鼎丰乳腐生产技术》（1986年版）、《中国乳腐酿造》第一版（1998）、《中国乳腐酿造》第二版（2009）计 98 万字，由中国轻工出版社出版。主编《国家乳腐质量标准》（SB/T10170-93），发表《多菌种酿制乳腐》《试述酱油酸败与微生物关系》《乳腐后发酵与质量管理》文章，分别获国际优秀论文作品、上海市供销社优秀论文奖。获上海市质量标兵奖、中国调味品行业十大科技突出贡献专家称号。先后在《中国食品报》《联合时报》《新民晚报》《上海市供销信息报》上发表数十篇文章。入选《中国专家人才库》（《人民日报》社出版）、《中国科技人才大辞典》（科技技术文献出版社出版）、《世界科技专家》（中国卷）（《国际企业出版社》出版）、《中国食品界名人录》（中国食品工业协会出版）。

钱正兴

钱正兴　1947 年 1 月生，奉贤县青村镇人，中共党员。1965 年 9 月参加中国人民解放军。退伍后在青村供销社仓库、日杂商店等部门工作。1978 年起参加献血，并配合奉贤献血站赴学校、机关、部队、企事业单位现身说法，宣传演讲 30 余次，听众 2 万余人。至 2003 年，共参加献血 160 余次，献血 4.3 万毫升，相当于正常人人体血量的10倍，其中无偿献血61次、14000毫升。1992 年，先后获上海市无偿献血铜奖、银奖、金奖，被列为奉贤县 50 件文明好事之一。1993 年 6 月，获全国无偿献血金奖，接受全国人大常委会委员长乔石的授奖。1994 年，《东方城乡报》以《献血大王钱正兴》为题，报道钱正兴无偿献血事迹，并摄制成记录片在《上海电视台》播放。2001 年 12 月，获国家卫生部、中国红十字会总会、解放军总后勤部卫生部授予的1999～2000年度全国无偿献血奉献奖金奖。2002年3月，获上海市卫生局、上海市红十字会、上海市警备区后勤部授予的上海市白玉兰无偿献血金杯奖。同月，奉贤区电视台以《满腔热血献爱心》为题录入《奉贤儿女》专辑。

黄祖明

黄祖明 1955年3月生，奉贤县庄行镇人，中共党员。1972年6月参加工作。先后在公社广播站、县广播站、县食品公司工作。1996年10月，任奉贤县农资公司办公室主任、工会主席、公司党支部委员。大专文化，高级营销师，擅长书法，现任上海市书法家协会会员、奉贤区书法家协会副主席、秘书长，奉贤县农资公司董事、工会主席。主要作品曾获《书法导报》首届全国手卷书法大展优秀奖，2012年《书法导报》“二程杯”全国书法大赛优秀奖，6次获上海市书法大展优秀奖。他的作品10余次参加国内外书法大展。

沈 杰

沈 杰 1961年6月生，奉贤县青村镇人，原青村供销社药店职工，中国农工民主党党员。自幼患小儿麻痹症双腿致残，因酷爱书法，坚持自学研习。1992年11月首办个人书法展。1994年7月毕业于上海教育学院美术系，其作品先后在上海古籍书店、博古斋艺术家画廊、上海市档案馆、山东省曲阜孔子博物馆展出。1998年11月作品入选文化部举办的全国第八届美术、书法摄影大展。2000年5月获全国第五届残疾人运动会组委会组办的“江、浙、沪残疾人书法、美术、摄影大赛”一等奖，2001年，出版《沈杰作品集》。2006年，获全国首届青年书法“百强榜”提名。2011年4月，获《书法》杂志和《书法报》书法风云榜“最具实力奖”。是年9月，作品入展“全国行草书名家邀请展”。书法作品5次获全国、省、市书法大赛一等奖。现为上海市政协委员、中国书法家协会委员、上海市书法家协会理事。奉贤区残联副主席、上海市沈杰艺术培训中心校长。

第三节 人物名录

一、区（县）供销社党政副职干部

1950年10月至2012年，收集到曾担任奉贤供销合作社（商业局）党政副职干部共51人。（以任职先后排列）

1950～2012年奉贤供销社党政副职干部人员名录

表16-3-1

姓　名	性别	出生年月	籍　贯	担任职务	备　注
李钟禄	男		山东	县供销合作社筹备处副主任	
王海涛	男		山东蓬莱	县合作总社（联社）副主任	
周之忻	男		山东海阳	县联社副主任	
白益元	男		山东蓬莱	县联社副主任	
黄可亭	男	1910.10	山东荣城	县供销社副主任	1984.04去世
马相畏	男		江苏	县供销社副主任	未到职
周葆生	男	1909.03	山东蓬莱	县供销社副主任	
刘乐三	男	1918.06	山东胶县	县供销社副主任	1970年去世
许掌林	男	1915.12	浙江海盐	县供销社副主任	
姜明智	男	1921.07	山东掖县	县供销社副主任	2003.03去世
赵淑清	女		山东蓬莱	县供销社副主任	
胡世天	男	1933	上海奉贤	县商业局副局长	
柏　万	男	1929.03	江苏大丰	县商业局副局长	
崔同华	男	1924.02	山东文登	县供销社副主任	1996.11去世
施志决	女		上海奉贤	县供销社副主任	
袁成章	男	1930.12	上海奉贤	县供销社副书记　副主任	
李　洁	女	1930.12	山东莱芜	县供销社政治处主任	
张兰忠	女	1930.09	山东沂南	县生产资料管理站革命委员会第二召集人	
王启坤	男	1933.12	江苏宝应	县生产资料管理站革命委员会第三召集人	
朱林彪	男		上海奉贤	县生活资料管理站革命委员会第三召集人	
沈斌忠	男	1929.08	江苏无锡	县商业管理站革命委员会第二召集人	1992.05去世
金利川	男	1932.11	上海南汇	县商业管理站革命委员会第三召集人	
徐希夫	男		江苏如皋	军代表，奉贤县商业局副局长	
朱根楼	男		上海奉贤	县商业局党委副书记	
潘栋生	男	1930	上海奉贤	县供销社副主任　副书记	
严秉沁	女	1929.04	上海南市	县供销社党委副书记	
王雪生	男	1920.01	上海奉贤	县供销社副主任	2006年去世
尤立春	男	1929.08	江苏建湖	县供销社副主任	
孙启强	男	1931.09	上海金山	县供销社副主任	2006.03去世
李品高	男	1935.10	上海奉贤	县供销社党委副书记	
袁京声	男	1940.04	上海奉贤	县供销合作社副主任	
李吉瑞	男	1950.04	上海奉贤	县供销社副主任	
范妙祥	男	1941.03	上海奉贤	县供销社 党委副书记	
潘驶君	男	1945.03	上海奉贤	县供销社党委副书记	
吴岳初	男	1948	上海奉贤	县供销社党委副书记　副主任	
陈建庆	男	1956.10	浙江绍兴	县供销社党委委员　副主任	
吴桂明	男	1942.12	上海奉贤	县供销社党委副书记	

续表 16-3-1

姓　名	性别	出生年月	籍　贯	担任职务	备　注
莫仁君	男	1932.12	上海奉贤	县供销社党委委员	
邵复健	女	1944.01	上海奉贤	县供销总社党委委员	
毕道鹏	男	1955.06	上海奉贤	县供销总社党委委员	
叶建锋	女	1950.06	上海奉贤	县供销总社党委副书记	
马天林	男	1947.11	上海奉贤	县供销总社副主任	
严小弟	男	1940.09	上海奉贤	县供销总社副主任	
唐汉规	男	1949.10	上海奉贤	县供销总社党委副书记 副主任	
楼关涛	男	1947.10	浙江萧山	县供销总社副主任	
陈品章	男	1947.11	上海奉贤	县供销总社副主任	
鲍振淦	男	1948.02	上海奉贤	区供销总社党委委员 副主任	
姜承烈	女	1966.12	上海奉贤	区供销总社党委委员 副主任	
张　琪	男	1963.09	上海奉贤	县供销总社副主任	
屠永华	男	1967.12	上海奉贤	区供销总社副主任	
荀　榕	男	1963.07	上海奉贤	区供销总社副主任 纪委书记	

二、党代表　人民代表　政协委员

1951～2011 年，区（县）供销系统先后产生区（县）级以上党代表、人大代表、政协委员共 164 人。

1. 区（县）级以上党代表　1977～2011 年，区（县）供销系统先后选举（推荐）产生区（县）级以上党代会代表 43 人。其中全国代表大会代表 1 人。

1977～2011 年奉贤供销系统当选区（县）以上党代表情况表
（以姓氏笔画为序）

表 16-3-2

会议名称	选举年月	代表姓名
中共第十一次全国代表大会	1977.08	顾来生
中共奉贤县代表大会	1984.05	王雪生　张世科　顾龙如　戴林根
中共奉贤县第五次代表大会	1986.08	刘惠霖　邵复健（女）　陈建庆　郁玲（女）　潘有发
中共奉贤县第六次代表大会	1990.01	丁春瑜　刘惠霖　严秉沁（女）　顾来生　耿秀庭（女）　潘有发
中共奉贤县第七次代表大会	1992.11	王欣（女）　刘桂凤（女）　毕道鹏　李品高　陆文达　唐吉林　谢焕华
中共奉贤县第八次代表大会	1998.01	尤立春　吴方圭　张火楼　金秀亮　陆慧仙（女）　薛德初
中共奉贤区第一次代表大会	2003.01	丁春瑜　陆志刚　陆慧仙　姜承烈（女）　顾炜　薛德初
中共奉贤区第二次代表大会	2006.12	祁枫（女）　陆慧仙　唐汉规　顾炜　高李华（女）
中共奉贤区第三次代表大会	2011.11	马晨辉　祁枫　顾天锡

2. 区（县）以上人民代表　1951～2011 年，奉贤供销系统当选为区（县）级以上人民代表共 76 人次，其中出席江苏省苏南区各界人民代表会议 1 人，上海市人民代表大会代表 4 人次，奉贤区（县）人民代表大会代表 71 人次，有女代表 14 人次。

奉贤供销系统当选上海市（江苏省）人民代表情况表
（以姓氏笔画为序）

表 16-3-3

会议名称	选举年月	代表姓名
江苏省苏南区二届一次各界人民会议	1951.11	仇祖炎
上海市第七届人民代表大会	1977.12	陈宝林
上海市第八届人民代表大会	1983.04	郎惠华（女）　曹国咏（女）
上海市第十届人民代表大会	1993.02	刘桂凤（女）

1951～2011 年奉贤供销系统当选区（县）人民代表情况表
（以姓氏笔画为序）

表 16-3-4

会议名称	选举年月	代表姓名
奉贤县第一届各界人民代表会议	1951.07	仇祖炎　王海涛
奉贤县第二届各界人民代表会议	1952.09	仇祖炎　周之忻　周伯衡
奉贤县第一届人民代表大会	1954.06	孙伯君　杜文焕
奉贤县第四届人民代表大会	1961.09	邵人杰　唐亚官（女）
奉贤县第五届人民代表大会	1963.09	唐亚官（女）
奉贤县第六届人民代表大会	1966.05	朱宗熹　朱祖荫　唐亚官（女）
奉贤县第七届人民代表大会	1981.01	方才章　马德荣　刘德魁　张思规　严秉沁（女）　汪秋祺　顾来生　戴林根
奉贤县第八届人民代表大会	1984.04	方才章　王雪林　庄正国　池竹青　余伯祥　张思规　周福祥　胡世天　顾来生　郎惠华（女）　夏国俊　黄锦福　蔡仲章　潘　瑜（女）　戴林根
奉贤县第九届人民代表大会	1987.05	丁春瑜　吴依慈(女)　沈华德　沈梅芳(女)　宋石英　金利川　赵洪官　胡世天　唐仁章　顾来生　夏国俊
奉贤县第十届人民代表大会	1990.04	孙秀英（女）　刘宝余　朱钦华　吴依慈（女）　沈华德　顾来生　徐关明　曹国咏（女）　潘桂林
奉贤县第十一届人民代表大会	1993.03	吴方圭　汤金章　李晓龙　唐仁章　徐关明
奉贤县第十二届人民代表大会	1998.03	王伟强　汤金章　薛德初
奉贤区第一届人民代表大会	上届转任	王伟强　汤金章　薛德初
奉贤区第二届人民代表大会	2003.03	丁春瑜　李德宝
奉贤区第三届人民代表大会	2006.12	丁春瑜
奉贤区第四届人民代表大会	2011.03	丁春瑜

3. 区（县）政协委员 1956～2007年，奉贤供销系统被协商推荐为区（县）政协委员共45人次，其中女委员4人次。

1956～2007年奉贤供销系统推荐为区（县）政协委员情况表

（以姓氏笔画为序）

表16-3-5

会议名称	选举年月	代表姓名
政协奉贤县第一届委员会	1956.07	刘乐三 杨金龙
政协奉贤县第二届委员会	1961.09	邵人杰 杨金龙 周葆生 袁才根
政协奉贤县第三届委员会	1963.11	王 湘 周葆生 袁才根
政协奉贤县第四届委员会	1981.01	王瑞芝 汪秋祺 范玲娣（女） 潘栋生 薛奇峰
政协奉贤县第五届委员会	1984.04	王瑞芝 汪秋祺 范玲娣（女） 潘栋生 薛奇峰
政协奉贤县第六届委员会	1987.05	王瑞芝 汪秋祺 周伯衡 薛奇峰
政协奉贤县第七届委员会	1990.04	王瑞芝 仲天怀 汪秋祺 张 琪 周伯衡
政协奉贤县第八届委员会	1993.03	王瑞芝 叶建锋（女） 朱永丽（女） 朱宗熹 汪秋祺
政协奉贤县第九届委员会	1998.03	张 琪 陈品章 张 琪 杨 晓 鲍振淦 薛德初
政协奉贤区第一届委员会	2002.10	陈品章 杨 晓
政协奉贤区第二届委员会	2003.03	陈品章 杨 晓
政协奉贤区第三届委员会	2007.02	赵竹强 杨 晓

三、供销社部分社员代表名录

1951～2012年，收集到奉贤供销系统出席区（县）级以上各级社员代表大会代表1637人，其中全国代表3人，市级代表114人。

1. 奉贤出席全国供销合作总社社员代表大会代表

全国供销合作总社第二次社员代表大会代表 姜金余（1995年）

全国供销合作总社第四次社员代表大会代表 陈品章（2005年）

全国供销合作总社第五次社员代表大会代表 丁春瑜（2010年）

2. 奉贤出席上海市供销合作总社社员代表大会代表

上海市供销社第一届社员代表大会代表（29名）

（1962年7月5日）

马学昇	王 湘	王守清	王琨山	王德新	方才章	凤葵明
孙伯君	庄福祥	张小弟	张汉章	张顺兴	邵人杰	邵力君(女)
邵世英	陆宝星	金利川	罗振汉	洪玉祥	周云海	周志凯
周伯衡	胡梦章	苏小妹(女)	钟荣杰	彭雪仁	黄乃昌	徐锦章
殷德福						

上海市供销合作社第二届社员代表大会代表（35 名）
（1985 年 5 月 25 日）

卢德耿	刘金海	朱亚连	朱福君	朱德发	沈华德	张永才
张保龙	庄水铭	宋石英	何正英(女)	张顺兴	陆菊华(女)	陈纪花(女)
陈秋英(女)	陆宝星	陈德望	李明根	范士兴	金利川	周伯衡
胡世天	俞　松	曹水石	曹金德	彭雪仁	唐仁章	唐友荣
姜仁发	富炳华	夏国俊	屠桔亭	薛永清	蔡仲章	戴林根

上海市供销合作总社第三届社员代表大会代表（33 名）
（1988 年 10 月 25 日选举产生）

王林山	王寿岳	王雪林	叶四均	刘惠霖	朱宗熹	沈华德
张保龙	张振林	张慕弟	严兰根	陈菊芳(女)	陈银芳(女)	李炳章
顾忠官	顾忠海	顾寿良	周伯衡	唐仁章	唐汉规	查华康
夏国俊	袁京声	姜仁发	屠桔亭	陶永良	陶雪龙	俞　松
秦益康	龚月琴(女)	蔡洪章	谢国华	楼　樱(市社)		

1989 年 8 月 5 日，奉贤县供销社出席上海市供销总社第三届社员代表大会代表合影

上海市供销合作总社第四届社员代表大会代表（17 名）
（1996 年 10 月）

马煌荣	朱德发	沈少华(市社)	吴方圭	汤金章	陆勤云(女)

周志清	赵洪官	赵睽淼	柯　冲	徐远凤(女，市社)	徐桂华(女)
顾士荣	陶永良	唐汉规	褚伯龙	薛德初	

3. 奉贤区（县）供销合作社部分社员代表名录

奉贤县合作总社第一届社员代表大会部分代表（303名）
（1951年9月）

钱桥乡	陈金祥	陆阿法	张新根	金云亭	戴金云(女)
护塘乡	石海林	吴金泉	俞金乔	郭秉文	钱良生
戚漴乡	郭义章	姚嘉明	夏锡昌	褚伯林	彭振韩
塘港乡	石长生	吴雪荣	赵四宝	徐宝林	曹安法
沈行乡	邓凤珍(女)	陆友余	陆有良	施林珍(女)	屠秋浦
保生乡	何金梅	苏志均	金伯贤	袁宝珠(女)	褚寿根
三官乡	吴雅仙(女)	胡扣子	张志良	金伯洪	潘寿昌
长浜乡	王福娟(女)	何仪贞(女)	胡可仁	胡纪林	徐上均
褚家乡	陈寿康	张关通	张雪娟(女)	姚广弟(女)	倪桂林
青村镇	卫品端(女)	陈伯林	陈春林	张福才	曹引官
和中乡	诸锡章	曹进生	诸德均	路德才	谢宝英(女)
朱墩乡	李月如	黄根生	盛永章	潘国祥	潘福根
桃元乡	朱秀琴(女)	季炳官	袁雪葵	曹雪仁	谭根荣
荒墩乡	吴玉英(女)	张可仁	陶金楼	邬彩君	蒋雪昌
三坎乡	石耕岳	吴志梅	张山英(女)	黄关莲	钱四清
三团乡	张福庆	张福官	顾根生	高书莲(女)	彭永林
邵厂乡	王新郎	王根清	王琴仙(女)	陈友加	谬关祥
渔村乡	陆文奎	陈茂林	项关根	高云山	盛友仙(女)
新桥乡	王明根	李根标	朱金根	吴雪根	邵火林
四团乡	李才娟	陆正福	张宝新	金培汀	瞿永康
陈湾乡	朱福生	邵根梅	金秀根(女)	黄志根	曹志洪
平安乡	丁林芳(女)	陆新根	陈书标	周芹福	蔡正西
海民乡	陈秋堂	陈雪官	金根全	唐关福	袁定志
高桥乡	孙桂珍(女)	徐迎春	谭锡根	裴得发	滕宝琴
护民乡	张其芳(女)	陆祖明	袁廷富	黄永清	蔡雪福
东港乡	王秋根	李根仙(女)	黄仁祖	涂锡生	储德根
民福乡	王忠义	苏火良	陈藕贞(女)	胡金根	潘棋苟
洪庙乡	王杏莲(女)	李祥林	陈金楼	杨顺林	高时嘉
白衣乡	马福清	沙凤英(女)	顾雪祥	夏根生	屠根祥

奉城镇	周雪堂	高金祥	夏新葵	韩永楼	潘丽娟(女)
花厅乡	朱瑞兴	季志才	陆明仙(女)	周海洋	蒋葵汀
头桥乡	王掌生	陈金根	周新德	蔡宝莲(女)	瞿永根
梁典乡	王平元	刘小妹(女)	吴文斗	陆桂章	夏国章
东新市乡	王正莲(女)	吴永根	陈香林	宋德祥	夏炳林
分水乡	卫安荣	方志如	徐福娟(女)	陶来生	瞿锡根
泰日乡	周进才	唐兰英(女)	诸克勤	奚生奎	萧进法
景仰乡	徐才林	陈炎兴	张金根	唐林泉	莫海堂
木行乡	王秀英(女)	孙六亭	陆木生	徐根娣(女)	韩江浦
周家乡	王正贤	王荣邦	徐仁章	钟志葵	翁桂娟(女)
益民乡	朱桂芬(女)	胡月生	屠四金		
百曲乡	方顺昌	吴济华(女)	周国泉	唐启仁	屠欣珍(女)
齐贤乡	何关生	陈春乔	金锦明	张超林	顾桂林
刘港乡	马绍林	陈桂南	沈仁余	沈根浦	赵秋才
西渡乡	王关明	王栋林	阮林法	沈火才	褚国良
鹤村乡	王仁君	尹云珍	许秀龙(女)	吴金林	顾火龙
萧塘乡	万桃生	卫建渔	朱顺如	袁秀英(女)	谢南山
何北乡	马金仙(女)	何木生	沈妹和(女)	夏南金	褚关生
益民乡	朱照林	屠四金	蒋鸣琴(女)		
金汇乡	卫志良	王凤濂(女)	金文卿	赵道蕴	戴长发
同意乡	余友林	陈海珍(女)	张生火	徐文仙(女)	徐木楼
芦泾乡	孙伯余	张云才	顾山林	唐顺余	唐根福
潘垫乡	马文贤	沈德龙	邱正昌	何凤珍(女)	韩墨君
华严乡	何雪林	吴静初	顾亚妹(女)	俞友根	韩美华(女)
烟墩乡	陆秀芳(女)	陆琴华	陈竹昌	张文奎	戴四其
庄行镇	沈耀光	周卯官	金照荣		
法华乡	陆桂香	胡鸣岐	钱福均	彭云敖	
迎龙乡	冯连卿	吴伯林	张伯明	胡志元	周六琴
胡桥乡	吴进法	陈敬耕	何鹤才	赵文奎	程银山
邬桥乡	王志林	王桂清	计银龙	陆仁雄	张金山
灵芝乡	王云如	许根堂	金义生	相栋均	高永泉
张塘乡	宋则妹(女)	宋顺理	陆永琴	罗炳均	唐顺均
渔沥乡	尤炳章	朱进根	吴仁君	邹锦林	金书林

奉贤县合作社联合社第二届社员代表大会代表（393人）
（1952年10月）

庄行区（66人）

丁宝明	马杏林	王云如	王寿昌	王品仙(女)	王炳生	方书成
平新梅	叶凤娣(女)	汤及泉	吴才林	吴杏生	吴育贤	张水龙
张进才	张伯士	张秀良	张明昌	张照金	张银泉	张金山
杨新珍	杨瑞兴	沈仁志	沈昌弟	沈龙官	宋桂林	陆顺荣
陆菊成	陈永祥	陈秀龙	陈国祥	季成明	金书昌	金龙生
周龙生	金照荣	相东君	赵文奎	赵进华	赵龙生	唐海荣
唐仁南	唐俞发	唐利民	徐林芳(女)	徐福均	顾火林	顾文法
顾雅妹	顾南山	袁顺连	袁福元	夏永华	盛凤仙(女)	盛友林
范四民	程仲贤	胡伯泉	胡益康	钟贵君	梅杏延	潘雨金
潘银祥	钱民芳(女)	韩墨均				

南桥区（74人）

万桂荣	干景和	马锡龙	王士均	王木生	王世其	王岳洪
王培根	王雪均	刘立芳(女)	刘贵生	刘福才	汤焕春	吴炳生
吴海奇	吴季弟	吴银才	宋国华	张国君	张柏洪	杨秋泉
杨浩才	汪四祥	沈木根	沈保林	沈瑞弟	沈永兴	陆德官
李文西	陈洪炳	陈德荣	林　广	胡金生	胡海林	胡菊彩(女)
罗振汉	阮明楼	邹天祥	赵振祥	赵晋生	赵振昌	赵高生
唐火林	唐中成	唐才福	唐志才	唐德秀	钟华君	许金昌
顾友才	顾友良	顾成其	俞纪林	夏桂芳	袁世财	徐文斌
徐相君	徐雪贵	屠成林	曹炳均	曹鹤林	曹振昌	郁吾从
郁兆其	梁伯香	蔡世林	蔡雅珍(女)	褚山根	翁友祥	翁祖根
潘四海	蒋国民	蒋海池	缪国官			

青村区（74人）

丁保庆	马亚仙(女)	王正明	王玉林	王进生	王福娟(女)	王寿春
王明华	刘根法	刘德官	朱兴林	朱秀琴(女)	何士康	何品才
吴山和	吴明汀	李龙根	花祥生	严根泉	张友山	张引南(女)
张志良	张德海	张心根	张进其	张菊如	张绍林	张其金
张保山	杜秋浦	杨伯葵	陈寿康	陆万福	陆文德	陆根生
陆阿法	陆寿昌	陆梅芳(女)	金伯洪	金水泉	金圭心	金学明
周　强	周维新	林福章	俞心才	夏火金	夏进生	俞金乔
俞效祖	郭义章	顾才根	顾志葵	顾伯非	袁宝娟(女)	袁锡葵

钱水林　钱良生　钱金龙　施大同　倪祖荣　曹罗成　曾棣华
褚介林　褚伯林　褚荣章　褚增祥　陶妙庭　彭正元　黄东祥
龚友仁　蒋仁其　谢水泉　谢海松

奉城区（83人）

马福清　王文心　王心根　王林妹(女)　王林章　王志海　王忠义
王永清　王伯州　王秋菊　王林根　孙丙心　孙菊香　邬志雄
李一飞　吴根荣　张木楼　张志仁　张引官　张进法　张金芳(女)
张国良　张福官　杨仁林　杨林舟　杨德坤　苏火良　苏仁舟
苏福根　汪根九　沈洪元　沈梦生　沈龙祥　沈根楼　杜锡生
杜银章　杜敬心　杜国郎　迟德明　范友根　陆祖明　陆洪康
姜福庆　陶三多　陶宝根　陶长法　陈才心　陈志明　陈友良
陈林根　陈藕珍(女)　陈友加　陈雪舟　金永章　金福楼　高云山
周生良　周文仙(女)　项银山　迪关福　迪福连　顾文奎　顾培根
顾根生　顾福官　顾小妹(女)　袁永楼　袁木林　曹来如　唐国才
唐宝琴　夏林根　徐友庭　徐虎春　徐福心　徐洪如　秦书琴
潘志福　潘其根　董永林　裴德发　蔡福祥　瞿福根

泰日区（96人）

丁木山　丁友根　丁雪如　卫金仙(女)　卫德才　卫银祥　方银英(女)
王仁均　王凤仙(女)　王凤莲(女)　王培根　王志琴(女)　王高楼　王郁其
王能清　王银如　孙进根　付妙根　刘永千　冯天兰　朱仁法
吴金林　吴济华　吴计昌　吴健康　沈小听　沈金章　沈根浦
张生如　张庆春　张金昌　张超林　张海荣　何木根　宋金祥
阮小妹(女)　陶雪梅(女)　胡关生　胡友生　杨文坚　李保根　吕志舌
计才根　严云贞(女)　严红娟(女)　倪生根　许成祥　陆木生　陆水芳(女)
陆志祥　陆志根　陆品祥　陈生章　陈竹君　陈伯成　陈金生
周文才　周汉初　周志琴(女)　金文卿　金生林　金岳山　金品根
金辅根　夏生奎　夏国兴　夏国祥　莫新官　俞友林　俞金明
戚永贵　殷桂莲(女)　顾火龙　顾友祥　顾林生　顾雪兰(女)　徐金根
褚关生　褚志才　钱伯兴　梁友根　盛火根　曹云贞　曹木祥
屠亚仙(女)　屠世金　费金生　潘才昌　蔡翠林(女)　戴尚文　萧进发
萧金根　谢永贤　谢如堂　谢志文　蒋林才

奉贤县供销合作社第四届社员代表大会代表（124人）
（1956年11月）

南桥区（30人）

丁岳三	孔静波	王鼎三	孙志良	刘义兴	刘乐三	朱仁儒
朱亚芳	沈永兴	沈桂根	沈德官	陆武军	余志华	张　铭
张忠义	张伯明	陈纪湘	罗振汉	汤焕春	顾水金	顾林江
赵四才	赵淑清(女)	金德余	郭伯仁	闻海堂	曹荣贵	蒋桂昌
潘四海	谢凤芳(女)					

庄行区（18人）

方金楼	平伯才	冯仁达	凤葵明	乔林才	李　迪	陆进法
陆菊仁	胡世天	宋伯贤	顾山林	顾南山	赵德山	程仲贤
曹文奎	康亚芳(女)	蒋友法	韩墨均			

青村区（25人）

丁德葵	卫绍增	马贯一	仇祖炎	王春林	包尚文	朱　明
朱志明	汪英琪	季渭林	吴可章	周凤喜	张文洽	俞金乔
袁伯仁	徐尚君	曹鲁成	顾洪章	顾德炎	洪照荣	倪根泉
黄东祥	潘国祥	潘栋生	谢海松			

奉城区（28人）

门鸿弟	王　虹	王全根	王林根	朱福根	朱琴娟(女)	许掌林
邵左权	吴木泉	吴梦生	吴雪根	陶三妹(女)	李琴生	陈林娟(女)
张秀英(女)	张雪根	顾根生	金保根	严福奎	唐根楼	徐友庭
浦学章	姚方根	耿炳祥	姜明智	黄友根	董祥根	潘仁清

泰日区（23人）

孔金荣	王宗秀	王炳生	王海楼	方金仙(女)	朱坤炎	李江林
李世健	杜培生	陈大中	陈根林	陆伯根	杨旭初	吴月生
吴良川	周友兴	周葆生	莫祥林	俞汉良	徐福良	顾仁林
夏国祥	蔡菊兴					

奉贤县供销合作社第五届社员代表大会代表（404人）
（1958年11月）

平安供销社（35人）

毛德均	王来根	王雪根	王德厚	刘文龙	曲振有	池竹林
朱金林	吴梦生	邵银官	张仪章	张秋根	项进生	季书根
沈藕珠(女)	苏小妹(女)	邵人杰	杨关林	洪玉祥	陈云楼	陈宝荣

陈根全　陈海根　周火生　周金火　胡祥伯　袁火泉　顾来祥
顾培根　徐新根　徐金章　徐德仁　黄根楼　盛根福　董雅囡

奉城供销社（36人）

方水仙(女)　王洪平　朱桂珍(女)　汪宝根　吴纪根　邵世英　陈林祥
陈雪章　陈金莲(女)　杨水仙(女)　杨德胜　杨金根　顾宝才　顾庆根
周志凯　唐可才　唐雪祥　胡伯生　茆仁余　赵友根　金立川
季根弟　严福奎　秦林根　秦松林　高金楼　倪美芳(女)　钱云楼
姚才根　廖海江　缪德奎　滕保勤　瞿金根　龚宝英(女)　裴宝根
黄福生

三官供销社（19人）

马锡昌　王淑章(女)　邬义孝　阮忠万　吴克才　杨　锐　张天林
张春芳(女)　张梅兴　陆天林　陆茂林　周云海　倪水根　徐培根
黄雪根　龚五林　蒋福根　屠秋浦　魏岫山

头桥供销社（25人）

方银英(女)　王新贤　王祖岳　朱玉祥　朱近斌　朱秀娟(女)　李龙官
李金龙　宋宝昌　宋根生　宋根新　陈金生　陈秀官(女)　陈恒修
张莲芳(女)　陆宝英(女)　钟荣傑　周旭东　路　华　莫桂英(女)　夏锡圭
黄金海　盛火根　盛桂根　盛国根

青村供销社（32人）

卫　民　王　彬　孙美英(女)　江锦堂　庄福祥　吕福根　吴宝才
吴远亭　吴福生　何雪娟(女)　沈德明　宋桂英(女)　李龙根　张品仁
张宝根　张伯春　周保生　周详宝　顾宝玉　顾德才　路志仁
路品均　杨可才　杨伯平　夏福根　富友仁　唐雨林　徐宝林
俞伯林　屠士林　戚妙章　蒋成章

四团供销社（32人）

马宝楼　王才根　王财清　王俊智　王德新　石香生　刘仁官
吴宝金　宋秀根　邵德祥　张宝兴　张根元　陆宝兴　陈正良
陈进生　陈志明　金玉林　金根余　陶生官　陶关庆　俞进连
曹来如　姜金仙(女)　顾金才　黄乃昌　黄云清　黄玉根　黄志新
秦玉书　潘文玉　盛秀英(女)　瞿友兴

钱桥供销社（22人）

毛云生　王云宝　王守清　王和生　王校才　刘志明　刘云媛(女)
孙福运　杜兴其　何丙良　姚立章　姚守先　徐才根　徐品楼
杨翠英(女)　顾鹤舟　秦宝才　盛林芳(女)　钱梅芳(女)　钱银芳　郭伯荣
滕祥五

金汇供销社（36人）

卫金炎	卫彩云	王介珊	宋雪楼	张义堂	张丙根	张顺兴
陆炎生	陆耀官	陆梅芳(女)	李关根	李德顺	李梦莲	胡丙林
胡秋贞	沈一微	沈伯林	沈金根	林正枫	林建山	罗振汉
金进林	徐金芳(女)	徐锦章	顾品仙	曹伯才	杨旭明	赵龙君
褚浩生	褚梅根	屠木根	黄可亭	费雪芳	夏南金	柳毓瑞
蒋大毛						

江海供销社（23人）

丁杏林	马学昇	王永兴	王伯才	王雅仙(女)	孙伯君	杜伯元
吕美珍(女)	邵力君	吴永敏	卢荣贵	张友余	张田寿	金世祥
汤寿昌	沈国良	陈学文	范杏南	姚梦清	姚喜章	姜明智
闻火林	韩世才					

萧塘供销社（18人）

刘凤兴(女)	庄建新	何火珍(女)	吕通海	沈丙南	严志明	张汉章
张国良	张梦庚	袁四昌	唐惠珍(女)	陈育章	陆桂香	费四昌
顾宝明	顾德炎	褚木生	潘小妹(女)			

邬桥供销社（23人）

卫志良	计伯进	王永锡	刘乐三	冯耀祖	宋宝三	张宝生
罗焕生	陆仁荣	陆进良	陈高年	胡梦章	林　峰	金永林
金通林	金徐林	沈德兴	姚水章	施晋林	金全林	姜友良
褚四昌	萧伯均					

胡桥供销社（22人）

毛金珍(女)	王才英(女)	王农田	王伯生	叶生林	冯永亮	朱明生
何火泉	许掌林	吴进法	张小弟	张伯荣	沈伯发	沈伯池
沈金珍(女)	李金生	周龙生	苏小妹(女)	汤斗文	高继春	徐火金
蒋友发						

泰日供销社（31人）

孔宋白	王永祥	王秀珍(女)	王荣生	王瑞林	吴祥官	张伯余
宋保圭	沈才法	陈志超	陈金根	金生林	周仁初	周伯衡
周荣泉	周妙娣(女)	赵慕云	倪春帆	柏　万	徐根娣(女)	徐新官
徐福良	姜坤章	施良全	施劳根	彭雪仁	黄梅根	萧伯权
殷作五	殷德福	蒋林仙(女)				

庄行供销社（29人）

凤葵明	王永明	王美泉	冯仁达	冯纪清	朱准林	孙万岑
阮其林	朱永华	宋桂林	吴保根	沈思泉	沈鸿友	许翠仙(女)

陆琴华　洪金生　高金桂　顾宝根　袁石望　黄　河　黄进泉
黄照泉　费士良　施达文(女)　姚瑞林　姚德昌　秦宝书　韩墨君
戴四珍(女)

新寺供销社（21人）

方才章　王才兴　平伯均　叶引珍(女)　刘裕章　朱明发　何志良
何金龙　张士良　张才发　张阿根　张祝平　张德明　郁昌余
陆士芳　陈品娟(女)　倪士明　胡水康　胡志文　崔凤章　钱引南

奉贤县供销合作社第八届社员代表大会代表（184人）
（1992年11月）

平安供销社（11人）

卫桂兴　卢德耿　吴德新　张文安　张德光　杨志官　唐跃明
徐培福　曹明仙　黄惠琴(女)　蔡仲章

四团供销社（10人）

马天林　王炎根　华士明　李纪琴　吴宝华　张宝军　唐仁章
唐汉规　曹文忠　葛炳生

奉城供销社（14人）

王永仁　叶林海　庄　坚　朱祖香　张锦清　张新仪(女)　陆伯英
陆品佳　顾文章　顾忠海　褚伯龙　黄银官　施宝生　裴炳祥

头桥供销社（12人）

刘宝余　朱雪才　李亚萍(女)　吴桂明　张永才　毕道鹏　陈桂生
顾忠官　高才龙　莫仁官　陶志龙　董文官

塘外供销社（9人）

吴方圭　陆兰芳(女)　周林昌　褚洪如　徐育章　夏宝明　耿秀庭(女)
陶雪龙　裴福清

青村供销社（7人）

李昇华　汤银楼　沈国民　顾云楼　徐　峻　施正华　陶永良

光明供销社（8人）

王仁良　何文兴　张慕弟　陆志良　胡德明　章　伟　唐吉林
薛建尧

钱桥供销社（10人）

卫兆凤　马德荣　孙永根　平效章　陈品章　徐志勇　袁秀华(女)
钱守林　董勤飞　谢焕华

新寺供销社（7人）

张保龙　张德贤　陆祖廉　杨瑞章　赵竹强　彭水龙　钱文龙

柘林供销社（7人）

方士长　朱福君　李志成　陆明华　顾妙林　唐炳贤　秦银发

胡桥供销社（14人）

丁春瑜　王国权　沈仁章　汤金章　张忠法　张树凡　严兰根
杨大毛　邵复健(女)　陈益明　胡雪仁　赵根杰　姜根荣　钱照根

庄行供销社（9人）

王卫东　刘年珍(女)　张云川　陆　铭　胡占尧　顾寿良　莫伯铭
荀玉琴(女)　顾墨兴

萧塘供销社（12人）

李爱华(女)　芮兴国　朱德发　李林松　杨若龙　陈银芳(女)　陆金昌
金国平　徐关明　俞永刚　龚丁龙　谭可章

邬桥供销社（10人）

王　欣(女)　王秀英(女)　叶四均　叶建锋(女)　卢　帆　沈志良　宋炳贤
胡士君　周国荣　傅传新

金汇供销社（9人）

朱宗熹　张凤芳(女)　沈德余　陈金发　金清白　顾瑞培　高火龙
夏国俊　戚祖国

齐贤供销社（10人）

朱邦宽　邢勤均　张利龙　杨金龙　赵洪官　唐永才　查华康
倪金英(女)　顾新安　潘桂林

泰日供销社（10人）

王兴龙　王林山　王雪林　严小弟　赵德才　李勤秀(女)　周伯衡
殷志明　褚美芳(女)　潘炎兴

江海供销社（15人）

计福寿　朱宏希　朱志龙　宋石英　宋引官　李晓龙　阮连权
陆慧仙(女)　周国友　周祖勇　胡阳础　姚龙芳(女)　徐银龙　顾士荣
屠耀铭

奉贤区供销合作总社第一届社员代表大会（49人）

（2003年11月）

奉贤烟草糖酒有限公司　王红兰(女)　王丽丽(女)　沈　恺　陆正峰　周佳平　赵竹强

上海鼎丰酿造食品有限公司　陆志刚　沈仲华　罗新弟　瞿激扬

上海奉贤县煤炭有限公司　王正玲(女)

上海奉贤县五金有限公司　杨　晓

上海鸿雁商场有限公司	金根林
上海丰意果品日用有限公司	陈毅豪
上海奉贤商业有限公司	周国友
上海奉贤供销实业有限公司	郭伟良
上海奉贤百货有限公司	蔡金根
上海康德药业有限公司	杨臣均
上海华邦涂料有限公司	胡建新
上海奉贤饮食服务有限公司	鲁国胜
上海奉贤物资回收利用有限公司	褚伯龙
上海滨江副食品有限公司	顾　伟
上海奉贤农资有限公司	柯　冲
上海千意置业有限公司	马天林
上海奉贤商业供销公司	陈培峰
上海奉贤塑料管厂	季国才
江海供销社	高李华(女)　盛其炎
萧塘供销社	俞永刚
庄行供销社	荀　榕
金汇供销社	乔修松
泰日供销社	张永华
头桥供销社	周祖平
奉城供销社	滕玉林
四团供销社	邵才明
平安供销社	夏禹良
青村供销社	陈德兴
柘林供销社	李德宝
区供销总社机关	丁春瑜　朱梅英(女)　陆金昌　陆慧仙(女) 陈品章　周林昌　姜承烈(女)　唐汉规 屠永华　楼关涛　鲍振淦

奉贤区供销合作总社第二届社员代表大会代表（63人）
（2012年11月）

市供销合作总社	孙　玮
区国有资产管理委员会	张华芳(女)
区经济委员会	郑国杰
区农业委员会	何　伟

区供销总社机关	马晨辉	姜承烈(女)	陈　英(女)	陈洪明
	沈　刚	夏丰英(女)	姚永跃	荀　榕
	俞永刚	屠永华		
江海供销社	乔修松	孙国贤	张永华	
庄行供销社	王正玲(女)	张纪萍(女)		
金汇供销社	朱　红(女)	余义忠		
奉城供销社	陈德兴	翁卫明		
四团供销社	唐永明			
青村供销社	陈志刚	周祖平		
柘林供销社	沈继军			
庄行蜜梨专业合作社	刘红弟			
青供农资公司	张永明			
奉贤区鸿雁商场有限公司	吴静华(女)	倪永良		
奉贤商业有限公司	全明贵	陈毅豪	沈亦平	倪东辉
	金瑞兴	翁国建		
奉供实业发展有限公司	郭伟良	唐丽红(女)		
上海南桥集贸市场经营管理有限公司		褚　亮	黄　叶(女)	
奉贤帮助居民生活废品回收服务社		屠士德		
上海华物商贸有限公司	金国平			
上海鼎丰酿造食品有限公司	孙石青	沈仲华	祁　枫(女)	瞿激扬
上海市烟草公司奉贤分公司	沈　恺			
上海载盛物资有限公司	缪天平			
上海滨江副食品有限公司	顾　伟			
上海奉贤废旧物资回收利用有限公司		褚伯龙		
上海复美康德大药房有限公司	杨臣均			
上海奉贤饮食服务公司	鲁国胜			
上海千意置业有限公司	马天林			
上海奉贤商业供销有限公司	陈培峰			
上海奉贤农业资料有限公司	柯　冲			
上海奉贤塑料管厂	季国才			
上海伊和电器有限公司	王建国			
上海晟丰商厦有限公司	樊永良			
上海奉贤建筑材料有限公司	单国勇			
上海南奉生产资料有限公司	李祖基			
上海南化工业气体有限公司	滕志伟			

上海奉贤化工轻工有限公司　　　乔东明

列席人员

柘林供销社　　　严新建

奉供实业发展有限公司　　　倪勤华

区供销总社机关　　　张建平(女)　范　莉(女)　赵金林

四、高级技术职称人员

2012年，奉贤供销系统经上海市经济系列（流通领域）高级专业技术职务任职资格审定委员会、上海市企业思想政治工作人员高级专业职务任职资格评审委员会评定的高级技术职称人员5人，其中高级经济师3人、高级政工师2人。

1. 高级经济师　丁春瑜　　周伯衡　　姜承烈(女)

2. 高级政工师　刘惠霖　　陆慧仙(女)

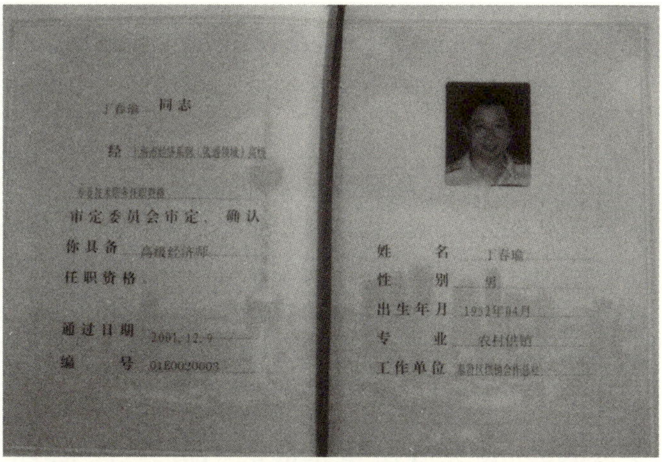

2001年12月，丁春瑜审定为高级经济师任职资格证书

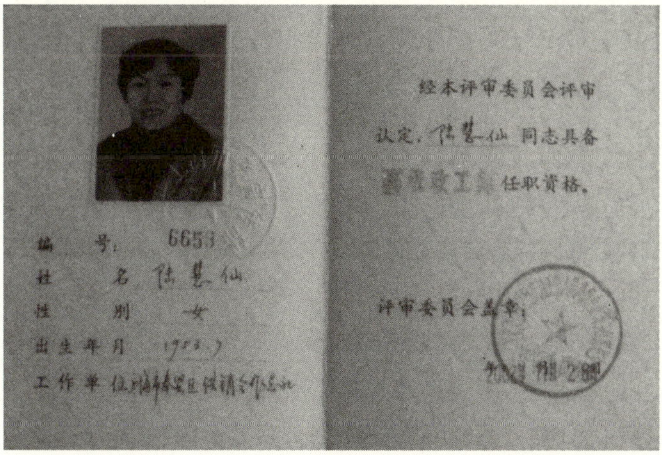

2002年11月，陆慧仙审定为高级政工师任职资格证书

第十七章　荣　誉

本章记载奉贤供销合作社成立63年中，涌现的一批各级先进（文明）集体（单位）和先进个人。现已收集到各级先进（文明）集体（单位）507家（次），其中上海市、国家部级以上先进（文明）集体（单位）52家，区（县）级以上先进个人600人次，其中市（省、部）级以上劳动模范（先进工作者）47人次。

第一节　先进集体

一、国家级先进集体

上海鼎丰酿造食品有限公司是两次被授予全国精神文明建设工作先进单位称号的企业。

上海鼎丰酿造食品有限公司获全国精神文明建设工作先进单位称号情况表

表17-1-1

单位名称	荣誉称号	授评机关	授奖年份
上海鼎丰酿造食品有限公司	全国精神文明建设工作先进单位	全国社会主义精神文明指导委员会	2005年
上海鼎丰酿造食品有限公司	全国精神文明建设工作先进单位	全国社会主义精神文明指导委员会	2009年

二、市（省　部　全国总社）级先进集体

1978～2012年，奉贤供销系统先后有25家企业（部门）被上海市人民政府、国家商业（务）部（国内贸易部）、全国供销合作总社等授予或评为先进集体（部门），其中市人民政府（中共上海市委、上海警备区）8次，国家有关部委和全国供销合作总社17次。

1978～2012年奉贤供销系统获市（省、部）级先进单位称号情况表

表17-1-2

单位名称	荣誉称号	授奖机关	授奖年份
奉贤县供销社	鲜蛋收购先进单位	商业部	1978年
奉贤县农资公司	全国供销系统先进企业	全国供销合作总社	1979年
庄行供销社	学大庆学大寨先进单位	中共上海市委	1979年
奉城供销社	发展社会主义商业工作成绩优异奖	商业部	1983年

续表 17-1-2

单位名称	荣誉称号	授奖机关	授奖年份
奉城供销社	四无仓库先进单位	商业部	1985年
奉城供销社美纶棉布商店	上海市模范集体	上海市人民政府	1988年
奉城供销社	国家二级企业	商业部	1988年
萧塘供销社棉花收购站	先进企业	商业部	1988年
齐贤供销社生产资料门市部	上海市模范集体	上海市人民政府	1992年
上海鼎丰酿造厂	中华老字号	商务部	1993年
奉贤县供销合作总社	全国百强县供销社第七名	国内贸易部	1994年
齐贤供销社生产资料门市部	全国农资流通先进集体	全国供销合作总社	1996年
上海鼎丰酿造食品总厂	上海市优秀企业	上海市人民政府	1996年
上海鼎丰酿造食品总厂	先进集体	全国供销合作总社	1997年
上海鼎丰酿造食品总厂酱油车间	上海市模范集体	上海市人民政府	1998年
齐贤供销社庄稼医院	示范庄稼医院	全国供销合作总社	2001年
上海鼎丰酿造食品总厂	先进企业	全国供销合作总社	2002年
上海鼎丰酿造食品有限公司	拥军优属先进单位	上海市委、市政府、上海警备区	2003年
上海鼎丰酿造食品有限公司	先进企业	人事部、全国供销总社	2003年
上海金叶商厦	拥军优属模范单位	中共上海市委、上海市人民政府、上海警备区	2003年
上海金叶超市公司	军民共建先进集体	上海市人民政府	2004年
上海鼎丰酿造食品有限公司	中华老字号（重新认定）	商务部	2006年
上海鼎丰酿造食品有限公司	“四五”普法教育先进集体	全国供销合作社	2006年
上海鼎丰酿造食品有限公司	鼎丰乳腐酿造工艺上海市非物质文化遗产	上海市人民政府、市文广影视局	2007年
奉贤区供销总社	全国供销系统先进企业	人事部、全国供销合作社	2012年

三、市（省　国家部委　全国总社）级条线先进集体

1958～2012年，奉贤供销系统被评为上海市（江苏省、国家部委、全国供销合作总社）条线先进集体（单位）共330家（次），其中上海市323家（次），江苏省5家（次），国家部委和全国供销合作总社2家（次）。

1958～2012年奉贤供销系统获市（省）条线先进集体称号情况表

表17-1-3

单位名称	荣誉称号	授奖机关	授奖年份
四团供销社邵厂下伸店	先进单位	江苏省财贸系统	1958年
新寺供销部	先进单位	江苏省财贸系统	1958年
青村供销部	先进单位	江苏省财贸系统	1958年
奉城轧花厂	先进单位	江苏省财贸系统	1958年
奉贤县农副产品采购经理部	先进单位	江苏省财贸系统	1958年
头桥供销部棉花收购站	先进单位	上海市财贸办	1962年
县供销社杀虫站	先进单位	上海市农业委员会	1963年
奉贤县食品公司道院购销点	五好集体	上海市财贸办	1963年
奉贤县农副产品采购经理部	五好集体	上海市财贸办	1964年
奉贤县农资公司	先进集体	上海市商业局	1974年
头桥供销社	先进集体	上海市商业局	1974年
邬桥供销社	先进集体	上海市商业局	1974年
奉贤县百货公司	大庆大寨式企业	上海市财贸办	1977年
头桥供销社	统计先进集体	上海市统计局	1977年
四团供销社	统计先进集体	上海市统计局	1977年
奉贤县农资公司	大庆大寨式企业	上海市财贸办	1978年
泰日供销社	大庆大寨式企业	上海市财贸办	1978年
钱桥供销社	大庆大寨式企业	上海市财贸办	1978年
泰日供销社食品店	大庆大寨式企业	上海市财贸办	1978年
奉贤县土副产品公司	学大庆学大寨先进单位	上海市财贸办	1978年
奉贤县日杂果品公司	学大庆学大寨先进单位	上海市财贸办	1978年
头桥供销社	学大庆学大寨先进单位	上海市财贸办	1978年
奉城供销社	学大庆学大寨先进单位	上海市财贸办	1978年
庄行供销社	学大庆学大寨先进单位	上海市财贸办	1978年
泰日供销社人民理发店	学大庆学大寨先进集体	上海市财贸办	1978年
头桥供销社棉花收购站	学大庆学大寨先进集体	上海市财贸办	1978年
江海供销社饭店	学大庆学大寨先进集体	上海市财贸办	1978年
钱桥供销社五金部	学大庆学大寨先进集体	上海市财贸办	1978年
邬桥胜利合作下伸店	学大庆学大寨先进集体	上海市财贸办	1978年
齐贤生产资料门市部	学大庆学大寨先进集体	上海市财贸办	1978年
奉贤县食品公司汽运组	学大庆学大寨先进集体	上海市财贸办	1978年
奉贤县百货公司	先进企业	上海市财贸办	1978年
奉城轧花厂	爱国卫生先进单位	上海市爱国卫生运动委员会	1978年
县供销社机关	爱国卫生先进单位	上海市爱国卫生运动委员会	1978年
泰日供销社	先进集体	上海市供销合作社	1979年
奉贤县百货公司	六好红旗单位	上海市供销合作社	1979年
奉贤县农资公司	六好红旗单位	上海市供销合作社	1979年

续表 17-1-3

单位名称	荣誉称号	授奖机关	授奖年份
奉城供销社	六好红旗单位	上海市供销合作社	1979年
泰日供销社食品店	六好红旗单位	上海市供销合作社	1979年
邬桥供销社食品店	六好红旗单位	上海市供销合作社	1979年
奉贤县土副产品公司勤利综合商店	市郊最佳服务商店	上海市财贸办	1980年
奉贤县煤球厂门市部	市郊最佳服务商店	上海市财贸办	1980年
南桥饭店	市郊优秀商店	上海市财贸办	1980年
奉贤百货公司南桥商场	市郊优秀商店	上海市财贸办	1980年
奉贤县日杂果品公司花席店	市郊优秀商店	上海市财贸办	1980年
庄行供销社	红旗单位	上海市财贸办	1980年
奉城供销社	先进企业	上海市供销合作社	1981年
头桥供销社	先进企业	上海市供销合作社	1981年
奉贤县日杂果品公司	最佳单位	上海市财贸办	1981年
奉贤县农资公司	最佳单位	上海市财贸办	1981年
奉城供销社棉百部	最佳商店	上海市财贸办	1981年
萧塘合作商店豆面部	最佳商店	上海市财贸办	1981年
奉贤县煤球厂门市部	最佳商店	上海市财贸办	1981年
奉贤县人民照相馆	优秀商店	上海市财贸办	1981年
光明供销社针织柜	优秀商店	上海市财贸办	1981年
南桥饭店	优秀商店	上海市财贸办	1981年
奉贤县烟糖公司永康食品店	优秀商店	上海市财贸办	1981年
邬桥供销社食品店	优秀商店	上海市财贸办	1981年
庄行供销社药店	优秀商店	上海市财贸办	1981年
奉贤县土产公司勤利商店	优秀商店	上海市财贸办	1981年
奉贤县百货公司文化柜	优秀商店	上海市财贸办	1981年
胡桥供销社合作旅社	优秀商店	上海市财贸办	1981年
齐贤供销社生产资料门市部	优秀商店	上海市财贸办	1981年
金汇供销社	五好企业	上海市供销合作社	1982年
头桥供销社	五好企业	上海市供销合作社	1982年
萧塘供销社	五好企业	上海市供销合作社	1982年
奉城轧花厂	五好企业	上海市供销合作社	1982年
邬桥供销社食品站	五好企业	上海市供销合作社	1982年
萧塘合作商店豆面部	五好集体	上海市供销合作社	1982年
奉城供销社棉百部	五好集体	上海市供销合作社	1982年
奉贤县煤球厂门市部	五好集体	上海市供销合作社	1982年
光明供销社针织部	五好集体	上海市供销合作社	1982年
塘外供销社土副产品收购部	五好集体	上海市供销合作社	1982年

续表17-1-3

单位名称	荣誉称号	授奖机关	授奖年份
奉贤县文化用品批发部	五好集体	上海市供销合作社	1982年
齐贤供销社生产资料门市部	五好集体	上海市供销合作社	1982年
头桥供销社日杂用品门市部	五好集体	上海市供销合作社	1982年
青村供销社食品肉部	五好集体	上海市供销合作社	1982年
齐贤供销社李家“双代店”	五好集体	上海市供销合作社	1982年
庄行供销社药店	五好集体	上海市供销合作社	1982年
江海供销社饭店	五好集体	上海市供销合作社	1982年
金汇供销社棉布部	五好集体	上海市供销合作社	1982年
奉贤县人民照相馆	五好集体	上海市供销合作社	1982年
胡桥供销社旅社	五好集体	上海市供销合作社	1982年
奉城供销社	五好企业	上海市财贸办	1982年
庄行供销社	五好企业	上海市财贸办	1982年
奉贤县农资公司	五好企业	上海市财贸办	1982年
奉贤县农资公司	六好企业	上海市供销合作社	1983年
光明供销社	六好企业	上海市供销合作社	1983年
头桥供销社	六好企业	上海市供销合作社	1983年
奉城供销社	六好企业	上海市供销合作社	1983年
金汇供销社	六好企业	上海市供销合作社	1983年
泰日供销社	六好企业	上海市供销合作社	1983年
奉贤县百货公司	六好企业	上海市供销合作社	1983年
南桥百货公司	六好企业	上海市供销合作社	1983年
萧塘合作商店豆面店	六好集体	上海市供销合作社	1983年
奉城供销社南门点心店	五好集体	上海市供销合作社	1983年
县人民食品厂	五好集体	上海市供销合作社	1983年
奉城供销社棉布部	六好集体	上海市供销合作社	1983年
奉贤县煤球厂门市部	六好集体	上海市供销合作社	1983年
光明供销社针织部	六好集体	上海市供销合作社	1983年
庄行供销社药店	六好集体	上海市供销合作社	1983年
江海供销社饭店	六好集体	上海市供销合作社	1983年
金汇供销社百货部	六好集体	上海市供销合作社	1983年
塘外供销社土副产品收购站	六好集体	上海市供销合作社	1983年
奉贤县百货公司文化用品批发部	六好集体	上海市供销合作社	1983年
齐贤供销社生产资料部	六好集体	上海市供销合作社	1983年
奉贤县日杂果品前进土产商店	六好集体	上海市供销合作社	1983年
奉贤鼎丰厂乳腐车间	六好集体	上海市供销合作社	1983年
青村供销社食品站肉部	六好集体	上海市供销合作社	1983年

续表 17-1-3

单位名称	荣誉称号	授奖机关	授奖年份
齐贤供销社李家“双代店”	六好集体	上海市供销合作社	1983年
庄行供销社	五好企业	上海市财贸办	1983年
胡桥供销社	五好集体	上海市供销合作社	1983年
奉城供销社	物价工作先进集体	上海市物价局	1983年
奉城供销社	四无仓库	上海市供销合作社	1983年
光明供销社	先进企业	上海市供销合作社	1984年
金汇供销社	先进企业	上海市供销合作社	1984年
奉城供销社	先进企业	上海市供销合作社	1984年
泰日供销社	先进企业	上海市供销合作社	1984年
奉贤县百货公司	先进企业	上海市供销合作社	1984年
南桥百货公司	先进企业	上海市供销合作社	1984年
奉城新华五金交电商店	先进集体	上海市供销合作社	1984年
奉城供销社百货门市部	先进集体	上海市供销合作社	1984年
奉城供销社棉布门市部	先进集体	上海市供销合作社	1984年
南桥药店	先进集体	上海市供销合作社	1984年
齐贤供销社生产资料门市部	先进集体	上海市供销合作社	1984年
金汇供销社继光“双代店”	先进集体	上海市供销合作社	1984年
萧塘供销社棉花收购站	先进集体	上海市供销合作社	1984年
柘林供销社南杂货门市部	先进集体	上海市供销合作社	1984年
奉贤县百货公司文化用品批发部	先进集体	上海市供销合作社	1984年
金汇供销社杂品门市部	先进集体	上海市供销合作社	1984年
光明供销社针织门市部	先进集体	上海市供销合作社	1984年
头桥供销社杂货仓库	先进集体	上海市供销合作社	1984年
南桥百货公司百货一组	先进集体	上海市供销合作社	1984年
奉贤鼎丰厂酒酿组	先进集体	上海市供销合作社	1984年
青村食品站肉部	先进集体	上海市供销合作社	1984年
奉城供销社	先进企业	上海市供销合作社	1985年
奉城供销社	企业整顿表彰单位	上海市企业整顿表彰大会	1985年
奉城供销社	公安保卫战线先进集体	上海市公安局	1985年
金汇供销社	先进企业	上海市供销合作社	1985年
柘林供销社南杂门市部	先进集体	上海市供销合作社	1985年
泰日供销社	“双扶”先进单位	上海市供销合作社	1985年
江海供销社	先进集体	上海市供销合作社	1986年
金汇供销社	先进企业	上海市供销合作社	1986年
奉城供销社	模范职工之家	上海市总工会	1986年

续表 17-1-3

单位名称	荣誉称号	授奖机关	授奖年份
青村供销社文具店	先进集体	上海市供销合作社	1986年
青村供销社日用杂货门市部	先进集体	上海市供销合作社	1986年
钱桥供销社废品收购站	先进集体	上海市供销合作社	1986年
钱桥供销社废品收购站	先进集体	上海市供销合作社	1987年
奉城供销社	四无仓库先进集体	上海市供销合作社	1987年
金汇供销社	先进企业	上海市供销合作社	1987年
奉城供销社	先进企业	上海市供销合作社	1987年
萧塘供销社棉花收购站	先进集体	上海市供销合作社	1987年
头桥供销社棉花收购站	先进集体	上海市供销合作社	1987年
萧塘供销社棉花收购站	先进集体	商业部棉麻局	1987年
庄行供销社	先进企业	上海市供销合作社	1988年
奉城供销社	优秀企业管理单位	上海市财贸办	1989年
古华医药药材（集团）公司	优秀企业	上海市财贸办	1989年
金汇供销社	拥军优属先进单位	上海市民政局	1989年
庄行供销社	档案管理先进单位	上海市档案局	1989年
庄行供销社	先进集体	上海市供销合作社	1989年
奉城供销社	先进集体	上海市供销合作社	1989年
古华中药材农商股份集团公司	先进集体	上海市供销合作社	1989年
奉贤鼎丰酿造食品总厂	先进集体	上海市供销合作社	1989年
奉贤农副产品公司	先进集体	上海市供销合作社	1989年
奉城供销社美纶棉布店	先进集体	上海市供销合作社	1989年
奉城供销社新华五金店	先进集体	上海市供销合作社	1989年
奉城供销社生产资料部	先进集体	上海市供销合作社	1989年
奉城供销社海滨百货商场	先进集体	上海市供销合作社	1989年
钱桥供销社废品收购站	先进集体	上海市供销合作社	1989年
江海供销社红星“双代”店	先进集体	上海市供销合作社	1989年
庄行供销社国药店	先进集体	上海市供销合作社	1989年
金汇供销社烟糖杂货部	先进集体	上海市供销合作社	1989年
商业服务公司人民照相馆	先进集体	上海市供销合作社	1989年
萧塘供销社文具部	先进集体	上海市供销合作社	1989年
钱桥供销社棉花收购站	先进集体	上海市供销合作社	1989年
金汇供销社日用杂品门市部	先进集体	上海市供销合作社	1989年
奉贤县果品杂货公司综合门市部	先进集体	上海市供销合作社	1989年
青村供销社	先进集体	上海市供销合作社	1989年
奉贤县商业服务公司	先进集体	上海市供销合作总社	1990年
南桥饭店	先进集体	上海市供销合作总社	1990年

续表 17-1-3

单位名称	荣誉称号	授奖机关	授奖年份
县供销社食品加工场	先进集体	上海市供销合作总社	1990年
上海滨江副食品公司冷库	先进集体	上海市供销合作总社	1990年
金汇供销社	先进企业	上海市供销合作总社	1990年
青村供销社	先进财会工作集体	上海市财政局	1990年
青村供销社	先进企业	上海市企业管理指导委员会	1990年
塘外供销社	先进企业	上海市供销合作总社	1990年
头桥供销社	先进企业	上海市供销合作总社	1990年
奉贤县农副产品公司团支部	市新长征突击队	共青团上海市委	1990年
青村供销社财务科	先进集体	上海市供销合作总社	1990年
钱桥供销社废品收购站	先进集体	上海市供销合作总社	1990年
青村供销社	先进集体	上海市供销合作总社	1991年
上海鼎丰酿造食品厂	先进企业	上海市财贸办	1991年
青村供销社	先进企业	上海市财贸办	1991年
奉贤县鸿雁商场	清理假冒伪劣商品先进集体	上海市财贸办	1991年
金汇供销社丰惠食品商场	先进集体	上海市供销合作总社	1991年
奉城供销社	先进企业	上海市供销合作总社	1991年
庄行供销社	先进企业	上海市供销合作总社	1991年
塘外供销社	先进企业	上海市供销合作总社	1991年
头桥供销社	先进企业	上海市供销合作总社	1991年
古华医药药材公司	先进企业	上海市供销合作总社	1991年
奉城供销社生产资料门市部	先进集体	上海市供销合作总社	1991年
奉城供销社新华五金交电商店	先进集体	上海市供销合作总社	1991年
庄行供销社国药店	先进集体	上海市供销合作总社	1991年
泰日供销社煤油门市部	先进集体	上海市供销合作总社	1991年
金汇供销社联民综合服务站	先进集体	上海市供销合作总社	1991年
县商业服务公司东风饭店	先进集体	上海市供销合作总社	1991年
县五金交电公司仓库	先进集体	上海市供销合作总社	1991年
奉城供销社海滨百货商场	先进集体	上海市供销合作总社	1991年
四团供销社废品回收站	先进集体	上海市供销合作总社	1991年
江海供销社军民“双代店”	先进集体	上海市供销合作总社	1991年
平安供销社棉布门市部	先进集体	上海市供销合作总社	1991年
县商业服务公司土特产批发部	先进集体	上海市供销合作总社	1991年
县欣欣食品总厂庄行分厂	先进集体	上海市供销合作总社	1991年
奉贤县鸿雁商场	规范服务集体	上海市供销合作总社	1991年

续表 17-1-3

单位名称	荣誉称号	授奖机关	授奖年份
县商业服务公司益民商店	优质服务集体	上海市供销合作总社	1991年
县煤炭公司南街门市部	优质服务集体	上海市供销合作总社	1991年
上海滨江副食品海味商场烤鸭店	优质服务集体	上海市供销合作总社	1991年
上海鼎丰酿造食品厂	上海市著名商标	上海市工商局	1992年
上海鼎丰酿造食品厂	壹级信用企业	中国农业银行上海市分行	1992年
上海鼎丰酿造食品厂	食品卫生先进企业	上海市卫生局	1993年
青村供销社生活资料门市部	先进集体	上海市供销合作总社	1993年
上海鼎丰酿造食品厂改制车间	先进集体	上海市供销合作总社	1994年
上海鼎丰酿造食品厂	优质质量管理小组	上海市经济委员会、上海市技术监督局、上海市质量管理协会	1994年
上海鼎丰酿造食品厂	先进企业	上海市供销合作总社	1994年
上海鼎丰酿造食品厂	爱国卫生先进单位	上海市爱卫会	1995年
奉贤县鸿雁商场	共青团号	共青团上海市委	1995年
萧塘供销社	先进单位	上海市供销合作总社	1995年
上海鼎丰酿造食品厂	食品卫生信得过单位	上海市供销合作总社、上海市卫生局	1995年
奉贤县烟草专卖局	打假先进集体	上海市经济委员会	1996年
上海鼎丰酿造食品厂	先进企业	上海市供销合作总社	1996年
奉贤县鸿雁商场	会计电算化营业先进单位	全国供销合作总社财会部	1997年
奉贤县供销合作社	清资核产先进集体	上海市供销合作总社	1997年
奉贤商社家乐公司	清资核产先进集体	上海市供销合作总社	1997年
上海鼎丰酿造食品有限公司	先进集体	上海市投入产出调查办公室	1998年
上海鼎丰酿造食品有限公司	五十年无火灾荣誉单位	上海市防火安全委员会	1998年
奉贤县烟草专卖局	优秀企业	上海市白玉兰评委会	1998年
奉贤县烟草专卖局	重合同守信用百优企业	上海市工商局	1999年
上海鼎丰酿造食品有限公司	食品卫生信得过单位	上海市供销合作总社、上海市卫生局	1999年
上海金叶商厦	社会治安综合治理先进单位	市综治委	1999年
上海金叶商厦	物价计量信得过单位	上海市物价计量信得过单位评选委员会	2000年
奉贤烟草糖酒有限公司	卷烟销售网络建设工作先进集体	上海市烟草(集团)公司	2001年

续表 17-1-3

单位名称	荣誉称号	授奖机关	授奖年份
上海鼎丰酿造食品有限公司	计量合格确认单位	上海市质量技术监督局	2001年
上海金叶超市有限公司	物价计量信得过单位	上海市物价局	2001年
奉贤烟草糖酒有限公司	重合同、守信用先进单位	上海市工商局	2001年
奉贤区烟草专卖局	烟草专卖管理先进集体	上海烟草专卖局	2001年
奉贤烟草糖酒有限公司	信息宣传报道工作先进集体	上海市烟草（集团）公司	2001年
上海金叶商厦	职工教育先进单位	上海市商委	2001年
上海金叶商厦	老人活动特色基地	上海市老龄委	2001年
上海金叶商厦食品超市	食品卫生先进单位	上海市供销合作总社	2001年
上海金叶超市有限公司	理货员商品陈列技能大赛团体二等奖	上海市商委	2001年
奉贤烟草糖酒有限公司	A类财务会计信用单位	上海市财政局	2001年
上海金叶商厦	商业优质服务先进集体	市商业委员会	2001年
上海金叶商厦	群众文化工作先进集体	上海市群众文化奖励基金会	2001年
上鼎丰酿造食品有限公司	上海市著名商标	上海市工商局	2002年
奉贤烟草糖酒有限公司	专销结合先进单位	上海烟草（集团）公司	2002年
奉贤烟草糖酒有限公司	信息工作优胜单位	上海烟草（集团）公司	2002年
上海鼎丰酿造食品有限公司	节约用水先进集体	上海市水务局	2002年
上海金叶超市公司	规范服务达标单位	上海市商业行业协会	2002年
上海金叶商厦	价格计量信得过单位	上海市物价局	2002年
上海鼎丰酿造食品有限公司	食用农产品安全加工示范企业	上海市商委	2002年
奉贤区烟草专卖局	重合同守信用单位	上海市工商局	2002年
奉贤区烟草专卖局	烟草统计规范活动一等奖	上海市烟草专卖局	2002年
奉贤区烟草专卖局	免检企业	上海市工商局	2002年
奉贤区烟草专卖局	专销结合先进集体	上海市烟草专卖局	2002年
奉贤区供销总社培训中心	教育工作先进集体	上海市商业委员会	2002年
奉贤区供销总社女职工委员会	促进妇女就业先进集体	上海市妇女联合会	2002年
奉贤区烟草专卖局	中国重质量讲诚信守规则企业	中国企业研究发展中心	2003年
上海鼎丰酿造食品有限公司	文明班组	上海市总工会	2003年
奉贤烟草糖酒有限公司	A类财务会计信用单位	上海市财政局	2003年
上海金叶商厦	全国百货行业优秀企业	中国百货行业协会	2003年
上海金叶商厦	首届服务诚信先进单位	上海市商委	2003年
上海金叶商厦团支部	上海市共青团号	共青团上海市委	2003年

续表17-1-3

单位名称	荣誉称号	授奖机关	授奖年份
上海金叶商厦	拥军优属模范单位	上海市民政局	2003年
上海金叶超市公司	A类财务会计信用单位	上海市财政局	2003年
上海金叶超市公司	第七届价格信得过单位	上海市物价局	2003年
上海金叶超市公司	价格计量信得过单位	上海市物价局	2003年
上海金叶商厦	模范职工之家	上海市总工会	2004年
上海鼎丰酿造食品有限公司	职工教育先进单位	上海市供销合作总社	2004年
上海鼎丰酿造食品有限公司	守合同、重信用企业	上海市工商局	2004年
上海鼎丰酿造食品有限公司	上海市著名商标	上海市工商局	2005年
上海金叶商厦	模范职工之家	上海市总工会	2005年
奉贤区烟草专卖局	纳税信用等级A类企业	上海市国家税务局	2005年
奉贤区烟草专卖局	职工教育先进集体	上海市供销合作总社	2006年
上海鼎丰酿造食品有限公司	守合同、重信用企业	上海市工商局	2006年
奉贤区供销总社	平安单位	上海市综治委	2006年
上海南耀气体有限公司	实事工程推进实事奖	上海市质量技术监督局	2007年
奉贤区供销总社	平安单位	上海市综治委	2008年
上海奉贤五金交电公司	平安单位	上海市综治委	2008年
奉贤区鸿雁商场有限公司	平安单位	上海市综治委	2008年
上海鼎丰酿造食品有限公司	平安单位	上海市综治委	2008年
江海供销社	平安单位	上海市综治委	2008年
柘林供销社	平安单位	上海市综治委	2008年
金汇供销社	平安单位	上海市综治委	2008年
上海鼎丰酿造食品有限公司	上海市著名商标	上海市工商局	2008年
奉贤区供销总社	市爱国卫生健康先进单位	上海市爱国卫生运动委员会	2008年
江海供销社金伯利钻石奉贤分店	优质服务先进集体	市商委	2009年
上海鼎丰酿造食品有限公司	优质服务先进集体	市商委	2009年
江海供销社阿芙洛晶都服饰商行	优质服务先进集体	市商委	2009年
奉贤区供销总社综合科	先进保卫组织	上海市公安局	2010年
奉贤区供销总社	和谐商业企业	上海市商业企业管理协会	2011年
奉贤区供销总社	平安单位	上海市社会治安综合治理委员会	2011年
江海供销社	平安单位	上海市社会治安综合治理委员会	2011年

续表 17-1-3

单位名称	荣誉称号	授奖机关	授奖年份
庄行供销社	平安单位	上海市社会治安综合治理委员会	2011年
金汇供销社	平安单位	上海市社会治安综合治理委员会	2011年
奉城供销社	平安单位	上海市社会治安综合治理委员会	2011年
四团供销社	平安单位	上海市社会治安综合治理委员会	2011年
青村供销社	平安单位	上海市社会治安综合治理委员会	2011年
柘林供销社	平安单位	上海市社会治安综合治理委员会	2011年
奉贤区鸿雁商场有限公司	平安单位	上海市社会治安综合治理委员会	2011年
上海奉贤农业生产资料有限公司	平安单位	上海市社会治安综合治理委员会	2011年
上海奉贤塑料管厂	平安单位	上海市社会治安综合治理委员会	2011年
上海伊和电器有限公司	平安单位	上海市社会治安综合治理委员会	2011年
上海晟丰商厦有限公司	平安单位	上海市社会治安综合治理委员会	2011年
上海奉贤供销商业建设有限公司	平安单位	上海市社会治安综合治理委员会	2011年
上海奉贤区建筑材料有限公司	平安单位	上海市社会治安综合治理委员会	2011年
上海华物商贸有限公司	平安单位	上海市社会治安综合治理委员会	2011年
上海南奉生产资料有限公司	平安单位	上海市社会治安综合治理委员会	2011年
上海南化工业气体有限公司	平安单位	上海市社会治安综合治理委员会	2011年
上海奉贤化工轻工有限公司	平安单位	上海市社会治安综合治理委员会	2011年
上海奉贤商业有限公司	平安单位	上海市社会治安综合治理委员会	2011年
上海奉供实业发展有限公司	平安单位	上海市社会治安综合治理委员会	2011年
上海南桥集贸市场经营管理有限公司	平安单位	上海市社会治安综合治理委员会	2011年
奉贤帮业居民生活废品回收服务社	平安单位	上海市社会治安综合治理委员会	2011年
上海鼎丰酿造食品有限公司	平安单位	上海市社会治安综合治理委员会	2011年
上海复美康德大药房有限公司	平安单位	上海市社会治安综合治理委员会	2011年
上海奉贤饮食服务有限公司	平安单位	上海市社会治安综合治理委员会	2011年
上海奉贤区物资回收利用有限公司	平安单位	上海市社会治安综合治理委员会	2011年
上海滨江副食品有限公司	平安单位	上海市社会治安综合治理委员会	2011年
上海千意置业有限公司	平安单位	上海市社会治安综合治理委员会	2011年
上海奉贤商业供销有限公司	平安单位	上海市社会治安综合治理委员会	2011年

四、奉贤区（县）先进集体

1978～2012年，奉贤供销系统被评为奉贤区（县）级先进集体（单位）共69家（次）。其中受中共奉贤县委、奉贤县革命委员会表彰的35家，奉贤区（县）委、奉贤区（县）人民政府表彰的34家。

1978～2012年奉贤供销系统获区（县）级先进集体称号情况表

表17-1-4

单位名称	荣誉称号	授评机关	授予年份
四团供销社	先进单位	奉贤县革命委员会	1973年
头桥供销社	先进单位	奉贤县革命委员会	1973年
奉贤县商业局	先进单位	中共奉贤县委、奉贤县革命委员会	1978年
头桥供销社	先进单位	中共奉贤县委、奉贤县革命委员会	1978年
泰日供销社	先进单位	中共奉贤县委、奉贤县革命委员会	1978年
奉贤县百货公司	先进单位	中共奉贤县委、奉贤县革命委员会	1978年
钱桥供销社五金门市部	先进集体	中共奉贤县委、奉贤县革命委员会	1978年
头桥供销社棉花收购站	先进集体	中共奉贤县委、奉贤县革命委员会	1978年
光明供销社棉布门市部	先进集体	中共奉贤县委、奉贤县革命委员会	1978年
江海供销社饭店	先进集体	中共奉贤县委、奉贤县革命委员会	1978年
庄行供销社土副产品站	先进集体	中共奉贤县委、奉贤县革命委员会	1978年
奉城轧花厂物料组	先进集体	中共奉贤县委、奉贤县革命委员会	1978年
齐贤供销社日用杂品门市部	先进集体	中共奉贤县委、奉贤县革命委员会	1978年
泰日供销社人民合作理发店	先进集体	中共奉贤县委、奉贤县革命委员会	1978年
邬桥供销社胜利合作下伸店	先进集体	中共奉贤县委、奉贤县革命委员会	1978年
头桥供销社生产资料门市部	先进集体	中共奉贤县委、奉贤县革命委员会	1978年
奉贤县食品公司汽车运输组	先进集体	中共奉贤县委、奉贤县革命委员会	1978年
奉贤县日杂果品公司	先进集体	中共奉贤县委、奉贤县革命委员会	1979年
泰日供销社	先进集体	中共奉贤县委、奉贤县革命委员会	1979年
庄行供销社	先进集体	中共奉贤县委、奉贤县革命委员会	1979年
奉贤县百货公司	先进集体	中共奉贤县委、奉贤县革命委员会	1979年
奉城供销社	先进集体	中共奉贤县委、奉贤县革命委员会	1979年
泰日供销社人民合作理发店	先进集体	中共奉贤县委、奉贤县革命委员会	1979年
齐贤供销社生产资料门市部	先进集体	中共奉贤县委、奉贤县革命委员会	1979年
邬桥供销社棉花收购站	先进集体	中共奉贤县委、奉贤县革命委员会	1979年
庄行供销社多种经营办公室	先进集体	中共奉贤县委、奉贤县革命委员会	1979年
头桥供销社朝阳“双代”店	先进集体	中共奉贤县委、奉贤县革命委员会	1979年
奉贤县饮服公司旅社	先进集体	中共奉贤县委、奉贤县革命委员会	1979年
钱桥供销社	先进集体	中共奉贤县委、奉贤县革命委员会	1979年
青村供销社	先进集体	中共奉贤县委、奉贤县革命委员会	1979年
奉贤土产公司	先进集体	中共奉贤县委、奉贤县革命委员会	1979年
头桥供销社	先进集体	中共奉贤县委、奉贤县革命委员会	1979年
邬桥供销社食品店	先进集体	中共奉贤县委、奉贤县革命委员会	1979年
泰日供销社食品店	先进集体	中共奉贤县委、奉贤县革命委员会	1979年
奉贤县农资公司团支部	先进集体	中共奉贤县委、奉贤县革命委员会	1979年
钱桥供销社五金门市部	先进集体	奉贤县人民政府	1982年

续表 17-1-4

单位名称	荣誉称号	授评机关	授予年份
塘外供销社	先进集体	奉贤县人民政府	1987年
奉贤轧花厂棉检组	先进集体	奉贤县人民政府	1987年
奉贤县煤炭公司	先进集体	奉贤县人民政府	1987年
奉贤副食品公司裕泰豆面制品厂	先进集体	奉贤县人民政府	1987年
上海奉贤包装材料厂	先进集体	奉贤县人民政府	1987年
萧塘供销社食品站	先进集体	奉贤县人民政府	1987年
奉城供销社棉布商店	先进集体	奉贤县人民政府	1987年
青村供销社	先进企业	奉贤县人民政府	1990年
庄行供销社乐意商场	先进集体	奉贤县人民政府	1991年
古华医药药材（集团）公司车队	先进集体	奉贤县人民政府	1991年
奉贤鼎丰乳腐车间制坯组	先进集体	奉贤县人民政府	1991年
华亭食品商场糖果蜜饯柜	先进集体	奉贤县人民政府	1991年
头桥供销社糕点加工场	先进集体	奉贤县人民政府	1991年
华乐食品厂软糖车间	先进集体	奉贤县人民政府	1991年
齐贤轧花厂剥绒车间	先进集体	奉贤县人民政府	1991年
萧塘供销社公谊综合服务站	先进集体	奉贤县人民政府	1991年
齐贤供销社农资门市部	先进集体	奉贤县人民政府	1993年
古华食品商场糖果蜜饯柜	先进集体	奉贤县人民政府	1993年
古华医药药材（集团）公司车队	先进集体	奉贤县人民政府	1993年
青村供销社	先进企业	奉贤县人民政府	1993年
齐贤供销社生产资料部	先进集体	奉贤县人民政府	1995年
奉城供销社五金交电商店	先进集体	奉贤县人民政府	1995年
奉贤鼎丰酿造总厂改制车间	先进集体	奉贤县人民政府	1995年
商业供销公司批发部	先进集体	奉贤县人民政府	1995年
上海鼎丰酿造食品总厂	铜牌奖	中共奉贤县委奉贤县县人民政府	1995年
上海鼎丰酿造食品总厂	拥军优属 优进单位	中共奉贤县委	1996年
上海鼎丰酿造食品有限公司	拥军优属 先进单位	中共奉贤县委奉贤县人民政府	1998年
上海鼎丰酿造食品有限公司 改制车间	先进集体	奉贤县人民政府	2000年
上海金叶商厦	明星企业(银奖)	中共奉贤区委、奉贤区人民政府	2001年
上海鼎丰酿造食品有限公司	明星企业(铜奖)	中共奉贤区委、奉贤区人民政府	2001年
区供销总社	平安单位	奉贤区委、奉贤区人民政府	2006年
金汇供销社	先进企业	奉贤区人民政府	2010年
区供销总社	拥军优属 先进单位	奉贤区人民政府	2012年

第二节 先进个人

一、全国劳动模范（先进工作者）

奉贤供销社历史上顾来生曾两次评为全国劳动模范（全国先进工作者）。

1959、1989年奉贤供销系统全国劳动模范（先进工作者）情况表

表17-2-1

单 位	姓名	荣誉称号	授奖机关	年份
齐贤轧花厂	顾来生	全国先进工作者	全国劳动模范和先进工作者表彰大会委员会	1959年
上海市供销机械厂	顾来生	全国劳动模范	中华人民共和国国务院	1989年

二、市（省 国家部委 全国总社）劳动模范（先进工作者）

1955～2012年，奉贤供销系统被评为上海市（江苏省、国家部委、全国供销合作总社）劳动模范（先进工作者）45人次，其中劳动模范（先进工作者）37人次，其他先进个人8人次。

1955～2012年奉贤供销社获市（省 部 全国总社）级先进个人情况表

表17-2-2

姓 名	性别	单 位	荣誉称号	授奖机关	授奖年份
邬志如	男	四团供销社	先进工作者	全国供销合作总社	1955年
杨金龙	男	奉贤鼎丰酿造厂	先进工作者	国家轻工业部	1956年
杨金龙	男	奉贤鼎丰酿造厂	先进工作者	全国供销合作总社	1956年
顾来生	男	齐贤轧花厂	先进工作者	江苏省人民政府	1958年
杨金龙	男	奉贤鼎丰酿造厂	先进工作者	国家轻工业部	1959年
王秀英	女	邬桥供销社	先进工作者	上海市人民委员会	1960年
钱应龙	男	邬桥供销社	先进工作者	上海市人民委员会	1961年
陈国均	男	奉城轧花厂	先进工作者	上海市人民委员会	1961年
顾来生	男	齐贤轧花厂	先进工作者	上海市人民委员会	1962年
唐亚官	女	奉贤县饮食服务公司	先进工作者	上海市人民委员会	1962年
陶品琴	女	奉城供销社	先进工作者	上海市人民委员会	1962年
金永根	男	邬桥供销社	先进工作者	上海市人民委员会	1962年
黄金庆	男	庄行供销社	先进工作者	上海市人民委员会	1962年
金仲初	男	四团供销社	先进工作者	上海市人民委员会	1963年
顾来生	男	齐贤轧花厂	先进工作者	全国供销合作总社	1963年
陈宝林	男	奉城供销社	先进生产（工作）者	上海市革命委员会	1977年
严秉沁	女	奉贤县百货公司	先进生产（工作）者	上海市革命委员会	1977年

续表 17-2-2

姓 名	性别	单 位	荣誉称号	授奖机关	授奖年份
郑福祥	男	四团供销社	先进生产（工作）者	上海市革命委员会	1977年
毛福华	男	奉贤县机电设备公司	先进生产（工作）者	上海市革命委员会	1977年
顾来生	男	齐贤轧花厂	先进生产（工作）者	上海市革命委员会	1977年
郭伯荣	男	钱桥供销社	先进生产（工作）者	上海市革命委员会	1978年
严秉沁	女	奉贤县百货公司	全国百货系统学大庆学大寨先进工作者	国家商业部	1978年
吴德行	男	奉贤县烟糖公司	劳动模范	上海市人民政府	1979年
顾来生	男	南桥轧花厂	劳动模范	上海市人民政府	1979年
顾来生	男	南桥轧花厂	劳动模范	上海市人民政府	1981年
陆亚官	女	奉贤县百货公司	劳动模范	上海市人民政府	1981年
张伯仁	男	奉城供销社	工会积极分子	全国总工会	1982年
顾来生	男	南桥轧花厂	劳动模范	上海市人民政府	1983年
陆亚官	女	奉贤县百货公司	劳动模范	上海市人民政府	1983年
顾来生	男	奉贤经编厂	劳动模范	上海市人民政府	1985年
朱宗熹	男	古华医药药材(集团)公司	劳动模范	上海市人民政府	1987年
马德荣	男	奉城供销社	劳动模范	上海市人民政府	1989年
张心仪	女	奉城供销社	劳动模范	上海市人民政府	1989年
刘桂凤	女	奉贤县烟糖公司	劳动模范	上海市人民政府	1991年
吴方圭	男	奉贤鼎丰酿造厂	劳动模范	上海市人民政府	1993年
钱正兴	男	青村供销社	无偿献血金奖	国家卫生部	1993年
顾士荣	男	江海供销社	劳动模范	国内贸易部	1994年
吴方圭	男	上海鼎丰酿造食品总厂	食品工业优秀企业家	中国食品工业协会	1995年
鞠守义	男	奉贤县饮食服务公司	劳动模范	上海市人民政府	1997年
邵复健	女	奉贤县供销社	先进女职工	全国总工会	1998年
陈品章	男	奉贤烟糖公司	劳动模范	上海市人民政府	2000年
钱正兴	男	青村供销社	无偿献血金奖	国家卫生部	2001年
陆正峰	男	上海金叶商厦	技术能手	上海市人民政府	2001年
姜承烈	女	奉贤县供销社	促进就业先进个人	上海市人民政府	2005年
丁春瑜	男	奉贤县供销社	先进工作者	全国供销合作总社	2007年

三、市（省 部 全国总社）条线级先进工作者

1955～2012年，奉贤供销系统被上海市（江苏省、国家部委、全国总社）条线评为先进工作（生产）者共304人次。

1955～2012年奉贤供销系统获沪市（省 部 总社）条线先进个人情况表

表17-2-3

姓　名	性别	工作单位	荣誉称号	授奖机关	授奖年份
屠锡明	女	南桥区供销社	先进个人	江苏省供销合作总社	1955年
金通林	男	庄行区供销社	先进个人	江苏省供销合作总社	1955年
周友辛	男	泰日供销社	先进个人	江苏省供销合作总社	1955年
吴梦生	男	奉城供销社	先进个人	江苏省供销合作总社	1955年
褚才章	男	青村供销社	先进个人	江苏省供销合作总社	1955年
高锦根	男	奉贤县供销社	先进个人	江苏省供销合作总社	1955年
周妙娣	女	泰日供销社	先进个人	江苏省财贸办	1958年
苏全福	男	奉贤县供销社畜牧场	先进个人	江苏省财贸办	1958年
黄金庆	男	庄行供销社	先进工作者	上海市财贸办公室	1962年
顾来生	男	齐贤轧花厂	先进工作者	上海市财贸办公室	1962年
陶品琴	女	奉城合作饭店	先进工作者	上海市财贸办公室	1962年
金永根	男	邬桥供销社	先进工作者	上海市财贸办公室	1962年
毛小善	男	奉贤县供销社	先进工作者	上海市财贸办公室	1962年
钱应龙	男	邬桥供销社	先进工作者	上海市财贸办公室	1962年
方其章	男	奉城供销社	六好职工	上海市供销合作社	1962年
金仲初	男	四团供销社	先进工作者	上海市财贸办公室	1963年
顾来生	男	齐贤轧花厂	五好职工	上海市财贸办公室	1963年
李品高	男	奉贤县五金公司	六好职工	上海市财贸办公室	1963年
孙蓓蓓	女	奉贤县五金公司	六好职工	上海市财贸办公室	1963年
柯法润	男	奉贤县百货公司	六好职工	上海市财贸办公室	1963年
庄水铭	男	奉贤县纺织品公司	六好职工	上海市财贸办公室	1963年
秦金楼	男	齐贤国药店	六好职工	上海市财贸办公室	1963年
朱根荣	男	奉贤县煤建公司	六好职工	上海市财贸办公室	1963年
方其章	男	奉城供销社	六好职工	上海市供销合作社	1963年
陈国英	女	新寺供销社	六好职工	上海市供销合作社	1963年
金永根	男	邬桥供销社	六好职工	上海市供销合作社	1963年
苏琴芳	女	三官供销社	六好职工	上海市供销合作社	1963年
许良明	男	庄行供销社	六好职工	上海市供销合作社	1963年
王桂初	男	青村供销社	六好职工	上海市供销合作社	1963年
袁光泉	男	齐贤供销社	六好职工	上海市供销合作社	1963年
陈新煜	男	泰日供销社	六好职工	上海市供销合作社	1963年
夏炳其	男	奉贤县供销社	六好职工	上海市供销合作社	1963年
顾火根	男	奉贤县生产资料经理部	六好职工	上海市供销合作社	1963年
耿秀庭	女	邬桥供销社	六好职工	上海市财贸办	1963年
金永根	男	邬桥供销社	六好职工	上海市财贸办	1964年
方其章	男	奉城供销社	六好职工	上海市财贸办	1964年

续表17-2-3

姓　名	性别	工作单位	荣誉称号	授奖机关	授奖年份
顾来生	男	齐贤轧花厂	先进科技工作者	上海市科委	1977年
严秉沁	女	奉贤县供销社	先进工作者	上海市财贸办	1978年
郭伯荣	男	钱桥供销社	先进工作者	上海市财贸办	1978年
范玲娣	女	塘外供销社合作理发店	先进工作者	上海市财贸办	1978年
吴金祥	男	青村食品站	先进工作者	上海市财贸办	1978年
顾来生	男	南桥轧花厂	五好职工	上海市财贸办	1979年
范玲娣	女	塘外供销社合作理发店	五好职工	上海市财贸办	1979年
郭伯荣	男	钱桥供销社	五好职工	上海市财贸办	1979年
陈新煜	男	泰日供销社	五好职工	上海市财贸办	1979年
陈宝林	男	奉城供销社长丰店	五好职工	上海市财贸办	1979年
吴　坤	男	奉贤县五金交电公司	五好职工	上海市财贸办	1979年
龚月琴	女	奉贤县百货公司	五好职工	上海市财贸办	1979年
赵睒淼	男	奉贤县食品公司	先进统计工作者	上海市统计局	1979年
吴金秀	女	柘林供销社	先进工作者	上海市供销合作社	1980年
崔国梅	女	奉贤县日杂果品公司	市郊最佳营业员	上海市财贸办	1980年
董根娣	女	南桥地下餐厅	市郊最佳营业员	上海市财贸办	1980年
陆亚官	女	南桥百货商场	市郊最佳营业员	上海市财贸办	1980年
吴永兴	男	南桥饭店	市郊优秀营业员	上海市财贸办	1980年
阮品仙	女	奉贤县饮服公司旅馆	市郊优秀营业员	上海市财贸办	1980年
任莲芳	女	奉贤县土副产品公司	市郊优秀营业员	上海市财贸办	1980年
沈梅萼	女	奉贤县食品公司西街肉部	市郊优秀营业员	上海市财贸办	1980年
吴金章	男	新寺供销社柘林站	先进工作者	上海市供销合作社	1980年
董根娣	女	南桥地下餐厅	优秀营业员	上海市财贸办	1981年
张慕弟	男	钱桥供销社	优秀营业员	上海市财贸办	1981年
范玲娣	女	塘外合作理发店	优秀营业员	上海市财贸办	1981年
汪秋祺	男	奉贤县烟糖永康食品店	优秀营业员	上海市财贸办	1981年
吴永兴	男	南桥饭店	优秀营业员	上海市财贸办	1981年
潘有发	男	奉贤县食品公司	优秀营业员	上海市财贸办	1981年
龚月琴	女	奉贤县百货公司	优秀营业员	上海市财贸办	1981年
蒋博文	男	邬桥供销社食品站	优秀营业员	上海市财贸办	1981年
曹国杰	男	光明供销社	优秀营业员	上海市财贸办	1981年
顾宝章	男	头桥供销社饭店	优秀营业员	上海市财贸办	1981年
金伯平	男	萧塘供销社饭店	优秀营业员	上海市财贸办	1981年
周德凡	男	泰日供销社	优秀营业员	上海市财贸办	1981年
顾晓明	男	庄行供销社	优秀营业员	上海市财贸办	1981年
余光华	男	奉贤县人民照相馆	优秀营业员	上海市财贸办	1981年

续表17-2-3

姓　名	性别	工作单位	荣誉称号	授奖机关	授奖年份
黄乾元	男	奉城供销社	优秀营业员	上海市财贸办	1981年
顾宝章	男	头桥供销社	先进工作者	上海市供销合作社	1981年
金伯平	男	萧塘合作商店	先进工作者	上海市供销合作社	1981年
杨凤葵	男	新寺供销社	六好职工	上海市供销合作社	1982年
顾宝章	男	头桥供销社	六好职工	上海市供销合作社	1982年
顾来生	男	齐贤轧花厂	六好职工	上海市财贸办	1982年
曹国咏	女	奉贤县百货公司	六好职工	上海市供销合作社	1982年
顾来生	男	南桥轧花厂	六好职工	上海市供销合作社	1982年
陆亚官	女	南桥百货商场	六好职工	上海市供销合作社	1982年
张慕弟	男	钱桥供销社	六好职工	上海市供销合作社	1982年
潘有发	男	奉贤县食品公司	六好职工	上海市供销合作社	1982年
范玲娣	女	塘外供销社合作理发店	六好职工	上海市供销合作社	1982年
范　莉	女	金汇供销社百货部	六好职工	上海市供销合作社	1982年
曹国杰	男	光明供销社针织部	六好职工	上海市供销合作社	1982年
管兆琪	男	奉城照相馆	六好职工	上海市财贸办	1982年
金伯平	男	萧塘合作商店	六好职工	上海市供销合作社	1982年
顾宝章	男	头桥供销社饭店	六好职工	上海市供销合作社	1982年
余光华	男	南桥人民照相馆	六好职工	上海市供销合作社	1982年
杨凤葵	男	新寺供销社	六好职工	上海市供销合作社	1982年
张孟黎	男	奉贤县烟糖公司	六好职工	上海市供销合作社	1982年
汤志良	男	奉贤县农资公司	六好职工	上海市供销合作社	1982年
周德凡	男	泰日供销社	六好职工	上海市供销合作社	1982年
蒋博文	男	奉贤县食品公司	六好职工	上海市供销合作社	1982年
周福祥	男	上海鼎丰厂	六好职工	上海市供销合作社	1982年
何琴芳	女	奉贤县医药公司	六好职工	上海市供销合作社	1982年
徐建成	男	奉城轧花厂	六好职工	上海市供销合作社	1982年
曹国咏	女	奉贤县百货公司	六好职工	上海市供销合作社	1982年
王志文	男	邬桥供销社	六好职工	上海市供销合作社	1982年
陈建庆	男	奉贤县供销社	六好职工	上海市供销合作社	1982年
顾来生	男	南桥轧花厂	六好职工	上海市供销合作社	1983年
陆亚官	女	南桥百货商店	六好职工	上海市供销合作社	1983年
范　莉	女	金汇供销社	六好职工	上海市供销合作社	1983年
潘有发	男	奉贤县食品公司	六好职工	上海市供销合作社	1983年
曹国杰	男	光明供销社	六好职工	上海市供销合作社	1983年
周福祥	男	上海鼎丰酿造厂	六好职工	上海市供销合作社	1983年
曹国咏	女	南桥百货商店	六好职工	上海市供销合作社	1983年

续表 17-2-3

姓 名	性别	工作单位	荣誉称号	授奖机关	授奖年份
顾宝章	男	头桥供销社饭店	六好职工	上海市供销合作社	1983年
徐建成	男	奉城轧花厂	六好职工	上海市供销合作社	1983年
蒋博文	男	奉贤县食品公司	六好职工	上海市供销合作社	1983年
王志文	男	邬桥供销社	六好职工	上海市供销合作社	1983年
孙奎林	男	邬桥食品站	六好职工	上海市供销合作社	1983年
张 洪	男	奉贤县供销社机关	六好职工	上海市供销合作社	1983年
吴锦秀	女	萧塘合作商店	六好职工	上海市供销合作社	1983年
马文珠	女	萧塘供销社	六好职工	上海市供销合作社	1983年
许文冲	男	奉贤县人民食品厂	六好职工	上海市供销合作社	1983年
张家文	男	奉贤县土副产品公司	六好职工	上海市供销合作社	1983年
金林生	男	齐贤轧花厂	六好职工	上海市供销合作社	1983年
苏伯勤	男	泰日供销社	六好职工	上海市供销合作社	1983年
陆士琪	男	庄行供销社	六好职工	上海市供销合作社	1983年
裴金芳	女	南桥食品商店	六好职工	上海市供销合作社	1983年
何凤莲	女	奉贤县饮服公司	六好职工	上海市供销合作社	1983年
陆士琪	男	庄行供销社	先进统计工作者	上海市统计局	1983年
赵睒淼	男	奉贤食品公司	先进统计工作者	上海市统计局	1983年
杨根法	男	胡桥供销社	优秀植保员	上海市农委	1983年
杨凤葵	男	新寺供销社	六好职工	上海市供销合作社	1983年
祝民权	男	头桥供销社	计划统计积极分子	上海市供销合作社	1983年
惠士尚	男	奉城供销社	四好四无仓库先进个人	上海市供销合作社	1983年
裴生祥	男	头桥供销社	四好四无仓库先进个人	上海市供销合作社	1983年
李文俊	男	萧塘供销社	四好四无仓库先进个人	上海市供销合作社	1983年
沈国民	男	奉贤饮服公司	食品卫生先进个人	上海市供销合作社	1983年
杜金全	男	泰日供销社	食品卫生先进个人	上海市供销合作社	1983年
陆士琪	男	庄行供销社	六好职工	上海市供销合作社	1984年
曹国咏	女	奉贤百货公司	上海市三八红旗手	上海市妇联	1984年
顾宝章	男	头桥供销社饭店	先进工作者	上海市供销合作社	1984年
顾来生	男	南桥轧花厂	先进职工	上海市供销合作社	1984年
陆亚官	女	奉贤百货公司	先进职工	上海市供销合作社	1984年
曹国杰	男	光明供销社	先进职工	上海市供销合作社	1984年
周福祥	男	奉贤鼎丰酿造厂	先进职工	上海市供销合作社	1984年
杨凤葵	男	柘林供销站	先进职工	上海市供销合作社	1984年
蒋博文	男	奉贤县食品公司	先进职工	上海市供销合作社	1984年

续表17-2-3

姓　名	性别	工作单位	荣誉称号	授奖机关	授奖年份
张　洪	男	奉贤县供销社	先进职工	上海市供销合作社	1984年
吴锦秀	女	萧塘合作商店	先进职工	上海市供销合作社	1984年
陈铭伟	男	奉城供销社	先进职工	上海市供销合作社	1984年
郁　玲	女	县食品公司	先进职工	上海市供销合作社	1984年
乔宗汉	男	县供销社	先进职工	上海市供销合作社	1984年
高剑明	男	县饮服公司	先进职工	上海市供销合作社	1984年
徐淼华	男	县医药公司	先进职工	上海市供销合作社	1984年
沈克振	男	县供销社	先进职工	上海市供销合作社	1984年
吴素英	女	新海供销社	先进工作者	上海市供销合作社	1985年
顾宝章	男	头桥供销社饭店	先进工作者	上海市供销合作社	1985年
何八耀	女	新寺供销社	先进工作者	上海市供销合作社	1985年
顾宝章	男	头桥供销社饭店	先进工作者	上海市供销合作社	1986年
曹国咏	女	奉贤百货公司	上海市三八红旗手	上海市妇联	1986年
祝民权	男	头桥供销社	先进统计工作者	上海市统计局	1986年
杨凤葵	男	柘林供销社	先进工作者	上海市供销合作社	1986年
沈永清	男	胡桥供销社	先进工作者	上海市供销合作社	1987年
俞光华	男	奉贤饮服公司照相馆	宗教界先进个人	上海市宗教事务局	1987年
张志贤	男	江海供销社	先进工作者	上海市供销合作社	1987年
何八耀	女	新寺供销社	先进工作者	上海市供销合作社	1987年
钱天铮	男	奉贤县供销社机关	商业统计先进个人	上海市供销合作社	1987年
陆士琪	男	庄行供销社	商业统计先进个人	上海市供销合作社	1987年
何掌明	男	钱桥供销社	先进工作者	上海市供销合作社	1987年
屠桔亭	男	光明供销社	先进工作者	上海市供销合作社	1987年
朱宗熹	男	古华医药药材集团公司	优秀经理	上海市财贸办	1988年
马德荣	男	奉城供销社	企业管理优秀奖	上海市财贸办	1988年
曹国咏	女	奉贤百货公司	迎春服务优胜个人	上海市财贸办	1988年
曹国咏	女	奉贤百货公司	上海市三八红旗手	上海市妇联	1988年
王唯英	女	胡桥供销社	先进工作者	上海市供销合作社	1988年
何八耀	女	新寺供销社	先进工作者	上海市供销合作社	1988年
杨凤葵	男	柘林供销社	先进工作者	上海市供销合作社	1988年
王瑞芝	男	奉贤鼎丰酿造厂	鼎丰MM-1毛霉新菌株项目三等奖	上海市农委、上海市财贸办	1988年
张新仪	女	奉城供销社棉布部	先进个人	上海市供销合作社	1989年

续表 17-2-3

姓　名	性别	工作单位	荣誉称号	授奖机关	授奖年份
刘桂凤	女	奉贤烟糖公司永康店	先进个人	上海市供销合作社	1989年
沈锦华	男	奉贤商业服务公司	先进个人	上海市供销合作社	1989年
季国才	男	塘外供销社	先进个人	上海市供销合作社	1989年
陈青林	男	滨江集团水产部	先进个人	上海市供销合作社	1989年
沈达伦	男	钱桥供销社废品收购站	先进个人	上海市供销合作社	1989年
何八耀	女	新寺供销社	先进个人	上海市供销合作社	1989年
金瑞兴	男	古华食品厂	先进个人	上海市供销合作社	1989年
朱德发	男	奉贤农副产品公司	先进个人	上海市供销合作社	1989年
朱宗熹	男	古华医药药材集团公司	先进个人	上海市供销合作社	1989年
曹国咏	女	奉贤百货公司	先进个人	上海市供销合作社	1989年
范志华	男	头桥供销社	先进个人	上海市供销合作社	1989年
杜奇珍	男	邬桥供销社	先进个人	上海市供销合作社	1989年
江玉兰	男	奉贤果品公司	先进个人	上海市供销合作社	1989年
王瑞芝	男	奉贤鼎丰酿造厂	科技进步四等奖	国家商业部	1989年
唐仁章	男	青村供销社	先进生产者	上海市财贸办	1989年
范志华	男	头桥供销社	先进工作者	上海市供销合作社	1989年
范志华	男	头桥供销社	先进工作者	上海市供销合作总社	1990年
何勤军	男	柘林供销社	先进工作者	上海市供销合作总社	1990年
蔡洪章	男	奉贤农资公司	先进工作者	上海市供销合作总社	1990年
赵睽淼	男	新寺供销社	会计知识大赛第三名	上海市会计知识大赛组委会	1990年
赵睽淼	男	奉贤供销社	先进会计工作者	上海市供销合作总社	1990年
屠士德	男	奉贤物利公司	市新长征突击手	共青团上海市委	1991年
李晓龙	男	奉贤百货公司	先进工作者	上海市供销合作总社	1991年
陆慧仙	女	奉贤供销社机关	优秀纪检干部	上海市农村纪检委员会	1991年
何八耀	女	新寺供销社	优质服务先进个人	上海市供销合作总社	1991年
范志华	男	头桥供销社	先进工作者	上海市供销合作总社	1991年
蔡洪章	男	奉贤农资公司	先进工作者	上海市供销合作总社	1991年
张慕弟	男	光明供销社	先进工作者	上海市供销合作总社	1991年
宋庆和	男	四团供销社	先进个人	上海市供销合作总社	1991年
刘年珍	女	庄行供销社	先进个人	上海市供销合作总社	1991年
吴素英	女	新海供销社	先进个人	上海市供销合作总社	1991年
陆金昌	男	奉贤五金交电公司	先进个人	上海市供销合作总社	1991年
朱宗熹	男	古华医药药材集团公司	先进个人	上海市供销合作总社	1991年

续表17-2-3

姓　名	性别	工作单位	荣誉称号	授奖机关	授奖年份
傅传新	男	奉贤鸿雁商场	先进个人	上海市供销合作总社	1991年
陈品章	男	钱桥供销社	先进个人	上海市供销合作总社	1991年
唐吉林	男	奉贤商业服务公司	先进个人	上海市供销合作总社	1991年
谢焕华	男	申达造漆厂	先进个人	上海市供销合作总社	1991年
薛建尧	男	江南汽车修理厂	先进个人	上海市供销合作总社	1991年
庄水铭	男	奉贤纺织品公司	先进个人	上海市供销合作总社	1991年
王林山	男	泰日供销社	先进个人	上海市供销合作总社	1991年
刘桂凤	女	华亭食品商场	优质服务个人	上海市供销合作总社	1991年
陈幼兰	女	奉贤鸿雁商场	优质服务个人	上海市供销合作总社	1991年
俞永刚	男	金汇供销社	优质服务个人	上海市供销合作总社	1991年
何八耀	女	新寺供销社	市三八红旗手	上海市妇联	1992年
陈培峰	男	奉贤商服公司	开拓状元	上海市供销合作总社	1992年
吴方圭	男	奉贤鼎丰酿造厂	开拓状元	上海市供销合作总社	1992年
鞠守义	男	奉贤饮服公司	优质服务优胜个人	上海市供销合作总社	1993年
王瑞芝	男	上海鼎丰酿造厂	质量标兵	上海市经委	1993年
陈小燕	女	奉贤饮服公司	市三八红旗手	上海市妇联	1993年
鲁国胜	男	奉贤饮服公司	先进工作者	上海市供销合作总社	1994年
袁鑫联	男	奉贤商业公司	先进工作者	上海市供销合作总社	1994年
陆勤云	女	奉贤精品商场	上海市三八红旗手	上海市妇联	1994年
朱纪忠	男	上海鼎丰酿造食品厂	先进工作者	上海市供销合作总社	1994年
李纪勤	男	奉贤果品日杂公司	先进工作者	上海市供销合作总社	1995年
方惜光	男	金汇供销社	先进工作者	上海市供销合作总社	1995年
阮忠烈	男	奉贤鸿雁商场	先进工作者	上海市供销合作总社	1995年
顾宝才	男	胡桥供销社	先进工作者	上海市供销合作总社	1995年
张道明	男	光明供销社	先进工作者	上海市供销合作总社	1995年
赵洪官	男	齐贤轧花厂	先进工作者	上海市供销合作总社	1995年
胡建新	男	上海佳丽密胺厂	先进工作者	上海市供销合作总社	1995年
张正明	男	奉城供销社	先进工作者	上海市供销合作总社	1995年
钟纪芳	女	新寺供销社	先进工作者	上海市供销合作总社	1995年
顾银龙	男	青村供销社	先进工作者	上海市供销合作总社	1995年
唐仁章	男	塘外供销社	先进工作者	上海市供销合作总社	1995年
稽兰香	女	奉贤五金交电公司	先进工作者	上海市供销合作总社	1995年
姚金龙	男	萧塘供销社	先进工作者	上海市供销合作总社	1995年
潘志良	男	申达造漆厂	先进工作者	上海市供销合作总社	1995年

续表 17-2-3

姓　名	性别	工作单位	荣誉称号	授奖机关	授奖年份
沈永观	男	头桥供销社	先进工作者	上海市供销合作总社	1995年
蔡洪章	男	奉贤农资公司	先进工作者	上海市供销合作总社	1995年
赵睒淼	男	奉贤供销总社	先进会计工作者	上海市财政局	1995年
袁再梁	男	奉贤精品商场	先进会计工作者	上海市财政局	1995年
顾银龙	男	青村供销社	先进工作者	上海市供销合作总社	1995年
张道明	男	光明供销社	先进工作者	上海市供销合作总社	1995年
唐仁章	男	塘外供销社	先进工作者	上海市供销合作总社	1996年
李品高	男	上海鼎丰食品酿造厂	精神文明建设活动优秀组织者	上海市文明委	1996年
柯　冲	男	奉贤农资公司	农资流通系统供应、服务先进个人	上海市供销合作总社	1997年
高李华	女	鸿雁商场	市三八红旗手	上海市妇联	1997年
缪瑞芳	女	奉贤饮服公司	廉洁勤政、艰苦创业千件好事奖	中共上海市纪委	1997年
严　宾	男	鸿雁商场	上海市新长征突击手	共青团上海市委	1997年
徐天恩	男	县供销总社机关	安全保卫先进工作者	上海市公安局	1997年
干建明	男	县供销总社机关	安全保卫先进工作者	上海市公安局	1997年
陈玉莲	女	县供销总社系统	清资核产先进个人	上海市供销合作总社	1997年
顾莉珍	女	县供销总社系统	清资核产先进个人	上海市供销合作总社	1997年
乔亚飞		县供销总社系统	清资核产先进个人	上海市供销合作总社	1997年
石伟莉	女	县供销总社系统	清资核产先进个人	上海市供销合作总社	1997年
方　红	女	县供销总社系统	清资核产先进个人	上海市供销合作总社	1997年
王丽丽	女	奉贤烟草糖酒有限公司	上海市三八红旗手	上海市妇联	2000年
沈　恺	男	奉贤烟草糖酒有限公司	卷烟网络建设最佳组织者	上海市烟草(集团)公司	2000年
周卫国	男	奉贤烟草糖酒有限公司	卷烟网络建设优秀管理者	上海市烟草(集团)公司	2000年
王　喆	男	奉贤烟草糖酒有限公司	烟草专卖管理先进个人	上海市烟草(集团)公司	2000年
刘卫东	男	奉贤烟草糖酒有限公司	烟草专卖管理先进个人	上海市烟草(集团)公司	2000年
张友才	男	奉贤烟草糖酒有限公司	卷烟网络建设优秀访销员	上海市烟草(集团)公司	2000年
朱永强	男	上海金叶商厦	专利试点工作先进个人	上海知识产权局	2000年
张海滨	男	奉贤烟草糖酒有限公司	信息工作先进个人	上海烟草(集团)公司	2001年
祁　枫	女	奉贤县供销总社机关	职工教育优秀教师(教育工作者)	上海市供销合作社	2001年

续表17-2-3

姓　名	性别	工作单位	荣誉称号	授奖机关	授奖年份
张熙良	男	奉贤烟草糖酒有限公司	烟草网络建设优秀配送员	上海烟草(集团)公司	2001年
夏　明	男	奉贤区烟草专卖局	烟草专卖管理先进个人	上海烟草专卖局	2001年
卫　峰	男	奉贤区烟草专卖局	烟草专卖管理先进个人	上海烟草专卖局	2001年
刘卫东	男	奉贤烟草糖酒有限公司	打假治劣先进工作者	上海烟草(集团)公司	2001年
朱小平	男	上海金叶商厦	职工教育园丁奖	上海市商委	2001年
陆正峰	男	上海金叶商厦	尊师重教奖	上海市商委	2001年
沈　恺	男	奉贤烟草糖酒有限公司	网建最佳组织者	上海烟草(集团)公司	2001年
周卫国	男	奉贤烟草糖酒有限公司	卷烟网络建设优秀管理者	上海烟草(集团)公司	2001年
赵祖平	男	上海金叶商厦	信息工作先进个人	上海烟草(集团)公司	2002年
卫祖民	男	奉贤烟草糖酒有限公司	信息工作先进个人	上海烟草(集团)公司	2002年
沈　恺	男	奉贤烟草糖酒有限公司	网络最佳组织者	上海烟草(集团)公司	2002年
张友才	男	奉贤烟草糖酒有限公司	明星营销员	上海烟草(集团)公司	2002年
陈唯朝	男	奉贤烟草糖酒有限公司	烟草专卖管理先进个人	上海烟草(集团)公司	2002年
卫　韧	男	奉贤烟草糖酒有限公司	烟草专卖管理先进个人	上海烟草(集团)公司	2002年
钱正兴	男	青村供销社	上海市白玉兰无偿献血金奖	上海市卫生局	2002年
沈仲华	男	上海鼎丰酿造食品有限公司	尊师重教奖	上海市商委	2002年
陆慧仙	女	奉贤区供销总社机关	心系职工好领导	上海市总工会	2003年
姜承烈	女	奉贤区供销总社机关	市三八红旗手	上海市妇联	2003年
夏　锋	男	奉贤烟草糖酒有限公司	市新长征突击手	共青团上海市委	2003年
王彩娥	女	奉贤烟草糖酒有限公司	先进统计工作者	上海市统计局	2003年
张　卫	男	奉贤烟草糖酒有限公司	烟草专卖管理先进个人	上海烟草(集团)公司	2004年
卫祖民	男	奉贤烟草糖酒有限公司	烟草专卖管理先进个人	上海烟草(集团)公司	2004年
卫　韧	男	奉贤烟草糖酒有限公司	烟草专卖管理先进个人	上海烟草(集团)公司	2004年
沈爱芳	女	上海金叶超市公司	专利试点工作先进个人	上海市经委	2004年
吴恩特	男	上海鼎丰酿造食品有限公司	技术能手	上海市劳动和社会保障局	2005年
孙明珠	女	奉贤区烟草专卖局	烟草专卖管理先进个人	上海烟草专卖局	2005年
周卫国	男	奉贤烟草糖酒有限公司	卷烟网络建设优秀管理者	上海烟草(集团)公司	2005年
王平华	男	奉贤烟草糖酒有限公司	卷烟网络建设优秀责任经理	上海烟草(集团)公司	2005年

续表 17-2-3

姓 名	性别	工作单位	荣誉称号	授奖机关	授奖年份
余 瑾	女	奉贤烟草糖酒有限公司	信息宣传报道工作优秀个人	上海烟草(集团)公司	2005年
杨 晓	男	奉贤五金交电公司	统一战线先进个人	中共上海市委统战部	2006年
郑菊花	女	江海供销社	先进个人	上海市商委	2009年
王汉荣	男	上海鼎丰酿造食品有限公司	技术能手	上海市商委	2009年
朱桂芳	女	邵厂废品收购站	优质服务先进个人	上海市商委	2009年
倪永良	男	奉贤区鸿雁商场有限公司	先进治安责任人	上海市公安局治安总队	2011年
祁 枫	女	上海鼎丰酿造食品有限公司	上海市志愿者活动优秀组织者	上海市文明办公室	2011年

四、区（县）先进工作者

1977～2012年，奉贤区（县）供销系统被评为奉贤区（县）委、政府、政协先进个人共249人次。

1977～2012年奉贤供销系统获区（县）委、政府先进个人情况表

表 17-2-4

姓 名	性别	工作单位	荣誉名称	授予机关	年份
陈新煜	男	泰日供销社	先进工作者	中共奉贤县委、奉贤县革命委员会	1977年
翁宝祥	男	新寺道院豆面工场	先进工作者	中共奉贤县委、奉贤县革命委员会	1977年
祝根祥	男	泰日供销社合作理发店	先进工作者	中共奉贤县委、奉贤县革命委员会	1977年
俞桥根	男	奉贤县饮食服务公司	先进工作者	中共奉贤县委、奉贤县革命委员会	1977年
王根才	男	南桥轧花厂	先进工作者	中共奉贤县委、奉贤县革命委员会	1977年
周福祥	男	奉贤鼎丰酿造厂	先进工作者	中共奉贤县委、奉贤县革命委员会	1977年
唐亚官	女	奉贤县饮食服务公司	先进工作者	中共奉贤县委、奉贤县革命委员会	1977年
顾来生	男	齐贤轧花厂	先进工作者	中共奉贤县委、奉贤县革命委员会	1977年
陈宝林	男	奉城供销社协新下伸店	先进工作者	中共奉贤县委、奉贤县革命委员会	1977年
郭伯荣	男	钱桥供销社	先进工作者	中共奉贤县委、奉贤县革命委员会	1977年
黄昌邦	男	奉贤饮服公司豆面工场	先进工作者	中共奉贤县委、奉贤县革命委员会	1977年
吴 坤	男	奉贤五金公司	先进工作者	中共奉贤县委、奉贤县革命委员会	1977年
郑福祥	男	四团棉花收购站	先进工作者	中共奉贤县委、奉贤县革命委员会	1977年
吴金祥	男	青村供销社食品站	先进工作者	中共奉贤县委、奉贤县革命委员会	1977年
朱梅英	女	奉贤县百货公司	先进工作者	中共奉贤县委、奉贤县革命委员会	1977年
赵扣牟	女	青村供销社理发商店	先进工作者	中共奉贤县委、奉贤县革命委员会	1977年
张美华	女	江海供销社废品收购站	先进工作者	中共奉贤县委、奉贤县革命委员会	1977年
丁晓辉	男	金汇供销社新强下伸店	先进工作者	中共奉贤县委、奉贤县革命委员会	1977年
瞿永年	男	平安供销社	先进工作者	中共奉贤县委、奉贤县革命委员会	1977年

续表17-2-4

姓　名	性别	工作单位	荣誉名称	授予机关	年份
严秉沁	女	奉贤县供销社	先进工作者	中共奉贤县委、奉贤县革命委员会	1977年
吴耿唐	男	商业局“双学”办	先进工作者	中共奉贤县委、奉贤县革命委员会	1977年
李品高	男	商业局机关	先进工作者	中共奉贤县委、奉贤县革命委员会	1977年
严秉沁	女	奉贤县百货公司	先进工作者	中共奉贤县委、奉贤县革命委员会	1979年
顾来生	男	齐贤轧花厂	先进工作者	中共奉贤县委、奉贤县革命委员会	1979年
陈宝林	男	奉城供销社合作商店	先进工作者	中共奉贤县委、奉贤县革命委员会	1979年
孙奎林	男	邬桥供销社食品购销站	先进工作者	中共奉贤县委、奉贤县革命委员会	1979年
周勤章	男	平安供销社	先进工作者	中共奉贤县委、奉贤县革命委员会	1979年
黄　虹	女	星火农场综合商店	先进工作者	中共奉贤县委、奉贤县革命委员会	1979年
范玲娣	女	塘外供销社	先进工作者	中共奉贤县委、奉贤县革命委员会	1979年
周福祥	男	奉贤鼎丰酿造厂	先进工作者	中共奉贤县委、奉贤县革命委员会	1979年
郭伯荣	男	钱桥供销社	先进工作者	中共奉贤县委、奉贤县革命委员会	1979年
郑福祥	男	四团供销社	先进工作者	中共奉贤县委、奉贤县革命委员会	1979年
耿秀庭	女	萧塘供销社	先进工作者	中共奉贤县委、奉贤县革命委员会	1979年
陈新煜	男	泰日供销社	先进工作者	中共奉贤县委、奉贤县革命委员会	1979年
李　瑛	女	奉城供销社	先进工作者	中共奉贤县委、奉贤县革命委员会	1979年
刘文龙	男	泰日合作商店	先进工作者	中共奉贤县委、奉贤县革命委员会	1979年
翁宝云	女	新寺道院合作商店	先进工作者	中共奉贤县委、奉贤县革命委员会	1979年
唐亚官	女	县供销社机关	先进工作者	中共奉贤县委、奉贤县革命委员会	1979年
朱梅英	女	奉贤县百货公司	先进工作者	中共奉贤县委、奉贤县革命委员会	1979年
黄昌邦	男	奉贤蔬菜公司	先进工作者	中共奉贤县委、奉贤县革命委员会	1979年
张家文	男	奉贤县土副产品公司	先进工作者	中共奉贤县委、奉贤县革命委员会	1979年
吴　坤	男	奉贤五金交电公司	先进工作者	中共奉贤县委、奉贤县革命委员会	1979年
张建强	男	奉贤县供销社	先进工作者	中共奉贤县委、奉贤县革命委员会	1979年
李正明	男	青村供销社	先进工作者	奉贤县人民政府	1983年
俞洪昌	男	钱桥供销社	先进工作者	奉贤县人民政府	1983年
顾来生	男	南桥轧花厂	先进工作者	奉贤县人民政府	1983年
陆亚官	女	县百货公司	先进工作者	奉贤县人民政府	1983年
戴林根	男	县农资公司	先进工作者	奉贤县人民政府	1983年
金国林	男	县食品公司	先进工作者	奉贤县人民政府	1983年
马品莲	女	县棉花公司	先进工作者	奉贤县人民政府	1983年
乔宗权	男	平安供销社	先进工作者	奉贤县人民政府	1983年
王菊仙	女	县医药公司	先进工作者	奉贤县人民政府	1983年
黄昌邦	男	县蔬菜公司	先进工作者	奉贤县人民政府	1983年
倪端华	女	县供销社系统	先进工作者	奉贤县人民政府	1983年
何掌明	男	钱桥供销社	先进工作者	奉贤县人民政府	1985年

续表 17-2-4

姓 名	性别	工作单位	荣誉名称	授予机关	年份
顾银龙	男	青村供销社	先进工作者	奉贤县人民政府	1987年
沈华德	男	奉贤县供销社机关	先进工作者	中共奉贤县委、奉贤县人民政府	1987年
朱宗熹	男	古华医药药材公司	先进工作者	中共奉贤县委、奉贤县人民政府	1987年
顾引初	男	奉贤县煤球厂	先进工作者	中共奉贤县委、奉贤县人民政府	1987年
钱德愚	男	县石油公司	先进工作者	中共奉贤县委、奉贤县人民政府	1987年
秦银发	男	柘林供销社	先进工作者	中共奉贤县委、奉贤县人民政府	1987年
王菊仙	女	古华药材公司加工部	先进工作者	中共奉贤县委、奉贤县人民政府	1987年
翁大粮	男	县百货公司	先进工作者	中共奉贤县委、奉贤县人民政府	1987年
陈铭伟	男	奉城供销社	先进工作者	中共奉贤县委、奉贤县人民政府	1987年
俞光华	男	县人民照相馆	先进工作者	中共奉贤县委、奉贤县人民政府	1987年
张保龙	男	县果品杂货公司	先进工作者	中共奉贤县委、奉贤县人民政府	1987年
夏国俊	男	金汇供销社	先进工作者	中共奉贤县委、奉贤县人民政府	1987年
鲍振淦	男	县饮食服务公司	先进工作者	中共奉贤县委、奉贤县人民政府	1987年
唐顺福	男	县外贸公司	先进工作者	中共奉贤县委、奉贤县人民政府	1987年
叶志发	男	县百货公司	先进工作者	中共奉贤县委、奉贤县人民政府	1987年
屠士德	男	县农副产品公司	先进工作者	中共奉贤县委、奉贤县人民政府	1987年
陆仁飞	男	县副食品公司	先进工作者	中共奉贤县委、奉贤县人民政府	1987年
张明官	男	上海鼎丰酿造厂	先进工作者	中共奉贤县委、奉贤县人民政府	1987年
方惜光	男	齐贤供销社	先进工作者	中共奉贤县委、奉贤县人民政府	1987年
杜奇珍	女	邬桥供销社	先进工作者	中共奉贤县委、奉贤县人民政府	1987年
茅守杰	男	萧塘供销社	先进工作者	中共奉贤县委、奉贤县人民政府	1987年
周祖平	男	头桥供销社	先进工作者	中共奉贤县委、奉贤县人民政府	1987年
侯英杰	男	县纺织品公司	先进工作者	中共奉贤县委、奉贤县人民政府	1987年
吴德新	男	平安供销社	先进工作者	中共奉贤县委、奉贤县人民政府	1987年
钟仁石	男	新寺供销社	先进工作者	中共奉贤县委、奉贤县人民政府	1987年
何宝仙	女	塘外供销社	先进工作者	中共奉贤县委、奉贤县人民政府	1987年
张永林	男	县水产公司	先进工作者	中共奉贤县委、奉贤县人民政府	1987年
胡建新	男	县农资公司	先进工作者	中共奉贤县委、奉贤县人民政府	1987年
吴素英	女	新海供销社	先进工作者	中共奉贤县委、奉贤县人民政府	1987年
曹国咏	女	县百货公司	先进工作者	中共奉贤县委、奉贤县人民政府	1987年
刘桂凤	女	永康食品店	先进工作者	中共奉贤县委、奉贤县人民政府	1987年
钟仁石	男	新寺供销社	先进工作者	奉贤县人民政府	1989年
吴素英	女	新海供销社	先进工作者	奉贤县人民政府	1989年
姚阿龙	男	柘林供销社	先进工作者	奉贤县人民政府	1989年
查华康	男	县供销社机关	记大功	奉贤县人民政府	1989年
姚阿龙	男	柘林供销社	先进工作者	奉贤县人民政府	1990年

续表17-2-4

姓　名	性别	工作单位	荣誉名称	授予机关	年份
刘桂凤	女	华亭食品商场	先进工作者	中共奉贤县委、奉贤县人民政府	1991年
何八耀	女	新寺供销社	先进工作者	中共奉贤县委、奉贤县人民政府	1991年
朱建忠	男	奉贤鼎丰酿造厂	先进工作者	中共奉贤县委、奉贤县人民政府	1991年
李正明	男	青村供销社	先进工作者	中共奉贤县委、奉贤县人民政府	1991年
陈培峰	男	奉贤县商业服务公司	先进工作者	中共奉贤县委、奉贤县人民政府	1991年
秦国英	男	奉贤县石油公司	先进工作者	中共奉贤县委、奉贤县人民政府	1991年
吴松林	男	江海供销社	先进工作者	中共奉贤县委、奉贤县人民政府	1991年
杜奇珍	女	邬桥供销社	先进工作者	中共奉贤县委、奉贤县人民政府	1991年
顾新安	男	齐贤供销社	先进工作者	中共奉贤县委、奉贤县人民政府	1991年
顾引初	男	奉贤县煤炭公司	先进工作者	中共奉贤县委、奉贤县人民政府	1991年
吴新初	男	奉贤县果品公司	先进工作者	中共奉贤县委、奉贤县人民政府	1991年
陆廉方	男	上海华乐食品厂	先进工作者	中共奉贤县委、奉贤县人民政府	1991年
夏宝明	男	奉城供销社	先进工作者	中共奉贤县委、奉贤县人民政府	1991年
姚金龙	男	萧塘供销社	先进工作者	中共奉贤县委、奉贤县人民政府	1991年
杨文鑫	男	奉贤县百货公司	先进工作者	中共奉贤县委、奉贤县人民政府	1991年
周一方	男	装潢商店	先进工作者	中共奉贤县委、奉贤县人民政府	1991年
方寒梅	女	华城特种织品有限公司	先进工作者	中共奉贤县委、奉贤县人民政府	1991年
顾忠海	男	平安供销社	先进工作者	中共奉贤县委、奉贤县人民政府	1991年
莫跃明	男	胡桥供销社	先进工作者	中共奉贤县委、奉贤县人民政府	1991年
俞永刚	男	金汇供销社	先进工作者	中共奉贤县委、奉贤县人民政府	1991年
赵洪官	男	齐贤轧花厂	先进工作者	中共奉贤县委、奉贤县人民政府	1991年
郑伯君	男	上海市供销机械厂	先进工作者	中共奉贤县委、奉贤县人民政府	1991年
王卫东	男	上海欣欣食品厂	先进工作者	中共奉贤县委、奉贤县人民政府	1991年
丁云生	男	奉贤县物利公司	先进工作者	中共奉贤县委、奉贤县人民政府	1991年
唐汉规	男	奉贤县烟糖公司	先进工作者	中共奉贤县委、奉贤县人民政府	1991年
张保龙	男	滨江副食品集团公司	先进工作者	中共奉贤县委、奉贤县人民政府	1991年
陈桂林	男	滨江副食品集团公司	先进工作者	中共奉贤县委、奉贤县人民政府	1991年
张永根	男	塘外供销社	先进工作者	中共奉贤县委、奉贤县人民政府	1991年
柯　冲	男	庄行供销社	先进工作者	中共奉贤县委、奉贤县人民政府	1991年
吴方圭	男	奉贤鼎丰酿造厂	先进工作者	奉贤县人民政府	1993年
李肖凤	女	奉贤县五金公司	先进工作者	奉贤县人民政府	1993年
卫玉龙	男	华英精密陶瓷厂	先进工作者	奉贤县人民政府	1993年
顾士荣	男	江海供销社	先进工作者	奉贤县人民政府	1993年
王海强	男	江海供销社	先进工作者	奉贤县人民政府	1993年
季国才	男	塘外供销社	先进工作者	奉贤县人民政府	1993年
费金芳	女	齐贤供销社生资门市部	先进工作者	奉贤县人民政府	1993年

续表17-2-4

姓　名	性别	工作单位	荣誉名称	授予机关	年份
潘雪芳	女	柘林供销社鞋帽部	先进工作者	奉贤县人民政府	1993年
姚金龙	男	萧塘供销社杂批发部	先进工作者	奉贤县人民政府	1993年
朱介苞	男	钱桥供销社	先进工作者	奉贤县人民政府	1993年
陆勤云	女	奉贤精品商场	先进工作者	奉贤县人民政府	1993年
陈铭鸣	女	奉贤精品商场	先进工作者	奉贤县人民政府	1993年
朱宗熹	男	古华医药药材（集团）	先进工作者	奉贤县人民政府	1993年
沈士林	男	古华医药药材集团车队	先进工作者	奉贤县人民政府	1993年
夏水宝	女	奉贤鸿雁商场	先进工作者	奉贤县人民政府	1993年
郭佩芳	女	奉贤鸿雁商场	先进工作者	奉贤县人民政府	1993年
张孟黎	男	奉贤县烟糖公司	先进工作者	奉贤县人民政府	1993年
李纪勤	男	奉贤县果品杂货公司	先进工作者	奉贤县人民政府	1993年
张　浩	男	奉贤县果品杂货公司	先进工作者	奉贤县人民政府	1993年
陆金昌	男	奉贤县五金交电公司	先进工作者	奉贤县人民政府	1993年
朱汝清	男	泰日供销社	先进工作者	奉贤县人民政府	1993年
张正明	男	奉城供销社	先进工作者	奉贤县人民政府	1993年
周一方	男	奉贤县土产浦南公司	先进工作者	奉贤县人民政府	1993年
王林芳	女	青村供销社	先进工作者	奉贤县人民政府	1993年
张春权	男	新寺供销社	先进工作者	奉贤县人民政府	1993年
张慕弟	男	光明供销社	先进工作者	奉贤县人民政府	1993年
严新建	男	新寺供销社	先进工作者	奉贤县人民政府	1993年
吴方圭	男	上海鼎丰酿造食品总厂	先进工作者、优秀企业家	奉贤县人民政府	1995年
陈品章	男	奉贤县烟糖公司	先进工作者	奉贤县人民政府	1995年
鲁国胜	男	奉贤县针织公司	先进工作者	奉贤县人民政府	1995年
柯　冲	男	奉浦供销物资公司	先进工作者	奉贤县人民政府	1995年
俞永刚	男	萧塘供销社	先进工作者	奉贤县人民政府	1995年
顾士荣	男	江海供销社	先进工作者	奉贤县人民政府	1995年
张国耀	男	洪庙供销社	先进工作者	奉贤县人民政府	1995年
周志清	男	平安供销社	先进工作者	奉贤县人民政府	1995年
陈培峰	男	奉贤县商业供销公司	先进工作者	奉贤县人民政府	1995年
陆勤云	女	奉贤精品商场	先进工作者	奉贤县人民政府	1995年
褚伯龙	男	奉城供销社	先进工作者	奉贤县人民政府	1995年
张　浩	男	奉贤县果品杂货公司	先进工作者	奉贤县人民政府	1995年
庄　坚	男	奉贤鸿雁商场	先进工作者	奉贤县人民政府	1995年
宋孝如	男	奉贤县煤炭公司	先进工作者	奉贤县人民政府	1995年
汪志伟	男	奉贤县百货公司	先进工作者	奉贤县人民政府	1995年

续表17-2-4

姓　名	性别	工作单位	荣誉名称	授予机关	年份
徐琴芳	女	华亭食品商场	先进工作者	奉贤县人民政府	1995年
王　叶	男	奉贤物利公司	先进工作者	奉贤县人民政府	1995年
陆丽华	女	上海滨江副食品公司	先进工作者	奉贤县人民政府	1995年
吴越其	男	上海鼎丰酿造食品总厂	先进工作者	奉贤县人民政府	1995年
翁秀琴	女	奉贤精品商场	先进工作者	奉贤县人民政府	1995年
刘年珍	女	庄行供销社	先进工作者	奉贤县人民政府	1995年
朱汝清	男	泰日供销社煤油店	先进工作者	奉贤县人民政府	1995年
朱介苞	男	钱桥供销社	先进工作者	奉贤县人民政府	1995年
潘春荣	男	奉贤县商业服务公司	先进工作者	奉贤县人民政府	1995年
杨金龙	男	齐贤供销社	先进工作者	奉贤县人民政府	1995年
李约瑟	男	古华医药药材（集团）	先进工作者	奉贤县人民政府	1995年
李品高	男	上海鼎丰酿造食品总厂	拥军优属先进个人	中共奉贤县委	1996年
吴方圭	男	奉贤鼎丰酿造食品总厂总经理	名厂长（经理）	奉贤县人民政府	1996年
陆勤云	女	奉贤县精品商厦	名厂长（经理）	奉贤县人民政府	1996年
鞠守义	男	奉贤县商业服务公司	先进工作者	奉贤县人民政府	1997年
徐淼华	男	上海康德药品总店	先进工作者	奉贤县人民政府	1997年
李康其	男	奉贤县煤炭公司	先进工作者	奉贤县人民政府	1997年
周志清	男	四团供销社	先进工作者	奉贤县人民政府	1997年
王　叶	男	奉贤县物利公司	先进工作者	奉贤县人民政府	1997年
王丽丽	女	奉贤县烟草糖酒公司	先进工作者	奉贤县人民政府	1997年
王金龙	男	齐贤供销社	先进工作者	奉贤县人民政府	1997年
施立华	女	奉贤鸿雁商场	先进工作者	奉贤县人民政府	1997年
卫琴芳	女	上海鼎丰酿造食品有限公司	先进工作者	奉贤县人民政府	1997年
顾　伟	男	上海滨江副食品公司	先进工作者	奉贤县人民政府	1997年
钱正兴	男	青村供销社	先进工作者	奉贤县人民政府	1997年
陈品章	男	奉贤县烟草糖酒公司	先进生产（工作）者	奉贤县人民政府	2000年
陈　军	男	金叶商厦	先进生产（工作）者	奉贤县人民政府	2000年
夏卫芬	女	金叶超市公司	先进生产（工作）者	奉贤县人民政府	2000年
夏水宝	女	奉贤鸿雁商场	先进生产（工作）者	奉贤县人民政府	2000年
徐淼华	男	上海康德药业有限公司	先进生产（工作）者	奉贤县人民政府	2000年
张德恩	男	鼎丰酿造食品有限公司	先进生产（工作）者	奉贤县人民政府	2000年
潘玉华	女	鼎丰酿造食品有限公司	先进生产（工作）者	奉贤县人民政府	2000年
季国才	男	塘外供销社	先进生产（工作）者	奉贤县人民政府	2000年
俞永刚	男	萧塘供销社	先进生产（工作）者	奉贤县人民政府	2000年
庄正国	男	奉贤商业建设公司	先进生产（工作）者	奉贤县人民政府	2000年
胡建新	男	上海华邦涂料有限公司	信得过厂长（经理）	奉贤县人民政府	2000年

续表 17-2-4

姓 名	性别	工作单位	荣誉名称	授予机关	年份
周祖平	男	头桥供销社	先进工作者	奉贤区人民政府	2003年
沈仲华	男	上海鼎丰酿造食品有限公司	先进工作者	奉贤区人民政府	2004年
顾天惜	男	上海复兴康德大药房有限公司	先进工作者	奉贤区人民政府	2005年
陆志刚	男	上海鼎丰酿造食品有限公司	先进工作者	奉贤区人民政府	2006年
顾天惜	男	上海复兴康德大药房有限公司	先进工作者	奉贤区人民政府	2006年
丁春瑜	男	奉贤供销社机关	先进工作者	奉贤区人民政府	2007年
王建国	男	上海伊和电器有限公司	先进工作者	奉贤区人民政府	2007年
张永华	男	金汇供销社	先进工作者	奉贤区人民政府	2007年
张志贤	男	江海供销社	先进工作者	奉贤区人民政府	2007年
郭伟良	男	上海奉供实业有限公司	先进工作者	奉贤区人民政府	2007年
顾天惜	男	上海复兴康德大药房有限公司	先进工作者	奉贤区人民政府	2007年
季国才	男	上海奉贤塑料管厂	先进工作者	奉贤区人民政府	2007年

1986～2006年奉贤供销系统评为区（县）政协工作先进个人情况表

表 17-2-5

姓 名	性别	工作单位	荣誉称号	授予机关	授予年份
王瑞芝	男	奉贤鼎丰酿造厂	先进个人	县政协	1986年
王瑞芝	男	奉贤鼎丰酿造厂	先进个人	县政协	1990年
王瑞芝	男	奉贤鼎丰酿造厂	先进个人	县政协	1992年
汪秋祺	男	县烟草糖酒公司	先进个人	县政协	1992年
王瑞芝	男	奉贤鼎丰酿造厂	先进个人	县政协	1994年
王瑞芝	男	奉贤鼎丰酿造食品总厂	先进个人	县政协	1996年
杨 晓	男	县烟草糖酒公司	先进个人	县政协	1996年
杨 晓	男	县五金交电公司	先进个人	县政协	2000年
杨 晓	男	上海奉贤五金交电公司	先进个人	区政协	2004年
杨 晓	男	上海奉贤五金交电公司	先进个人	区政协	2006年

第三节 先进党组织 优秀党员

一、先进党支部（党委）

1983年以来，奉贤区（县）供销系统党组织被中共奉贤区（县）委以上党组织授予先进党组织17家。

1983～2012年奉贤供销系统先进党组织情况表

表17-3-1

单位名称	荣誉称号	授予机关	年份
奉贤县农资公司党支部	先进党支部	中共奉贤县委	1983年
奉贤县煤炭公司党支部	“三为”活动先进党支部	中共奉贤县委	1987年
奉贤县供销社纪委	先进纪检组织	中共奉贤县委	1987年
古华医药药材（集团）党支部	先进党支部	中共奉贤县委	1989年
上海鼎丰酿造食品总厂党支部	先进党支部	中共奉贤县委	1993年
上海鼎丰酿造总厂党支部	先进党支部	中共奉贤县委	1995年
奉贤县供销合作总社党委	先进党组织	中共奉贤县委	2000年
上海鼎丰酿造食品有限公司党支部	四好企业党支部	中共奉贤区委	2000年
上海古华医药药材分公司党支部	先进基层党组织	上海郊区党委	2001年
上海鼎丰酿造食品有限公司党支部	五好企业党支部	中共奉贤区委	2003年
上海金叶超市有限公司党支部	五好企业党支部	中共奉贤区委	2003年
上海奉贤饮食服务公司党支部	五好企业党支部	中共奉贤区委	2003年
奉贤区烟草专卖局党支部	五好企业党支部	中共奉贤区委	2003年
奉贤金叶商厦党支部	五好企业党支部	中共奉贤区委	2003年
上海鼎丰酿造食品有限公司党支部	先进党支部	中共奉贤区委	2007年
上海奉供实业发展有限公司党支部	先进党支部	中共奉贤区委	2010年
奉贤鸿雁商场有限公司党支部	创先争优先进党支部	中共奉贤区委	2012年

二、优秀党务工作者（党员）

1986～2012年奉贤供销系统先后评选出优秀党员（“三为”活动积极分子）、优秀党务工作者29名。

1986～2006年奉贤供销系统评为区（县）优秀党员干部情况表

表17-3-2

姓　名	性别	工作单位	荣誉名称	授予机关	年份
顾来生	男	南桥轧花厂	“三为”活动先进党员	中共奉贤县委	1986年
曹国咏	女	奉贤县百货公司	“三为”活动先进党员	中共奉贤县委	1986年
顾来生	男	奉贤县经编厂	“三为”活动先进党员	中共奉贤县委	1987年
曹国咏	女	奉贤县百货公司	“三为”活动先进党员	中共奉贤县委	1987年
陆志刚	男	奉贤县供销社纪委	优秀纪检干部	中共奉贤县委	1987年
张保龙	男	奉贤县果品公司	“三为”活动积极分子	中共奉贤县委	1989年
刘惠霖	男	奉贤县供销社机关	优秀党务工作者	中共奉贤县委	1989年
朱宗熹	男	奉贤县古华集团	优秀党员	中共奉贤县委	1993年
吕志丽	女	奉贤江南汽车修理厂	优秀党员	中共奉贤县委	1993年
李品高	男	奉贤县鼎丰酿造食品厂	优秀党务工作者	中共奉贤县委	1993年
陆慧仙	女	奉贤县供销总社	优秀党务工作者	中共奉贤县委	1993年

续表 17-3-2

姓 名	性别	工作单位	荣誉名称	授予机关	年份
朱小平	男	奉贤供销总社机关	优秀党务工作者	中共奉贤县委	1993年
季国才	男	塘外供销社	优秀党员	中共奉贤县委	1993年
王丽丽	女	奉贤烟糖公司	优秀党员	中共奉贤县委	1993年
苏美珍	女	华亭食品商场	优秀党员	中共奉贤县委	1995年
陆慧仙	女	奉贤县供销总社	优秀党务工作者	中共奉贤区委	1998年
陆慧仙	女	奉贤县供销总社	优秀党务工作者	中共奉贤县委	2000年
朱小平	男	金叶商厦	优秀党务工作者	中共奉贤县委	2000年
季国才	男	塘外供销社	优秀共产党员	中共奉贤县委	2000年
王丽丽	女	奉贤县烟草糖酒公司	优秀共产党员	中共奉贤县委	2000年
赵竹强	男	奉贤烟草糖酒公司	优秀共产党员	中共奉贤区委	2002年
陆志刚	男	上海鼎丰酿造食品有限公司	优秀共产党员	中共奉贤区委	2003年
王建国	男	上海伊和电器公司	优秀共产党员	中共奉贤区委	2005年
陆志刚	男	上海鼎丰酿造食品有限公司	优秀党务工作者	中共奉贤区委	2005年
倪勤华	男	奉供实业发展有限公司	优秀党员	中共奉贤区委	2007年
陈毅豪	男	上海奉贤商业公司	创先争优优秀共产党员	中共奉贤区委	2012年
万成龙	男	上海鼎丰酿造食品有限公司	创先争优优秀共产党员	中共奉贤区委	2012年
李建明	男	上海复美康德药业有限公司	创先争优优秀共产党员	中共奉贤区委	2012年
冒新才	男	区供销总社离休干部	创先争优优秀共产党员	中共奉贤区委	2012年

第四节 文明单位

1980年，奉贤县供销系统开展社会主义精神活动以来，除上海鼎丰酿造食品有限公司于2005年、2009年两次获得全国精神文明建设工作先进单位外，至2012年，还评选出社会主义精神文明单位（岗、柜、班组）64家。其中市部级25家。市条线、区（县）级39家。

一、市部级文明单位

1985～2012年，奉贤供销系统评选出市部级文明单位25家（次）。其中上海市文明单位22家，商业部文明单位3家。上海鼎丰酿造食品有限公司自1993年起至2012年，已连续10次被评为上海市文明单位。

1985～2011年奉贤供销系统获市（部）级文明单位情况表

表17-4-1

单位名称	文明称号	授评机关	年份
奉城供销社	全国商业系统文明单位	国家商业部	1985年
萧塘供销社棉花收购站	文明棉花收购站	国家商业部	1986年
萧塘供销社棉花收购站	文明棉花收购站	国家商业部	1987年
奉城供销社	市文明单位	上海市人民政府	1989年
上海鼎丰酿造食品总厂	市文明单位	上海市人民政府	1993年
上海鼎丰酿造食品总厂	市文明单位	上海市人民政府	1995年
上海鼎丰酿造食品有限公司	市文明单位	上海市人民政府	1997年
上海鼎丰酿造食品有限公司	市文明单位	上海市人民政府	1999年
上海金叶商厦	1997～1998年度上海市军民共建社会主义精神文明先进单位	中共上海市委、上海市人民政府上海警备区	1999年
上海鼎丰酿造食品有限公司	市文明单位	上海市人民政府	2001年
上海烟草糖酒有限公司	市文明单位	上海市人民政府	2001年
上海金叶商厦	市文明单位	上海市人民政府	2001年
上海鼎丰酿造食品有限公司	市文明单位	上海市人民政府	2003年
上海烟草糖酒有限公司	市文明单位	上海市人民政府	2003年
上海金叶商厦	市文明单位	上海市人民政府	2003年
上海金叶商厦	2001～2002年度上海市军民共建社会主义精神文明先进单位	中共上海市委、上海市人民政府上海警备区	2003年
上海华邦涂料有限公司	2001～2002年度上海市军民共建社会主义精神文明先进单位	中共上海市委、上海市人民政府上海警备区	2003年
上海金叶超市有限公司	市文明单位	上海市人民政府	2005年
上海烟草糖酒有限公司	市文明单位	上海市人民政府	2005年
上海鼎丰酿造食品有限公司	市文明单位	上海市人民政府	2005年
上海金叶商厦	市文明单位	上海市人民政府	2005年
上海鼎丰酿造食品有限公司	市文明单位	上海市人民政府	2007年
上海鼎丰酿造食品有限公司	市军民共建文明建设先进单位	中共上海市委、上海市人民政府上海警备区	2007年
上海鼎丰酿造食品有限公司	市文明单位	上海市人民政府	2009年
上海鼎丰酿造食品有限公司	市文明单位	上海市人民政府	2012年

二、市条线 区（县）文明单位

1983～2012年奉贤供销系统被评为区（县）、市条线文明单位（集体）39家，其中区（县）级29家，市条线级10家。

1983～2012年奉贤供销系统获市条线 区（县）级文明单位情况表

表17-4-2

单位名称	文明称号	授予机关	年份
奉城供销社	市五讲四美三热爱活动先进集体	上海市五讲四美三热爱活动委员会	1983年
光明供销社	县五讲四美三热爱活动先进集体	奉贤县人民政府	1983年
金汇供销社	县五讲四美先进集体	奉贤县人民政府	1983年
县医药公司	县五讲四美先进集体	奉贤县人民政府	1983年
南桥百货商店	县五讲四美先进集体	奉贤县人民政府	1983年
江海供销社食品店	县五讲四美先进集体	奉贤县人民政府	1983年
县果品公司前进土产商店	县文明集体	奉贤县人民政府	1983年
庄行社供销药店	县文明集体	奉贤县人民政府	1983年
奉城供销社美纶棉布店	县文明集体	奉贤县人民政府	1983年
头桥供销社棉花收购站	市供销社文明集体	上海市供销合作社	1983年
萧塘供销社棉花收购站	市供销社文明集体	上海市供销合作社	1983年
奉城供销社	县文明单位	奉贤县人民政府	1985年
金汇供销社	县文明单位	奉贤县人民政府	1985年
泰日供销社	县文明单位	奉贤县人民政府	1985年
青村供销社	县文明单位	奉贤县人民政府	1985年
南桥百货公司	县文明单位	奉贤县人民政府	1985年
县中药饮片厂	县文明单位	奉贤县人民政府	1985年
古华集团	县文明单位	奉贤县人民政府	1987年
青村供销社	县文明单位	奉贤县人民政府	1987年
奉贤县供销社机关	县文明单位	奉贤县人民政府	1987年
南桥百货公司	县文明单位	奉贤县人民政府	1987年
奉贤县医药公司	县文明单位	奉贤县人民政府	1987年
青村供销社	县文明单位	奉贤县人民政府	1989年
青村供销社	县文明单位	奉贤县人民政府	1991年
上海鼎丰酿造食品厂原料组	市文明班组	上海市总工会	1996年
上海奉贤废旧物资回收利用有限公司	区文明单位	奉贤县人民政府	2000年
上海金叶商厦	建文明班组、创文明岗位、做文明职工先进集体	奉贤县人民政府	2000年
上海华邦涂料有限公司	市农口文明单位	上海市农委	2001年

续表17-4-2

单位名称	文明称号	授予机关	年份
上海复美康德药业有限公司	市农口文明单位	上海市农委	2001年
上海金叶商厦童装柜	市文明班组	上海市总工会	2001年
上海金叶商厦男装柜	市文明班组	上海市总工会	2001年
上海金叶超市有限公司	市商业系统文明单位	上海市商委	2003年
上海金叶商厦运动休闲区	市文明班组	上海市总工会	2004年
上海复美康德大药房有限公司	区文明单位	奉贤区人民政府	2006年
奉贤烟草糖酒有限公司	区文明单位	奉贤区人民政府	2010年
上海金叶商厦	区文明单位	奉贤区人民政府	2010年
上海鼎丰酿造食品有限公司	区文明单位	奉贤区人民政府	2010年
青村供销社	区文明单位	奉贤区人民政府	2012年
柘林供销社	区文明单位	奉贤区人民政府	2012年

2001年，上海复康德药业有限公司被市农村党委、市农委授予文明单位称号

附 录

一、解放前奉贤商业概况

1. **概况** 奉贤，地处上海东南长江三角洲冲积平原，沿海以盐业、渔业为主，内地则以盛产棉花、粮食出名。公元前211～206年，境内已有盐场。唐天宝十年（751年）属华亭县管辖。清雍正四年（1726年），由华亭县析出云间、白沙两乡设奉贤县，县治南桥。以县城南桥成市而论，商业起源不迟于晚唐。北宋年间，始在柘林设袁浦场专理盐务。南宋时期，金汇地区盛产蒲包，闻名乡间，彼时远近居民纷至争购。元朝后期，头桥地区棉花、粮食生产发展，成为奉贤东乡农副产品集散地，经营棉花、大米的花米商在各业中占首位。元末明初，青村（今奉城）已成东部大镇。青村港地区的陶宅远近闻名。明初，庄行地区东市亦由棉花生产的发展，带来商业繁荣，已成小集镇。明中期，邬桥也成为棉花贸易的集散地。清末，钱家桥盐业甚盛，设有官办盐场和盐务所，驻有盐警部队，镇上有奉贤西乡首富“明德堂”东房财主唐仲贤，拥有良田7200亩，独资开设恒兴南货店、其昌碾米厂，在青村港独资经营阜康典当，钱桥设代步，捐四品官衔。清末民初，水警队在齐贤择地办盐业，沿海盐民步担到此出售海盐，四团地区妇女也经常挑盐至此销售，交换生活用品，故曾有“五墩拾家村，娘子养男人，女人挑盐卖，男人斗纸牌”之说，齐贤成为奉贤境内大盐市之一。胡家桥，已有商业店铺50余家，成为西南大集镇。地处奉贤、南汇、上海三县交界的泰日镇，由于地设盐市，运盐入浦，远及航头、新场、鲁汇、青村、齐贤等地，俗称“活络码头”，成为奉贤东北一大集镇，商业繁荣可见。据清光绪《重修奉贤县志》载：清末，奉贤境内有大小集镇57个，私营商业已渐成体系。连一些小集市也“木棉盛时，商舶纷集”。民国8年（1919年），奉贤商业以花米行为领头，形成花（棉花）行、米庄、布庄、槽坊、油坊、烟杂、百货、南货、茶食、锡箔、竹木、地货、砖灰、茶馆、菜馆、理发等33个行业，大镇行业齐全，坐商200～300户，中型集镇行业20余个，坐商50～60户，小集镇行业3～5个，坐商10余户。民国26年（1937年）日军侵占奉贤，南桥、奉城、青村港、金汇、萧塘、钱桥等集镇许多民宅、商铺被日军炸毁、烧毁。据2007年2月《上海市奉贤区抗战时期人口伤亡和财产损失调查报告》记载：1937～1945年，全县被日军炸毁、烧毁商铺2500余间、6万余平方米，直接、间接伤亡人口868人，社会经济损失4.17亿元。日军在奉贤“清乡”，大肆掠夺棉粮资源，导致花米业惨淡经营，酱油、洋广、南货、棉花、粮食、铁器、木器等同业公会遭到全面破坏，商业萧条。抗战胜利后，国民党发动内战，商业恢复缓慢。至1949年年初，全县仅有行业29个、商店1720家，时县治南桥，只有商号240余家。1949年5月14日，奉贤全境解放。1950年11月，据奉贤县人民政府有关部门统计，全县有商业服务行业45个、1519户，从业人员3339人，总资产121.90万元。

2. **商业机构** 清末，商业日渐兴盛，行业增多，事务纷繁，为加强控制与征收捐税，经县署核准，商会组建。光绪三十二年（1906年）九月，设庄家行（今称庄行）镇商会，会长江民。宣统二年（1910年）五月，设南桥镇商会，有会员436名，会长夏仁华。清朝统治被推翻后，商会继续合法存在。民国8年（1919年）有县商会2所，一设南桥、一设青村。南桥商会分管区域有南桥、萧塘、庄家行、刘家行、益村坝、沈行前、三官塘、齐贤桥、道院、柘林、南胡家桥、西新寺、法华桥、钱家桥、张家塘、小城头、大桥头、东塘湾、陈家堰等西乡地区，会长萧耀。青村商会分管区域为青村、阮巷、金汇桥、泰日桥、奉贤城、东新市、周家弄、梁典、蔡家桥、分水墩、青村港、头桥、二桥、四团等东乡地区，会长范光祖。两会活动经费均由商家捐助。

民国19年（1930年），国民党政府颁布《商会法》《工商业同业工会法》，取消前商会。翌年，先组织同业公会，后重建县商会，会址南桥镇。至抗日战争前几年中，县商会几经改组，先后担任会长有萧近方、董祥伯、钱漱石、夏志诚、吴凤祥、顾忍庵、萧坤如、江水淼。民国26年（1937年），日军侵占奉贤，县商会解体。1939年2月，汪伪政府下令成立上海市奉贤区商会，会址南桥镇，主席袁文。1941年7月3日，范一寒代理商会主席。7月25日，汪伪政府社会部社会运动指导委员会上海分会下令整顿区商会，成立上海市奉贤区商会整理委员会，张连生任主席委员。11月30日，正式成立奉贤区商会，徐剑泽任理事长。1941年7月至1945年8月期间，区商会下设法华、泰日、金汇、四团、齐贤、头桥、高桥7个镇商会及庄行、青村、奉城、钱桥、三官、道院、阮巷、胡桥8个镇分事务所。抗战胜利后，国民党县党部接管区商会。1946年，成立奉贤县商会筹备委员会。是年9月，成立奉贤县商会。1949年5月14日，奉贤全境解放，县商会解体。

3. **同业公会**　1930年，奉贤组建县商会附属团体同业公会。1931年有花米、药业、肉业、典业、旅馆、碾米、水木、绸布洋货业等8个同业公会。1941年，同业公会增至17个。1943年10月，全县有南货、航船、绸布洋广、酱油、茶园、国药、糖坊、食油、面坊、杂粮、畜产、卷烟、火柴、皂烛业等同业公会14个，水木人力车夫职业公会2个。抗战胜利后，1945年9月至1947年，全县改组成立棉粮、酱油、南货、绸布洋广、鲜肉、染坊、菜馆、茶漆、油麻、竹木、茶园、民船、砖灰、铁器、竹木器、银楼、柴粪、榨油等18个同业公会，并筹组国药业同业公会。1949年5月，奉贤解放后，同业公会活动暂停。是年10月，又重组同业公会17个。

1942年4月17日，日军以建设所谓“大东亚共荣圈”由，建立中国合作社奉贤区支社，下设庄行、青村、奉城、四团4个分社，分社又下设望虹、韩村、三余、文砂、行前、张楼6个生产互助社，均由日本人一手操纵。

1946年7月至年末，民间自发建立以镇、乡为区域的合作社30个，以及专营运输、生产、消费的合作社7个。奉贤解放后，镇、乡合作社及专营合作社自行解散。尚存的奉城、青村合作社于1950年为当地乡人民政府接收利用。

1950年11月奉贤县商业企业情况表

附表1

业别	户数	从业人数	资本总额（元）	业别	户数	从业人数	资本总额（元）	业别	户数	从业人数	资本总额（元）
绸布	36	144	158884	猪只代理	22	38	4893	陶瓷	10	20	11144
花号	14	50	24380	柴草	1	1	231	皮毛骨角	3	10	3133
洗织	3	3	509	报	1	2	160	五金电料	3	6	1574
粮食	34	88	25137	浴室	1	10	339	草织品	1	3	374
南北货	152	387	189593	旅馆	7	10	979	钟表眼镜	4	7	469
菜饭店	40	91	6378	理发	176	312	11028	砖灰	22	36	14583
肉铺	58	150	35898	照相	9	22	3188	木材	9	52	82169
鱼行	61	116	11148	国药	83	217	130075	竹铺	16	46	17221
豆腐	127	311	52921	新药	6	7	3124	文具	11	19	2909
油酒酱	16	159	155419	镶牙	13	22	7324	汽车	1	7	
盐	25	36	4485	迷信品	1	2	55	轮船	4	41	12850
鸡鸭蛋	6	9	692	年糕	1	3	120	修自行车	12	23	2105
鲜果	58	105	11464	饼馍	14	29	1254	煤炭	1	1	231
茶食糖果	11	25	4957	生面	45	89	25614				
茶叶	10	31	18771	百货	80	132	80794				
茶馆	126	195	19660	杂货	185	272	80234				

注：解放前奉贤商业系统流通的币种

关金券，民国19年（1930年）由国民党中央银行发行。作为缴纳关税之用。抗战胜利后流入奉贤县市场

法币，民国24年（1935年）11月发行的纸币。民国34年（1945年）9月发行新法币，均在奉流通

民国37年（1948年）8月，国民政府进行币制改革发行金圆券。1949年5月14日奉贤解放后，以人民币1元收兑金圆券10万元，金圆券停止流通

二、区（县）供销社重要文件选录

奉贤县合作总社第一届第一次社员代表大会章程

（1951年9月20号）

第一章 总 则

第一条 奉贤县供销合作社（简称奉贤县社）为本县供销合作社的联合组织，对全县供销合作社实行经济上和组织上的领导。其基本任务在于：通过供销关系，扶助农村生产；通过供销关系，使小农经济与国家计划联结起来；逐步代替资本主义商业在农村的阵地，切断小农经济与城市资本主义的联系，促进农业和手工业生产的互助合作，以支援国家社会主义工业化。

第二条 本社在国家商业领导机关领导下，根据经济核算原则经营业务。

第三条 本社为实现第一条所规定的基本任务，采取以下措施：

一、召开县供销合作社代表大会。

二、在国家商业领导机关统一计划下，根据本县供销合作社的需要和上级社指示，编制全县供销合作社经济计划，审核批准所属供销合作社的经济计划，并组织监督其完成。

三、指导和检查所属合作社有关供应、收购等业务经营和财务、会计、计划、统计等工作。

四、接受国家委托，组织和指导所属合作社办理计划收购和计划供应业务。

五、在国家商业领导机关统一计划下，指导和协助所属合作社积极组织货源，向国营企业、合作社组织及手工业作坊签订合同，采购商品；同时采购基层合作社不宜自行采购的商品，供应所属合作社的需要。

六、根据国家需要和社会推销要求，组织所属合作社收购和推销农、副业产品及其他工业原料。

七、根据业务需要设立供应和推销经营部门及仓库、工厂、加工厂、运输等业务机构。

八、组织和领导所属合作社的加工企业。

九、组织和领导所属合作社的运输工作。

十、制定全县供销合作社组织建设方案，指导和检查所属合作社发展社员，巩固组织和对社员的宣传教育工作。

十一、领导与监督所属合作社遵守民主制度，保障社员权利。

十二、指导和检查所属合作社监事会和商店委员会的工作。

十三、指导和监督所属合作社理事会向社员报告工作，公布账目。

十四、指导所属合作社开展爱国主义增产节约竞赛。

十五、防止贪污浪费和盗窃行为，并采取各项措施保护供销合作社的财产。

十六、组织在职干部学习，培养和提高所属合作社干部的政治和业务水平。

第四条 本社一切核算与报表的格式和规则，均按中华全国供销合作总社的规定办理。

第五条　本社加入江苏省供销合作社为社员，并接受其领导。

第六条　本社得刊刻本社印章。

第七条　本社社址在南桥镇新建东路80号。

第二章　社　员

第八条　凡承认本章程的本县境内的供销合作社，均可申请加入本社为社员。

第九条　社员需要向本社交纳股金，其数额为该社股金总额百分之五。

第十条　社员的义务：

一、遵守本章程，执行县供销合作社代表大会理事会及上级社的决议和指示；

二、按照规定向本社提出各项计划、报表和报告；

三、遵照本社理事会的决议，召开临时社员大会（代表大会）；

四、依照中华全国供销合作总社的规定向本社缴纳各项基金。

五、接受本社的领导和检查。

第十一条　社员权利：

一、选派代表出席县供销合作社代表大会。

二、委托本社采购或推销商品；

三、利用本社业务方面和其他方面的各项设施；

四、要求本社协助解决各项问题；

五、对本社工作提出建议和批评。

第十二条　社员对本社债务所负责任，以其所认股金为限。

第十三条　社员得经该社社员大会（代表大会）决议退社，退社后，其股金于本社年终决算后三个月内退还，有亏损时扣除其应摊金额，所缴各项基金不退。

第十四条　社员如违反本章程或本社决议，情节严重者，本社理事会得令其改组，必要时得经县供销合作社社员代表大会通过予以开除。被开除的社员不服时得向上级社申诉。

第三章　领导机关

甲、县供销合作社代表大会

第十五条　县供销合作社代表大会（简称县代表大会）为本社最高权力机关。

第十六条　县代表大会的代表，由本县所属合作社社员大会（代表大会）选举，其名额和选举办法由本社理事会规定。代表任期二年。本社的理事和监事凡未当选为本届代表大会的代表者，得参加本届代表大会，有发言权，无表决权。

第十七条　县代表大会的职权：

一、通过或修改本社章程；

二、选举或罢免本社理事会的理事，监事会的监事；

三、审查和批准本社年度的业务计划和财务计划；

四、审查和批准理事会和监事会的工作报告。

五、审查和批准年终决算的盈余分配或弥补亏损案；

六、审查并处理社员对本社理事会和监事会的不法行为的申诉；

七、决定社员的开除问题；

八、关于其他重要问题的讨论和决议。

第十八条 县代表大会每年举行一次，由理事会召集，遇有下列情况之一时，得召开临时代表大会：

一、理事会的决议；

二、监事会的要求；

三、社员三分之一以上的建议；

四、上级社的指示。

第十九条 县代表大会的开会日期、地点和讨论问题理事会须于开会十五天前通知各社员。县代表大会须有全体代表过半数出席方得开会；但如有修改章程，选举理事或监事、分配盈余或弥补亏损、开除社员等议案时，须有三分之二以上的代表出席方得开会。

县代表大会须有出席代表过半数通过方得决议。

第二十条 县代表大会开会时，由出席代表选举出席团主持会议，选举代表资格审查委员会审查出席代表资格。

大会的决议和记录须有主席签署，决议副本报上级社备案，大会记录和出席代表名单，由理事会保存。

乙、理事会

第二十一条 理事会为本社的执行机关，由县代表大会选举理事五人至十一人组成，理事会设主任一人，副主任若干人，在理事中推选。理事任期二年。

第二十二条 理事会的职责：

一、执行县代表大会的决议和上级社的指示；

二、召开县代表大会；

三、对外代表本社和全县供销合作社组织；

四、审查并批准申请加入本社的供销合作社为社员；

五、签订协议、合同或契约；

六、在国家银行和其他信贷机关取得贷款并分配贷款；

七、保护本社财产；

八、决定本社各种财产的租赁、购置、转让或抵押；

九、仲裁社员之间的财产纠纷；

十、任免本社的工作人员；

十一、办理本章程所规定的其他事项。

第二十三条 理事会的会议由理事会主任召集。

会议决议须记于记录簿并由理事会主任和出席理事签署，个别理事对某项决议有异议时，得将其意见附入记录。理事会开会时，须通知监事会派监事列席。

第二十四条 本社所属各合作社的理事、监事如犯有严重错误，使该合作社在财产上、工作上遭受重大损失时，本社理事会得撤销其职务，并指定暂时代理人。

社员如有违反国家法令、社员群众利益或与上级社指示相抵触的错误决定，本社理事会得令其撤销。

第四章　监事会

第二十五条 监事会为本社的监察机关，由县代表大会选举监事三人至七人组成，监事会设主任一人，必要时设副主任一人，在监事中推选。监事任期二年。

理事的近亲和理事会所属机构的工作人员，不得担任监事。

第二十六条 监事会的职责：

一、监察理事会对本章程、县代表大会决议及上级社指示的执行；

二、监察理事会及其所属企业的业务活动和财务活动；

三、向县代表大会提出监察工作报告。

第二十七条 监事会会议，由监事主任召集。

会议决议须记于记录簿并由监事会主任和出席监事签署。个别监事对某项决议有异议时，得将其意见附入记录。

第二十八条 监事会应就每次检查结果提出书面建议送交理事会，理事会应于接到该建议十五日内召开有监事列席的会议讨论，否则即须按照其建议执行。

第二十九条 监事会得派监事列席理事会的会议。

第三十条 监事会所需经费由县代表大会决定拨付。

第五章　资　金

第三十一条 本社自有资金来源：

一、股金；

二、特种基金；

三、盈余积累；

四、不需返还的收入。

第三十二条 本社特种基金的构成和支出办法，按中华全国供销合作总社的规定办法。

第三十三条 本社得依照法定程序向国家银行及其他信贷机关取得贷款。

第六章　盈余与亏损

第三十四条 本社年终决算所得的盈余，于扣除应缴所得税后，由理事会按照中华全国供销合作总社的指示分配。

第三十五条 本社年终决算有亏损时，以公积金、股金依次弥补。

第七章 解 散

第三十六条 本社如遇重大原因必须解散时，经县代表大会决议，按照法定手续实行，解散清理后所余财产缴上级社。

第八章 附 则

第三十七条 本章程经县代表大会通过，报省供销合作社批准后公布施行。

注：1951 年县合作总社社员代表登记表（部分）

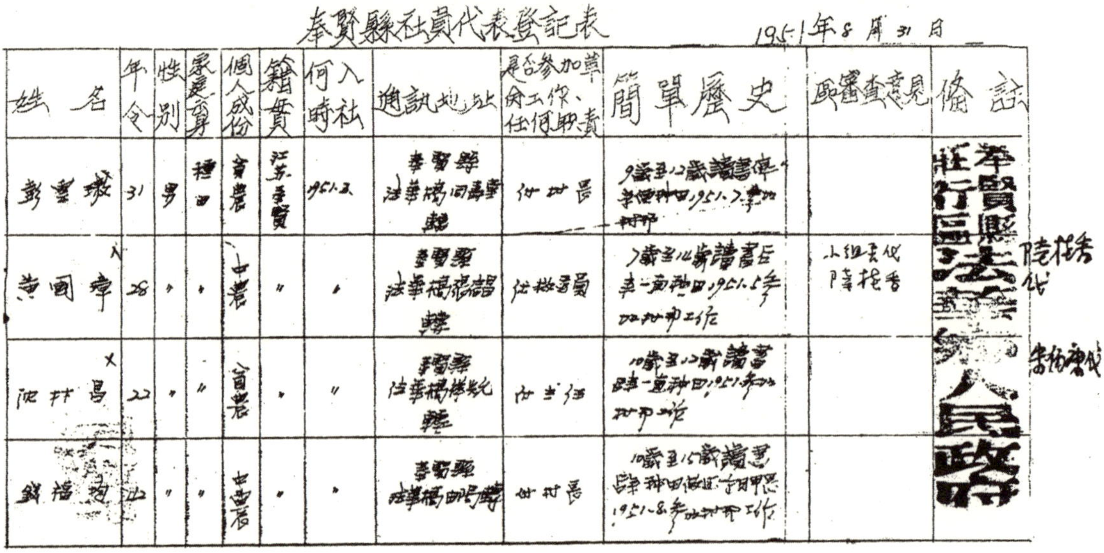

奉賢縣社員代表登記表 1951年8月31日

姓名	年令	性别	家庭出身	個人成份	籍貫	何時入社	通訊地址	是否参加革命工作、任何職責	簡單歷史	區審查意見	備註
[illegible]	31	男	[illegible]	[illegible]	[illegible]	1951.2	[illegible]	[illegible]	[illegible]		
[illegible]	28	〃	〃	中農	〃	〃	[illegible]	[illegible]	[illegible]	[illegible]	
[illegible]	22	〃	〃	[illegible]	〃	〃	[illegible]	[illegible]	[illegible]		
[illegible]	[illegible]	〃	〃	[illegible]	〃	〃	[illegible]	[illegible]	[illegible]		

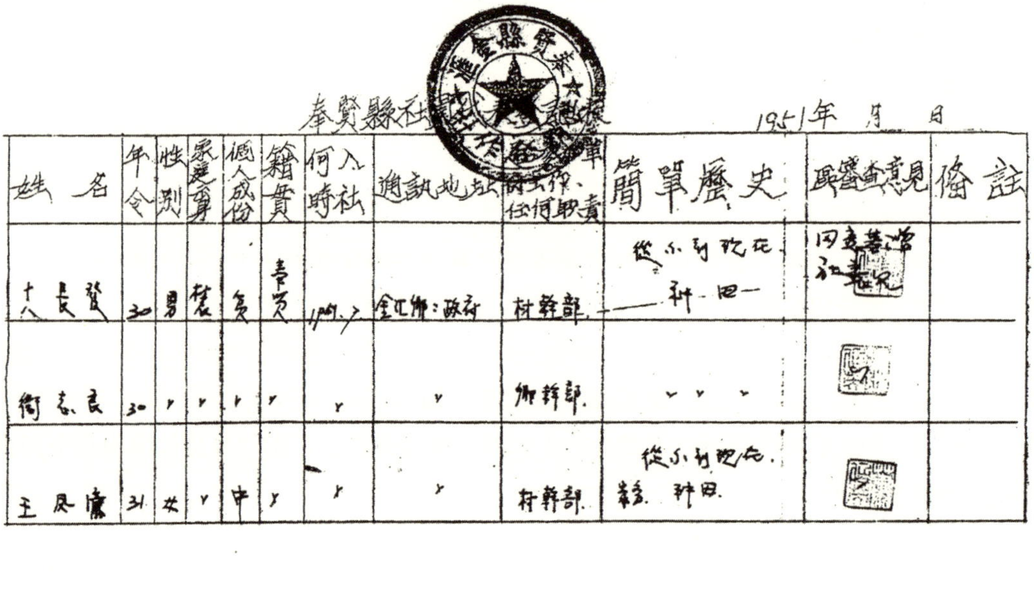

奉賢縣社[illegible] 1951年 月 日

姓名	年令	性别	家庭出身	個人成份	籍貫	何時入社	通訊地址	是否参加革命工作、任何職責	簡單歷史	區審查意見	備註
[illegible]	30	男	[illegible]	[illegible]	[illegible]	[illegible]	[illegible]	村幹部	[illegible]	[illegible]	
[illegible]	30	〃	〃	〃	〃	〃	〃	鄉幹部	〃 〃 〃		
[illegible]	31	女	〃	中	〃	〃	〃	村幹部	[illegible]		

上海市奉贤区供销合作总社
章　程

第一章　总　则

第一条 根据中华人民共和国宪法和全国供销合作总社章程，制定本章程。

第二条 上海市奉贤区供销合作总社（以下简称本社）是为农服务的合作经济组织，是沟通城乡交流的重要渠道，是推动农村经济发展的重要力量。

第三条 本社实行自愿、互利、民主、平等的合作制原则。

第四条 本社的宗旨：坚持以科学发展观为指导，坚持为农服务宗旨，坚持社会主义市场经济改革方向，坚持合作联合和开放办社理念，以加强社有资产管理为目标，以建立现代产权制度为核心，完善组织体制，健全运作机制，确保社有资产保值增值，推动本社经营创新、组织创新、服务创新，努力使本社成为奉贤地区农业社会化的骨干力量，农村现代化流通的主导力量，农民专业合作社的带动力量，更好地为地区经济和“三农”服务。

第五条　本社的基本任务是：

（一）研究和制订本区供销合作社的发展规划，推动本社改革和创新。

（二）向政府和有关部门反映社员及供销合作社的意见和要求，争取政策扶持，维护本社的合法权益；

（三）统筹调控、优化配置社有资产，积极开展资产、资本经营及其他综合经营，切实提高经济效益，实现社有资产保值增值；

（四）科学合理地设置企业的组织机构；

（五）监督、管理和运营社有资产，建立健全社有资产保值增值考核激励和责任追究制度；

（六）为促进农业和农村经济的发展提供服务；

（七）推进本区域新农村现代流通网络建设，构建运转高效、功能完备、城乡并举、工贸并重的农村现代经营服务新体系；

（八）为社员提供信息服务，组织开展对社员和职工的教育培训等活动，指导精神文明和文化建设；

（九）发展专业、消费、金融、综合等各类合作经济组织及行业协会，健全农村社会化服务体系；

（十）接受政府委托，行使政府授权的某些职能。

第六条 本社对社员负有指导、协调、监督、服务、教育培训的职责。

第七条 本社实行社员代表大会制度。

第八条　本社实行“一区一社，一级所有，资产一体化”的资产管理体制，对区社系统内的人、财、物实行统一管理，统一使用，其资产和一切合法权益受国家法律保护，任何单位和个人不得挪用、平调和侵占，确保供销合作社资产的完整性；也不得任意改变隶属关系，确保供销社组织的完整性。

第九条 本社是“独立核算、自主经营、自负盈亏、自我发展、自我约束”的经济实体，具有企业法人资格，并以登记注册资本，承担民事责任。

第十条 本社加入上海市供销合作总社为其社员社并接受其领导和监督。

第二章 社 员

第十一条 凡承认本社章程，自愿交纳社员身份金，并经本社理事会批准后，均可成为本社社员：

（一）本社所属全资、控股企业职工以及本社投资参股企业的相关人员，且本企业工龄3年以上的在编在岗人员；

（二）本社关联企业（有产权投资关系，或业务经营关系）的经营管理人员；

（三）奉贤区域范围内从事农业和农村经济工作具有民事行为能力的组织和人员；

（四）本社所属全资企业（领办、参办、协办）各类专业合作社组织和人员；

（五）其他从事与本社业务间接有关的生产经营活动企业、事业单位、社会团体及有意参与和发展供销合作事业的有关社会人士，包括与供销社事业有关联部门、单位的人员和上级社的有关管理人员。

第十二条 本社实行入社自愿、退社自由的原则，社员如退回社员身份金，则社员资格自动消失。

第十三条 本社实行社员身份金制度，实行一人一票制，社员入社一次性交纳社员身份金，每人一份，每份人民币1000元，由本社财务统计科进行实名登记，发给凭证。社员因退休、调离、病故的，退还社员身份金，其社员身份自动丧失。

第十四条 社员的权利

（一）参加社员代表的民主选举；

（二）经推选成为社员代表，参加社员代表大会，并享有表决权、选举权和被选举权，按照章程规定对本社实行民主管理；

（三）享有对本社的监督管理和批评建议权；

（四）享有本社社员身份金分配和其他优惠待遇；

（五）本章程规定的其他权利。

第十五条 社员的义务

（一）遵守本社章程，交纳社员身份金，执行社员代表大会、理事会决议；

（二）维护本社的整体利益，爱护本社财产；

（三）维护本社形象，接受本社指导和监督；

（四）章程规定的其他义务。

第十六条 社员有下列情形之一的，经本社理事会决议，取消其社员资格：

（一）触犯刑律，被追究刑事责任；

（二）退还社员身份金，自愿放弃社员资格；

（三）违反本章程，拒不履行规定义务，情节严重的；

（四）社员死亡；

（五）由各种原因造成，且不符合第十一条规定的。

第三章　社员代表大会

第十七条 社员代表大会是本社最高权力机构。社员代表由民主选举或推荐协商产生。代表任期五年，可连选连任。

第十八条 社员代表名额按第十一条进行分配，并实行单位替补制。

第十九条 社员代表大会每届五年，遇特殊情况可提前或延期召开。

第二十条 代表大会须有全体代表的三分之二代表出席才能召开，各项决议须由到会代表半数以上通过方能生效。

第二十一条 社员代表大会的职权是：

（一）审议和批准理事会、监事会的工作报告及财务状况等专题报告；

（二）通过和修改本社章程；

（三）选举或罢免理事会理事，监事会监事；

（四）选举或罢免出席上海市供销合作总社社员代表大会代表；

（五）审议和通过社员代表大会决议；

（六）审议和批准本社的发展规划和工作计划；

（七）受理代表的提案，审查提案的处理情况；

（八）讨论和决定其他重要事项。

第四章　理事会

第二十二条 本社设理事会。理事会是本社社员代表大会闭会期间的执行机构，由社员代表大会投票选举产生，对社员代表大会负责并报告工作。

第二十三条 理事会的职权是：

（一）组织召开社员代表大会或临时代表会议；

（二）组织实施本章程第五条的各项职能和任务；

（三）批准接纳社员代表或取消社员代表资格；

（四）代表本社行使出资人的权利和职责；

（五）决定本社年度财务预算，决算方案；

（六）决定本社内部管理制度；

（七）决定本社内部办事机构设置；

（八）决定本社社有企业的设立、合并、分立或解散；

（九）决定本社对企业的出资及投资收益的管理和使用；

（十）组织管理本社企业干部职工的教育、培训、考核、调配、奖惩及劳动报酬；

（十一）办理本章程规定的其他事项。

第二十四条 本社理事会由主任一人，副主任、理事若干人组成，每届任期五年。理事会理事，经社员代表大会选举产生；理事会主任、副主任均由上级提名，经理事会选举产生。在本社社员代表大会闭会期间，理事会主任、副主任、理事变动的，由理事会履行相关手续。本社实行理事会主任负责制，理事会主任为本社的法定代表人。

第二十五条 理事会全体会议每年举行一次，由理事会主任负责召集，全体理事参加。

监事会提议，或者三分之一以上理事提出请求，可以临时召集理事会全体会议。

理事会全体会议须有三分之二以上理事出席方可举行，会议决议须有全体理事过半数通过方为有效。1

第五章 监事会

第二十六条 本社设监事会，对本社社员代表大会负责并报告工作。

第二十七条 监事会的职权是：

（一）监督理事会对本章程和社员代表决议的执行情况；

（二）监督理事会对国家有关法律、法规和规定的执行情况；

（三）监督理事会对各项经济指标、工作任务的完成情况；

（四）向理事会提出改进工作的建议；

（五）对理事会的决定有不同意见，提出建议未被采纳的，有权向社员代表大会反映；

（六）提议临时举行理事会全体会议。

第二十八条 监事会由主席一人，副主席、监事若干人组成，每届任期五年，可连选连任。

监事会监事，经社员代表大会选举产生；监事会主席、副主席均由上级提名，经监事会选举产生。在本社社员代表大会闭会期间，监事会监事主席、副主席、监事变动的，由监事会履行相关手续。

本社理事会成员，不得兼任监事。

第二十九条 监事会会议每年举行一次，由监事会主席负责召集；必要时，可以临时召集监事会会议。

监事会会议须有全体监事三分之二以上出席方可举行，会议决议须有全体监事半数通过方可生效。

第六章 社有资产

第三十条 本社社有资产是指本社控制并拥有的各种形式的资产，包括本社所属企业的全部资产、本社对企业的各种形式的投资和投资所形成的权益，以及依法认定为本社所有的其他权益。

第三十一条 本社理事会是社有资产所有权的代表和管理者。

第三十二条　社有资产管理的职责是：

（一）建立和实施社有资产管理的各项制度，并进行监督检查；

（二）组织和协调社有资产的清查、评估、界定和登记等工作，保护社有资产的合法权益；

（三）加强对社有资产的监管，决定或批准企业重大经营、投资决策和固定资产、无形资产的购置、出租、抵押、转让等事项，促进企业管理，提高经济效益；

（四）决定或批准所属全资、控股企业的设立、合并、终止、拍卖、破产、兼并和合资、合作、改组股份制等。

第三十三条　对在经营管理中达到社有资产保值增值目标，或在社有资产监管工作中做出突出贡献的人员，应予以表彰和奖励。对因失职、渎职或失误等，给社有资产造成严重损失的有关人员，应予以政纪处分和追究经济责任。

第七章　社有企业

第三十四条　本社理事会是社有企业、出资企业的社有资产的所有权代表。

本社的社有企业包括：基层供销社；出资企业（独资、控股、参股）企业。

第三十五条　本社社有企业是独立的企业法人。实行一级所有、分级经营管理。按照本社的授权，做好社有资产的经营、管理及用工分配等工作，对本社负责，独立承担民事责任。

第三十六条　社有企业要坚持市场经济取向，完善法人治理结构，提高市场竞争力，拓展经营服务领域，为供销合作社改革发展服务。

第三十七条　本社社有企业的主要负责人，实行经营目标责任制、离任审计制。按照本社的特点，结合现代企业制度，推行现代化经营管理，确保社有资产的保值增值。

第三十八条　本社管理的改制企业，在经济上，自主经营，自负盈亏，独立承担经济责任、民事责任等一切法律责任，依法经营，维护职工合法权益，照章纳税；在党群组织管理上，接受本社领导。

第八章　经　营

第三十九条　本社的经营活动，不受城乡分工、地区分工、行业分工、商品分工和经营层次、经营品种的限制，除国家法律、法规和政策禁止外，可全方位开展多种综合经营服务活动。

第四十条　本社根据市场经济运行法则依法经营，开展商品购销调存环节的经营业务；开展自营、联营业务，以及代购、代销、代理、代办、代储和代运等中介业务；开展一切法律许可的经营活动，以提高企业经济效益，增强企业实力。

第四十一条　本社根据发展经济和建设社会主义新农村的需要，现阶段主要从事下列经营项目：

（一）推进供销合作社现代流通网络建设，大力促进农村经济发展；

（二）以商业资产经营作为战略发展主攻方向，努力使社有资产保值增值；

（三）完成国家委托的专项商品的购销、储备任务；

（四）参与农业产业化经营，发展综合型合作经济组织；

（五）大力开展招商引资，努力发展金融、保险、典当、物流等经营业务；

（六）自办、联办或对外投资各企业，组织跨地区跨行业跨部门跨所有制的企业联合和业务合作，办理所属企业无力经营的业务。

第四十二条 积极探索企业的投资多元化，吸纳社会资本，壮大本社发展实力。

第九章 管 理

第四十三条 本社按照精简、统一、高效的原则设置机构，建立健全现代企业各项管理制度，运用现代管理方法和手段，逐步做到管理工作规范化、科学化、现代化。

第四十四条 本社坚持社会主义市场经济，大力发展合作经济，转换经营机制，完善内部管理，确保社有资产保值增值。

第四十五条 本社对所属企业的人财物实行统一管理，合理调整经营范围和组织机构，逐步办成多元经营、城乡经营、开放式、全方位的供销合作企业，探索供销社在新形势下为农服务、为社区服务的新路子。

第四十六条 本社的理事、经营和管理人员不得有下列行为：

（一）侵占、挪用或者私分本社资产；

（二）违反章程制度或者未经同意，将本社资金借贷给他人或者以本社资产为他人提供担保；

（三）接受他人与本社交易的佣金；

（四）从事损害本社经济利益的其他活动；

（五）本社的理事、经营和管理人员违反前款规定所得的收入应归本社所有；给本社造成损失的，应当承担赔偿责任，并追究相关的法律责任。

第四十七条 本社坚持勤俭办社的原则，所有工作人员都要严格执行国家财经制度和纪律，正确处理国家、企业、员工和社员的利益，努力增收节支，确保国家和社员利益，增强企业实力，提高员工收益。

第十章 财务和审计

第四十八条 本社依照国家、法律、法规和本章程规定，设立资产财务机构和审计机构，建立资产财务管理和审计监督制度。

第四十九条 本社的自有资金来源：

（一）盈余积累；

（二）各项拨入资金；

（三）各项补贴收入；

（四）被投资企业交来利润分成；

（五）按规定收取的管理费；

（六）社员身份金；

（七）其他收入。

第五十条　本社的盈余照章纳税后按下列项目分配：

（一）弥补亏损；

（二）提取盈余公积金；

（三）提取法定公益金；

（四）按投资分红；

（五）社员身份金分配；

（六）上交上级社特种公积金。

第五十一条　本社年终结算如有亏损，须经理事会讨论作出弥补决定。

第五十二条　本社自有资产管理，使用实行预决算制度，具体办法由本社理事会制定。

第五十三条　本社审计机构对所属单位的财务收支、资产及经济效益等进行审计监督，对有关人员实行任期经济责任审计。

第五十四条　本社企业及社有企业，都要维护供销合作社的合法权益，保障其组织的完整性，抵制各种侵权行为，对其中作出显著贡献的单位和个人，要给予表彰和奖励。

第十一章　附　则

第五十五条　本章程的解释权属于本社理事会。

第五十六条　本章程经本社社员代表大会通过后生效，并报上海市供销合作总社、奉贤区国有资产监督管理委员会备案，修改时同。

（注：此章程于2003年11月26日由上海市奉贤区供销合作总社第一届社员代表大会通过）

奉贤县供销合作总社
关于面上企业全面推进“六自主”改革的意见

（1993年7月）

商品流通领域已形成了以国营、供销社商业为主体的多种经济成分，多种经营方式，多种流通渠道和少环节的新格局。供销社商业是社会主义公有制在流通领域的基础，是社会主义市场经济的主导力量，是国家财政收入的主要来源之一，对工农业生产的发展，人民生活的稳定，起着主要的作用。为了进一步深化流通领域的改革，根据市政府的指示，在去年推进“六自主”改革的基础上，经研究决定，面上企业全面推进“六自主”改革，现提出如下意见：

一、“六自主”改革的目的和要求

1. 适应社会主义市场经济发展的要求。把企业推向市场，发挥价值规律，供求规律的作用，贯彻《企业法》，扩大企业自主权，引导企业转换内部机制，增强活力，使企业真正成为自主经营、自我发展、自负盈亏、自我约束的商品经营者。

2. 改革的原则。政府放权，企业管严，放而有度，活而有序。“六自主”改革是在坚持企业的社会主义方向，执行国家政策法令，兼顾国家、集体和个人三者利益的前提下，给企业创造一个相对宽松、平等竞争的市场环境。

3. 改革应达到的标准。一是企业活力增强，经营结构合理，规模扩大，特色发扬；二是企业管理加强，建立必要的决策程序和指挥系统，基础管理工作明显改善；三是企业素质提高，经营者、管理者和职工群众和积极性得到充分调动，发挥群体优势，企业的凝聚力增强；四是企业经济效益增长，加强经济核算，企业积累和职工收入稳定增长；五是服务质量改善，服务设施、服务态度，商品质量，商品结构，群众满意称好。

二、“六自主”改革的主要内容

1. 经营活动自主：企业坚持做好主营业务，发扬经营特色的前提下，根据市场需求和自身发展的需要，可以扩大经营范围调整经营结构，选择经营方式，发展多种经营和延伸经营。

2. 商品定价自主：在国家政策法规的指导下，企业根据价值规律，市场供求情况，对商品和服务收费分别执行国家定价和市物价主管部门定价，实行行业协议价和企业定价，扩大企业自主定价的范围和权限。坚持明码标价，一货一签。

3. 劳动用工自主：根据“国家宏观调控，企业自主用工，多种形式并存，全员劳动合同”的改革目标要求，贯彻企业用工自主，职工择业，推行全员劳动合同制，实行优化组合，竞争上岗、择优聘用、内部试岗、待工，违纪辞退的原则。

4. 工资分配自主：根据“国家宏观调控，分级分类管理企业自主分配”的改革目标要求，贯彻兼顾国家、企业、职工三者利益的按劳分配原则。正确处理好国家与企业、企业与职工两方面的关系，把企业分配与经济效益增长密切挂钩，职工收入与劳动数量、质量密切挂钩，做到在发展生产、扩大销售提高效益的前提下，有计划地增加职工工资。根据企业不同情况，分别实行不同的分配方法，落实企业内部分配自主权。

5. 投资发展自主：为增加企业自我改造的能力，增强企业活力，加快企业发展，对于企业的改造和装修，设备的更新和添置，对外企业投资，开发科技，补充流动资金等都可根据国家有关政策规定，市场发展方向，企业经济效益等由企业自行决策和实施。

6. 机构设置自主：企业有权决定机构设置和人员编制。机构的设置要有利于发扬党组织的政治核心作用，保证党和国家的方针、政策在本企业贯彻执行，有利于坚持和完善经理（主任、厂长）负责制，加强经理（主任、厂长）对企业经营管理的领导，有利于实行民主管理，充分发挥广大职工的聪明才智和创造力，调动职工群众社会主义积极性，增强主人翁意识。

三、“六自主”改革的方法、步骤

试点企业的做法和经验，为我们面上企业推进“六自主”改革创造了条件，有很多方面可以借鉴，同监督部门就有些问题已经取得了一致的意见，为了使此项改革有组织、有计划、有目标、有步骤地进行，大体上提出如下方法、步骤，供各单位参考，企业可结合自己的实际情况，作出自己的打算，

我们安排，面上企业的“六自主”改革工作用四个月的时间，即“3～6月份集中主要精力完成改革的阶段工作，六月底完成总结上报等资料。

（一）准备阶段（3月10日～31日），这个阶段主要做好四方面的工作：

1. 党政领导班子学习“六自主”改革文件，提高认识，统一思想，明确做法，联系实际，提出本单位“六自主”改革的思路及做法。

2. 各单位由党政领导为主，吸取有关人员，成立“六自主”改革领导小组，由经理（主任、厂长）担任组长，全面领导“六自主”改革工作，下设办事机构，由人事、计财、文书、调解、业务等职能部门同志参加，具体负责方案、计划、资料、协调等工作，做好领导参谋。

3. 以计财部门为主，做好税利基数和工资总额基数测算，以及九三年二个基数的预测，以便会同劳动、财税部门协调工效挂钩提供依据。

4. 书写好“六自主”改革的总体方案及有关分方案、条例、办法等材料，为开展“六自主”改革、完善企业管理明确目标，有章可循。

（二）宣传发动阶段（4月1日～15日）开好三只会议，组织二次班组学习，外出取经一次，做好宣传教育工作。

1. 开好三只会议，一是中层骨干会议，学习文件，提高认识，统一思想，带头做好“六自主”改革；二是开好一次全体职工大会，动员职工认清形势，积极投入“六自主”改革；三是开好一次“六自主”改革学习思想交流会议，进行群众性自我教育。

2. 抓好二次班组学习，学习文件，联系思想，联系企业实际，端正对“六自主”改革的态度和增强对搞好“六自主”改革的决心。

3. 组织企业骨干，到“六自主”改革试点单位取经，借鉴先行单位好的做法和成功的经验，为本企业改革打开思路，进一步明确做法。

4. 以工会为主，深入进行“六自主”改革的宣传教育，抓住机遇，采用多种形式的宣传

工具，开展宣传鼓动工作，把广大干部职工的思想行为同“六自主”改革紧密联系起来，贯彻到实际工作中去，形成“六自主”改革的“气候”。

（三）实施阶段（4月16日～6月30日）主要是做好五个方面的工作。

1. 修订好各工种的岗位规范，作为衡量职工是否“在岗”、“试岗”、“待岗”的标准和要求。

2. 开好一次职代会，审议通过“六自主”改革的方案，实施细则、办法、条例等文本，听取代表们意见，在不违反上级有关规定的前提下可作适当修整，凡是审议通过的具有法律效能，可在改革中实施。

3. 干部聘任和职工签约

（1）企业经理（主任、厂长）由上级聘任，副经理（副主任、副厂长）由本企业经理（主任、厂长）聘任。

（2）中层干部采用竞聘制，竞聘对象产生：一是毛遂自荐；二是民主推荐；三是领导提名，相互进行竞争，实行优胜劣汰打破干部终身制，打破干部与职工的界限，实行能上能下，能官能民，达到优化组合。

（3）签订全员劳动合同，要开好一次全员劳动合同制签约动员大会，对固定工和合同制工人按有关规定，签订有固定期限和无固定期限两种合同。

（4）职工上岗聘用，一是由企业提出定编定员数额，分解到商场、部门、车间、小组等，作为上岗聘用控制指标；二是对应聘现有职工进行一次上岗意向调查，意向内容可分为一、二、三个方面，领导做到心中有数；三是上岗聘用方法，先本部门，后条线，再本企业内分三轮进行；四是上岗聘用步骤，在时间上先试点，后叉开，不集中，由领导进行安排，关键是试好点，开好头；五是由部门负责人做好上岗聘用工作，随聘用随签订上岗合同。

（5）由党支部、工会、人事等部门，做好下岗人员的工作，安排好“试岗”、“待岗”、待退休等富余人员的出路，为他们创造就业的机会。

4. 国家与企业分配：一是实行两个不超过；二是实行总挂总提，把工资总额（工资、奖金、津贴、补贴）与企业实际税利增长挂钩，提取的上浮工资，列入企业成本。

5. 企业与职工分配，可同企业与部门的承包联系起来，加强考核，多劳多得、少劳少得，打破部门吃企业大锅饭，不搞照顾，拉开部门之间的分配差距。部门与职工分配，打破职工吃部门小锅饭，对职工分配也要考核到人，在职工之间拉开分配差距。

四、“六自主”改革实行分工负责制

1. 对一个企业来讲，由经理（主任、厂长）全面负责。支部书记起监督、保证作用，做好思想政治工作，副经理（副主任、副厂长）协助正职做好有关方面的工作，共同完成“六自主”改革任务。

2. 县社法审部具体负责，其他部室实行分工对口联络指导加强为基层服务，上下互通情况，组织阶段性工作的交流、汇报、指导、协调等工作，推进企业“六自主”改革。

3. 加强领导，把推进“六自主”改革作为一件重要工作去抓，县社充实调整“六自主”改革领导小组成员：组长：汤金章 副组长：丁春瑜、唐汉规 成员：毕道鹏、邵复健、翁秀芳、查华康、徐俊、费仁荣、周林昌七位同志。

五、推进“六自主”改革注意几个问题

1. “六自主”改革是有阶段和时间性，它不同于其他经常性经营管理工作，一定要把此项改革摆上企业领导工作的议事日程，不失时间高质量地完成改革任务；

2. 在“六自主”改革过程中，始终把购销业务搞上去，不能顾此失彼，要进一步贯彻自主经营，开拓经营和延伸经营等业务，把企业的经济效益搞上去。

3. 在“六自主”改革的实践中，一定要加强思想政治工作，改革本身触及到职工深层次的矛盾，思想领先，改革才能到位，要多做人的工作，提高职工的承受能力。

4. “六自主”改革小组和工作班子，要掌握改革进程，注意工作方法，遇到困难集体研究，提出解决问题的对策，使改革工作能顺利进行。

1998 年县供销总社县以上企业改制实施要点摘录

奉贤县供销合作总社
县以上企业改制实施要点

一、改制总体目标

建立具有供销社特点、符合“产权明晰、权责明确、政企分开、管理科学”要求和适应社会主义市场经济体制的现代企业制度框架。

一是通过明晰产权，理顺社企产权关系，县总社是社有资产所有者代表和管理者，实施社有资产监管和社有资产经营；

二是通过对企业采用多种形式的改革、改造、改组，使企业真正成为多元投资主体的、自主经营、自负盈亏、自我约束、自我发展的法人实体和市场竞争主体；

三是职工人人入股投资，提高职工对企业经营管理的参与意识和风险意识，成为企业劳动者又是企业投资者。

二、企业改制形式

沪体改委(97)34号文件制订了本市放活小企业若干政策意见，提出了放活小企业八种改制形式，有股份合作制、公司制、兼并、破产、出售、合资合作、承包经营和租赁，现根据县委、县府对企业改制要求，结合供销社特点、性质及现状，借鉴先行单位经验，对县以上企业改制拟主要采取以下二种形式。

一是改制为有限责任公司。对具有一定生产经营规模或社有资产存量较大的，以及专业性比较强的的企业，由县总社控股或参股，吸收系统外法人投资入股，或吸收基层社投资参股，以及组建职工持股会等方式，形成二个以上、五十个以下投资主体，按照“公司法”要求，改制为有限责任公司。

二是改制为股份合作制。对生产经营规模一般的、社有资产存量不大的企业，原则上采用存量置换、增量扩股形式，以企业员工出资入股为主，县总社参股（或不参股）为次，也可以吸收系统外法人或者社会个人入股，按照国家体改委发布的发展城市

…1…

奉贤县供销合作总社
关于推行经营风险承包的实施意见

（1993年10月30日）

各单位：

根据沪府财贸（93）第186号文件精神，结合本社的实际情况，在奉城试行基础上，经研究决定，在全社范围内推行经营风险承包。现将具体实施意见通知如下：

一、改革的指导思想：

为了进一步适应社会主义市场经济发展的需要，推进企业经营机制的转换，加快改革步伐，按照“经营风险承保”的原则，以改革劳动用工和分配制度为主攻目标，放开搞活小的一块，在坚持公有制的前提下，引进“个体”（私营）经营机制，对边、小、亏或微利的门店推行经营风险抽资承包的办法，扩大其自主权，达到搞活企业、确保国家、提高职工收入的目的；对大的一块，集中财力、物力和人力，抓住关键部门，实行经营风险抵押承包等办法，搞活经营，发展规模效益，开拓经营业务，增强企业活力，确保企业资产的保值、增值。

二、范围和内容：

1. 范围：

①各单位所属边、小、亏或微利的门店（包括三产），均属推行经营风险抽资承包的范围。

②对大商场、大部门、农资、药店、棉采等部门，实行经营风险抵押承包。

2. 改革的基本内容：

①对推行经营风险抽资承包的门店，将企业的部分资产通过契约的方式，有期限地给职工个人或合伙经营，实行“集体资产、设备租赁、自筹资金、个人或合伙经营”的办法。其基本内容可概括为“三定”、“五自”、“一保”、“一公开”、“三不变”。

“三定”：定承包门店、定职工组合人数、定承包标的；

“五自”：自筹资金、自理费用、自主经营、自定分配、自负盈亏；

“一保”：保证定期足额上交税、费；

“一公开”：公开标的；

“三不变”：保持集体性质不变、隶属关系不变、职工身份不变。

承包期限一般为三年。

②对实行经营风险抵押承包的部门，主要采用“风险抵押、定额上交、超额分成、缺额赔补”的办法。

三、实施办法：

1. 销售、毛利率基数的确定：

由企业按照承包部门和门店分户测算出前三年平均销售额和九二年销售实绩及平均毛利率。同时，根据市场变化及承包部门和门店的地段、规模、经营状况，作适当调整后，申请实行定期定额税；对管理规范、核算健全的，可享受九四年国家新的税制政策。

2. 承包形式：

主要有三种：一是本门店职工全员承包；二是本门店职工个人或合伙承包；三是门店外或社会人员承包。

3. 人员安置：

实行经营风险抵押承包的部门和抽资承包的门店，由企业根据地段、规模、经营状况平衡核定职工组合人数及人员结构。承包人应按照定员，优先组合原门店职工，如需要调整的，可提请企业协调组合条线或本企业职工。承包人与合伙人必须要签订上岗劳动合同，明确双方的责、权、利；在保证按时足额上交税、费的前提下，实行按劳、按资分配，上不封顶、下不包底；并由企业进行监证。凡承包人要求减员或无故辞退合伙人，必须向企业交纳每年5000元/人的人员安置费。同时，要精简行政管理人员，积极鼓励和提倡他们下部门竞标或合伙承包。

4.资金筹集和风险抵押：

推行经营风险抽资承包的门店，原有的商品资金人均占用5000元以内的，由承包人或合伙人一次性出资付清；对个别占用数额比较大的，在签订承包合同时，应先向企业交付总额的50%，余额部分允许在一年内逐月还清，占用期间按社员入股股息交纳资金使用费。并按承包门店人数向企业交纳1000元/人的承包保证金，承包人应高于职工50%～100%。

对实行经营风险抵押承包的部门，每个职工一次性向企业交纳不低于2000元的风险，其中承包人要高于职工的50%～100%。

承包人和职工上交的承包保证金和风险抵押金应由企业列入专户核算。

5.抽资门店承包费用的内容：

主要分二种：

一种是必须上交国家有关政策所规定的各项税金及基金，由企业代收、代缴、代管：

①应交国家规定的流转税及其附加；

②退休职工统筹金25.5%；

③职工养老金3%；

④住房公积金10%；

⑤房管部门的租金；

⑥福利费14%；

⑦工会、教育经费3.5%；

⑧职工待业金，退休职工医疗统筹费等。

另一种是按地段、规模、资金及行政管理等费用，由企业收缴：

①应负担的行政管理费；

②固定资产折旧费，可按资产原值10%计提，也可按房屋等级折算成平方米计价，收取月租费；

③资金使用费，按月息1.5%收取；

④承包费（指门店应上交的利润）。

承包费用一经签约确定后，原则上不得任意变动，以后每年以5%～10%递增，并实行“核定基数、逐年递增、确保上交、超额全留”的办法。

承包人必须按月上缴承包费用，超期5天不交的，企业应发催交通知书，承包人无正当理由超过20天不交的，则以自动终止合同处理，并按违约处罚，如继续拖欠二个月不交的，可对承包人作出自动脱离企业、辞退或除名处理。

6. 招标签约：

经营风险抽资承包门店“标的”确定后，可实行意向招标和公开竞标二种形式。公开招标的，投标人必须向企业交纳500～1000元投标费，实行公平竞争的方式产生承包人；原门店负责人或职工在标的认可、资金筹集、预交当年承包费的同等条件下，具有优先权。中标后，双方要办好签约手续，并向县总社法律审计部办理监证手续。承包人应接受企业管理和监督，在业务交往中，凡发生经济纠纷而造成的损失应由承包人自行负责。

7. 资产清理：

实行经营风险抽资承包的门店，首先要对原门店的固定资产、低值易耗品、库存商品、包装物及流动资金进行清查盘点，核实数额。其次，对债权、债务进行清查，明确责任承担者。随后，对库存商品按现行进价转库给承包人。对其中的呆滞、残次等有问题商品，如承包人不变动，应责成其在承包期内自行消化；如承包人发生变动，则有企业协调解决。

四、工作要求：

1. 加强领导、健全组织。

为了保证改革工作的顺利进行，县总社已于八月初建立了体制改革领导小组，全面负责改革的指导、协调工作。各基层单位也要相应建立企业改革领导小组和工作班子，主要领导要亲自挂帅，党、政、工、团要齐心协力，抓发动，造声势，把改革工作推向深入。

2. 转变职能，加强管理。

各企业要结合各自的实际，加快各项配套措施的改革步伐，对进行经营风险抽资承包的门店，要转变管理职能，注重合同管理，帮助其建章、建制、建账，实行会计核算制度，按期填报财务、统计报表，通过组织、指导、协调、检查、服务、监督等方式，及时纠正违约行为，必要时可采用行政、经济及法律的手段，做到违者必究、奖罚分明；对实行经营风险抵押承包的部门，加强财务管理，健全群众核算或会计专业核算，提高部门核算的真实性。

3. 加强教育，提高素质。

各企业要坚持两个文明一起抓，继续对干部、职工加强生产安全、社会治安、守法经营、为农服务及计划生育等方面的教育，努力提高职工的政治、业务、文化素质。

4. 城镇集体商店可依照执行。

以上意见，请各单位遵照执行。

奉贤县供销合作总社
关于进一步深化基层社改革的实施意见

（1998年11月9日）

各基层社：

为了进一步深化基层社改革，按照建立“产权明晰，权责明确，政企分开，管理科学”的现代企业制度框架要求，根据市、县政府有关小型商业企业改制有关规定，提出如下实施意见。

一、改革原则

根据“十五大”关于公有制实现多种形式的精神，结合基层社现有体制，为了理顺基层社与所属企业和所属经营门店关系，有效解决各种承包经营责任制中暴露出来的弊端，经县总社研究决定，明确深化基层社改革的原则为“社企分开，留社分店，多种形式，搞活经营”。

二、改革目标

1. 基层供销合作社是入股农民为主体的计提所有制的合作经济组织。根据党的十五大精神，这种公有制实现形式，为国家支持和鼓励的。

2. 基层社是本社资产所有权的代表者和管理者，在市场经济条件下，实现由商品经营向社有资产经营根本性转折，承担社有资产保值增值的历史和现实责任。

3. 按照“抓大放小”方针，根据职工上岗有其店，经营网点有偿使用的原则，支持和鼓励职工租赁网点或买断网点，转为个体、私营经营的独立企业。成为自主经营，自负盈亏，自我约束，自我发展的法人实体和市场竞争主体。

4. 通过职工对改制实体入股投资，使职工成为既是企业的劳动者，又是企业的投资者，有效增强职工自力更生的风险意识；充分提高职工经营积极性和加强管理的自觉性。

三、改革形势

根据基层社行业众多，门店分散，规模不一的特点，在对所属经营门店和所属独立核算单位改制时，可采取以下形式：

1. 个体经营和合伙经营。这是“社企分开，留社分店，多种形式，搞活经营”的主要形式，也是深化基层社改革的重点。对职工人数8人以下的各种各类门店，由职工出资，全额置换本门店的流动资产（商品及低值易耗品），申办营业执照、税务登记，转为个体经营或合伙经营。独立办照后，成为市场竞争主体和经营实体。自筹资金，自主经营，自负盈亏，自交三金（养老金、医保统筹金、待业保险金），自负福利，自主分配，照章纳税，独立享有民事权利，独立承担民事责任。

对改制后占用基层社的固定资产（主要是经营网点），可由基层社与其签订租赁协力，按期收取租赁费。

2. 卖断经营。对基层社的小门店，由职工出资，卖断经营网点产权，由其申办个体执照，自主经营，成为企业法人。

3. 股份合作制。对经营规模一般，职工人数在8人以上的商场，经营门店（如五金交电），以及生产经营规模一般的商办厂，可以由职工出资，采取存量置换（置换各种动产），增量扩股形式，按照市府发布的《上海市股份合作制企业暂行办法》（沪府发〔1997〕20号），以及有关文件精神改制为股份合作制企业。基层社原则上不参股。

4. 有限责任公司。对经营规模较大的，社有资产存量又较大的综合性商场；或已形成行业龙头的若干门店联合起来；以及生产经营规模较大，社有资产存量较大，经营效益较好的商办厂，可以按照“公司法”要求改制为有限责任公司。其投资主体确立可以采取不同方法：

（1）职工人数在50人以下，可由职工以自然人身份出资，形成投资主体，组建有限责任公司。基层社原则上不作投资，或适量参股。

（2）职工人数在50人以上的，可组建职工持股会，并由基层社参股，形成二个投资主体，组建有限责任公司。

5. 连锁经营。对实行连锁经营的农资，烟糖杂货及少数五金交电部门，由连锁县公司与基层社根据平等自愿、互惠互利、联合发展的原则，共同协商，进一步完善连锁办法，规范连锁协议。基层社按协议规定享受权利，承担责任。连锁店员工按照协议规定，接受管理，接受考核，按考核办法取得劳酬分配。

6. 承包经营。凡属于有关政策性的棉花收购，以及有一定规模的特殊行业废旧物资收购，油品部，或不实行连锁经营的农资供应的经营部门，由基层社统一领导，统一管理，统一核算。实行不同方式的风险抵押承包。但必须实行刚性管理，严格考核制度，采用联利计酬，联销计酬等不同方式，把职工收入与经营部门效益密切挂起钩来。同时，部门职工必须交纳不低于上年平均工资收入的承保风险金，风险原则上不享受保息。

各基层社在具体实施中，可因地制宜，一社多制，重点突出，并根据“社企分开，留社分店，多种形式，搞活经营”的总原则，创造性地开展各种改革形式。

四、相关措施

1. 按沪产界（98）64号文件规定，基层供销合作社集体资产归基层供销社所有，通过各种形式改制，实现社有资产增值保值。

2. 实施小门店卖断经营的，职工必须一次性出资卖断原部门产权（包括固定资产及流动资产）。

3. 对原独立核算单位改制，原则上应委托中介机构进行资产评估，由新出资者全额出资，置换原企业净资产，产权归新出资者，同时承担债权债务。如社有资产存量确实较大，可将部分资产以租赁形式，由改制企业向基层社有偿借用，并逐步归还。

4. 对原非独立核算部门（主要是所属经营部门）改制，除“卖断经营”外，库存商品必须由职工出资全额置换。低值易耗品可以采用全额置换；也可采用租赁方式，由改制企业向基层社租赁，按期支付租赁费，经营网点一律采用有偿租赁方式，由改制企业与基层社签订租赁合同。

其中出资置换库存商品或低值易耗品的，资金必须一次性付清，如置换额度确实较大，一次性付清有困难的，可以分期付款，但最长期限不得超过一年，而且首次出资不得低于改制企业职工人均8000元或总价的50%。

5. 涉及有问题商品损失，以及承包部门债权债务，原则上按照谁承包谁负责方法处理。

6. 土地使用权归属基层社，均不作为投资，作为改制企业向基层社租赁，可由基层社根据奉贤县委奉委（96）29号文件精神，按每平方每年5至12元计价收取使用费。

7. 涉及房屋产权置换，必须进入产权交易所交易，办妥产权过户手续。

8. 涉及资产租赁，分期付款行为，必须由基层社与改制企业（部门）签订明确权利与义务，明确违约责任的协议。

9. 对原承包门店拖欠基层社的承包款、各种代收代交、代垫款项，以及各种借款，应在这次改制中落实责任，限期收回。

10. 基层社职工必须按照改制方案，进入改制企业（部门），如不愿意出资参加改制企业的，可由本人申请，办理“协议保留”，也可以提出辞职或终止劳动关系，或办理停薪留职。

11. 改制企业必须按改制方案确定的定员接纳职工，如因各种原因缺额接纳职工的，由改制企业按每人每年不低于5000元水平向基层社交纳职工安置费。

12. 在改制中，鼓励经营者持大股，因此凡作为改制企业法人代表（负责人）的，出资额应高于一般职工出资额，高于系数可由基层社根据改制企业（部门）规模不同确定。

13. 改制后，基层社与职工签订的劳动合同自行终止，应由改制企业与职工重新签订劳动合同和上岗合同。基层社仍可保留职工关系，但须办妥停薪留职手续。在政策允许基层社资产量化时，可同等享受权利和义务。

14. 改制中各种初次办证费用，可由基层社承担。

五、工作要求

1. 加强领导。基层社应立即建立由主任，支部书记、财务、工会、文书（或总务）等人组成的改革领导小组，组织部署改革工作，负责改制中方案制定，宣传发动，核实资产，规范协议文本起草，工商登记等一系列具体工作，要做到分工明确，责任到人，各行其责。

2. 制订方案。基层社应根据县总社下发的“关于进一步深化基层社改革实施意见”，结合本社特点，对所属经营门店及所属独立核算单位，逐个排队，确定改制形式，制订的改革方案，按民主程序须经交职代会审议并通过，方案一经通过，必须按方案进行实施。

3. 宣传发动。应采取各种形式开展广泛宣传发动，要分层次召开座谈会，做到层层发动，人人皆知，以有效奠定深化改革的思想基础，确保改革工作顺利进行。

4. 规范操作。在实施改革中，必须按改革有关政策要求，规范操作，涉及资产置换、租赁，投资款收交，必须办理合法手续，严格防止在改制中有资产的流失或错乱账务现象，改制有限责任或股份合作制，均需制订企业章程，并经全体股东通过，相应建立新法人治理结构；对改制后各个单体必须办妥工商登记，税务登记，以及办好交纳“三金”的过户手续。各种改制文本、协议必须立案归档。

5. 综合协调。在改制中，必然会涉及到工商、税务等部门衔接问题，因此在改革方案确定通过以后，应邀请地方有关综合部门统一协调，切实做好有关事项衔接工作。

6. 加快改革进度。基层社对所属门店一般在年终一轮承包结束，对承包合同的清算情况兑现，同时签订新一轮承包合同。根据这一特定情况，各基层社应抓紧抓实改革方案的出台和实施，按照先改革后完善的原则，力争在年内基本完成改制工作。特别对抽资承包门店，必须在年底前完成改制。加快改革速度，加大改革力度，作为县总社对基层社领导考核主要内容。

注：1984年，奉贤县人民政府批转县供销社《关于基层供销社改革扩权试行意见的请示》摘录

奉贤县人民政府文件

奉府(84)字第112号

☆

奉贤县人民政府

批转县供销社《关于基层供销社改革扩权试行意见的请示》

各乡政府，县府各部门：

县政府原则同意县供销社《关于基层供销社改革扩权试行意见的请示》，现批转给你们，望贯彻试行。

近两年来，农村商品流通体制进行了初步改革，收到一定成效。但从总体看，目前我县农村商业体制与商品生产迅速发展的形势还很不适应，必须进一步加快改革的步伐，县供销社根据放宽政策，搞活经济的要求，结合本县的实际情况，对基层社提出的改革扩权的试行意见，是符合当前发展方向。各级领导和有关部门要积极支持供销社的改革，县社要不断总结经验，在实践中逐步完善、提高，特别对涉及到政策性方面，而上级又尚未明确规定，要持积极慎重的态度，多作调查研究，多同有关部门商讨。

·1·

深化产权制度改革　实施抓大放小战略

上海市奉贤县供销合作总社　丁春瑜

奉贤位于上海市西南部，北倚黄浦江，南临杭州湾，全县面积687平方公里，人口52万。奉贤县供销社下辖21个有限公司（厂）、20个基层供销社，现有员工4914人，离退休人员2941人。所有者权益近5亿元。

随着市场放开搞活，供销社一统天下的经营格局已彻底打破，原有的经营体制、经营方式与新形势不相适应。供销社自1992年起出现严重经济滑坡，1997、1998年连续二年企业亏损额突破3000万元，亏损面达80%。销售下降、资金运转困难、冗员过多等矛盾日益突出，企业陷入严重困境。

1998年下半年，围绕“深化改革、转换机制、扭亏增盈、三年脱困”的目标，加大改革力度，一手抓县属企业产权制度的改革和基层供销社门店放小搞活；一手抓优势龙头企业的市场拓展，扩大市场份额。经过二年多的实践，在深化改革，扭亏增盈，开拓市场等方面取得了一定成效，基本达到了一年扭亏，二年增盈，并向三年发展的既定战略目标迈进。

2000年全社实现销售24亿元，比同期增52%，实现利润5015万元，比同期增53%。上交税费总额1.2亿元，比同期增62%，占全县财政收入的近十分之一。至年末，全社41个企业，亏损企业22户，亏损面为54%，亏损企业亏损额1370万元，比去年同期减亏675万元，降幅33%。

回顾二年改革实践，主要采取了三个方面举措：

一、实施资本重组，增强企业活力，形成股权向经营群体集中的新格局。

长期以来，供销社资产和股权单纯、投资单一，县属企业几乎是清一色的县社独资企业，严重制约了供销社的生存和发展。1998年，按照《公司法》的要求，对直属企业进行产权制度全面改制，通过明确投资主体、明晰产权、理顺社企关系，健全法人治理结构，把25个公司改制重组为19个有限责任公司。

1998年县属企业改制实践使我们认识到，产权制度改革只仅仅在企业制度、产权明晰上迈出了第一步，而深层次的企业机制、制度创新还未适应市场经济的竞争机制，干部职工的市场意识、风险意识、竞争意识还未根本转变，如果这些问题得不到解决，将会产生第二次“大锅饭”。基于这一认识，从1999年下半年起，对控股企业提出了公司股权向经营者（层）集中的改革思路，实施第二次公司改制。经过一年的努力，先后对7家有限公司实施资本重组，进行了第二次改制。对轧花厂、百货公司进行了资产剥离，目前共有9家公司由9个董事长带领114个股东，投资557万元，注册成立新的有限公司，退回职工持股会股金584万元，县社收回投资478万元，原县社投资改借款1056万元，安置职工750人，占县属企业职工总数26%，赡养退休工人333人，占县属企业离退休人数的29%。

公司资本重组使企业股本结构发生了根本性变化，经营者出资最多的占企业总股本52%，为绝对控股；出资最少的占企业总股本24%，为相对控股。9个有限公司中，经营群体最多的有21人出资认股，占职工人数的六分之一，出资最少的有7人，占职工人数的十二分之一。公司资本重组后县社与公司只保留土地使用权租赁关系。

实施资本重组后，由于经营者和经营群体投入大量资金，所以极大增强了经营者及经营群体的经济责任和经营积极性。经营者持大股后，权利大了，决策快了，风险责任也大了。改变了过去干部和职工都是股东老板的大锅饭和平均主义状况。董事长、股东成为企业真正的老板，充分享有企业经营决策和用工分配权，公司的经营机制进一步搞活，效益稳步提高。例如：社属华邦涂料有限公司改制前的1997年销售仅400多万元，亏损106万元，企业陷入困境。1998年8月，县社对厂领导班子进行调整，同时实行公司资本重组，新班子上任后，大刀阔斧进行公司内部改革，加大承包力度，开发新产品，开拓市场，1998年一举扭亏为盈，1999、2000年连续二年销售达3300万元，实现利润60万元，设备投资维修150万元，消化公司历史亏损150万元。目前9个经营者持大股的有限公司，大部分运转良好，盈利能力增强。

二、加大改革力度，实施放小搞活．探索基层社门店转制和资产承包经营新模式

随着市场经济的建立，基层社管理体制，经营机制，营销方式已不能适应市场竞争要求和现代企业制度的发展。因此，对于基层供销社改革：一是重新确立基层社是本级社有资产的所有者代表和管理者的地位；二是理顺基层社与所属经营门店的经济关系，让其门店的经营者成为自主经营、自负盈亏、自我约束、自我发展、独立承担民事责任的市场竞争主体。在此认识的基础上，1998年底确定了“社企分开、留社分店、多种形式、搞活经营”的十六字改革方针。通过固定资产的有偿使用，网点的租赁、承包经营、置换出售，来实现社有资产的保值增值。

1．推行门店职工自主经营

以“三个有利于”为原则，我们大胆地突破了供销社原有经营方式，基层社经营网点中除受政策性限制的特殊行业，如农资、物资回收、成品油、棉花收购及行业连锁店外，其余小门店、小网点全面推行独立个体经营。做法上先抽资，后分店到人，再由职工申办个体营业执照，职工转为个体或合伙经营，使其成为市场经济主体和经营实体，转变为自筹资金、自主经营、自负盈亏、定额纳税的实体“小老板”。职工的社会保险费（三金）向社保中心单列账户自行缴纳。据统计至去年底，基层社申办职工个体营业执照364户，占网点总数的74%，从事个体经营的职工775人，占基层社职工总数的41%。

2. 实行资产承包经营

网点转让，出资置换是推进基层社“放小搞活”改革的一项重要举措。去年，基层社全面推行资产承包经营五十年不变的做法，到目前为止向内部职工转让经营网点229个，安置职工302人，回笼资金1851万元，向社会出售经营网点33个，回笼资金300万元，出售非经营性网点回笼资金68万元，三项合计转让经营网点262个，回笼资金2219万元。通过职工资产承包经营，盘活了存量资产，使企业压债减负，为供销社再发展创造了条件。

三、培育优势企业，拓展农村市场，重塑供销社新形象

近年来，我社在改革、发展的同时，走合作经营，强强联合之路，扶持壮大行业优势企业，拓展市场，扩大销售，增强实力，重振供销社雄风。

1995年1月，我社与上海烟草（集团）公司共同投资组建了奉贤烟草糖酒有限公司。近几年来，公司在资本运作，结构调整，制度创新等方面作了有益尝试，双方优势互补，互惠互利，在业态调整，市场拓展，效益增长等取得了较大发展。

一是共同投资1.35亿元兴建了奉贤规模最大，设施最好，商品最多的综合型商场金叶商厦。1997年1月对外营业，商厦运行四年来，实现销售6.73亿元，创利2087万元。成为供销社系统销售、利润大户。

二是率先创建市社系统第一家规模最大的金叶配售中心。第一期投资3600万元，营业面积7000平方米，配售中心大卖场1999年9月开业至12月，实现销售4149万元。去年9月，第二期扩建投资600万元，使金叶配售中心营业面积增至10500平方米，商品种类达3万多种，大卖场去年销售1.16亿元。今年1月销售2952万元，春节前最高一天销售达221万元。金叶配售中心的大卖场、连锁、批发三大块2000年实现总销售2.32亿元，已成为奉贤城乡居民家喻户晓的购物中心、服务中心和配送中心。

三是金叶连锁超市不断向农村延伸。在奉贤22个镇、社区，开设金叶连锁直营超市18家，2000年实现销售5600万元，同比增长45%。我社提出的今年实现“一镇一店”的连锁目标，以金叶配售中心为轴心，以金叶连锁店为网络的市场拓展格局已经基本形成。

四是发挥行业优势，建立卷烟销售网络。全县卷烟销售网络点已达1261户，2000年实现销售2.9亿元，比1999年净增2000多万元，形成了以烟草为龙头，多业态拓展农村市场的新局面。

五是率先创建市郊第一家医药紧密型连锁公司——上海康德药业有限公司。五年来，遍布县城、乡镇、社区医药零售连锁店发展27家，去年实现销售2932万元，比同期增15%，创利40万元，比同期增63%。

通过近二年一手抓改革，一手抓发展，我社的经济效益逐年增长，经济运行质量进一步提高，实现了全社扭亏增盈的目标。取得如此显著的成效，主要体会是：

1. 有一个良好的改革氛围和外部环境

供销社是一个老企业，改革的一举一动始终牵动着各级领导和有关部门的心。1999年以来，我社制定了一系列的改革措施，都得到县委、县府和有关部门的支持。在对基层社实行放小搞活改革中，邀请有关部门上门进行改革指导；在实施减员扭亏措施时，主动向劳动、社保、工会、职介所等有关部门进行政策咨询，邀请劳动仲裁委的领导来供销社举办讲座，做到掌握政策、规范操作、少走弯路。去年7月，我社制定了《关于进一步深化改革的研讨方案》，邀请县府和有关职能部门会诊，《方案》得到县府领导和有关部门肯定和支持。去年以来，县委、县府、市商委、市社领导多次来我社进行工作调研，听取汇报，提出指导意见，为供销社提供了良好的改革氛围。

2. 有一个正确的改革目标和发展思路

为了使供销社在困境中走出低谷，探索生存发展之路。我社1998年制定了12345战略调整目标，即：围绕一个中心：以提高效益为中心；确立两大目标：扭亏增盈，转换机制；落实三条措施：扩销增效，节支增效，减员扭亏；达到四项要求：企业创效益，干部创业绩，党员树形象，职工能自立；完成五大任务：调整经营策略，改变营销方式，选拔优秀人才，规范企业制度，建立监管体系。12345战略调整目标已在全社干部职工深入人心，决心用三年时间实现这一目标，全社上下形成了一抓扭亏，二抓改革，三抓发展的良好舆论氛围。我们三年战略调整目标以改革为主线，主要解决退，以退为进，在改革和发展二大任务中，前二年是以改革为中心，今年巩固完善，为明年大发展夯实基础。

3. 有一个坚强团结的领导班子

供销社这二年的改革是对旧体制和老机制的彻底改革，改革难度大，困难多。要实现既定的改革目标，县社和基层企业必须要有一个坚强有力的领导班子。1998年5月，县委对县社领导班子进行调整，1999年我社也对基层企业领导班子作了调整，重点把企业一把手配好配强。县社班子成员对改革的思想统一，步调一致。有良好的精神状态；有攻坚的思想准备；有一往无前、义无反顾的坚定信念；顶住了来自各方的压力，同时注重依靠和发挥基层干部和职工参与改革的积极性，通过细致的思想政治工作和组织保障，减少阻力，增强合力，促进改革。县社为加强改革工作的领导，抽调10位基层领导成立基层社、县属企业三个改制工作组，由县社三位副职领导负责，以点带面、划片包干、分工负责，指导和督促企业抓改革、促进度。对一些困难企业，工作组深入第一线，参与改革方案的制订，人员分流等思想发动和宣传教育工作，从而有力地确保了改革的顺利推进。

全国供销合作总社三届二次理事会暨扭亏增盈工作总结表彰会议经验交流材料
（2001年2月）

三、奉贤供销社（商业局）票证券卡

1951～2012年，奉贤供销社（商业局）使用过各种票证券卡，现已从邵根才著作《奉贤票证收藏》中摘录和搜集到5大类140余种。

（一）社员证件类

1. 社员证

1952年奉贤县青村供销合作社社员证

1952年奉贤县新寺供销合作社社员证

1983年奉贤县供销合作社社员证

2. 社员股票

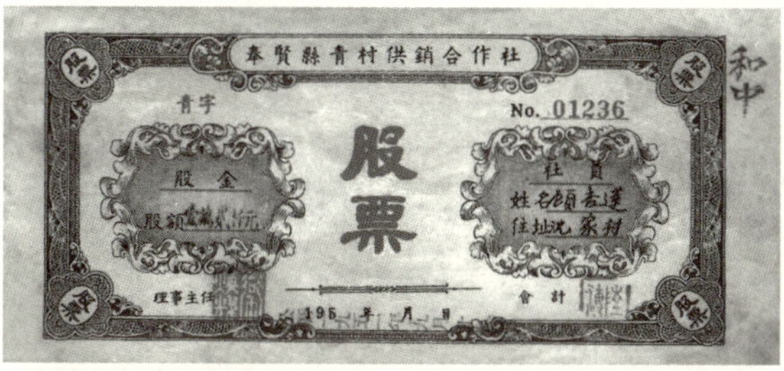

1951年奉贤县青村供销合作社社员股票

1951年奉贤县南桥供销合作社社员股票

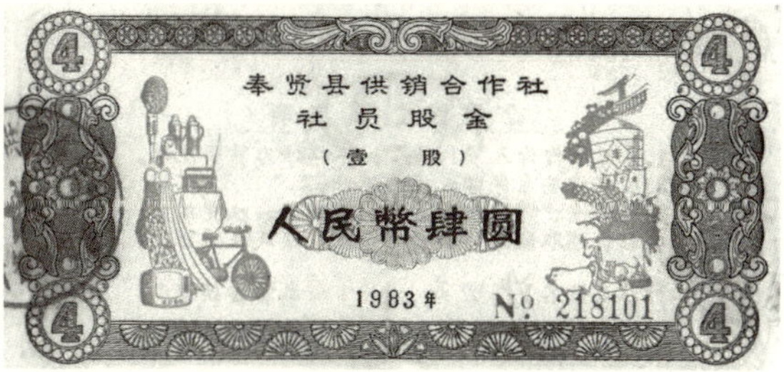

1983年奉贤县供销合作社社员股金

3. 工作证

50年代职工工作证

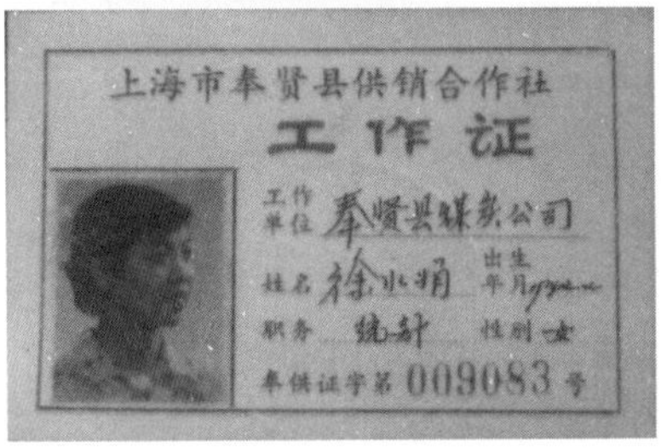

60年代供销社职工工作证

70年代县供销社职工工作证

（二）就餐券、消费卡

1. 会议、工作餐券

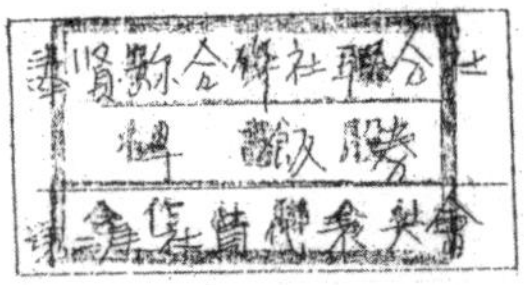

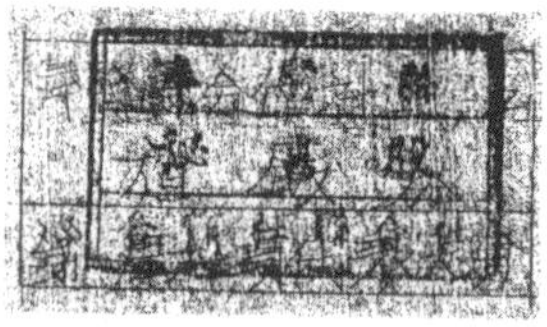

1952年10月，县联社第二届社员代表大会就餐券（左为早餐、中为午餐、右为晚餐）

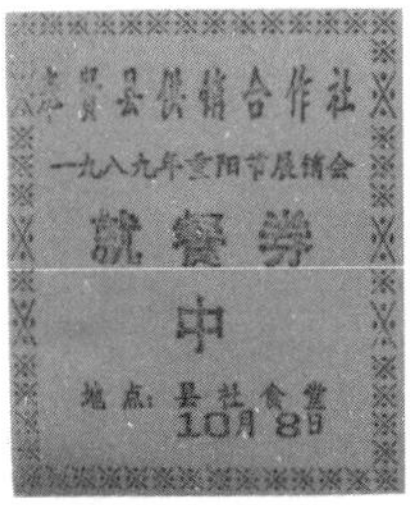

1989年重阳节展销会县供销社就餐券

2012年区供销总社客饭券

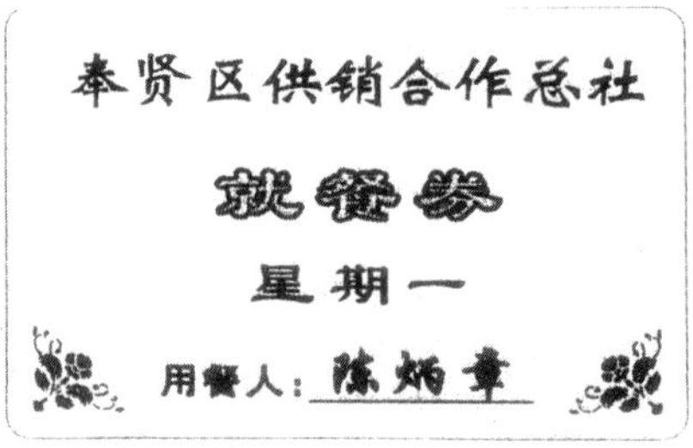

2012年区供销总社工作就餐券（正面）

（就餐券反面）

2.电子消费卡

金叶配售中心电子消费卡（正面）

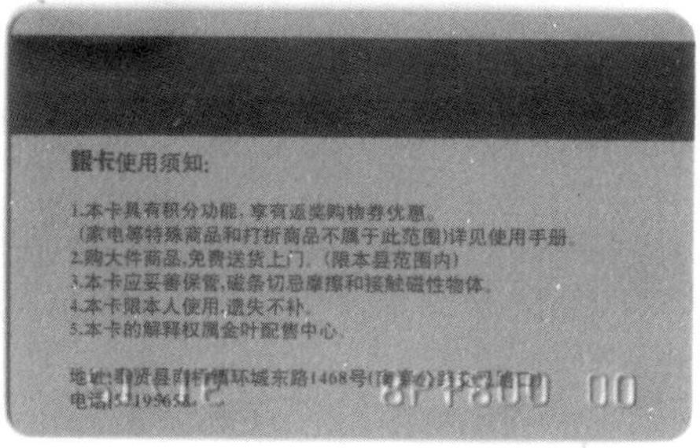

金叶配售中心电子消费卡（反面）

上海金叶商厦电子消费卡

奉贤精品商场电子消费卡

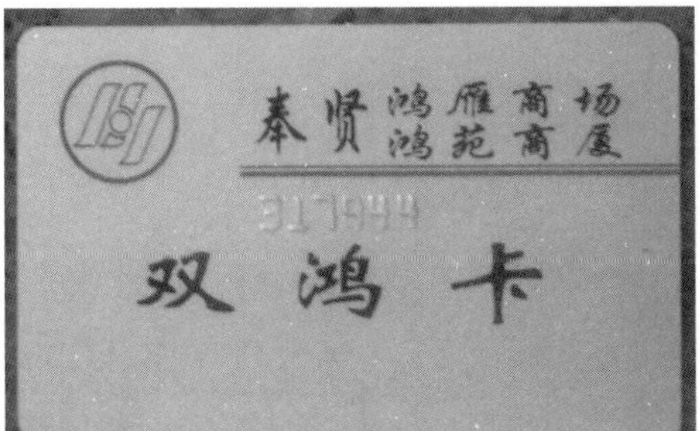

奉贤鸿雁商场鸿苑商厦电子消费卡（前）
（正面）

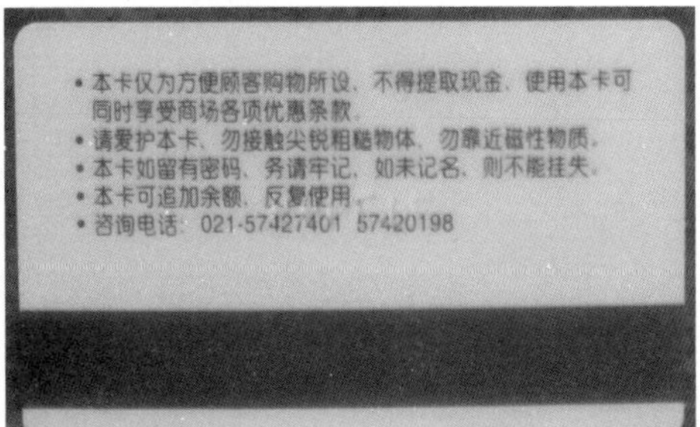

奉贤鸿雁商场鸿苑商厦电子消费卡（反面）

奉贤鸿雁商场鸿苑商厦电子消费卡（后）

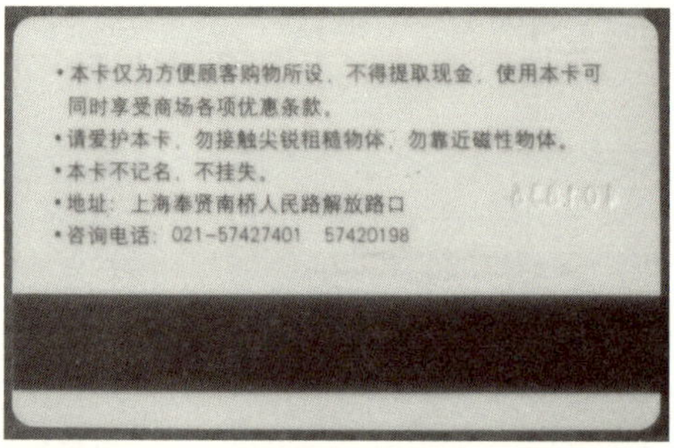

奉贤鸿雁商场鸿苑商厦电子消费卡（反面）

上海金叶商厦电子消费贵宾卡

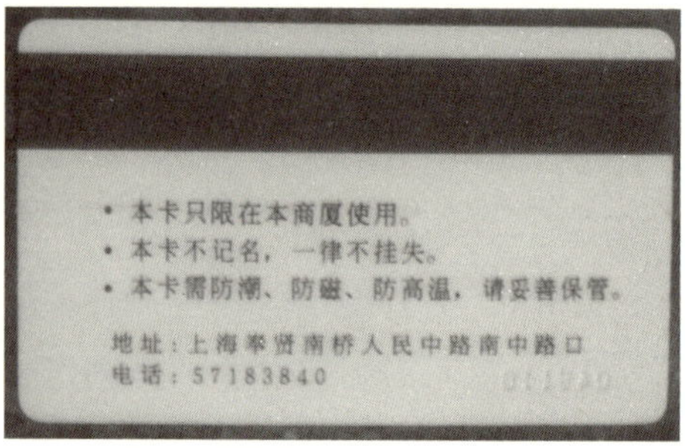

上海金叶商厦电子消费贵宾卡（反面）

（三）产、销、购买证

1. 统购合同

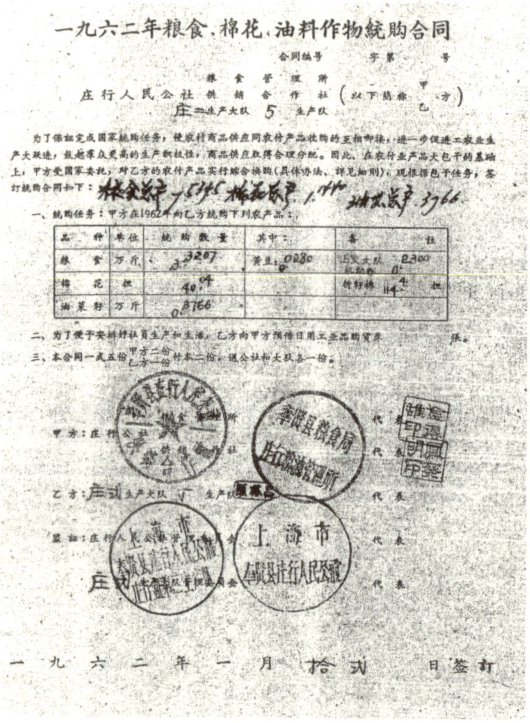

一九六二年粮食、棉花、油料作物統購合同

合同编号　　字第　　号

庄行人民公社 粮食管理所 / 供销合作社 （以下简称 甲/乙 方）
庄二生产大队 5 生产队

为了保証完成国家統購任务，使农村商品供应同农付产品收购的互相衔接，进一步促进工农业生产大跃进，鼓起群众更高的生产积极性，商品供应取得合理分配。因此，在农付业产品大包干的基础上，甲方受国家委托，对乙方的农付产品实行综合换购（具体办法，详见细则），现根据包干任务，签订統購合同如下：粮食总产7.5345 棉花总产1.44 油菜总产.3766

一、統購任务：甲方在1962年向乙方統購下列农产品：

品种	单位	統購数量	其中：	备注
粮食	万斤	3.3207	黄豆：0.0280	庄文大队 0.2300 机动粮 0.
棉花	担	40.04		折籽棉 114.4 担
油菜籽	万斤	0.8766		

二、为了便于安排好社员生产和生活，乙方向甲方预借日用工业品购货券　　张。

三、本合同一式五份 甲方二份 乙方一份 付本二份，送公社和大队各一份。

甲方：庄行公社 粮食管理所　代表
　　　　　　　供销合作社　代表

乙方：庄二生产大队 5 生产队　代表

监证：庄行人民公社管理委员会　代表

庄二生产大队管理委员会　代表

一九六二年一月拾贰日签訂

1962年奉贤县粮、棉、油作物统购合同

2. 农副产品交售证

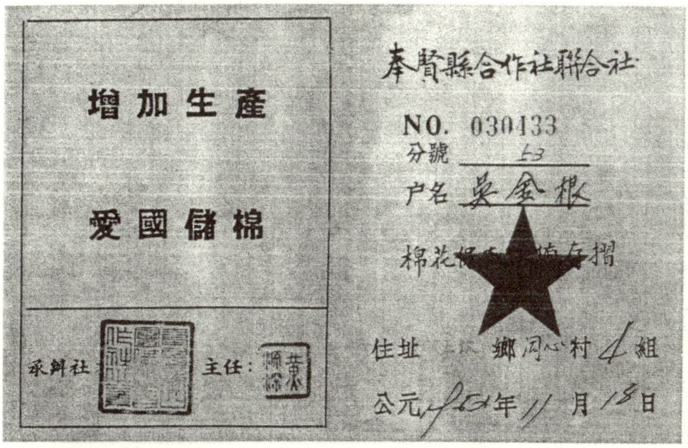
增加生產
愛國儲棉
承銷社
主任：
奉賢縣合作社聯合社
NO. 030133
分號 53
户名 吴金根
住址 鄉 村 4 組
公元 年 11 月 18 日

1952年县联社储棉证

上海市奉贤县
农副产品自产自銷証
附：派购交售卡
发證单位：奉贤县工商行政管理科
奉贤县供銷合作社
发證日期：1963年4月1日

1963年县供销社农副产品自产自销证

编号 036679
上海市奉贤县
农副产品自产自銷証
附：派购交售卡
发证单位：奉贤县工商行政管理科
奉贤县商业局
发证日期：1964年2月5日

1964年奉贤县农副产品自产自销证

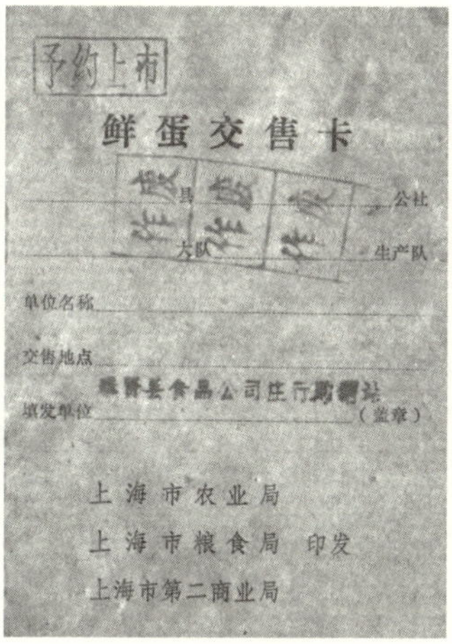
预约上市
鲜蛋交售卡
单位名称
交售地点
填发单位
上海市农业局
上海市粮食局 印发
上海市第二商业局

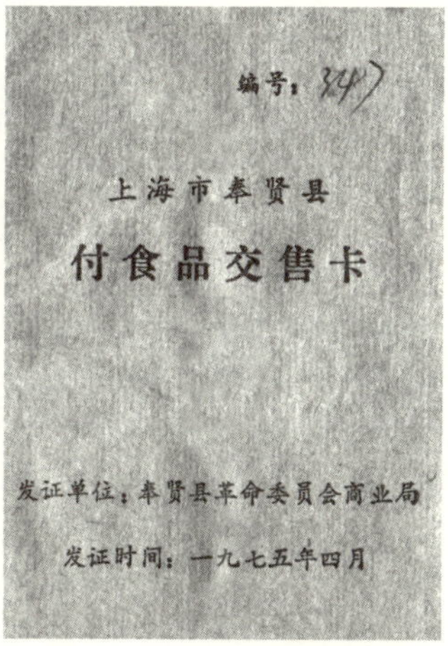
编号：
上海市奉贤县
付食品交售卡
发证单位：奉贤县革命委员会商业局
发证时间：一九七五年四月

1975年奉贤县副食品交售卡

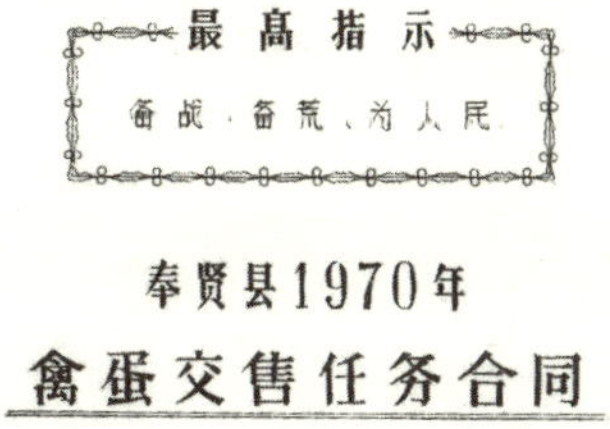
最高指示
备战、备荒、为人民
奉贤县1970年
禽蛋交售任务合同

1970年奉贤县禽蛋交售任务合同

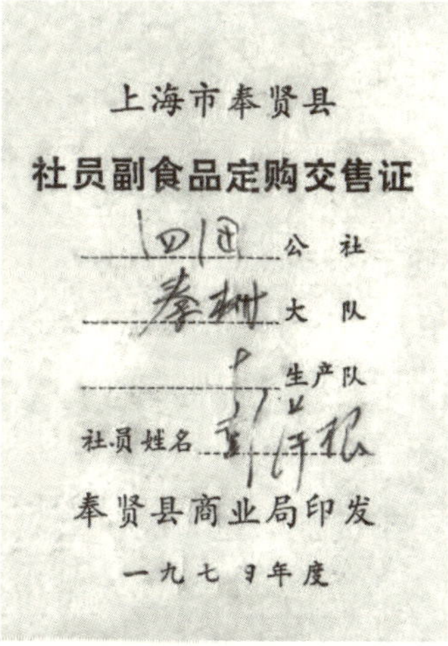
上海市奉贤县
社员副食品定购交售证
公社
大队
生产队
社员姓名
奉贤县商业局印发
一九七 年度

1974年奉贤县社员副食品定购交售证

80年代棉花交售证

3. 购买证

1951 年南桥供销社社员购买证

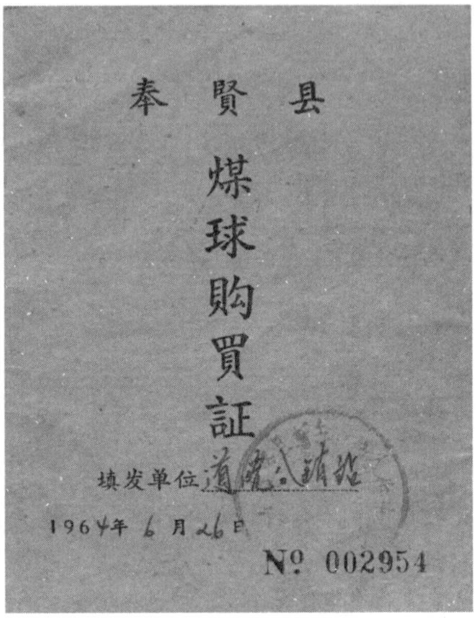

1964 年道院分销站煤球购买证

1967 年四团机械厂购煤证

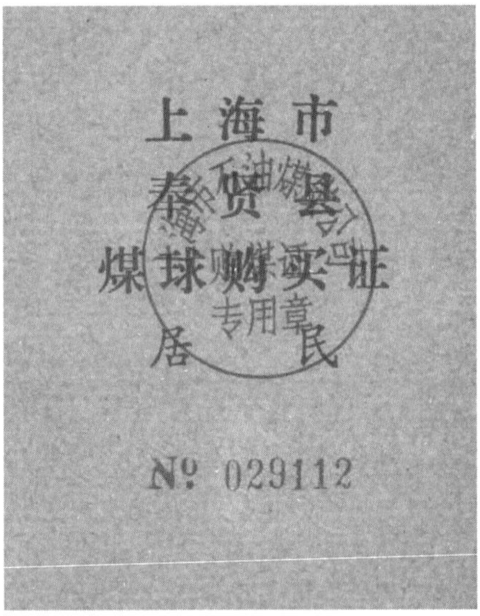

1988 年奉贤县煤球购买证

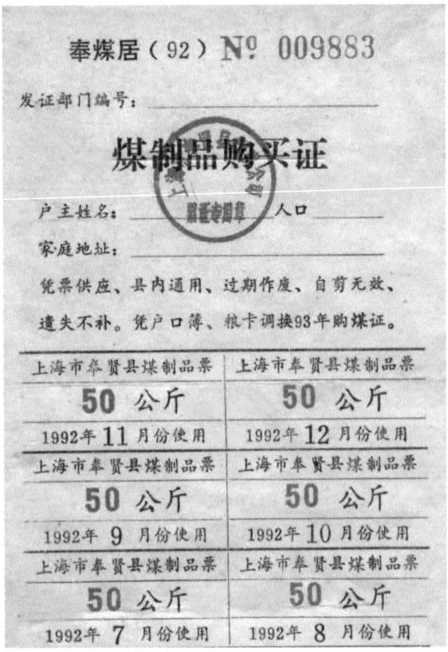

1992 年奉贤县煤制品购买证

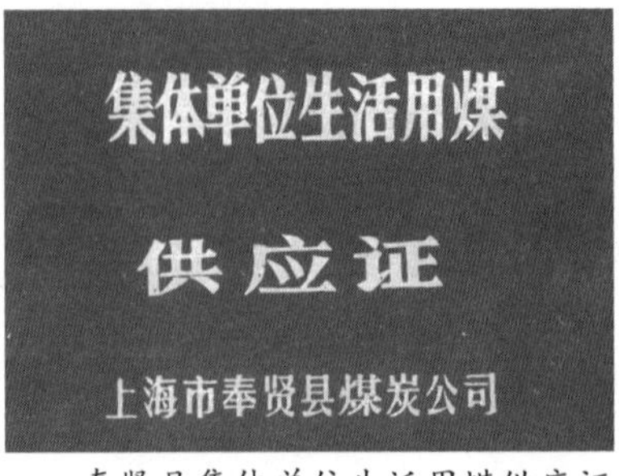

奉贤县集体单位生活用煤供应证

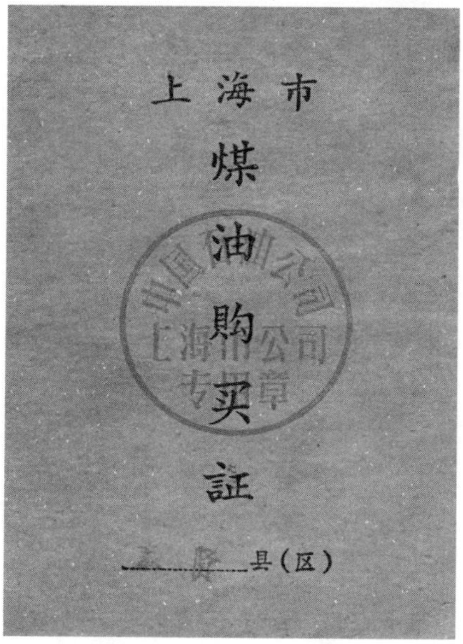
上海市
煤
油
购
买
証
县（区）

1962 年奉贤县煤油购买证

上海市
社会集团购物証
上海市　　区县商业局印发
1962 年　月　日
证号：沪集　字第 13183 号

1962 年上海市社会集团购物证

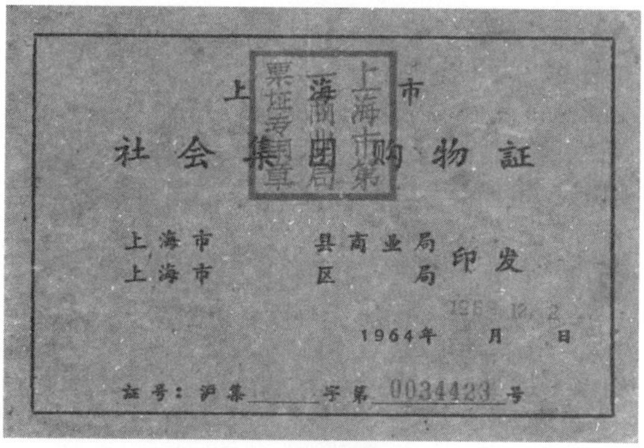
上海市
社会集团购物証
上海市　县商业局
上海市　区　　局　印发
1964年　月　日
証号：沪集　字第 0034423 号

1964 年上海市社会集团购物证

上海市
社会集团购物証
上海市　县商业局
　　　　区　局(科)　核发
1965年　月　日
証号：　第 004188 号

1965 年上海市社会集团购物证

上海市石油公司
煤油票
有效期
1985年3季度

上海市石油公司
煤油票
500克（壹市斤）
1989 年 3 季度

1985 年、1989 年上海市煤油票

1987年粮食合同定购柴油票

1987年粮食合同定购化肥票

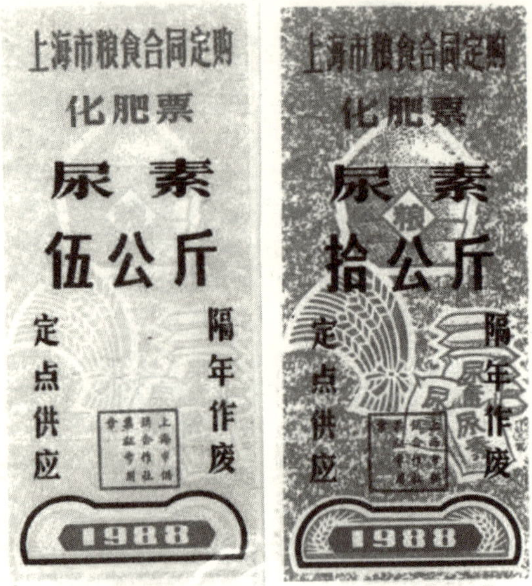

1988年尿素票

1991年粮食国家定购化肥票

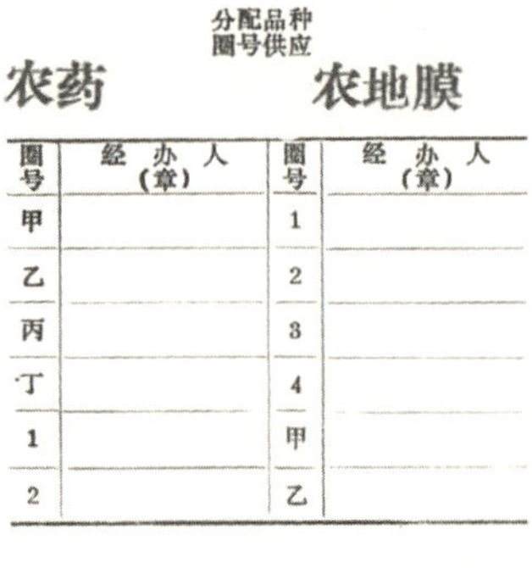

分配品种
圈号供应

农药　　农地膜

圈号	经办人(章)	圈号	经办人(章)
甲		1	
乙		2	
丙		3	
丁		4	
1		甲	
2		乙	

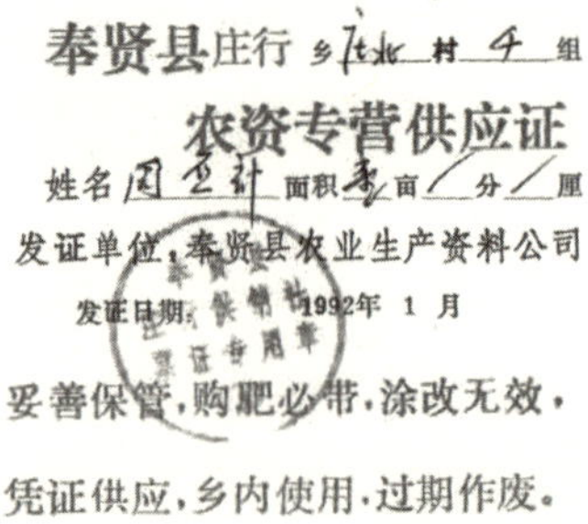

奉贤县庄行乡 村 4 组

农资专营供应证

姓名　　面积　亩 1 分 1 厘

发证单位：奉贤县农业生产资料公司

发证日期：1992年 1 月

妥善保管，购肥必带，涂改无效，

凭证供应，乡内使用，过期作废。

1962年农药农膜供应证

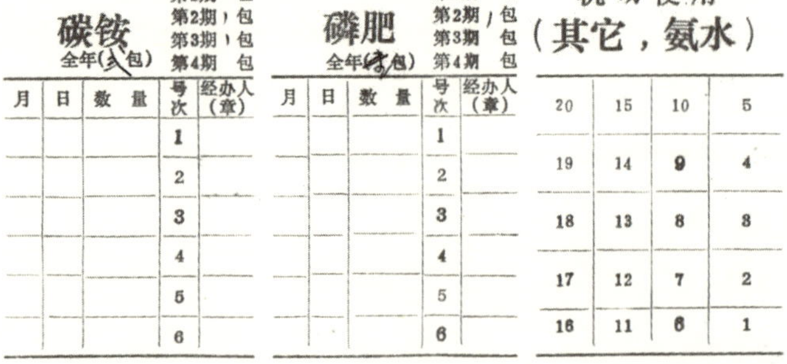

碳铵 全年(包)　第1期 包　第2期 包　第3期 包　第4期 包

月	日	数量	号次	经办人(章)
			1	
			2	
			3	
			4	
			5	
			6	

磷肥 全年(包)　第1期 包　第2期 包　第3期 包　第4期 包

月	日	数量	号次	经办人(章)
			1	
			2	
			3	
			4	
			5	
			6	

机动使用
(其它，氨水)

20	15	10	5
19	14	9	4
18	13	8	3
17	12	7	2
16	11	6	1

1990年奉贤县庄行农资专营供应证

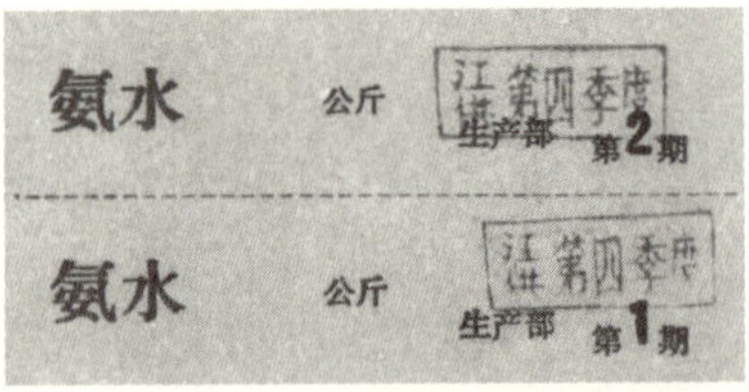

1990年江海供销社氨水供应票

1991年奉贤县汽柴油车辆个体购油证

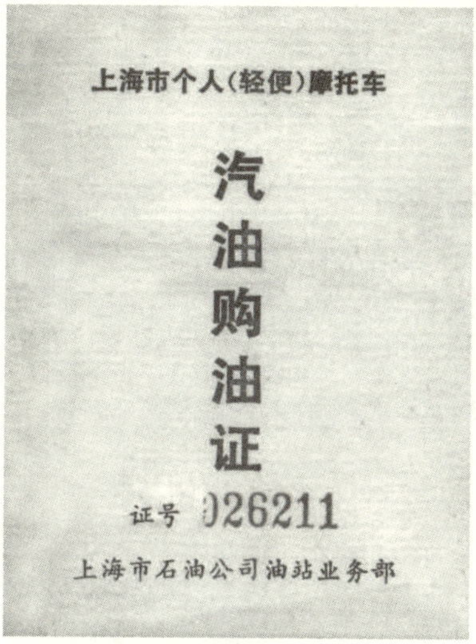

1988年上海市个人(轻便)摩托车汽油购买证

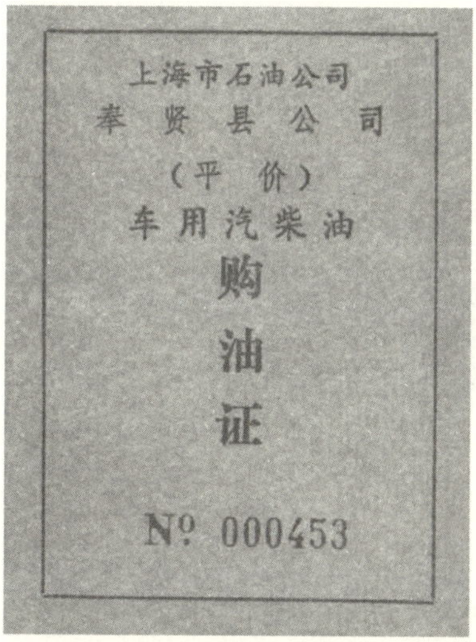

1991年奉贤县平价车用汽柴油购买证

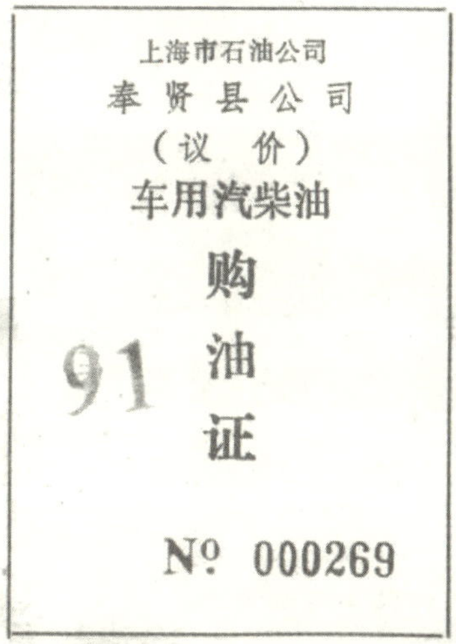

1991年奉贤县议价车用汽柴油购买证

奉贤购物证

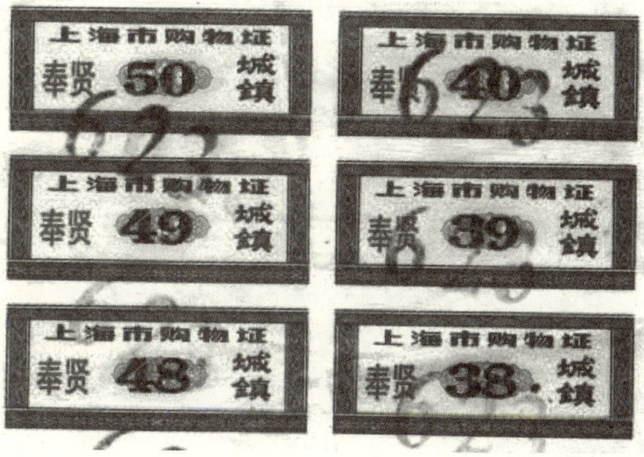

上海市购物证

（四）生活票证

1.吃的方面

1955年全国通用粮票，一套共5张

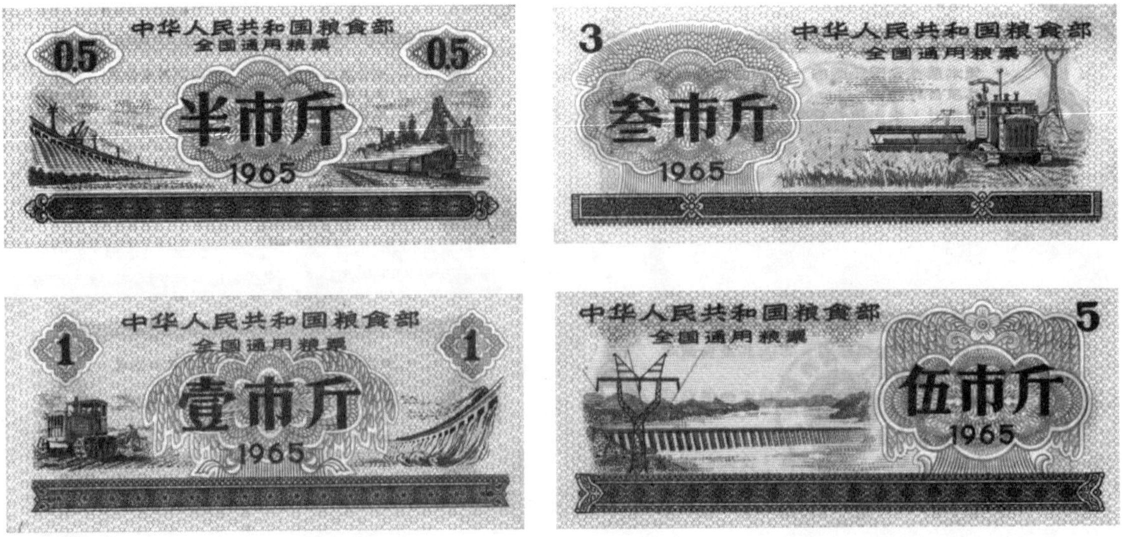

1965年全国通用粮票，一套共4张

1960年上海市粮票（样张），8枚套，一直使用到1993年3月止

1963年上海市两钱半粮票，是上海市最小面额的粮票

1963年上海市居民定量粮票（样张）

1993年上海市居民定量粮票

1961 年糕点券

1963 年饼干券

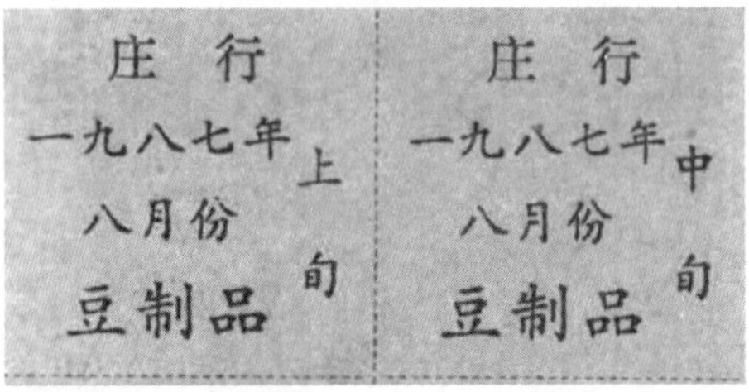

1987 年庄行供销社豆制品券

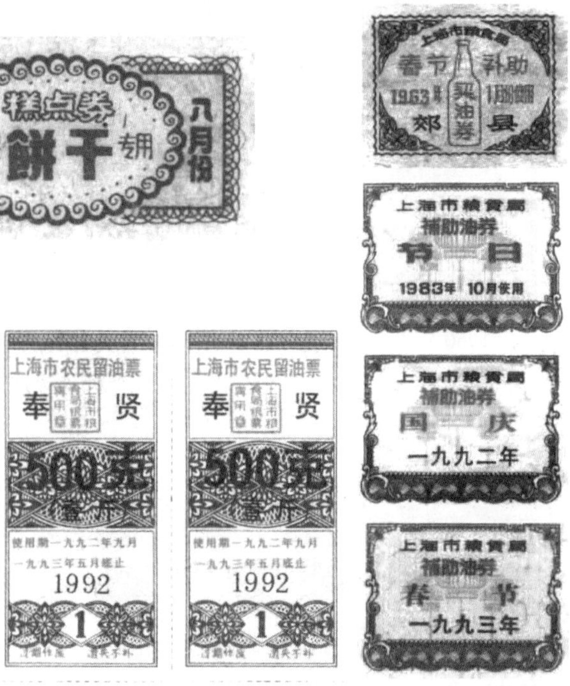

1992～1993 年农民自留油、节日补助油券

1963 年食油奖励券

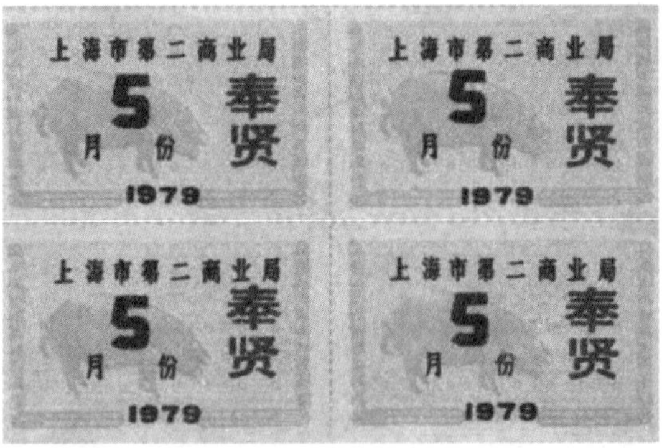

1979 年奉贤县肉票

1982 年奉贤奖励肉票

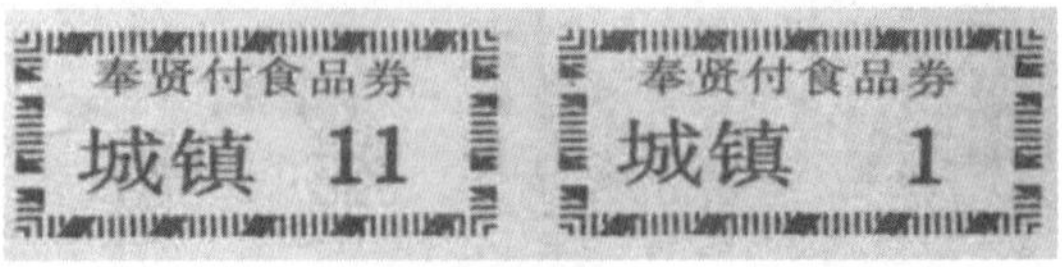

奉贤县城镇居民副食品券

2. 穿的方面

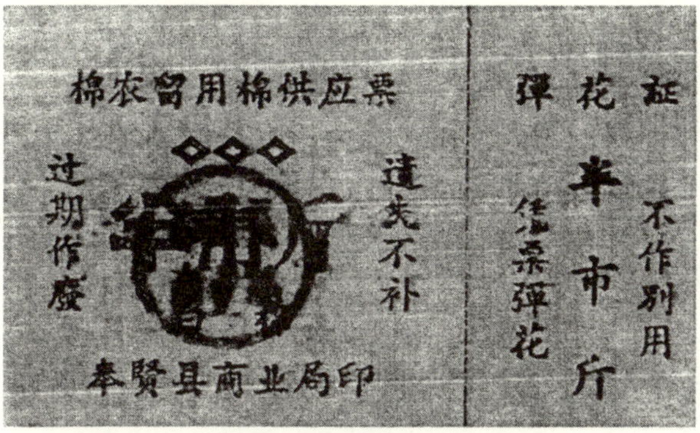

1961 年棉农留用棉供应票、弹花证

60 年代民用线券、布券等

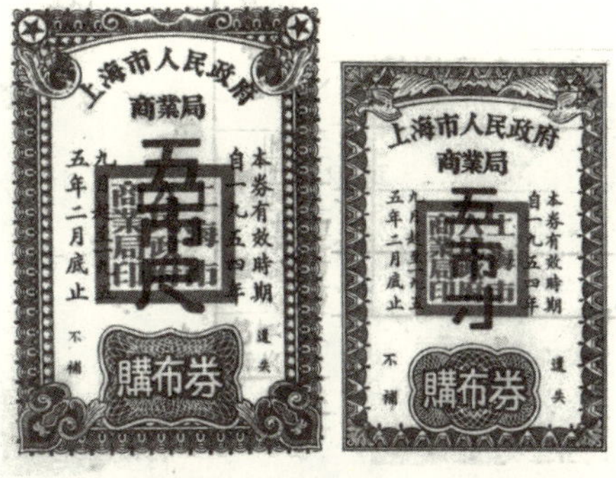

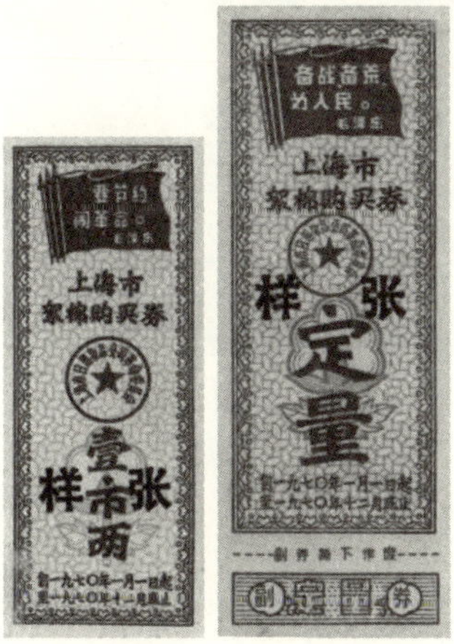

1970年上海市定量絮棉购买券

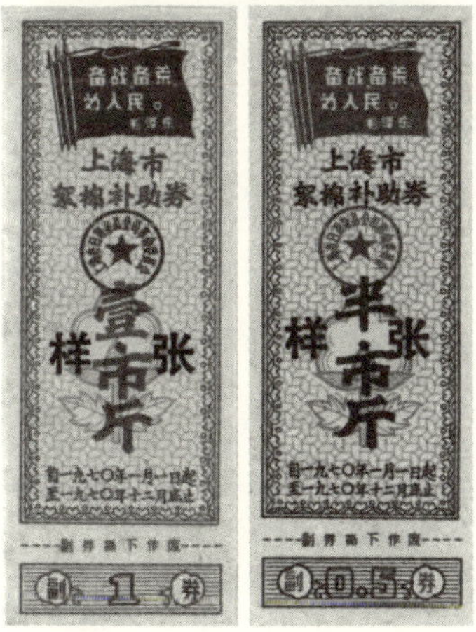

1970 年上海市絮棉补助券

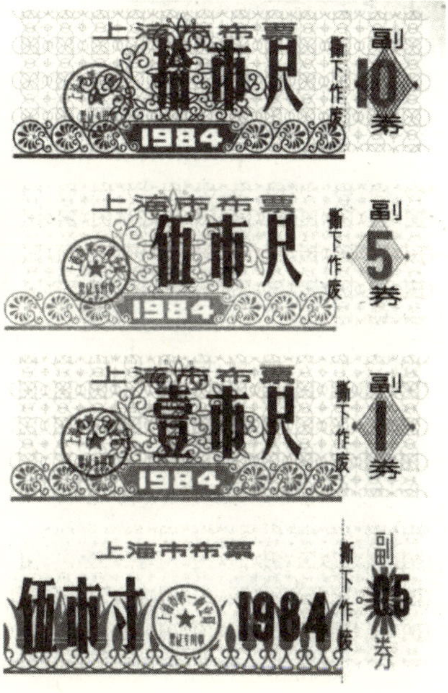

1984 年上海市布票（关门票）

3. 日用方面

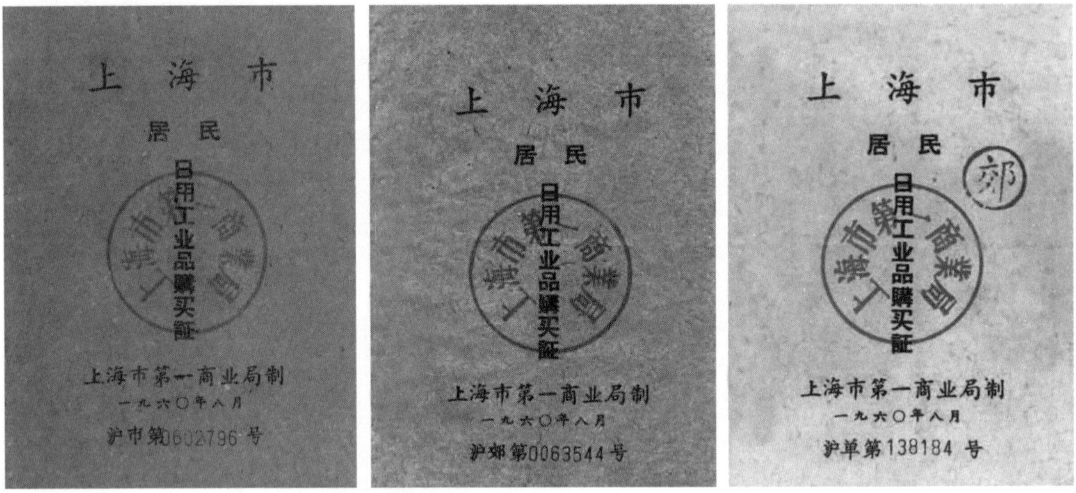

1960年上海市居民日用工业品购买证

1962年上海市郊区日用工业品购货券

1962年奉贤县专用商品购货券

1962年奉贤县专用商品购货券

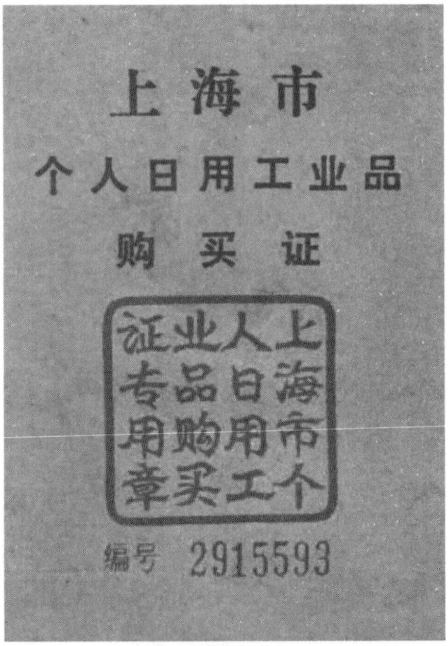

1970年上海市个人日用工业品购买证

奉贤县烟糖公司

购烟证（1978年）

供应地址：……………（农村）

（此证剪号供应，遗失不补，过月作废）

1 月份	2 月份	3 月份
烟（6）	烟（12）	烟（18）
烟（5）	烟（11）	烟（17）
烟（4）	烟（10）	烟（16）
烟（3）	烟（9）	烟（15）
烟（2）	烟（8）	烟（14）
烟（1）	烟（7）	烟（13）

盖章有效

1978 年购烟证

1979 年四团供销社蛋票

1989 年火柴票

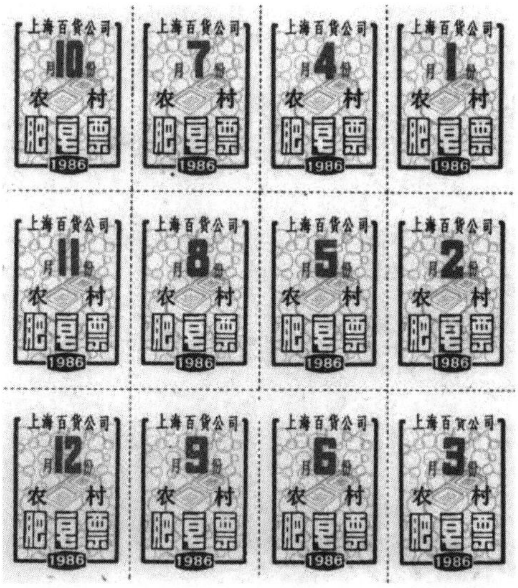

1986 年肥皂票

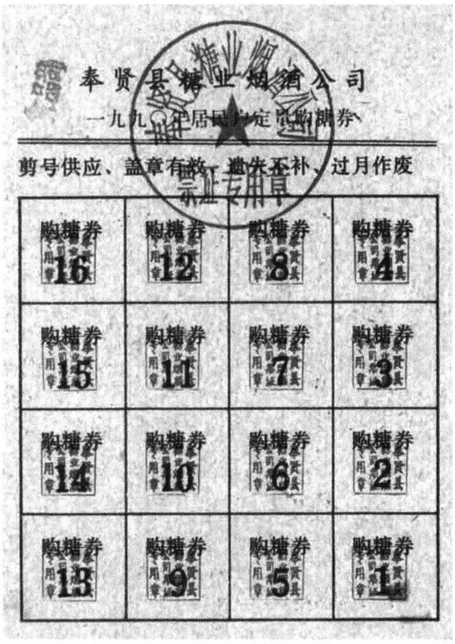

1990 年奉贤县购糖券

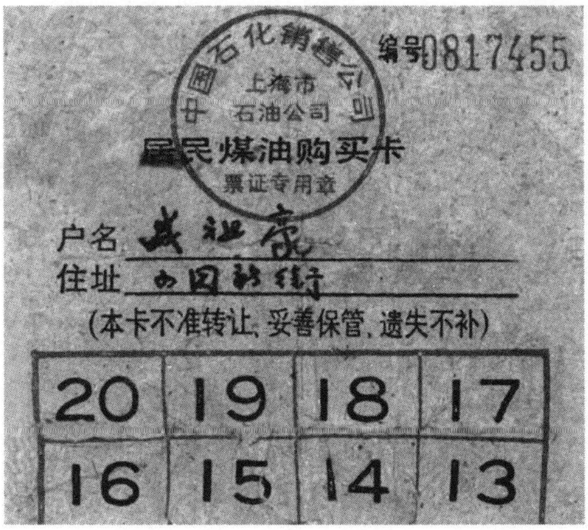

1988 年居民煤油购买卡

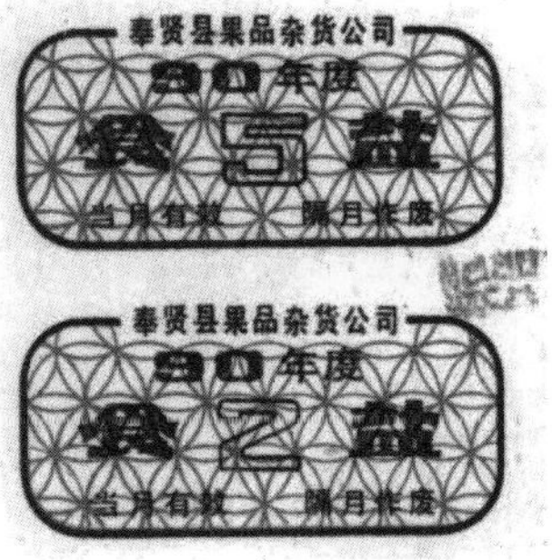

1990年奉贤县食盐券

（五）工业品票证

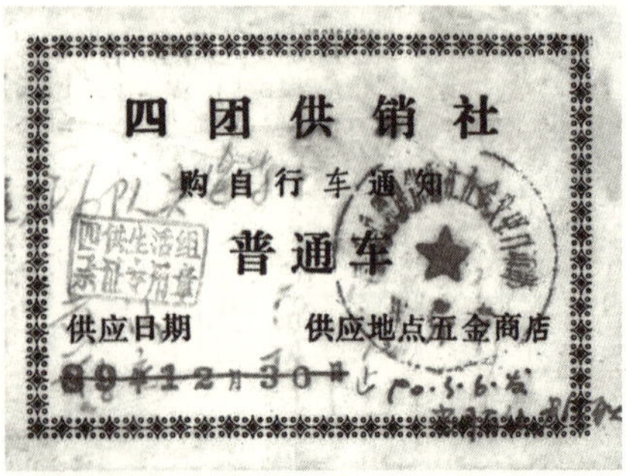

1990 年四团供销社自行车票

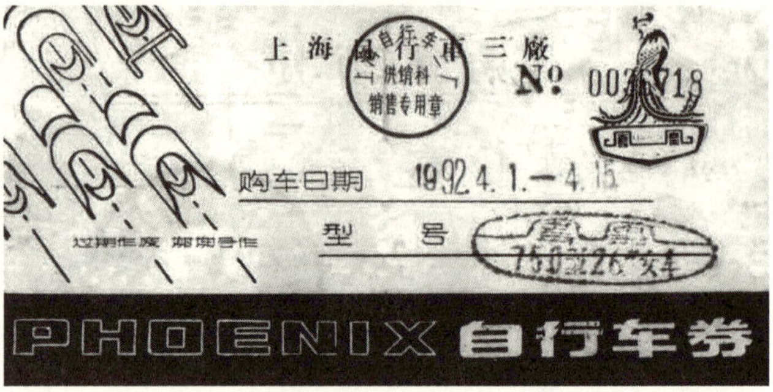

1992 年凤凰牌自行车券

1977 年手表券

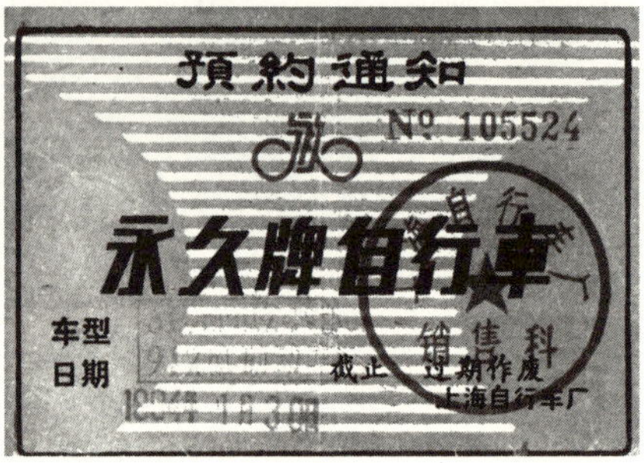

1994 年自行车票

1978 年手表券

1980 年手表券

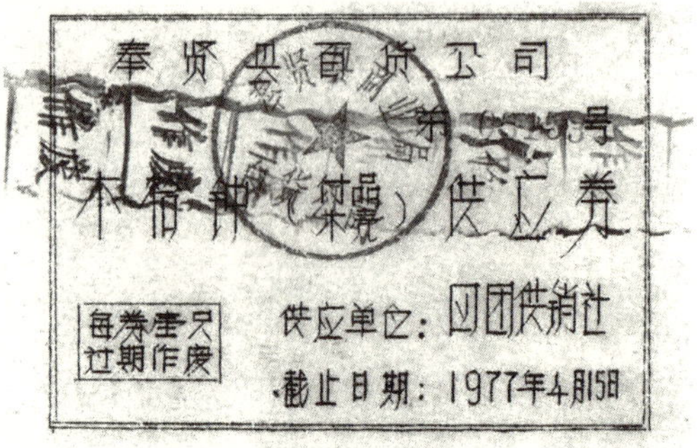

1977 年四团供销社木台钟供应券

1975 年煤油炉券

1981 年奉贤县缝纫机票

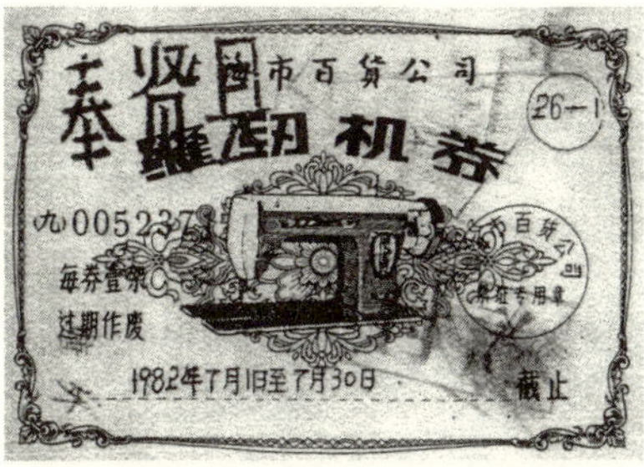

1982年奉贤县百货公司缝纫机券

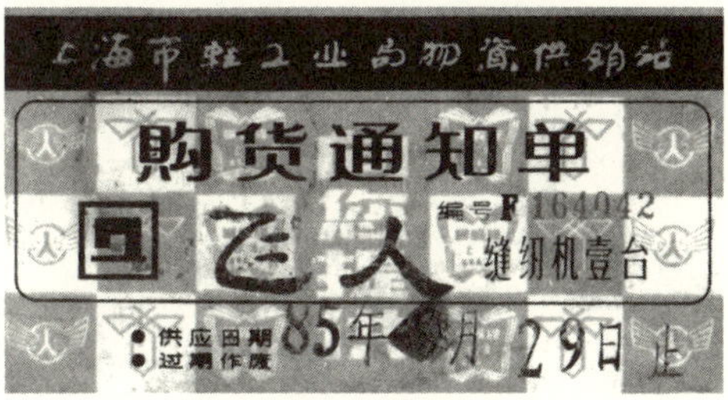

1985 年“飞人”牌缝纫机票

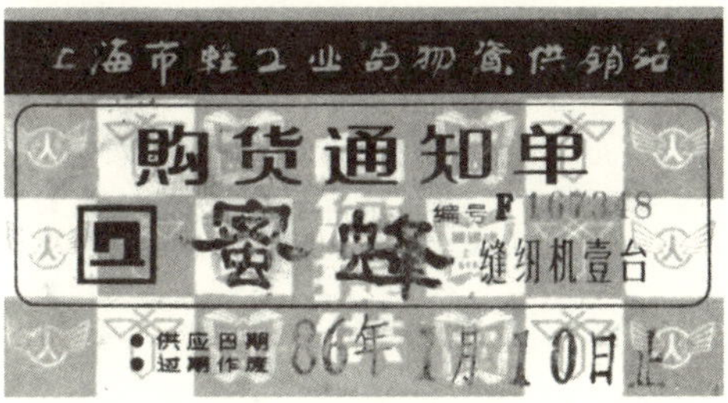

1986 年“蜜蜂”牌缝纫机票

1989 年“蝴蝶”牌缝纫机票

1985 年的电视机票

1986 年“水仙”牌缝纫机票

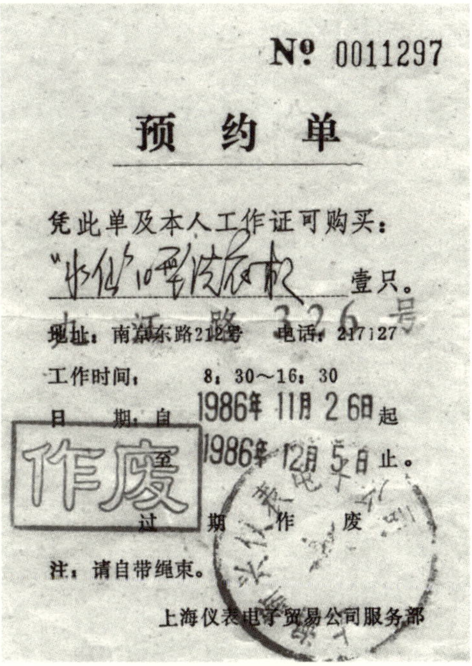

编后记

根据奉贤区地方志办公室修志工作规划，2012年3月，区供销总社决定编纂《奉贤供销合作社志（1950～2012）》（简称《社志》）。从正式启动编写到付印出版，历时2年8个月。

《社志》是集体劳动的结晶。区供销总社主任丁春瑜、马晨辉先后担任《社志》编纂委员会主任，姜承烈、屠永华、荀榕担任副主任。成立由姜承烈为主任、赵金林为副主任的编写办公室。聘请3名退休人员担任执行编辑。按照《社志》编委领导要把志书编为通志，既要全面反映奉贤供销社在计划经济时期发挥商品流通主渠道、发展奉贤经济主力军的作用；又要重点记述奉贤供销社创业发展与时俱进，改革开放攻坚克难，实现振兴的历史足迹；也要坚持以人为本，把曾经为供销事业工作的企业、机关科室副职以上干部、奉贤供销系统区（县）级以上党代表、人民代表、政协委员、社员代表等人物载入志书的要求，编委先后召开编写人员专业会议、基层企业撰稿通讯员动员培训会议，两次邀请区地方志办公室专家和有关领导参加的纲目研讨会、座谈会。2013年6月8日，组织历届区（县）供销社部分领导、科室干部、方志专家对志书文字稿进行初审，集思广益、指导帮助、补充修改。不少企业干部职工和撰稿通讯员为编写组提供了许多重要历史资料，有的退休干部不辞辛苦，帮助核实数据，确保资料准确性、真实性、完整性。2013年11月26日，编委再次组织领导和专家对文字稿进行复审。根据编委领导意见，调整部分章节，把精神文明建设由章改为节，纳入中共组织一章，把企业文化中企业精神作为精神文明建设的一个目。全书由原18章改为17章。企业文化一章中增加“星火项目”“媒体报道”等内容。2014年5月，《社志》文字稿与照片合成后，经区供销总社编委、区地方志专家终审修改。2014年5月，方志出版社徐宏、张大伟、冀祥德对《奉贤供销合作社志》进行初审、复审、终审。作出：“《奉贤供销合作社志》主要记述了上海市奉贤区供销合作社60多年的发展历程，总结了上海市奉贤区供销合作社60多年取得的成绩，面临的困惑以及发展过程中所获得的经验、教训。这些内容在《奉贤供销合作社志》中记载下来并传至后人，从这个角度说，该书的出版是一件有意义的事。”“作为一本地方部门志书，其内容质量和编纂质量都已经达到了出版社规定的出版要求。该志书全面、细致、客观地记载和描述了地方供销合作社的发展历史，全书断限清楚”。“该志是一部时空纵横结合、与现实结合较为紧密的志类图书”。“终审予以认可”“核校无误后同意出版”的评审结论。2014年8月12日，奉贤区地方志办公室对《社志》作出：“全书语言简洁、流畅，行文基本符合《奉贤区行文细则》，校核无误后同意出版”的意见。10月经主编审核后送厂付印。

区地方志办公室主任丁惠义、副主任王永平、周生明（副调研员），市地方志办公室原副主任、研究员姚金祥、区志办方志科长马莉苑对编写工作给予大力支持和悉心帮助。区志办还委派周生明为《社志》特约编审，自始至终对志书纲目、章节内容进行详细审改和指导，使编写工作少走弯路、顺利展开。

编写组根据各人特点进行合理分工，不论收集资料与编写，均互相配合、形成合力。80年代中期印行的《奉贤县供销合作商业志》（简称《商业志》），2008年内部印刷的《上海市奉贤区供销合作总社大事记》《奉贤供销社改革开放暨恢复建社30周年巡礼》，为《社志》通志编写提供了许多宝贵的重要资料。编辑人员先后在区档案馆、区供销总社档案室，查阅资料千余册，深入基层企业20余家，采访干部职工（家属）300余人次，并借鉴兄弟供销社志书特点，拓宽思路。在不断克服志书上下限年份跨度长，供销社多次迁移资料缺失、企业（部门）分合频繁，不少当事人年事已高（有的已过世），调查核实难度大等困难的同时，对《商业志》疏于记载的奉贤供销系统各级党组织建立和发展，进行全面收集编写，体现党组织在企业经济工作中发挥的政治核心作用；对基层企业、机关科室正副职、群团组织正职及奉贤供销系统当选为区（县）以上党代表、人大代表、政协委员、社员代表进行系统调查、梳理、核实，逐一入志人员6000余人次，贯彻以人为本的指导思想；把企业文化、社会主义精神文明建设分别设章或节，反映现代企业发展的精神风貌；收录供销社部分重要文件和发言、票证卡券，凸现供销系统时代特色；对《商业志》中计算有误的经济数据进行了更正。使全志内容逐趋全面、准确、完整。

在编写印刷过程中，得到区档案局、方志出版社，上海侨申广告有限公司等单位的大力支持与配合，在此谨向关心《社志》编写工作的供销系统各级领导、干部职工、方志专家及社会各界人士表示衷心的感谢。

由于水平有限、经验不足，本志难免有错讹疏漏和不足之处，敬请广大读者和用者批评指正。

《奉贤供销合作社志》编纂委员会

2014年10月